ZHIYEQING

ZHEXUE WENHUA JIAOYU LUN

枝叶情

——哲学·文化·教育论

冉昌光 著

四川大学出版社

责任编辑:曾春宁
责任校对:张　斌
封面设计:墨创文化
责任印制:王　炜

图书在版编目(CIP)数据

枝叶情：哲学·文化·教育论 / 冉昌光著. —1 版.
——成都：四川大学出版社，2017.11
ISBN 978-7-5690-1306-1

Ⅰ.①枝…　Ⅱ.①冉…　Ⅲ.①社会科学-文集
Ⅳ.①C53

中国版本图书馆 CIP 数据核字（2017）第 283252 号

书名　**枝叶情——哲学·文化·教育论**

著　　者　冉昌光
出　　版　四川大学出版社
地　　址　成都市一环路南一段 24 号 (610065)
发　　行　四川大学出版社
书　　号　ISBN 978-7-5690-1306-1
印　　刷　郫县犀浦印刷厂
成品尺寸　185 mm×260 mm
印　　张　25.5
字　　数　622 千字
版　　次　2017 年 11 月第 1 版
印　　次　2017 年 11 月第 1 次印刷
定　　价　79.00 元

◆读者邮购本书,请与本社发行科联系。
电话:(028)85408408/(028)85401670/
(028)85408023　邮政编码:610065
◆本社图书如有印装质量问题,请
寄回出版社调换。
◆网址:http://www.scupress.net

大学老师的职业值得热爱需要敬畏（总序）

谢和平

自古以来，我们国家就有尊师重教的优良传统，历来都把老师尊称为“先生”，很早就有“一日为师，终身为父”的说法，社会各界更把大学教师当作知识的化身、品格修养的典范，一直把大学看作是神圣的学术殿堂。

但现在，我们也不得不承认这样一个现实，面对当前社会的浮躁和功利，有些人自我感觉特好，对教师没有敬畏之心、没有尊重情怀，谁都敢当教师；有的老师入职后也缺乏自省、自重和自律，更没有“学高为师，身正为范”尺度的对标和进取；有个别老师只是把“大学老师”当作谋生的职业、作为养家糊口的饭碗，在工作中去简单应付、对付，缺少发自内心对“老师”身份的热爱和敬畏，更缺少教书育人的责任感和使命感；有个别老师虽然身在学校，但却没有真正心在学生、心在课堂、心在校园，不安心、不专心，也不用心去搞好教学科研、去做好本职工作，把本职工作作为副业，把校外兼职作为主业，缺少对岗位的珍惜和敬畏；还有个别老师在课堂上什么话都敢说，在讲台上什么课程都敢讲，靠上课随意调侃、用“愤青式”的观点去讨好学生，对“三尺讲台”缺少最基本的敬畏感。

实际上，当一个大学老师并不容易，当一个好的大学老师更不容易。不是谁都可以上讲台，也不是谁都可以当老师，更不是谁都能成为一个好老师。因为“大学老师”这个岗位是崇高和神圣的，是值得我们每个人去热爱、去敬畏的。那么，为什么说“大学老师”值得我们热爱和敬畏？我想，就源自于教育事业本身的使命，源自于我们肩负的教书育人责任，源自于我们大学对老师严格的要求，也源自于我们作为大学老师的幸福感和成就感。

对大学老师的热爱和敬畏，源自于教育事业的崇高使命。我们说，教育是面向未来的事业，是能够影响每个人一生的事业，也是为每个人未来更好的发展做准备的事业。联合国教科文组织在《学会生存》的报告中就谈到，教育的价值就在于帮助一个人以一切可能的方式去实现他自己，成为实现他自己潜能的主人。从这个意义上来讲，教育是一项值得用毕生精力去从事与追求的事业。所以，我们作为从事教育事业的大学老师，就不能仅仅把老师当作“谋生”，而应该去“喜欢”，更应该发自内心去热爱和敬畏。当我们热爱和敬畏自己大学老师的工作，它就会成为事业；当我们热爱和敬畏自己的事业，它就会成为艺术；当我们热爱和敬畏教书育人这门艺术，它就会为你带来快乐和幸福。

对大学老师的热爱和敬畏，源自于我们肩负的教书育人重任。我们面对的每个学生，都是国家未来的建设者和接班人，都是十年寒窗苦读的优秀人才，他们把人生中最关键的成长阶段、把自己的未来交给了学校、交给了我们每个老师，这是一种信任，更是一种责任。作为一个老师，特别是身处学术殿堂的大学老师，治学做人上的品德、学识、境界，就是学生认识社会、探索真知的一面镜子；我们在课堂的讲授内容、平常的一言一行，都会在无形之中影响学生未来的价值观、人生观，甚至影响他们的一生。我们难道不应该把全部精力投入到教育教学当中？难道不应该用自己全部的知识、智慧和情感为学生讲好每一门课和每一堂课？难道不应该全身心投入去热爱、珍惜和敬畏"大学老师"的岗位？

对大学老师的热爱和敬畏，源自于我们对教师岗位的严格要求。我们要做一个大学老师不容易，要成为一所高水平大学的老师就更不容易。品德好、学术好是成为大学老师的基本资格和门槛，一个大学老师不仅要有高尚的品德修养，要有"才高八斗、学富五车"的学识，还要有高水平的科研创新能力；除了教好书、讲好课，还要搞好科研，不断地提升学术和教学水平，真正做到教学优秀和学术卓越，才能称得上是一个大学的好老师。老师的水平就是一所大学的水平，特别是高水平研究型大学的老师，如果在课堂上仅仅是传授知识，那无论你把知识点讲得多精彩，可能最多也只适合做一名中学老师。大学老师一定要有高水平学术研究作为基础，课堂教学不仅要教会学生学习知识，更要教会学生如何运用知识、创造知识，启迪学生创新思维，教会学生如何独立思考问题，培养迎接未来挑战的潜质和能力，这才是大学老师应具备的标准和要求。只有达到这些标准和要求，才能算合格的大学老师。所以，不是谁都可以上讲台，也不是谁都可以当老师，更不是谁都能成为一个好老师。我们作为大学老师，自己首先更要看重自己，更应该去热爱、去珍惜、去敬畏自己的岗位。

对大学老师岗位的热爱和敬畏，源自于我们获得的幸福感和成就感。做老师最好的回报就是学生成人成才，桃李满天下。我们身边就有许许多多这样的优秀老师，有些已经离开我们很久远了，可是他们的学生和我们的校友还是在津津乐道地回忆他们、怀念他们，把自己的成就归功于他们。所以，当我们能够亲眼看到自己培养的学生，将来能够学有所成、成长成才；当我们退休以后还能得到学生发自内心的认可和尊敬、还能让教过的学生津津乐道，回味教学相长时的感悟，这种幸福感和成就感不管你拥有多高的权力和地位、不管你获得多少财富和荣誉，都是体会不到的，也是无法换来的。所以，我们更应去热爱和敬畏自己大学老师这个职业，更应热爱和敬畏我们的讲台、我们的学生。

在我看来，我们要热爱和敬畏"大学老师"，就要有品德修养，学高为师，身正为范，以厚德而载物，尊德行而道问学；更要有扎实学识，始终处于学习状态，站在知识发展前沿，不断充实、完善和提升自我；更要有理想气质和境界情怀，学无止境，当大学老师只能去奋斗、不能懈怠、更不能偷懒，在大学里不仅要有知识、有智慧，更要有梦想、有激情、有追求。为此，我提四点希望与大家共勉。

热爱和敬畏"大学老师"首先在于坚守理想信念。现在，黄大年的先进事迹和精神深入广大教师内心。我自己体会，黄大年精神的可贵之处体现在很多方面，其中最核心，也是最根本的一个方面就是他对教育事业的忠诚，对教书育人天职的坚守。同时，传道者自己首先要明道、信道。我理解这个“道”，就是社会主义核心价值理念之道，就是教书育人之道，就是为人处世之道。所以，我们每个老师既要当好传播学识的“经师”，更要当好塑造学生品格、品行、品位的“人师”。

热爱和敬畏“大学老师”关键在于积累扎实学识。过去，我们常说要给学生一碗水，老师自己必须要有一桶水，但在当前的信息时代，一桶水的要求早已经不够了，而是需要一片海洋。这就对我们每个老师提出了更高的要求。特别是作为高水平研究型大学的好老师，一定要有高水平的学术研究作为基础，课堂教学不仅要教会学生学习知识，更要教会学生去应用知识、去创造知识，教会学生去思考问题、去想象创新；不仅要把本学科的知识、教材上的内容传授给学生，更要引导学生去学习、去探索相关学科的前沿动态，去培养学生多学科的知识面和探索未来的潜质与能力。

热爱和敬畏“大学老师”重点在于坚守底线。做人要坚守底线，做老师更要坚守底线。对于大学老师来讲，不仅要坚守法律底线、纪律底线和政策底线，更要坚守基本的学术道德底线。我们要严格按照学术道德标准来约束自己的学术科研活动，真正弄清楚什么事能干、什么事不能干，牢记学术道德红线不可逾越、学术道德底线不可触碰。我们宁可晚一点评职称、慢一点出成果，也要靠自己的真努力、真功夫做真学问、真科研，守住做人做事做学问的底线，兢兢业业教好书、踏踏实实做科研、勤勤恳恳育好人。

热爱和敬畏“大学老师”根本体现在关爱学生。爱是教育的灵魂，没有爱就没有教育。我一直认为，教育是有生命的，教育的生命在于爱心的传递，在于教与学的互动，在于情感的投入，就是要用“一棵树摇动另一棵树、一朵云推动另一朵云、一个灵魂唤醒另一个灵魂”。我们对“大学老师”的热爱和敬畏，归根结底就体现在发自内心对每个学生的热爱和敬畏。所以，每位教师都要把每个学生当作自己的孩子来看待、来关爱、来教化，都要站在促进每个学生自由全面成长发展的角度去换位思考、去做好每项工作、设计每个服务流程，都能发自内心把每个学生当作独立、平等的个体去关爱和包容。

（原载《光明日报》，2017 年 9 月 12 日）

深入研究理论服务社会现实

——读《枝叶情》并序

最近收到冉昌光教授寄来他新编辑的《枝叶情》书稿。他请我为该书作序，深感不当与不安，几番推辞，难却盛情，我只好先拜读书稿。冉教授长期在四川大学从事马克思主义哲学的教学工作。几十年来他坚持理论与实践相一致，坚持教学与科学研究相结合，坚持为人师表与立德树人相统一，出版了关于哲学文化教育方面的多部著作，发表了上百篇的学术论文。新近他按照理论为现实服务的思维逻辑，遴选部分论文编成《枝叶情——哲学·文化·教育论》一书。通读书稿才觉得这不是一般的论文集，而是一本紧密联系现实，具有内在逻辑结构的研究著作，是一本具有理论意义和现实意义的力作，有其自身鲜明的特点。

一、笃心厚植，鲜活的马克思主义

哲学是“时代精神的精华”和“文明的活的灵魂”。马克思指出：“哲学把无产阶级当作自己的物质武器，同样，无产阶级把哲学当作自己的精神武器。”信“共”必信“马”，信“马”必信“共”，真学、真懂、真信、真用马克思主义，这是哲学社会科学人才必备的看家本领。作者之所以能够坚持以马克思主义为指导，研究和运用马克思主义哲学思想理解现实，教书育人，就在于他坚信马克思主义的科学性、真理性和彻底性。马克思说：“理论只要彻底就能说服人；所谓彻底就是抓住事物的本质”。作者始终坚信，科学的马克思主义能为人们认识客观世界和主观世界提供科学指导。在教学中，他不迷信教材和某些已成的结论，坚持按马克思主义哲学本身去理解。20世纪60年代中期我国哲学教材中有的内容与马克思主义经典作家论述不相符，如在唯物辩证法中，当时的权威哲学教材把联系作为对立统一规律的一节，也就是把联系当作对立统一的内容来处理。这同恩格斯关于“辩证法是普遍联系的科学”是不相符的。作者认真研究了唯物辩证法的问题，先后写出了《论联系》《再论联系》《辩证法的规定》等系列论文，引起较大的反响，以后的哲学教材也把联系与发展作为辩证法的首章，专门阐述联系在辩证法中的地位。在讲到量变质变规律时，为了论证认识事物的定性和定量的关系，把握定量才能对事物有更加准确的认识，当时的哲学教材解释说：“因为事物的质和量是对立统一的，一定质总是与一定量相联系而存在的。”作者认为这是同语反复，没有说明问题。为解决这个问题，他认真学习恩格斯关于“每一种质都有无限多的量的等级，例如颜色的深浅、硬和软、生命的长短等等”的论述。他认为这一系列不同等级的量都和质处在对立统一中，但并不是每一等级的量都能充分体现事物的质。为此，他专门撰写了《把握事物最佳量》的文章，提出了量变质变规律的一个新问题，很有创新性。经《光明日报》发表后引起了较大反响，《新华文摘》全文转载。过去教材中关于唯物辩证法的基本特征和基本原则都是一些独断的结论，他不满足于这些结论，专门写了对唯物辩证法基本特征和基本原则的反思，用马克思哲学理论作了深入的论证，使人们能够全面、准确地理解辩证唯物法的基本特征和基本原则。不仅在教学上是这样，对待社会问题，他同样坚持用马克思主义去观察认识。20 世纪 80 年代末期我国经济运行中出现了经济过热与生产不足的问题。对此，他用马克思主义来观察认识，提出要树立辩证的整体经济观，要把生产发展与社会发展、人的全面发展和自然生态环境的保护统一起来考虑经济发展，才能保持经济稳步平衡和可持续发展。这些观点在今天仍然是有现实意义的。

二、笃心厚植，坚定的中国立场

毛泽东以其鲜明的人民性和实践性理论品质实现了马克思主义中国化。马克思主义能够中国化，社会主义中国能够站起来、富起来、强起来成为一种现实，共产主义能够化为一种影响深刻的广泛信仰，这既是中国选择了马克思主义和社会主义，也是马克思主义和社会主义选择了中国。毛泽东、邓小平、江泽民、胡锦涛、习近平等党的领导核心，以 5000 年连绵不绝、一脉相承的中国传统文化中天下为公、实事求是、与时俱进的核心元素，赋予了马克思主义的新的内涵，对中国社会的一系列重大问题进行理论阐释、转化、创新和发展，坚定了中国特色社会主义的道路自信、理论自信、制度自信、文化自信，实现了马克思主义中国化的伟大飞跃。冉教授笃行做好党的事业必须打牢人民性和实践性的思想根基，坚持人民性和实践性的两者统一，坚持从中国立场阐述一些世界话题，比如人权已成为国际社会普遍关注的问题，长期以来，人们对人权多是从政治学、法学角度去理解阐释，这当然是对的。但人权不仅是政治学和法学问题，更是哲学问题。然而我们从哲学的角度对人权的研究不够，我们的哲学教材也不反映人权。现在强调加强人权教育，促进人权事业的发展，建设人类命运共同体，他提出应该从哲学上深入研究人权，将人权列入哲学教材，作为历史唯物主义范畴，为当今世界多元文化交流和融合提供方法论指导，也为发展中国家同西方发达国家开展人权斗争提供思想武器。他还悉心撰写了中国的马克思主义人权理论文章，反映了中国人民历来重视和尊重人权，积极推进人权事业的发展，决心走出一条适合中国国情的人权发展道路，向世界人民表明了中国的人权思想。这表现出作者鲜明的中国立场。

三、笃心厚植，强烈的问题意识

马克思之所以被誉为“千年伟大思想家”，其根本原因就在于他相继从实践中发现相互联系的“两个问题”并相继揭示了人类社会发展的“两大规律”，从而创立了马克思主义，为人们科学地解释世界和改造世界提供了理论指南。一个是他对哲学层面的唯心主义不认同。他认为这种哲学往往从外部规定事物，使人无法明确把握自然、历史和人的本质。另一个是马克思对现实层面的资本主义制度不认同。马克思发现资本不是物，而是一种生产关系，这种生产关系的实质是维护私有制及其经济剥削，剩余价值规律是资本作为生产关系存在和发生作用的内在机制，这一机制通过被资本驱使的剩余劳动得到展开和完成，只有实现自由全面发展的共产主义社会才是人类史的真正开始。马克思主义所蕴含的问题意识、分析方法和基本结论，对于构建中国特色哲学社会科学具有深远的理论和实践意义。本书作者坚持从经典著作所关乎的人性本质、人生意义、历史本质、社会发展方向等基本问题中，树立了强烈的问题意识，着力破除形而上学的思维方式，树立实践唯物主义立场，从社会现实中发现问题。在20世纪70年代末关于实践是检验真理唯一标准的大讨论中，有的人不承认“唯一”，认为实践固然是检验真理的标准，但是经过实践检验过的正确理论，比如马列主义、毛泽东思想也是检验真理的标准。针对这一问题，作者发表了《理论不能作为检验真理的标准》，从认识论的主观、客观与实践的关系上论证了只有实践才是检验真理的唯一标准，其他都不能作为标准。又比如在关于文化的自觉与自信的问题上，作者认真学习习近平总书记关于全党要增强文化自信，强调文化自信是更基础、更广泛、更深入的自信的重要论述，在深刻认识我们所拥有的文化自信的底气上，着力搞清文化自信的传统底蕴和哲学依据。他提出优秀传统文化是文化自信的深厚根基，坚持马克思主义是文化自信的科学指导，人民群众的创造性是文化自信的力量之源。这就很深刻地论证了中国文化自信的内在根源。这篇文章在《邓小平研究》2017年第1期发表，四川社科院主办的《当代社会科学（英文版）》翻译成英文向国外发行。作者坚持问题导向的学习与研究，科学把握实践活动所具有的生存论和本体论的地位和意义，把哲学研究主题与我国现代化建设亟待解决的重大理论和现实问题紧密联系起来，实现了学术深化和话语建构的鲜明特色。

四、笃心厚植，发展的创新精神

创新是学术发展的生命力，没有创新就没有学术的发展。马克思主义哲学本身就是人类智慧的结晶，是开发人智慧的科学，是指导创新的理论。研究马克思主义哲学和教好马克思主义哲学都必须有创新的精神，这也是本书体现的精神。我们可以看到创新贯穿全书，要么是新课题，要么是新观点，要么是新论证，要么是新资料。作者的文章在这四新中总是占有一新。以课题新来说，20世纪90年代初哲学专业教学改革中，作者提出并组织实施的哲学专业学生到基层单位“代职实习”这一实践方式，引起了社会的广泛关注和领导的重视。为此，当时的国家教委在川大召开了全国文科改革座谈会。作者对这一新的改革实践进行了认真研究，写出了《哲学专业学生代职实习的探索》，从理论与实践的结合上很好地总结了这一实践的经验，在全国文科改革座谈会上介绍这一经验，得到与会者的肯定和赞扬。再如20世纪90年代中期开展的高校大学生文化素质教育也是一个崭新的课题。作者对文化素质教育进行了深入研究，发表了多篇文章，其中《文化素质教育与创新人才的培养》，阐述了新的人才培养方式，体现了他对这一问题的新的思考和新的观点。他的许多文章都有新的观点，如前面我们提到的“把握事物最佳量”，“人权应作为历史唯物主义的基本范畴”等等都是一些很新的观点。“破字当头，立在其中”是大家熟悉的，有的领导人提出在建设社会主义现代化过程中应转变为“立字当头，破在其中”，但没有展开论述。作者对这一问题作出了全新的论证，深入地阐述了“发展是先立后破、立新破旧的过程”。在理论界，有的问题要加深理解需要有新的材料支撑，如18世纪欧洲的“中国热”，要理解它的必然性需要很多资料支撑。作者在他的《中学西渐与自由、平等、博爱观点的形成》一文中引用了大量的资料，论证了18世纪欧洲“中国热”的必然性，令人信服。总之，本书充分反映了作者的学术创新精神。

五、笃心厚植，严谨的学术风格

确立崇尚精品、潜心治学、秉持诚信、奉献担当的学风，是作者执教五十年来的追求与坚守。学风既是治学研究外在的“风气”，又是内蕴的“思想方法”。良好的学风是催生繁荣、发展哲学科学的强劲动力。一是学者的教师风范。他在“后记”中说，作为一个大学教师，要做好教书育人的工作，首先是要明确大学教育的目的和教师的职责。大学教育的根本目的就是培养人的品行、健全人格，实现人的自由全面的发展。实现这一目的的关键是教师。教师要有教书育人的责任感和使命感，只有教师的人格高尚，才可有学生的心灵纯洁。教书者必须先强己，育人者必须先律己。教师要以人格魅力和学识魅力教育感染学生，做学生健康成长的指导者和引路人。几十年来，他实现了世界上最长的距离——“说到”至“做到”之间的距离，把说的与做的融合成了言行合一。二是博学深思的研究特点。我与他接触时，就有一个强烈的感觉，那就是博学深思。不论听其发言，还是读其文章，都可以感到他涉猎的领域非常广泛。马克思主义哲学、政治经济学、社会学、历史学、文化学、马克思主义中国化与当代中国改革问题等，知识面广、视野开阔、谦逊通达。这种多学科的知识背景，无疑对他的学习研究是极为有益的。可以说马克思主义哲学的教学与研究使他脑聪目明、思考深刻，定力强、底气足、是非清；使他思维直面现实、穷根追底，不唯书、不附和、不浮躁；使他思维缜密严谨、激浊扬清，有思辨、有审问、有见识；使他坚持反思态度提升自己、培养他人，教学相长、相得益彰，有追求、有风格、有作为；使他具有求实守正的学术情怀。

大道至简，为正是本。法国大作家莫泊桑说过：“人只要走上学术的道路，那真是一条不寻常的路。”冉教授这几十年来走过的路，就是用学术讲政治，以政治为“里”，以学术为表，集政治性、学术性为一体；用学术培育人，以学生为树苗，以教学科研为枝叶，集教学科研与立德树人为职守的长征之路。他说，教学好比树枝，研究好比树叶，学生好比树干。没有树枝，树叶不能生存，没有树叶的光合作用制造养料，树枝会枯死，甚至影响树干。只有枝粗叶肥、枝叶茂盛，树干才能茁壮生长。树叶、树枝都是为了树干，也就是说，教师的教学和研究都是为了学生成人成才，成为全面发展的人。这就是教师的“枝枝叶叶总关情”的人生情怀。

姚继夫

2017年11月4日

唯有根深土沃，才能枝繁叶茂

——读冉昌光教授《枝叶情》有感

徐开来

冉昌光教授是我永远的恩师和多种身份的领导。他不仅是我读大学时的任课教师，更是我毕业论文《论唯物辩证法规律与范畴的关系》的指导老师，正是在他细心而严格的指导下，我才学会了如何查阅文献资料，如何发现问题、确立观点，又如何展开论证、反复修改、最后定稿。他给了我学术生涯的这第一篇学术性论文以“优秀”的成绩，从而鼓励了我从事学术研究的信心。毕业留校后，他在三个不同的岗位上成为我的领导：他担任哲学系副系主任和系主任时，我是青年教师（还任过协助他的科研、研究生秘书和外国哲学教研室主任）；他 1993 年到学校任教务处处长后，我 1996 年被学校安排去直属教务处的考试中心当主任；他任四川省哲学学会会长时，又把我推荐为常务副会长，后来他以年龄为由，让我接任会长，他成了名誉会长。我与冉老师相识相交已经 40 年，对他的学术等情况算是比较了解。可以说，他无论作为什么身份，都是功成名就、硕果累累的。作为哲学教授，他在马克思主义哲学原理和毛泽东哲学研究等领域取得了诸多重要成果，是国内公认的著名专家；作为哲学系和哲学学会的领导，他大胆改革、探索创新，使四川大学哲学系的“代职实习”名享全国，获国家教学成果一等奖，积极创办行政管理和艺术类专业，是四川大学这两个学科的真正创始人；他还带领全省同仁一起，为四川哲学的繁荣做出了多方面的贡献；作为教务处长和教学管理专家，他在文化素质教育的理论研究和实践探索方面亦成就斐然，不仅亲自主持重要项目，发表若干研究成果，还因此而使四川大学成为全国文化素质教育的重要基地，自己也被委任为全国文化素质教育指导委员会副主任（主任是时任华中科技大学校长的杨叔子院士）。

他自己精心选编的这本文集，虽然只是他几十年来辛勤创作的一部分成果（他的代表性著作和主编的全国统编教材没有收入），但也大致反映出了他在多个方面的研究成果。我的研究领域在外国哲学，这次有幸目睹文集，我不得不被其中透露出来的敏锐的问题意识、强烈的现实关注、坦诚的观点阐发、不懈的探究精神所折服。借用他的《枝叶情》书名，尤其是他在“后记”中用树干、树枝和树叶来比喻学生、教学和科研之间关系的论述，我有了这篇读后感的主题：追问他之所以能够在教学与科研两个方面都取得可喜成就，做到枝繁叶茂的原因。

原因肯定是多方面的，但我认为他主要得益于根深土沃。没有肥沃的土壤，没有强壮的根系，是无论如何也成就不了繁盛树枝和茂密树叶的。冉老师的根深土沃，我强烈感受到来自于以下三个方面：

其一，是他作为教师对学生的那份责任心与关爱情。毫无疑问，这是根本的前提。我作为他的学生，是很有切身体会的。记得在我写毕业论文时，多次到他家中聆听教诲。他当时住在非常狭小的陋室里，而且还有生病的师母和两个幼小的孩子，工资自然也不高。但只要我去了，他都会放下其他事情，坐在客厅兼饭厅的桌子旁和我认真讨论问题，无论时间长短，也无论是否吃饭。后来从其他同学或学生那里了解到，对任何学生，他都是如此。正是有了这份高度的责任心和深厚的关爱情，才使得他长期以来重视教学，并随时将研究成果转化到教学中。相比之下，无论是我当学生的时代还是现在，学校里不把学生当回事的所谓老师实在太多！

其二，是他密切关注现实，把自己的研究扎根在深厚而肥沃的现实土壤中。冉老师的科学研究，涉及的领域比较广泛，主要是马克思主义哲学原理和毛泽东哲学领域，还在文化领域、素质教育和人权理论等领域收获颇丰。他的这些研究，不是空穴来风或闭门造车，全部缘起于现实——现实的教学活动，现实的学术热点，现实的社会需要等等。肯定地讲，正是他自觉地将自己的学术之根坚定不移地扎入现实的土壤之中，才使得他发表的不少论著，引起了学术界和社会的广泛关注、好评。我们现在纵观这本文集，无论是对辩证法、认识论、人权理论的探讨，还是对素质教育、文化自信问题的关注，都鲜明地体现了这一点。

其三，是他深厚的学术底蕴的有力支撑。冉老师和他同时代的绝大多数学者一样，本科毕业以后没有机会继续读研究生，而且大学毕业不久就遭遇了十年“文化大革命”的耽误，外语基本荒废了。不幸的是，他还与同时代的其他高校年富力强的老师不同，在他事业如日中天的20世纪90年代，仅仅因为领导的个人意志或工作失误，导致了由他和其他老师领衔的四川大学马克思主义哲学博士点的申报中途夭折，不仅使得整个哲学系的发展遭到致命打击，也使他个人再也无缘担任博士生导师（在下一轮启动申报时，他超过了年龄），不得不在60岁时退休。假如我们不太在意一位学者的外在标签（遗憾的是，现在的世俗眼光甚至评判标准却太在意这个东西了，似乎院士比长江学者、长江学者比博导、博导比其他教授的水平一定要高！），那我敢负责任地说，冉老师在自己主要研究领域的学术造诣，是能胜任博士生导师的。他老老实实地研读原著（当然是指中文版的，不能研读原文原著，这确实也是他和同时代其他多数老师的局限），认认真真地参考有关研究成果，勤勤恳恳地进行自己的深入思考，然后才把所得的新看法发表出来。正是这样日积月累的漫长过程，逐渐丰厚了他的学术功底，也正是有了这种粗深的学术之根的强力支撑，才枝繁叶茂，结出丰硕的教学科研成果。

冉老师的这本文集，收入的论文时间跨度达几十年，很多观点和提法，也由于他（和其他学者）的作用，现在成为学术界的共识。我们今天去重温那些文字，不仅可以切切实实地寻觅到作者的思想轨迹和领悟到他在不少问题上的理论贡献，而且更为重要的是，完全可以从中真真正正地学习到他为人为学的深厚情怀。

匆忙之中写下上面这些文字，却是真情流露，请读者诸君批评指正。

2017年10月24日于竹林村

（徐开来，四川大学哲学系教授，博士生导师）

目　录

第一篇　辩证法的研究与应用

第二篇　实践标准与思想解放

第三篇　人权问题的哲学思考

第四篇　文化与文化素质教育

第一篇　辩证法的研究与应用

马克思早年曾赞叹：“辩证法是内在的纯朴之光，是爱的智慧”。他认为辩证法是人类认识史上所取得的最优秀的战果，是永远盛开不败的鲜花，“是精神花园中欣欣向荣、百花盛开景象的体现者，是盛着种子的酒杯中冒出的泡沫，而统一的精神火焰之花就是从这些种子之中萌发出来”。后来，马克思、恩格斯又指出，辩证法不仅是科学的世界观，同时也是“我们最好的劳动工具和最锐利的武器”。列宁也曾指出，“辩证法是马克思主义中有决定意义的东西”，“马克思主义活的灵魂……它的根本的理论基础”，“辩证法是革命的代数学”。因此，我对马克思主义哲学的思考、研究和应用就从辩证法开始。

第一章 辩证法的规定

唯物辩证法作为一个由规律和范畴组成的理论系统，如同任何系统一样都具有一定的层次、结构和功能，有着多方面的特征，因而人们可以从不同的角度去认识和规定唯物辩证法。事实上，在马克思主义哲学发展史上对辩证法就有着多种多样的规定。总结这些规定，大体可以分为三个方面：一是马克思、恩格斯创立唯物辩证法时期，从唯物辩证法研究对象的角度作出的一般规定；二是列宁在新的条件下运用和研究辩证法，发挥恩格斯的思想，着重从辩证法的内容和本质特征的角度对辩证法作出的多方面的规定；三是毛泽东在运用辩证法来指导中国革命的过程中，结合总结中国革命的经验研究辩证法、批判教条主义，又从世界观和方法论统一的角度对唯物辩证法作出的总体的规定。

一、辩证法是关于自然、人类社会和思维的运动和发展的普遍规律的科学

马克思、恩格斯总结19世纪自然科学发展的成果，总结人类关于历史和思维认识的成果，批判继承哲学史上的辩证法思想，特别是黑格尔辩证法思想的“合理内核”，创立了唯物辩证法。他们当时主要的任务是要改造黑格尔的唯心辩证法，赋予它科学的形态。黑格尔认为辩证法是绝对观念的运动，绝对观念是独立的主体，是现实事物的创造主。因此，改造黑格尔的唯心辩证法，首先就是要解决辩证法的研究的客观对象问题。马克思、恩格斯正是这样来改造黑格尔辩证法的。马克思说：“我的辩证方法，从根本上来说，不仅和黑格尔的辩证方法不同，而且和它截然相反。在黑格尔看来，思维过程，即他称为观念而甚至把它变成独立主体的思维过程，是现实事物的创造主，而现实事物只是思维过程的外部表现。我的看法则相反，观念的东西不外是移入人的头脑并且在人的头脑中改造过的物质的东西而已。”① 恩格斯彻底贯彻马克思这一思想，全面论述了辩证法研究的客观对象，提出了客观辩证法决定主观辩证法的唯物主义原则。他说：“所谓客观辩证法是支配着整个自然界的，而所谓主观辩证法，即思维的辩证法不

---

① 《马克思恩格斯选集》第2卷，第217页。

过是自然界中到处盛行的对立中的运动的反映而已。”[①] 为了充分说明这一问题，恩格斯一方面指出，现代自然科学证明了：“自然界的一切归根到底是辩证地而不是形而上学地发生的”[②]。辩证法是在自然界、人类历史和思维中普遍起作用的，观念的辩证法只不过是现实世界的辩证运动的自觉的反映。另一方面，他又紧紧围绕着辩证法研究的客观对象来规定唯物辩证法，先后作出了几个规定。第一个规定是在《自然辩证法》的“计划草案”中提出“辩证法是关于普遍联系的科学。主要规律：量和质的转化——两极对立的相互渗透和它们达到极端时的相互转化——由矛盾引起的发展，或否定的否定——发展的螺旋形式”。后来，恩格斯在“辩证法”专题论文中又进一步解释说：这一规定是要“阐明辩证法这门和形而上学相对立的、关于联系的科学的一般性质”，说明它同黑格尔唯心辩证法的根本区别。恩格斯认为：“辩证法的规律是从自然界和人类社会的历史中抽象出来的。辩证法的规律不是别的，正是历史发展的这两个方面和思想本身的一般的规律。”黑格尔虽然提出了辩证的三个规律，但都是“以其唯心主义的方式只当作思维规律而加以阐明”，并把这些规律“作为思维规律强加于自然界和历史的，而不是从它们当中抽引出来的”[③]。这就是黑格尔的错误所在。显然，恩格斯提出的这一规定着重强调的是唯物辩证法的客观对象以及它同形而上学的对立和同黑格尔唯心辩证法的根本区别。

第二个规定是在《自然辩证法》“札记和片断”的《关于现实世界中数学的无限的原型》一文中提出的，辩证法是“关于一切运动的最普遍的规律的科学。这就是说，辩证法的规律无论对自然界和人类历史的运动或者对思维的运动，都一定是同样适用的”[④]。这一规定仍然是在强调辩证法研究对象的客观性。

第三个规定是恩格斯在《反杜林论》中批判杜林对马克思阐述的否定之否定的攻击，论述否定之否定规律的普遍性时提出的，“辩证法不过是关于自然、人类社会和思维的运动和发展的普遍规律的科学”[⑤]。这还是从辩证法研究的总的对象对唯物辩证法作出的一般规定。

这几个规定显然在时间上不是先后的逻辑顺序，但从思想的逻辑来看，它们是一种抽象和具体的关系，是以第一个规定作为逻辑起点，经过第二个规定从抽象上升到具体，从简单的规定上升到具体的规定。

“辩证法是关于普遍联系的科学”作为唯物辩证法规定的逻辑起点，首先就在于联系是唯物辩证法中最简单的范畴，是唯物辩证法理论体系的逻辑起点。联系是物质世界的普遍本性。世界上的一切事物、现象、过程都不能孤立存在，都是处在普遍联系之中的，在联系中产生、存在、运动和发展。恩格斯说：“当我们深思熟虑地考察自然界或人类历史或我们自己的思维活动的时候，首先呈现在我们眼前的，是一幅由种种联系和相互作用无穷无尽地交织起来的画面，其中没有任何东西是不动的和不变的，而是一切

---

① 《马克思恩格斯全集》第20卷，第558页。
② 同上，第25页。
③ 同上，第357、401页。
④ 同上，第611页。
⑤ 同上，第154页。

都在运动、变化、产出和消失”①。唯物辩证法要理论地再现这幅画面，就要首先反映事物、现象的普遍联系。

联系作为唯物辩证法的范畴，它的基本的含义就是相互作用。② 恩格斯指出：“相互作用是我们从现代自然科学的观点考察整个运动着的物质时首先遇到的东西。”“相互作用是事物的真正的终极原因。我们不能追溯到比对这个相互作用的认识更远的地方，因为正是在它背后没有什么要认识了。”③ 现代自然科学的新发展证明了自然界的各种物质运动最终都是由引力相互作用、弱相互作用、电磁力相互作用、强相互作用引起的。事物由一种状态转化为另一种状态，由低级到高级，由简单到复杂都是这四种相互作用的结果。现代系统科学也正是从相互作用出发建立了系统论和系统方法。这说明恩格斯关于联系范畴的基本含义是相互作用的思想是正确的。

相互作用作为事物发展的终极原因，作为联系的基本含义，它表明联系范畴是唯物辩证法理论体系中最抽象、最简单的范畴，就像马克思所说的商品交换是整个资产阶级社会的“细胞”一样，它是唯物辩证法理论体系中的“细胞”。唯物辩证法的规律和其他范畴都是从这一“细胞”中生长出来的。唯物辩证法的基本规律所揭示的是事物的最普遍、最本质的联系。唯物辩证法的其他范畴则是从事物的各个方面、各个环节来揭示事物的联系，没有联系也就不能建立起唯物辩证法的理论体系。因此，以联系范畴来规定辩证法，只能是一种简单的、抽象性的规定，不能达到对辩证法的全面的规定。但这一规定是唯物辩证法规定的起点，它不仅具有简单性，同时具有普遍性。它不是唯物辩证法的任何一个方面，而是以“胚芽”的形式包含着辩证法的整个发展的一切矛盾的方面，辩证法的全部内容都是这个既简单又普遍的规定的展开。当恩格斯进一步研究联系时，就提出了联系和运动是不可分割的。他指出，事物是相互联系的，也就是相互作用的，“并且正是这种相互作用构成了运动”④。一方面是事物的联系，也就是事物内部各要素之间以及事物同外部其他事物之间的相互作用构成运动；另一方面是运动表现联系。没有运动，静止的东西不可能发生相互作用，也就没有联系。事物不仅在联系中存在，而且是在运动中存在，运动是物质存在的根本方式。恩格斯指出：“物体和运动是不可分的，各种物体的形式和种类只有在运动中才能认识，离开运动，离开同其他物体的一切关系，就谈不到物体。物体只有在运动中才显示出它是什么。”⑤ 物质的运动形式又总是按照一定的规律不断转化的，随着运动形式的转化也就产生不同的物质运动形态。因此，唯物辩证法要正确地反映物质世界的存在状况，就必须引入运动。所以恩格斯又提出了辩证法是“关于一切运动的最普遍规律的科学”的第二个规定，并在后来的《路德维希·费尔巴哈与德国古典哲学的终结》一书中进一步概括为辩证法是“关于外部世界和人类思维运动的一般规律的科学”⑥。这一规定在第一个规定的基础上概括了

---

① 《马克思恩格斯全集》第20卷，第23页。

② 参见笔者：《论联系》，《社会科学研究》，1979年第4期。

③ 《马克思恩格斯全集》第20卷，第574页。

④ 同上，第409页。

⑤ 《马克思恩格斯选集》第4卷，第407页。

⑥ 同上，第239页。

物质世界运动的普遍的本质联系，反映了唯物辩证法研究的对象和它的本质方面，因而比第一个规定丰富和具体一些。但是，这一规定还不能完全表达唯物辩证法的本质和它的丰富内容，也不能完全反映客观世界的辩证运动。因为运动就一般的意义上说，它包括宇宙间发生的一切变化和过程，从单纯的位置移动直到思维，它既包括机械运动、物理运动、化学运动、社会运动和生物运动、思维运动等不同的运动形式，也包括前进上升的运动，又包括后退向下的运动。但是，在这各种运动变化中，“前进的发展，不管一切表面的偶然性，也不管一切暂时的倒退，终究会给自己开辟出道路”[①]。外部世界和人类思维运动的本质是前进上升的，即是永恒发展的。因此，要正确地反映物质世界的辩证运动，唯物辩证法就不能只研究一般的运动规律，而必须研究物质世界和人的思维的前进上升的发展规律。所以，恩格斯在《反杜林论》中作出的“辩证法不过是关于自然、人类社会和思维的运动和发展的普遍规律的科学”的这一规定才是从唯物辩证法研究对象方面对唯物辩证法的全面的规定。这一规定包含着前面两个规定的内容，又比它们更丰富、更具体了。它准确地说明了唯物辩证法研究的对象，体现了恩格斯对古希腊辩证法的总结和对黑格尔唯心辩证法的改造。它是从辩证法研究对象方面对唯物辩证法作出的科学规定，因而被现代国内哲学广泛采用。但是，应该看到，仅从研究对象来规定唯物辩证法是不可能全面的，它无法反映唯物辩证法的方法论功能，因而这一规定有待进一步发展。

二、辩证法是最全面、最富有内容、最深刻的发展学说

马克思、恩格斯创立了唯物辩证法，并对辩证法作出了规定。但是，应该看到，由于马克思、恩格斯当时的主要任务是改造黑格尔的唯心辩证法，把它建立在唯物主义基础上赋予辩证法以科学形态，因此，他们对辩证法也就着重从客体方面来规定，不能不带有时代的特征，表现出了客体化学说的倾向，而没有充分反映辩证法的方法论意义。

马克思主义辩证法同其整个哲学一样，总是随着时代的发展而发展的。19世纪末20世纪初，由于科学技术和生产力的发展，社会历史条件发生了很大的变化，世界进入了帝国主义和无产阶级革命的时代。怎样认识自然科学发展的新成就，如何分析各种社会矛盾、制定无产阶级革命的战略和策略，就成为这一时代的主要任务。这一革命任务特别需要研究和运用马克思主义认识论和辩证法，而这一时期机会主义打着辩证法的旗号，把辩证法的某些部分加以夸大、绝对化，采取诡辩论的手法，用庸俗进化论来代替革命的辩证法。这样，哲学斗争的重点就转移到认识论和辩证法上来。列宁适应时代和无产阶级革命斗争的需要，全面继承马克思、恩格斯的事业，对辩证法和认识论作了深入系统的研究。在辩证法方面，列宁主要研究了马克思、恩格斯创立的唯物辩证法，研究了黑格尔辩证法，并总结无产阶级斗争的新经验和自然科学发展的新成就，从辩证法的规定、内容、理论体系、方法论意义等方面作了进一步的阐述。关于辩证法的规

① 《马克思恩格斯选集》第4卷，第240页。

定，列宁从多方面来加以揭示和阐述，从而使它具有更加全面、丰富的内容。

第一，列宁针对修正主义用庸俗进化论来代替革命辩证法的倾向，着重阐述了辩证法中包含的发展的思想，提出辩证法是“最全面、最富有内容、最深刻的发展学说”。

列宁对辩证法的这一规定，是逐渐完善起来的。1910 年，他提出辩证法是“关于包罗万象和充满矛盾的历史发展的学说[①]。这一结论显然是不准确的。于是，1913 年，列宁明确提出辩证法是“最完整深刻而无片面性弊病的关于发展的学说”，这种学说认为反映永恒发展的物质的人类认识是相对的”[②]。1914 年，列宁又进一步补充说：“辩证法是最全面、最富有内容、最深刻的发展学说”，并指出“其他一切关于发展原理、进化原理的说法，都是片面的、内容贫乏的，都是把自然和社会的实际发展过程（往往伴有飞跃、剧变和革命）弄得残缺不全”，而马克思、恩格斯所阐述的唯物辩证法作为发展学说“要比流行的进化观念全面得多，内容丰富得多[③]。列宁还详细地解释了辩证法作为全面的发展学说的这一规定包含的丰富的内容：（1）发展的过程是从量到质的转化，是飞跃式的、剧变的、革命的是“渐进过程的中断”；（2）事物、现象内部发生作用的“各方面的力量和趋势的矛盾或冲突造成发展的内因”；（3）发展的趋势是在更高的基础上重复以往阶段的某些特征和特性〈否定之否定〉，“发展是按所谓螺旋式而不是按直线性进行的”；（4）发展是整体的，是事物的各个方面互相联系的统一的运动过程。这几个方面的阐述揭示了辩证法作为关于全面发展的学说是一个包含丰富内容的完整的理论系统。

第二，辩证法作为全面的发展学说，它包含多方面的内容。为了揭示辩证法各方面内容的内在联系，列宁又从辩证法各方面内容的关系来规定辩证法，提出辩证法是研究对象本质自身的矛盾，是关于对立面统一的学说。

对于辩证法的这一规定，列宁从两个方面作了阐述。首先，从研究哲学史上一些哲学家特别是黑格尔对矛盾问题在辩证法中的地位的论述来说明。他在研究黑格尔《逻辑学》一书时指出：“黑格尔在一切概念的更换、相互依赖中，在它们的对立面的同一中，在一个概念向另一个概念的过渡中，在概念的永恒的更换、运动中，天才地猜测到的正是事物、自然界的这样的关系。”[④] 列宁在研究黑格尔的《哲学史讲演录》时又进一步指出：“就本来的意义说，辩证法是研究对象的本质自身中的矛盾，不但现象是短暂的、运动的、流逝的，只是被约定的界限所划分的，而且事物的本质也是如此。”[⑤] 这是列宁研究黑格尔对辩证法的规定时所作出的阐述。其次，列宁从发展的动力、源泉和发展的实在内容来进一步规定辩证法是关于对立统一的学说。在《黑格尔逻辑学》一书摘要中他先提出：“辩证法是一种学说，它研究对立面怎样才能够同一，是怎样（怎样成为）同一的——在什么情况下它们是互相转化而同一的，——为什么人的头脑不应把这些对立面看作僵死的、凝固的东西，而应该看作活生生的、有条件的、活动的、彼此转化的

① 《列宁选集》第 2 卷，第 398 页。

② 同上，第 442 页。

③ 同上，第 583、584 页。

④ 参见《列宁全集》第 55 卷，第 166 页。

⑤ 《列宁全集》第 55 卷，第 213 页。

同一。”[1] 接着，他在全面分析了辩证法的16要素以后作出结论说：“可以把辩证法简要地规定为关于对立面统一的学说。这样就会抓住辩证法的核心，可是这需要说明和发挥。”[2] 后来，他在《谈谈辩证法问题》一文中论述了对立统一在辩证法中的核心地位，说明了对立统一是事物发展的动力源泉和发展的实在内容，揭示了辩证法是关于对立面统一的学说的本质的内容，从而进一步说明辩证法作为全面的发展学说所追求的是矛盾的解决和统一，这就是列宁说的“发展是对立面的统一”。

第三，列宁在探讨辩证法的实质时，又作出了“辩证法也就是马克思主义认识论”的规定。他在《谈谈辩证法问题》一文中指出：“辩证法也就是（黑格尔和）马克思主义的认识论”，并认为这“是问题的实质”[3]。他进一步解释说：“辩证法是活生生的、多方面的（方面的数目永远增加着的）认识，其中包含着无数的各式各样的观察现实、接近现实的成分（包含着从每个成分发展成整体的哲学体系）。——这就是它比起‘形而上学的’唯物主义来所具有的无比丰富的内容，形而上学的唯物主义的根本缺陷就是不能把辩证法应用于反映论，应用于认识的过程和发展。”[4] 辩证法就是认识论这一规定所揭示的内涵，首先就是“辩证法本来是人类全部认识所固有的”[5]。这就是说，一方面，辩证法是整个人类认识的规律。整个人类认识是一个充满着矛盾的辩证发展过程。这种矛盾发展过程就如恩格斯所指出的，人类对客观世界的认识是在思维的至上性和非至上性的矛盾中实现的，是在真理同谬误的斗争中发展的。人类对客观世界的认识，就是在不断克服这种矛盾中由相对真理走向绝对真理的过程。另一方面，辩证法又贯穿于认识真理的全过程中。列宁说，人的认识是“从生动的直观到抽象的思维，并从抽象的思维到实践，这就是认识真理、认识客观实在的辩证途径”[6]。他又说：“不仅从物质到意识的过渡是辩证的，而且从感觉到思想的过渡等等也是辩证的”[7]。总之，辩证法是人类全部认识所固有的，只有把辩证法当作认识论，才能科学地解决主体和客体、认识和实践、感性认识和理性认识、绝对真理和相对真理的本质关系等认识问题，从而科学地说明人的认识是一个由不知到知、由浅入深的充满矛盾运动的辩证过程。

辩证法也就是认识论的深刻含义还在于必须从认识论去理解辩证法的性质。辩证法作为一种理论，它的科学性、革命性只有用人类认识和实践的全部历史、科学发展的历史来证明。列宁在《谈谈辩证法问题》一文开头就讲：“统一物之分为两个部分以及对它的矛盾着的部分的认识，是辩证法的实质”。他认为“辩证法内容的这一方面的正确性必须由科学史来检验”[8]。他在《哲学笔记》中多次阐述人的实践是证明自己的观念、概念、知识、科学的客观正确性的标准。辩证法理论同任何科学理论一样，它的科学性、革命性，它的生命力都只有在人类认识和改造世界的实践中，在科学发展中才能得

① 《列宁全集》第55卷，第90页。
② 同上，第192页。
③ 同上，第308页。
④ 同上，第308页。
⑤ 同上，第308页。
⑥ 同上，第142页。
⑦ 同上，第243页。
⑧ 同上，第305页。

到证明。在这个意义上说，离开认识论，也就没有科学的辩证法。

从认识论去理解辩证法的性质还必须从哲学的基本问题出发去认识辩证法，才能解决辩证法的发展原则与唯物论统一原则的结合。思维与存在的关系作为哲学的基本问题，它既是认识论的根本问题，也是辩证法的根本问题。解决思维和存在的统一问题，一方面需要唯物主义认识论，解决思维对客观世界的正确反映；另一方面也必须懂得思维怎样才能反映客观世界的运动，如果不掌握思维运动与存在运动统一的规律，是不可能把思维与存在彻底统一起来的。这就是说，辩证法与认识论一样，也必须以解决思维与存在的统一问题作为自己的宗旨。旧唯物论所以是片面的，就因为它缺少辩证法，不懂得运用辩证法去解决思维与存在的统一问题，因此，尽管它在认识的根本原则上是正确的，但它不能如实反映世界，也就不能成为科学的认识方法。作为一种科学的辩证法，必须用发展的观点去解决思维和存在的统一问题。列宁在《哲学笔记》中就是这样提出问题的。他讲到关于辩证法的发展原则时说："如果一切都发展着，那么这是否也同思维的最一般的概念和范畴有关系呢？如果无关，那就是说，思维同存在没有联系。如果有关，那就是说，存在着具有客观意义的概念的辩证法和认识辩证法。"列宁由此提出了两个原则，一个是发展原则，一个是统一原则。这两个原则是紧密结合不可分割的。统一原则只有在发展原则中才能得到贯彻，发展原则也只有贯彻了统一原则才能够是彻底的。所以，"必须把发展的普遍原则和世界、自然界、运动、物质等等的统一的普遍原则联结、联系、结合起来"[①]，这样才能说明辩证法是科学的、彻底的发展学说。

第四，列宁在全面地分析了马克思主义的各个组成部分后，从辩证法在马克思主义中的地位来规定辩证法，提出辩证法是马克思主义的根本的理论基础。

1910 年，为了批判机会主义，列宁专门写了《论马克思主义历史发展中的几个特点》一文，指出必须用马克思主义辩证法来观察革命形势。他说："恩格斯在谈到他自己和他那位赫赫有名的朋友时说过：我们的学说不是教条，而是行动的指南。这个经典式的定义异常鲜明有力地强调了马克思主义的往往被人忽视的那一方面。而忽视那一方面就会把马克思主义变成一种片面的、畸形的、僵死的东西，就会阉割马克思主义的活的灵魂，破坏他的根本的理论基础——辩证法，即包罗万象和充满着矛盾的历史发展的学说；就会破坏马克思主义同时代的一定的实际任务，即随着每一次新的历史转变而改变着的任务之间的联系。"[②] 这是十月革命前列宁作出的结论。十月革命后，1923 年，列宁在《论我国革命（评尼·苏汉诺夫的札记）》一文中批判第二国际机会主义和俄国改良主义者教条式地对待马克思主义，否定俄国实现社会主义的可能性时指出："他们都自命为马克思主义者，但是对马克思主义的了解却迂腐到了极点。马克思主义中有决定意义的东西，即马克思主义的革命辩证法，他们是一窍不通的。"[③] 这里，列宁提出了辩证法是马克思主义的根本的理论基础，是马克思主义中有决定意义的东西，实际上是对辩证法的一个方面的重要规定。它说明了唯物辩证法同整个马克思主义的关系，指

---

① 《列宁全集》第 55 卷，第 215～216 页。

② 《列宁选集》第 2 卷，第 398 页

③ 《列宁选集》第 4 卷，第 689 页。

出唯物辩证法是贯穿在马克思主义之中的，是它的根本的理论基础和活的灵魂。列宁在《马克思恩格斯通信集》的序言中说："如果我们想用一个词来表明全部通信集的焦点，即其中所发表所讨论的一切思想集结的中心点，那么这个词就是辩证法。用唯物辩证法从根本上来改造全部政治经济学，把唯物辩证法应用于历史、自然科学、哲学以及工人阶级的政策和策略，这是马克思和恩格斯最为注意的事情，这是他们做了最重要最新颖的贡献的地方，这就是他们在革命思想史上英明地迈进的一步。"① 这说明，如果没有唯物辩证法也就不可能建立起马克思主义的科学体系。同样，没有辩证法，不能正确处理共性和个性的关系，也就不能实现马克思主义同各个国家具体实践相结合，马克思主义就会变成僵死的教条，失去对实践的指导作用，它就没有生命力。所以，列宁强调辩证法是马克思主义的活的灵魂。

第五，列宁从辩证法的社会价值论方面规定辩证法，提出"辩证法是'革命的代数学'"。

这一规定说明，辩证法的社会价值意义在于它是革命阶级分析矛盾、解决矛盾，指导革命取得胜利的最强有力的思想武器。辩证法的这一价值首先体现在它是分析社会矛盾、揭示社会发展规律的基本方法。列宁在《谈谈辩证法问题》一文中说："马克思在《资本论》中首先分析资产阶级社会（商品社会）里最简单、最普通、最基本、最常见、最平凡、碰到过亿万次的关系：商品交换。这一分析从这个最简单的现象中（从资产阶级社会这个'细胞'中）揭示出现代社会的一切矛盾（或一切矛盾的萌芽）。往后的叙述向我们表明这些矛盾和这个社会——在这个社会的各个部分的总和中、从这个社会的开始到终结——的发展（既是生长又是运动）"②，从而揭示了社会主义社会胜利的必然性。列宁指出，这是一般辩证法的研究方法。对于一切社会，为了正确认识它的矛盾和斗争，"马克思主义辩证法要求对每一特殊的历史情况进行具体的分析"③。这才是认识社会的基本的方法。其次，列宁认为要进行革命斗争，必须坚持辩证法，在不同时期要根据不同条件，采取不同的斗争形式。他指出，马克思主义者考察斗争形式应该提出的基本要求：一是决不拒绝任何一种斗争形式，决不限于只是在某一时期可能实行的斗争形式，必须承认随着社会局势的变化，必然会产生新的斗争形式；二是一定要用历史的态度来考察斗争形式问题。他说："脱离历史的具体环境来提出这个问题，就等于不懂得辩证唯物主义的起码要求。在经济演进的各个不同时期，由于政治、民族文化、风俗习惯等等条件各不相同，就不免有各种不同的斗争形式提到第一位，成为主要的斗争形式，而各种次要的附带的斗争形式，也就随之发生变化。不详细考察某个运动在它的某一发展阶段的具体环境，要想对一定的斗争手段问题作出肯定或否定的回答，就等于完全抛弃了马克思主义的立足点"④，这也就是抛弃了辩证法。坚持辩证法就必须坚持用不同的斗争形式去解决不同的矛盾，这是马克思主义者必须遵守的一条原则，也是引导革命胜利的思想保证。

---

① 《列宁全集》第19卷，第588页。

② 《列宁全集》第55卷，第307页。

③ 《列宁全集》第22卷，第310页。

④ 《列宁全集》第11卷，第196～197页。

综上所述，列宁从本体论、认识论、价值论等多方面对辩证法作出了规定。这些规定从多方面揭示了主观辩证法和客观辩证法的统一，揭示了辩证法是关于自然、社会和思维发展的最一般规律的科学，从而说明辩证法作为一种科学理论系统，它具有多方面的功能，既能解释客体运动发展的规律、解释主体认识发展的规律，又能说明主体和客体相互联系的规律，它具有最大的普遍性和最大的适用性。

三、辩证法是科学的世界观和方法论

由于唯物辩证法是马克思主义中具有决定意义的东西，以毛泽东为代表的中国共产党人在指导中国革命的过程中，为了解决马克思主义同中国革命相结合，为了正确认识和处理中国革命过程中各种复杂的矛盾，为了揭露和批判党内的教条主义，特别突出强调了唯物辩证法的世界观和方法论的指导作用，也就是强调辩证法的整体功能。毛泽东在他的专门的哲学著作《矛盾论》中结合总结中国革命斗争的经验，结合中国哲学中的辩证思维，阐述唯物辩证法的矛盾学说，发挥列宁关于辩证法是全面深刻的发展学说的思想，从世界观的角度提出辩证法就是宇宙观。他说："在人类认识史中，从来就有关于宇宙发展法则的两种见解，一种是形而上学的见解，一种是辩证法的见解，形成了两种对立的宇宙观。"① 毛泽东对这一规定作了多方面的论述，首先，他指出唯物辩证法作为宇宙观，其实质是说明事物内部矛盾引起事物的发展。他说："唯物辩证法的宇宙观主张从事物的内部，从一事物对他事物的联系去研究事物的发展，即把发展看做是事物内部的必然的自己的运动，而每一事物的运动都和它的周围其他事物互相联系着和互相影响着。事物发展的根本原因，不是在事物的外部而是在事物的内部，在于事物内部的矛盾性。"② 事物内部的这种矛盾性是事物发展的根本原因，一事物同他事物的互相联系和互相影响则是事物发展的第二位的原因。这样，毛泽东进一步说明了列宁提出的辩证法是发展学说的内在机制。

其次，毛泽东认为辩证法作为宇宙观在哲学史上早就提出了，并且是不断发展的。他指出："辩证法的宇宙观，不论在中国，在欧洲，在古代就产生了。"辩证法经历了从古代自发的朴素的辩证法到19世纪黑格尔的唯心辩证法，最后到19世纪40年代由马克思、恩格斯总结当时生产力和科学技术的发展，总结无产阶级阶级斗争的经验，综合人类认识的积极成果，特别是批判地吸收了黑格尔辩证法的合理的部分，创立了唯物辩证法的科学的宇宙观，在人类认识史上产生了空前的大革命。

再次，毛泽东论述了唯物辩证法作为宇宙观和方法论的统一。1937年7～8月，毛泽东在延安抗日军政大学讲哲学时专门论述了辩证法唯物论中宇宙观和方法论的一致性。他说：辩证法唯物论是无产阶级的宇宙观，同时又是无产阶级认识周围世界的方法和革命行动的方法，它是宇宙观和方法论的一致体。他从唯物论与辩证法的统一出发，

---

① 《毛泽东选集》，第300页。

② 同上，第301页。

批判机会主义把辩证法从唯物论中割裂开来，从而把辩证唯物论的实质归结为“方法”的错误，指出他们不了解马克思主义的方法论——辩证法，与黑格尔的唯心的辩证法不相同，是唯物的辩证法。他说，马克思的方法论是丝毫也不能离开他的宇宙观的。同时，他又批判机械唯物论者仅仅把辩证唯物论当作一般哲学的宇宙观、割去它的辩证法的错误，指出他们不了解马克思主义的唯物论不是简单的唯物论，而是辩证法的唯物论。最后，他作出结论说：“辩证法唯物论是宇宙观和方法论的一致体”。他从辩证法、认识论、逻辑学三者的一致性对辩证法是世界观和方法论的统一作了精辟的论述，指出：“唯物辩证法是马克思主义的科学方法论，是认识的方法，是理论的方法，然而它就是世界观。世界本来是发展的物质世界，这是世界观；拿了这样的世界观转过来去看世界，去研究世界上的问题，去指导革命，去做工作，去从事生产，去指导作战，去议论人家长短，这就是方法论，此外并没有别的什么单独的方法论。所以，在马克思主义者手里，世界观同方法论是一个东西，辩证法、认识论、逻辑学，也是一个东西。”在这种统一中，毛泽东特别强调它的方法论意义。他说：“辩证法的宇宙观，主要地就是教导人们要善于去观察和分析各种事物的矛盾运动，并根据这种分析，指出解决矛盾的方法。”①

从毛泽东对唯物辩证法的规定可以看到，他已经不是把唯物辩证法作为马克思主义哲学的组成部分，而是把它作为整个马克思主义哲学来规定的。毛泽东的这一规定是符合恩格斯在《反杜林论》中关于辩证法的思想的。恩格斯在《反杜林论》中就是把唯物主义辩证法当作世界观来看待的。他在论述辩证法关于普遍联系的思想时指出：把一切事物都看作是处在相互联系，一切都在运动、变化、产生和消失的。“这个原始的、素朴的但实质上是正确世界观，是古希腊哲学的世界观”②。他在《反杜林论》的第二版序言中又说：“马克思和我，可以说是从德国唯心主义哲学中拯救了自觉的辩证法并且把它转变为唯物主义自然观和历史观的唯一的人”③。恩格斯为了说明马克思和他所创立的现代唯物主义同旧哲学的区别，强调现代唯物主义本质上是辩证的。因而他所说的“新唯物主义”“现代唯物主义”“唯物主义辩证法”实质上都是讲的马克思主义哲学，都是对现实世界的本质及其辩证运动的普遍规律的理论反映和科学表述，是唯物主义世界观和方法论的统一。由此可以看到，毛泽东从世界观和方法论统一的角度把唯物辩证法规定为宇宙观，体现了马克思主义哲学所产生的革命变革和它的方法论意义。

毛泽东正是从唯物辩证法是世界观和方法论的统一出发，强调哲学的方法论功能。早在1941年8月底，在毛泽东的指导下，中共中央成立了“思想方法”学习小组，毛泽东亲自担任组长；9月上旬，他提出“组织思想方法研究组”，“研究马、恩、列、斯的思想方法论”；9月底，他在给中央研究组及高级研究组各同志的信中提出学习理论，学习哲学“以研究思想方法为主”④。为教育全党学习和研究思想方法，1941年10月30日，毛泽东作了关于思想方法问题的专题报告，通俗地阐述了马克思主义的哲学理

① 《毛泽东选集》，第304页。

② 《反杜林论》，第23页。

③ 同上，第13页。

④ 《毛泽东书信选集》，第189页。

论，并把一些基本的哲学观点具体化为思想方法。新中国成立后，毛泽东也一直重视哲学的方法论功能。他认为只有掌握马克思主义哲学才能使我们有共同的认识、共同的方法。1955 年，他《在中国共产党全国代表会议上的讲话》中号召我们广大干部学习马克思主义哲学，掌握共同的方法。他说："马克思主义有几门学问：马克思主义的哲学，马克思主义的经济学，马克思主义的社会主义——阶级斗争学，但基础的东西是马克思主义哲学。这个东西没有学通，我们就没有共同的语言，没有共同的方法，扯了许多皮，还扯不清楚。有了辩证唯物论的思想，就省得许多事，也少犯许多错误。"1957 年，他《在中国共产党全国宣传工作会议上的讲话》中提出："要克服我们思想中的片面性，就必须要把辩证法逐步推广，要求大家逐步地学会使用辩证法这个科学的方法。"1958 年 3 月，他在成都会议上的讲话中指出：方法问题，第一是唯物论，第二是辩证法。1960 年 3 月，在天津会议上他还提出：哲学是一种方法，是一种架子，不懂得这个架子，办事就要差一些，想问题就要差一些。毛泽东认为，要实现哲学的方法论功能，就是要让广大群众学习哲学，学习辩证法。1957 年 11 月，他在莫斯科共产党和工人党代表会议上发言中提出："关于辩证法，需要作广泛的宣传。我说辩证法应该从哲学家的圈子走到广大人民群众中间去。"[①] 1963 年，他又提出"让哲学从哲学家的课堂上和书本里解放出来，变为群众手里的尖锐武器"。这样，哲学才能变成改造世界的物质力量。

上面我们考察了马克思主义哲学发展史上恩格斯、列宁到毛泽东从不同角度对唯物辩证法的多种规定。这些规定从各个方面揭示了唯物辩证法的本质。我国现行哲学从这多种规定中往往选择了恩格斯所作的辩证法"是关于自然、人类社会和思维运动发展的普遍规律的科学"，和列宁作出的"辩证法是最全面、最富有内容的、最深刻的关于发展的学说"，或把恩格斯提出的"辩证法是关于普遍联系的科学"与列宁的关于辩证法是"发展的学说"这一规定结合起来提出："唯物辩证法是关于联系和发展的学说"。这几个规定都是正确的，但不是全面的。唯物辩证法的规定应该是关于唯物辩证法的全面的概念，它要揭示辩证法的本质方面，辩证法同周围世界的关系以及它的发展规律和方法论意义。上述恩格斯的规定主要是和黑格尔唯心辩证法相区别，同形而上学相对立，它所揭示的重点是辩证法研究对象的客观性和它的唯物的本质。列宁对唯物辩证法的规定主要是针对庸俗进化论对唯物辩证法的歪曲，重点在阐述唯物辩证法的革命的批判的本质。因此，单独采用恩格斯或列宁对唯物辩证法的任何一个规定都不能全面地规定辩证法。相比之下，毛泽东从世界观法和方法论的统一出发来规定唯物辩证法的思路更切近对唯物辩证法的总体的、全面的规定。但是，这一思想没有引起我国哲学界的重视。值得指出的是，1987 年出版的《中国大百科全书·哲学卷》中一改过去对唯物辩证法的规定而先提出一般辩证法是"关于自然、社会和思维发展的最一般规律的科学，是科学的世界观和方法论"，然后在这一基础上提出唯物辩证法"是关于自然、人类社会和思维的运动和发展的普遍规律的科学，是无产阶级的世界观和方法论"[②]。这一规定总

① 《毛泽东文集》第 7 卷，第 332 页。

② 参见《中国大百科全书》哲学卷上册，第 43、46 页。

体上是正确的，但我认为有两个毛病：一是对一般辩证法的规定不准确，因为一般辩证法中包括古代朴素辩证法和黑格尔的唯心辩证法，这两种形态的辩证法很难说它们是关于自然、社会和人类思维运动发展的规律科学，更难说它们是科学的世界观和方法论。二是限制了唯物辩证法的科学性，认为它只是无产阶级的世界观和方法论，因而降低了它的普遍性。我认为，准确的、全面的规定应该是：唯物辩证法是关于自然、人类社会、思维运动和发展的普遍规律的科学，是科学的世界观和方法论。

注：本章是由《社会科学研究》1992 年第 5 期发表的《论唯物辩证法的规定——从恩格斯到毛泽东》和广州《现代哲学》1992 年第 1 期发表的《论列宁对辩证法的规定》两文编辑而成的，编辑过程中对有的节标题有所改动。

第二章　联系在辩证法中的地位

“辩证法是关于普遍联系的科学”。恩格斯给辩证法下的这一定义，说明了“联系”在辩证法中的重要地位。但是，较长时间以来，讲辩证法不强调“联系”。我们的哲学教材没有给“联系”以应有的位置，国内的权威教材曾一度把联系作为对立统一规律的一节来安排，这不符合唯物辩证法本身的逻辑。因此，研究这一问题，对于完整、准确地理解和运用唯物辩证法具有现实的意义。

一、对“联系”概念的理解

对于“联系”，有一种看法，常常把它当作矛盾的同一性，这是不正确的。“联系”是辩证法中一个最基本的概念，它有着十分广泛的含义。从宇宙天体之间到基本位子之间的吸引和排斥，各种运动形态的互相转化，地球上生物机体同环境之间的相互影响，动植物之间的相互制约、相互依赖，社会中生产关系和生产力、上层建筑和经济基础之间的相互作用，国民经济各个部门的相互制约、相互依赖、相互促进，思维中各种范畴、概念、判断之间的隶属和转化等等都是“联系”。“联系”所反映的是各种事物、现象、过程以及每一事物内部各方面之间的相互作用。它包括整个对立统一关系，比矛盾同一性的含义更广泛。恩格斯就是在相互作用的意义上使用“联系”这一概念的。他说：“我们面对着的整个自然界形成一个体系，即各种物体相互联系的总体，而我们在这里所说的物体，是指所有的物质存在……这些物体是互相联系的，这就是说，它们是相互作用着的，并且正是这种相互作用构成了运动。”① 恩格斯在谈到因果联系时又说：“原因和结果这两个观念，只有在应用于个别场合时才有其本来的意义，可是只要我们把这种个别场合放在它和世界整体的总联系中来考察，这两个观念就汇合在一起，融化在普遍相互作用的观念中。在这种相互作用中，原因和结果经常交换位置，在此时或此地是结果，在彼时或彼地就成了原因，反之亦然。”② 他认为：“只有从这个普遍的相互

---

① 《马克思恩格斯选集》第 3 卷，第 492 页。

② 《反杜林论》，第 20 页。

作用出发，我们才能达到现实的因果关系。”[①] 这就是说，世界上各种事物、现象的各种各样的联系，其基本的意义就是相互作用。这种相互作用表现为事物、现象、方面之间的相互依赖、相互制约、相互影响和相互转化。

事物的联系就是事物之间的相互作用，反映出“联系”具有相互性的特点。一事物不仅影响着他事物，而且自身也受到他事物的影响，正如黑格尔说的：“相互作用就是互为前提和相互制约的实体的互为因果，每一个实体对于另一个实体来说，同时既是积极的又是消极的”。[②] 这里，黑格尔是“猜测到了”事物联系的辩证法，说明处在相互联系中的某一物，从它制约和影响另一事物来讲，它是积极主动的，但是它同时又受到别的事物的制约和影响，因而它又是消极被动的。正是由于事物的联系具有相互性，辩证法才坚持在抓住和解决主要矛盾的同时，必须解决好次要矛盾。在社会主义建设中，我们要充分认识和重视各方面的相互联系，树立全局观念，才能处理好国民经济各个部门的关系。当前，党中央提出的对国民经济进行“调整、改革、整顿、提高”的方针，就是针对“文化大革命”的破坏所造成的国民经济比例失调、经济管理体制不适应生产力发展的需要、经营管理混乱等状况而提出的。在贯彻这一方针中，须从全局出发，考虑多方面的条件，才能建立综合平衡，正确改革管理体制，整顿管理混乱的企业，提高生产力的水平，推动整个国民经济高速度发展。

由于事物、现象的多样性，“联系”所表现的形式和性质也是多种多样的。“联系”的最一般、最普遍的形式是直接联系和间接联系。事物内部各方面之间以及一事物与另一事物之间，不经过中间环节发生相互作用的联系是直接联系；一事物与另一事物之间，要经过“中介”才发生相互作用的联系则是间接联系。比如，生产力与生产关系是直接联系，而生产力与上层建筑之间就是间接联系。斯大林说：“上层建筑与生产及人的生产行为没有直接联系。上层建筑只是经过经济的中介、基础的中介与生产发生间接联系，因此，上层建筑反映生产力发展水平不是直接发生，不是立刻发生的，而是在基础改变以后，通过生产改变在基础的各种改变上的折光来反映。”[③] 列宁认为间接联系构成了事物的最普遍的联系。他说：“每个事物（现象、过程等等）是和其他每个事物联系着的”，“一切都是互为中介，连成一体，通过转化而联系的”；又说：“任何个别经过千万次的转化而与另一类个别（事物、现象、过程）相联系”[④]。这就是说，不是只有对立的两个侧面才是联系的，而是世界上一切事物都是相互联系的，它们通过中介和转化都会发生相互作用，也就是发生相互依赖、相互制约和相互影响。那种把事物的联系归结为“转化式”和“链条式”两种联系的观点[⑤]，同列宁关于事物的普遍联系的思想不相符合，也同事实不相符合。首先，转化是存在于一切联系之中的，不能作一种单独的形式。列宁曾多次指出，各种事物之间是“通过转化而联系的”，并说：“联系也就

---

① 《自然辩证法》，第193页。

② 转引自《列宁全集》第38卷，第171页。

③ 《马克思主义语言学问题》，第7页。

④ 《列宁全集》第38卷，第239、103、429页。

⑤ 《光明日报》1979年4月5日发表的《“联系”是唯物辩证法一个基本概念》一文中把联系归结为“转化式”和“链条式”两种形式。

是转化”[①]。这就是说，转化是各种联系所具有的特点。其次，“链条式”的联系给人一种“单线联系”的印象，不能反映事物联系的多样性和普遍性。事实上，由于间接联系使任何一种事物都处于普遍联系之中，因此，事物之间的联系不是成“链条”的形，而是成“网”的状。如农业收成就同时与自然气候、土壤、灌溉、肥料、种子、耕作、农具等等因素相联系，也同工业、交通运输等等相联系。这些因素不是单线作用于农业，而是共同作用于农业，只是作用的方式有直接和间接的区别。我们只有从直接联系和间接联系出发，才能理解事物的普遍联系。

“联系”从性质上又可以区分为本质联系和非本质联系。本质联系是事物内在的、必然的、规律性的联系，它所反映的是事物、现象间的一种确定不移的相互作用关系。比如，机械能会产生热能，农业是基础，工业是主导，农、轻、重之间需要有一定的比例，商品的价值决定于社会必要劳动时间等等，这些都是属于确定不移的联系。一般说来，直接联系都带有本质性的特点。非本质联系则是事物外部的、偶然性的联系，它所反映的是事物、现象间的一种可变的、不确定的关系。例如，社会主义是一定会战胜资本主义的，但是这种胜利究竟在什么时候实现，则是由历史发展中的许多具体条件决定的，因而胜利和时间的联系带有不确定性。种瓜得瓜，种豆得豆，反映出种什么东西和收什么东西之间是一种必然的联系，但是种什么和收成多少之间的联系则是因条件而变化的，因而又具有一种不确定的性质。

不同的联系在事物发展过程中的作用是不相同的。从不同形式的联系来说，直接联系直接影响着事物发展的进程，而间接联系对事物发展的影响就不如直接联系那样显著、那样及时，它只有先通过影响“中介”，才能对事物的发展发生作用。比如在工业生产中，钢铁工业直接影响机械工业，但它只有经过机械工业才能影响纺织工业。从不同性质的联系来说，事物的本质联系决定着事物发展的道路、方向；事物的非本质联系也影响着事物的发展水平、状态，但它不能改变其发展方向。社会主义中国的特点同现代化的联系决定了中国的现代化的方向必须是在坚持四条基本原则前提下的社会主义现代化。在实现现代化的过程中，对外国经验学习的好坏虽然对我们现代化进程有影响，但它不能改变中国现代化的方向和道路。研究事物的联系必须善于在普遍联系中发现和区分直接联系和间接联系，发现和区分事物的本质联系和非本质联系，并在首先抓住直接联系和本质联系的同时，注意处理好间接联系和非本质联系，这样才能把握住事物的总的联系。

二、联系是事物存在的普遍形式

联系在马克思主义唯物辩证法中的地位和作用，逐渐引起了理论界的重视。但是联系在马克思主义哲学唯物论中的意义，迄今却很少为人所注意。当代自然科学的发展，为我们研究这一问题积累了丰富的材料。

① 《列宁全集》第38卷，第192页。

辩证唯物主义认为，世界的物质存在是以物质的各种不同形态而存在的。恩格斯说："我们面对着的整个自然界形成一个体系，即各种物体相互联系的总体，而我们这里所说的物体，是指所有的物体存在，从星球到原子，甚至以太粒子，如果我们承认以太粒子存在的话。这些物体是相互联系的，这就是说，它们是相互作用着的，并且正是这种相互作用构成了运动。"[①] 恩格斯这段话既说明了世界的物质存在是通过物质的各种形态，即各种物体的存在表现出来的，也说明了各种物体都是分层次相互联系而存在的。现代自然科学的层次论，说明物质世界从层子到基本粒子到宇宙天体到超星系，都是通过强相互作用力、弱相互作用力、电磁力和引力构成一个相互联系的总体，离开这个联系总体的事物是没有的。

所以，辩证唯物主义认为事物只有在相互联系中才能存在，联系是物质存在的最普遍的形式。事物只能以联系的方式存在。

首先，因为一切存在的物质形态都只能处在运动中，如马克思所说："一切存在物，只是由于某种运动才得以存在"[②]，没有运动也就没有物质的存在。而物质的运动是由相互联系，也就是相互作用构成的，离开存在物的相互联系，就不能产生运动，因而也就没有物质的存在[③]。

其次，只有各种物质形态的相互联系才能表现出物质的时间和空间的存在形式。运动着的物质是在时间和空间中运动的。时间和空间是物质形态相互联系的形式。

什么是时间？时间就是物质运动的顺序性、持续性、间隔性。它表明一个事物和另一个事物、一种运动过程和另一种运动过程依次出现的先后顺序，它表明一种物质存在和一种运动过程持续的长短。可见，时间是事物运动发展过程的历史联系，它的表现和确定都是以事物之间的相互联系和运动为基础的。一方面，因为有一事物向他事物的转化而产生的因果联系才表现出事物出现的先后顺序，否则无法说明一事物在先，另一事物在后。比如，没有播种就没有发芽，也就无法表现播种在先、发芽在后。另一方面，如果没有一事物和另一事物、一种过程和另一种过程相联系，也就无法比较事物存在的久暂、过程持续的长短。我们说乌龟的寿命最长，是把它同其他动物联系起来相比较而说的；我们说从猿到人是一个漫长的过程，也是同其他生物的进化联系起来加以比较而得出的结论。不仅如此，时间的量的确定更是依赖于处在相互联系中的物质运动，年、月、日是根据地球绕太阳旋转、月亮绕地球运行以及地球的自转来确定的。总之，事物的时间的表现和确定都是以事物的联系及其在联系中的运动为基础的，离开了事物之间的相互联系就没有运动，也就没有事物的时间这种形式。

同样，事物也只有在相互联系中才能表现和确定它的空间形式。空间是物质运动的广延性，它表示物体彼此之间并存的关系和分离的状态，表示着它们的体积、形状和排列秩序，也就是一般所说的事物的位置、体积和形状的特性。这种特性表明空间是物质运动的位置联系，说明一事物的空间是以他事物存在为条件，通过与他事物的关系表现

① 《马克思恩格斯选集》第3卷，第492页。

② 《马克思恩格斯全集》第4卷，第141页。

③ 详见笔者在《社会科学研究》1979年第4期发表的《论联系》一文。

出来，并根据这种关系来确定的。没有一物与他物的联系，就谈不上什么并存关系和分离状态，不把一物与他物联系起来相比较，无法说明体积大小、形状差异。没有一物与他物的联系，也无法确定一物的位置。我们说一物是靠近还是远离，总是以另一物为参照的，当你说喜马拉雅山是世界最高的山时，则是把它同全世界的山联系起来加以比较说的。我们要确立任何一物的空间位置，必须以另一物作为参照物，否则无法定位，如此等等。离开事物之间的相互联系就没有事物的空间形式。

同事物的时间的量的确定一样，事物的空间量也是通过物体在相互联系中的运动来确定的。衡量宇宙天体的空间距离是以光在真空中以每秒 30 万公里的速度运行一年的路程作为“尺子”；平时测量物体长度的米，则是用一种叫作氪 86 的气体在真空中发出的一条橙色光波的波长做标准来规定的，并以这种光波在真空中波长的 1 650 763.73 倍定为 1 米。对微观世界极小长度的测定是用物体的电磁波以及基本粒子的物质波的波长作标准来测定的。总之，一切物体的空间的量的确定都离不开同他物的关系。

综上所述，事物的时间和空间都是事物的联系形式。空间和时间作为事物的存在形式，表明每一个具体的事物在物质世界的联系总体中所处的具体的层次。联系作为物质存在的普遍形式，则表明物质世界的层次的延续性和无限性。它说明每一个具体的事物不仅都有一定的时间和空间，而且它们不是彼此孤立、隔绝的，而是互相联结的，形成整个世界之“网”。在这个“网”中，每一个网结就是一个层次、一个具体的事物，它又同周围其他网结相联系而存在。这就是事物在相互联系中的存在方式。这一存在方式说明了时空的无限性。形而上学由于离开事物的联系，孤立地观察事物的时间和空间，因而不能理解时空的无限性，辩证唯物主义把联系作为事物存在的普遍形式，因而时空（宇宙）的无限性就是题中应有之义了。

三、联系的多样性

联系作为事物存在的方式，一方面说明了联系的客观性，它表明“世界现象的自然的、客观的联系是存在着的，这是毫无疑问的”[①]，人的思维中概念、判断之间的联系只是客观联系的反映；另一方面它又说明了联系既是普遍的，也是具体的。它表明，凡是物质存在着的地方都存在着联系。世界是物质的，因此，世界是一个有机联系的整体。世界上的事物又是分不同的层次存在的，因而各种事物、现象、过程等等的联系又总是各不相同的、具体的。

普遍联系或联系的普遍性是指宇宙中一切事物及其过程之间都广泛地存在着各种联系，具体表现在三个方面：

第一，每一事物（或系统）内部诸方面（或要素）之间是相互联系着的。任何一个事物，大至天体、小至基本粒子内部都包含着许多方面，这些方面之间的互相联系构成事物的统一整体。事物内部各方面之间的联系是比较明显的。黑格尔在批判旧逻辑没有

① 列宁：《唯物主义和经验批判主义》第 149 页。

转化、没有发展（概念和思维的），没有各部分之间的“内在的必然联系”时，提出了“联系的必然性”和“差别的内在发生”“两个基本的要求”。列宁认为，黑格尔这一思想“非常重要!! 并且归结为‘两层意思’：1. 某个现象领域的一切方面、力量、趋向等等的必然的、客观的联系；2. ‘差别的内在发生’，是差别、两极性的进展和斗争的内部客观逻辑”[①]。这里，列宁改造了黑格尔的思想，指出一切事物内部都存在着差别的方面、力量、趋向。这些方面、力量、趋向之间都具有客观的、必然的联系。列宁在总结马克思的辩证法的时候，再一次明确地指出：“每种现象的一切方面〈而历史不断地揭示出新的方面〉，都是互相依存的，彼此有极其密切而不可分割的联系，形成统一的、有规律的世界过程。”[②] 这就是说，事物的联系普遍地存在于一切事物内部各方面之间，并且正是这种联系形成具体事物的统一整体。

第二、事物发展过程的各阶段之间存在着相互联系。辩证唯物主义认为，“世界不是一成不变的事物的集合体，而是过程的集合体”[③]。每一个“事物总是作为过程向前发展的”（毛泽东语）。在事物发展过程中，由于贯穿全过程的根本矛盾的激化程度及其与非根本矛盾关系的变化，事物发展的过程又总是表现为一系列的阶段[④]，并经过这些阶段从低级到高级完成全过程。其中，各个阶段之间都存在着必然的联系，因为事物发展过程中的各个阶段，是总的量变过程中的部分质变，上一个阶段为下一个阶段作准备，下一个阶段是上一个阶段发展的必然结果，各个阶段之间的这种联系使事物的发展过程表现为一种必然性的展开。正如恩格斯在论述历史发展的时候所说的：“历史上依次更替的一切社会制度都只是人类社会由低级到高级的无穷发展过程中的一些暂时的阶段。每一个阶段都是必然的。”[⑤] 在这个过程中，不管一切表面的偶然性，也不管一切暂时的倒退，历史终究会为自己开辟出前进的道路。不仅社会的发展是这样，自然界的发展也是这样，整个发展过程的每一个阶段既不会停顿，也不能飞跃，只能按各个发展阶段之间固有的联系依次展开。

第三、世界上一切事物都是互相联系的。这种联系或者是直接联系，或者是通过“中介”间接联系，形成整个世界的普遍联系。有一种意见认为“应该抛弃一切事物都是互相联系的提法”，认为这不是马克思主义辩证法的观点。这种意见是不正确的。对于事物之间的这种普遍联系，恩格斯和列宁都十分重视，并且早有明确的论述。恩格斯曾多次指出自然界的一切事物都是互相联系的，并根据当时自然科学的成就，提出了“世界是一个有机联系的整体”[⑥]，指出各种事物通过中间环节联成一体。他在批判形而上学绝对分明和固定不变的界限时用很多当时自然科学所揭示的不同的动物之间的联系的事实指出：“一切差异都在中间阶段融合，一切对立都经过中间环节而互相过渡……

---

① 以上均见《哲学笔记》，第 95～96 页。

② 《列宁选集》第 2 卷，第 584 页。

③ 《马克思恩格斯选集》第 4 卷，第 240 页。

④ 参看《毛泽东选集》第 1 卷第 289 页对这一问题的论述。

⑤ 《马克思恩格斯选集》第 4 卷，第 212～213 页。

⑥ 《马克思恩格斯全集》第 20 卷，第 662 页。

辩证法不知道什么绝对分明和固定不变的界限”，它“使对立互为中介”①。这就是说，许多表面看来是绝对分明毫无联系的事物，但是，经过若干中间环节的“过渡”，这种“绝对分明的”对立的两极也是彼此联系着，并且使对立的两极分别成为整个联系的一个环节，因而“使对立互为中介”。列宁在论述这一问题时也指出，世界上各种事物、现象和过程是通过中介，经过转化而形成世界性的普遍联系的。他说：“每一个事物（现象等等）的关系不仅是多种多样的，并且是一般的、普遍的。每个事物（现象、过程等等）是和其他每个事物联系着的。任何个别经过千万次的转化而与另一类的个别（事物、现象、过程）相联系”，“一切都是经过中介连成一体，通过转化而联系的”。②科学的发展证明恩格斯、列宁的这一思想是完全正确的。比如达尔文以前，认为物种之间是没有联系的，一些生物学家把自然界的生物分为互不联系的纲、门、科、属、种，整个生物界被描绘成为一幅由彼此隔绝的各种生物的偶然堆积图。达尔文的进化论打破了这种偶然堆积图，指出了自然界繁复的物种，最初都是由少数几种物种进化而来的，从而揭示了自然界中各种生物之间的联系。现代分子生物学和遗传工程学又进一步揭示出各种生物都有共同的遗传物质——核酸，都有共同的遗传密码——DNA（脱氧核糖核酸），从最低等的动物到最高等的万物之灵的人都是经过 DNA 千万次的不同的排列组合，也就是千万次转化而发生的相互联系。不仅生物界，而且整个世界上的一切事物都是互相联系的。许多表面看来毫不相干的事物，经过中介和转化却发生种种联系。比如太阳黑子的活动同世界性流感，乍一看来是风马牛不相及的，但是科学研究已经发现，太阳黑子的变化同世界性流感之间存在着一定的关系。据记载，从 18 世纪到目前为止，全世界共发生 12 次世界性大流感，其中除 1889 年的一次与太阳黑子活动的关系不大以外，其余的 11 次都和太阳的黑子活动有关。太阳黑子活动对人体的影响，是经过许多中间环节来实现的。由于太阳黑子数增多，太阳对地球的紫外线辐射量也大大增加，紫外线的增加使流感病毒的突变诱发率增高，容易出现感染力很强的甲型流感新亚型病毒，从而引起世界性流感大流行。又比如，工业发展同海水上涨这似乎是毫无联系的，但是，由于工业的发展，生产中大量燃烧煤、油、气，产生大量的二氧化碳，在高空中发生“温室效应”，放出热量，引起大气层气温增高，从而引起冰山的溶化，导致海水上涨。由于中间环节的存在，世界上找不到毫不相干的事物和现象，一切都是互相联系着的。

世界上的事物是通过中介连成一体、表现出普遍联系的，因此，认识和把握中介，对于认识事物的普遍联系是十分重要的。列宁说：“要真正地认识事物，就必须把握、研究它的一切方面、一切联系和中介”③。所谓一切联系，一般说来包括直接联系和间接联系。直接联系比较明显，容易把握；但是经过中介而发生的间接联系就比较隐蔽，特别是经过多层中介而发生的联系则是更加隐蔽，更加不易察觉，因而往往被人们忽略。为了把握这种联系就必须把握中介，只有把握了中介，弄清间接联系，才能达到把

① 《马克思恩格斯全集》第 20 卷，第 554～555 页。

② 《哲学笔记》第 239、103 页。

③ 《列宁选集》第 4 卷，第 453 页。

握一切联系、真正认识事物的目的。

有一种意见认为，坚持普遍联系的观点就会导致捕风捉影的乱联系。他们认为，“文化大革命”中，林彪、江青两个反革命集团为了篡党夺权就是这样采取牵强附会、生拉硬扯找联系整人的。这种看法，第一是没有分清客观联系和主观联系。我们所说的普遍联系是事物本身所固有的联系，并非林彪、江青一伙主观臆造的联系。第二，这种看法没有分清不同性质的联系，把事物之间的普遍联系都当着必然联系。事物之间存在着普遍联系，但并不是说任何事物之间都存在着必然联系。对于每一个确定环境中的具体事物说来，因为都有它不同的方面和不同的条件，也就有不同的具体的联系。我们不能离开不同的条件混淆各种不同的具体联系。

所谓具体联系或联系的具体性，首先是指的不同事物有不同的联系。这种联系是由事物的不同方面和它所处的具体条件所决定的。事物依据它自身生存、运动和发展所需的条件而与他物发生种种联系，不同的事物所需条件不同，也就有着不同的联系。人类社会中通过生产关系而发生的种种联系，同自然生态中植物动物以“大鱼吃小鱼，小鱼吃虾米”的食物链的形式所发生的联系就有着本质的区别，不能互相代替。这种不同事物同它所需条件之间的联系，总是有区别的、具体的，因而是十分丰富的。但是，事物的最具体的联系是事物和它条件之间的规律性联系。事物的联系中并非所有联系都带有规律性，那些现象之间偶然发生的联系，是一种不稳定的、经常变化着的联系，它们没有固定的“行迹”可察，不能决定事物的存在和发展。只有存在于事物和它的条件之间的稳定的必然的规律性联系才能决定事物的存在和发展，把握这种联系，才能从整体上抓住事物的本质和发展方向。比如，在自然生态系统中，各种因素之间有种种不同的联系，但是，只有生物因素和环境因素的彼此适应，构成食物链（营养链）的各个营养级的生物量必须遵循的“十分之一定律”，或称“生产率金字塔”（即后一个营养级的生物是通常只等于或略小于前一个营养级的生物量的十分之一，营养级越高，生物数量越少），才是生态系统中的稳定的联系。它决定着整个生态系统的发展。把握“十分之一定律”，就能把握整个生态系统。所以，规律性的联系是最具体的联系。研究事物的联系必须区别不同事物的不同的联系，从中找出规律性的具体的联系才能把握不同事物存在和发展所需要的不同的条件，才不会因为普遍联系而乱去联系。

四、联系和条件

事物有普遍联系也有具体联系，而具体联系是由它的条件决定的。因此，要真正认识事物的联系，必须分析事物的条件。

长期以来在理论界有一种观点，认为一事物和他事物的联系，就是该事物存在和发展的条件，把条件和联系完全等同起来。其实，联系和条件是既区别又统一的两个范畴。条件是制约和影响某一事物存在和发展的因素的总和。它主要反映的是某物对其他因素的依赖，其他因素对某物的制约，而不反映某物对其他因素的影响、其他因素对某物的依赖。我们说矛盾的同一性是有条件的，这是讲矛盾同一性是受条件制约的，不是讲的矛盾同一对条件的影响；我们说植物生长的条件，是指的土壤、水分、空气、阳光等因素，讲植物生长需要这些因素，并不包含植物对这些因素的影响。因此，条件概念本身并不包含相互性这一特点。这正如黑格尔所说："作为条件，不应当是自为的，而应当是为他的"[①]。而联系则不同，它主要是指事物之间的相互作用，表明事物之间的影响不是单方面的，而是相互的。也如黑格尔所说："相互作用首先表为互为前提、互为条件的实体的相互的因果性，每一个对另外一个都同时是能动的、又是被动的"[②]。联系概念表明的是某物和它的条件之间以及条件与条件之间的相互依赖、相互制约、相互影响和相互转化。我们说植物和土壤、水分、空气、阳光之间的联系，不仅指植物生长依赖这些因素，而且也指植物对这些因素的影响，表明它们之间的作用是相互的。只有从事物的相互联系出发，才能说明一切事物都是互为条件的，没有联系，事物之间不发生相互制约和相互影响的相互作用，也就无所谓互为条件。斯大林说的"一切以条件、地点和时间为转移"这一结论是完全正确的，它反映了事物的普遍联系，反映了联系和条件的统一。

联系和条件的统一表现在：(1) 联系和条件是事物运动和发展中同时存在的。任何具体的事物的存在和发展都是有条件的，条件作用于事物产生相互联系表现出运动和发展。因此，有条件才有联系；反之，有联系也就有条件。联系是条件之间的相互作用，条件则是联系的发生者和承担者，二者在事物的发展过程中是同时存在不可分割的。(2) 联系和条件的性质是互相规定的。一事物同它存在和发展所需直接条件之间的联系是一种直接联系，同它的间接条件之间的联系则是一种间接联系，同它的必需条件之间的联系是一种规律性的联系，而同它的偶然产生的条件之间的联系则是一种非本质的偶然的联系。反之，同事物处于直接联系的是直接条件，同事物经过中介而发生联系的条件是间接条件，同事物处于规律性联系的是必要条件，同事物处于偶然联系、非本质联系的是非必要条件。不同的条件对于事物运动发展的作用是不相同的。必要的条件决定着事物能否存在和发展，因而是一种决定性条件。非必要条件只能对事物存在和发展的规模、速度发生影响，因而是一种非决定性条件。(3) 条件的变化制约着联系的变化。这种制约作用表现在，当条件的变化在一定限度以内时，它并不能消除联系，只能影响联系的表现形式。水的物态因温度、压力之间有一种必然的联系，只要温度、压力的条件存在，这种联系就不会消失。但是，在不同的压力条件下，水同温度的关系就发生不同的变化。科学实验表明：在一个大气压时，当温度达到100℃，水就变成气态；当压力小到1/80一个大气压时，只要到10℃，水就气化了；而当压力增加到80.4个大气压时，却要到300℃左右，水才变为气态。同样，水的冰点也是随着气压的变化而变化的。这说明压力条件的变化，使水和温度的联系采取不同的形式表现出来，但始终没有消除这种联系。平时我们说规律是不能消灭的，就是说当产生规律（也就是本质联系）的条件存在时，规律是始终存在的，它只能随着条件的变化改变发生作用的形式，却不能消除规律的存在。但是，当条件变化超过一定的限度，也就是说产生某物的条件全部

---

① 《逻辑学》下卷，第104页。

② 同上，第230页。

改变或者大部改变，这时某物和条件的联系就会发生性质上的变化。这种情况在生物进化中是很普遍的。一种生物从原来生活的环境到新的生活环境，这时它同原来环境的必然联系和同新环境的偶然联系就会发生性质上的变化。达尔文曾经指出，原来在陆地上生活的某种动物，由于偶尔到沼泽地中寻食，逐渐到江河湖泊海洋中寻食，经过若干代生活条件的变化，最后竟完全变成水生动物。它原来同陆地生活环境的必然的联系不存在了，原来同水中生活环境的偶然联系变成了必然联系。原始社会的商品交换只是一种偶然联系，到了资本主义社会，商品交换也就成了一种必然的联系。当产生某种联系的条件完全改变的时候，事物的联系也就随之发生根本的变化。

联系和条件的关系，说明一切事物的存在和发展必须要有一定的条件。我们办任何事情都必须考虑它是否具备一定的条件，离开条件是不能办成任何事情的。正如毛泽东所说的："任何人不可以无根据地胡思乱想，不可以超越客观情况所许可的条件去计划自己的行动，不要勉强去做那些实在做不到的事情。"① 条件是很重要的，但是光有条件也不够，还必须按照事物本身的需要把一定的条件联系起来，才能使它们发生作用，这就是常说的利用条件，是人的主观能动性作用的范围。有条件而不讲联系，是不能发挥作用的。只有从事物的相互联系出发，才能正确地分析和运用事物的条件，才能更好地按照客观规律办事。

五、系统联系

事物的普遍联系不仅说明一事物同他事物是处在相互联系之中的，而且事物本身也是由内部各要素（方面、部分）相互联系所组成的统一整体。这一联系的统一整体实际上就是一种系统联系。要深入了解普遍联系就必须了解系统联系。

事物的普遍联系揭示了事物总是作为相互联系的整体而存在的。恩格斯指出："宇宙是一个体系，是各种事物相互联系的总体。"② 我们所面对的整个自然界是一个体系，即各种物体相互联系的总体。恩格斯认为相互联系的总体就是系统。他说："关于自然界的所有过程都处于一种系统联系这一认识，推动科学到处从个别部分和整体去证明这种系统联系。"③ 现代系统科学证明了世界上的一切事物、现象都是以系统方式存在的。在自然界，从基本粒子、原子、分子到太阳系以至河外星系等等，从生物大分子、细胞、组织、器官到生物个体、生态系统以至生物圈等等，无不是系统。在社会生活中，大至一个社会乃至全球性问题，小至一个企业、工厂、农场、商店、单位等等都是作为系统而存在的。在人类精神领域，一切精神产品，如一部科学著作、一部小说、一部电影等等也是一个系统。总之，世界上的一切事物、现象都是以系统方式存在的。

系统作为哲学范畴，是对客观系统的反映，是对人类关于系统认识的历史和现代系

---

① 《毛泽东选集》第5卷，第224页。

② 《马克思恩格斯选集》第3卷，第492页。

③ 同上，第75～76页。

统科学成果的概括和总结，它是指由相互联系的若干要素（部分、方面）组成的具有确定功能的统一整体。对于系统的概念可以从三个方面去把握：第一，任何系统都是由若干个要素（部分、方面）以一定的结构相互联系而构成的统一整体；第二，这个相互联系的整体可以分解为若干基本的要素（部分、方面）；第三，这一整体具有不同于各个组成部分的新的功能。如一个综合的钢铁联合企业，是由采矿、选矿、冶炼、轧钢、剪切、包装、运输等部门、环节组成的生产、经营管理系统，它具有各个环节所不单独具有的新的功能，同时，各个环节又可分开来进行单独操作和管理。一切系统都是这样的一个统一整体，这就是系统的本质。

由系统的实质可以得出结论：所谓系统联系就是一种有机的整体联系。它是指系统内部各要素（方面、部分）之间相互制约、相互影响，以及系统与环境之间、系统与系统之间的相互制约、相互影响的关系，系统的本质也就是系统联系的本质。系统联系的本质规定了它具有与一般联系所不同的特征。

（一）整体性

整体性是系统联系的一个最主要的特征。系统联系作为整体联系，它是由各个要素（部分）之间的相互作用构成的，没有部分就没有整体，离开整体就谈不上部分。在这个意义上说，系统和要素的关系，实际上就是整体和部分的关系。不过，系统是进一步规定了的整体，即与其部分有机联系着的整体；要素是进一步规定了的部分，即处于“活的”有机整体之中的部分。离开整体和部分的关系根本不能理解系统和要素的本质及其关系。当然，离开系统和要素的关系也就不能使“整体和部分”这对范畴得到深化。

（二）结构性

系统联系是有结构的。结构是各种要素的相对稳定的组织方式或结合方式。系统的各要素总是按照一定的秩序、方式或比例组合而成的。系统的性质和功能是由构成系统的要素和这些要素的结构决定的。自然界相同的元素由于分子结构不同而产生了不同性质的物质。在社会中，同一企业，相同的人力、物力、财力，由于组合安排的不同会产生不同的生产效益。一个领导班子，即使各个成员能力都很强，但年龄、知识、性格特征结构不合理，就不可能很好地发挥整体效能。相反，如果结构合理，即使是每个成员个人能力差一些，也会产生很好的整体效能。系统结构合理会补偿要素质量的不足。各要素相合得很好的系统能发挥出最佳功能，可以胜过单个要素质量较好、但组织协调不好的系统。在系统中如果各个要素不协调，甚至互相掣肘、扯皮，就会降低或破坏系统的质。俗话说：“一个和尚挑水吃，两个和尚抬水吃，三个和尚没水吃”，讲的就是这个道理。当然，系统要素的质量也对系统的质有重要的影响。一个乐队的质量受到每个成员艺术水平的制约，如果其成员都是“滥竽充数”，整个乐队就不能奏出好的乐章来。一部机器质量的好坏决定于每个零件质量的高低，如果零件质量都不合格，就造不出好的机器。这就要求在发挥系统整体功能时，既要注意系统的内部结构，又要注意每个要素的质量。

（三）层次性

系统联系的层次性是指系统包含着差别的等级，它反映的是系统结构内部的差别性。比如一个社会的管理系统，从中央到地方包含着许多不同级别的机构，其中相同级别的机构就构成一个层次。系统的层次性说明了包括人在内的一切事物都是一个分层次结构联系的有机整体。不同层次之间，由于不同的相互作用而产生不同的结构，形成性质不同的层次。这些层次之间又是相互依赖、相互制约和相互转化的。系统的层次性使系统和要素的区分是相对的，在一定范围内是系统，在更大范围内可以是要素；在一定范围内是要素，在更小的范围内又可以成为系统。每一具体系统都从属于更大的系统，是高一层次系统的要素，同时又是低一层次系统（要素）所组成的系统。了解系统的层次性，充分发挥各个层次的功能，对于了解和发挥系统整体功能的最优化具有重要意义。任何系统都有一个确定的界限，因此，系统的层次既不是越多越好，也不是越少越好。系统层次的多少要与系统内部合理的结构相适应，以是否有利于发挥系统整体功能最优化为根据。

（四）开放性

所谓系统联系的开放性，是指外部环境对系统的影响，以及系统对外部环境的反作用。由于事物的普遍联系，每一企业系统只有在其原材料、产品和信息的交换中才能存在和发展。离开了同其他企业和部门的联系，它自身就不会存在；而它的存在和发展又对其他企业和部门有着重要的影响作用。这就是系统的开放性。

系统联系作为普遍联系的一种形式，同普遍联系既是紧密不可分割的，又是相互区别的。一方面，普遍联系是系统联系产生的基础和前提。从客观事物本身来说，系统联系是物质世界普遍联系的一个环节，是从属于普遍联系、依赖普遍联系而存在的。从哲学范畴来讲，系统联系不过是从物质世界的普遍联系中抽取出来当作整体看的一定范围内各种要素相互依赖、相互制约的事物、现象的反映。因此可以说，没有普遍联系就无所谓系统联系。而普遍联系又离不开系统联系，系统联系是实现普遍联系的环节，离开各种系统联系也就无法实现普遍联系。另一方面，系统联系又不等于普遍联系，它是普遍联系的具体化、深刻化和精确化。普遍联系只揭示了事物、现象相互依赖、相互制约的一般性质，系统联系则进一步揭示了事物、现象怎样发生相互依赖、相互制约的内在机制。系统联系的提出使人们对物质世界普遍联系的了解更加具体、深刻和精确，从而可以实现恩格斯提出的“以近乎系统的形式描绘出一幅自然界联系的清晰图画”[①] 的任务。

系统联系同普遍联系的关系要求我们在用联系的观点观察问题时，必须着力抓住系统联系，用系统整体的观点和系统的方法去观察、分析和处理问题。同时也要注意，不要把系统联系绝对化。任何具体的事物作为系统而存在，是相对的、变动的。

---

① 《马克思恩格斯选集》第4卷，第242页。

六、事物的普遍联系是事物本身的辩证法

马克思主义哲学和现代自然科学揭示出了整个世界是一个有机联系的统一整体，其中各种事物、现象、过程都处在相互联系中，也就是说，处在直接或间接的相互依赖、相互制约、相互影响和相互转化的相互作用中。恩格斯说："自然科学证实了……相互作用是事物的真正的终极原因。我们不能追溯到比这个相互作用的认识更远的地方，因为正是在它背后没有什么要认识了。"[①] 这就是说，"物的原因是物的联系"（约·狄慈根）。一切事物和现象都是在相互联系中产生，在相互联系中运动发展，在相互联系中表现出自身的特性并反映到人的头脑中来为人们所认识。总之，事物的普遍联系是事物本身的辩证法。

首先，事物、现象只有在相互联系中才能产生，才能存在。世界不是一个单一体，而是各种事物、现象的总和，其中有自然的、社会的和人类思维的各种事物、现象，这些都是物质运动的不同的表现形态。物质是从来就存在的，但是物质的具体形态，则是在物质运动过程中逐渐产生的。它们是由最初的、最简单的物质形态转化而来的。宇宙天体是由原始星云物质在运动过程中相互吸引和相互排斥所形成的。地球上的生命是在地球形成以后，经过漫长的岁月，由一些化学元素同适当的温度、大气、水分的相互作用中产生的，也只有在这种相互作用中生命才能存在。人类社会是在人类出现以后，在人同自然界、人同人的联系中产生和存在的。人类思维现象也是在人脑同客观世界的联系中产生的。一切具体的事物和现象都只有在相互联系中才能产生，在互相联系中才能存在，没有"联系"也就没有具体的事物和现象。

其次，事物、现象只有在相互联系中才能运动发展。世界上一切事物和现象都处在不断的运动发展中，但只是在相互联系中才能运动发展。唯物辩证法认为，事物发展的原因在于事物内部的矛盾性，在于一事物同他事物的联系。这里的矛盾性是事物的最本质的联系，即对立统一关系，是事物内部对立着的双方的相互作用。正是由于事物内部不同方面的相互作用以及和外部事物之间的相互作用才构成了事物的运动，推动事物发展。自然界中，从大的天体到小的基本粒子都是由于相互作用推动它们运动变化的。在我国社会经济中，只有国民经济各个部门的密切配合、互相协作，才能推动社会主义建设事业向前发展。人的认识也只有在同实践的联系中才能不断发展。没有"联系"就没有事物的运动发展，破坏了"联系"也就破坏了事物的运动发展。以农业来说，农、林、牧、副、渔是互相制约、互相影响、互相促进的，不顾这种联系，孤立地只抓某一样，不仅不能达到发展农业的目的，反而会受到自然规律的惩罚。恩格斯曾经指出："美索不达米亚、希腊、小亚细亚以及其他各地的居民，为了想得到耕地，把森林都砍完了，但是他们梦想不到，这些地方今天竟因此成为荒芜不毛之地，因为他们使这些地

① 《马克思恩格斯选集》第2卷，第552页。

方失去了森林、也失去了积聚和贮存水分的中心。”[①] 恩格斯在一百多年前指出的这一情况，今天仍然还在我们国家一些地方出现。前些年由于片面强调“以粮为纲”，一些地方在所谓“粮食不过纲，林业顾不上”，“发展林业，影响农业”的错误思想指导下，为扩大耕地面积，毁林开荒、围海造田，破坏生态平衡，使农业生产受到很大影响。这不能不说是由于思想上缺乏从联系的观点看问题，抓了纲、丢了目所造成的。总结过去的经验，党的十一届三中全会制定“以粮为纲，全面发展，因地制宜，适当集中”的发展农业生产的方针，就是根据农、林、牧、副、渔的内在联系而提出来的。它要求我们就整个农业生产来说，应当把粮食生产放在首位，要作为纲来紧紧抓住，但是具体到某一个地方来讲，就要根据自然条件因地制宜，适合发展什么，就集中发展什么，这样才能做到综合平衡，推动整个农业生产的发展。

事物的运动发展同“联系”分不开，还在于运动发展本身就是事物联系状态的改变。恩格斯在谈到历史和逻辑的一致时说：“在历史上也像在它的文献的反映上一样，整个说来，发展也是从最简单的关系进到比较复杂的关系。”[②] 一切事物的运动发展都是事物内部各方面以及事物之间的联系状态的改变。最简单的机械运动就是物体的空间联系的改变。事物从低级到高级的发展，是其内部各方面的联系以及外部各方面联系的改变。类人猿进化到人，是体内各种器官之间的联系变得更加复杂，同时与自然界的联系也发生了根本性质的变化，从原来只能适应自然界，变成有目的地改造自然界，使其为自己服务。社会从低级社会形态进到高级社会形态，是生产力和生产关系、经济基础和上层建筑的联系的改变。没有“联系”就不能表现出事物的运动发展，也无从考察和把握事物的运动发展。

事物、现象不仅在相互联系中产生，在相互联系中运动发展，而且也只有在相互联系中才能表现自身的特性，因而也才是可以认识的。事物的特性是一事物区别于他事物的特殊本质的表现，必须有“联系”，才能有区别；不和其他事物相联系，没有比较，就无所谓特殊本质，也就没有特性。以人体来说，它的各个部分，只有在整体联系中才有意义。列宁说：“身体的各个部分只有在其联系中才是它们本来应当的那样。脱离了身体的手，只是名义上的手。”[③] 这说明事物只有在相互联系中才能表现出自身的特性。某种物质的物理和化学特性只有同其它物质相比较，同分析仪器和试剂相联系才能表现出它的物理和化学性质。社会主义制度只有同其他剥削制度相比较才能表现出它的优越性。理论只有同实际相联系才能表现出它的能动性，发挥它指导实践的作用。毛泽东说：“有比较才能鉴别。”[④] 人们只有在事物的相互联系中才能认识事物的特殊本质，离开了事物的相互联系，就无所谓特殊本质，也就不能认识。所以，辩证法认为世界上的“任何现象，如果被孤立地、同周围现象没有联系地拿来看，那就无法理解，因为自然界的任何领域中的任何现象，如果把它看作是同周围条件没有联系、与它们隔离的现象，那就会成为毫无意义的东西；反之，任何一种现象，如果把它看作是同周围现象有

---

① 《马克思恩格斯选集》第3卷，第517页。

② 《马克思恩格斯选集》第2卷，第122页。

③ 《列宁全集》第38卷，第217页。

④ 《毛泽东选集》第5卷，第416页。

着不可分割的联系、是受周围现象所制约的现象，那就可以理解、可以论证了”[1]。事物是可以认识的，就在于它们是相互联系的，在相互联系中表现出它们自身的特性。由于事物只在相互联系中表现出特性，所以，辩证法才强调一切要以时间、地点条件为转移，对于事物只有把它同周围条件联系起来，才能认识它、把握它。

辩证法作为科学体系，它是客观世界本身的辩证法在思维中的反映。既然世界的事物、现象、过程都处在普遍联系之中，在联系中运动发展，主观辩证法要符合客观辩证法，就必须研究事物的普遍联系。正是在这个意义上，恩格斯在《自然辩证法》一书的开头就明确指出：“辩证法是关于普遍联系的科学。主要的规律：量和质的转化——两极对立物的相互渗透和它们达到极端时的相互转化，——由矛盾所引起的发展，或否定之否定，——发展的螺旋形式”。在该书的论文“辩证法”的题目下，恩格斯又专门作了解释，说这是“阐明作为与形而上学相对立的、关于联系的科学的辩证法的一般性质”[2]，同时又十分明确地把辩证法的规律归结为“三个规律”。这里，恩格斯清楚地说明了“联系”同辩证法的规律的关系，说明了“联系”在辩证法中的重要地位，指出它是贯穿在整个辩证法中的基本内容，辩证法的规律是揭示事物的普遍联系的。列宁说：“规律就是关系。……本质的关系或本质之间的关系”；又说：“规律的概念是人们对世界过程的统一和联系、相互依赖和整体性认识的一个阶段”[3]。毛泽东也说：“客观事物的内部联系，即规律性”。[4] 规律所反映的是事物、现象内在的本质联系。事物、现象的联系是多种多样的，因而也就有各种不同的规律。但是辩证法并不研究各种具体事物的具体联系（这是各门具体科学研究的对象），而是研究世界上一切事物、现象的最普遍、最本质、最一般的联系。作为辩证法的规律的补充和展开的辩证法的范畴也是揭示事物的普遍联系的，它和规律不同的是，它是从事物、现象的各个侧面和各个阶段上来说明事物、现象的普遍的本质联系，它所反映的是世界的复杂联系“之网的网上纽结”。比如，原因和结果这对范畴所反映的“只是各种事件的相互依存、（普遍）联系和相互联结的环节，只是物发展这一链条上的一环”，“只是世界性联系的一个极小部分”[5]。规律和范畴都是事物、现象的不同的联系，表明“联系”是贯穿在整个辩证法之中的，是辩证法的基本内容，没有“联系”就没有辩证法的规律和范畴，辩证法的任务就在于揭示事物、现象的最普遍、最本质的联系，从而把握事物运动发展的最一般的规律。

“联系”贯穿在整个辩证法中，成为辩证法的基本内容，还在于它是两种宇宙观产生分歧和对立的基础。辩证法和形而上学是两种根本对立的宇宙观，它们的根本分歧和对立的基础就在于承不承认“联系”。但是，长时间来都把承不承认矛盾作为两种宇宙观产生分歧和对立的基础，这同样是不完全确切的。因为矛盾即对立统一的关系，只是一种最本质的联系，如果不承认“联系”也就谈不上矛盾，承不承认“联系”是承不承认矛盾的前提。恩格斯在论述形而上学的根源时指出，15 世纪下半叶以后自然科学的

① 《马列著作毛泽东著作选读》，第 299 页。

② 《自然辩证法》第 1、39 页。

③ 《列宁全集》第 38 卷，第 161、158 页。

④ 《毛泽东选集》第 3 卷，第 759 页。

⑤ 《列宁全集》第 38 卷，第 168 页、170 页。

分门别类的研究整理方法，对于人们认识自然界起了很大作用，“但是，这种做法也给我们留下了一种习惯：把自然界的事物和现象孤立起来，撇开广泛的总的联系去进行考察，因此〈着重号系引者加的〉就不是把它们看做是运动的东西，而是看做静止的东西；不是看做本质上变化着的东西，而是看做死的东西。这种考察事物的方法被培根和洛克从自然科学中移到哲学中以后，就造成了形而上学的思维方式。”[①] 这说明形而上学静止、片面性的特点是由它否认事物、现象的联系所产生的。而与形而上学相对立的“辩证法在考察事物及其在头脑中的反映时，本质上是从它们的联系、它们的连结”[②] 去考察，因而它把事物、现象看做是不断运动发展变化的。如前所述，事物是在相互联系中运动发展的，而事物的联系又是多方面的，因此，只有承认“联系”才谈得上运动变化发展，也只有从“联系”出发才能全面地观察问题，否认“联系”，就必然看不到事物的运动变化发展，必然片面地观察问题。毛泽东在谈到两种宇宙观的时候，是把承不承认“联系”放在两种宇宙观分歧的首位，就是因为辩证法和形而上学的其他分歧都是在这一基础上产生的。

由于事物、现象是互相联系的，因此，辩证法作为方法论，它要求人们从事物、现象的相互联系中去认识事物、现象。列宁说：“马克思主义的全部精神，它的整个体系要求人们对每一个原理只是（1）历史地，（2）只是同其他原理联系起来，（3）只是同具体的历史经验联系起来加以考察。”[③] 毛泽东也一贯强调从事物的内部和外部的具体联系中找出事物固有的规律作为我们行动的向导。无论做什么事，不懂得那件事同其他事物的联系，就不能办好那件事。因此，我们看问题、做工作，要从多方面看，要考虑到各种因素和多方面的影响，才能全面地分析问题，做好工作。否认事物的联系，不用联系的观点去观察事物，就不能认识事物的内部规律，就会犯唯心论形而上学的错误。林彪、“四人帮”形而上学猖獗，唯心主义横行，从思想根源上来讲，就在于他们否认和歪曲事物、现象的联系。他们一方面否定矛盾双方的互相联结、互相制约、互相影响，把矛盾双方中的“重点”变成“一点”；在矛盾同一性和斗争性问题上，他们又只讲对立性的一面，不讲统一性的一面，把对立统一的联系变成单纯的相互排斥，鼓吹“对着干”，大搞形而上学。另一方面，他们又主观臆造种种联系来歪曲、代替客观事物本身的联系，胡说什么“民主派到走资派是必然规律”，“卫星上天，红旗落地”，等等，为他们篡党夺权制造反革命舆论。我们只有坚持辩证法关于普遍联系的思想，才能彻底批判林彪、“四人帮”的唯心论形而上学，肃清其流毒。

综上所述，可以看到，“联系”构成事物、现象的运动发展，贯彻在辩证法的规律和范畴之中，成为辩证方法论的基本原则。因此，“联系”是辩证法的基本内容、辩证法的前提，起着统一规律和范畴的作用。只有“联系”才能使辩证法成为一个完整的科学体系，成为科学的世界观和方法论，没有“联系”就没有辩证法。

---

① 《反杜林论》，第18～19页。

② 同上，第20页。

③ 《列宁全集》第35卷，第238页。

注：本章是由《社会科学研究》1979 年第 4 期发表的《论联系》和《社会科学研究》1981 年第 4 期发表的《再论联系》两文编辑而成。

《论联系》发表后，1979 年 12 月 20 日的《光明日报》选登了“联系概念理解”一节。当时国内对联系的研究还没引起注意，著名哲学家李秀林在评价这篇文章的时候说它具有“一定的开拓新领域的性质”。这以后引起了哲学界对联系问题的注意，哲学教材也都用专章来讲联系和发展。

第三章　辩证法基本特征的反思

联系和发展是唯物辩证法的基本特征，已成为马克思主义哲学常识，各种哲学教材都这样写，哲学教师也这样讲，似乎是不言而喻的。然而，常识的东西往往是不加思索的东西，当我们深入思考就会发现，唯物辩证法基本特征这一常识问题有待进一步研究，才能弄清唯物辩证法真正的基本特征。

一、研究辩证法特征的方法论问题

哲学教材中把联系和发展观点规定为唯物辩证法的基本特征，既没有说明它是相对于什么来说的特征，也没有说明是怎样得出这一特征的。这是有悖于唯物辩证法理论本身的一种独断语。唯物辩证法认为，要正确认识事物的特征，首先要明确它是相对于什么事物的特征。特征范畴所反映的是一事物与他事物的区别与联系，它是一事物在与他事物的联系中所表现出来的不同于他事物的质。由于事物都是处在联系之中的，都是共性和个性的统一，因而研究事物特征的方法论问题，首先就是要注意共性和个性的关系。对唯物辩证法的特征来讲，要注意两个层次的共性和个性的关系：一是要注意它同其他辩证法的共性，更要注意它区别于其他辩证法，如古代朴素辩证法和黑格尔辩证法的个性；二是既要注意它同整个马克思主义哲学的共性，更要注意它作为马克思主义哲学组成部分的个性。

其次，要注意内容和形式的关系。事物都是内容和形式的统一，它的特征也是由这种统一来决定的。因此，判断事物的特征不能只看内容、不看形式，或只看形式不看内容，而必须从内容与形式的统一去看。对于唯物辩证法来说，它的内容是研究事物联系和发展的规律，它的形式是由一系列规律和范畴所组成的理论体系。对于它的特征必须从它的内容和理论体系的统一去看。

再次，要区分基本特征和非基本特征。事物的特征是为一事物区别于他事物的特殊本质。这种特殊本质是有不同层次的，有一级本质、二级本质以至多级本质的多种层次。研究唯物辩证法的特征，最主要的是要抓住它的最基本的特征，即最深层次的本质的表现。

根据上述方法论原则，对于唯物辩证法的特征显然不能简单地概括为联系和发展的观点，而必须进行具体分析。

二、唯物辩证法的基本特征在于它的科学性与革命性

唯物辩证法是辩证法历史发展的新阶段。历史上有过多种多样的辩证法，但按其理论形态来讲，恩格斯把它们归结为两种形态，他指出："第一种是希腊哲学，在这里辩证的思维还以天然的纯朴的形式出现"[①]，这是古代朴素形态的辩证法。"辩证法的第二个形态……就是从康德到黑格尔的德国古典哲学。"[②] 这是辩证法的神秘的形态。唯物辩证法是马克思、恩格斯在研究古希腊的辩证法，批判继承黑格尔的辩证法的基础上，总结当时自然科学发展的新成就而建立的科学的辩证法，是辩证法发展史上的革命变革。它作为辩证法发展的新成果和历史上的两种辩证法必然有着共性，也必然有它自身特殊的个性。几种形态的辩证法的共性就在于都是把联系和发展作为基本观点。古希腊的辩证法首先就是把世界看作是一个相互联系的整体，认为"其中没有任何东西是不动的和不变的，而是一切都在运动、变化、产生和消失"[③]，就是一切都处在联系、发展、变化之中。可以说，联系和发展的观点是古希腊辩证法的基本内容。至于德国古典哲学中的黑格尔辩证法更是把联系和发展作为基本的观点。恩格斯说："近代德国哲学在黑格尔的体系中达到了顶峰，在这个体系中，黑格尔第一次——这是他的巨大功绩——把整个自然的、历史的和精神的世界描写为一个过程，即把它描写为处在不断的运动、变化、转变和发展中，并企图揭示这种运动和发展的内在联系。"[④] 列宁在他的《哲学笔记》中也多次阐述黑格尔关于联系和发展的思想，并在这一基础上提出了发展原则和联系原则。可以说，联系和发展是贯穿黑格尔整个辩证法中的基本的线索，离开联系和发展也就无法建立起他的哲学体系。由此可见，联系和发展只是各种形态的辩证法特征的共性，而不是唯物辩证法的基本的个性特征。

相对于古代朴素的辩证法和德国古典哲学的唯心辩证法，唯物辩证法的首要的基本特征应该是它的科学性。古希腊辩证法是和唯物论结合在一起的，它带着一种自发的朴素的性质。它对世界的联系和发展只能提供一个总的轮廓和说明，对联系和发展的细节无法作出具体的论证。历史条件的限制和这种辩证法的直观性决定了它不可能有完备的理论，缺乏科学性，不能科学地解释世界。与此相反，德国古典哲学中的黑格尔辩证法，"第一个全面地有意识地叙述了辩证法的一般运动形式"[⑤]，建立了辩证法的完备的理论体系。但是，由于黑格尔辩证法的唯心主义性质和它的思辨性，也不能科学地解释世界。费尔巴哈在针对黑格尔哲学的思辨性时指出："所谓思辨的哲学家不过是这样一

① 《马克思恩格斯选集》第 3 卷，第 468 页。

② 同上，第 469 页。

③ 同上，第 60 页。

④ 同上，第 63 页。

⑤ 《马克思恩格斯选集》第 2 卷，第 218 页。

些哲学家，他们不是拿自己的概念去符合事物. 而是相反地拿事物去附会自己的概念。"[①] 这种"思辨"就是把变化发展的主体看作是概念，把变化发展过程看作是概念的纯逻辑推导过程，并从概念中推演出实在，使客观世界的发展服从于思维构造出来的概念的运动发展的一般法则。这样，黑格尔的辩证法始终在概念、自身运动中打圈子，把自然和社会看作是概念发展到一定阶段的外化。正如恩格斯所指出的："黑格尔的辩证法，它具有完全抽象的思辨的形式，黑格尔就是在这种形式上把它留下来的"[②]。因此，尽管黑格尔是辩证法的集大成者，尽管他建立了完备的辩证法理论体系，但是由于他自己有限知识的限制以及他那个时代的在广度和深度方面都同样有限的知识和见解的限制，还有就是黑格尔是一个唯心主义者，"在他看来，他头脑中的思想不是现实的事物和过程的多少抽象的反映，相反地，在他看来，事物及其发展只是在现实世界出现以前已经在某个地方存在着的'观念'的现实化的反映。这样，一切都被弄得头足倒置了，世界的现实联系完全被颠倒了。而且，不论黑格尔如何正确地和天才地把握了一些个别的联系，但是由于上述原因，就是在细节上也有许多东西不能不是牵强的、造作的、虚构的，一句话，被歪曲的。"[③] 所以，黑格尔辩证法不可能科学地解释世界，也不具备科学性。

同古希腊哲学的辩证法和黑格尔的辩证法不同，马克思主义的唯物辩证法是科学的辩证法，它的科学性表现在：第一，它在实践和科学的基础上实现了辩证法和唯物论的科学的结合。这种结合不像古希腊辩证法是建立在直观基础之上的浅层次的结合，也不像黑格尔辩证法是以牺牲唯物论作为代价而与唯心主义结合，而是在实践基础上，根据哲学和科学的发展得出的结论。恩格斯指出，这种结合"在希腊人那里是天才的直觉的东西，在我们这里是严格科学的以实验为依据的研究的结果，因而也就具有确定得多和明白得多的形式"[④]。这种具有"确定得多和明白得多"的结合形式，从哲学上看，它是马克思主义哲学在批判继承以往哲学的过程中，在实践的基础上既唯物又辩证地解决了思维和存在的关系问题，把对客体的研究和对主体的研究统一起来了。由于思维与存在、主体与客体关系问题的正确解决，外部世界的辩证法和人类思维运动的辩证法也就统一起来了。马克思、恩格斯多次指出，外部世界和人类思维运动都存在着辩证的规律。这两个系列的规律在表现形式上不同，但在本质上是同一的。外部世界的辩证规律是客观辩证法，辩证的思维规律是主观辩证法。前者是后者的基础，后者是前者的反映。这就是辩证法与唯物论的有机的统一。

辩证法与唯物论的结合不仅是哲学发展的结果，而且具有坚实的科学基础。它不像古希腊哲学以直观经验为基础，对直接经验的概括，而是在科学发展已经从本质上揭示了自然界的辩证关系的基础上，以具体的科学成果为依据的理论升华。19 世纪的科学已从过去的收集材料的阶段，发展到整理材料的阶段，从实验科学走向理论科学。这一时期的自然科学无论在广度和深度上都比上几个世纪有了更高程度的发展。在时间上，

---

① 《费尔巴哈哲学著作选集》下卷，商务印书馆 1984 年版，第 526 页。

② 《马克思恩格斯选集》第 2 卷，120 页。

③ 《马克思恩格斯选集》第 3 卷，第 64 页。

④ 同上，第 151 页。

它追溯到了太阳系的起源；在空间上，已确立了微小原子与庞大银河系的存在；在深度上，已涉及宇宙的未来、生命的起源与本质等等奥秘的理论问题。这一时期的科学已不再把自然界当成一个既成事物，而是当作一个发展过程来研究；在研究方法上已不再用静止、孤立的方法来研究自然界，而在不同程度上采用发展、联系的观点来研究自然界，它不仅描述了各个现象的特点，而且着重揭示了各个现象之间的联系和发展历程。与此同时，人们对社会历史的认识也面临着新的飞跃。一方面，资本主义社会化生产的发展，生产规模的扩大以及以商业、贸易的发展加强了世界各国的联系，大大打开了人们的眼界，在客观上为人们认识历史的辩证发展提供了可能；另一方面，人们对社会历史的研究积累了很多的资料，提出了不少的新的见解，也为人们认识历史发展的辩证法提供了思想资料。

在自然科学和社会历史科学发展的基础上，作为具体科学的概括和总结的哲学，就有可能科学地揭示包括自然、社会和思维在内的整个物质世界的辩证法，把辩证法建立在唯物主义的基础上。马克思和恩格斯正是适应哲学与科学发展的需要，研究了古希腊辩证法和黑格尔辩证法，总结当时自然科学和社会科学发展的成果，建立了唯物辩证法，实现了辩证法和唯物论的科学结合。这种结合再不像古代辩证法那样是一种基本局限于自然领域之中的、不全面、不完备的结合，而是以整个物质世界为对象的、包括自然界、人类社会和思维在内的全面的结合。因此，唯物辩证法不仅唯物地揭示了自然界的辩证法，而且把辩证法贯彻到人类社会历史领域和人的思维领域，唯物地揭示了历史的辩证法和思维的辩证法。这种唯物论与辩证法的结合，就把唯心论和形而上学从最后的“避难所”驱逐出去了，从而显现了它的科学性。

第二，唯物辩证法的科学性还表现在它是经过严密的逻辑论证而建立起来的科学理论体系。古希腊的辩证法思想只是一些零星的基本观点，而没有严密的逻辑体系。黑格尔辩证法虽然建立了完备的理论体系，但由于他唯心地解决哲学基本问题，他的辩证法的理论体系是头脚倒置的颠倒了的理论体系。也由于他的体系和方法的矛盾，使他的辩证法的理论体系不可能成为科学的体系。相反的，唯物辩证法是经过严密论证而建立起来的科学的理论体系，是一种开放的、发展的体系。这种理论体系论证的科学性表现在：

——辩证法是建立在唯物地解决哲学基本问题，论证了世界本原的物质统一性基础上的。马克思主义哲学认为，包括人在内的现实世界是物质的世界，是处在普遍联系和永恒的发展之中的；物质是第一性的，人的意识、思维是物质的派生物，是客观存在的主观映象，是第二性的东西。就本质而言，“观念的东西不外是移入人的头脑并在人的头脑中改造的物质的东西而已”[①]。但它不是消极被动的东西，而是对客观世界具有能动的反作用。这样，唯物辩证法就建立在坚实的唯物主义理论基础之上，从而科学地说明了客观辩证法决定主观辩证法、主观辩证法反映客观辩证法，外部世界和人类思维两个系列的规律的统一。

——辩证法的普遍性贯穿在整个马克思主义哲学体系的每一个原理、每一个问题的

① 《马克思恩格斯选集》第2卷，第217页。

论证之中。马克思主义哲学的每一个原理都结合着唯物论和辩证法进行论证。在唯物主义部分，论证物质世界的统一原则，首先就指出这种统一是事物、现象相互联系、无限运动和发展的多样性的辩证统一。认识论部分，马克思主义哲学强调认识是主体对客体的能动反映。这种反映是在实践的基础上主体和客体的相互作用、主观和客观、知和行之间的矛盾运动不断产生又不断克服的辩证运动。历史唯物主义部分，既讲社会存在决定社会意识、又强调社会意识对社会存在的能动的反作用，它认为社会的发展是生产力和生产关系、经济基础和上层建筑这一基本矛盾的辩证运动。这样，在历史观中也充分体现着历史唯物主义和历史辩证法的高度统一，从而说明了辩证法在自然、社会和人类思维中的普遍性。

——以辩证法的观点对待辩证法本身，论证辩证法是一个开放、发展的理论体系。在辩证法史上，黑格尔是辩证法的大师，他精于辩证法的研究，并以辩证法为工具来构造他的哲学体系。但是，他没有把辩证法的精神贯彻到底，没有用辩证法的观点来对待辩证法本身。他以某种有限的精神实体为主体，排斥了无限的物质世界，因而只在他体系的展开过程中贯穿着辩证法，而在体系的起点和终点上陷入形而上学。他认为哲学到他那里已达到顶峰，成为“终极真理”。他的理论体系实际上是一种封闭的圆圈。与黑格尔辩证法理论体系相反，唯物辩证法以无限发展着的物质世界作为研究对象，它的理论体系是物质世界全面发展的逻辑体现。现实世界的任何事物的发展都是一个整体的综合的过程，它包括发展的原因、过程和趋势、各个方面各个环节的变化、它和其他事物联系的变化、结构和功能的优化等等，没有这些方面的统一不能全面地说明事物的发展。唯物辩证法的理论作为客观辩证法的反映，它必然是最全面、最富有内容、最深刻的发展学说。这一学说的丰富内容就是由从总体上说明事物运动发展的基本规律和从各个方面、各个环节以及同他事物的联系、它的结构和功能的变化等方面说明事物运动发展的基本范畴组成的理论体系。由于客观世界的运动、变化发展是永恒的、无止境的，因而唯物辩证法认为这一理论体系并不是封闭的、固定不变的，而是随着客观世界的发展不断发展的。马克思在谈到哲学和现实世界的辩证关系时曾经指出：“哲学不仅从内部即就其内容来说，而且从外部即就其表现形式来说，都要和自己时代的现实世界接触并发生相互作用。”① 恩格斯则进一步总结哲学发展同自然科学发展的辩证关系，指出：“随着自然科学领域中每一个划时代的发现，唯物主义也必然要改变自己的形式；而自从历史也被唯物主义地解释的时候起，一条新的发展道路也在这里开辟出来了。”② 这里，马克思、恩格斯强调哲学同现实世界以及同具体科学发展的联系同样适用于辩证法。辩证法作为全面发展的学说，它必然要反映现实世界的运动、变化、发展，反映科学的发展。依据自然、社会和人类思维的科学研究，是形成唯物辩证法观点的极其重要的条件，而辩证法观点的具体形式在一定程度上取决于业已达到的、关于现实的科学观念的水平。但是，由于实践的发展，这类观念的水平乃是变量，而这也正体现着作为哲学的辩证法知识所特有的普遍形式与具体科学的不可避免的历史局限性之间的矛盾根源

① 《马克思恩格斯全集》第1卷，第121页、462页。

② 《马克思恩格斯选集》第4卷，第224页。

之所在。恩格斯提出随着科学的发展改变唯物主义的形式就是解决这类矛盾的方式。这就是说，随着科学的发展、对现实世界认识的加深，也要对哲学内容进行补充、修正。正如列宁所指出的，改变形式就是对恩格斯“自然哲学的修正”，这种修正“不但不含有任何通常所理解的‘修正主义’，相反地，这正是马克思主义所必然要求的”。[①] 辩证法的理论就是这样自觉地坚持绝对与相对的辩证认识运动，不断地研究现实世界的发展，总结新的实践经验，吸收新的科学成果，产生新的结论，从而使自己的理论在不断地补充、不断地修正和不断地创新的过程中不断发展和完善，始终表现为一种开放和发展的理论体系。

同古希腊辩证法和德国古典哲学中的黑格尔辩证法相比较，唯物辩证法的基本特征还在于它的彻底的革命性。古希腊辩证法从总体上承认“一切都在流动，都在不断地变化，不断地产生和消失”[②]，因而它在总体上也具有革命的性质。但是，由于它不了解构成世界总画面的各个细节，也就不能认清总的画面，它的革命性也就不可能彻底。至于黑格尔辩证法，一方面，就其本性来说，它是革命的。恩格斯指出，它的“真实意义和革命性质，正是在于它永远结束了以为人的思维和行动的一切结果具有最终性质的看法”。[③] 但是，由于黑格尔哲学的体系是有始有终的，这样，它就不得不强调矛盾调和。由于方法和体系的矛盾，在黑格尔那里，“方法为了迎合体系就不得不背叛自己”，[④]“革命的方面就被过分茂密的保守的方面所闷死”[⑤]。另一方面，黑格尔辩证法还存在着思辨与现实的矛盾。他的哲学是德国资产阶级想革命而又害怕革命的两重性在理论上的反映。因此，如马克思所指出的，他“只是用抽象的思维活动伴随了现代各国的发展，而没有积极参加这种发展的实际斗争”[⑥]。他只是以思辨的形式反映着不彻底的变革要求，只是在思想中喷发着怒火。在黑格尔那里，思想就是一切，一切都是思想，变换多样的辩证运动不过是思想本身的颠来倒去。他将无限丰富的现实世界的辩证运动统统消融在自我综合、自我深化和自我运动的思维之中。这样，尽管黑格尔的辩证法按其本质应是革命的，但是由于它局限在思辨之中，它的彻底的革命性也就被泯灭了。

马克思、恩格斯在改造黑格尔辩证法的过程中除了将他的辩证法颠倒过来建立在唯物主义的基础上以外，还特别批判了黑格尔辩证法的不彻底性，恢复和论述了辩证法本来的革命性。针对黑格尔辩证法的不彻底性，马克思早在他的《关于伊壁鸠鲁哲学笔记》中，就对辩证法的彻底革命性作了热情的颂扬。他说：“辩证法是内在的纯朴之光，是爱的智慧”，“辩证法又是急流，它冲毁各种事物及其界限，冲垮各种独立的形态，将万物淹没在唯一的永恒之海中”[⑦]。他认为辩证法是人类认识史上所取得的最优秀的成果，而这一成果将永远不败地发展下去。他说，辩证法是“精神花园中欣欣向荣，百花

---

① 《列宁全集》第 14 卷，第 265 页。
② 《马克思恩格斯选集》第 3 卷，第 60 页。
③ 《马克思恩格斯选集》第 4 卷，第 212 页。
④ 同上，第 225 页。
⑤ 同上，第 214 页。
⑥ 《马克思恩格斯全集》第 1 卷，第 121 页、462 页。
⑦ 《马克思恩格斯全集》第 40 卷，第 144～145 页。

盛开景象的体现者，是盛着一粒粒种子的酒杯中冒出的泡沫，而统一的精神火焰之花就是从这些种子萌发出来的。”[①] 如果说早期马克思还是从激情上来批判黑格尔辩证法的不彻底性、讴歌辩证法的革命精神，那么在他和恩格斯完成对黑格尔辩证法的彻底改造以后，他便从理论上来论证辩证法的彻底革命性。他在《〈资本论〉第1卷第2版跋》中作出结论说：“辩证法，在其神秘形式上，成了德国的时髦东西，因为它似乎使现存事物显得光彩。辩证法，在其合理形态上，引起资产阶级及其夸夸其谈的代言人的恼怒和恐怖，因为辩证法在对现存事物的肯定的理解中同时包含对现存事物的否定的理解，即对现存事物的必然灭亡的理解；辩证法对每一种既成的形式都是从不断的运动中，因而也是从它的暂时性方面去理解；辩证法不崇拜任何东西，按其本质来说，它是批判的和革命的。”[②] 因此，在辩证法看来，现实世界的一切都是一个由低级到高级，由简单到复杂，由无序到有序的一个永恒的发展过程。现存的一切都是历史发展的结果，也必将被更新、更高级的东西所代替。在辩证法面前，“不存在任何最终的、绝对的、神圣的东西；它指出所有一切事物的暂时性；在它面前，除了发生和消灭、无止境地由低级上升到高级的不断的过程，什么都不存在。它本身也不过是这一过程在思维着的头脑中的反映而已”[③]。辩证法“永远具有一个双刃的要求：其中一面针对着世界，另一面针对着哲学本身”[④]。马克思、恩格斯也正是运用这一彻底革命性来对待现实、对待马克思主义和唯物辩证法理论本身，认为马克思主义并没有结束真理，而是在实践中不断开辟认识真理的道路。因此，“我们决不把马克思的理论看做某种一成不变的和神圣不可侵犯的东西；恰恰相反，我们深信：它只是给一种科学奠定了基础，社会主义者如果不愿落后于实际生活，就应当在各方面把这门科学推向前进。”[⑤] 可以说，唯物辩证法的彻底革命性是整个马克思主义的活的灵魂。由于有这种彻底革命性，马克思主义才不会变成僵死的教条，而永远处在创新和发展之中．因而也才能和时代的脉搏保持一致。

三、唯物辩证法的基本特征还在于它的方法论性质

马克思主义哲学作为一个理论体系，它是由唯物论、辩证法、认识论和历史唯物论组成的完整的科学理论。这就是马克思主义哲学的整体性。列宁说：“在这个由一整块钢铁铸成的马克思主义哲学中，决不可以去掉任何一个基本前提、任何一个重要组成部分，不然就会离开客观真理。”[⑥] 马克思主义哲学的这一原则的确定性是由马克思、恩格斯在哲学中所实现的真正革命变革所赋予的。这一革命变革使马克思主义哲学比之以往任何一种哲学具有许多特点，如实践性、科学性、革命性、开放性等。这些既是整个

① 《马克思恩格斯全集》第40卷，第145页。

② 《马克思恩格斯选集》第2卷，第218页。

③ 《马克思恩格斯选集》第4卷，第213页。

④ 《马克思恩格斯全集》第40卷，第259页。

⑤ 《列宁全集》第4卷，第187页。

⑥ 《列宁选集》第2卷，第332～333页。

马克思主义哲学的特征，也就是它的各个部分的共性特征。作为马克思主义哲学的重要组成部分的唯物辩证法，相对于其他组成部分来说，除了这些共性特征以外，还有它的个性特征，这就是它的方法论性质。马克思主义哲学作为世界观和方法论的统一，都具有方法论性质，但是唯物辩证法比之其他部分来讲，它的方法论性质特别突出。

第一，唯物辩证法是马克思主义哲学建立的方法论。马克思主义哲学的建立所表现出来的革命变革是哲学发展的一个自觉地实现了的辩证过程。它的产生是在以往哲学的基础上建立起来的。因此，怎么样对待以往的哲学思想，就有一个方法论问题，这个方法就是唯物辩证法。马克思、恩格斯在创立他们的哲学的过程中非常重视运用辩证法来研究和总结以往的哲学。他们从以往哲学中学习了辩证法，同时又用辩证法来对待以往的哲学。马克思早在他的博士论文中就吸收和运用黑格尔辩证法来研究以往的哲学，并指出了黑格尔辩证法的不彻底性。后来在1857年至1858年，马克思在写作《政治经济学批判大纲》期间，又重新研究了黑格尔的饱含辩证法的《逻辑学》，目的是要以黑格尔辩证法的合理思想为基础，制定出能够应用于政治经济学的研究和系统阐述的科学方法。1858年1月14日，马克思在致恩格斯的信中写道："我又把黑格尔的《逻辑学》浏览了一遍，这在材料加工的方法上帮了我很大的忙。如果以后再有功夫做这类工作的话，我很愿意用三个印张把黑格尔所发现、但同时又加以神秘化的方法中所存在的合理的东西阐述一番，使一般人都能够理解。"① 1868年，他在给狄慈根的信中又提到这一点："一旦我卸下经济负担，我就要写《辩证法》。辩证法的真正规律在黑格尔那里已经有了，自然是具有神秘的形式。必须把它从这种形式中解放出来"②，成为科学的方法。马克思的计划后来虽然没有实现，但辩证法作为一门应用于经验科学的方法，已在《资本论》中充分体现出来。马克思也正是在《资本论》中应用黑格尔辩证法并给予唯物主义的论证和改造，才最终确立了辩证唯物主义和历史唯物主义哲学。总结马克思和恩格斯创立他们哲学的过程，可以看到他们始终注意用辩证法方法来对待以往的哲学。他们克服费尔巴哈对黑格尔哲学批判的缺陷，辩证地对待黑格尔的唯心辩证法，抛弃其唯心主义的实质，吸取其辩证法的合理内核；他们用辩证法改造旧唯物主义，使其发展为辩证唯物主义；他们把辩证唯物的自然观同历史观结合，创立了历史唯物主义，揭示了历史的本质和历史的辩证法，从而最终形成了自己的哲学。可以说，没有辩证法，也就不会有马克思主义哲学。恩格斯自己在批判杜林对马克思《资本论》应用辩证法的歪曲时，阐述了他们的现代唯物主义就是在对以往哲学的辩证否定的基础上建立起来的。他说，现代唯物主义是对古希腊自发唯物主义的否定的否定，不过它"不是单纯地恢复旧唯物主义，而是把两千年来哲学和自然科学发展的全部思想内容以及这两千年的历史本身的全部思想内容加到旧唯物主义的永久性基础上。这已经根本不再是哲学，而只是世界观。它不应当在某种特殊的科学的科学中，而应当在现实的科学中得到证实和表现出来。因此，哲学在这里被'扬弃'了，就是说，'既被克服又被保存'；按其形式来说是

① 《马克思恩格斯全集》第29卷，第250页。

② 《马克思恩格斯全集》第32卷，第535页。

被克服了，按其现实的内容来说是被保存了”[①]。可见，辩证法为马克思、恩格斯科学地总结以往哲学，总结自然科学成果，解决社会和经济问题，建立他们自己的哲学提供了方法论上的保证。这就是列宁所说的：“用唯物辩证法从根本上来改造全部政治经济学，把唯物辩证法应用于历史、自然科学、哲学以及工人阶级的政策和策略——这就是马克思和恩格斯最为注意的事情，这就是他们做了最重要最新颖的贡献的地方，这就是他们在革命思想史上英明地迈进的一步。”[②] 也就是说，他们哲学的产生，实现了哲学史上的革命变革。

第二，马克思主义哲学原理的应用都贯穿着辩证法。马克思主义哲学作为世界观和方法论的统一，它具有方法论的功能。但由于它是最一般的理论，它的方法论功能的实现必须通过辩证法。一方面，只有通过辩证法才能实现理论和实际的结合。哲学理论是现实世界普遍本质和一般规律的反映，而现实世界的客观实际和人们的实践又总是具体的，有它特殊的本质和特殊的规律。因此，要实现哲学理论对现实的指导作用，必须通过辩证法处理好一般和个别的关系问题，把普遍原理和具体情况结合起来，找到普遍原理在具体实际中的表现，才能真正找到解决问题的方法，发挥哲学的指导作用。为此，列宁把具体问题具体分析看作是马克思主义的活的灵魂，并认为辩证法是马克思主义中最根本的东西。毛泽东则把共性和个性的关系问题看成是事物矛盾问题的精髓。他认为研究任何一定的事物都必须发现共性和个性的相互联结，这是马克思主义的基本研究方法，“舍此没有第二种研究法”[③]。

另一方面，也只有通过辩证法才能实现运用哲学原理观察和解决问题的整体性。现实世界是一个分层次的系统整体，其中各个要素、方面都是互相联系的。作为现实世界理论反映的马克思主义哲学也是一个由各个原理所组成的理论系统，其中各个原理是现实世界某一个方面或某一个环节的理论概括。这样一个客观系统、一个观念系统，要实现这两个系统的相互作用，首先就要运用辩证法来观察整个现实世界。列宁说：“马克思主义辩证法……不容许对事物作孤立的即片面的、歪曲的考察。”[④] 他指出：“要真正地认识事物，就必须把握、研究它的一切方面、一切联系和‘中介’。我们决不会完全地做到这点，但是，全面性的要求可以使我们防止错误和防止僵化。”他又指出，辩证法“要求从事物的发展、‘自己运动’（像黑格尔有时所说的）、变化中来观察事物”[⑤]。他认为在社会革命中要制定先进阶级的正确的策略，只有客观地考虑某个社会中一切阶级关系的全部总和，因而也考虑该社会发展的客观阶段，考虑该社会和其他社会之间的相互关系，才能成为先进阶级制定正确策略的依据。而在观察各个阶级和各个国家时，不应当认为它们是静态的，而应当认为它们是动态的。观察运动时不仅要着眼于过去，而且要着眼于将来，并且不是按照只看到缓慢变化的“进化论者”的庸俗见解进行观

① 《马克思恩格斯全集》第20卷，第151页。
② 《列宁全集》第19卷，第558页。
③ 《毛泽东选集》第1卷，第294页。
④ 《列宁全集》第2卷，第642页。
⑤ 《列宁选集》第4卷，第453页。

察，而是要辩证地进行观察[①]。这说明，只有通过辩证法才能把握整个现实世界的联系、运动、变化和发展，同时，也只有辩证地运用哲学原理才能实现对客观世界观察的整体性。如前所述，马克思主义哲学中的各个原理只是现实世界某一方面的理论概括，因此，人们在认识和实践中不能孤立地运用某一原理，必须把它同其他原理联系起来加以综合的运用。列宁非常重视这一点，他指出："马克思主义的全部精神，它的整个体系要求人们对每一个原理只是（α）历史地，（β）只是用其他原理联系起来，（γ）只是用具体的历史经验联系起来加以考察"[②]。这样才能全面地反映和把握客观事物和现象，防止片面性，做到正确地认识世界和改造世界。由此可见，辩证法是贯穿在马克思主义哲学原理之中的，是马克思主义哲学实践性、科学性、革命性的方法论保证。

综上所述，联系和发展的观点是一切辩证法的共性特征，对唯物辩证法来说，它的基本的特征应该是科学性、彻底的革命性和方法论性质。这样来规定唯物辩证法的特征才能体现共性和个性的统一、内容和形式的统一、基本特征和一般特征的统一。

注：这一章是发表在《社会科学研究》1995 年第 3 期的《辩证法基本特征的反思》一文，《人大复印资料——哲学原理》1995 年第 7 期全文转载此文。

① 《列宁全集》第 2 卷，第 602～603 页。

② 《列宁全集》第 35 卷，第 238 页。

第四章　辩证法基本原则的反思

关于唯物辩证法的基本原则，我国哲学界都是按照列宁的说法讲联系原则和发展原则。然而，前些年苏联哲学界却提出了不同的看法。ф·ф维亚列凯夫主编的《客观辩证法》一书中把辩证法的原则规定为：研究出发点的理论和实际统一的原则，客体及其属性相互依赖的原则，客体及其属性的矛盾性原则，辩证法的本体论方面的发展原则，辩证法、逻辑学和认识论统一的反映原则，辩证法的价值论和社会学方面的党性原则。很难说这些原则都是对的，但却引起了我们对唯物辩证法基本原则的反思。笔者以为对唯物辩证法的基本原则应该从其理论本身及应用两个层面去思考和界说。

一、客观辩证法决定主观辩证法——唯物辩证法的本体论原则

唯物辩证法作为马克思、恩格斯批判改造黑格尔辩证法，总结自然科学、社会科学和思维科学的成果而建立起来的科学辩证法，与黑格尔以绝对理念及其发展、变化作为辩证法主体的观念本体论不同，它是以现实世界为基础，以自然、社会和人类思维运动发展的普遍规律为研究对象，因而它是物质本体论。马克思说，他的辩证法“从根本上来说，不仅和黑格尔的辩证方法不同，而且和它截然相反。在黑格尔看来，思维过程，即他称为观念而甚至把它变成独立主体的思维过程，是现实事物的创造主，而现实事物只是思维过程的外部表现。我的看法则相反，观念的东西不外是移入人的头脑并在人的头脑中改造过的物质的东西而已”[①]。马克思正是从唯物论出发确立了他的辩证法的本体论。恩格斯进一步发挥这一思想，在哲学史上第一次把辩证法区分为客观辩证法和主观辩证法。他说：“所谓客观辩证法是支配着整个自然界的，而所谓主观辩证法，即辩证的思维，不过是自然界中到处盛行的对立中的运行的反映而已。”[②] 后来他又指出，由于唯物辩证法的建立，“这样，概念的辩证法的本身就变成只是现实世界的辩证运动的自觉的反映，从而黑格尔的辩证法就被倒转过来了，或者宁可说，不是用头立地，而

---

① 《马克思恩格斯全集》第1卷，第121页、462页。

② 《马克思恩格斯全集》第20卷，第553页。

是重新用脚立地了”[①]。“黑格尔的辩证法之所以是颠倒的，是因为辩证法在黑格尔看来应当是‘思想的自我发展’，因而事物的辩证法只是它的反光。而实际上，我们头脑中的辩证法只是自然界和人类社会中进行的、并服从于辩证形式的现实发展的反映。”[②]“辩证法的规律是从自然界和人类社会的历史中抽象出来的。辩证法的规律不是别的，正是历史发展的这两个方面和思维本身的最一般的规律。”[③]“我们的主观的思维和客观的世界服从于同样的规律，因而两者在自己的结果中不能互相矛盾，而必须彼此一致，这个事实绝对地统治着我们的整个理论思维。它是我们的理论思维的不自觉的和无条件的前提。”[④]这就是客观辩证法决定主观辩证法的唯物辩证法的本体论原则。这一原则既是看待唯物辩证法理论本身的最高准绳，又是运用辩证法必须坚持的最高准绳。我国哲学界一般所说的联系和发展原则，实质上是从属于客观辩证法决定主观辩证法这一本体论原则的。因为联系和发展既是现实世界本身的辩证法，也是运用辩证法观察处理问题的方法。列宁正是在论述“客观辩证法”和“辩证法及其客观意义的问题”时提出了联系和发展的原则。[⑤]这说明联系和发展是属于客观辩证法决定主观辩证法这一本体论原则范畴的。它们本身是属于唯物辩证的具体的原则，不能上升到基本原则。

客观辩证法决定主观辩证法作为唯物辩证法的本体论原则。首先在于只有坚持这一原则才能从理论上真正说明唯物辩证法同旧唯物主义及黑格尔唯心辩证法的根本区别。在哲学史上是由于马克思、恩格斯把辩证法还原为现实世界本身的辩证运动，提出客观辩证法决定主观辩证法，因而能够从理论上把辩证法同唯物主义科学地结合起来，超越形而上学唯物主义和唯心主义，建立起辩证的新唯物主义。所以，马克思和恩格斯把他们创立的唯物辩证法叫做“现代唯物主义”或“新唯物主义”。他们认为这种唯物主义区别于一切旧唯物主义就是它在内容和本质上都是辩证的。恩格斯说：“了解以往的德国唯心主义的完全荒谬，这就必然导致唯物主义，但是要注意，并不是导致十八世纪的纯形而上学的、完全机械的唯物主义”[⑥]，“而是把两千年来哲学和自然科学发展的全部思想内容以及这两千年的历史本身的全部思想内容加到旧唯物主义的永久性基础上”[⑦]，成为概括自然科学最新成就的反映现实世界本身辩证法的“新唯物主义”。这一新唯物主义在本质上是辩证的，是唯物主义的辩证法。由于唯物辩证法是建立在现实世界的基础上的物质本体论的辩证法，因而它才同黑格尔的观念本体论唯心辩证法区别开来，成为科学的辩证法。如果只一般讲联系和发展的原则是无法和黑格尔唯心辩证法划清界限的，因为联系和发展也是黑格尔观念辩证法的重要原则。所以，客观辩证法决定主观辩证法的本体论原则是辩证法理论变革的标志。列宁非常赞同这一思想，并且进一步提出“事物的辩证法创造观念的辩证法，而不是相反”。[⑧]这是辩证法问题上的唯一唯物主义

---

① 《马克思恩格斯选集》第 4 卷，第 239 页。

② 同上，第 494 页。

③ 《马克思恩格斯全集》第 20 卷，第 401 页。

④ 同上，第 610 页。

⑤ 参见《列宁全集》第 22 卷，第 190、194 页。

⑥ 《马克思恩格斯全集》第 20 卷，第 28 页。

⑦ 《马克思恩格斯全集》第 20 卷，第 151 页。

⑧ 《列宁全集》第 55 卷，第 166 页。

原则。但是，列宁以后，斯大林对辩证法的解释就违背了这一原则。他在《辩证唯物主义与历史唯物主义》一书中提出，辩证法先是一种“辩证的思维方式后来推广到自然界的现象中，就变成了认识自然界的辩证方法。这种方法把自然界的现象看作是永恒运动着、变化着的现象，把自然界的发展看作自然界中各种矛盾发展的结果，自然界中对立的力量互相影响的结果”①。在斯大林这一解释里，唯物辩证法的本体论原则不见了，正好成了恩格斯所批评的黑格尔的错误。黑格尔认为辩证法的“规律是作为思维规律强加于自然界和历史的，而不是从它们当中抽引出来的”②，不是这些规律去适应自然界，而是自然界必须服从这些规律。这说明在辩证法问题上如果不坚持客观辩证法决定主观辩证法的本体论原则，就很容易滑向唯心主义辩证法。

其次，坚持客观辩证法决定主观辩证法的本体论原则，在运用辩证法观察问题时才可能避免主观性。按照这一原则的要求，在运用辩证法观察问题时必须首先分析事物本身的辩证关系，按照事物本身的辩证法去反映事物，而不是把唯物辩证法的规律当作公式到处乱套。恩格斯指出，“思维永远不能从自身中，而只能从外部世界吸取和引出”关于外部世界的结论，他认为原则不是研究的出发点，而是它的最终结果；原则不是被运用于自然界和人类历史，而是从它们中抽象出来；不是自然界和人类去适应原则，而是原则只有在适合于自然界和历史的情况下才是正确的。“这是对事物的唯一唯物主义观点”③。列宁发挥恩格斯的思想，根据客观辩证法决定主观辩证法的本体论原则，把观察的客观性作为辩证法的首要要素。他指出：“考察的客观性（不是实例，不是枝节之论，而是自在之物本身）”④。他认为一切“对象表现出自身是辩证的”⑤，只有从事物本身的辩证法出发，才能真正全面地认识事物。在坚持客观性反对主观性方面，毛泽东在领导中国革命的过程中，在反对教条主义的斗争中提出了从实际出发、实事求是的认识方法，丰富和发展了观察客观性的思想。他认为实际的客观性包括客观的存在性、全面性、运动性、本质性。他强调研究问题忌带主观性、片面性和表面性。他指出：“片面性、表面性也是主观性，因为一切客观事物本来是互相联系的和具有内部规律的，人们不去如实地反映这些情况，而只是片面地或表面地去看它们，不认识事物的互相联系，不认识事物的内部规律，所以这种方法是主观主义的。”⑥ 因此，坚持客观性必须全面地、深入地、发展地观察问题，才能揭示事物的本质。

二、世界观与方法论的一致——唯物辩证法的方法论原则

客观辩证法决定主观辩证法，一方面说明唯物辩证法作为客观辩证法的反映，它所

① 参见《联共（布）党史简明教程》，第134页。
② 《马克思恩格斯全集》第20卷，第401页。
③ 同上，第38页。
④ 《列宁全集》第22卷，第190页。
⑤ 同上，第194页。
⑥ 《毛泽东选集》第1卷，第313～314页。

揭示的是事物本身的辩证法，因而它是世界观；另一方面，由于它正确地反映了事物本身的辩证法，因而它的规律同外部世界观的规律在本质上是同一的，无论对于自然界和人类历史的运动，或者对于思维的运动都同样是实用的。人们可以凭借唯物辩证法作为认识世界和改革世界的方法论，从而使唯物辩证法能够达到世界观和方法论的科学的统一。

唯物辩证法是世界观和方法论的统一，这是马克思主义所一贯坚持的基本立场。马克思、恩格斯创立唯物辩证法一开始就强调唯物辩证法是一种世界观。恩格斯在《反杜林论》中总结古希腊哲学的特点时指出：在哲学史上，辩证法一开始就是世界观。他说：把自然界、人类历史和我们自己思维的一切现象看作是相互联系、处在运动、变化、产生和消失之中这个原始的、素朴的但确实是正确的世界观是古希腊哲学的世界观，而且是由赫拉克利特第一次明显地表述出来的。① 后来，恩格斯在晚年回顾马克思和他批判黑格尔辩证法，创立唯物辩证法时再一次指出："马克思和我，可以说是从德国唯心主义哲学中拯救了自觉的辩证法并且把它转变为唯物主义自然观和历史观的唯一的人"②。他们与黑格尔把辩证法看作是方法不同，首先强调辩证法是世界观。但他们认为唯物辩证法不仅是一般的世界观，而且是可以运用于一切经验科学的方法论。恩格斯以马克思为例说："马克思的功绩就在于，他……第一个把已经被遗忘的辩证方法、它和黑格尔辩证法的联系以及它和黑格尔辩证法的差别重新提到显著的地位，并且同时在《资本论》中把这个方法应用到一种经验科学的事实，即政治经济学的事实上去。他获得了很大的成功。"③ 这证明了唯物辩证法不仅是科学的世界观，同时是"我们最好的劳动工具和最锐利的武器"④，也就是最正确的方法论。

继恩格斯之后，列宁又从辩证法的实质和核心的对立统一规律进一步说明辩证法既是发展观又是分析矛盾的方法，是世界观和方法论的统一。他指出，马克思、恩格斯不仅提出唯物辩证法是世界观和方法论的统一，而且他们"最为注意的事情"就是用唯物辩证法从根本上来改造全部政治经济学，把唯物辩证法应用于历史、自然科学以及工人阶级的政策和策略。这是他们做出的最重要最新颖的贡献。⑤ 毛泽东在新的历史条件下运用唯物辩证法来指导中国革命，发挥马克思、恩格斯、列宁的思想，进一步明确提出唯物辩证法既是宇宙观又是方法论，是世界观和方法论的一致体，"是一个东西"⑥。世界观是讲世界本来是怎么样的，方法论是讲改造世界要怎么做，它们是一而二、二而一的东西。

世界观和方法论的统一之所以成为唯物辩证法的方法论原则，首先在于坚持世界观和方法论的统一才能充分表现出唯物辩证法的实践性功能。一切旧哲学实际上都是把世界观和方法论分割开来，把哲学仅限于说明世界的解释功能。所以，马克思说："哲学

---

① 《马克思恩格斯全集》第 20 卷，第 23 页。
② 《马克思恩格斯选集》第 3 卷，第 51 页。
③ 《马克思恩格斯全集》第 20 卷，第 387 页。
④ 《马克思恩格斯选集》第 4 卷，第 239 页。
⑤ 参见《列宁选集》第 4 卷，第 558 页。
⑥ 毛泽东：《唯物辩证法讲授提纲》。

家们只是用不同的方式解释世界，而问题在于改变世界”[①]。列宁进一步解释说：“旧唯物主义者会解释世界，而我们应该改变世界”[②]。马克思主义哲学之所以能改变世界，就在于它是世界观和方法论的统一，既能正确地说明世界，又能指导人们的实践改造世界，因而它既具有解释功能，又具有实践性功能。而且，马克思主义哲学更强调哲学改造世界的实践性功能。正如毛泽东所说的，如果哲学只是解释世界，那只说到问题的一半，“而且对于马克思主义的哲学说来，还只说到非十分重要的那一半。马克思主义的哲学认为十分重要的问题，不在于懂得了客观世界的规律性，因而能够解释世界，而在于拿了这种对于客观规律性的认识去能动地改造世界”[③]。这里，毛泽东实际上说明了马克思主义哲学是对于客观世界的认识、解释和改造三个层次的统一：一是认识和科学解释世界的统一；二是科学解释和实践变革世界的统一；三是实践变革和认识世界新阶段的统一（人在实践变革中加深对客观世界的认识）。这三个方面的统一，正是突出了马克思主义哲学的实践性的全部内容。而且，马克思主义哲学更强调它的方法论，强调它指导实践、改造世界，获得完整的实践性的规定，从而与旧哲学彻底区别开来。也如毛泽东所特别指出的：“辩证法的宇宙观，主要地就是教导人们要善于去观察和分析各种事物的矛盾的运动，并根据这种分析，指出解决矛盾的方法。”[④] 这也就是它同以往辩证法所不同的特点之一。

其次，世界观和方法论的统一作为唯物辩证法的基本原则，还在于只有坚持这一原则才能防止马克思主义教条化。马克思主义的科学性决定了它对于人们认识世界和改造世界具有普遍适用的真理性。这本身就存在着被教条化的可能性。如果人们躺在这真理的床上，把它当成万能的钥匙，马克思主义就会成为教条。提出世界观和方法论一致性原则，就是为防止马克思主义教条化。马克思从他学术活动一开始，早在1843年就公开向世人宣告：我不主张我们竖起任何教条主义的旗帜，新思潮的优点就恰恰在于我们不想教条式预料未来，而只是希望在批判旧世界中发现新世界。马克思对奉行抽象哲学原则的教条主义深恶痛绝，他形象而深刻地揭露说：“到目前为止，一切谜语的签字都在哲学家们的写字台里，愚昧的凡俗世界只需张开嘴来接受绝对科学的烤松鸡就得了”[⑤]。恩格斯在同把马克思主义教条化的机会主义作斗争中一再阐述：“马克思整个世界观不是教义而是方法。它提供的不是现成的教条，而是进一步研究的出发点和供这种研究使用的方法。”[⑥] 列宁非常称赞这一观点，他说：“恩格斯在谈到他自己和他那位赫赫有名的朋友时说过：我们的学说不是教条，而是行动的指南。这个经典式的定义异常鲜明有力地强调了马克思主义的往往被忽略的那一方面”[⑦]，即辩证法。列宁重述并运用恩格斯这一思想来批判教条主义和经验主义，指出，如果不把马克思主义“理论看作

---

① 《马克思恩格斯选集》第1卷，第19页。

② 《列宁全集》第10卷，第312页。

③ 《毛泽东选集》第1卷，第292页。

④ 同上，第304页。

⑤ 《马克思恩格斯全集》第1卷，第416页。

⑥ 《马克思恩格斯选集》第4卷，第406页。

⑦ 《列宁选集》第2卷，第398页。

首先是、最主要是行动的指南，那就大错特错了”[①]。一切教条主义和机会主义者之所以犯错误，就是违背世界观和方法论统一的原则，把马克思主义的词句当作包医百病的灵丹妙药，到处套用，从而给革命和建设事业造成极大危害。

三、具体问题具体分析——唯物辩证法的应用论原则

唯物辩证法作为科学的世界观和方法论的统一，只能给人们的认识和实践提供一种正确的指导思想，绝不是也不能提供一把公用的万能钥匙式的工具，使人们无需特别费力就可能用它来预先确定任何事物及其具体的发展途径。人们在认识和实践中要怎样才能应用唯物辩证法正确地解决实际问题呢？马克思、恩格斯在创立他们的理论的时候就强调指出，对于他们所提出的“基本原理的实际运用……随时随地都要以当时的历史条件为转移”[②]；并且坚决反对不问具体情况，把“唯物主义的”这个词“当作标签贴在各种事物上去，再不作进一步的研究……就以为问题已经解决了”[③] 的做法。辩证法作为方法论只能给人们的认识和实践提供一种指导，要使这种指导成为现实，只有把唯物辩证法的基本规律同具体科学结合起来，对具体情况进行具体分析，才能在认识和实践中取得成功。所以，列宁非常强调具体问题具体分析，提出了“具体地分析具体的情况”，是“马克思主义的最本质的东西、马克思主义的活的灵魂”的著名命题。[④] 列宁提出的这一命题实际上是确立了唯物辩证法的应用论原则。列宁本人非常重视这一原则，他认为结合具体情况来运用一般原理，这是“马克思主义的立脚点”[⑤]。“马克思辩证法要求对每一特殊的历史情况进行具体的分析”[⑥]。如果应用马克思主义理论不对具体情况作具体分析，那么马克思主义（也包括一切理论）最终“都会变成空话”[⑦]，失去它的意义。因此，列宁非常称赞马克思、恩格斯根据不同国家工人运动的状况来指导工人运动的思想。1907 年，他在《〈约·菲·贝克尔、约·狄慈根、弗·恩格斯、卡·马克思等致弗·阿·左尔格等书信集〉俄译本序言》一文中论述马克思、恩格斯关于英美工人运动的言论不同于他们关于德国工人运动的言论时指出：“从科学观点来看，我们在这里可以看到唯物辩证法的典范，看到善于针对不同的政治经济条件的具体特点，把问题的不同重点和不同方面提到首位并加以强调的本领。从工人政党的实际政策和策略观点看，我们在这里可以看到《共产党宣言》的作者针对不同国家的民族工人运动所处的不同阶段决定战斗的无产阶级的任务的典范。”[⑧]

具体地分析具体情况作为唯物辩证法的应用论原则，首先在于只有坚持具体情况具

---

① 《列宁选集》第 23 卷，第 338 页。

② 《马克思恩格斯选集》第 1 卷，第 228 页。

③ 参见《马克思恩格斯选集》第 4 卷，第 457 页。

④ 参见《列宁选集》第 4 卷，第 290 页。

⑤ 《列宁选集》第 1 卷，第 673 页。

⑥ 《列宁选集》第 2 卷，第 857 页。

⑦ 参见《列宁全集》第 27 卷，第 34 页。

⑧ 《列宁选集》第 1 卷，第 693 页。

体分析才能把一般和个别结合起来，实现唯物辩证法的方法论功能。唯物辩证法作为方法论，它具有普遍的指导意义，正因为如此，它所提供的只是一般的指导原理，过于一般化，对于解决具体的实际问题是不够的，因为具体的实际是丰富多彩、千变万化的，一般理论无法概括所有的个别。一般理论与实际的结合必须以时间、地点和条件为转移，进行具体的分析。人们在认识和实践中只有对具体情况进行具体分析，找出一般和个别的结合点，才能实现这种结合，找到解决具体问题的方法，从而实现唯物辩证法的方法论功能。相反，如果应用辩证法的理论在个别场合，而不对该场合作特殊的分析，理论就会变成空话；如果把理论当成公式，按照它来剪裁事实，那就不仅是空话的问题，而且会走向它的反面，变成有害的东西。中国革命过程中的教条主义者正是这样，他们违背具体问题具体分析的指导原则，不注意中国特殊国情的具体分析，以为只要照搬马克思主义理论就能解决一切问题，其结果弄得一无是处。所以，毛泽东在反对教条主义的斗争中特别强调分析矛盾的特殊性。他指出，具体地分析矛盾的特殊情况“是十分重要的事情。列宁说：马克思主义的最本质的东西，马克思主义的活的灵魂，就在于具体地分析具体的情况。……我们的教条主义者违背列宁的指示，从来不用脑筋具体地分析任何事物，做起文章或演说来，总是空洞无物的八股调，在我们党内造成了一种极坏的作风”[①]，给中国革命造成极大的损失。

其次，坚持具体地分析具体情况才能把握矛盾特殊性，也才能认识事物。辩证法就是认识论，作为认识论，最根本的就是指导人去分析事物矛盾的特殊性。人们认识事物就是认识事物的本质，事物的本质是由事物内部的特殊矛盾所决定的。任何事物的内部都包含着本身特殊的矛盾。这种特殊的矛盾，就构成一事物区别于他事物的特殊的本质。这就是世界上诸种事物所以有千差万别的内在原因，或者叫做根据。分析事物矛盾特殊性，这既是认识事物的基础，也是科学研究区分的根据。“如果不研究矛盾的特殊性，就无从确定一事物不同于他事物的特殊的本质，就无从发现事物运动发展的特殊的原因，或特殊的根据，也就无从辨别事物，无从区分科学研究的领域”[②]，而分析矛盾特殊性的最根本的要求就是具体情况具体分析。所以，毛泽东强调指出：不论研究何种矛盾的特殊性，都不能带主观随意性，必须对它们实行具体的分析。离开具体的分析，就不能认识任何矛盾的特殊性。我们必须时刻记住列宁的话：对于具体的事物作具体的分析。这样才能把握事物矛盾的特殊性，从而认识事物，[③] 发挥唯物辩证法的认识功能。

最后，坚持具体情况具体分析才能不断地研究和解决新问题，总结新经验，丰富和发展唯物辩证法。马克思主义哲学不是封闭的终极的理论，而是批判的和革命的、开放的和发展的学说。它不仅“在于使现存世界革命化，实际地反对和改变事物的现状”[④]，而且对它自身也采取批判的、革命的态度。它“永远具有一个双刃的要求：其中一面针

① 《毛泽东选集》第1卷，第312页。
② 同上，第309页。
③ 参见《毛泽东选集》第1卷，第317页。
④ 《马克思恩格斯选集》第1卷，第48页。

对着世界，另一面针对着哲学本身"[①]。马克思主义哲学怎样才能发挥双刃的作用，在不断革新旧世界、创造新世界中革新和发展自己呢？最根本的也在于具体情况具体分析。具体情况具体分析是坚持实事求是、实现思想解放的基础的环节，是实事求是的内在要求。实事求是的"求"，就是具体地分析具体情况从中引出事物内部的规律性，制定方针政策，作为行动的向导。可以说，没有具体情况的分析也就不可能达到实事求是，因而也就谈不上解放思想。所以，邓小平指出，解放思想就是实事求是。他说："世界天天发生变化，新的事物不断出现，新的问题不断出现"[②]，"解放思想，就是要运用马列主义、毛泽东思想的基本原理，研究新情况，解决新问题"[③]。这"主要的就是要用马克思主义的立场、观点、方法来分析问题，解决问题。马克思主义的活的灵魂，就是具体地分析具体情况"[④]。只有根据新的具体情况决定路线、方针、政策，解决新问题，在新的实践中不断检验马克思主义的真理性，修正和抛弃其中过时的东西，保持马克思主义的普遍真理；同时，也只有在解决新问题中总结新的经验来丰富和发展马克思主义，才能保持马克思主义的生命力。

坚持具体情况具体分析的原则，必须结合联系原则和发展原则。列宁提出的联系原则和发展原则，作为方法论，它实际上就是具体情况具体分析时所必须贯彻的一种全面性原则。它要求对任何事物、现象进行具体分析时，既要分析事物内部各方面、各要素之间的联系，又要分析事物同周围环境的联系；既要分析事物的历史、现状，又要看到事物的发展、变化，分析它的发展趋势，只有这样才可能做到对事物的全面的具体分析。

注：这一章是发表在《社会科学研究》1998 年第 1 期的《辩证法基本原则的反思》一文，《人大复印资料——哲学原理》1998 年第 3 期全文转载此文。

① 《马克思恩格斯全集》第 40 卷，第 259 页。
② 《邓小平文选》第 2 卷，第 128 页。
③ 同上，第 179 页。
④ 同上，第 118 页。

第五章　辩证发展观的形态发展

辩证法的发展观是包含自身在内的整体的发展观，它认为世界是一个永恒的发展过程，同时认为反映世界发展过程的发展观念也是处在不断变化发展之中的。自辩证的发展观产生以来，经历了古代朴素辩证法的发展观、黑格尔唯心辩证法的发展观和马克思主义唯物辩证法的发展观。随着科学和人类认识的发展，唯物辩证法的发展观也处在不断地丰富发展之中，出现了几种不同的形态。

一、对立统一形态的矛盾发展观

自辩证法产生以来，矛盾发展观就一直是辩证发展观的统一的形态。无论是古代朴素辩证法，还是马克思主义的唯物辩证法，甚至是黑格尔的反思辩证法都强调发展是矛盾发展。这一发展观其一，强调一切事物、现象都是对立统一的存在。从古代朴素辩证法到马克思主义的唯物辩证法都是把事物、现象的矛盾存在作为发展观的前提和基础，认为没有矛盾就没有世界，也就没有发展观本身。其二，强调矛盾是事物发展的动力源泉，认为发展是对立面的统一和斗争，并认为这是辩证发展观和形而上学发展观的根本分歧点，是矛盾发展观的核心。只有从这一点出发，“才提供理解一切现存事物的‘自己运动’的钥匙，才提供理解‘飞跃’、‘渐进过程的中断’、‘向对立面的转化’、旧东西的消灭和新东西的产生的钥匙”[①]，也才能理解发展。其三，强调发展的内容和实质是旧的矛盾的解决和新的矛盾的产生。恩格斯认为，有机生命及其发展就是存在于生物体和过程中的不断自行产生并自行解决的矛盾，人的认识的发展也是在人类无限的认识能力同这种能力在外部被局限的而且认识上也被局限的个别人身上的实际存在之间的矛盾不断解决中前进的。列宁则认为：“自然界……是处在运动的永恒过程中，处在矛盾的发生和解决的永恒过程中”[②]。毛泽东更明确地指出，发展“是旧的统一和组成此统一的对立成分让位于新的统一和组成此统一的对立成分，于是新过程就代替旧过程而发

① 《列宁全集》第55卷，第306页。

② 同上，第165页。

生。旧过程完结了，新过程发生了。新过程又包含着新矛盾，开始它自己的矛盾发展史"①。矛盾的不断解决和不断产生，既是矛盾运动的规律，也是世界永恒发展的过程和实际内容。其四，强调发展观同方法论的一致性。矛盾发展观认为，对立统一揭示了事物的本质及其过渡、转化和相互联系，所以对立统一也是一种认识的方法。正是在这个意义上，列宁强调一般辩证法的阐述（以及研究）方法就是一种矛盾分析方法，从最简单的命题开始，揭示出一般和个别、必然和偶然、本质和现象的对立和统一，从而认识事物的本质。所以，"辩证法也就是（黑格尔和）马克思主义的认识论"，并认为这是"问题的实质"。② 毛泽东发挥列宁的思想，更明确地指出："这个辩证法的宇宙观，主要地就是教导人们要善于去观察和分析各种事物的矛盾运动，并根据这种分析，指出解决矛盾的方法。"③ 他在《矛盾论》中花大量篇幅论述矛盾的普遍性和特殊性，建构了系统的矛盾分析方法，从而使矛盾发展观成为一种方法论。

矛盾发展观揭示了事物的本质和发展的动力源泉及发展的实在内涵，为人们认识事物、分析问题提供了一种方法论，显示了它的科学性和生命力。但是，随着人类实践和科学的发展，矛盾发展观也表现出它的局限性。首先，矛盾发展观立足于统一体内部矛盾的两个方面的关系来考察事物的发展，难以从"多"方面来说明事物发展的原因。虽然马克思、恩格斯在强调联系与发展时，有了系统的思想。毛泽东也提出："单纯的过程只有一对矛盾，复杂的过程则有一对以上的矛盾。各对矛盾之间又互相成为矛盾。这样地组成客观世界的一切事物和人们的思想，并推使它们发生运动。"④ 这显然是一种矛盾系统思想。但作为矛盾发展观来讲，它的着眼点仍然是从矛盾着的两个方面的"双边"关系来考察事物的发展，不能反映从统一体内部各方面的"多边"关系去把握事物的发展。因此，矛盾发展观对于人们分析和认识自然、社会的复杂的巨大系统来说，就表现出了一种局限性。其次，矛盾发展观自列宁强调矛盾斗争的绝对性以来，就认为发展就是对立面的斗争。这种发展观运用于社会就是强调阶级斗争是社会发展的动力，运用于人与自然的关系问题上就是强调"向自然开战"、征服自然，造成了人与自然的分离与对抗，给人类生存环境形成威胁。现在，人类的认识和实践及现代科学都呼唤着矛盾发展观的新发展。

二、系统形态的系统发展观

恩格斯早在马克思和他创立唯物辩证法时就明确指出："随着自然科学领域中每一个划时代的发现，唯物主义也必然要改变自己的形式"⑤。马克思主义的唯物辩证法建立一百多年以来，科学技术迅猛发展，产生了许多新的成果，给发展观提出了新的问

① 《毛泽东选集》第1卷，第307页。
② 《列宁全集》第55卷，第308页。
③ 《毛泽东选集》第1卷，第304页。
④ 同上，第327页。
⑤ 《马克思恩格斯选集》第4卷，第224页。

题。20世纪初以相对论和量子力学的建立为代表的物理学革命，不仅改变了自然科学的发展，同时也对传统的文化形态产生了强烈的冲击。相对论揭示了时间、空间、物质、运动的统一性，量子力学的“波粒二象性”、“不确定关系”、“概率波”等，都再一次突破了传统机械论观点，为辩证唯物主义提供了新的论证。

20世纪中叶，在信息论、控制论、系统论、系统工程基础上发展起来的系统科学是现代科学发展的又一颗明星。到了20世纪60年代以后，出现了耗散结构论、协同论、突变论、超循环论等自组织理论和非线性科学的成果。这些成果改变了人们的生产方式、生活方式和思维方式，为辩证法的丰富和发展提供了现代科学技术基础，特别是为辩证发展观在系统科学的基础上由对立统一形态的矛盾发展观进到系统形态的系统发展观提供了科学技术基础。系统科学从事物存在的方式、发展的动因、发展的内涵等方面丰富了矛盾发展观，形成了系统形态的系统发展观。系统发展观比之矛盾发展观具有几个显著的特点。

（一）事物都是以系统的方式存在

系统科学认为事物都是由内部若干相互联系的各要素组成的具有特定功能的有机整体即系统，这一系统又是同周围环境处在相互联系之中。世界上的各种事物都处在不同层次的系统之中，从微观的基本粒子到宏观的总星系，从无生命物到有生命物，从自然界到人类社会到人的思维的各种事物、现象，无一不是系统。系统是事物存在的方式。万物皆系统，没有系统就没有世界。如果说矛盾发展观把事物的矛盾存在作为自己的前提和基础，那么系统发展观则把事物的系统存在作为自己的前提和基础，认为发展就是系统的组织化和有序化的提高。

（二）发展的多维度性

系统发展观与矛盾发展观不同，它具有发展的多维度性的特点。首先，在事物发展动因维度上。系统发展观在考察事物发展原因时超越“二”的限制，从“多”的方面，即从系统整体去进行综合考察，认为系统的发展不是取决于哪一对矛盾的相互关系，而是取决于系统内部各要素以及系统与环境之间的多因素的非线性的相互作用。在说明这种相互作用的机理上，系统发展观也不仅是从矛盾双方的斗争性和同一性的关系去说明，而且是从多方面去加以考察。一是从系统外在和内在因素的随机涨落揭示系统的自组织能力。系统发展观认为，由于系统在和外界环境不断进行物质、能量、信息的交换过程中，内部因素的涨落与环境随机因素的涨落相适应、相一致，便出现系统内涨落的协同放大，使系统产生一种由无序结构转变为有序结构的自组织能力。这种由旧质态的系统进化到新质态的系统的主要原因是来自系统内在和外在因素的随机涨落性，因而随机性的、非线性的耦合涨落，是系统进化的主要原因，这叫做随机进化。二是在竞争与协同的关系问题上，系统发展观认为各要素之间的竞争与协同是不可分的。竞争一方面会产生内耗，使系统出现增熵的现象；但另一方面又能激励系统的能动性，使系统产生抗熵的积极作用。系统在竞争的基础上产生的协同作用使系统内各要素与环境的有规则的联系和转化，形成具有一定功能的自组织结构，达到新的有序状态。可以说，协同是有序之源，有序是协同的结果。因此，系统发展观认为研究系统发展的原因必须充分重视协同的作用，系统的发展和稳定与协同是紧密相关的，这可以叫做协同进化。三是由于系统内各要素之间存在着非线性的相互作用，因而系统本身具有适应环境变化，实现自身组织化和有序化的能力。系统发展观认为线性相互作用具有叠加性，它不会产生新的性质，自然不可能在系统中产生新的结构。而非线性相互作用具有相干性，可以通过部分之间的相互制约和相互耦合形成在功能上完全不同于各个部分的系统的效应。正是因为自然界大量存在的相互作用是非线性的，物质世界才普遍经历着从无序状态向不同程度的有序状态的演变。这可以叫做目的进化。四是在非线性的相互作用的机理上，系统发展观认为主要是通过信息和反馈的关系来实现。它认为信息是系统有序化的基础和中介，又是系统有序化的量度。反馈则是系统对环境的一种反作用，是对环境作用的一种扬弃，因而也是原因和结果之间相互作用的一种特殊方式。信息和反馈之间的相互作用是系统向有序化方向演化并形成稳定结构的内在机制的秘密。

由于系统发展观从多方面来考察事物发展的原因，因而它能说明系统为什么会发展和怎样发展。

其次，在发展内容的维度上，系统发展观认为发展不仅包括量变、质变，而且包括系统要素的改善、系统和环境关系的改善、系统结构和功能的优化等多方面的内容，因而能够全面地说明事物发展的内涵。

再次，在发展方向的维度上，系统发展观认为发展的基本趋势是从无序到有序，从低级系统到高级系统的过程。但在这一过程中，由于系统有多种因素和有多种参量的存在，系统的变化必然会受内部涨落和外部涨落的影响，在系统形成稳定结构的临界点之前，形成一个或多个不同的宏观结构的发展方向，每一个都代表着系统可能形成的一种新的稳定结构。但在系统发展过程中到底哪一种发展方向能够最终实现，则取决于非线性的随机涨落。这种涨落既可以是内涨落，也可以是外涨落。在一般情况下，外界微涨落不易引发系统结构的变化。但外界的涨落在下列两种情况下会使系统结构和功能发生变化：一是外涨落与内涨落相适应、相一致时，会使系统内涨落的协同放大，从而使系统产生从无序结构到有序结构的自组织能力；二是外界的巨涨落直接导致系统结构和功能的突变。因此，系统的发展方向是同环境条件的外涨落分不开的。环境直接参与决定事物发展的趋势和方向。由于环境条件往往是多变的，因而也就使系统发展不可能只有一种方向，而会有多种可能性的方向。

（三）发展程度的可定量性

系统发展观对系统运动发展的认识是借助于系统方法进行的。系统方法是把事物放在系统运行中，从整体与部分、系统与环境之间的相互关系中考察事物。它的基本特点是整体性、综合性和最优化。用这种方法观察事物的发展可以把分析与综合、定性与定量结合起来，做到全面地、客观地把握事物的现状和运动发展。系统论的创始人贝塔朗菲对系统整体性在定性分析的基础上，试图进行定量分析，并且建立了一组联立微分方程来描述系统的有机关联性与整体性之间的关系：

$$\frac{dQ_1}{dt} = f_1(Q_1, Q_2, Q_3, \cdots, Q_n)$$
$$\frac{dQ_2}{dt} = f_2(Q_1, Q_2, Q_3, \cdots, Q_n)$$
$$\vdots$$
$$\frac{dQ_n}{dt} = f_n(Q_1, Q_2, Q_3, \cdots, Q_n)$$

上列联立方程组表明任意的一个 Q_i 量的变化都要受到所有 Q（从 Q_1 到 Q_n）的制约，因而是所有 Q 的函数；反之，任一 Q 的变化也会影响到所有其他的量以至整个方程组的变化。而且，这种变化可以用数学模型比较精确地描述出来，可以进行定量化分析。系统发展观借助于系统方法来描述事物的发展，不仅说明发展具有整体性、综合性等特点，而且还具有定量化、精确化、最优化等特点，从而使发展具有可量度性。

（四）发展方向的可控性和可选择性

系统发展的方向是由系统的内涨落和外涨落来规定的。而涨落是可以通过相互作用的因素的调整，特别是根据系统中心化原理，通过系统的主导要素的调整是可以控制的。系统论的创始人贝塔朗菲认为，在系统中的各要素的作用并不是相等的，其中存在着对系统行为起支配作用的主导部分。他以动物中具有中枢神经系统的动物的生命系统为例指出，任何功能归根到底起源于各部分之间的相互作用，但是中枢神经的某一部分起着决定性作用，因而称这个为功能的中心。中枢神经的很小变化都会引起生命系统的大变化。所以，维持动物机体的正常发展必须始终关注中枢神经。贝塔朗菲认为各种各样的系统中都有中心现象。新的系统论——协同学的创始人 H·哈肯也提出支配原理。他认为，在影响系统行为的快变量和慢变量中，当系统达到临界点时，快变量受慢变量的支配和役使，慢变量决定和控制着快变量，从而导致新的结构的产生，因此，慢变量决定整个系统的秩序和有序化的程度。根据支配原理，哈肯采用序参量这个概念来描述复杂系统的自组织行为。序参量是表征系统宏观有序度或宏观模式的参量，从本质上讲，序参量与慢变量是等价的。哈肯认为，对于一个复杂系统，我们不必考虑它的微观系统的所有参量，以及所有子系统的存在和作用方式，而只需选择一个或几个能够有效描述系统宏观秩序的序参量，就可以了解它的宏观状态以及整个变化模式。比如激光，当激光器的输入功率达到阈值后，它便发射出以正弦形式存在和运动的光波。光波概念能够反映光的这种特殊运行模式，光波振幅以及波长能够描述激光的强度和颜色。因此，我们可以选择光波振幅或光场强度作为序参量，由此刻划激光系统的有序度和宏观状态。

系统发展观运用系统论的观点和方法综合地考察事物的发展，在事物发展的内在机制、发展的内容和实质以及对事物发展方向的把握等方面深化了矛盾发展观，它更能体现发展观的主体性和方法论功能。但系统发展观所考察的对象往往限于现存实体对象系统，并且多从其现状及直接相关因素去考察，而对系统的历史发展过程及相隔较远、较间接的因素的考虑涉及较少。然而，现代科学技术及人类实践发展对自然界、人类社会和人类思维的影响所及不止现在，而是深入到历史和未来，对现存事物的考察也不仅是从直接或相距较近的因素，而且还要从空间和时间都相去甚远的因素去研究。现代科学要求把地球作为一个整体来考察发展。这样，随着科学的发展，系统发展观也在改变形态发展，成为协调形态的可持续发展观。

三、协调形态的可持续发展观

人类社会进入 20 世纪以来，科学技术迅猛发展，大大加强了人类认识和实践的能力，促进了人类文明的发展，使工业文明几乎遍布地球的每一个角落。可以说 20 世纪是人类历史发展最辉煌的世纪，它所创造的财富比以往世纪创造财富的总和还要多。人类已经充分感受到了物质文明的幸福。但是，在创造这种文明中，世界各国大多选择了一条以科技为手段、以经济增长为核心的增长型发展道路，结果随着物质文明的发展，出现了种种反主体效应，引发了一系列社会、经济、生态问题。现在，人口膨胀、资源匮乏、环境污染、生态失衡等已成为全球性问题。这些问题的实质是人与人之间关系的失调以及人和自然的冲突，它严重地威胁着人类的生存和发展。为了解决人类所面临的问题，人们也总是从科学上去寻找出路。但是科学也是一把双面刃，它既有加强对自然界的认识、创造物质文明的一面，同时又有负面影响的一面。光靠科学发展难以解决社会、经济、环境的协调发展。于是，一些有识之士从哲学上来反思以往的发展实践所造成的文明与生存危机的矛盾，以建立新的发展观。在这种情况下，1972 年斯德哥尔摩第一次人类环境会议秘书长 M. 斯特朗提出了“生态发展”的概念。其后，保护自然资源国际联盟于 1980 年制定的世界保护战略中首先提出了可持续发展概念，其基本的含义是“持久性地利用自然资源、保护基因多样性和维护生态系统”①。再其后，由挪威前首相布兰特夫人领导的世界环境与发展委员会在 1987 年向联合国提交的《我们共同的未来》的报告中比较明确地定义：“可持续发展是在满足当代人需要的同时，不损坏后代人满足其自身需要的能力”的发展。该报告还指出：“从广义上来说，可持续发展旨在促使人类之间以及人和自然之间的和谐”，并指出：“只有人口发展与生态系统中变化着的生产潜力相协调，发展才可能是持续的”。从此以后，“可持续发展”这一概念被生态学家、经济学家、政治学家以及国际和地区的文件、媒体广泛使用。1992 年，联合国在巴西召开的环境发展会议，通过了以《21 世纪议程》为主的一系列文件，标志着人类将可持续发展由理论和概念推向行动，开始走向可持续发展新阶段。自此以后，可持续发展成为人们普遍接受的发展观念。

可持续发展虽然首先是从生态学的角度作为一种社会经济发展战略提出来的，但它却反映了一种整体协调的发展观。这一发展观的实质是要实现世界的永恒发展。正如世界环境与发展委员会 1987 年发布的《我们共同的未来》报告中所指出的，可持续发展追求的是一种“新的发展途径。这种发展途径使人类进步不限于区区几处、寥寥几年，而且要将整个地球持续到遥远的未来”。世界是一个永恒的发展过程，这是矛盾发展观

① 蔡日方、张伟：《可持续发展战略》，中央党校出版社 1998 年版，第 29 页。

的一个命题。但由于矛盾发展观乃至系统发展观只考察现存事物或现存系统的发展，对事物或系统转化以后的发展只作了一个方向性的描述，到底怎样才能保证永恒发展过程的实现的问题并没有解决。可持续发展正是在反思以往发展观的基础上建立起来的，使世界永恒发展成为可能的一种发展观。世界的永恒发展应包括两个方面：一是自然界各种物种的持续生存和持续发展；二是人类社会的持续生存和持续发展。自然界的物种都享有生存的权利，它们循着生存竞争、优胜劣汰、适者生存的规律，总有进化、有淘汰。这是物种发展本身的规律。但是，自工业革命以来，特别是20世纪以来，科学技术扩大了人类对自然的影响范围，打乱了生物的自然进化，一些物种不是在自然界的生存竞争中或因自然的原因被淘汰，而是由于环境污染、生态失衡造成绝种。据有关资料统计，1600年至1900年之间平均每4年减少一个物种；20世纪90年代以前平均每天有一个物种消失，到90年代以来平均每天灭绝的物种达140个，到20世纪末有100万种物种绝种。照此下去，自然界物种的延续发展就是一个大问题。对此，巴西前环境部长曾指出："现代工业文明是一种疯狂的宗教，我们正在铲除、毒害、摧毁地球上的一切生命系统。我们正在透支我们的子孙无法偿付的支票……我们的作为，好像我们就是地球上的最后一代。如果我们不从心理、心灵、见解上做一番彻底的改变，地球将像金星一般地变成焦炭而死亡。"① 这不是危言耸听，如果人类不能及时调整人与自然的关系，那么这种可能性将会变成现实。因此，人类必须改变自己的发展见解，树立起尊重自然界生物物种生存权利的意识，"持久性地利用自然资源，保护基因的多样性和维持生态系统，使尽可能多的物种得以延续发展，从而保持自然界的永恒发展。世界的永恒发展对于人类社会来说，就是要正确处理经济发展同人口、资源、环境的关系。"② 合理地利用自然资源，使经济、人口、资源和环境协调发展，既能满足当代人的需求，又不损害后代人满足他们需求的能力，以保持人类社会的不断进步和延续发展。

可持续发展观与矛盾发展观、系统发展观不同，它是以地球生态平衡为支撑的协调发展，这是它的一个显著特点。人类社会与自然环境共处于一个生态系统中，生态平衡是自然物种及人类社会良性发展的条件，没有生态平衡，自然界、社会的各种因素的发展都只是暂时的。生态平衡包括结构上、功能上以及输入和输出物质、能量、信息在数量上的平衡。自然生态系统是在长期历史发展和演化过程中形成的。组成生态系统中的生物成份和环境因素都在遵循一定规律基础上是协调的。加进新的因素或者减少某个重要的因素都会使物质、能量、信息的输入或输出发生变化，当这种变化超过一定的限度时就会使整个生态系统暂时稳定的结构遭到破坏或失去平衡，从而使物种生存的条件发生改变，其结果要么是物种发生变化去适应改变了的环境条件，要么在自然选择机理作用下被淘汰、从地球上消失。因此，生态平衡并不是自然界进化的目标，而是实现世界上各种生物物种在适应环境及相互竞争中合乎规律地存在与发展的条件，同时也是人类经济活动发展的条件。马克思认为社会财富的创造是劳动与自然资源的结合。"自然资

① 蔡日方、张伟：《可持续发展战略》，中央党校出版社1998年版，第100页。

② 索甲仁波切：《西藏生死书》，内蒙古文化出版社1998年版，第8页。

源是人类创造财富的前提。没有自然界，没有感性的外部世界，工人什么也不能创造。”① 人类社会要实现经济、人口、资源、环境的协调发展，必须有良好的自然环境，要以生态平衡作支撑。只有在生态平衡的条件下，自然资源和环境才能保持稳定的发展，从而使经济的发展与自然资源协调发展。

可持续发展观的另一个特点是以发展权利平等为基础的公平性。人类社会以往的发展是以自然资源的消耗为代价的，因而人类在获得空前富裕的物质财富的同时，造成了人类自身生存环境的恶化和许多自然物种的消失，使它们丧失了发展权利。这对自然物种和对后代人来说都是不公平的。可持续发展要求达到人与自然的协调与和谐，要求善待自然、尊重物种的发展权利。对于社会来说，可持续发展是对人类自身福利和进步的关注。就这一点来说，它的公平性体现在两个方面：一是从时间顺序上来看的各代人之间的代际公平；二是在同一时间上不同地域的同代人之间的代内公平。这两种公平是相互联系的。可持续发展就其作为社会发展的战略来说，它主要是源于当代人对后代人利益的关怀而产生的，其实质是要实现资源的世代分配，保证子孙后代在追求自身福利方面和当代人有着同样的权利。因此，可持续发展实际上表述的是一种代际关系。但是，自可持续发展提出以来，人们在实践中发现对后代人利益的关心如果不以对当代人利益的关心为基础，那很可能是一句空话。由于当代人在享受自然资源和社会经济福利方面存在着巨大差别，如果不在国内和国际上消除贫富之间的巨大悬殊，环境问题就不可能从根本上解决。因为现在世界上富国对于自然资源的巨大需求，总是凭借自己的资本和技术，采用各种手段从贫困国家中通过掠夺式的开发来获得。这种资源的供求模式必然损害贫穷国家未来的发展前景。与富国相比，穷国除了向富国出售原材料之外，很难找到其他的发展优势。这样，国家间存在的同代人之间的代内不平等，在一定程度上严重损害着发展中国家追求可持续发展的能力。就一个国家或地区来说，穷人和富人对自然资源的依赖程度也是不同的。一般说来，穷人更直接地依靠自然资源生存，他们的生存是一种拼资源消耗的生存，长此下去必然导致生态环境的改变。如草地破坏、森林被伐、水土流失等等，这样退化了的自然环境会加速他们的贫困化，贫困又反过来加剧他们对自然资源的直接依赖。对于环境与贫困之间这种恶性循环，世界环境与发展委员会在一份报告中谈到撒哈拉以南非洲问题时曾指出：“没有其他任何一个地区更悲惨地承受着由贫困引起的环境退化恶性循环的痛苦。而环境退化又导致了更进一步的贫困”②。

可持续发展观的第三个特点是以科学技术的进步为依托的创新性。一方面，可持续发展是以科学技术的高度发展及其合理运用为前提的。科学技术的发展从根本上来说，它是人的本质力量的体现，它具有不断探索、不断创新的特点。创新是科学技术发展的内在动力，没有创新就没有科学技术的发展。科学技术的发展从科学假设到实验到科学理论的建立再到技术的发明及应用推广，这整个过程都是一个不断创新的过程。可以说创新是科学技术的灵魂。以科学技术的高度发展为依托的可持续发展观，自然地也就内含着创新性。另一方面，可持续发展观的核心问题是要解决当代人和后代人不断增长的

① 《马克思恩格斯全集》第42卷，第92页。

② 张伟：《可持续发展战略》，中央党校出版社1998年版，第29页、100页。

需要与资源的矛盾问题。人的需要遵循一种向上的增长规律，总是不断膨胀的，而一定时代的资源总是有限的，不能满足人的无限膨胀的需要。这一矛盾必然会推动人们利用科学技术进行创新探索，开发和利用新的资源，创造更好的环境条件来满足自己的需要。这样，可持续发展观包含着双重创新，一是可持续发展与科学技术的内在联系所包含的创新，二是可持续发展的内在矛盾所激发的创新。这就决定了可持续发展观在本质上是一种创新发展观，从而也就使可持续发展观能在更广的时间和空间范围内展现人的本质力量，体现发展观的主体性。

注：这一章是发表在《社会科学研究》2002 年第 4 期的《论辨证发展的形态发展》一文。

第六章 关于对立统一规律理论问题的思考（上）

在对立统一规律中，矛盾同一性和斗争性的关系是核心问题，是对立统一规律学习和教学中经常提出并有争议的问题。“文化大革命”前，学术界对这个问题展开过讨论，“文化大革命”后一段时间仍然在讨论这一问题，但理解还是很不一致。本着百家争鸣的原则，我想就以下几个问题谈谈看法。

一、关于矛盾同一性的相对性和斗争性的绝对性的几种讲法

长期以来，讲到矛盾同一性和斗争性的关系，就认为同一性是相对的、斗争性是绝对的，并对此作出了种种解释。纵观各种解释，大体可以归纳为两种：一种是从同一性和斗争性的不同存在来论证。一种是从同一性和斗争性在事物发展过程中的不同作用来论证。这两种论证都值得商榷。

按照第一种意见，同一性是相对的，因为：(1) 矛盾双方的互相依赖和互相转化都是有条件的，没有一定的条件，就不能发生互相依赖和互相转化；(2) 一切矛盾的同一性又都是暂时的，而不是永久的；(3) 同一是矛盾的同一、对立的同一，因而同一性是相对的，而斗争性则是无条件的、无所不在的，它存在于一切过程之中，贯串于过程的始终。斗争性又是同一性的基础，“没有斗争性就没有同一性”，因而斗争性是绝对的。这种论证法值得商榷。

首先，唯物辩证法认为世界上一切事物的存在都是有条件的。事物都是在相互联系中存在，孤立存在的事物是没有的。他事物与一事物的联系就是该事物存在的条件。一切都是以条件、地点和时间为转移的，没有条件而存在的事物在世界上是没有的。一切具体的现实矛盾的产生和存在都是有条件的。毛泽东也说：“一切对立的成份都是这样，因一定的条件，一面互相对立，一面又互相联结、互相贯通、互相渗透、相互依赖，这种性质，叫做同一性。一切矛盾着的方面都因一定条件具备着不同一性，所以称为矛盾。”[①] 这里的不同一性就是斗争性，说明了不仅同一性的存在是有条件的，而且斗争

① 《毛泽东选集》第1卷，第328页。

性的存在也是有条件的。事实上，斗争性既然是寓于同一性之中的，同一性依赖的条件也就是斗争性依赖的条件。在自然界中，氢原子和氧原子只有在一定的条件下化合成水才产生氢原子与氧原子的矛盾斗争，游离的氢、氧原子是不会发生矛盾斗争的。社会中阶级之间的斗争是因为私有制这个条件，没有这个条件就不会有阶级，也不会有阶级斗争。一切矛盾的同一和斗争都是有条件的，没有一定的条件不能形成矛盾，既不会有同一，也不会有斗争。

其次，这种论证法割裂了矛盾同一性和斗争性的关系。同一性和斗争性是事物矛盾性的两个不可分割的方面。所谓矛盾，就是既对立又统一，这两者缺一不能构成矛盾。那种把同一性看做暂时的、斗争性是贯彻始终的，认为在统一体破裂、分解不存在同一性的时候，还存在斗争性的观点是不可理解的。因为没有同一，斗争性就没有“寓所”了，去哪里存在呢？再说，没有同一性的斗争性怎么叫做矛盾的斗争性呢？总之，同一性和斗争性是矛盾的两种不可分割的属性，任何一种属性都不能离开另一种属性而存在，一旦离开，事物的矛盾也就不存在了。所以，那种认为同一性是暂时的、斗争性是贯串始终的观点，实质上是割裂同一性和斗争性的关系，认为斗争性可以离开同一性而存在。

第三，“没有斗争性就没有同一性”，在逻辑上是有矛盾的。按照毛泽东在《矛盾论》中的意见，矛盾的普遍性、共性、斗争性是绝对的，而矛盾的特殊性、个性、同一性是相对的，根据相对与绝对的关系，绝对寓于相对之中，共性“即包含于一切个性之中，无个性即无共性”。这就是说，没有矛盾的特殊性就没有矛盾的普遍性，没有相对的东西也就没有绝对的东西，由此本应该是合乎逻辑地得出“没有同一性就没有斗争性”的结论，只肯定“没有斗争性就没有同一性”，在逻辑上是不通的。因此，不能用“没有斗争性就没有同一性”来论证同一性的相对性和斗争性的绝对性。

以上分析说明，用同一性是有条件的、可变的来论证同一性的相对性，用斗争性是无条件的、贯彻始终的来论证斗争性的绝对性，在理论上是不能成立的。

第二种讲法说同一性是相对的，不仅指它在一定条件下存在，而且指它只能在一定条件所允许的范围内起作用，因而是相对的。斗争性则不同，它不仅在量变状态中逐渐为实现相互转化创造条件，而且能够在质变状态中以更加活跃、更加显著的作用冲破相互依存的条件，推动事物的转化。它不受一定条件的局限，不依一定条件为转移，因而是无条件的、绝对的。这种讲法也值得商榷。

辩证法认为，在事物发展过程中，不仅矛盾同一性的作用要受条件限制，而且斗争性的作用也要受一定条件的限制。矛盾斗争性总是要通过一定的斗争形式表现出来，而斗争形式总是取决于矛盾的性质和它所处的一定历史条件。这种历史条件包括两个方面：一是具体矛盾发展的不同阶段；二是具体矛盾所处的不同的外部条件。当矛盾运动处于量变阶段时，矛盾双方的斗争性就要受到统一体的限制，不能冲破统一体。只有矛盾运动处于质变阶段时，双方的斗争才能冲破统一体，使旧的矛盾得到解决，产生新的矛盾统一体。比如，在资本主义上升时期，无产阶级和资产阶级之间的斗争只能在服从于反对封建贵族阶级和维护资本主义制度的前提下进行。所以，在资本主义初期，无产阶级反对资产阶级的斗争既受到资本主义的生产关系还适应生产力发展这个客观条件的限制，又受到无产阶级自身成熟程度的限制。那一时期无产阶级在政治上还不成熟，还不能进行反对整个资产阶级的政治斗争，往往只能集中进行经济领域中的斗争，而且主要是破坏机器和反对某一个工厂主的斗争。只有到生产力与生产关系的矛盾尖锐，无产阶级自身也成熟为“自为的阶级”，并有马克思主义的指导及无产阶级政党的领导，无产阶级反对资产阶级的革命斗争才能取得胜利。

具体的矛盾的斗争不仅取决于矛盾发展的阶段，而且取决于这一矛盾所处的外部条件，在不同的外部条件下，矛盾斗争的性质和形式都是不同的。例如，在抗日战争时期，由于日本帝国主义入侵这个条件，使国共两党的矛盾斗争发生了深刻的变化。为了抗日，国共两党组成了抗日民族统一战线。那时和国民党的斗争，即使是同国民党顽固派的斗争，与土地革命时期就不同了，是统一战线内部的斗争，是为了团结抗日的斗争，因而不是像过去那样打大的内战，而是防御性的、局部性的、暂时性的“有理、有利、有节”的斗争。又如，水分子的扩散力和凝聚力之间的矛盾斗争取决于温度的变化，等等。一切矛盾斗争的形式、性质，以及斗争性发生作用的程度都是受条件限制的。当条件不成熟时，矛盾斗争不仅不能促使矛盾的解决，反而会影响矛盾的解决。革命斗争中条件不成熟就发动起义，往往会导致革命的失败。无论在同自然的斗争还是在阶级的斗争中都必须抓住机遇才能取得斗争的胜利。那种以为斗争性不受条件的限制，只要一斗争就能发生作用的思想，那种在一切工作中都不顾条件乱斗争一气的做法，只能是一种盲目性。它实质上是“左”倾思想的表现。

上述两种关于矛盾同一性的相对性和斗争性的绝对性的论证，在理论上都不能自圆其说。但是，长期以来我们都这样讲，因而导致在理论上强调斗争性，忽视同一性；认为讲斗争就是辩证法，讲同一就是调和论。其实，强调斗争性、忽视同一性是完全违反辩证法的。恩格斯曾以生物学界强调有机物之间的合作或斗争说明这两种倾向都是片面性，他说：“在达尔文以前，他今天的信徒们所强调的正是有机界中的和谐的合作，植物怎样给动物提供食物和氧，而动物怎样给植物提供肥科、阿姆厄亚和碳酸气。在达尔文的学说刚被承认之后，这些人便立刻到处都只看到斗争。这两种见解在某种狭窄的范围内部是有道理的，然而两者都同样是片面的和褊狭的。自然界中死的物体的相互作用包含着和谐和冲突；活的物体的相互作用则既包含有意识的和无意识的合作，也包含有意识的和无意识的斗争。因此，在自然界中决不允许单单标榜片面的‘斗争’。”[1] 事实上，任何矛盾都不应该片面地只讲斗争。列宁也指出：“辩证法是一种学说，它研究对立面怎样能够同一，是怎样〈怎样成为〉同一的——在什么条件下它们是同一的、是相互转化的”[2]。毛泽东曾经批评斯大林不能把对立面的统一和斗争联系起来，说他要么只讲对立面的统一，不讲对立面的斗争；要么“又只讲对立面的斗争，不讲对立面的统一。按照对立统一这个辩证法的根本规律，对立面是斗争的，又是统一的，是互相排斥的，又是互相联系的，在一定条件下互相转化的”[3]。这说明，强调斗争性、忽视同一

---

① 《马克思恩格斯选集》第3卷，第571～572页。

② 《列宁全集》第38卷，第111页。

③ 《毛泽东选集》第5卷，第347页。

性绝不是马克思主义辩证法。

二、应当怎样理解列宁关于同一性是相对的、斗争性是绝对的论断

多年来，我们对于对立统一规律又往往不适当地强调矛盾斗争性，忽视矛盾同一性。我们习惯于列宁在《谈谈辩证法问题》中的一个论断为依据，片面地宣传矛盾同一性是相对的、斗争性是绝对的观点，实际上是对列宁的原意并没有真正弄清楚。列宁在《谈谈辩证法问题》中对“对立面的统一”作的解释是：“统一之物分解为两个互相排斥的对立面以及它们之间的相互关联”。列宁是把对立面的“统一”或“同一”看作是对立面之间的一种必然的相互联结、相互依存的关系，而把对立面的斗争看作是存在于统一之中的两个方面的“相互排斥、对立的趋向”。接着，列宁在指出对立统一规律揭示事物发展的动力源泉，提供了理解“飞跃”、“渐进过程的中断”、“向对立面的转化”、“旧东西的消灭和新东西的产生的钥匙”以后，才指出：“对立面的统一（一致、同一、均势）是有条件的、暂时的、易逝的、相对的。相互排斥的对立面的斗争则是绝对的，正如发展、运动是绝对的一样”。这里列宁好像预感到会造成误解似的，专门解释这个“统一”，是指对立面的“一致、同一、均势”。很清楚，列宁在这里所说的对立面的“统一”，不是指矛盾双方相互依存和相互转化的同一性，而是指矛盾双方的等同、均势，双方力量平衡这种情况“是有条件的、暂时的、易逝的、相对的”，也就是毛泽东所说的矛盾双方“有时候似乎势均力敌”，这种“暂时的和相对的情形”。相对于这种情形来说，矛盾的斗争性则无论矛盾双方力量互相平衡的时候，或是不平衡的时候都是存在的，因而是绝对的。这样解释是否对呢？我们还可以从列宁作出这一论断的时代背景得到说明。列宁在 1915 年写作《谈谈辩证法问题》、作出这一论断的时候，第一次世界大战正在激烈地进行中。当时的情况是资本主义“和平”发展的时期已经过去，垄断代替了竞争。资本主义发展的不平衡，暴露和激化了资本主义的一切矛盾，终于在 1914 年爆发了第一次世界大战，这就更加深了无产阶级和劳动群众同资产阶级的矛盾，加速了无产阶级革命形势的发展，整个世界进入了帝国主义和无产阶级革命的时代。但是，第二国际的修正主义者考茨基之流却抛出了“超帝国主义论”，抹杀帝国主义的矛盾、歪曲帝国主义的本质，胡说将会出现一个“彼此联合而不是相互斗争”的“持久和平”的超帝国主义世界。他们抹杀无产阶级和资产阶级的矛盾，宣扬阶级调和，主张改良，反对革命，用进化论来代替辩证法。为了正确分析帝国主义的矛盾，认清时代的特点，批判第二国际修正主义，列宁写下了《谈谈辩证法问题》等著作，从理论上回答当时革命提出的种种问题。他所说的“对立面的统一（一致、同一、均势）”是有条件的、暂时的、相对的，而“相互排斥的对立面的斗争”是绝对的这一论断是对当时资本主义从短暂的“和平”发展很快变为出现不平衡、出现激烈斗争这一情况的理论概括。因此，可以说列宁这里所说的“对立面的统一是相对的”，是指矛盾发展过程中双方力量平衡这种特殊情形，而他所说的“对立面的斗争是绝对的”则是相对于这种特殊情形而言

的。把列宁这一思想当成他关于矛盾同一性和斗争性关系的一般性结论，从而得出矛盾双方相互依存和相互转化的同一性是相对的，而互相排斥的斗争性则是绝对的原理，这是不符合列宁原意的。而且，同事物矛盾本身的同一性和斗争性的关系也是不符合的。恩格斯曾经指出："辩证法依据我们过去的自然科学实验的结果，证明了：所有的两极对立，总是决定于相互对立的两极的相互作用，这两极的分离和对立，只存在于它们的相互依存和相互联系之中；反过来说，它们的相互联系，只存在于它们的相互分离之中，它们的相互依存只存在于它们的相互对立之中。"[①] 事实上，就现实的、具体的矛盾来讲，同一性和斗争性总是这样不可分割的，没有同一性就没有斗争性，同样，没有斗争性就没有同一性。矛盾双方因同一而斗争，因斗争而同一，它们之间没有相对与绝对的区别，二者是一起产生、一起存在，到矛盾解决时一起消失。矛盾同一性和斗争性的这种关系决定它们在事物发展过程中具有同样重要的地位。列宁就既讲发展是对立面的"斗争"，又讲发展是对立面的统一。毛泽东也认为矛盾双方又统一又斗争，由此推动事物的发展。因为在矛盾统一体中，双方的斗争性只能是产生矛盾运动的动因，同一性是产生矛盾运动的条件，二者缺一不能构成矛盾运动，不能成为事物发展的动力；只有同一性和斗争性相结合才能构成矛盾运动，推动事物发展。恩格斯曾以自然界的矛盾为例指出，无论是强调矛盾同一性、忽视斗争性，或者强调矛盾斗争性、忽视同一性，这"两者同样是片面和褊狭的"。他认为，在自然界中生物机体之间的矛盾，总是既同一又斗争的。"因此，在自然界中决不允许单单标榜片面的'斗争'。"但是，若干年来，我们错误地片面强调斗争性，认为这是"共产党的哲学"。其实列宁早就指出过："有马克思和恩格斯的哲学唯物主义，但是在任何地方都没有'无产阶级斗争的哲学'。"[②] 由于贯彻这种哲学，结果多年来一直不能形成持续的安定团结、生动活泼的政治局面，在经济建设方面认为生产关系与生产力不适应是绝对的，国民经济计划上不平衡也是绝对的，从而任意超越生产力发展水平进行生产关系的变革，违背客观规律，急躁冒进，不讲综合平衡，造成生产力发展缓慢甚至停滞倒退，国民经济比例严重失调。在"文化大革命"中，林彪、"四人帮"利用这种强调斗争性忽视同一性的错误倾向，大搞"斗争哲学"、"整人哲学"，实行"打倒一切，全面内战"，"全面专政"。我们自己的实践和林彪、"四人帮"给我们的血的教训都充分说明了，不能只强调斗争性、忽视同一性。

三、矛盾双方的相互转化是矛盾同一性的重要内容

近来，学术界对矛盾同一性概念进行了重新探讨，有的同志提出矛盾同一性不应该包括转化。对此我有不同看法。我认为矛盾同一性是应该包含转化的，否则辩证法关于同一性的概念就讲不清楚。

首先，矛盾同一性只有包含转化，才能同形而上学抽象的同一性划清界限。

---

① 《马克思恩格斯选集》第3卷，第494页。

② 《列宁全集》第15卷，第444页。

辩证法关于矛盾同一性的概念是同形而上学的同一性相对立的。形而上学的同一否认差异，这一点在马克思主义产生以前，黑格尔就已经进行了批判。黑格尔曾指出，形而上学的同一是一种“排斥一切‘差别’没有具体内容的‘同一’”[①]。他还把这种同一叫作“形式的同一”，或“抽象的同一”。与此相对立，黑格尔提出了“具体的同一”。他认为这种同一是包含差别和对立于自身的异中之同。黑格尔的这一观点得到了恩格斯和列宁的充分肯定。恩格斯在《自然辩证法》一书中对形而上学的抽象同一进行批判时，就曾转述过黑格尔这一思想：“同一性自身包含着差异性”[②]。列宁认为黑格尔对形而上学抽象同一的批判“说得好!!”[③] 但是，形而上学的同一，除了否认差异外，还有一个重要特点，就是主张不变。正如恩格斯所指出的，形而上学的同一是“a=a。每一个事物和它的自身同一。一切都是永久不变的，太阳系、星体、有机体都是如此”[④]。形而上学总是从这种同一出发，把一切事物都看作僵死的、凝固的，否认变化和发展。如果辩证法的同一只承认包含差异的同一，只讲对立面的相互依存和不可分割的联系，那么它能同那种不变的、抽象的同一彻底划清界限吗？显然是不能的。恩格斯正是针对形而上学否认差异、也否认变化的同一，提出“真实的具体的同一性包含着差异和变化”[⑤]。列宁也是针对把对立面当成僵死的、凝固不变的思想，提出了辩证法的同一应该包括对立面的相互转化。毛泽东正是根据恩格斯和列宁的思想，在总结辩证法同形而上学斗争的历史经验的基础上，明确提出了矛盾同一性的内容包括矛盾双方在一定条件下相互依存和相互转化这两个方面，并认为转化是更重要的方面。这是完全正确的。它表明辩证的同一性既是包含差异的同一，又是变动的同一，从而揭示了客观事物本身的辩证法，同形而上学否认差异和变化的抽象的同一彻底划清了界限。

其次，矛盾同一性只有包含转化，才能理解事物从量变到质变的过程。主张同一性不包含转化的同志认为，同一性和转化是起着相反作用的趋向，同一性要保持事物的相对稳定、相对平衡，保持矛盾统一体，而转化却是这种稳定平衡的破坏，是统一体的打破，是旧质向新质的转变，因而它们是有根本区别的。这种观点实质上是否认转化是一个过程，把质变看作突然发生的了。辩证法认为事物的发展是一个从量变到质变的过程，没有量变做准备，质变是不可能发生的。质变是矛盾双方主次地位发生了根本的转化，这种转化不是突然发生的，而是矛盾双方力量对比逐渐改变的结果。这一过程正是由于矛盾同一性所包含的转化实现的。如果矛盾同一性只是双方互相依存、互相联结，保持统一体的稳定，那么事物在相对稳定的状态中，就不会有双方力量对比的逐渐改变，也不会有矛盾双方力量对比的根本改变，不可能产生质变。不仅量变到质变是一个过程，而且质变本身也是一个过程。因为任何运动状态只有在时间中才能进行，质变的时间就是矛盾双方迅速向对方所处的地位转化的过程，所以，离开了矛盾双方的转化，连质变也是不能发生的。因此，那种否认矛盾同一性包括转化，把转化仅仅理解为统一

① 转引自贺麟：《黑格尔的同一、差别和矛盾逻辑范畴的辩证发展》，载《哲学研究》1979年第6期。

② 《马克思恩格斯选集》第3卷，第537页。

③ 《哲学笔记》，第141页。

④ 《马克思恩格斯选集》第3卷，第538页。

⑤ 同上。

体的破坏的观点是不符合辩证法的。

我们只有坚持矛盾同一性包括转化的思想，才能同形而上学抽象的同一性彻底划清界限，坚持事物本身的辩证法。

四、矛盾同一性和斗争性的互相依存、相互结合的关系

既然列宁关于对立面统一的相对性和对立面斗争的绝对性不是一般地讲矛盾同一性和斗争性的关系，那么矛盾同一性和斗争性的关系是什么呢？有一种意见认为同一性既是相对的、也是绝对的，斗争性既是绝对的、又是相对的。这无疑是正确的，但是没有回答同一性和斗争性的关系。矛盾的同一性和斗争性应该是互为前提、互相依存、互相结合的关系。

首先，同一性和斗争性互相结合是矛盾存在和发展的前提。同一性和斗争性是矛盾双方不可缺少的两种根本属性，只有这两种属性才能构成对立统一的关系，二者缺一都不能成为矛盾。一切矛盾都是由不同性质的两个方面构成，因为统一才对立，因为对立才统一，它们是互为存在前提的，没有同一性就没有斗争性，同样，没有斗争性也就没有同一性。没有同一性，对立的双方不能互相依存，也就不能产生斗争性。两个东西之间没有内在联系，无缘无故，不能发生直接的相互作用，就不可能产生互相排斥、互相对立的趋向。鸡蛋和石头之间没有内在联系不能构成矛盾，所以它们之间也就没有斗争。无产阶级和资产阶级之间之所以存在斗争，是因为他们存在着经济上的千丝万缕的联系。一方面，正是因为矛盾同一性才使矛盾双方互相联结组成一个统一体，为斗争性提供条件，使斗争性得以产生，所以是“斗争性寓于同一性之中”，同一性是斗争性的基础；另一方面，矛盾的同一性又不是无缘无故的什么东西都能够同一，而“是不同性质的东西的对立统一”①，是因为对立才统一。正如黑格尔所说：“在对立中，相异者，不是任一别物，而是与它正相反对的别物”，在这种统一中“每一方面都是对方自己的对方”②。这就是说，相反才能够相成。如果双方不在性质上、方向上相反就不会成为矛盾，就没有同一性。在这个意义上说，没有斗争性就没有同一性，斗争性又是同一性的基础。总之，矛盾同一性和斗争性是互为前提、互相依赖的，任何失去一方整个矛盾也就不存在了，所以它们总是互相结合的。恩格斯说：“辩证法根据我们过去的自然科学实验的结果，证明了：所有的两极对立，总是决定于相互对立的两极的相互作用，这两极的分离和对立，只存在于它们的相互依存和相互联系之中；反过来说，它们的相互联系，只存在于它们的相互分离之中，它们的相互依存，只存在于它们的相互对立之中。”同一性和斗争性“是同一个东西的两极，这两极只是由于它们相互作用，由于差异性包含在同一性中，才具有真理性”。“对立的两极，例如正和负，是彼此不可分离

① 《毛泽东选集》第5卷，第320页。

② 《小逻辑》，第263页。

的，正如它们是彼此对立的一样，而且不管它们如何对立，它们总是互相渗透的。”[①] 恩格斯甚至把矛盾同一性和斗争性的这种关系比作一条磁石上的南极和北极一样不可分离地互相结合。这说明具体矛盾的同一性和斗争性是同时产生、一起存在的。

有一种意见认为事物质变阶段矛盾双方没有相互依存关系，因而质变阶段不存在着同一性。这在理论上也是说不过去的。矛盾普遍性的原理告诉我们，“每一事物的发展过程中存在着自始至终的矛盾运动”[②]。这就是说，具体的矛盾在它没有解决以前，或者说质变完成以前，矛盾是不会丧失某种属性的。如果说质变阶段不存在着同一性，只存在着斗争性，也就根本不存在着矛盾。然而，没有矛盾的阶段在事物发展过程中是根本不存在的。事实上，质变阶段仍然是存在着矛盾同一性和斗争性，不仅存在着矛盾双方的相互转化，而且存在着双方的相互依存。质变就是原来矛盾中主次双方“各向着和自己相反的方面转化了去，向着它的对立面所处的地位转化了去”[③]。尽管质变是“飞跃”，是“渐进过程的中断”，但它总有个过程。在这个过程中，如果矛盾双方没有互相依存，不存在着统一体，对立双方之间就没有关系，那向哪里转化？怎么实现转化？因此，质变过程中，也只有矛盾双方的相互依存，才能为双方的互相转化提供条件。当矛盾双方完成地位转化、实现质变时，旧矛盾得到解决，这一矛盾的同一性和斗争性也就一起消失。“旧的统一和组成此统一的对立成份让位于新的统一和组成此统一的对立成份，于是新过程就代替旧过程而发生。旧过程完结了，新过程发生了。新过程又包含着新矛盾，开始它自己的矛盾发展史。”[④] 任何具体的矛盾都是有始有终的，具体的矛盾的同一性和斗争性的共存也是有始有终的。生物机体的整个生长过程就是生和死的对立统一过程，也就是同化和异化的对立统一过程，同化使死物变成活物为异化提供物质基础，异化使活物变成死物为同化提供能量。这两者互相结合才能使生物机体的生命得以进行，一旦这两者的结合稍不正常，生物机体就发生毛病，甚至死亡。在社会中，无产阶级和资产阶级从他们产生的一天起，就存在着对立和统一，这种关系一直要存在到“资产阶级的崩溃和一切阶级对立的消失而告终”[⑤]。一切事物的发展过程都是这样，只有矛盾得到解决，事物发展的过程完结，矛盾的同一性和斗争性也就一起消失了。

矛盾同一性和斗争性互相结合不仅表现在具体的矛盾运动中，而且在事物发展的作用上，同一性和斗争性也是互相制约、互相结合、共同作用，推动事物发展。长期以来由于讲同一性是相对的、斗争性是绝对的，在理论界形成了一种观点，认为只有矛盾斗争性才是事物发展的动力，否认或者忽视矛盾同一性在事物发展过程中的作用。其实，这是一种片面性。辩证法认为推动事物发展的原因是事物自身的矛盾性，也就是矛盾双方既统一又斗争。列宁既讲发展是对立面的斗争，又讲发展是对立面的统一。毛泽东也说：“一切事物中包含的矛盾方面的相互依赖和相互斗争，决定一切事物的生命，推动

① 《马克思恩格斯选集》第3卷，第494、539、419页。

② 《毛泽东选集》第1卷，第305页。

③ 同上，第328页。

④ 同上，第307页。

⑤ 《马克思恩格斯选集》第3卷，第519页。

一切事物的发展”[①]。“矛盾着的对立面又统一，又斗争，由此推动事物的运动和变化”[②]。这就是说，只有同一性和斗争性的相互结合才能构成矛盾运动，推动事物发展。在矛盾统一体中，矛盾双方的同一性为斗争性提供条件，规定着矛盾斗争总是在一定的具体的统一体中进行的斗争，因而都具有与一定条件相联系的独特的内容和具体的表现形式。斗争性则为矛盾运动提供动因，使同一性不致成为僵死的同一，使矛盾双方发生互相转化。矛盾同一性和斗争性互相结合、共同作用，贯穿在事物发展的整个过程中，只是在不同的阶段，它们各自的地位和作用有所不同。在事物发展的量变阶段，是以矛盾双方相互依存为主的同一性和斗争性相结合，同一性表现得比斗争性显著。在这一阶段，矛盾双方的斗争只能在矛盾统一体内进行，矛盾双方只存在着缓慢的转化。所以，事物在这一阶段既能保持相对稳定性，又能不断发生量的变化。在事物发展的质变阶段，则是以矛盾双方相互转化为主的同一性和斗争性相互结合。这时，斗争性表现得更为显著，促使矛盾双方迅速发生转化，引起质变，产生新事物。矛盾同一性和斗争性就是这样互相结合、共同作用，推动着事物的发展。

综上所述，从具体矛盾运动的存在和同一性、斗争性在事物发展过程中的作用，都说明矛盾双方的同一性和斗争性是互为前提、互相依赖、互相结合的关系，它们之间不存在相对与绝对的区别，而是一起产生、一起存在，到矛盾解决时一起消失。我们不应该强调斗争性、忽视同一性，而应该在对立中把握统一、在统一中把握对立，始终把同一性和斗争性结合起来分析矛盾，并根据具体矛盾的具体发展阶段正确处理同一性和斗争性的关系，促进矛盾解决，推动事物的发展。

五、实践证明，不能正确处理矛盾同一性和斗争性的关系，就会犯“左”或右的错误

矛盾双方的同一性和斗争性相结合，构成事物的矛盾运动，推动事物发展。掌握这个唯物辩证法观点，对我们认识世界和改造世界有着十分重要的意义。我们在认识世界和改造世界的活动中，必须把同一性和斗争性结合起来去观察问题和处理问题。离开同一性和斗争性的统一，片面强调某一方面，都是违反辩证法的，在理论上和实践上都是要犯错误的。毛泽东曾经批评斯大林，指出“斯大林有许多形而上学，并且教会了许多人搞形而上学”，就是讲他不能把同一性和斗争性联系起来。斯大林在他的《辩证唯物主义和历史唯物主义》一书中，就把矛盾的斗争性和同一性分割开来。他讲联系，不讲对立面的联系，“好象无缘无故什么都是联系的”。他讲“事物的内在矛盾，又只讲对立面的斗争，不讲对立面的统一”。“对立面的这种斗争和统一，斯大林就联系不起来。苏联一些人的思想就是形而上学，就是那么僵化，要么这样，要么那样，不承认对立。因

① 《毛泽东选集》第1卷，第305页。

② 《毛泽东选集》第5卷，第372页。

此，在政治上犯错误。”[①] 斯大林在估量阶级斗争形势问题上，提出阶级斗争越来越尖锐，搞了一个肃反扩大化；在国际关系上搞大国沙文主义；在处理重工业、轻工业和农业的关系上，片面强调发展重工业；在处理国家和农民的关系上，“把农民挖得很苦。……把农民生产的东西拿走太多，给的代价又低。使农民生产积极性受到很大的损害”[②]。我国革命过程中也反映出，什么时候能坚持矛盾同一性和斗争性相结合的思想，就能制订出正确的路线、方针和政策，推动革命事业向前发展；反之，革命就受到挫折甚至失败。拿处理无产阶级和资产阶级的矛盾来说，在第一次国内革命战争时期，在同民族资产阶级的统一战线中，右倾机会主义搞“一切联合，否认斗争”，牺牲无产阶级的利益去适应资产阶级，实行妥协退让，结果造成第一次大革命的失败。在第二次国内革命战争后期，“左”倾机会主义又走到另一个极端，实行“一切斗争，否认联合”的关门主义，在党内斗争问题上则实行“残酷斗争，无情打击”的过火政策，结果又给革命造成很大的损失。毛泽东领导我们党批判“左”、右倾机会主义，坚持用唯物辩证法指导中国革命；在处理无产阶级和资产阶级的矛盾问题上，坚持把同一性和斗争性结合起来，实行“既不是一切联合否认斗争，又不是一切斗争否认联合，而是综合联合和斗争两方面的政策”[③]。这是引导中国革命胜利的唯一正确的政策。我们党正是在毛泽东等老一辈无产阶级革命家的领导下，坚持同资产阶级又联合又斗争，取得了民主革命的彻底胜利；新中国成立以后，仍然依靠这一政策，取得了国民经济恢复和社会主义改造的伟大胜利。

1956 年，当我国生产资料所有制的社会主义改造基本完成以后，毛泽东又运用对立统一规律观察分析了阶级力量对比的实际，曾经指出，“革命时期的大规模的急风暴雨式的群众性的阶级斗争已经结束”，国家出现了空前的统一，但是社会主义社会仍然存在着许多矛盾，正是这些矛盾的又统一又斗争，推动着我们的社会向前发展。为了“团结全国各族人民，进行一场新的战争——向自然开战，发展我们的经济，发展我们的文化……建设我们的新国家”[④]，毛泽东提出了正确区分和处理两种不同性质的矛盾的学说，制定了“百花齐放、百家争鸣、长期共存、互相监督”的方针，为我们深入开展社会主义革命和社会主义建设奠定了理论基础。但是，1956 年以后，我们党在工作指导上发生了一些缺点和错误，这与理论上片面地强调矛盾斗争性、忽视矛盾同一性，只讲一分为二、不讲对立统一，只讲斗争性是事物发展的动力、不讲斗争性与同一性相结合推动事物发展是有关系的；理论上强调“分”和“斗”，政治上强调“斗”和“革”，阶级斗争天天讲，政治运动一次接一次，政治思想上不断批右，致使“左”倾思潮越来越严重。恩格斯说：“蔑视辩证法，是不能不受惩罚的”。“错误的思维一旦贯彻到底，必然走到和它们出发点恰恰相反的地方去”[⑤]。由于违背了客观规律，好心并没有能使我们国家很快富强起来，反而在工作中犯了一些“左”的错误。“文化大革命”

① 《毛泽东选集》第 5 卷，第 347～348 页。
② 同上，第 274 页。
③ 《毛泽东选集》第 2 卷，第 721 页。
④ 《毛泽东选集》第 5 卷，第 375 页。
⑤ 《马克思恩格斯选集》第 2 卷，第 482 页。

中，把这些“左”的错误发展到登峰造极的地步，鼓吹“斗争哲学”，提出什么“斗则进，不斗则退，不斗则修，不斗则垮”，“8亿人不斗行吗?”用对着干代替对立统一规律，在政治上推行怀疑一切、打倒一切、否定一切的极“左”路线，破坏了党的团结，破坏了人民的团结，搞乱了我们的国家，使党和人民遭受了一场极大的灾难，把我们的国民经济搞到濒于崩溃的边缘。打倒“四人帮”以后，华国锋为首的党中央坚持完整、准确地理解和运用毛泽东思想的科学体系，坚持实践是检验真理的唯一标准，通过揭批林彪、“四人帮”的政治大革命，在理论上和实践上进行了一系列的拨乱反正。我们国家很快出现了安定团结的政治局面，国民经济得到了迅速的恢复和发展，从而为全党工作重点的转移、加快现代化建设的步伐准备了前提条件。回顾党的历史经验，我们可以清楚地看到，凡是在思想理论上离开了矛盾同一性和斗争性相结合的原理，在政治上就要犯错误，革命就会遭受挫析和失败；而当我们端正了思想路线，在理论上坚持矛盾同一性和斗争性相结合，在政治上就能制定正确的路线、方针和政策，革命就发展，就前进，就胜利。我们党和革命的发展历程，无可辩驳地证明了一条真理：矛盾同一性和斗争性相结合是事物发展的动力。

注：本章是由《四川大学学报》1980年第3期发表的《关于矛盾同一性和斗争性关系的几个问题》的节录、《四川大学学报》1979年第4期发表的《必须完整准确地理解和掌握辩证法》的节录和1980年12月4日《光明日报》发表的《矛盾双方的相互转化是矛盾同一性的重要内容》以及《社会科学研究》1979年第2期发表的《矛盾统一性和斗争性相结合是事物发展的动力》的节录编辑而成的，编辑中对节标题有所改动。

第七章 关于对立统一规律理论问题的思考（下）

一、矛盾斗争形式的理论

矛盾斗争形式问题是对立统一规律的重要内容。马克思主义经典作家历来重视这一问题，并在他们的著作中作了许多论述。马克思、恩格斯研究了以阶级对立为基础的奴隶社会、封建社会和资本主义社会，集中地论述了社会矛盾斗争的对抗形式，指出对抗是敌对阶级之间的矛盾斗争形式，这种矛盾斗争形式表现为战争和革命。马克思说："资产阶级和无产阶级间的对抗仍然是阶级反对阶级的斗争，这个斗争一旦达到最紧张的地步，就成为全面的革命。可见，建立在对立上面的社会，最后将成为最大的矛盾，将导致人们的肉搏。""不是战斗，就是死亡，不是血战，就是毁灭。问题的提法必然如此。"[①] 这种斗争形式对于解决阶级对抗的社会矛盾是非常必要的，"没有对抗就没有进步。这是文明直到今天所遵循的规律。至目前为止，生产力就是由于这种阶级对抗的规律而发展起来的"[②]。由于马克思和恩格斯当时的主要任务是要揭示阶级社会阶级斗争的规律，指出无产阶级的历史使命是用暴力推翻资产阶级的统治，所以，他们把注意力放在研究社会的矛盾的阶级对抗这种形式上。

列宁继承、实践和发挥了马克思和恩格斯关于对抗这种矛盾斗争形式的理论，领导布尔什维克党和俄国人民用暴力推翻沙皇统治，打垮了资产阶级，取得了十月社会主义革命的胜利，建立了社会主义社会。列宁根据马克思的"资产阶级的生产关系是社会生产过程的最后一个对抗形式"[③] 的思想，提出"对抗和矛盾完全不是一回事。在社会主义下，对抗消灭了，矛盾存在着"[④]。这里，列宁提出了对抗只是矛盾斗争的一种形式，即矛盾斗争还有其他形式的问题，但还没有来得及从理论上对矛盾斗争的形式问题作出全面的论述。

马列主义总是在同实际相结合中不断发展的。继列宁以后，毛泽东把马列主义的普

① 《马克思恩格斯全集》第 4 卷，第 198 页。

② 同上，第 104 页。

③ 《马克思恩格斯全集》第 13 卷，第 9 页。

④ 列宁：《对布哈林〈过渡时期的经济〉一书的评论》。

遍真理同中国革命的具体实践相结合，在解决中国革命的复杂矛盾中，在研究中国共产党内两条路线斗争的历史经验中，在处理社会主义革命和社会主义建设的各种矛盾中，写出了《矛盾论》和《关于正确处理人民内部矛盾的问题》等著作，在这些著作中，特别是在《矛盾论》中，毛泽东研究了矛盾斗争形式问题，专门写了“对抗在矛盾中的地位”一节，对矛盾斗争形式作了全面的理论论述，最突出的有下列几方面：

第一，明确提出了矛盾斗争有两种基本的形式。毛泽东说：“在矛盾的斗争性的问题中，包含着对抗是什么的问题。我们回答道，对抗是矛盾斗争的一种形式，而不是矛盾斗争的一切形式。”① 对抗是矛盾双方采取外部冲突解决矛盾的斗争形式。在人类历史中，存在着阶级的对抗，在“自然界中一切到了最后要采取外部冲突形式去解决旧矛盾产生新事物的现象”②，都是对抗的形式。毛泽东认为，对于阶级社会，研究对抗形式，“认识这种情形，极为重要。它使我们懂得，在阶级社会中，革命和革命战争是不可避免的，舍此不能完成社会发展的飞跃，不能推翻反动的统治阶级，而使人民获得政权”③。“但是我们必须具体地研究各种矛盾斗争的情况，不应当将上面所说的公式不适当地套在一切事物的身上。”因为“有些矛盾具有公开的对抗性，有些矛盾则不是这样”，它们是“非对抗性的”④。非对抗是不通过外部冲突的形式来解决矛盾的斗争形式。后来，毛泽东结合社会领域中的敌我矛盾和人民内部矛盾，对于矛盾斗争的对抗和非对抗两种形式又作了具体的阐述，指出对抗是解决敌我矛盾的斗争形式，具体来说，就是对敌人“用专政的方法在必要的时期内，不让他们参与政治活动，强迫他们服从人民政府的法律，强迫他们从事劳动”⑤，“只许他们规规矩矩，不许他们乱说乱动。如要乱说乱动，立即取缔，予以制裁”⑥。非对抗是解决人民内部矛盾的方法，即民主的方法，具体说来，就是“团结—批评—团结”，“这是解决人民内部矛盾的一个正确的方法”⑦，在科学艺术上提出“百花齐放，百家争鸣”的方针来解决的方法等等。毛泽东关于矛盾斗争的对抗和非对抗形式的划分，从理论上概括了矛盾斗争形式问题，为人们解决矛盾指出了方向。

第二，明确提出了矛盾斗争形式取决于矛盾的性质和它所处的历史条件。在马克思主义发展史上，马克思提出了对抗是由资本主义生产关系本身所包含的对抗因素决定的，并且指出了资产阶级和无产阶级的对抗是资本主义矛盾逐渐发展的结果。他说：“资产阶级在其历史发展过程中不可避免地要发展它的对抗性质，起初这种性质或多或少是掩饰起来的，只是处于隐蔽状态。随着资产阶级的发展，在它的内部，发展着一个新的无产阶级，即现代无产阶级。无产阶级同资产阶级之间展开了斗争，在双方尚未感觉、注意、重视、理解、承认并公开宣告以前，这个斗争最初仅表现为局部的暂时的冲

---

① 《毛泽东选集》第1卷，第308页。
② 同上。
③ 同上，第308～309页。
④ 同上，第309页。
⑤ 《毛泽东选集》第5卷，第371页。
⑥ 《毛泽东选集》第4卷，第1364页。
⑦ 《毛泽东选集》第5卷，第369页。

突，表现为一些破坏行为”[①]。这就是说，对抗性矛盾在它发展的初期，矛盾的斗争不表现为全面的对抗，而是在进一步的发展中才表现出来。列宁也指出：“马克思主义要求我们一定要用历史的态度来考察斗争形式问题。脱离具体的历史环境来提这个问题，就等于不懂得辩证唯物主义的起码要求。在经济进化的各个不同时期，由于政治、民族文化、风俗习惯等等条件各不相同，也就不免有各种不同的斗争形式提到第一位，成为主要的斗争形式，而各种次要的附带的斗争形式，也就随之发生变化。不详细考察某个运动在它的某一发展阶段的具体环境，要想对一定的斗争手段问题作肯定或否定的回答，就等于完全抛弃了马克思主义的立脚点。”[②] 但是，无论是马克思还是列宁都没有从理论上明确概括出矛盾斗争形式与矛盾性质及条件的关系。毛泽东则从理论上指出了矛盾斗争形式取决于矛盾的性质和它所处的历史条件。他说：“矛盾和斗争是普遍的、绝对的，但是解决矛盾的方法，即矛盾斗争的形式，则因矛盾的性质不同而不相同。有些矛盾具有公开的对抗性，有些矛盾则不是这样。”又说：“不同质的矛盾，只有用不同质的方法才能解决”[③]。对抗性的矛盾发展到最后，要用对抗的形式去解决。非对抗性的矛盾，只能用非对抗的形式去解决。在社会主义时期，毛泽东在分析社会主义社会的矛盾时指出，社会主义社会的矛盾，同资本主义社会的“表现为剧烈的对抗和冲突，表现为剧烈的阶级斗争，只有通过社会主义革命才能解决的矛盾不同”，“它不是对抗性的矛盾，它可以经过社会主义制度本身，不断地得到解决”[④]。从社会主义社会的基本矛盾和阶级斗争的特点出发，毛泽东明确提出正确区分和处理两类不同性质矛盾的学说，指出，在我们社会主义社会里存在着敌我之间和人民内部两类不同性质的矛盾，“敌我之间的矛盾是对抗性的矛盾。人民内部的矛盾，在劳动人民之间说来，是非对抗性的，在被剥削阶级和剥削阶级之间说来，除了对抗性的一面以外，还有非对抗性的一面”[⑤]。“这两类矛盾的性质不同，解决的方法也不同。简单地说起来，前者是分清敌我的问题，后者是分清是非的问题。”[⑥] 他再一次肯定了矛盾的性质决定矛盾斗争的形式。

不仅矛盾的性质不同决定矛盾斗争的形式不同，而且矛盾所处的条件不同，也影响着矛盾斗争形式。要正确地确定矛盾的斗争形式，不能简单地根据它的性质就着手解决矛盾，还要特别着重分析矛盾所处的历史条件，因为即使是同一种性质的矛盾，它们所处的条件不同，斗争形式也会不同。影响矛盾斗争的条件，一般说来，包括内部和外部两个方面：一是矛盾自身的不同发展阶段，这是内部条件。“剥削阶级和被剥削阶级之间的矛盾，无论在奴隶社会也好，封建社会也好，资本主义社会也好，互相矛盾着的两个阶级，长期地并存于一个社会中，它们互相斗争着，但要待两个阶级的矛盾发展到了一定的阶段的时候，双方采取外部对抗的形式，发展为革命。阶级社会中，由和平向战

---

① 《马克思恩格斯全集》第4卷，第155～156页。
② 《列宁选集》第1卷，第673页。
③ 《毛泽东选集》第1卷，第364、286页。
④ 《毛泽东选集》第5卷，第372～373页。
⑤ 同上，第164页。
⑥ 同上，第365页。

争的转化，也是如此。”[①] 这就是说，即使是对抗性的矛盾，在它的初期也不采取对抗的形式，只有到了矛盾双方斗争激烈的阶段，才会采取对抗的形式。二是矛盾所处的外部条件不同，斗争形式也不同。例如，“炸弹在未爆炸的时候，是矛盾物因一定条件共居于一个统一体中的时候。待至新的条件（发火）出现，才发生了爆炸。”[②] 又如，国共两党的矛盾是对抗性的矛盾，但在抗日战争时期，由于日本帝国主义入侵这个条件，就不采取第二次国内革命战争时期国内战争的斗争形式，而采取在抗日民族统一战线中的有理、有利、有节的斗争形式去解决矛盾。一切矛盾都是这样，一方面因性质不同决定斗争形式不同，另一方面又因矛盾所处的历史条件不同而采取不同的斗争形式。因此，对任何矛盾都应该具体地研究矛盾的性质，特别是它所处的具体历史条件，从而确定采取什么形式解决矛盾。

毛泽东关于矛盾斗争形式同矛盾性质和条件的关系的理论，使矛盾特殊性的分析更深入、更具体了。矛盾特殊性是我们认识事物的基础，解决矛盾的依据。因此，分析矛盾不仅应该分析矛盾存在和发展的特殊性，而且尤为重要的是应该分析矛盾斗争的特殊形式，因为人们分析矛盾的目的就是为了找到解决矛盾的方法。如果只是认识矛盾的特殊性，而在解决矛盾的方式上仍然千篇一律，一刀切、一锅煮，那就还是不能正确解决矛盾，也不能坚持矛盾特殊性。所以，毛泽东既十分强调分析矛盾着的事物及其每一个侧面的特殊性，认为这是“我们认识事物的基础的东西”[③]；同时，也特别注意分析矛盾斗争形式，指出“我们必须具体地研究矛盾斗争的情况”[④]，“要注意矛盾的各种不同的斗争形式的区别”[⑤]。他认为：“用不同的方法去解决不同的矛盾，这是马克思列宁主义者必须严格遵守的一个原则”[⑥]。离开这个原则，就不能解决矛盾，就要犯错误。我们党的历史上的“左”倾教条主义之所以犯错误，其思想根源就在于不懂得具体问题具体分析，“他们不了解诸种革命情况的区别，因而也不了解应当用不同的方法去解决不同的矛盾，而只是千篇一律地使用一种自以为不可改变的公式到处硬套，这就只能使革命遭受挫折，或者将本来做得好的事情弄得很坏。”[⑦] 这充分说明了能否具体地分析矛盾和用不同方法解决矛盾，对于革命实践具有十分重要的意义。我们只有坚持用不同的方法去解决不同质的矛盾，才能坚持矛盾特殊性的原理，正确处理好各种矛盾，搞好工作。

第三，毛泽东不仅分析了不同性质和不同条件的矛盾有着不同的斗争形式，而且还指出了矛盾的性质在一定条件下是可以互相转化的，随着矛盾性质的变化，“解决矛盾的方法也因之而不同”[⑧]。对于这个问题，列宁曾经以工农之间的矛盾为例，说明如果无产阶级的政党对于农民实行不正确的政策，就可能引起工人和农民的对抗，产生工农

---

① 《毛泽东选集》第1卷，第308页。
② 同上。
③ 同上，第283页。
④ 同上，第309页。
⑤ 同上，第311页。
⑥ 同上，第286页。
⑦ 同上。
⑧ 同上。

的分裂。毛泽东根据列宁这个思想，作出了一般的理论概括。他说：“根据事物的具体发展，有些矛盾是由原来还非对抗性的，而发展成为对抗性的；也有些矛盾则由原来是对抗性的，而发展成为非对抗性的。”① 前者如党内正确思想和错误思想（这种矛盾在阶级社会是阶级矛盾在党内的反映），在开始时并不是对抗性的，但是如果犯错误的同志坚持错误，并扩大下去，或对犯错误的人采取不正确的态度，这种矛盾就会转化为对抗性的矛盾。另一方面，原来是对抗性的矛盾，在一定条件下，又会转化成为非对抗性的矛盾。比如，“工人阶级和民族资产阶级之间存在着剥削和被剥削的矛盾，这本来是对抗性的矛盾。但是在我国的具体条件下，这两个阶级的对抗性的矛盾如果处理得当，可以转变为非对抗性的矛盾，可以用和平的方法解决这个矛盾。如果我们处理不当，不是对民族资产阶级采取团结、批评、教育的政策，或者民族资产阶级不接受我们的这个政策，那么工人阶级同民族资产阶级之间的矛盾就会变成敌我之间的矛盾。”② 这里，一方面，说明了矛盾性质变了，斗争的形式也要随着变化；另一方面，说明了斗争形式对于矛盾性质会发生重大的影响。如果斗争形式不当，往往也引起矛盾性质的变化，这特别表现在人民内部的矛盾的问题上。“在一般情况下，人民内部的矛盾不是对抗性的。但是如果处理得不适当，或者失去警觉，麻痹大意，也可能发生对抗。”③ 由此可见，影响矛盾性质的转化，有两方面的因素，一是矛盾所处的一定条件，二是解决矛盾的方法（即矛盾斗争形式）。矛盾所处的条件是不易改变的客观因素，但是解决矛盾的办法则往往是人为的主观因素，如果不按矛盾本身所应该采用的斗争形式，而是人为地采取不适当的做法，就会造成矛盾性质的变化。在国际共产主义运动史上的斯大林的肃反扩大化，在我们党的历史上的“左”倾机会主义实行“残酷斗争，无情打击”，都是错误地采用对待敌人的办法来解决党内矛盾，结果造成矛盾激化，变成对抗性的矛盾，伤害了很多同志．给革命造成了巨大损失。建国以来，特别是十年“文化大革命”中，我们党所犯的错误，也是因错误地用解决敌我矛盾的办法来处理人民内部矛盾，造成了许多冤假错案，严重地影响了社会主义革命和建设。总结历史经验，我们应该清楚地认识到矛盾斗争形式对于矛盾性质的影响，应时时刻刻注意正确处理不同性质的矛盾，促进革命和建设事业的发展。

毛泽东关于矛盾斗争形式的理论，在矛盾学说中具有十分重要的意义，它进一步丰富了对立统一规律的内容。对立统一规律作为事物的根本规律，它的内容是十分丰富的，但就其本质来讲，对立统一规律是研究对立面的统一和斗争的。矛盾斗争离不开斗争形式，没有矛盾斗争形式的理论，那么对立统一规律是不完备的。毛泽东在全面论述对立统一规律的内容时，提出了矛盾斗争形式的理论，论述了对立面如何进行斗争。这不仅丰富了对立统一规律的内容，而且使之成为帮助人们科学地分析和认识矛盾，并且正确地解决矛盾的科学的方法论。

当然，任何科学的理论都不可能是完美无缺的。毛泽东关于矛盾斗争形式的理论也

① 《毛泽东选集》第1卷，第309页。
② 《毛泽东选集》第5卷，第365页。
③ 同上，第370页。

同样有它的不足之处，有的问题有待于进一步研究和发展。比如，对于什么是对抗性矛盾和非对抗性矛盾，没有作出明确的解释。尽管他后来在《关于正确处理人民内部矛盾的问题》中，谈到非对抗性矛盾在社会中表现为人民内部矛盾时，指出“人民内部的矛盾，是在人民利益根本一致的基础上的矛盾”①，但始终没有能对对抗性矛盾和非对抗性矛盾作出明确的一般的理论概括。虽然这一问题至今仍然是有待进一步研究的问题，但是，我们决不能因此而看轻毛泽东关于矛盾斗争形式的论述的理论意义和实践意义。事实上，我们党从总的说来，正是运用具体问题具体分析、用不同的方式解决不同矛盾的方法，正确规定自己的战略策略，实行灵活机动的战略战术，正确地处理了民主革命时期的各种矛盾，取得了民主革命的胜利。民主革命胜利后，我们党运用这一方法，正确地分析和处理我国国民经济恢复时期和社会主义改造时期的各种矛盾，取得了恢复国民经济和社会主义改造的胜利。当我国主要矛盾发生变化以后，党的“八大”决议和毛泽东为总结我国社会主义改造的经验而写的《论十大关系》和《关于正确处理人民内部矛盾的问题》等著作，进一步分析了社会主义时期的各种矛盾，提出了正确的处理方法。但是，1957年以后，由于我们工作中的一些“左”倾错误的干扰，特别是“文化大革命”中林彪、“四人帮”的反革命大破坏，严重地混淆了两类不同性质的矛盾。这从反面说明，分清矛盾的不同性质，坚持用不同方法处理不同性质的矛盾，是何等的重要！

粉碎“四人帮”以后，特别是党的十一届三中全会以后，我们党恢复了实事求是的思想路线，提出了工作重点的转移，按照不同性质的矛盾用不同方法解决的原则，解决了过去遗留下来的问题，特别是“文化大革命”中林彪、“四人帮”所造成的冤假错案，形成了今天这样的安定团结、生动活泼的政治局面。现在我们搞四个现代化建设，又面临着一系列新的矛盾，我们仍然需要遵循毛泽东关于矛盾斗争形式的理论，具体分析和解决这些矛盾，以巩固和发展安定团结的政治局面，推动四化建设事业的胜利前进。

二、矛盾运动的平衡与不平衡

毛泽东结合中国革命和建设的经验，对唯物主义辩证法的矛盾学说作了多方面展开、发挥和具体应用，形成了他的辩证法思想的主要内容和根本特点。他在从各个方面论述对立统一规律中，根据矛盾发展过程中双方力量对比关系的变化，论述了矛盾运动的平衡与不平衡的辩证统一，丰富了马克思主义辩证法的理论。

（一）平衡与不平衡是矛盾运动的两种形态

平衡作为事物的运动形态，马克思主义经典作家早有论述。恩格斯把平衡和运动联系起来考察，指出平衡“是有限制的运动”，是“相对静止”②。列宁则把平衡看作是同

① 《毛泽东选集》第5卷，第365页。

② 《马克思恩格斯全集》第20卷，第68、589页。

适应相一致的[1]。毛泽东发挥他们的这些思想，结合研究中国社会和中国革命过程中各种矛盾的对比和发展状况，把平衡与不平衡同矛盾运动联系起来，说明平衡与不平衡是矛盾运动的两种形态，进一步揭示了平衡与不平衡的实质。他指出，平衡与不平衡是反映事物发展过程中诸矛盾和矛盾诸方面力量的不同的对比关系。他在论述中国革命战争的特点时说："中国是一个政治经济发展不平衡的半殖民地大国。"什么是政治经济发展不平衡呢？就是"微弱的资本主义经济和严重的半封建经济同时存在，近代式的若干工业都市和停滞着的广大农村同时存在，几百万产业工人和几万万旧制度统治下的农民和手工业工人同时存在，管理中央政府的大军阀和管理各省的小军阀同时存在，反动军队中有隶属蒋介石的所谓中央军和隶属各省军阀的所谓杂牌军这样两部分军队同时存在，若干的铁路航路汽车路和普通的独轮车路、只能用脚走的路和用脚还不好走的路同时存在"[2]。这里，毛泽东生动形象地说明了近代中国社会内各种矛盾力量对比很不均势，所以中国政治经济发展表现出不平衡性。这种不平衡性产生了革命发展的不平衡性。在《矛盾论》中，毛泽东论述主要矛盾和非主要矛盾、主要矛盾方面和非主要矛盾方面时又说："这两种矛盾情况的差别性或特殊性，都是矛盾力量的不平衡性"[3]。后来在《关于正确处理人民内部矛盾的问题》中，他指出："所谓平衡，就是矛盾的暂时的相对的统一"[4]。由于矛盾斗争，这种统一发生变化，"平衡成为不平衡"。这就从理论上揭示了平衡与不平衡的实质，说明了平衡与不平衡是矛盾运动的表现形态。所谓平衡，是事物发展过程中各种矛盾以及矛盾各方面力量对比关系的协调、适当、一致、均势所表现出来的矛盾的相对统一。所谓不平衡，则是各种矛盾及矛盾各方面力量对比关系的不协调、不适当、不一致、不均势所表现出来的矛盾的差别性，不统一性。矛盾运动的平衡与不平衡同事物的静止和运动既是一致的，又是互相区别的。其一致性在于：平衡和静止都有反映事物处在量变状态时所显现的面貌的一面；而不平衡和运动（显著的变动）都有反映事物处在质变状态时所显现的面貌的一面。平衡与静止和不平衡与运动都是由矛盾双方的同一性和斗争性的关系及其作用所决定的。在事物的发展过程中，当着矛盾双方的斗争和转化尚未引起矛盾双方力量对比发生根本变化时，双方仍处在相互依存的统一体中运动，事物的发展就表现为相对静止、平衡状态。当着矛盾双方的斗争和转化继续发展到一定程度，引起双方力量对比发生根本的改变时，事物的发展则表现为显著的变动状态、不平衡状态。毛泽东正是从平衡与不平衡和静止与运动相一致的意义上，用静止、平衡等来说明事物的量变状态；用静止、平衡等的破坏、变到相反的状态来说明事物的质变状态。但是，平衡与不平衡同运动与静止又不完全一致。它们是从不同的方面来表现事物的运动。静止与运动是从事物的存在形式来说明，无论什么事物的运动都采取相对静止和显著变动两种状态。平衡与不平衡则是从事物内部诸矛盾或矛盾诸方面的力量对比关系，来说明事物的矛盾运动过程中有主要矛盾和非主要矛盾、主要的矛

① 参看《列宁全集》第3卷，第566页。
② 《毛泽东选集》第1卷，第172页。
③ 同上，第301页。
④ 《毛泽东选集》第5卷，第375页。

盾方面和非主要矛盾方面的差别以及势均力敌的情况，表现出不平衡与平衡状态。[①]

矛盾运动的平衡与不平衡状态存在于事物从量变到质变的整个过程中。一切事物在它实现矛盾根本转化以前，它处在量变的过程中。在这一过程中，既存在着不平衡，又存在着平衡。事物发展的最初阶段，矛盾双方力量的对比是不平衡的，由于矛盾斗争和转化，矛盾双方由不平衡发展到平衡。当着矛盾斗争和转化继续发展，双方力量对比继续发生变化，矛盾运动又由平衡状态发展到不平衡状态，最后出现双方力量对比的根本改变，实现矛盾转化，打破旧的统一体，产生质变，形成新的矛盾统一体。所以，矛盾运动的平衡与不平衡存在于事物从量变到质变的整个发展过程之中。

（二）个别矛盾的平衡与不平衡和矛盾总体的平衡与不平衡

毛泽东根据许多矛盾所组成的事物中各种矛盾力量对比关系和每一矛盾各方面力量对比关系，提出了矛盾总体的平衡与不平衡和个别矛盾的平衡与不平衡。他在《矛盾论》中着重地论述了矛盾总体的不平衡性和个别矛盾的不平衡性。他指出，在一个复杂的事物发展过程中，有许多矛盾存在，其中各种矛盾的发展是不平衡的，不能把过程中所有的矛盾平均看待，必须把它们区别为主要的和次要的两类。而每一矛盾，不论是主要的或次要的矛盾，矛盾诸方面的发展也是不平衡的，其中必有一方面是主要的、他方面是次要的。矛盾运动的这两种不平衡情况揭示了主要矛盾和矛盾主要方面存在的客观基础，论述了它们在矛盾发展过程中的地位和作用，为人们分析矛盾特殊性，认识矛盾和解决矛盾，指出了明确的方向。在事物的发展过程中，不平衡是客观存在的；同样，平衡也是客观存在的。毛泽东在社会主义革命和建设时期探索社会主义建设的道路、总结社会主义建设的经验的过程中，又着重地论述了矛盾总体的平衡（在论述国民经济整体平衡时，把这种平衡叫做综合平衡）和个别矛盾的平衡。他指出，国民经济是由许多部门所组成的矛盾总体，各个部门要保持恰当的比例，求得国民经济的综合平衡。在《论十大关系》和《关于正确处理人民内部矛盾的问题》中，他总结了我国三年经济恢复时期以及第一个五年计划时期处理国民经济各部门比例关系的经验，指出社会主义社会的国民经济，必须由国家计划来经常调节各种比例关系，保持国民经济的综合平衡。他说："我国每年作一次经济计划，安排积累和消费的适当比例，求得生产和需要之间的平衡。过了一年，就整个说来，这种平衡就被矛盾的斗争所打破了，这种统一就变化了，平衡成为不平衡，统一成为不统一，又需要作第二年的平衡和统一。这就是我们计划经济的优越性。"[②] 如果主观计划不符合客观，违反综合平衡，就要犯错误。

毛泽东不仅论述了矛盾总体的平衡，而且在论述生产力和生产关系、经济基础和上层建筑以及分析国民经济内部各个部门的发展时，又论述了矛盾的个别平衡。他指出，生产关系适应生产力发展、上层建筑适应经济基础，就是它们达到平衡。在社会主义经济内部，毛泽东提出要处理好重工业和轻工业、农业的关系，沿海工业和内地工业的关系，经济建设和国防建设的关系，国家、集体、个人的关系．处理好这些矛盾关系，不

① 参看吕英寰《论平衡与不平衡的辩证统一》中关于这一问题的论述，载《哲学研究》1979 年第 12 期。

② 《毛泽东选集》第 5 卷，第 375 页。

能只顾一头，要兼顾各方面。他认为主要应该搞好农业本身——农、林、牧、副、渔的平衡，工业内部各个部门、各个环节的平衡，工业和农业的平衡。为了搞好这三种平衡，毛泽东提出了工业和农业同时并举、中央工业同地方工业同时并举、大中小型企业同时并举等系列同时并举和“两条腿走路”的方针，并认为只有做好各个部门的平衡，才能正确处理好整个国民经济的比例关系，保持综合平衡，推动国民经济的发展。

毛泽东提出的个别矛盾平衡与不平衡以及矛盾总体平衡与不平衡，反映了事物发展过程中，矛盾总体和各个矛盾的运动状态，也就是事物的整体和部分的运动状态。任何事物都有整体和部分，因此，矛盾整体的平衡与不平衡、个别矛盾的平衡与不平衡，在事物运动过程中是普遍存在的。正是这两种平衡与不平衡决定了事物在总的量变过程中的部分质变的客观性和必然性。毛泽东指出，在事物发展过程中存在着根本矛盾和非根本矛盾的不平衡性。在根本矛盾没有解决以前，事物处于总的量变过程中，处于相对平衡状态。在这个过程中，“根本矛盾的性质和过程的本质虽然没有变化，但是根本矛盾在这一过程中的各个发展阶段上采取了逐渐激化的形式。并且，被根本矛盾所规定或影响的许多大小矛盾中，有些是激化了，有些是暂时地或局部地解决了，或者缓和了，又有些是发生了，因此，过程就显出阶段性来”[①]。这就是说，由于矛盾运动的不平衡性，使各种矛盾的变化总是参差不齐，这就必然使事物在总的量变过程中出现部分质变。

（三）平衡与不平衡的辩证关系

平衡与不平衡作为矛盾运动的两种状态，是辩证统一的。它们的关系表现为：

第一，平衡和不平衡是互相依存的。平衡与不平衡作为矛盾运动的两种不同的状态，它们是互相区别的，但又不是绝对对立的，而是互相依存的。在事物发展的过程中，平衡是对不平衡来说的，没有不平衡就无所谓平衡，没有平衡也无所谓不平衡，它们是互为条件的。平衡与不平衡的相互依存还表现在平衡中包含着不平衡，不平衡中存在着平衡。首先从平衡表现事物的量变状态来说，这种平衡中包含着两种不平衡的情况：一种是由许多矛盾所构成的事物中，矛盾总体处于平衡状态时，其中包含着根本矛盾和非根本矛盾的不平衡。例如，社会主义的生产关系同生产力基本上是相适应的。社会主义国民经济的各个部门可以建立协调的比例关系，做到有计划按比例的发展，使国民经济整体保持平衡状态。但是在这种平衡中，国民经济各个部门不能齐头并进，它们之间总有主要和次要、重点和一般的区别，这些矛盾力量的不平衡性，是属于平衡中所包含的不平衡。再一种不平衡是个别矛盾在完成转化以前，在总体上是处于量变阶段的平衡状态，但其中矛盾双方力量对比在不断变化，表现出主要方面和次要方面的不平衡性。其次，在不平衡中又存在着平衡。一方面，不平衡中包含着向平衡转化的因素；另一方面，在一个复杂的事物的发展过程中，包含着许多矛盾，当矛盾总体处于不平衡的情况下，其中所包含的矛盾有的却是势力相当的。这就使事物在总体的不平衡状态中存在着局部的平衡状态。比如，中国革命过程中，在很长时间里是敌强我弱，在总体上是不平衡的。但是在一定阶段、局部地区却可以出现势均力敌的平衡状态，甚至出现敌弱

① 《毛泽东选集》第1卷，第289页。

我强的局部的新的不平衡状态都是有的。

第二，事物发展过程中，矛盾运动的平衡与不平衡状态不是固定不变的，而是互相转化的。毛泽东在论述主要矛盾和主要的矛盾方面时指出，矛盾运动的这两种不平衡的情形不是固定不变的，而是在一定条件下可以转化的。他在论述中国革命发展不平衡时也说过："要把不平衡状态变到大体上平衡的状态，还需要经过很长的时间，还要花很大的气力，还要依靠党的策略路线的正确。"[①] 他指出，实现平衡与不平衡的转化，最根本的"是依靠事物发展中矛盾双方斗争力量的增减程度来决定的"[②]。世界上一切事物的矛盾运动都由于矛盾斗争力量的增减和条件的变化，矛盾双方力量对比总是出现此消彼长和彼消此长的状况，使事物的矛盾运动出现平衡与不平衡的交替变化。

第三，平衡与不平衡是相对与绝对的统一。在矛盾运动的平衡与不平衡中，平衡是相对的，不平衡是绝对的。首先，从平衡与静止、不平衡与运动的一致性方面来说，因为平衡有反映事物静止状态的一面，不平衡有反映事物运动状态的一面，而一切事物的常住性是相对的，变动性是绝对的。这就决定了平衡的相对性和不平衡的绝对性。其次，从矛盾双方力量的对比关系来看，双方势均力敌的统一状态总是有条件的、暂时的，基本的形态总是不平衡，这也反映了平衡的相对性和不平衡的绝对性。所以，恩格斯说："任何静止、任何平衡都只是相对的，只有对于这种或那种确定的运动形式来说，才是有意义的。"[③] 毛泽东也指出："无论什么矛盾，矛盾的诸方面，其发展是不平衡的。有时候似乎势均力敌，然而这只是暂时的和相对的情形，基本的形态则是不平衡。""世界上没有绝对地平衡发展的东西，我们必须反对平衡论，或均衡论。"[④] 毛泽东在论述生产力和生产关系的矛盾以及国民经济的矛盾时，又多次强调平衡是暂时的、有条件的、相对的，不平衡是绝对的。他说："我们的计划经济，又平衡又不平衡。平衡是暂时的，有条件的。暂时建立了平衡，随后就要发生变动。上半年平衡，下半年就不平衡了；今年平衡，到明年又不平衡了。净是平衡，不打破平衡，那是不行的。我们马克思主义者认为，不平衡、矛盾、斗争、发展，是绝对的，而平衡、静止，是相对的。"[⑤] 毛泽东的这些论述都是从平衡与静止、不平衡与运动的一致性以及矛盾双方相对统一的条件性方面说明了平衡的相对性和不平衡的绝对性。正是这种平衡的相对性和不平衡的绝对性的统一，才使事物的矛盾运动呈现出波浪式向前发展的状态。

平衡与不平衡的关系要求我们必须把二者统一起来去观察和处理问题，既不能离开平衡去讲不平衡，也不能把平衡绝对化，强调一个侧面、否定另一个侧面都是片面的，只有把二者结合起来，才能正确地反映事物的矛盾运动状态。

（四）平衡与不平衡在事物发展过程中的作用

一切事物的矛盾运动，都是既平衡又不平衡，都是在平衡与不平衡的对立统一中存

① 《毛泽东选集》第1卷，第138页。
② 同上，第297页。
③ 《马克思恩格斯全集》第20卷，第65页。
④ 《毛泽东选集》第1卷，第297、301页。
⑤ 《毛泽东选集》第5卷，第313～314页。

在和发展的。平衡与不平衡对于事物的发展都具有重要的意义。当然，在这一问题上，应该指出的是，毛泽东从强调不平衡的绝对性出发，突出强调的是不平衡的作用。但是，他在谈到国民经济综合平衡的发展时，却又充分肯定了平衡的作用。

平衡的作用具体表现为：第一，平衡是事物存在和发展的根本条件。恩格斯说："物体的相对静止的可能性，暂时的平衡状态的可能性，是物质分化的根本条件，因而也是生命的根本条件。"[①] 事物发展的平衡状态，反映了该事物在一定时期、一定条件下的质的相对稳定性。正是由于这种相对稳定性，才使事物能够作为自身存在，也才有进一步发展的基础。如果否定事物的相对平衡，事物就转瞬即逝，既不可能存在，也没有进一步发展的基础。第二，平衡使事物的量变得到充分的发展。由于事物内部矛盾的各方面（或各种矛盾）都是相互制约和相互影响的，只有在平衡状态下，矛盾各方面力量对比关系协调一致，处于相对统一，才能够正常地、充分地发生相互影响的作用，促进事物整体稳步向前发展。如果没有恰当的比例关系，没有相对平衡，只是孤军的突出，就不可能有整体的稳步向前发展。比如在自然界中，生物只有处于生态平衡状态中才能得到很好的发展。在社会中，生产关系只有适应生产力的要求，才能有生产的高速发展。国民经济各个部门，只有建立恰当的比例关系，有了综合平衡，整个国民经济才能稳步地向前发展。所以，毛泽东一直强调要搞好国民经济的综合平衡。他指出："整个经济中，综合平衡是个根本问题"[②]。国民经济各个部门、各个环节建立协调的比例关系，实现综合平衡，是社会主义经济高速度发展的客观要求和根本的条件。

平衡在事物发展过程中有着重要作用，但是在不同阶段上的作用是不相同的。当事物处于量变阶段，在它自身的范围内还有广阔的发展前途的时候，保持相对平衡状态就能使量变得以充分展开，对事物的发展就起着积极的作用。但是，当事物的发展具备了一定的条件，要求突破自身的规定，向更高的阶段过渡的时候，保持原有的平衡就会对事物的发展起着阻碍的作用，这就需要打破旧的平衡，向更高的新的平衡过渡。所以，平衡在事物发展过程中的作用是有条件的，不能把它绝对化，必须根据事物发展的一定阶段来具体地把握平衡的作用。

事物发展过程中，矛盾运动的不平衡也具有十分重要的作用。不平衡在事物发展过程中的作用表现为两种情况：第一，在事物发展的量变阶段，不平衡可以加速总的量变过程，促进根本质变的发生。如前所述，由于事物根本矛盾和非根本矛盾的不平衡性，使事物在总的量变过程中产生部分质变。部分质变的积累，就可以加速总的量变，促进根本质变的发生。毛泽东在《抗日游击战争的战略问题》中论述持久战和速决战、战略防御与战略进攻的关系时指出，整个抗日战争是持久战，要实现持久战的胜利，必须集中主要兵力，在许多地方造成敌弱我强的不平衡，从而"集中大力，打敌小部"，取得许多的部分胜利。"只有将正规战和游击战的战役和战斗的进攻战集合了很多，即从进攻战中打了很多的胜仗，才能达到战略防御之目的，最后战胜日本帝国主义。"[③] 整个

① 《马克思恩格斯全集》第5卷，第563页。

② 转引自杨超：《唯物辩证法的若干理论问题》，第169～170页。

③ 《毛泽东选集》第2卷，第378～379页。

抗日战争“是集合了许多小胜化为大胜”，最后实现民族解放的。毛泽东在谈到国民经济时也指出：“我国现在经济上的平衡和不平衡的变化，是在总的量变过程中许多部分的质变。若干年后，中国由农业国变成工业国，那时候完成一个飞跃，然后再继续量变的过程。”[①] 由于矛盾运动不平衡性是普遍的，任何事物的发展都是通过总的量变过程中的部分质变的逐渐积累最后完成量变，产生根本质变。第二，事物发展到一定阶段，只有经过不平衡状态，才能使矛盾得到解决，完成质变，产生新事物。事物发展过程中，平衡是重要的，但是，如果净是平衡，就不可能改变矛盾双方力量的对比，使双方发生转化。没有转化，事物就不可能有新的发展，只有经过不平衡状态，才能使矛盾双方斗争加剧，使双方力量对比发生根本改变，实现矛盾转化，完成质变，产生新事物。毛泽东在分析主要的矛盾方面的这种不平衡性的转化时指出：“矛盾的主要方面和非主要方面在发展过程中的变化，正是表现出新事物代替旧事物的力量”[②]。在这个意义上说，没有不平衡就没有发展，只有不平衡才能推动事物新的更高的发展。

矛盾运动的平衡与不平衡在事物发展过程中的作用是辩证统一的。平衡使事物在量变阶段得到充分的发展，不平衡则推动事物从量变到质变的发展。平衡逐渐发展为不平衡，不平衡打破旧的平衡，建立新的平衡，这就是矛盾运动的规律，是矛盾运动推动事物发展的客观过程。掌握这一规律对于我们搞好国民经济的“调整、改革、整顿、提高”，加快社会主义建设有着十分重要的意义。

三、对立统一规律与社会主义社会的基本矛盾

毛泽东应用对立统一规律观察人类社会，在马克思主义哲学史上，首先创立了社会主义社会基本矛盾的理论。但在这一理论的萌芽、形成过程中，马克思主义哲学家李达作出了贡献。在新的历史条件下，邓小平对这一理论的丰富和发展又作出了新贡献。

（一）30年代毛泽东、李达对社会基本矛盾的探索及李达关于社会主义社会基本矛盾思想的最初提出

20世纪30年代是马克思主义哲学在我国广泛传播的重要时期，也是毛泽东哲学思想形成、发展和系统化时期。这一时期，中国共产党人和马克思主义哲学工作者广泛深入地宣传、研究和普及马克思主义哲学，把它同中国革命实践结合起来探索中国革命的问题，同时，结合中国革命实际对马克思主义哲学的基本原理也进行了多方面的探讨。这一时期，毛泽东和李达在阐述马克思主义哲学的过程中都探讨了社会基本矛盾的问题。毛泽东1937年7月以前在读米丁等著、沈志远译《辩证唯物论与历史唯物论》（上册）的批注中，注意了生产力和生产关系的矛盾是社会发展的动力问题。后来，毛泽东在他的《矛盾论》中论述事物内部矛盾是事物发展的内因时，吸取这一思想提出：“社

---

① 转引自吕英寰：《论平衡与不平衡的辩证统一》，《哲学研究》1979年第12期。

② 《毛泽东选集》第1卷，第301页。

会的变化，主要地是由于社会内部矛盾的发展，即生产力和生产关系的矛盾，阶级之间的矛盾，新旧之间的矛盾，由于这些矛盾的发展，推动了社会的前进，推动了新旧社会的代谢。”① 当然，毛泽东这一思想不是专门论述社会基本矛盾，而是从内部矛盾是一切事物发展的根本原因出发所作出的概括，显得笼统和抽象，但也表现了社会基本矛盾思想的端倪。

李达早在1926年6月出版的《现代社会学》一书中就探讨了社会基本矛盾问题，并比较系统地论述了生产力和生产关系、经济基础和上层建筑的理论。1937年5月，李达又出版了《社会学大纲》。这本书全面系统地阐述了辩证唯物主义与历史唯物主义原理，并进一步详细地论述了生产力和生产关系、经济基础和上层建筑的矛盾及它们之间的矛盾关系。他指出：“生产关系与生产力是不可分离的结合着”，二者既对立，又统一。对于经济基础和上层建筑的关系，李达指出：“经济构造是社会的基础”，它规定一切上层建筑。但上层建筑对于经济基础又给一定的反作用。他还进一步分析了这种反作用同决定作用的性质是不同的。

在分别论述生产力和生产关系、经济基础和上层建筑的矛盾的基础上，李达进而论述了这对矛盾运动推动人类社会向前发展。他说：“社会内部所包含的矛盾是生产力与生产关系的矛盾（在敌对的社会中，显现为阶级间的矛盾）。由于生产力与生产关系的矛盾，社会就不断往前发展。因为人类在其物质生活的生产过程中，不断获得新的生产力。”人类一旦获得了新的生产力，就引起生产关系的变革，“改变旧的生产关系而成立新的生产关系”。“随着社会的基础之变动，那些树立在旧生产关系体系上的上层建筑，就或缓或急的随着变革。于是崭新的社会构成形态，起而代替了陈旧的社会构成形态”，社会就前进了。

由上可以看出，20世纪30年代李达对于社会基本矛盾理论的探讨比毛泽东要深入，除了没有提出“社会基本矛盾”这一概念，可以说对于社会基本矛盾的理论内容已达到相当完备的程度。30年代李达对社会基本矛盾的理论贡献还在于他提出了“未来新社会”，也就是社会主义社会和共产主义社会的基本矛盾的思想。对于这一思想，李达首先在《社会学大纲》的辩证法部分从世界观的总体上论述了未来新社会仍然存在着生产力和生产关系的矛盾，并且肯定了这一矛盾的非对抗性；然后在历史唯物论部分论述生产力和生产关系的矛盾与经济构造的变革时，又专门论述了生产力与生产关系的矛盾是社会主义社会发展的原动力。他指出：“在未来的新社会中，生产力、生产方法与生产关系虽然都是平等的，而生产力与生产关系的矛盾依然存在。”“如果没有矛盾，那就没有发展了。”

总结李达在30年代关于社会主义社会基本矛盾的思想可以看到：第一，他明确肯定了生产力与生产关系的矛盾是贯穿人类社会始终并推动社会发展的矛盾；第二，他明确提出了“未来新社会”即社会主义社会和共产主义社会仍然存在着生产力与生产关系的矛盾，并由这一矛盾推动社会发展；第三，他指出了生产力与生产关系的矛盾在“未来新社会”里不致发展为对抗。这实际上是提出了社会主义社会基本矛盾的非对抗的性

① 《毛泽东选集》第1卷，第302页。

质。李达这些思想表明他超出了同时代马克思主义者的认识水平，第一个从理论上领悟了社会主义社会的基本矛盾问题。《社会学大纲》得到毛泽东的高度推崇，因此，李达的这一思想不可能不在毛泽东的思想中留下印记，而对他后来创立社会主义社会基本矛盾理论产生影响。

（二）社会主义革命和社会主义建设初期，理论界对社会主义基本矛盾理论的探索及毛泽东关于社会主义基本矛盾理论的创立

建国以后，我国理论界结合过渡时期的实际开展了对生产力和生产关系、经济基础和上层建筑的理论讨论。这场讨论对于弄清马克思主义关于社会基本矛盾的理论以及我国过渡时期的生产关系、经济基础和上层建筑的性质具有积极的意义，可以说为在理论上探索社会主义社会基本矛盾作了准备。在这场讨论中，李达又首先提出了社会主义社会的矛盾和它的非对抗性问题。他认为："既然矛盾法则是自然、社会和思维的发展的一般法则，那就没有例外，它也是社会主义社会、共产主义社会的发展法则。所以，无论在社会主义社会或共产主义社会，矛盾仍是社会发展的动力。不过这种矛盾是非对抗性的矛盾，它是在完全新的社会规律的基础上，在社会各方面成员的利益的根本的共同线上发生作用的。"[①] 他指出，社会主义社会的生产力和生产关系的矛盾"不会发展为对抗"。因为社会主义社会"有可能做到使生产关系适合于生产力的性质，及时地改进落后了的生产关系使适合于生产力的性质，使生产力不断地向上发展"。他强调指出：解决社会主义社会的生产力和生产关系之间的矛盾，必须在高技术基础上使社会生产力不断增长和完善，而要发展生产力又必须不断地解决生产力和生产关系的矛盾。李达的这些思想比他在30年代的《社会学大纲》中关于社会主义社会基本矛盾的探索有所前进，那就是他明确提出了社会主义社会的生产力和生产关系的矛盾的非对抗性，提出了社会主义社会自身可以做到改进生产关系来解决这一矛盾，并且提出了社会主义的生产力的发展必须建立在高技术基础上。这是很有远见的思想，在我国社会主义社会基本矛盾理论形成过程中具有重要的理论意义。

与我国探讨社会主义基本矛盾问题的同一时期，苏联理论界冲破斯大林的"社会主义的生产关系与生产力完全适合"的"无矛盾论"的束缚，在1955—1957年展开了对社会主义制度下的矛盾问题的重新讨论。这次讨论中，苏联学者U·斯捷潘年认为社会发展的矛盾并没有随着社会主义的胜利而消失，并论述了社会主义社会的矛盾及其特点。但是，对于社会主义社会的基本矛盾，他们认识并不统一，斯捷潘年也不是从人类社会发展的角度来认识社会主义社会的基本矛盾，而是按照恩格斯分析资本主义社会基本矛盾的思维模式来分析社会主义社会的基本矛盾。他提出："某一社会形态的基本矛盾，第一，它存在于生产方式（社会发展的决定性力量）之中；第二，它同该社会的基本经济规律相联系着；第三，它是生产力和生产关系之间的一般矛盾在一定制度范围内的特殊表现。"按照这些标准，他认为："全体人民无限增长的需要和物质文化资料生产的发展在每个时期内达到的水平之间的矛盾，是社会主义制度下的基本矛盾"。有些人

---

① 《〈矛盾论〉解说》，第219页。

认为社会主义社会的基本矛盾是新的社会主义关系和资本主义"斑痕"、残余之间的矛盾，有些人认为是人们在利用生产资料方面的平等地位和享受物质待遇方面的不平等现象之间的矛盾，如此等等。这说明，虽然他们提出了社会主义社会的基本矛盾问题，但没有上升到社会主义社会发展规律来认识，没有形成系统的理论。尽管如此，苏联理论界这次讨论重新提出社会主义的矛盾问题，对于人们认识社会主义的矛盾具有积极意义。因此，毛泽东也注意到这场讨论。1957 年 11 月，他在莫斯科共产党和工人党代表会议上的讲话中两次提到苏联理论界的这次讨论。这表明毛泽东阅读过苏联理论界讨论社会主义矛盾问题的有关文章，赞同他们的一些思想。这无疑对毛泽东创立社会主义社会基本矛盾和两类矛盾学说的理论有积极的影响。

我们知道，任何一种科学理论的形成都是在一定思想资料的基础上，总结实践经验的产物。50 年代中期，毛泽东关于社会主义基本矛盾的理论就是根据马克思主义的基本原理，吸取当时理论界讨论社会主义矛盾的理论成果，总结当时国际共产主义运动中社会主义的正反两方面的历史经验和我国社会主义革命和建设中的实践经验，阐述社会主义社会的矛盾的过程中逐渐形成的。1956 年初，在社会主义改造的高潮中，毛泽东为探索社会主义建设的道路，作了广泛深入的调查研究，发表了《论十大关系》的讲话，全面论述了社会主义建设中的矛盾。同年 4 月 5 日，经毛泽东修改，政治局讨论通过发表的《论无产阶级专政的历史经验》一文中提出，"社会主义社会的发展也是在生产力和生产关系的矛盾中进行着的"；12 月 29 日发表的《再论无产阶级专政的历史经验》一文，更进一步提出了社会主义"在基本制度适合需要的情况下，在生产关系和生产力之间、在上层建筑和经济基础之间，也仍然存在着一定的矛盾。这种矛盾表现为经济制度和政治制度的某些环节上的缺陷。这种矛盾，虽然不需要用根本性质的变革来解决，仍然需要及时地加以调整"。这里已经表现出了社会主义社会基本矛盾理论的雏形，但没有提出基本矛盾的概念。1957 年 1 月 27 日，毛泽东《在省市自治区党委书记会议上的讲话》中，批评斯大林的形而上学观点时就明确提出了生产关系和生产力之间的矛盾、上层建筑和经济基础之间的矛盾"是推动社会主义向前发展的基本矛盾"，但并没有展开论述；紧接着同年 2 月的讲话，并于 6 月 19 日发表的《关于正确处理人民内部矛盾的问题》的文章中对社会主义社会的基本矛盾作了科学的规定，论述了社会主义社会基本矛盾的性质、特点，从而在马克思主义发展史上第一次形成了系统的社会主义社会基本矛盾的理论。

（三）社会主义建设新时期邓小平对社会主义社会基本矛盾理论的丰富和发展

1978 年党的十一届三中全会以后，我国进入了社会主义建设的新的历史时期。邓小平坚持实事求是的思想路线，领导我们党纠正了过去"左"的错误，把党和国家的工作重点转移到经济建设上来，提出以经济建设为中心、坚持四项基本原则、坚持改革开放、建设有中国特色的社会主义，在理论和实践上从多方面丰富、发展了关于社会主义社会基本矛盾的理论。

第一，坚持实事求是，在拨乱反正中重新确立和坚持社会主义社会基本矛盾的理论。我国社会主义建立以后，毛泽东创立的社会主义基本矛盾的理论，为社会主义社会的发展指出了方向。但是，由于他本人在 1957 年下半年以后又重新转向阶级斗争，产生“左”的指导思想，在解决社会主义基本矛盾问题上，他强调生产关系的变革，强调上层建筑领域的革命，使社会主义社会基本矛盾的理论没有能发挥它应有的作用。因而在“文化大革命”结束以后，在拨乱反正中，理论界一些同志对毛泽东的社会主义社会基本矛盾的理论提出了不同看法。针对这种情况，1979 年 3 月 30 日，邓小平在党的理论工作务虚会上的讲话中重申了毛泽东关于社会主义社会基本矛盾仍然是生产关系和生产力之间的矛盾、上层建筑和经济基础之间的矛盾的理论观点，为我们坚持以经济建设为中心、坚持四项基本原则、坚持改革开放、建设有中国特色的社会主义奠定了理论基础。

第二，进一步明确了社会主义社会的基本矛盾主要表现为基本制度的适应、具体体制不适应的矛盾。毛泽东提出社会主义基本矛盾是既相适应又相矛盾，相适应是基本的，不适应是非基本的；并且具体地分析了适应和矛盾的情况，指出矛盾是因为生产关系和上层建筑中都还有旧的东西存在，还不完善。这无疑是很正确的。但是，他对于生产关系和生产力的矛盾总是从所有制去考虑问题，他认为社会主义的生产关系不完善，就是因为当时的公私合营企业还不完全是社会主义性质的，农业合作社和手工业合作社有一部分还是半社会主义性质的，因而和生产力有矛盾。在他看来，要解决这一矛盾，就必须把这些所有制变成完全社会主义的所有制。党的十一届三中全会以后，党中央和邓小平总结历史的经验教训，分析我国现阶段的基本矛盾，指出我国社会主义的基本制度是适应生产力发展的，是有优越性的，但具体的体制存在着弊端，束缚生产力的发展，这种体制的主要弊端是：所有制结构单一，所有权和经营权不分，政企职责不分，条块分割，国家对企业统得过死，忽视甚至排斥商品生产、价值规律和市场的作用以及分配中的平均主义等等，严重束缚了企业和广大群众的积极性、主动性、创造性，束缚了生产力的发展，使本来应该生机盎然的社会主义经济在很大程度上失去了活力。同样，我国政治体制也存在着种种弊端。邓小平于 1980 年在《党和国家领导制度的改革》的报告中就具体分析了我国政治体制的主要弊端：官僚主义，权力过分集中，家长制，干部领导职务终身制和特权现象等等，都是不适应生产力发展需要的。这样从基本制度和具体体制的不同层次上来分析社会主义社会基本矛盾的适应和不适应，既为我们解决社会主义社会基本矛盾指出了明确的方向，使其具有可操作性，也为我们坚持社会主义和坚持改革开放指出了明确的方向。

第三，提出通过改革解决社会主义基本矛盾，解放生产力和发展生产力，推动社会主义前进。毛泽东提出社会主义社会的基本矛盾是非对抗性的，“可以通过社会主义制度本身，不断地得到解决”，但是，在怎么解决社会主义社会的基本矛盾的问题上，毛泽东离开生产力的发展把注意力放在调整生产关系上。如前所述，他在提出社会主义社会基本矛盾的时候就认为生产关系不完善是因为还存在着非社会主义经济。他强调调整生产关系，强调上层建筑领域内的革命，而忽视生产力的发展。党的十一届三中全会以后，邓小平针对毛泽东“忽视发展社会生产力”这一缺点和我们党在这一问题上的经验教训，提出了社会主义的根本任务就是要发展生产力，改革是中国发展生产力的必由之路。他指出，为了发展生产力，必须对我国经济体制、政治体制和其他体制进行改革，实行对外开放的政策。他在南方讲话中又进一步提出了“革命是解放生产力，改革也是解放生产力”。“过去，只讲在社会主义条件下发展生产力，没有讲还要通过改革解放生产力，不完全，应该把解放生产力和发展生产力两个讲全了。”① 通过改革，在经济上发展社会主义的商品经济，建立起充满生机和活力的社会主义市场经济体制；在政治上建立有中国特色的社会主义民主政治，即建立高度民主、法制完备、富有效率、充满活力的社会主义政治体制，把我国建设成为富强、民主、文明的社会主义现代化国家。这就从理论和实践上说明了改革是解放生产力、发展生产力、解决社会主义基本矛盾，推动社会主义发展的重要途径。

四、对立统一规律是辩证法的实质和核心问题

辩证法作为全面的发展学说，是由量变质变、否定之否定规律及一系列范畴所组成的科学体系。在这个科学体系中，列宁第一次明确地提出了对立统一规律是辩证法的实质和核心的论断，并且从三个方面论证了对立统一规律的核心地位。第一，从两种发展观对立上，列宁指出，形而上学的发展观“认为发展是减少和增加，是重复”；辩证法“认为发展是对立的统一”②。这就说明了两种发展观的根本区别在于是否承认对立面的统一。第二，从事物发展的动力和源泉上，列宁指出，对立统一揭示了事物“自己运动”的动力源泉。第三，从对立统一规律同辩证法其他规律的关系上，列宁指出，只有对立统一的观点，“才提供理解‘飞跃’、‘渐进过程的中断’、‘向对立面的转化’旧东西的消灭和新东西产生的钥匙”③。列宁还把量和质的转化等看作是对立统一的实例。列宁这些思想为我们理解对立统一规律是辩证法的实质和核心，指出了明确的方向。但是，列宁这些思想都只是些原则的意见，没有充分展开。因此，对立统一是辩证法的实质和核心的思想还需要说明和发挥。

列宁逝世以后，苏联和中国30年代的哲学家们在阐述列宁哲学思想的时候，大体上也是从这三个方面加以发挥的。例如，米丁等人著的《新哲学大纲》中说：“在人类思想的历史上，有着两种根本对立的发展观。其一是……形而上学的发展观，把发展解释做增大或减少，解释做以前就有着的同一事物之量的成长或反复。”这种观点认为客观的现实性是没有矛盾的，它“对于对象的多样的原因，对于新事物何以会起来代替了旧事物的原因，以及运动和发展的原因，是不能够加以说明的”。和形而上学发展观相反，“辩证唯物论把事物的发展当做一种自己运动〈与其他事物的运动在某种程度上联结着的自己运动〉来考察。要在内的对立当中，要在一切事物的对立的倾向、侧面和部

① 《邓小平文选》第3卷，第320页。

② 《列宁全集》第38卷，第408页。

③ 同上。

份等等当中，看出运动的源泉。”① 这就说明了两种发展观的对立在于承不承认发展是对立面的统一。又如米丁著的《辩证唯物论和历史唯物论》一书中指出，对立面的统一和斗争“决定这一事物的生命，给予它自动的推动、发展的推动。唯其如此，所以对立体的统一、对立体相互贯通的法则，就成为辩证法中最基本、最重要和有决定意义的法则了”②。对于对立统一规律同辩证法其他规律的关系，西洛可夫、爱森堡在他们所著的《辩证法唯物论教程》一书中指出，研究事物的发展光暴露其质与量的统一是不够的，“我们必须在任何现象之中，暴露出规定其发展之进行的根本的矛盾”，并指出：“否定之否定的法则，是把对立之统一的法则更加具体化了的东西”③。1937 年 4 月出版的李达同志著的《社会学大纲》中也是从这三个方面加以论述的。在对立统一规律同其他规律和范畴的关系上，李达同志更明确指出对立统一“这个根本法则，包摄着辩证法的其余的法则由质到量及由量到质的转变法则、否定之否定的法则、因果性的法则、形式与内容的法则等。这个根本法则，是理解其他一切法则的关键”④。苏联和中国 30 年代哲学家的这些发挥基本上是正确的，但都没有系统展开，没有超出列宁的论述。

毛泽东在把马克思主义辩证法应用于中国革命的过程中，结合中国革命和建设的经验，从两种宇宙观的根本对立，事物内部矛盾是事物发展的根本原因，量变质变、肯定否定、本质和现象、形式与内容等都是对立的统一，以及矛盾分析方法是认识世界和改造世界最根本的方法等方面，系统地、全面地发挥了列宁关于对立统一规律是辩证法的实质和核心的思想。

（一）量变质变是矛盾运动发展的不同状态

毛泽东在领导中国革命的过程中，根据中国社会各种矛盾的变化发展，特别是长期的敌强我弱这一矛盾的变化发展，总结中国革命由小到大、由弱到强、最后取得胜利的经验，运用矛盾双方的同一与斗争及其转化，从各个方面论述了量变质变的过程就是矛盾运动及其解决的过程。

第一，事物的质是由事物内部的特殊矛盾所规定的。毛泽东说：“任何运动形式，其内部都包含着本身特殊的矛盾。这种特殊的矛盾，就构成一事物区别于他事物的特殊的本质。这就是世界上诸种事物所以有千差万别的内在的原因，或者叫做根据。”⑤ 由于事物内部包含着许多特殊的矛盾，每一矛盾构成事物的一种质，所以事物的质是多方面的。各种特殊矛盾的有机统一，就构成一事物区别于他事物的质。毛泽东还进一步指出，事物的质主要的是由事物矛盾的主要方面来决定的。在复杂的矛盾统一体中，事物的质主要的是由主要矛盾的主要方面来决定的。这样，毛泽东关于事物的特殊矛盾构成事物的质的思想，深刻地说明了事物质的规定性的内在的根据，从而揭示了量变质变规律与对立统一规律的本质联系，也为人们认识和把握事物的质指出了明确的方向。

---

① 《新哲学大纲》1936 年版，第 231、234 页。

② 《辩证唯物论和历史唯物论》上册，1936 年版，第 203 页。

③ 《辩证法唯物论教程》，1936 年版，第 280、348 页。

④ 《李达文集》第 2 卷，第 132 页。

⑤ 《毛泽东选集》第 1 卷，第 308～309 页。

第二，量变质变是矛盾运动的不同状态。毛泽东指出："无论什么事物的运动都采取两种状态，相对地静止的状态和显著地变动的状态。两种状态的运动都是由事物内部包含的两个矛盾着的因素互相斗争所引起的。当着事物的运动在第一种状态的时候，它只有数量的变化，没有性质的变化，所以显出好似静止的面貌。当着事物的运动在第二种状态的时候，它已由第一种状态中的数量的变化达到了某一个最高点，引起了统一物的分解，发生了性质的变化，所以显出显著地变化的面貌。"① 这说明量变是矛盾双方相互依存共处于一个统一体中的运动状态。质变则是由于矛盾斗争使双方力量对比发生根本改变、主次地位发生转化，引起统一体分解，达到矛盾解决的显著变动状态。比如，中国革命过程中，在推翻国民党的反动统治以前，中国社会还处在量变状态。但是，随着革命斗争的深入发展，到解放战争后期——1948 年 11 月，当我人民解放军发展到 300 余万、国民党军队下降到 290 万左右的时候，毛泽东就指出："中国的军事形势现已进入一个新的转折点，即战争双方力量对比已经发生了根本的变化。人民解放军不但在质量上早已占有优势，而且在数量上现在也已经占有优势。这是中国革命的成功和中国和平的实现已经迫近的标志。"② 对于中国社会性质来说，这时已经进入了质变阶段，以后只过一年的时间，就消灭了国民党军队，使矛盾得到解决，完成中国社会性质的根本质变。一切事物的变化发展都是这样，由于矛盾双方的同一和斗争，总是由第一种状态转化为第二种状态，并经过第二种状态达到矛盾的解决。

第三，事物发展过程中，根本矛盾的逐渐激化和非根本矛盾的变化，决定了事物总的量变过程中的部分质变。③

第四，矛盾双方的性质决定双方质量变化的基本方向。毛泽东在《论持久战》一文中分析中日矛盾的发展变化时指出，在中日矛盾中，中国方面是进步的、正义的，日本方面是野蛮的、退步的，这就决定了中日双方的质和量存在着"向上"和"向下"的两种交错变化。在抗日战争的第一阶段，中国方面是土地、人口、经济力量、军事力量和文化机关等等的缩减，这是向下的变化。然而必须看到第二种变化，即向上的变化，就是战争中的经验、军队的进步、人民的动员、文化的新方向的发展、游击战争的出现、国际援助的增长等等。在第一阶段，向下的东西是旧的量和质，主要表现在量上。向上的东西是新的量和质，主要表现在质上。在第一阶段中，日本方面也有两种变化。第一种是向下的变化，即几十万人的伤亡、武器弹药的消耗、士气的颓废、国内人心的不满、贸易的缩减、一百万万日元以上的支出、国际舆论的责备等等方面。然而它也有第二种变化，即向上的变化，那就是扩大了领地、人口和资源。毛泽东根据中日双方质与量的"向上"与"向下"的交错变化的分析，科学地预言了抗日战争发展的三个阶段和各个阶段上中日双方的态势。他指出，在第一阶段，敌是优势，我是劣势，因此敌处进攻，我处防御。第二阶段，敌我力量将变到平衡、均势，双方将处于相持状态。第三阶段，日本将变为劣势，我将变为优势，敌处退却，我转入反攻，夺取抗日战争的伟大胜

---

① 《毛泽东选集》第 1 卷，第 332 页。

② 《毛泽东选集》第 4 卷，第 1360 页。

③ 参见下一章"总的量变过程中部分质变规律的提出"一节。

利。整个抗日战争的实践，充分证明了毛泽东的科学预见。毛泽东关于战争中矛盾双方性质决定双方质与量的向上和向下的两种变化，探讨了矛盾运动同质量变化的关系的一个新的方面，说明在事物发展过程中，由于矛盾斗争，双方都会出现质与量的向上和向下的两种变化。其中，代表事物发展方向的向上的变化是新的质和量，向下的变化是旧的质和量。而处于矛盾旧的、保守的方面在斗争的一定阶段也会出现向上和向下的两种变化。向上的变化是一时的量的扩大，向下的变化主要的是旧的质，这就使这一方面的质与量的对立更加尖锐，必然使它在同新的方面的斗争中逐渐处于不利地位，使它的整个质和量逐渐向下变化，最后被矛盾的新的方面所战胜，实现矛盾转化，产生根本的质变。在社会中，一切新旧势力的矛盾斗争的发展都是这样的过程。

毛泽东关于矛盾运动同量变质变关系的论述，发挥了列宁关于“从量到质和从质到量的转化”是对立统一和转化的“实例”的思想[①]，深刻地说明了量变质变规律同对立统一规律的内在联系，说明了量变质变的本质就是对立统一。

（二）否定之否定是矛盾运动的曲折过程

对立统一规律同否定之否定规律的关系，恩格斯曾经原则地指出过。他说：“由矛盾所引起的发展，或否定之否定，——发展的螺旋形式。”[②] 毛泽东结合我国革命和建设曲折发展的经验，明确指出肯定和否定是对立的统一。否定之否定就是事物矛盾运动的曲折性，论述了正确的肯定和否定就是矛盾分析。

第一，任何事物都是肯定和否定的对立统一。毛泽志指出：“任何事物的内部都有其新旧两个方面的矛盾，形成为一系列的曲折的斗争。斗争的结果，新的方面由小变大，上升为支配的东西；旧的方面由大变小，变成逐步归于灭亡的东西。而一当新的方面对于旧的方面取得支配地位的时候，旧事物的性质就变化为新事物的性质。”[③] 新的方面代表肯定，旧的方面是否定方面。这就是说，任何事物都是肯定和否定的对立统一。这种肯定和否定的对立统一存在于事物发展的整个过程之中。事物发展的每一个阶段、每一个环节既是肯定，又是否定，奴隶社会否定原始社会，对封建社会是肯定，封建社会对奴隶社会是否定，对资本主义社会又是肯定。事物发展的每一个环节、每一个阶段，都既包含着自身的肯定因素，又包含着对自身的否定因素。当肯定因素是矛盾主要方面的时候，事物处于肯定阶段。由于矛盾斗争引起双方力量对比的改变，否定因素上升为主要方面时，事物就处于否定阶段，这时，事物的发展就进入一个新的阶段。新的阶段又产生新的否定因素，形成新的肯定和否定的对立统一。事物的发展就是这样由一个阶段向另一个阶段推移前进。每一个阶段的否定和肯定因素在一定时期都是新生的和革命的，但是随着矛盾运动的发展，它们都将走向自己的反面，都将被新的因素所否定。毛泽东指出，在社会发展中，“历史上奴隶主阶级、封建地主阶级和资产阶级，在它们取得统治权力以前和取得统治权力以后的一段时间内，它们是生气勃勃的，是革命

---

① 参看《列宁全集》第38卷，第239页。

② 《自然辩证法》，第1页。

③ 《毛泽东选集》第1卷，第323页。

者，是先进者，是真老虎。在随后的一段时间，由于它们的对立面，奴隶阶级、农民阶级和无产阶级，逐步壮大，并同它们进行斗争，起来越厉害，它们就逐步向反面转化，化为反动派，化为落后的人们，化为纸老虎，终究被或者将被人民所推翻”[①]。一切事物的发展都是这样由肯定走向否定，到新的肯定，再到新的否定的发展过程。这一过程决定了“不论在自然界和社会上，一切新生力量，就其性质来说，从来就是不可战胜的。而一切旧势力，不管它们的数量如何庞大，总是要被消灭的”[②]。这是不可抗拒的新陈代谢的规律。

第二，事物发展的否定之否定的螺旋式上升、波浪式前进的趋势是事物矛盾运动曲折性的表现。列宁指出，否定之否定就是事物发展“在高级阶段上重复低级阶段的某些特征、特性等等，并且仿佛是向旧东西的回复”[③] 的螺旋式或波浪式的曲折前进。毛泽东依据中国革命战争和建设的经验，说明这是事物矛盾运动的曲折性的表现。他总结中国第二次革命战争反“围剿”的经验指出，中国内战的主要形式是长期的“围剿”和反“围剿”的反复。“说长期反复，是说战争和战斗形式的反复。……至于战争和战斗的内容，则不是简单地反复的，而是每次不同的。……是‘围剿’和反‘围剿’的规模一次比一次大，情况一次比一次复杂，战斗一次比一次激烈。”[④] 这种长期反复就是敌我之间的矛盾斗争在中国条件下的特殊表现，是一种波浪式的前进上升。我们对反“围剿”的认识也是一种否定之否定的过程。他说：“第五次反‘围剿’时人们错误地否定了以前本来是正确的方针，我们今天又正确地否定了第五次反‘围剿’时人们的错误方针，复活了从前的正确方针。然而不是否定第五次反‘围剿’时的一切，也不是复活从前的一切。复活的是从前优良的东西，否定的是第五次反‘围剿’时的错误的东西。”[⑤] 不仅战争的运动及对战争的认识是如此，革命根据地的发展也“是波浪式地向前扩大的”。所以，毛泽东得出结论说：“革命的道路，同世界上一切事物活动的道路一样，总是曲折的，不是笔直的。”[⑥]“左”倾教条主义者不懂得这一道理，他们忽视敌强我弱这一事实，不顾客观条件，总是希望革命的道路笔直又笔直，反对任何迂回和妥协，只准死打硬拼，不许战略退却，结果给革命造成了很大损失。实践证明，中国革命过程是迂回曲折地走了一个“之”字形的道路，经历了胜利和失败、高潮和低潮、进攻和退却等等极其复杂的过程，最后才取得胜利的。

在社会主义建设时期，毛泽东总结我国经济建设的经验又指出，我们的经济建设不是直线前进的，而是波浪式地前进的。他说：“世界上的事物，因为都是矛盾着的，都是对立统一的，所以，它们的运动、发展，都是波浪式的。太阳的光射来叫光波，无线电台发出的叫电波，声音的传播叫声波。水有水波，热有热浪……这是事物矛盾运动的

① 转引自《红旗》，1977年第10期。
② 《毛泽东选集》第5卷，第142页。
③ 《列宁全集》第38卷，第239页。
④ 《毛泽东选集》第1卷，第193页。
⑤ 同上，第231~232页。
⑥ 同上，第141页。

曲折性。”[①] 这种曲折性是由矛盾斗争和它发展所处的条件所决定的。矛盾着的对立的双方互相斗争的结果，无不在一定条件下互相转化。在这里，条件是重要的，没有一定的条件，斗争着的双方都不会转化。在矛盾双方斗争的过程中，双方力量的消长变化是不平衡的，条件也是不断变化的。当条件具备，矛盾双方顺利实现转化，事物就前进，就发展。而当条件不具备，或不完全具备的时候，矛盾双方就不能转化，或只能部分的转化，这时事物就缓慢发展。这就使事物的发展过程呈现出波浪起伏的状态。毛泽东用消费和积累的矛盾说明了这一点。他说：“合作社要利用价值法则搞经济核算，要勤俭办社，逐步增加一点积累。今年如果丰收，积累要比去年多一点，但是不能太多，还是先让农民吃饱一点。丰收年多积累一点，灾荒年或者半灾荒年就不积累或者少积累一点。就是说，积累是波浪式的，或者叫作螺旋式的。”[②] 这种波浪式是前进性和曲折性的统一。事物发展的这种前进性和曲折性的统一，决定了我们的革命和建设必须经过艰苦的斗争，也必然会有光明的前途。

（三）正确的肯定和否定就是一分为二的矛盾分析

肯定否定作为思想方法，就是要克服形而上学的片面性，对问题采取一分为二的分析，肯定应该肯定的东西，否定应该否定的东西。毛泽东总结党的历史经验曾经指出，对待党的历史问题，“例如对于四中全会至遵义会议时期中央的领导路线问题，应作两方面的分析：一方面，应指出那个时期中央领导机关所采取的政治策略、军事策略和干部政策在其主要方面都是错误的；另一方面，应指出当时犯错误的同志在反对蒋介石、主张土地革命和红军斗争这些基本问题上面，和我们之间是没有争论的，即在策略方面也要进行分析。例如在土地问题上，当时的错误是实行了地主不分田、富农分坏田的过左政策，但在没收地主土地分给无地和少地的农民这一点上，则是和我们一致的”[③]。只有坚持具体的一分为二的分析，才能肯定正确的东西、否定错误的东西，正确总结我们党的历史经验，正确评价历史人物的功过，正确对待犯错误的同志。同样，对待其他问题也必须坚持一分为二、具体分析，才能做到正确的肯定和否定。

为了对问题进行实事求是的分析、作出正确的肯定和否定，毛泽东提出要分清矛盾主次的界限。他说：“在革命的队伍中，要划清正确和错误、成绩和缺点的界限，还要弄清它们中间什么是主要的，什么是次要的。例如，一个人的工作，究竟是三分成绩七分错误，还是七分成绩三分错误，必须有个根本的估计。如果是七分成绩，那么就应该对他的工作基本上加以肯定。”[④] 对一切事情都要分清主次，才能作出肯定或否定的结论。

在新的历史时期，邓小平坚持一分为二、实事求是，正确对待毛泽东的功过，正确地对待我国社会主义革命和建设的成就、错误，发展了毛泽东关于辩证否定的思想。粉碎“四人帮”以后，批判“两个凡是”，纠正毛泽东晚年的错误，有些人企图全盘否定

① 《毛泽东选集》第5卷，第361页。

② 同上。

③ 《毛泽东选集》第3卷，第938～939页。

④ 同上，第1334页。

毛泽东，否定毛泽东思想，否定党的领导，否定社会主义。针对这种情况，邓小平坚持一分为二、实事求是地分析问题，他指出："我们共产党人是彻底的唯物主义者，只能实事求是地肯定应当肯定的东西，否定应当否定的东西。"①

毛泽东在用对立统一规律说明量变质变、肯定否定的同时，也说明了可能和现实、全局与局部、自由与必然、本质和现象等范畴，也是一种对立统一关系，从而说明了对立统一规律贯穿在整个辩证法之中，成为辩证法的核心。

注：本章是由《社会科学研究》1981年第3期发表的《毛泽东同志关于矛盾斗争形式的理论》（此文当时是以陈啸文的名义发表，并收入甘肃人民出版社1982年出版的中共甘肃省委宣传部理论教育处编的《伟大的认识工具——学习毛泽东同志哲学思想论文选编》）和《社会科学研究》1982年第5期发表的《毛泽东论矛盾运动的平衡与不平衡》节选、1993年1月湖南《毛泽东思想论坛》发表的《我国社会主义社会基本矛盾的历史发展》以及《四川大学学报》1985年第1期发表的《毛泽东关于量变质变、肯定否定都是对立统一的思想》编辑而成的，编辑过程中节标题有所改动。

① 《邓小平文选》第2卷，第293～294页。

第八章　量变质变规律的新发展

一、总的量变过程中的部分质变规律的提出

总的量变过程中的部分质变是毛泽东提出的一条重要原理。这一原理的提出在理论和实践上都具有重要的意义，它给马克思主义辩证法增添了新的内容，为革命发展阶段论和不断革命论的统一提供了理论基础。

在马克思主义哲学史上，首先提出量变过程中有部分质变的思想的是苏联20世纪30年代学者西洛可夫·爱森堡主编的《辩证法唯物论教程》[①]。书中在谈到质的规定性时提出："我们不仅要考察一种过程到他种过程的飞跃，一种质量到他种质量的飞跃，例如由封建主义到资本主义、由资本主义到社会主义的飞跃；并且还要考察过程内部或质量内部的飞跃。在资本主义以及苏维埃经济中，由一发展阶段到他发展阶段的转变，是一个飞跃。这因为它在质的方面转变到新阶段。这种飞跃是与一种质量到他种质量的飞跃是有区别的。因为它是在当作全体看的过程之一定规定性的范围内所发出的飞跃。""质量内部的飞跃、种种方面的飞跃的发展路程，是客观现实的一切过程之发展中所固有的。"[②] 毛泽东在1936年11月至1937年4月读这本书的第三版时，在这些地方批注指出："不但要认识整个过程的根本性质，而且要认识这个过程各个阶段上质的差异。"[③]"不但过程，而且阶段凡有质的变化就是飞跃"，"一切客观过程都是如此"，"这一认识却要紧"[④]。这表明毛泽东对苏联哲学家提出的这一思想是非常重视的。当然，《唯物论辩证法教程》的作者在这里并没有得出部分质变的概念。不过，据有的研究者指出，该书的作者在1932年版中曾经指出一种过程到他种过程的飞跃是根本质变，而过程内部的飞跃叫做"部分质变"，但是后来作者在修订教科书时删去了这些话，以后苏联的哲学著作就再不见提"部分质变"的问题了[⑤]，直到1937年5月出版的李达著的《社会学大纲》中才得到恢复和进一步的阐发。李达的《社会学大纲》第三章第二节

① 《辩证法唯物论教程》于1931年出版，李达、雷仲坚1932年9月由日文译成中文，同年由笔耕堂书店出版发行。

② 转引自《毛泽东哲学批注集》，第61页。

③ 《毛泽东哲学批注集》，第46页。

④ 同上，第61页。

⑤ 《马克思主义哲学史》第7卷，第195页。

“由量到质以及由质到量的转变的法则”中，在分析飞跃形成的多样性时，提出了“部分质的飞跃”。他说：“所谓连续性的变化，在各个瞬间，并不是步骤同一，程度均等的。因为一定的质所包含的各个侧面，由于量的变化，通过其许多属性，形成局部的非连续性的变化（即部分的飞跃）。例如，由前独占资本主义到独占资本主义的转变，是资本主义展开的一般进行中的飞跃。这虽不是资本主义的一般的飞跃的变化，却是从前占支配地位的资本主义的企业的分配的组织形态的飞跃。同时，资本主义发展的这两个阶段以及两阶段之间的推移，都包含着许多部分的侧面的飞跃的变化。恐慌与景气恢复，战争与和平，新市场的夺取与新殖民地的占有，阶级的斗争与休战等等，都可以说是全体资本主义发展过程中部分质的飞跃。这些部分的飞跃，成为有机的联系而发展，达到一定的程度，就准备了整个资本主义的总飞跃。”① 李达在这里说明了总的量变过程中的部分质变以及部分质变促进根本质变的思想。但是，为什么会产生部分质变，他没有作出论证。毛泽东在他的《矛盾论》中，对这一思想则从矛盾发展的不平衡性上作了深入的理论论证。

毛泽东在《矛盾论》中曾指出：“事物发展的根本矛盾及为此根本矛盾所规定的过程的本质，非到过程完结之日，是不会消灭的；但是事物发展的长过程中的各个发展阶段，情形又往往互相区别。这是因为事物发展过程的根本矛盾的性质和过程的本质虽然没有变化，但是根本矛盾在长过程中的各个发展阶段上采取了逐渐激化的形式。并且，被根本矛盾所规定和影响的许多大小矛盾中，有些是激化了，有些是暂时地或局部地解决了，或者缓和了，又有些是发生了，因此，过程就显出阶段性。如果人们不去注意事物过程中的阶段性，人们就不能适当地处理事物的矛盾。”② 这里，毛泽东虽然没有明确作出总的量变过程中的部分质变的结论，但他说明了在事物发展的长过程中，由于根本矛盾的逐渐激化和非根本矛盾的激化、缓和、解决与产生的变化，使事物在根本性质未发生变化以前会产生阶段性部分性质的变化。这实质上揭示了总的量变过程中的部分质变的根源和表现形式。在社会主义社会时期，毛泽东为了说明社会主义社会发展的阶段性，又把这一理论重新提出来加以论证使之系统化，形成了唯物辩证法的一条重要原理。

20世纪50年代末期，人们对社会主义发展的认识出现了两种不同的倾向，一种是以苏联在这一时期所出版的《政治经济学》教科书为代表，强调“彻底巩固社会主义制度”，要求“彻底巩固全民所有制和集体所有制”，把社会主义凝固化的倾向；另一种是我国1958年“大跃进”中所表现出来的混淆集体所有制和全民所有制、社会主义和共产主义两个阶段的界限，出现“跑步进入共产主义”的倾向。毛泽东关于总的量变过程中的部分质变的原理，就是在这种情况下，为了正确认识社会主义社会的发展、纠正大跃进和人民公社化运动的“左”的错误，也反对那种把社会主义凝固化的倾向而重新提出来加以研究和阐述的。

1958年1月，毛泽东提出，共产主义“一定会有很多的发展阶段。从这个阶段到那个阶段的关系，必然是一种从量变到质变的关系”。他联系经济发展的平衡的关系，

---

① 《李达文集》第2卷，第149页。

② 《毛泽东选集》第1卷，第314页。

还提出“我国经济上的平衡与不平衡的变化，是在总的量变过程中许多部分的质变。若干年后，中国由农业国变成工业国，那个时候将完成一个飞跃，然后再继续量变的过程”[①]。同年11月，在第一次郑州会议上，毛泽东批评把社会主义和共产主义混淆起来的“左”的观点，提出社会主义和共产主义、集体所有制和全民所有制是两种不同质的阶段，不应该把这些不同质的阶段互相混淆起来。这里涉及到了事物发展过程中各个阶段的质的变化，但没有明确得出部分质变的概念。1959年10月，周恩来在《伟大的十年》一文中提出了“较小质变”的概念。他说：“我们不但认真地区别民主革命的任务和社会主义革命的任务，认真地区别社会主义原则和共产主义原则，反对超越必须的社会历史发展阶段，而且在每个社会历史发展阶段中，还按照具体情况，认真地区别若干相对地属于量变性质的较小的发展阶段（从一个较小的发展阶段到另一个较小的发展阶段，当然也是一种较小的质变）。”[②] 这表明建国后，总的量变过程中的理论逐渐明确起来了。这一理论的最终明确和详细论证，是1959年底至1960年初，毛泽东在读苏联《政治经济学（教科书）》的谈话中完成的。

1959年12月10日到1960年2月9日，毛泽东组织了一个读书小组，先后在杭州、上海和广州读苏联的《政治经济学（教科书）》。参加读书小组的有陈伯达、胡绳、邓力群、田家英等。这个小组采取边读边议的办法，逐章逐节地讨论。在这一过程中，毛泽东发表了许多谈话。毛泽东针对教科书中关于“彻底巩固”集体农庄制度、“彻底巩固”社会主义的倾向，指出：“彻底巩固”这四个字看了不舒服。任何东西的巩固都是相对的，怎么能彻底？如果从有人类以来，所有的人都不死，都“彻底巩固”下来，这个世界怎么得了？宇宙间、地球上的一切事物，都是不断发生、发展和死亡的，都是不能“彻底巩固”的。为了论证这一观点，毛泽东集中阐述了总的量变过程中的部分质变的问题。他说：量变和质变是对立的统一。量变中有部分质变，不能说量变的时候没有质变；质变是通过量变完成的，不能说质变中没有量变。质变是飞跃，在这个时候，旧的量变中断了，让位于新的量变。在新的量变中，又有新的部分质变。在一个长过程中，在进入最后的质变以前，一定经过不断的量变和许多的部分质变。这里有一个主观能动性的问题。如果我们在工作中，不促进大量的量变，不促进许多的部分质变，最后的质变就不能来到。这里，毛泽东深刻地说明了部分质变与总的量变、根本质的关系。他还联系自然、社会的发展以及人的思想变化过程，论述了部分质变的两种形式，形成了总的量变过程中部分质变的完整的理论。

二、一切事物发展过程中的每一个阶段都是有“边”的

毛泽东不仅论述了总的量变过程中存在部分质变、部分质变促进总的量变和根本质变，而且联系自然界各种事物发展的阶段、人的思想改造的过程以及我国民主革命过程

① 《毛泽东著作选读》下册，第804、805页。

② 周恩来：《伟大的十年》，人民出版社1959年版，第20页。

中革命政权发展的规律，实际上论述了部分质变的两种形式，揭示了根本质变发生的规律。

第一，毛泽东指出，在事物发展的长过程中，在没有发生根本质变以前，整个过程是总的量变过程。但是，在这一长过程中由于根本矛盾的逐渐激化和非根本矛盾的不断变化，会产生许多部分质变，形成不同的阶段。他说，人从出生到死亡前，是量变的过程，也是部分质变的过程。难道能够说，从小到大、从大到老只有量的增长，而没有质的变化？人死了，人这个整体的最后质变就完成了。这个质变是通过以往的不断的量变，通过量变中的逐步的部分质变而完成的。他还说，社会主义时期的思想改造是长期的。但是就每一次思想改造运动来说，总是有个开始，有个结束，就是说，总有个“边”，不能没完没了。就整个思想改造的战线来说，有不断的量变，也有不断的部分质变。总有一天会肃清资产阶级思想，这时思想改造的质变也就完成了。那个时候，又会开始新的基础上的量变过程和部分质变过程。在社会领域中，他批评那种“彻底巩固”的观点说，社会主义一定要过渡到共产主义。到了共产主义阶段，也还是要发展的。它可能要经过许多的阶段。那个时候也不是一切都不变了，“彻底巩固”了，同样也还要有量变中的不断的部分质变。总之，一切事物总是有“边”的。事物的发展是一个阶段接着一个阶段不断地进行的，每一个阶段也是有“边”的。不承认“边”，就是否认质变或部分质变。这些论述清楚地表明了毛泽东实际上论述了阶段性的部分质变。

第二，毛泽东阐述我国民主革命过程中夺取政权的过程，实际上也论述了局部性部分质变的思想。他说，打垮蒋介石，这是一个质变。这个质变是通过量变完成的。例如，要有三年半的时间，要一部分一部分地消灭蒋介石军队和政权。而这个量变中，同样有若干的部分质变。这个部分质变就是一块块的人民革命政权的建立。又如，设备现代化就是经常更新和改进使用的设备，办法是用新部件替换机床、机器的旧部件，安装更完善的发动机、各种装备，这就是部分质变。这种部分质变就是事物的全局、整体没有改变以前而发生的局部性部分质变。

第三，毛泽东进一步揭示了质变发生的规律。质变是事物的一种运动状态，而任何运动都是在时间和空间中进行，都要经历一定的时间、有一定的过程，因而质变本身也有一个发展过程。毛泽东提出的部分质变，正好能够说明质变发展的规律。他指出，事物的质变是通过以往的不断的量变，通过量变中的逐步的部分质变而完成的。这种部分质变使旧质的量逐渐减少，新质的量逐渐增多，从而推动量变的完成和质变的产生。质变产生以后新质本身也有发展规模、速度的问题，也就是质变中也包含着量的增长，只有新质要素逐渐积累、完全取代旧事物时，整个质变才能最后完成。这也就是根本质变发展的规律。

总之，由毛泽东完整论述的部分质变的原理具有重要的理论和实践的意义。在理论上，它给马克思主义辩证法增添了新的内容。所以，这一理论在20世纪60年代初重新提出以后，我国哲学界广泛地承认了这一思想，并把它写进哲学教材作专节论述，成为一条新的辩证法原理。在实践上，这一原理是革命发展阶段论和不断革命论统一的理论基础之一。事物的发展总是通过量变和部分质变而实现根本质变的。量变质变的互相转化，反映了事物发展的连续性和阶段性的统一。总的量变过程中的部分质变进一步反映了同一事物、同一发展过程的各个发展阶段之间都是阶段性和连续性的统一。根据这一原理，在革命中既不能停止不前，又不能超越它发展的必经阶段。革命既是不断的，又是分阶段的，二者是统一的，既不能离开革命发展阶段来谈不断革命，也不能脱离不断革命来孤立地对待革命发展的阶段。革命发展阶段和不断革命的统一，要求我们在革命实践和工作中，不要超越客观事物固有的发展阶段，把下一阶段才能办到的事勉强地拿到现阶段来做，也不能把现阶段应该完成的任务推到将来去做。只能按照事物固有的发展阶段，一个阶段一个阶段地做好工作，并使前后阶段衔接起来，把局部工作和总的任务联结起来，有秩序、有步骤地进行，才能顺利实现革命的转变。

三、把握事物的最佳量

人们认识事物既要认识它的质，又要把握它的量。这里，确定事物的质叫做定性，用数学的方法把握事物的量叫做定量。定性是定量的基础，定量则使定性更加准确，使认识更加深入。马克思说："一种科学只有成功地运用数学时，才算达到了真正完善的地步"[①]。恩格斯也曾指出，数学是"辩证的辅助工具和表达方式"。英国著名物理学家汤姆逊说："我常讲，当你能把所研究的东西测量出来并用数学来表示时，那么你对这个东西已有所认识。但是如果不能用数学来表示，那么你的认识是不够的，不能令人满意的，可能只是初步的认识，在你的思想上还没有上升到科学的阶段，不论你讲的是什么。"

为什么只有精确地掌握事物的量才能更深刻地认识事物的质呢？有的哲学教科书说："因为事物的质和量是对立统一的，一定的质总是和一定的量相联系而存在的"。这种说法并没有错。但如果仅仅停留在这一点上，那还并没有很好地说明定性和定量之间的深刻的内在联系。我们知道，事物的量的规定性是有一系列等级的。恩格斯说过："每一种质都有无限多的量的等级，例如颜色深浅、硬和软、生命的长短等等"[②]。这一系列不同等级的量都和质处在对立统一之中，但并不是每一个等级的量都能充分反映事物的质。在质与量的矛盾中，一般说来有如下 3 种情况：第一，事物的质是新的，但是由于量不足，因而质也就不是完善的、定型的，而是处在不断变化之中的。事物发展的初期阶段，情形往往就是如此。如在植物生长过程中，刚出土的幼芽是新质，由于它很弱小，没有足够的量作保证，因而往往经不起风吹雨打。在这种情况下，就必须努力加强量的方面，促进质的发展，使质和量相适应。第二种情况是量发展到了顶点，接近事物度的临界点，质已经失去了原来的稳定性。这时的质已经不完全是事物自身的质，而是包含了"他质"。比如，一种社会形态发展的晚期，旧社会内部出现了新社会的因素，也就是该社会的质的内部出现了"他质"。在这种情况下的量显然也不能完全反映事物自身的质。质与量的矛盾之所以出现上述两种情况，是由于在这两种情况下的质和量的

① 转引自保尔·拉法格：《忆马克思恩格斯》，生活·读书·新知三联书店 1963 年版。

② 《马克思恩格斯全集》第 20 卷，第 575 页。

对立都是比较尖锐的，双方不能很好地统一：质不能很好地规定量，量也不能很好地表现质。只有第三种情况，也就是质与量的矛盾双方处于相对平衡的情况下，二者才能很好地统一起来。事物在这种情况下的质和量都处于相对稳定的状态，双方都比较定型。这时，质的规定性是完整的，是没有“他质”于其中的事物自身的质。这时的量也才是质本身所要求的量。我们把这种在质与量的矛盾中同质处于平衡状态、保持质的相对稳定性的量叫做事物的最佳量。它是事物量的一系列等级中最能规定质的一个等级，只有这种量才能正确地反映事物的质。

事物的最佳量是事物的质处于稳定状态下的量，任何事物在发展过程中都有其相对稳定的阶段，因此，无论在自然界还是在人类社会中，事物的最佳量都是普遍存在的。在自然生态中，构成生物和能量运转的食物链，其各个营养级的生物数量比例所遵循的“十分之一”（即后一个营养级的生物量通常只等于或小于前一个营养级的生物量的十分之一），是自然生态的最佳量，大于或过多地小于这个量都不能保持自然生态的平衡和稳定。人体心脏每分钟跳动60～80次，是心脏跳动的最佳量；血压收缩压90～140毫米水银柱、舒张压在60～80毫米水银柱是血压的最佳量；体温的最佳量是37度左右。这几个方面的最佳量反映了健康人体与病体的区别。社会中一种与生产关系最适合的生产力，以及在这种生产关系和生产力下造成的最高的劳动生产率，是某种社会的最佳量。经验证明，我国国民经济最佳的积累率为25%左右，过多地高于或低于这个量都不利于国民经济的发展。由于事物的最佳量是事物自身的质所要求的量，而它所依赖的质也是事物自身的质，体现了质和量的紧密结合，因而它能充分地表现事物的质。人们通过对事物最佳量的研究，也就能更深刻地理解和把握事物的质。

事物的量不仅有许多等级，而且具有多方面的内容，同一个事物有它不同方面的量的规定性。从事物的存在来看，任何事物都有内部组成成分及其空间排列，因而都有规模大小的量；从事物的运动发展来看，事物都是在时间中运动的，也就有运动发展速度快慢的量，等等。事物的这种多方面的量，也就决定了它具有多方面的最佳量。比如，水有体积、重量方面的最佳量，有纯度（含杂质的百分比）、温度、压力、流速方面的最佳量。人们在实践中不可能也没有必要去把握一切方面的最佳量，只能根据实践的需要掌握某一方面或某几方面的最佳量。如工业生产用水中要求水的体积、纯度方面的最佳量，饮用水则要求水的纯度、温度方面的最佳量，拦河大坝、蓄水池要求水的压力方面的最佳量，而水力发电却要求水的流速方面的最佳量。但是，现代科学的许多部门，如自动控制、航天技术等方面，则要求人们掌握事物各方面以及各方面关系的最佳量，才能保证实践成功。如对于人造地球卫星的各个方面——体积、重量、形状、第一宇宙速度、火箭的推动力、各种轨道的参数以及它们之间的关系等，没有精确的计算，不能准确无误地掌握它们的最佳量，那么我们对人造地球卫星的认识就不科学，也就无法把它送上太空。

认识和掌握事物的最佳量，不仅在于可以更深刻地理解事物的质，更重要的还在于它可以指导人们的实践。唯物辩证法认为，“不同质的矛盾，只有用不同质的方法才能解决”（《矛盾论》）。人们在实践中总是首先根据对事物的质的定性认识，确定解决不同矛盾的方法。但是，对事物如果只有定性的认识，只懂得不同的矛盾要用不同的方法去解决，这还不能很好地解决具体矛盾，也就是不能很好地指导人们的实践。要使具体实践更好地进行，还必须对事物进行定量的研究，做到“胸中有数”。而对事物进行定量研究的最根本的任务就是找出事物的最佳量。比如，医生治病不仅要懂得什么病用什么药，而且只有掌握用药的最佳量，才能取得最好的疗效。随着科学技术的发展，对认识和掌握事物的最佳量提出了越来越迫切和严格的要求。自动化生产过程中，对各个环节都必须准确无误地掌握它们的最佳量：工业生产中一些精密机械零件的长度和厚度，不能有一根头发丝的几百分之一的差错；有的药物、金属不允许含有千分之一、万分之一、十万分之一的杂质；光通信中用的光导纤维所需要的材料的纯度，要求杂质的含量是十万万分之一，否则光导纤维就不能起作用；而半导体所需的硅则要求达到百分之九十九小数点后面 10 个九的纯度。科学技术越向前发展，人们的认识越深入，也就越要求掌握事物的最佳量。可以说，人类只有充分地认识和掌握了事物的最佳量，才能在实践中获得自由。因此，人类总是在不断地寻求事物的最佳量，探索掌握最佳量的方法。优选法的建立为人们掌握事物的最佳量提供了数学方法，电子计算机、计量科学等则进一步给人们掌握事物的最佳量提供了更加准确、可靠的工具和方法。我们相信，随着科学技术的现代化，人们一定能够认识和掌握越来越多的事物的最佳量，从而更好地把握事物运动发展的规律，更有效地改造客观世界。

注：本章摘自笔者所著《社会主义时期毛泽东哲学思想研究》一书的《唯物辩证法一般理论的新论述》的第二节“总的量变过程中的部分质变”和《光明日报》1981 年 8 月 22 日发表的《把握事物最佳量》一文。《把握事物最佳量》曾被《新华文摘》1981 年第 10 期全文转载。著名哲学家李秀林评价这篇论文的时候说：“这篇论文的见解是比较深刻的，文字虽不长，但却有较大的理论容量和可贵的独创性。”南京大学胡福明教授（《实践是检验真理的唯一标准》作者）在评价这篇论文时说：“这篇论文，在质变量变规律上提出了一个很有意义的问题，并从理论与实践的结合上研究了这一问题，具有新意。文字虽少，观点新颖，材料丰富，观点与材料统一，理论与实际统一，文风甚好，是一篇学术水平较高的论文。”1981 年 9 月，《把握事物最佳量》获四川省人民政府哲学社会科学优秀成果二等奖，并获四川省人事局奖励晋升工资一级。

第九章　照辩证法办事，建设有中国特色的社会主义

一、照辩证法办事的光辉篇章——学习《邓小平文选》的体会

（一）

在中国革命和社会主义建设过程中，毛泽东、邓小平最善于运用辩证法来分析矛盾和解决矛盾。20世纪50年代，毛泽东就说过："要照辩证法办事，这是邓小平讲的。我看，全党都要学习辩证法，提倡照辩证法办事。"在新的历史时期，邓小平对唯物辩证法的运用更加富有创造性。《邓小平文选》就记录了他在这一时期运用唯物辩证法来分析问题和解决问题，制定党的路线、方针、政策，把社会主义现代化建设事业推向前进的业绩，为我们提供了在实践中运用和发展唯物辩证法的范例。

毛泽东指出，矛盾的共性和个性的关系是"事物矛盾的问题的精髓，不懂得它，就等于抛弃了辩证法"[①]。照唯物辩证法办事，首先就要求正确处理事物的共性和个性的关系。

任何事物的矛盾既具有特殊性，又包含着普遍性，即都是矛盾的共性和个性的统一。共性是事物的共同本质及其运动发展的共同规律，它决定着事物发展的基本趋势。个性是事物的特殊性质及其运动发展的特殊规律，它决定着事物发展的具体道路。共性存在于个性之中，个性不能脱离共性而存在。坚持共性和个性的统一，无论对于革命和建设，都具有重大的指导意义。

在过去长期的革命斗争中，毛泽东坚持共性和个性的统一，把马列主义普遍真理同中国革命的具体实践相结合，从中国的国情出发，走农村包围城市的道路，因而保证了中国革命的胜利。在社会主义建设时期，我们党也很重视研究我国的特点。但是，由于受外国模式的影响，在有些时候、在有些事情上对自己的国情注意不够，结果犯了"左"的错误，影响了社会主义建设的发展。邓小平总结了我们党的历史经验，在新的历史条件下坚持共性和个性的统一，把马列主义、毛泽东思想同我国的实际情况相结

---

① 《毛泽东选集》第1卷，第295页。

合，提出建设有中国特色的社会主义，为我国社会主义的发展指出了明确的方向。建设有中国特色的社会主义，就是既要坚持社会主义的一般原则，又必须有自己的特点。离开一般原则，不能坚持社会主义方向；没有特点的社会主义也不可能存在。邓小平说："只有社会主义才能救中国，这是中国人民从五四运动到现在六十年来的切身体验中得出的不可动摇的历史结论。"① 但是，各个国家的情况千差万别，实现社会主义的道路不可能有固定的模式。中国革命的经验表明，不从中国的实际出发，照搬别国经验、别国模式，从来不能得到成功。因此，邓小平提出要"摆脱一切老的和新的框框的束缚，真正摸准、摸清我们的国情"②。他还指出，我国现阶段国情的主要特点仍然是底子薄，人口多，耕地少。必须从这一特点出发去认识在我国建设社会主义的特殊规律，采取与之相适应的特殊的形式和方法。正是在这种思想的指导下，我们党既坚持社会主义方向，又采取一些适合国情的措施，很快打开了社会主义建设的新局面，同时也丰富了社会主义的一般原则。

毛泽东指出，由于事物范围的极其广大，发展的无限性"在一定场合为特殊性的东西，而在另一一定场合则变为普遍性"③。建设有中国特色的社会主义，对别的国家、别的民族来说是中国的个性，但对于我国的各个地区、各个领域、各条战线、各个单位来讲，则是共性。一方面，我们党为建设有中国特色的社会主义而制定的方针、政策体现着共性，是从全国的一般情况出发的，是讲一般原则的。邓小平要求全党同志同党中央保持政治上的一致，即在一些根本原则和根本方针的问题上，必须同党中央保持一致。这就是坚持共性、坚持一般原则的表现。另一方面，各地情况不同，不能搞"一刀切"，必须紧密结合各单位的具体情况，采取具体措施去贯彻执行。因此，邓小平指出："我们领导干部的责任，就是要把中央的指示、上级的指示同本单位的实际情况结合起来，分析问题，解决问题，不能当'收发室'，简单地照抄照转。"④ 他认为各级领导应有主动性，可以根据自己的情况，进行创造性的工作。在这一思想指导下，十一届三中全会以来，党中央一直提倡各个地区、各个单位在贯彻执行中央的方针政策时，一定要结合本地区、本单位的情况加以具体化；同时，该集中的一定要集中，要服从统一指挥。只有这样，才能发挥各个地方的主动性，创造出各方面的特色，从而丰富中国社会主义的特色。

（二）

按照唯物辩证法办事，就要在实践中既全面地观察问题，又善于把握重点，抓住关键。具体问题具体分析，就是分析矛盾的特殊性。在矛盾特殊性中，主要矛盾及主要的矛盾方面是矛盾特殊性的两种特别重要的情形。具体分析的根本任务，就在于抓住主要矛盾及矛盾主要方面，以确定工作重点，制定正确的路线、方针、政策。列宁曾经把政治生活比作由各个环节组成的链条，指出政治家的全部艺术在于找出并全力抓住链条中

---

① 《邓小平文选》，第 152 页。

② 同上，第 315 页。

③ 《毛泽东选集》第 1 卷，第 293 页。

④ 同上，第 113 页。

决定性的环节，以便掌握整个链条。毛泽东指出，抓主要矛盾及主要的矛盾方面是“革命政党正确地决定其政治上和军事上的战略战术方针的重要方法之一”[①]。在我国革命的过程中，党和毛泽东一直运用抓主要矛盾的方法来确定各个历史时期的革命任务和工作重点，制定战略策略，引导革命取得了胜利。但是，在社会主义时期，我们党在抓主要矛盾的问题上，曾一度出现过一些片面性，一是把资产阶级和无产阶级的矛盾当作整个社会主义历史阶段的主要矛盾，否定了社会主义时期主要矛盾的变化；二是用资产阶级和无产阶级的矛盾代替各个领域、各条战线、各个单位的主要矛盾；三是忽视主要矛盾和次要矛盾的相互作用关系，往往孤立地抓主要矛盾。这些片面性妨碍了我们党的工作重点的转移，导致了“左”的错误。在新的历史时期，邓小平总结过去的历史经验，运用抓主要矛盾的方法确定了现代化建设是中心任务，同时正确处理矛盾主次关系，保证了各项事业的全面发展。

邓小平纠正了过去认为社会主义历史阶段主要矛盾始终不变的观点，根据我国社会主义革命和建设发展的进程来考察我国社会各种矛盾的变化。1975 年，他主持中央工作时，就提出实现四个现代化、把国民经济搞上去是全党的大局。在党的十一届三中全会上，他提出停止使用“以阶级斗争为纲”的口号，要求把全党工作重点转移到经济建设上来。以后他又反复强调，实现四个现代化是我国“目前时期的主要矛盾，也就是目前时期全党和全国人民所必须解决的主要问题或中心任务”[②]。他根据我们过去没有能够实现工作重点转移的经验教训，强调现在要“横下心来”，“毫不动摇”地抓住现代化建设这一中心；强调其它一切任务都要服从这个中心、围绕这个中心，决不能干扰它、冲击它；强调每一个党员、团员，每一个爱国的公民，都要千方百计地为四个现代化贡献一切力量。

邓小平不仅提出和论证了新时期党的中心任务，而且在实践上采取从各个方面抓关键的方法来保证中心任务的完成。

首先，他抓住历史发展各个阶段上的主要环节，从全局上保证四化建设。1977 年他重新工作以后，抓解放思想，拨乱反正。党的十一届三中全会后，他提出坚持四项基本原则和实现四个现代化的四项根本保证，等等。这些都是抓住了各个阶段上的决定性环节。

其次，层层抓关键，从各方面保证四化建设。现代化建设的任务是多方面的，抓住全局性的关键，可以带动和促进各方面的工作。但是，事物矛盾发展的不平衡性是普遍的，不同的范围、不同的方面有着不同的主要矛盾，要用不同的方法去解决。邓小平在抓住全局性关键的同时，总是具体地分析各条战线、各个领域、各项工作中的各种问题，从中找出关键，指导工作。他指出，实现四个现代化，科学技术是关键；而发展科学技术，人才是关键；培养人才，教育是关键。在经济建设中，邓小平贯彻毛泽东关于以农业为基础的思想，提出要把农业放到第一位；在干部队伍问题上，他指出选拔中青年干部是关键，等等。邓小平总是具体地分析各种矛盾，抓住各方面的关键，使各项工

① 《毛泽东选集》第 1 卷，第 301 页。

② 《邓小平文选》，第 168 页。

作都有明确的方向和正确的方法，从而有力地促进现代化建设。

第三，正确处理矛盾主次关系，注意重点和非重点的协调发展。事物都是相互联系的，也就是相互依赖、相互制约、相互影响的。一旦事物离开同其它事物的关系，它自身就不能存在，不能发展。邓小平正是运用这一辩证观点处理我们各条战线之间的关系的。他说："为了建设现代化的社会主义强国，任务很多，需要做的事情很多，各种任务之间又有相互依存的关系，如像经济与教育、科学、经济与政治、法律等等，都有相互依存的关系，不能顾此失彼。"① 他总结我们过去孤立抓重点，没有安排好国民经济各种比例关系，造成比例失调的经验教训，指出在服从经济建设这个中心的前提下，各方面都要适当安排，综合平衡，不能单打一。各项工作都要搞好主次配合，分别轻重缓急，协调进行。这样，才能既保证重点，又使全局得到发展。

（三）

实现四个现代化，是一场根本改变我国经济和技术落后面貌，进一步巩固无产阶级专政的伟大革命。这场革命，要进行各方面的改革，特别要整顿党的作风、纯洁党的组织，这就必然要求正确处理肯定与否定、破旧与立新的关系。

我们进行的改革是在坚持社会主义根本制度的基础上，改革那些不适应现代化需要的生产关系和上层建筑。因此，首先必须解决如何对待我国社会主义革命和建设的成就、错误的问题。我国社会主义革命和社会主义建设是在毛泽东领导下进行的，既取得了伟大的成就，也犯过一些错误。粉碎"四人帮"以后，当我们批评"两个凡是"、纠正毛泽东晚年的错误的时候，有些人就企图全盘否定毛泽东、否定毛泽东思想、否定党的领导、否定社会主义。针对这种情况，邓小平坚持实事求是地分析问题。他指出："我们共产党人是彻底的唯物主义者，只能实事求是地肯定应当肯定的东西，否定应当否定的东西。"② 为此，他提出要区分3种界限：

第一，要区分主次的界限，不能用次要的方面否定主要的方面。他指出，建国以后，各条战线，都是以毛泽东为代表的路线占主导地位，我们社会主义革命和建设取得了巨大的成就，这是必须充分肯定的。但是，过去我们在工作中也犯了"左"的错误，这是必须纠正的。只有分清主次，才能正确把握事物的性质，我们的改革和整党才有明确的方向。

第二，要区分正确和错误的界限，不能用错误的东西否定正确的东西。在党和国家领导制度的改革中，邓小平指出，必须划清社会主义和资本主义的界限。他认为，我们的社会主义制度尽管还不完善，但是它比资本主义制度优越得多。我们今天进行改革，就是为了发挥社会主义制度的优越性。那种因为我们在过去的社会主义革命和建设中犯了错误，在"文化大革命"中又遭到破坏，没有能充分发挥社会主义制度的优越性，就认为社会主义不如资本主义的观点是完全错误的。只有区分正确与错误，才能使我们的改革沿着社会主义方向发展，而不致走偏方向。

---

① 《邓小平文选》，第213～214页。

② 同上，第293～294页。

第三，要区分一般和个别的界限，不能用个别否定一般、用局部否定整体。邓小平在谈到如何评价建国以来党的工作时指出，一定要充分肯定三十多年来的巨大成绩，缺点、错误要进行严肃批评，但决不能说得一团漆黑；他还指出，我们“党内确有不正之风，确有极少数领导干部搞特殊化……但是应当注意不要把个别的现象当作普遍的现象，不要把局部的东西夸大为整体”[①]。那种以个别代替一般、以局部代替整体，认为所有党员或多数党员都有不正之风，所有领导干部或多数领导干部都搞特殊化，甚至认为我们党内已经有一个“官僚主义者阶级”，社会主义社会从政治、经济到思想各个领域都产生了“异化”的看法，是没有根据的，完全错误的。

这种实事求是地分析问题的做法，不仅对我们现在进行的改革和整党工作有指导作用，而且对一切工作都具有普遍的指导意义。

为了顺利地进行改革和整党，还必须正确处理破旧与立新的关系。邓小平说：“我们讲实事求是，讲新的发展时期，讲新的历史条件，就要讲破和立。”[②] 破，主要的就是要改革一切不适应现代化要求的生产关系，破除一切不适应现代化建设的规章制度，批判封建主义和资本主义腐朽的思想，清除精神污染。立，就是要恢复实事求是的思想路线，建立适应现代化需要的生产关系和上层建筑，支持一切新生事物，向人们灌输社会主义和共产主义思想。破旧与立新是辩证的统一。我们应当始终坚持这两者的辩证统一。

长期以来，在理论上把破字当头立也就在其中的思想绝对化，只强调破，不强调立。针对这种片面性，邓小平明确指出：“不能认为只要破字当头，立就在其中了。”[③] 他强调要有破有立，立新才有破旧。立新破旧是事物发展的客观过程。我们知道，任何事物的发展都是一个从量变到质变的过程。在这一过程中，新的事物在开始时总是作为一些新的因素在旧事物中产生，只有新的因素成长到一定程度，才能发生根本质变，否定旧事物产生新事物。按照这一规律，破与立不一定是同步进行的，也不是任何破都能产生立的结果。只有当新因素发展到一定程度，不否定旧事物就不能发展的时候，才必须强调破字当头，立也就在其中。如果在事物发展的过程中只强调破，不强调立，必然是：或者旧的破不了，新的立不起，结果依然照旧；或者人为地破了旧的，但新的立不起来，结果造成事物发展的中断，不能达到破旧立新的目的。邓小平按照事物发展的客观过程，强调立新破旧既要实现弃旧图新，又要保持事物发展的连续性。例如，在改革党和国家的领导制度中，他指出不能先破后立，要认真作调查研究，提出切实可行的方案和措施，并经过试点，才能逐步全面推广。他说：“有些问题，中央在原则上决定以后，还要经过试点，取得经验，集中集体智慧，成熟一个，解决一个，由中央分别作出正式决定，并制定周密的、切实可行的、能够在较长时期发挥作用的制度和条例，有步骤地实施。在中央制定并正式公布新的制度和条例以前，有关各方面的工作，仍照现行制度办事。”[④] 这种立新破旧的思想告诉我们，要采取积极态度进行各种改革，但不能

① 《邓小平文选》，第325页。
② 同上，第116页。
③ 同上，第296页。
④ 同上，第300页。

操之过急。任何一种制度的建立都有一个发展完善的过程：只有当它在实践中不能继续发展的时候，才能加以破除，建立新的制度。根据这一道理，我们现在进行体制改革，应该按照生产关系适应生产力、上层建筑适应经济基础的规律，“成熟一件做一件，不成熟宁肯慢一点”①。只有按照客观事物发展的规律，扎扎实实地做工作，创造条件促进新事物的成长，才能保证改革的顺利进行，巩固改革的成果，推动四化建设。

二、树立辩证的整体经济观推动社会经济发展

我国改革开放十年来所取得的巨大成就是举世瞩目的。它使我国政治、经济、思想、文化、人民生活各个方面都发生了深刻的变化。然而，目前经济过热与生产不足成为我国改革中新产生的一种突出矛盾②。解决经济过热与生产不足的矛盾，当然可以调整计划从政策上加以控制，但改革十年几次调整的经验说明这些措施只能暂时缓解矛盾，不能从根本上解决问题。要从根本上解决经济过热的问题，必须克服机械论世界观对经济观的影响，要树立系统的整体经济观。所谓整体经济观，就是要把生产发展与社会发展、人的全面发展和自然生态环境统一起来考虑经济发展。树立这种经济观必须以马克思主义哲学和现代系统科学为指导。人类社会作为一个复杂的系统，它是一个包含着若干子系统的整体。经济固然很重要，但毕竟只是其中的一个子系统。经济的发展远非仅仅是几个经济指标的增长，它还涉及整个社会结构的现代化，政治机构、教育体系、卫生系统、分配制度、思想文化、生活方式等方面的变革和社会成员的全面发展。按照这种世界观，物质财富的增长是同社会其他系统密切联系着的，没有其他社会因素的协调发展，物质财富也不可能孤军突出。因而这种世界观决定了经济的发展应是质和量相统一的。这种质量统一的经济观是一种经济效益、社会效益、人的全面发展相统一的整体经济观。

坚持整体经济观要求做到四个统一。

第一，物质财富的增长与人的全面发展的统一。人是经济活动的主体，又是经济活动的归宿。提高人的素质，促进人的全面发展本身是生产力发展的内在要求。在科学技术高度发达的今天，人的素质的提高成为生产力发展的首要因素。马克思曾经很有预见地指出：“在这个转变中，表现为生产和财富的宏大基石的……是对人本身的一般生产力的占有”，“真正的财富就是所有个人的发达的生产力”③。因此，经济发展的真正动力是人的素质的提高和人的全面发展。同时，这也是发展生产的目的。人的全面发展是人的实践活动和创造活动、人的社会关系、人的需要、人的能力的全面发展。这种全面发展是历史的产物，在不同的条件下有不同的内容。我国现处在社会主义初级阶段。党在十一届三中全会以后提出精神文明建设，培养有理想、有道德、有文化、有纪律的社

① 《邓小平文选》，第365页。

② 当时经济学界是这样总结的——作者注。

③ 《马克思恩格斯全集》第46卷下册，第218、222页。

会主义公民，提高整个中华民族的思想道德素质和科学文化素质，这就是现阶段人的全面发展的基本要求。中共中央《关于社会主义精神文明建设指导方针的决议》指出："人的素质是历史的产物，又给历史的巨大的影响。在社会主义条件下努力改善全体公民的素质，必将使社会劳动生产率不断提高，使人与人之间在公有制基础上的新型关系不断发展，使整个社会面貌发生深刻的变化。这是我国社会主义现代化事业获得成功的必不可少的条件。"这是对人的素质的提高、人的全面发展同物质生产以及社会发展的关系的集中概括。

提高人的素质、首先就是要重视教育。教育是提高人的素质、促进人的全面发展的根本的措施，也是发展生产力的根本措施。改革中我们也提出过"尊重知识，尊重人才"，"科学技术是第一生产力"。但在数量经济观的影响下，看不到潜在的知识和人才。有的乡镇企业为了眼前的经济效益，为了获取更多的利润竟然大量雇佣童工。这样做的结果，虽然造成了经济的虚假的发展，但损害了少年儿童的身心健康，严重地影响了国民教育、妨碍人的素质的全面发展，从而使整个经济发展缺乏后劲。现在大家都认识到对教育的重视不够是改革中的重大失误，但比较多的强调是决策失误。我以为造成这种失误的最深层的原因，还在于数量经济观的影响。这种经济观不仅影响了领导，而且也影响群众，所以，从上到下都对教育重视不够。纠正这种错误，当然可以从政策上调整，但根本上还需要坚持整体经济观，把提高人的素质、促进人的全面发展作为经济运动的内在要求和根本目的，才可能彻底改变轻视教育的局面。

提高人的素质、促进人的全面发展，还要求经济运动中贯彻道德原则。思想道德素质是人的全面发展的重要内容。它既受经济决定，又反作用于经济。经济发展同人的全面发展的统一，要求以经济的发展推动人的道德水平的提高。但是，从亚当·斯密开始，就把道德原则排除在经济之外，认为道德原则在经济中会妨碍那只"看不见的手"。在这种经济观看来，发展经济就是市场竞争，市场竞争中优胜劣汰，这是天经地义。至于采取什么手段竞争，或投机，或钻营，或欺骗，或敲诈，或手中之权，它通通管不着。在这种经济观的影响下，人们除了赚钱就没有别的目的。这就是数量经济观排除道德原则所导致的人本身的异化。它使人成为"单面人"，仅仅能在自己的商品中认识自己。对于这种经济观的科学性，西方有的学者也怀疑，认为按照这种经济观，"如果为了预先计划好的成功，它（经济学）就必须希望并祈祷人类永远不会变得崇高，而是注定成为除了赚钱、花钱，赚钱、花钱之外没有更好的事可做的贪婪的社会白痴的话，那么它算什么科学呢?"[①] 为了防止经济活动中排除道德原则所造成的严重后果，西方发达资本主义国家已开始注意，并采取措施。比如，美国素享盛名的哈佛大学经过反复调查与讨论后决定，商学院的学生要开设"决策与道德价值"的商业道德课，以防止"金钱万灵"的幽灵侵蚀学生。哈佛的这一决定赢得了社会各界的广泛赞赏[②]。资本主义发达国家发展了几百年的商品经济，建立了良好经济秩序还尚且如此，我国刚开始发展有计划的社会主义商品经济，更应该强调道德原则。从改革十年的情况来看，由于对这一

① 转引自《〈熵：一种新的世界观〉译者的话》，第11页。

② 参见《光明日报》1989年3月29日第四版。

点强调不够，经济活动中普遍出现了"一切向钱看"的倾向，于是，投机诈骗、伪劣商品、假酒假药、官倒、私倒等等不法行为经常发生。为了建立社会主义商品经济新秩序，为了通过经济发展提高人的思想素质，必须在经济活动中贯彻社会主义道德原则，使经济活动按照社会主义有计划的商品经济规律运行，有助于推动人的行为的进步。

第二，生产力标准和社会效益的统一。在我国社会主义初级阶段，为了摆脱贫困和落后，发展生产力是我们全部工作的中心。是否有利于发展生产力，既是我们考虑一切问题的出发点和检验一切工作的根本标准，也是经济活动的根本标准。由于生产力本身是一个复杂的系统，因而生产力标准的内容也具有系统性和整体性。它是生产力性质、水平、速度的综合性的标志。考察生产力标准必须从生产力各要素功能的发挥程度、生产力结构（产业结构、劳动力结构、产品结构）的配置、规模的适量、空间布局、时序步骤的协调等所产生的综合效果来进行，但是，目前一些人从数量经济观的角度出发，把生产力标准理解为单纯的产值或利润标准、赚钱标准，把生产力标准和社会效益对立起来。坚持辩证的整体经济观，就是要求这二者的统一。所谓生产力标准和社会效益的统一，是指要从社会总体出发来衡量生产力发展的价值。具体地说，就是生产力的发展要使社会的经济、政治、思想文化各个方面得到协调发展。因此，它首先要求局部与全局协调、统一。也就是说，要把局部效益置于全局范围之内进行评价，使两者效益结合起来，切忌只顾一个地区、一个企业的经济效益，而不考虑国家、整体的效益。国家、整体也必须照顾局部的效益。其次要求目前与长远的统一，即短期效益与长远效益的统一。有些措施，如使用廉价劳动力、雇佣童工、发展低水平的乡镇企业等等，短期效益较好，但长期效益差，生产没有后劲。而有些措施，如实行技术改造、集约经营、发展教育提高劳动者素质，往往是长期的效益。从我国目前的经济状况来看，必须把这两者很好地结合起来，规划经济的发展。再次是质和量的统一，也就是既要发展产品的数量，更要注意产品的质量。在现代国际经济竞争中，在我国资源短缺、需求大于供给的情况下，质量问题是一个十分严重的问题。我们不能靠粗制滥造、量中求质，而必须坚持以质量第一的思想，努力提高产品质量。这样才能打入国际市场，也才能节约原材料，生产更多、更好的东西满足群众的需要。

第三，多元经济与计划经济的统一。多元经济是发展商品经济的必然产物，也是中国现阶段发展生产力、增加生产的有效形式。然而，多元经济应该怎样运转呢？一种观点认为就是按市场经济，只服从那只"看不见的手"。但是，我国的改革在经济上是要发展有计划的商品经济，根据我国人口众多、资源相对短缺、经济发展不平衡的特点，发展有计划的商品经济，第一是要合理地配置短缺资源，使整个经济比较协调的发展；第二是要根据国家、民族、社会的整体利益，优先安排急需发展的经济领域和项目。这两个问题都是市场经济无法做到的。因为市场经济的内在倾向是通过竞争达到均衡而不是优先，是事后调整而不是事前计划，是无数个别利益的碰撞而不是宏观利益的主导。国家基于单一的市场经济所做的宏观管理，只能是对覆盖全社会的市场经济运动进行微调，无法改变市场经济的性质，从而也就无法解决保持社会经济协调发展和根据整体利益确定优先秩序这两大问题①。我国现阶段多元经济运行无序的状况就证明了这一点。因此，要坚持有计划的商品经济就必须坚持多元经济和计划经济的统一。事实上，我国有计划的商品经济同多元经济之间的关系是一种“一与多”的关系。就我国目前的经济体制来说，有计划的商品经济是一，它是社会经济的整体，它的性质是不可分的，如果把计划经济和商品性分开，社会主义商品经济就失去了质的规定性。而全民所有制、集体所有制、私营经济、个体经济、合资经营、外商独资经营等经济形式是“多”，它们都是构成或为社会主义经济服务的部分，都具有不同的特性。如果没有这些不同的经济，就不能构成有计划的商品经济的整体，离开有计划的商品经济，各经济成份之间就成了没有共性的绝对区别，也就不能成为社会主义有计划商品经济的组成部分，它们之间是因为有计划商品经济这一共性，才有区别性。离开计划性，它们自身也就不存在了。

计划经济和多元经济这种关系要求，在我国当前首先要用计划对多元经济加强宏观调节，既要有间接调节，也要保持直接调节。政府对企业行为应以间接调节为主，而对财政收支平衡、货币平衡、信贷平衡、外汇平衡，以及外债和进出口的管理都要坚持直接调节，运用行政手段为主，运用经济手段为辅。其次，在经济运行中要破单一市场经济运行论，同时发挥“有形的手”和“无形的手”的作用，使多元经济运行符合发展有计划的商品经济这一整体目标的要求。

第四，经济效益和生态效益的统一。人类的物质财富最终都是通过劳动从自然界获得的。因此，保持良好的自然生态环境，是生产长期发展的必要条件。人们的生产活动同自然界处于物质和能量交换的过程中。一方面，人们通过劳动不断向自然“索取”，对自然物进行加工，创造物质财富，获得生活资料；另一方面，又向自然界“归还”，即向自然界排出废物。生产消费是这样，生活消费也是这样。但是，地球的资源和容量是有限的，自然生态环境平衡是有条件的。当人们向自然界的“索取”如果超过自然界的承受能力和更新能力，就会破坏生态平衡。同样，向自然界的“归还”如果超过自然生态系统的净化能力也会造成生态环境的破坏。② 因此，为了保持生产发展的自然条件，人类在生产活动中要遵循经济规律，而且必须遵循自然生态规律，有计划地进行资源的综合开发利用，防止和消除环境污染，否则，人类社会就会受到自然界的惩罚。但是，在数量经济观的支配下，人们拼命追求经济增长，尽管出现了能源危机和资源短缺以及环境污染等严重问题，一些经济学家仍然认为通过价格机制和市场调节能够防止能源和资源匮乏，防止环境污染。在他们看来，任凭天翻地覆，亚当·斯密的那只“看不见的手”总是能够起死回生，给人类带来希望。然而，事实证明光凭那只“看不见的手”不仅不能解决任何匮乏、制止环境污染，反而使得这两个问题成为全球面临的严峻问题。就我国的情况来说，这两个问题也相当严重。由于森林、草原植被破坏，水土流失，土壤盐碱化和沙漠化日趋扩大。据报载，我国建国以来水土流失已从50年代末的17.4亿亩，扩大到现在的22.5亿亩；30年间扩大了33.6%，占全国耕地面积的1/6；

① 参见方觉：《经济体制改革的根本方向——建立有计划的商品经济》，《求是》1989年第4期。

② 参见高光：《运用辩证法全面把握生产力标准》，《求是》1986年第4期。

每年损失表土50亿吨，流失的氮、磷、钾等估计为4000万吨，相当于目前我国一年的化肥施用量。我国每年因生态环境破坏造成的经济损失达500亿元，其中农业资源破坏为363亿元，森林资源破坏为115亿元，水资源破坏为19亿元。这表明，在生产活动中向自然“索取”和向自然“归还”都超过了生态平衡的阈值。为了保护人类生存和发展的自然条件，必须树立辩证的整体经济观，把经济效益和生态效益统一起来，计划经济的发展，既要按经济规律办事，又要按生态规律办事；既要使经济活动合于客观规律，又要合理地利用客观规律，做到经济发展促进自然生态环境的发展。这样才能增加社会财富，创造美好的环境，增加社会福利。

三、改革是社会主义的自我完善和发展

党的十二届三中全会通过的关于经济体制改革的决定，是一个在新的实践基础上坚持和丰富、发展马克思主义的光辉文件，是建设有中国特色的社会主义的伟大纲领。这个决定摒弃了长期以来对社会主义理解上形成的许多不符合实际情况的固定观念，对许多问题作了新的理论概括和阐述。该决定指出，进行经济体制改革就是要破除过去的僵化的经济体制模式，建立充满生机的社会主义经济体制。这种改革是社会主义制度的自我完善和发展。

发展是唯物辩证法的最基本的范畴和总特征。但什么是发展呢？长期以来，各种哲学教科书都定义为“发展是新事物的产生和旧事物的灭亡”，认为“只有事物在量变的基础上发生质的变化，从旧质转化为新质”才是发展。这种说法不能说明事物的发展是一个从量变到质变的新陈代谢过程，不能说明事物自身的完善和发展。那么，应怎样来理解发展呢？我认为，发展具有层次性，应理解为包括不同层次的新陈代谢过程。列宁曾经指出：“自然界的生命和发展过程包含有缓慢的进化，也包含有迅速的飞跃，即渐进过程的中断”①。这里，列宁是把发展看作是包括渐进性转化和飞跃这样两种形式的新陈代谢过程。这一过程实际上包含着3个不同层次的发展，即：第一个层次是事物在自身质的规定性范围内的自我完善的发展；第二个层次是事物突破自身质的规定性，向他物转化的发展；第三个层次是事物在更高基础上的自我完善的发展。这三个层次依次展开，构成了事物的发展运动。第一层次的发展是事物在运动过程中由于内部的矛盾斗争和外部条件的影响，抛弃自身过时的、消极的因素，产生新的因素，建立更加适合于矛盾运动的统一体。这种发展是保持事物质的稳定性的自我更新的发展，是事物自身质的规定性的充分展开。它是通过事物量变过程中的部分质变来实现的，是一切事物发展的必然阶段。当前，我国正在进行的以城市为重点的整个经济体制改革推动社会主义发展就属于这一层次的发展。社会主义同任何事物一样，它自身有一个不断完善发展的过程，不同的只是这种完善是通过人的有意识的改革来实现的。恩格斯说：“我认为，所谓‘社会主义社会’不是一种一成不变的东西，而应当和任何社会制度一样，把它看成

① 《列宁全集》第16卷，第348页。

是经常变化和改革的社会。”[①] 社会主义社会不是一个固定的模式，必须经常有步骤地进行改革，才能创造出适合生产力发展的生产关系的具体形式。中共中央关于经济体制改革的决定指出：“社会主义社会的基本矛盾仍然是生产关系和生产力、上层建筑和经济基础之间的矛盾。我们改革经济体制，是在坚持社会主义制度的前提下，改革生产关系和上层建筑中不适应生产力发展的一系列相互联系的环节和方面。这种改革，是在党和政府的领导下有计划、有步骤、有秩序地进行的，是社会主义制度的自我完善和发展。”这就是说，社会主义经济体制改革不是对于社会主义制度的否定，而是为了坚持社会主义、完善社会主义制度，是社会主义在自身质的规定性的范围内的自我改进。它通过改革克服经济体制内存在着的各种弊端，使社会主义自身的规定性充分展开，从而促进生产力的高度发展，充分发挥社会主义制度的优越性。

任何事物自身的规定性都是有限的，随着事物内部矛盾的展开以及条件的变化，这种规定性就会被突破，这时，事物就进入高一层次的发展，即从一种质态转化为另一种质态，出现旧质的规定性的根本否定和新质的规定性的确立。这一层次的发展是事物产生多样性的发展。物质世界中由简单的运动形式，经过多次这种质的转化，就产生了多种多样的运动形式，表现为多种不同质的事物。没有这一层次的发展就不会有新事物的产生，就没有质的多样性。这一层次的发展由于事物的性质和条件的决定，其表现形式是多种多样的。正如毛泽东所说：“依事物的性质和条件，经过不同的飞跃形式，一事物向他事物转化。”[②] 人们通常把这种发展的多种形式归结为两种类型，即爆发式飞跃和渐进性的转化。一般说来，对抗性的矛盾，在一定条件下是采取爆发式的飞跃来完成质的转化的。而非对抗性矛盾，则采取渐进性转化来完成质的飞跃。但这一层次的发展无论采取什么形式，都是事物性质的根本变化和改造。恩格斯在谈到从一种质到另一种质的渐进转化的形式时强调指出：“不管一切渐进性，从一种运动形式转变到另一种运动形式，总是一种飞跃，是一种决定性的转折。”[③] 这种渐进转化形式的发展是通过新质要素的逐渐积累和旧质要素的逐渐消亡而实现的，因此，它同这一类事物在自身的规定性范围内的自我完善的发展难以截然分开。它既是事物自我完善的结果，又有着不同质的规定性。自然界中新物种的产生，社会中由社会主义社会进入共产主义社会就是这种渐进发展的典型。在社会主义社会里，渐进性的转化是人民群众在党和政府领导下，根据已经认识的客观规律，通过自觉地、不断地进行改革，不断积累新因素来实现的。今天我们进行的经济体制改革，一方面是为完善社会主义，另一方面也是为过渡到共产主义社会积累新因素。这就要求我们在经济体制改革中既要重视目前的经济效益，又要有远大的目光，要为社会主义社会过渡到共产主义社会奠定基础。这样，经济体制改革的设计才可能有长远的意义，改革的成果才能得到长期的巩固和发展。这次中央关于经济体制改革的决定中所提出的改革的内容和方面以及改革的性质和任务，对于社会主义的改革具有长远的指导意义，完成这些方面的改革，将大大促进我国社会主义社会的完

---

① 《马克思恩格斯全集》第 37 卷，第 443 页。

② 《毛泽东选集》第 1 卷，第 297 页。

③ 《马克思恩格斯全集》第 20 卷，第 72 页。

善和发展，同时也将为过渡到共产主义社会积累新的因素。

事物经过第二层次的发展，一种质转化为另一种质，产生新的事物。新事物又不断地自我完善和发展，最后突破自身的规定性，向自己的对立面转化。这时，事物的发展就进入更高的层次，即“螺旋形的”发展。这就是人们通常称之为否定之否定的发展。这一层次的发展综合以前各个层次的发展，吸取它们中有价值的东西，抛弃其中消极的因素，使事物的规定性在新的、更高的基础上充分展开，变得更加丰富和完善。

事物发展的这几个层次既互相区别各有侧重，又互相联系，构成统一的发展过程。其中，事物在自身质的规定性的范围内的自我完善，是发展的最基础的层次。任何事物在它自身质的规定性范围内都有一个从不完善到完善的过程，没有这样一个过程，就不可能实现一事物向他事物的转化，也就不可能进入高一层次的发展。任何事物的发展都只有经过这一层次的发展，并依次进入高一层次的发展，才能表现出从简单到复杂、从低级到高级的前进上升运动。这就要求我们在实践中既要特别重视一切具有前途的现存事物的完善和发展，又要善于在事物自身的规定性充分展开以后，及时变革，推动事物进入高一层次的发展。

四、先立后破实现新旧体制的转换

我国当前正在进行的经济体制改革是一场革命，它是社会主义的自我完善和发展。改革的实践证明了，改革中总是新旧两种体制同时并存，交互发生作用，推动经济运行，保证改革的顺利进行，保证了第六个五年计划的顺利完成。这种改革的性质和实践给我们提出了应该怎样理解发展和怎样理解破旧与立新的关系问题。

（一）发展是先立后破、立新破旧的过程

发展作为包含不同层次的新陈代谢过程，其中每一个层次的发展都是立新与破旧的辩证统一。但是，由于过去把发展简单地理解为旧事物的灭亡、新事物的产生，于是，在破旧与立新的关系上，毛泽东提出“破字当头，立在其中”的命题，强调破中求立，认为只有破除旧事物才能产生新事物。实践证明，这一思想不仅不能反映事物发展的客观过程，而且成为“文化大革命”中极“左”思潮的理论根据之一，给社会主义建设造成了很大的破坏。党的十一届三中全会以后，经过拨乱反正、总结历史的经验教训、邓小平在谈到党和国家领导制度的改革时指出，改革和完善党和国家领导制度，“需要认真调查研究，比较各国的经验，集思广益，提出切实可行的方案和措施。不能认为只要破字当头，立就在其中了”[①]。他强调我们的改革要有破有立，不能先破后立。十二届三中全会以后，胡耀邦又把这一问题上升到理论上，专门讲了破和立的关系，明确指出：“破字当头，立在其中”这个命题，“作为普遍规律在自然科学上固然站不住，就是在社会科学的理论上也站不住，并且这一点已经被我们建国以来的实践证明了。这是毛

① 《邓小平文选》第296页。

泽东的一大失误。因为这个命题不符合我们党的历史发展的实际。”他指出，在民主革命时期，我们是要破帝国主义、封建主义的统治，破资本主义私有制，然后才能建立起社会主义社会。在这个意义上，作为总的政治任务可以说“破字当头，立在其中”。现在我们进行社会主义现代化建设，就应当来一个转变，转变为“立字当头，破在其中”[①] 胡耀邦提出的“立字当头，破在其中”不是文字上的调换，而是揭示了事物发展的客观规律。

唯物辩证法认为，发展应该是先立后破、立新破旧的新陈代谢过程。在这一过程中，新事物在开始时总是作为一些新的因素在旧事物中产生，形成新与旧的矛盾，经过一系列的曲折斗争，新的方面逐渐由小变大，旧的方面逐渐由大变小，只有当新的方面发展到超过旧的方面取得支配地位、能够代替旧的方面的时候，事物才能发生质变，否定旧事物，产生新事物。因此，在这一过程中，新事物不仅不能任意否定旧事物，而且必须利用旧事物作为自己发展的条件，不断壮大自己，最后才能否定旧事物。所以，这一过程不是“破字当头，立在其中”，而恰恰相反，是“立字当头，破在其中”。只有立新，才能破旧。这是事物发展的普遍规律。自然界中，新物种在开始时，总是一些新性状在旧物种中形成，发展到一定程度才能否定旧物种、产生新物种；人类社会的发展中，每一社会形态的更替，开始都是在旧社会的母腹中孕育着新社会的各种因素，特别是新生产力的因素，这种因素发展到最后，足以推翻旧社会，才能建立新社会。人类思维方式的变革，开始也是一些新的观念、新的思想随着存在方式的变革而产生、发展，并不断同旧的思想观念作斗争，最后才能实现整个思维方式的变革。总之，任何事物的发展都是一个先立后破、立新破旧的新陈代谢过程。这就决定了在事物发展过程中必然是新旧两种因素同时并存、相互作用，推动事物的运动发展，直到新的因素完全代替旧的因素，事物的发展才完成根本的质变，并充分发挥新事物的作用。正是事物发展的这一客观规律决定了“我国的经济体制改革中，旧体制的消亡，新体制的形成，都只能是逐步的，都需要时间。改革是一个渐进的过程。在这个过程中，两种体制同时并存，交互发生作用，新体制的因素在经济运行中日益增多，仍还不能立即全部代替旧体制，旧体制的相当部分还不能不在一定时间内继续存在和运用。这就决定了改革中不可避免地会出现种种问题和矛盾复杂纷呈的局面。”(《关于第七个五年计划的报告》) 我们必须懂得这是客观规律，遵循这一规律才能保证改革的顺利进行，保证社会主义现代化建设发展的连续性。

（二）立新破旧是一个曲折复杂的过程

事物的发展是一个立新破旧的过程，这一过程的展开并不是平稳的，而是一个充满着新与旧的矛盾斗争的曲折复杂的过程。造成这种曲折性的原因，一方面从事物自身来说是由于新与旧在力量对比上，新的因素在开始时总是弱小的、不完善的，其作用不能得到充分发挥，而旧的因素总是强大有力、作用突出；另一方面是由于条件的复杂性，一些条件对新的因素有利，一些条件对旧的因素有利。这就决定了新旧双方力量对比的

① 《如何把部门工作做得更好些》，《红旗》，1985 年第 3 期。以下凡未注明出处的均相同。

变化不是直线进行的，而是一个充满矛盾斗争的此消彼长、有进有退、有伸有缩的曲折前进过程。这一过程表现出种种复杂的情形。

第一，不同性质的事物有不同的立新破旧的表现形式。一般说来，对于非对抗性矛盾的事物，由于新与旧的矛盾的解决不是通过外部冲突打破旧的统一体的形式，而是通过新质要素的逐渐积累和旧质要素的逐渐消亡来实现的。在这一过程中，部分新质因素的产生同时就是部分旧质因素的破除。随着新质因素的逐渐增长和作用的增强，旧质因素就逐渐缩小直到最后失去作用。这整个过程都是渐进性的，因而新事物完全代替旧事物没有明显的界限。例如，自然界中生物的进化，社会中我们现在进行的改革、用新体制代替旧体制，以及将来由社会主义进到共产主义，就是这种立新破旧的过程。这就要求我们进行经济体制改革，一方面是为了完善和发展社会主义制度本身，另一方面也要为将来过渡到共产主义积累新的因素。因此，我们在经济体制改革中既要重视目前的社会效益，也要从共产主义的远大目光来考虑问题。这样，经济体制改革的设计才可能具有长远的意义，改革的成果才能得到长期的巩固和发展。

对于包含着对抗性的矛盾的事物来说，立新破旧的过程要比上述情况复杂得多。因为这类事物内部新与旧的矛盾极其尖锐，新的因素的成长和发生作用总是要遭到旧事物的拼命反抗、限制，新因素只有通过更加顽强的斗争才能得到发展。这种事物在量变阶段，立新与破旧从总体上看是一种渐变形式；但是，当新的因素发展到一定程度，不否定旧事物就不能继续发展，这时只有打破旧事物的统一体，才能产生新事物，因而在结果上表现出先破后立，破字当头，立在其中，而且破与立有着明显的界限。比如，在阶级对抗的社会里，只有推翻旧制度，才能建立起新制度。但是，就整个发展过程来说，仍然是“立字当头，破在其中”，因为只有新的因素的产生、发展、积累，才能造成否定旧事物的力量，最后达到破旧立新的结果。

第二，事物发展的不同阶段，破旧与立新的内容不同。由于事物的矛盾在不同的阶段有着不同的特殊性，因而在不同的发展阶段上，新与旧的规定性不同，破旧与立新的要求不同，内容也不相同。比如，我国民主革命时期和社会主义改造完成后的这样两个不同的历史阶段，其矛盾特殊性不相同，破什么、立什么也就根本不同。不仅如此，就是社会主义时期不同的发展阶段，破与立的具体内容也是不同的。例如，粉碎“四人帮”以后，在拨乱反正中所强调的破和立同当前经济体制改革中所强调的破和立就不一样。1978 年，邓小平指出：“我们讲实事求是，讲新的发展时期，讲新的历史条件，就要讲破和立。破，在当前和今后一个时期就是要深入揭批‘四人帮’，要联系揭批林彪，肃清他们的流毒和影响。立，就是完整准确地掌握毛泽东思想体系，在新的历史条件下恢复和发扬我党我军的优良传统和作风。”[①] 很明显，当时的破和立是为完成拨乱反正的任务，重新恢复和确立党的实事求是的思想路线。党的十二届三中全会以后，我国进入了全面的经济体制改革，这时的破和立都必须围绕着经济体制改革、发展社会生产力。因此，破，就是要破除同生产力发展不相适应的僵化的经济模式，破除长期形成的对社会主义理解上不适应实际情况的固定观念，破除生产方式中不适应现代化生产力发

① 《邓小平文选》，第 116～117 页。

展和社会进步要求的、落后的、愚昧的、腐朽的东西。立，就是要建立充满生机和活力的社会主义经济体制，建立符合社会主义发展的新观念，在全社会形成适应现代生产力发展和社会进步要求的、文明的、健康的、科学的生活方式。总之，在事物的发展过程中，立新和破旧的内容是由事物在不同阶段的矛盾特殊性来决定的。在社会领域里，不同的历史时期，破什么、立什么，必须根据当时革命的主要任务来确定。

第三，立新和破旧在结果上存在着不一致性。这表现为既不是任何立新都能达到破旧的结果，也不是任何破旧都能达到立新的结果。先立后破、立新破旧是事物发展的客观规律，只有按照这一规律，不断地积累和发展新的因素，并具备了一定的条件，最后才能达到立新破旧的结果。违背这一规律，在事物发展过程中，只强调破，不强调立，必然会出现两种情况：或者是旧的破不了，新的立不起来，结果依然照旧；或者人为地勉强破了旧的，新的因素不成熟，立不起来，结果造成事物发展的中断，不能达到弃旧图新的目的。过去，特别是在“文化大革命”中，在“破字当头，立就在其中”的思想指导下，强调破就是革命，于是乱破一切，结果造成了很大的破坏。这方面我们是有深刻教训的。另一方面，违背客观规律，只注意立新，不讲破旧，放弃同旧事物的斗争也不能达到立新的结果。立新和破旧的这种关系要求我们必须按照事物发展的客观规律，把二者紧密结合起来。“要有破有立”，破服从于立。事物发展过程中，新事物既然以旧事物作为自己发展的条件，因此，对于旧事物的否定，必须有利于新事物的发展，破什么、怎样破、何时破，都必须服从于立的需要。胡耀邦说：“要正确处理破、立关系，坚持‘立字当头’。就以经济体制改革来说，改革中当然要破除许多必须破除的陈规旧制，但是第一，这种‘破’只应当服务于搞四化、翻两番这个‘立’，只应当促进而绝不能损害社会的安定、生产的发展、人民生活的改善和国家财力的增强；第二，破旧与立新紧密结合，绝不允许只‘破’不‘立’，‘破’了再说。”

立新破旧的发展过程的曲折性和复杂性，决定了经济体制改革中新旧体制转换过程的艰巨性和复杂性。正如《关于第七个五年计划的报告》中所指出的：改革中由于新旧两种体制同时并存，相互作用，新体制需要逐步成熟，旧体制又在许多方面失去效应，因此“宏观控制的难度增加，微观机制一时也难以完全合理”。

“由于改革必然触动和调整原有的经济利益关系，而新的利益关系的合理格局又不可能一下子形成，势必存在各种利害关系的磨擦和矛盾。”也由于主观指导上干部经验不足，只能在实践中摸索前进，逐步积累经验。因此，改革只能在曲折中前进，必然出现种种问题和矛盾复杂纷呈的局面。一方面，新旧体制转换过程的这种艰巨性和复杂性就是立新破旧的曲折发展过程的反映，是必不可避免的。这就要求我们对这一过程的艰巨性和复杂性要有足够的认识，对改革中出现这样那样的问题要有充分的思想准备。另一方面，也要求在各项改革的实际进行中，要充分发挥主观能动性，精心指导，力求减少失误，及时发现和解决工作中的问题，边实践、边总结经验、边前进，这样，我们就能坚定不移地推动改革，不断发展和完善新体制，最后完成新旧体制转换，取得改革的最后胜利。

注：本章由1984年《红旗》第1期发表的《照辩证法办事的光辉篇章——学习

〈邓小平文选〉的体会》和《社会科学研究》1985 年第 1 期发表的《论发展的层次性——经济体制改革中的哲学思考》、《四川大学学报》1984 年第 1 期发表的《照辩证法办事建设有中国特色的社会主义》、《人文杂志》1986 年第 4 期发表的《新时期辩证法的应用和发展》（节录），以及《社会科学研究》1989 年第 4 期发表的《坚持辩证的整体经济观——对经济过热的哲学思考》等几篇文章编辑而成，编辑过程中节标题有所改动。

第十章　对立统一规律在建设中国特色社会主义中的应用

在以现代化建设为中心的新的历史时期，我们党坚持运用对立统一规律来分析和处理各种复杂的矛盾，进行了思想理论上的拨乱反正，实现了全党工作重点转移，全面进行了经济体制改革，为实现四个现代化、建设有中国特色的社会主义开创了新局面。

一、充分运用矛盾同一性化解矛盾

实现全党工作重点转移、确定了现代化建设的道路以后，就需要动员和组织各种力量来实现四个现代化。为此，从哲学上讲，就必须研究矛盾同一性和斗争性的关系，充分发挥同一性的作用。唯物辩证法认为，矛盾双方又统一又斗争是推动事物运动发展的力量。然而，在党的十一届三中全会以前的很长时间里，存在着两种错误倾向：一是割裂同一性和斗争性的关系，把二者截然分开；二是忽视同一性的作用，把同一性视为保守性。在这两种错误倾向的影响下，对于事物的矛盾要么只看到对立，要么只看到统一，认为对立就是绝对对立，统一就是绝对的统一。在矛盾对立的关系中谈统一，就被斥之为投降、妥协、调和、折衷、保守；反之，在统一中谈对立，就被视为分裂、破坏、异端，必须加以排除。这种哲学几经变化，“文化大革命”中发展成为“斗争哲学”，在理论上完全歪曲了对立统一关系，在实践上造成很大破坏。十一届三中全会以后，我们党在思想上坚持从实际出发、实事求是的思想路线，冲破形而上学的束缚，坚持辩证法，对矛盾同一性和斗争性也作了创造性的应用和发挥。

首先，消除形而上学绝对对立和绝对同一的思维方式，把对立统一运用于分析社会主义经济的各种矛盾。长期以来，人们的思维被囿于不相容的对立之中，因而在对社会主义的理解上形成了许多“左”的观念。一方面，人们总把商品经济同计划经济对立起来，把商品经济等同于资本主义，把社会主义经济仅仅归结为计划经济，认为社会主义经济是有计划按比例发展，就不能搞商品经济，不能用价值规律调节生产，而商品经就不能实行计划指导和调节，只能听任价值规律盲目、自发地起作用，好像二者冰炭不能同炉；另一方面，在对所有制的性质和经营活动的形式上，又认为二者只能统一，不能分离，认为全民所有制的经济只能由代表全民利益的国家经营，把全民所有制的性质，同企业经营的相对独立性、自主权看作是水火不相容。这些就是形而上学的绝对化思想在实践上的反映，它使我们的社会主义建设长期徘徊不前。党的十一届三中全会以后，我们对于中国国情的再认识，从根本上来说就是对中国社会主义发展阶段的矛盾及其内部的统一关系的再认识。而十二届三中全会作出的《中共中央关于经济体制改革的决定》（以下简称《决定》）就是对社会主义矛盾关系正确认识和正确处理的光辉典范。《决定》在理论上首先突破的就是把计划经济同商品经济对立起来的传统观念，科学地分析了计划经济和商品经济的矛盾关系，认为在社会主义条件下，需要而且能够实现二者的统一，因而明确提出了社会主义经济是在公有制基础上的有计划的商品经济。《决定》在理论上的另一个突破就是克服长期以来把所有权和经营权看作绝对同一的传统观念，承认所有权和经营权的对立统一关系，提出了所有权和经营权可以适当分开。另外，《决定》在共同富裕和同步富裕、社会主义企业之间互相协作、互相支援同竞争的关系等问题上，也进行了矛盾分析，揭示了它们之间的对立统一关系，为正确处理这些关系提供了科学的依据。这些都是正确理解和运用对立统一关系来分析社会主义经济的各种矛盾所作出的科学结论，为社会主义政治经济学增添了新的内容。

其次，针对过去忽视同一性，把同一性看作是保守性的错误倾向，充分肯定了矛盾同一性在事物发展过程中的重要作用。本来辩证法认为，矛盾双方的对立统一推动事物的运动和发展。列宁说，发展是对立面的斗争，发展是对立面的统一。毛泽东也指出，矛盾着的对立面又统一，又斗争，由此推动事物的运动和变化。这都是明确肯定了斗争和同一在事物发展过程中的作用。但是很长时期内，我们却只强调斗争性在事物发展过程中的作用，忽视同一性的作用。在新的历史时期，我们党在思想上纠正了这种片面性，在处理经济和政治等一系列问题上充分肯定了矛盾同一性的作用。这表现在：第一，强调矛盾同一性是推动事物发展的力量。这一思想反映在整个经济生活中，就是强调国民经济的综合平衡是国民经济发展的动力和实现高速度发展的保证；在农业生产内部，我们总结过去的经验教训，强调保持生态平衡是促进农业生产发展的根本条件；在政治上，强调安定团结是实现四个现代化的重要保证。这些都反映了对于矛盾同一性在事物发展过程中的作用的充分肯定。肯定同一性是推动事物发展的力量，并不排斥斗争性推动事物发展。因为矛盾作为事物发展的动力，是同一和斗争两种力量相结合产生矛盾运动的力量。在事物发展的不同阶段，两者力量的大小是不相同的。一般说来，事物在自身质的规定性的范围内的发展阶段，也就是量变阶段，是相互依存为主的同一性和斗争性相结合，同一性的力量大于斗争性的力量，它限制着斗争性的发展，使其不能打破矛盾统一体。这一时期是矛盾同一性使矛盾各方面保持恰当的比例关系，使它们在统一体中能更好地发生相互作用，并使矛盾各方面得到发展，从而推动整个事物的运动发展。在事物发展的质变阶段，是相互转化为主的同一性和斗争性相结合，这时斗争性的力量大于同一性的力量，因而能打破统一体，推动着一事物向它事物的转化。矛盾同一性和斗争性这两种力量相结合，推动事物从量变到质变，实现事物的发展，这是客观的辩证法。我们强调同一性作为推动事物发展的力量，正是这一客观辩证法在社会主义社会的具体运用。第二，把同一性作为解决矛盾的重要方法。过去在很长的时间里，人们只讲斗争性是解决矛盾的方法。虽然在解决人民内部矛盾中提出了“团结——批评——

团结”的公式，但认为团结是解决矛盾的愿望和目的，批评才是解决矛盾的方法。十一届三中全会以后，我们党十分重视运用团结的方法来解决社会矛盾，提出了许多坚持团结解决人民内部矛盾的原则，比如落实政策“不要纠缠历史旧账”、“处理遗留问题宜粗不宜细”等，并采取交换意见、民主协商、个别谈话、互相谅解等方法来解决党内和人民内部矛盾。坚持团结的方法不仅解决了大量的人民内部矛盾，促进了国内的安定团结，而且把同一性运用于解决国际矛盾，提出求同存异的方法是解决国际争端的方法。根据中国的实际，邓小平提出了“一个国家，两种制度”的方式来解决香港和台湾问题的构想。他多次讲到解决香港和台湾可以有两种方式，一种是非和平的方式，一种是和平的方式。“非和平方式，或者使用武力解决问题，总是不好的。”① “一国两制”就是用和平方式解决香港、台湾问题。它是一种照顾双方利益、求同存异，考虑双方都能接受的解决矛盾的方法。中英双方关于香港问题达成协议，证明这一方法是能够行得通的，并且可以运用这一方法解决一些国际争端，“可以消除爆发点，稳定国际局势”②。这就是运用同一性作为解决社会矛盾的方法的具体体现。

运用矛盾同一性作为解决社会矛盾的方法，这是新时期我们党对辩证法的创造性应用和重要发挥。它说明除了通过斗争缩小或消除双方的差异使矛盾得到解决以外，还可以运用同一性，通过加强、扩大矛盾双方的一致性，以矛盾运动的更好形式来解决矛盾。这一思想丰富了马克思主义的矛盾学说，为我们正确解决社会主义社会的各种矛盾、创造安定团结的政治局面提供了重要的思想方法和工作方法。

二、把握矛盾特殊性，坚定中国特色社会主义道路

矛盾特殊性在矛盾学说中具有重要意义，它决定事物的本质，构成事物运动特殊的原因。正确分析矛盾特殊性，是做到实事求是、正确认识和解决矛盾的基础，是无产阶级政党制订正确的路线、方针、政策的出发点。在以现代化建设为中心的新的历史时期，我们党在探索建设有中国特色的社会主义道路的实践中，对矛盾特殊性理论作了创造性的运用和发挥。

（一）对社会主义矛盾特殊性的再认识

中国革命过程中，以毛泽东为代表的中国共产党人，特别重视对矛盾特殊性的分析，在同教条主义斗争、解决马列主义同中国革命具体实践相结合的过程中，创立了系统地分析矛盾特殊性的理论，这是我们党最大的理论创造和理论成就，也是我们党优良的理论传统。但是，在社会主义建设时期，重视分析矛盾殊性的优良的理论传统，没有能够得到很好发扬。对社会主义，理论上曾拘泥于马克思、恩格斯一百多年前对社会主义设想的理论，实践上曾照搬苏联模式，在一定程度上忽视了自己特殊的国情，致使我

① 《建设有中国特色的社会主义》，第40页。

② 同上，第41页。

国社会主义建设发展较缓慢。党的十一届三中全会以后重新提出了对中国矛盾特殊性，也就是对中国特殊国情的再认识。党中央一再强调要研究新情况、解决新问题，“要摆脱一切老的和新的框框的束缚，真正摸准、摸清我国的国情”①。这一时期，我们党对矛盾特殊性的再认识与革命时期对矛盾特殊性的认识有着不同的内容和特点。

第一，对矛盾特殊性的再认识的任务是要解决社会主义建设道路问题。正如邓小平指出的：“过去搞民主革命，要适合中国情况，走毛泽东开辟的农村包围城市的道路。现在搞建设，也要适合中国情况，走出一条中国式的现代化道路。”② 过去我们认识中国矛盾的特殊性，所围绕的中心问题是研究中国革命的规律，解决中国革命的道路问题。它所联系的主要实际是革命战争，因而研究战争的特殊规律就特别突出。而新的历史时期，党所面临的主要问题是要研究社会主义现代化建设的规律，探索中国式的现代化建设的道路。它所联系的主要实际是经济建设，因此，研究我国经济建设的特殊规律就特别突出。从十一届三中全会把全党工作重点转移到经济建设上来以后，我国人民就一直集中注意力在探索我国经济建设的规律。党的十一届三中全会根据我国幅员广大、人口众多、交通不便、信息不灵、经济文化发展不平衡的状况在短期内还难以完全改变，考虑到我国目前商品经济还很不发达，提出建立自觉运用价值规律的计划体制，发展社会主义商品经济，这一重大突破就是我们探索经济建设规律的结果。

第二，强调从不同层次认识中国现代的国情。为了探索现代化建设的道路，党中央在实践上注意了区别全局的特殊性和局部的特殊性。一方面，必须从总体上认识现阶段中国的特殊国情，这是探索现代化建设道路的总的出发点。现阶段中国特殊的国情，就是经过三十多年的社会主义革命和社会主义建设，建立了独立的比较完整的工业体系和国民经济体系，为现代化建设奠定了必不可少的物质基础，但还是底子薄、人口多、耕地少，科学技术力量发展不足，生产力发展水平低。在经济体制上长期形成的同社会生产力发展不相适应的僵化的模式，束缚了生产力的发展；思想上由于旧的文化传统和“左”的影响，存在着许多对社会主义理解上不适合实际情况的陈旧的固定观念。从国际方面看，我国正处于国际和平发展的时代，新的技术革命正在世界范围内兴起，这对我国经济的发展是一种新的机遇和挑战。我们必须从这种特殊的国情出发，依据马克思主义和社会主义的一般原则来探讨建设社会主义的特殊规律和具体道路。党中央正是从这一特殊的国情出发，提出了走自己的路、建设有中国特色的社会主义，并制订了对外开放、对内搞活经济、全面改革等一系列建设有中国特色的社会主义的重大决策。十一届三中全会以来的实践，证明我们党关于建设有中国特色的社会主义的路线、方针、政策是正确的。

另一方面，必须具体认识各个地区、各个领域、各个部门的特殊性，结合本单位的实际情况贯彻执行中央的路线、方针、政策。建设有中国特色的社会主义，对于别的国家、民族来说，它是特殊性；但是对于国内各个地区、各个领域、各个行业、各个单位来讲，它又体现着共性。因此，分析矛盾特殊性如果只停留在总体上认识中国现阶段特

① 《邓小平文选》，第 315 页。

② 同上，第 149 页。

殊的国情，不分析各个地方的特殊性，那这种对于特殊性的认识是不彻底的。为此，党中央特别强调要分析各地的特殊情况，从本地的实际情况出发贯彻执行党的方针政策。邓小平指出："我们领导干部的责任，就是要把中央的指示、上级的指示同本单位的实际情况结合起来，分析问题，解决问题，不能当'收发室'，简单地照抄照转。"① 胡耀邦也指出，中央的政策"是从全国的一般情况出发的，只能讲一般的原则。中央、上级也不可能把一切都想到，把一切都安排好"。因此，"一定要把中央和上级的指示，同本地区、本单位的具体情况相结合。……任何时候，如果不把中央、上级的意见，即使是正确的意见，结合本地区、本单位的情况加以具体化，满足照抄、照转、照搬、照套，就是错误的，就不可能把工作做好。"②

（二）抓住和解决好不同层次的主要矛盾，推动各方面的工作

主要矛盾和主要的矛盾方面，是矛盾特殊性中两种特别重要的情形。它们在矛盾总体中处于特殊的地位，具有特殊的作用。分析矛盾特殊性，只有找到主要矛盾和主要的矛盾方面，才能把握事物发展的方向和确定事物的性质，找到解决矛盾的方法。毛泽东指出，抓主要矛盾和主要的矛盾方面是"革命政党正确地决定其政治上和军事上的战略战术方针的重要方法之一"③。在我国民主革命过程中，党一直运用抓主要矛盾的方法来确定各个历史时期的革命任务和工作重点，制定正确的战略策略，引导革命取得胜利。但在社会主义改造胜利以后，党中央在抓主要矛盾问题上，曾一度出现过一些问题：一是把无产阶级同资产阶级、社会主义道路同资本主义道路的矛盾当作整个社会主义历史阶段的主要矛盾，否认了社会主义时期主要矛盾的变化；二是用无产阶级同资产阶级、社会主义道路同资本主义道路的矛盾代替各个领域、各条战线、各个单位的主要矛盾，否认了社会生活中各种矛盾的差别性；三是忽视主要矛盾与次要矛盾、主要矛盾方面同次要矛盾方面的相互作用关系，往往孤立地抓主要矛盾，在实际工作中单打一，顾此失彼。这些都导致了"左"的错误，妨碍了党的工作重点的转移。在新的历史时期，我们党正确地运用抓主要矛盾的方法，果断地停止"以阶级斗争为纲"，把全党工作重点转移到经济建设上来，并在处理现代化建设的各种矛盾中，用新的经验丰富和发展了关于主要矛盾的理论。

第一，根据我国社会主义革命和社会主义建设发展的客观进程来考察社会主义社会矛盾的变化，纠正过去认为社会主义历史阶段主要矛盾始终不变的观点。党中央指出，在社会主义改造基本完成以后，"我国所要解决的主要矛盾，是人民日益增长的物质文化需要同落后的社会生产之间的矛盾。党和国家工作的重点必须转移到经济建设为中心的社会主义现代化建设上来，大大发展社会生产力，并在这个基础上逐步改善人民的物质文化生活。"④ 邓小平指出，在新的历史时期能否解决这一矛盾，也就是"能否实现

---

① 《邓小平文选》，第149页。

② 《三中全会以来主要文献选编》上册，第516页。

③ 《毛泽东选集》第1卷，第301页。

④ 见《中共中央关于建国以来若干问题的决议》。

四个现代化，决定着我们国家的命运、民族的命运”[①]。胡耀邦也指出：“不搞四个现代化，经济上不去，就一切都谈不上。只有把经济搞上去，使国家和人民富裕起来，才真正合乎中国现在的实际，合乎最广大人民的最迫切要求，合乎中国社会主义的历史使命，也才真正合乎马克思主义。”[②] 针对过去我们党没有能够实现工作重点转移的经验教训，邓小平特别强调，实现四个现代化，在态度上要“坚定不移地”、“毫不动摇地”、“一心一意地干”，“要横下心来”，“‘顽固’一点”，“死扭住不放”，“决不允许再分散精力”；在处理同其它矛盾的关系问题上，“其他一切任务都要服从这个中心，围绕这个中心，决不能干扰它，冲击它”[③]。只有这样才能抓住主要矛盾，解决主要矛盾，实现四个现代化。

第二，提出不同的层次有不同的主要矛盾。事物都是由整体和部分按一定的层次结构组成的，不同层次上的矛盾发展是不平衡的，因此，各个层次都有着不同的主要矛盾和次要矛盾。在新的历史时期，我们党正是分别抓住不同层次的主要矛盾，正确解决了各方面的问题。首先从全局上考虑问题，抓住历史发展各个阶段上的主要环节，指导全局的工作。粉碎“四人帮”以后，我们国内的问题堆积如山，积重难返。在这历史转折的关头，抓住什么关键才能把握中国革命的航向呢？邓小平高瞻远瞩，针对“两个凡是”，提出完整准确地理解毛泽东思想，抓真理标准的讨论，解放思想，拨乱反正，统一认识，从根本上为现代化建设开辟了道路。十一届三中全会以后，在经济调整取得一定成绩的基础上，党中央及时提出了进行全面的经济体制改革，等等。这些都是抓住了各个阶段上的带全局性的主要问题，从而保证了全局的发展。其次是层层抓关键，从各方面保证四化建设。现代化建设的任务是多层次、多方面的，抓住全局性的关键，可以带动和促进各个层次、各个方面的工作。但是，矛盾发展的不平衡性是普遍的，不同层次、不同范围、不同方面有着不同的主要矛盾，要用不同的方法去解决。我们党在抓住全局性关键的同时，总是具体地分析各个领域、各条战线、各项工作中的各种问题，从中找出并抓住关键，指导工作，使各项工作都有明确的方向和正确的方法，保证了各项工作的顺利进行，有力地促进了现代化建设。

第三，正确处理矛盾主次关系，利用次要方面发展主要方面。针对过去忽视主要矛盾和次要矛盾相互作用的关系，孤立抓主要矛盾的片面性，在新的历史时期，党中央特别坚持运用相互联系的观点来处理各种矛盾，强调搞好主次配合。邓小平指出，国民经济的各个部门都是相互联系的，“各方面需要综合平衡，不能单打一”[④]，顾此失彼，要注意重点和非重点的协调发展。运用这一思想，在经济和社会的发展战略上，从片面追求工业特别是重工业产值产量的增长，开始转向以提高经济效益为中心，注重农轻重协调发展，注重经济、科技、教育、文化、社会的全面发展。在国民经济内部，坚持把加强农业放在重要的战略地位，加强消费工业的发展，合理调整重工业的服务方向，并且使生产性建设和非生产性建设大体协调，促进第三产业的较快发展。在重视经济发展的

① 《邓小平文选》，第 113 页。

② 转引自《如何把部门工作做得更好些》，《红旗》1985 年第 3 期。

③ 《邓小平文选》，第 148 页。

④ 同上，第 214 页。

同时，注意把经济同科学技术、文化教育及社会各方面的发展密切联系起来，互相促进，使经济建设、科学技术、文化教育和各项事业都出现蓬勃发展的好形势。在处理社会主义和资本主义因素的矛盾问题上，邓小平提出了利用矛盾次要方面发展主要方面的思想，提出对外开放，利用外资发展社会主义。他说："我国是以社会主义经济为主体的。社会主义经济基础很大，吸收几百亿、上千亿外资，冲击不了我们的社会主义基础。而且我们坚持社会主义的分配原则，不搞两极分化。"① 因此，"无论怎么样开放，公有制经济始终还是占主体。同外国人合资经营，也有一半是社会主义的。合资经营的实际效益，大半是我们拿过来。不要怕，得益大头是国家，是人民，不会是资本主义。"② 当然，这会带来一些消极因素，但是比起我们能借此加速发展的积极效果，毕竟要小得多。因此，我们必须坚定不移地贯彻开放政策，吸收外国资金作为我们社会主义建设的重要补充。党中央还根据这一原理，从我国的实际出发，作出了实行"一个国家、两种制度"和平统一祖国的战略决策。"中国的主体是社会主义，大陆十亿人口实行社会主义制度，但允许国内某些区域实行资本主义制度，比如香港、台湾。大陆开放一些城市，允许一些资本主义进入，这是作为发展社会主义经济的补充，有利于社会主义生产力的发展。"③ 这正是列宁关于利用资本主义发展社会主义的思想在新的历史条件下的创造性应用，也是对唯物辩证法的创造性发展。

（三）发挥创造性解决特殊矛盾

建设具有中国特色的社会主义，要求各方面都要发挥创造性。所谓创造性，就是打破常规，提出新的办法，建立新的理论，做出新的成绩。人们常常从思维能力上去研究创造性，这当然是对的，但是，却忽视了对于引起创造思维的客观基础的研究。引起创造思维的客观基础就是矛盾特殊性。人们在认识和实践中把握了事物的特殊矛盾，找到了解决这一矛盾的特殊方法，就能打破常规，建立新的理论，做出新的成绩。因此，分析和解决特殊矛盾对于发挥创造性具有重要的意义。第一，矛盾特殊性是人们发挥创造性、进行创造活动的客观依据。发挥创造性是一种主观能动性，正确地发挥这种能动性必须依据和符合客观实际，无根据、不符合客观实际的思想和行动都只能主观地胡思乱想，决不是什么创造性。人们在认识和实践中之所以能够提出新的办法、建立新的理论、做出新的成绩，就在于客观世界中本来存在着矛盾特殊性，人们分析矛盾特殊性，认识了事物的特殊本质和运动发展的特殊规律，提出解决矛盾的特殊方法，就表现出与常规不同的创造性，第二，分析矛盾特殊性、解决特殊矛盾是实现创造性的根本途径。创造性是一种实践和认识能力，其目的是要探索新的理论，建立新的方法。实现这一目的的根本途径就是分析矛盾特殊。因为人们总是首先认识了许多不同事物的特殊本质，然后才有可能更进一步地进行概括工作，认识诸种事物的共同本质，形成一般的理论。然后又在这种一般理论指导下去认识新的事物、找出其特殊的本质，这样才能不断地补

① 《建设有中国特色的社会主义》，第 38 页。
② 同上，第 61 页。
③ 同上，第 30 页。

充、丰富和发展一般理论，使之永远具有生命力。这种“由特殊到一般，又由一般到特殊”的循环往复的前进上升过程，是人类认识发展的规律。实现这一规律的最基础的一环是分析矛盾特殊性。第三，分析矛盾特殊性是坚持实事求是、发挥创造性的基础方法。“实事求是，是我们党的思想路线，是从斗争中创造新局面的思想路线。”[①] 怎样才能坚持实事求是呢？最基本的方法就是分析矛盾特殊性，研究矛盾运动的特殊规律，找出普遍原理在特殊性中的具体表现，从而制定具体措施，才能正确地解决矛盾，总结出新的理论，作出新的贡献。

我们党历来重视分析矛盾特殊性进行创造性工作。十一届三中全会以后，党中央更加强调认识中国现阶段矛盾的特殊性，并把这一思想贯彻到各个方面，强调要打破新老框框，要研究新情况，解决新问题，进行创造性的工作。为了支持地方根据自己的特殊情况进行创造性地工作，“中央给地方提出了四条，就是：中央没有想到的，地方可以想；中央没有叫干的，地方看准了的可以干；中央所说的不适合地方情况的，地方可以变通办理；中央决定错了的，地方可以争论。……当然，按照组织原则，这几条都需向上级、向中央及时反映汇报，或者交换意见，或者请示报告。同时，该集中的一定要集中，一定要服从统一指挥。”[②] 最近，胡耀邦又指出，青年干部要学会创造性地贯彻上级政策以及正确处理党内矛盾两大本事。他说，第一个大本事是能够创造性地贯彻中央的方针政策。为了发挥工作中的创造性，胡耀邦特别指出要解决 3 种情况：一是中央特别强调，要改变过去那种统得过死的状况，要承认各个地方的特殊性，要各地按照自己的实际情况办事；二是中央是根据下边的实践来制定政策的，下边的同志有责任向中央提供新鲜经验；三是要下面的实践来检验中央的政策，下面要主动向中央反映情况，及时发出“信号”。这三种情况都要求下面的同志正确处理共性和个性的关系，研究本地的特殊性，也就是本地的实际情况，采取特殊的措施，贯彻执行中央的方针政策，解决好问题，才能充分发挥创造性，把各项工作搞得更好。

三、运用共性个性关系原理正确处理建设发展中国家、地方和部门的关系

在辩证法中，毛泽东特别强调矛盾的共性和个性的关系。他指出，这“是关于事物矛盾的问题的精髓，不懂得它，就等于抛弃了辩证法”。坚持辩证法，照辩证法办事，建设有中国特色的社会主义，必须处理好三个层次的共性和个性的关系。

第一个层次是要从我们国家特殊国情的层面上来认识中国社会主义同科学社会主义理论的关系。科学社会主义理论揭示了社会主义的共同本质和普遍规律。建设有中国特色的社会主义，既要坚持社会主义的共同本质和基本原则，又有自己的特殊的规律和特殊的道路。离开共同本质，不能坚持社会主义方向，没有特点的社会主义也是不存在

① 《毛泽东农村调查文集》，第 8 页。

② 《三中全会以来主要文献选编》上册，第 520 页。

的。对于社会主义的共同本质，邓小平指出："社会主义的本质，是解放生产力，发展生产力，消灭剥削，消除两极分化，最终达到共同富裕。"[①] 这一本质规定了社会主义发展的根本方向，是我们必须坚持的。他说："只有社会主义才能救中国，这是中国人民从五四运动到现在六十年来的切身体验中得出的不可动摇的历史结论。"[②] 他又说："只有社会主义才能救中国，只有社会主义才能发展中国。"[③] 他反复论述中国只能走社会主义道路，不搞社会主义，中国就不能结束混乱状态，不能消除贫困，消除两极分化。在现今时代，"如果我们不坚持社会主义，最终发展起来也不过成为一个附庸国，而且就连想要发展起来也不容易。"因此，"我们多次重申，要坚持马克思主义，坚持走社会主义道路。"[④] 但是，各国的情况不同，建设社会主义，没有、也不可能有统一的模式。各国必须根据自己的特点，走自己的路。就我国的情况来说，必须是把马克思主义同中国实际相结合，建设有中国特色的社会主义。总结我们党的历史经验，邓小平指出："我们的现代化建设，必须从中国的实际出发。无论是革命还是建设，都要注意学习和借鉴外国经验。但是，照抄照搬别国经验、别国模式，从来不能得到成功。这方面我们有过不少教训。把马克思主义的普遍真理同我国的具体实际结合起来，走自己的道路，建设有中国特色的社会主义，这就是我们总结长期历史经验得出的基本结论。"[⑤] 为此，他强调要"摆脱一切老的和新的框框的束缚，真正摸准、摸清我们的国情"[⑥]，从我国的国情出发来认识我国社会主义建设的特殊规律，采取与之相适应的路线、方针、政策和方法建设社会主义，也才是真正坚持科学社会主义。

第二个层次是要从各个地方特点的层面上来认识和处理地方与建设有中国特色社会主义理论的关系。毛泽东认为，在矛盾共性和个性的关系中，由于事物范围的极其广大和发展的无限性，"在一定场合为特殊性的东西，而在另一一定场合则变为普遍性"[⑦]。建设有中国特色社会主义的理论，对别的国家、别的民族来讲是个性，但对于国内各个地方来讲它又是共性。我们党为建设有中国特色社会主义而制定的路线、方针、政策是从全国一般的情况出发的，是讲一般的原则，它体现着共性。而我国幅员辽阔，民族众多，经济文化发展不平衡，地理环境、资源分布、生产结构、历史风情各异，这是个性。我们必须结合各个地方的特点去贯彻党中央关于建设有中国特色社会主义的方针政策。一方面，必须坚持中国特色社会主义的共性，在一些根本原则和根本方针上同党中央保持一致；另一方面，又不能搞"一刀切"，必须结合各地的情况采取具体措施去贯彻执行中央的方针政策，扬长避短，充分发挥各自的优势，办出地方特色。邓小平正是根据这一思想，提出办特区，并指出，在发展经济方面，有条件的地方，要尽可能搞快一点，比如广东，要上几个台阶，力争用20年的时间赶上亚洲"四小龙"；比如江苏等

① 《邓小平文选》第3卷，第373页。

② 《邓小平文选》第2卷，第152页。

③ 《邓小平文选》第3卷，第311页。

④ 同上，第63页。

⑤ 同上，第2～3页。

⑥ 《邓小平文选》第2卷，第315页。

⑦ 《毛泽东选集》第2卷，第318页。

发展比较好的地区，就应该比全国平均速度快；又比如上海，目前完全有条件搞得更快一点。上海在人才、技术和管理方面都有明显的优势，辐射面宽。他强调，要把中央的政策同地方的情况结合起来，发挥地方的优势，办出地方的特色。

第三个层次是要从各条战线、各个部门和各个单位工作的层面上来认识和处理具体工作同建设有中国特色社会主义理论和上级指示的关系。共性和个性的关系是依不同的范围和场合发生转化的。因此，建设有中国特色社会主义不仅不能停留在国家全局特色的层面上，也不能停留在各个地方特色的层面上，还必须落实到各条战线、各个部门、各个单位的具体工作上。在这里，建设有中国特色的社会主义是总的共性，各地方的特色对各条战线、各个部门、各个单位的各项工作来说，也是一种共性。各方面的具体工作必须把这两种共性和自己的特点结合起来，使“各项工作都要有助于建设有中国特色的社会主义”[①]。这就要求各条战线、各个部门、各个单位在执行中央和上级的指示时，要结合自己的具体情况，采取具体的措施去加以贯彻。邓小平指出：“我们领导干部的责任，就是要把中央的指示、上级的指示同本单位的实际情况结合起来，分析问题，解决问题，不能当‘收发室’，简单地照抄照转。”[②] 他认为，各级领导应该发挥主动性，根据自己的情况，进行创造性的工作。在这一思想指导下，党的十一届三中全会以来，党中央一直强调各个地区、各条战线、各个单位在贯彻执行中央的方针政策时，一定要结合本地区、本单位的情况加以具体化；同时，该集中的一定要集中，要服从统一指挥。这样才能坚持共性和个性的统一，发挥多方面的主动性，创造出各方面的特色，从而丰富中国社会主义的特色。

建设有中国特色社会主义的这三个层次是相互连结的。其中，建设有中国特色的社会主义是总的方向、道路。发展各个地方、各条战线、各个部门和各个单位的特色则是实现中国特色社会主义的具体措施，同时也是丰富中国特色社会主义的内容。各级领导只有巧妙地将中国特色社会主义理论的宏观指导与本地区各行各业的微观发展与调控结合起来，才能真正建成有中国特色的社会主义。要真正做到这一点，目前需要解决两个方面的问题：一是要克服“一致化”倾向。这主要是一些同志习惯于过去的计划经济思维方式，总是喜欢按某种模式办事，上面讲什么，别人做什么，他们不问自己的条件是否许可，就跟着做什么。比如邓小平南方讲话以后，许多地方一哄而起的“开发区”、“房地产”热就是这种“一致化”倾向的表现，其结果不但不能形成地方特色，而且影响了地方和整个国民经济的发展。二是要克服地方保护主义。这主要表现在一些同志总是从个别、从局部思考问题，缺少宏观上的整体考虑，不顾整体规划、整体利益，只根据本地区眼前利益，盲目地同外地区攀比，重复建设，重复引进，甚至实行“上有政策，下有对策”，有令不行，有禁不止，各行其是。其结果是浪费资源，浪费设备，影响自己优势的发挥，也使整个国民经济的发展拉不开档次，形不成梯队，在整体上贻误发展时机。出现这两种倾向，在思想方法上都是由于不能正确理解建设有中国特色社会主义的共性和个性的关系，因而在实践上不能把建设有中国特色社会主义的宏观指导与

---

① 《邓小平文选》第3卷，第22页。

② 《邓小平文选》第2卷，第113页。

各地区、各行业、各部门的具体工作有机结合。各级领导只有在指导思想上善于把建设有中国特色社会主义理论同各个地方的个别实践结合起来，才能真正实现建设有中国特色的社会主义，丰富和发展中国特色社会主义。

四、把握主要矛盾及其主要方面，坚持中国特色社会主义道路建设的主体性

从中国的国情出发建设有中国特色的社会主义，不仅要抓住矛盾问题的精髓，正确处理共性和个性的关系，而且要善于从中国特殊的矛盾中抓住主要矛盾和主要的矛盾方面。毛泽东指出，主要矛盾和主要矛盾方面是矛盾特殊性中两种特别重要的情形，分析矛盾特殊性的根本任务就是要找出主要矛盾及主要的矛盾方面。只有抓住主要矛盾和主要的矛盾方面，才能抓住重点，把握事物发展的方向，确定事物的性质。邓小平依据事物的性质主要的是由矛盾主要方面决定的原理，论述了建设有中国特色社会主义的主体性。我国由于生产力落后，且发展不平衡，因此在生产关系中必然存在着多种所有制关系；也由于历史的原因，国家还没有完成统一大业，国内还存在着社会主义和资本主义两种社会制度。这就决定了中国搞改革开放，发展生产力，建设有中国特色的社会主义，在所有制方面必须根据生产力的发展水平处理好多种所有制关系的矛盾，在祖国统一问题上必须处理好两种社会制度的矛盾。党的十一届三中全会以前，这两个方面的矛盾都没有处理好，在所有制关系问题上片面强调公有制，排斥其他经济成份的存在和发展；在两种社会制度问题上，强调对立看不到统一。十一届三中全会以后，克服了这种片面性，在改革开放中，根据我国生产力发展的水平，提出公有经济、个体经济、私营经济，与外商合资经济、外商独资经济等多种所有制经济共同发展的方针。根据这一方针，邓小平提出了办特区，多发展“三资企业”和其他经济成份。在祖国统一问题上，他提出“一国两制”的构想，求同存异实现祖国统一。实行这些建设有中国特色社会主义的重大战略措施，有些人担心是不是搞资本主义。对此，邓小平运用毛泽东关于事物的性质主要是由主要的矛盾方面决定的思想论述了建设有中国特色社会主义的主体性，回答了社会主义性质问题。

首先，在各种所有制关系的矛盾问题上，邓小平强调要坚持公有制和按劳分配为主体，其他经济成份和分配方式为补充。他认为，这样才能保持社会主义的性质、坚持社会主义方向。他多次指出，社会主义的根本原则一个是公有制占主体，一个是共同富裕。他说：“在改革中坚持社会主义方向，这是一个很重要的问题。”我们的现代化叫做社会主义现代化。“我们现在讲的对内搞活经济、对外开放是在坚持社会主义原则下开展的。社会主义有两个非常重要的方面，一是以公有制为主体，二是不搞两极分化。公有制包括全民所有制和集体所有制，现在占整个经济的百分之九十以上。同时，发展一点个体经济，吸收外国的资金和技术，欢迎中外合资合作，甚至欢迎外国独资到中国办

工厂，这些都是对社会主义经济的补充。”[①] 在改革中，我们始终坚持两条根本原则，一是以社会主义公有制经济为主体，一是共同富裕。在这个前提下，有计划地利用外资，发展其他经济成份，都是服从于发展社会主义经济这个总要求的。我们鼓励一部分地区、一部分人先富起来，也正是为了带动越来越多的人富裕起来，达到共同富裕的目的。

邓小平认为，坚持公有制为主体，第一必须保持公有制的强大基础、数量优势；第二必须发挥我国政治、经济条件的制约作用，要有计划地引进外资和发展其他经济，要注意限制它们的不利因素，引导它们为社会主义经济服务。只有社会主义公有制处于主导地位，外资经济及其他经济成份处于次要地位，才能保持社会主义的性质。他说：“我们欢迎外资，也欢迎国外先进技术，管理也是一种技术。这些会不会冲击我们的社会主义呢？我看不会的。因为我国是以社会主义经济为主体的。社会主义的经济基础很大，吸收几百亿、上千亿外资，冲击不了这个基础。”[②] 1992年春，他在南方讲话中，针对一些人担心特区是不是搞资本主义问题，明确指出：特区姓“社”不姓“资”。从深圳的情况看，公有制是主体，外商投资只占1/4；就是外资部分，我们还可以从税收、劳务等方面得到益处。多搞点“三资”企业，不要怕。只要我们头脑清醒，就不怕。我们有优势，有国营大中型企业，有乡镇企业，更重要的是政权在我们手里，“三资”企业受到我国整个政治、经济条件的制约，是社会主义经济的有益补充，归根到底是有利于社会主义的。他也曾指出：“当然，这会带来一些问题，但是带来的消极因素比起利用外资加速发展的积极效果，毕竟要小得多。危险有一点，不大。”[③] “意识到这一点，但有办法解决，没有什么了不起。因为从政治上讲，我们的国家机器是社会主义性质的，它有能力保障社会主义制度。从经济上讲，我国的社会主义经济在工业、农业、商业和其他方面已经建立了相当坚实的基础。”[④] 不断深化改革，转换国营企业的经营机制，发挥国营大中型企业的主导作用，发挥我们政治、经济条件的优势，我们就能坚持公有制经济的主体地位，保持社会主义的性质和方向不变，同时对其他经济成份加以引导，限制它们不利于社会主义的一面，发挥它们的积极性为社会主义经济服务，就能更好、更快地发展具有中国特色的社会主义。

其次，在解决两种社会制度的矛盾问题上，邓小平坚持社会主义是主体，同时允许国内资本主义的存在，利用资本主义来发展社会主义。他提出“一个国家，两种制度”（即在中华人民共和国内，在大陆实行社会主义制度，香港、台湾实行资本主义制度）来解决祖国统一的构想，是采用各方面都能接受的求同存异、和平统一的办法，不搞你吃掉我、我吃掉你的办法。但是，在“一国两制”中，“中国的主体必须是社会主义”[⑤]。“‘一国两制’除了资本主义，还有社会主义，就是中国的主体、十亿人口的地区坚定不移地实行社会主义。主体地区是十亿人口，台湾是近两千万，香港是五百五十

① 《邓小平文选》第3卷，第138页。
② 同上，第65页。
③ 同上，第65页。
④ 同上，第135页。
⑤ 同上，第59页。

万，这就有个十亿同两千万和五百五十万的关系问题。主体是很大的主体，社会主义是在十亿人口地区的社会主义，这是个前提，没有这个前提不行。在这个前提下，可以容许在自己身边，在小地区和小范围内实行资本主义。”① 社会主义始终是矛盾的主导方面，它能够规定社会主义性质，同时允许在小范围内的资本主义存在，利用资本主义来发展社会主义。

实行“一国两制”、和平统一祖国，这就是社会主义和资本主义两种制度在国内的统一，“这也是一种和平共处”②，和平竞赛。在这种和平共处、和平竞赛中要保持社会主义的矛盾主要方面的地位，最根本的就是要发展生产力，坚持改革开放，进一步完善和发展社会主义本身。邓小平指出：“坚持社会主义，首先要摆脱贫穷落后状态，大大发展生产力，体现社会主义优于资本主义的特点。”③ “社会主义制度优越性的根本表现……归根结底要表现在社会生产力的发展上，人民物质文化生活的改善上。”如果在一个很长的历史时期内，社会主义生产力的发展比不上资本主义，还谈什么优越性？还有什么吸引力呢？因此，“我们一定要根据现在的有利条件加速发展生产力，使人民的物质生活好一些，使人民的文化生活、精神面貌好一些。”④ 我们现在还不是够格的社会主义，因而发展生产力的任务也就特别的急切和重要；同时，还必须抓好精神文明建设，坚定不移地进行政治体制改革，完善我们的政治制度，充分发扬社会主义民主，调动广大人民群众的积极性，加强廉政建设，清除腐败，密切执政党同人民群众的关系。这样，在国内同资本主义制度的竞争中才能保持社会主义制度的优势地位，从而保持社会主义性质，坚持社会主义的方向。

邓小平关于坚持社会主义主体的思想，不仅在实践上解决了在中国这种特殊条件下坚持和发展社会主义的问题，而且在理论上克服了以往只讲矛盾主要方面的作用，而把次要方面当作消极被动的方面看待的局限性，明确肯定了矛盾次要方面的作用，肯定了矛盾主要方面必须利用次要方面来发展自己。这是一种新的观点，是对毛泽东辩证法思想的丰富和发展。

五、坚持两点论、两手抓，保证建设中国特色社会主义的有序性

改革开放、建设有中国特色的社会主义，是一场涉及经济基础和上层建筑各个领域的革命，必然会遇到很多尖锐复杂的矛盾。如何处理好各种矛盾，保持矛盾统一状态，形成稳定的局面，这是有序进行社会主义建设的重要保证。总结我国社会主义建设多年的经验教训，邓小平特别强调建设有中国特色的社会主义，国内必须要有一个稳定的政治环境，要有秩序、有领导地进行。他多次指出：中国要实现四个现代化，摆脱落后状

① 《邓小平文选》第3卷，第103页。
② 同上，第97页。
③ 同上，第224页。
④ 《邓小平文选》第2卷，第123页。

态，没有一个安定的政治局面是不可能的，必须有领导、有秩序地进行社会主义建设。他说："没有安定团结的政治局面，不可能搞建设，更不可能实行改革开放政策，这些都搞不成。开放不简单，比开放更难的是改革，必须有秩序地进行。所谓有秩序，就是既大胆又慎重，要及时总结经验，稳步前进。如果没有秩序，遇到这样那样的干扰，把我们的精力都消耗在那上面，改革就搞不成了。"① 当前，和平与发展是世界的主题。因此，国内稳定的政治形势"是我们的社会主义现代化建设事业必不可少的条件和保证"。"没有一个安定团结的政治局面，就不能安下心来搞建设。过去二十多年的经验证明了这一点。"② 他强调："中国的最高利益就是稳定。""中国发展的条件，关键是要政局稳定。"③"一个政局稳定，一个政策稳定"，有了这两个稳定，我们就能够有秩序地进行社会主义现代化建设。

怎样才能保持稳定的政治局面、有秩序地进行社会主义建设呢？邓小平运用毛泽东辩证法思想中的"两点论"来观察和分析各种问题，提出一系列"两手抓"的方针，解决各种矛盾，保持建设有中国特色社会主义的稳定性和有序地运行。

第一，用两分法正确评价毛泽东，统一全党全国人民的认识，从而奠定了中国稳定的政治前提和思想前提。在党的十一届三中全会前后的拨乱反正中，当时社会上曾一度出现了否定毛泽东和毛泽东思想的倾向。针对这种倾向，邓小平运用毛泽东的两分法正确地评价了毛泽东的功过是非，确立了毛泽东的历史地位，坚持和发展了毛泽东思想，统一了全党全军和全国人民的思想。这就从根本上保证了党和国家的稳定，为改革开放，建设有中国特色社会主义奠定了稳定的政治和思想前提。经过苏联的解体和东欧社会主义的失败，现在回过头去看，不能不说这是中国稳定的最大的政治保证和思想保证。

第二，在思想认识上，邓小平强调要正确认识政治局面的安定团结与生动活泼的对立统一关系。他指出，我们"要安定团结，也要生动活泼"。安定团结来之不易，"生动活泼也来之不易，但它是随着安定团结发展起来的。在我们的社会主义制度下，这两者是统一的，从根本上说，它们没有矛盾，也不应该有矛盾"。如果在某些时候、某些问题上，生动活泼和安定团结发生矛盾，"那就一定要在不妨碍安定团结的条件下实现生动活泼"④。在我国目前的条件下，没有安定团结，就没有一切，包括民主、"双百"方针等等，统统谈不上，也就没有生动活泼可言。因此，我们的生动活泼必须有利于维护和促进安定团结，必须对妨碍安定团结的各种因素进行必要的斗争，以保持和发展稳定的政治形势。

第三，在实践上，邓小平提出一系列"两手抓"的方针，以解决各种矛盾，保持安定团结的局面，保证社会主义建设有秩序进行。首先，在建设有中国特色社会主义的全局上，邓小平提出要"两个文明"一起抓。他指出，社会主义国家，一定要致力于发展生产力，并在这个基础上逐步提高人民的生活水平。这就是建设物质文明。与此同时，

① 《邓小平文选》第3卷，第199页。

② 《邓小平文选》第2卷，第145页。

③ 《邓小平文选》第3卷，第313、216页。

④ 《邓小平文选》第2卷，第215页。

还要建设社会主义精神文明，最根本的是要使广大人民有共产主义理想，有道德，有文化，守纪律。“两个文明”建设是互为条件、互为目的的。他说，只有同时抓好“两个文明”建设才能全面发挥社会主义的优越性。“不加强精神文明的建设，物质文明的建设也要受到破坏，走弯路。光靠物质条件，我们的革命和建设都不可能胜利。”[①]“两个文明”一起抓才能保持中国特色社会主义建设的稳定、协调发展。其次，在执行党的基本路线上，邓小平一直强调要两手抓、两手硬，防止一手硬、一手软。1989 年政治风波以后，他又指出，80 年代初就提出“要两手抓，一手要抓改革开放，一手要抓严厉打击经济犯罪，包括抓思想政治工作。就是两点论。但今天回头来看，出现了明显的不足，一手比较硬，一手比较软。一硬一软不相称，配合得不好。”[②] 要一手抓改革开放、一手抓惩治腐败，一手抓经济建设、一手抓民主法制，加强人民民主专政，防范和打击各种破坏活动，同时加强思想教育，培养“四有”新人，才能保持稳定形势，保证社会主义建设的顺利进行。

注：本章是由《人文杂志》1986 年第 4 期发表的《新时期辩证法的应用和发展》、《四川大学学报》1994 年第 1 期发表的《照辩证法办事建设中国特色社会主义》以及《中共成都市委党校学报》1986 年第 4 期发表的《矛盾特殊性理论在新时期的运用和发展》这三篇文章编辑而成的，编辑过程中节标题有所改动。

---

① 《邓小平文选》第 3 卷，第 144 页。

② 同上，第 306 页。

第十一章　辩证方法论

在马克思主义理论中，方法论是其重要的组成部分。今天，学习和研究马克思主义的方法论，对于建设有中国特色的社会主义具有十分重要的意义。

一、从世界观到方法论的中间环节

马克思主义认为，世界观和方法论是统一的。任何世界观都起着支配人们思想和行动的作用，这是一切哲学的共同点。但是，马克思主义以前的一切哲学，都是用不同的方式去解释世界，而不是致力于改造世界，因而不能科学地解决世界观和方法论的统一问题。马克思主义哲学的创立，使哲学成为科学的世界观和科学的方法论，使世界观和方法论有机地统一起来了。从此，哲学既是科学的世界观，也是人们认识世界和改造世界的科学方法。正如恩格斯所说："马克思的整个世界观不是教义，而是方法。它提供的不是现成的教条，而是进一步研究的出发点和供这种研究使用的方法"①，是人们"最好的劳动工具和最锐利的武器"②。毛泽东也说，马克思主义的"宇宙观，主要地就是教导人们要善于去观察和分析各种事物的矛盾的运动，并根据这种分析，指出解决矛盾的方法"③。这说明，马克思主义的方法论不是别的东西，它是世界观的体现，是世界观的具体应用。毛泽东在论述世界观和方法论的一致性时指出：世界本来是发展的物质世界，这是世界观；拿了这样的世界观转过来去看世界，去研究世界上的问题，去指导革命，去做工作，去从事生产，去指挥作战，去议论人家长短，这就是方法论。此外并没有什么别的单独的方法论。由此可见，马克思主义方法论，就是研究人们在实践和认识中怎样运用世界观作指导来规定达到目的的方式或手段，是关于如何应用世界观的理论。具体地说，它是关于在认识和实践中运用辩证唯物主义和历史唯物主义原理的理论。

但是，世界观和方法论并不是直接等同的。世界观是最一般、最普遍原理的概括。

---

①《马克思恩格斯全集》第39卷，第406页。

②《马克思恩格斯选集》第4卷，第239页。

③《毛泽东选集》第1卷，第304页。

而任何具体的认识和实践活动都是个别的，都有它自己的特点和自身运动发展的规律，都不能完全包括到普遍原理中去。同时，要把普通原理变成指导具体实践和认识的方法，就有一个从一般到个别，从认识到实践的过程。因此，从世界观到方法论还需要经过许多中间环节，也就是说，还需要找出具体事物本身的规律性，制定相应的方针、政策、计划、方案，用以指导人们的行动。毛泽东说，做一切事情都“必须先有人根据客观事实，引出思想、道理、意见，提出计划、方针、政策、战略战术，方能做得好”①。不找出具体事物的客观规律，没有符合于客观事物的路线、方针、政策、计划、办法这样的中间环节，世界观也就不能化为方法论。

怎样形成正确的中间环节呢？这首先决定于是否掌握了马克思主义的科学的世界观，这是最根本的。其次，决定于是否从客观实际出发。因为方针、政策、计划、办法是人们活动的主观方面，它是由客观实际决定的，是必须从实际出发的。恩格斯在谈到辩证唯物主义与历史唯物主义世界观对于无产阶级制定战略与策略的意义时指出：“马克思的历史理论是一切坚定的和彻底的革命策略的基本条件；要找到这种策略，只要把理论应用于一定国家的经济的和政治的条件。”② 列宁也指出：“马克思是严格根据他的辩证唯物主义世界观的一切前提确定无产阶级策略的基本任务的”③。正确的方针、政策、计划、方案是客观规律的反映，它既反映历史发展的一般规律，又适合一定的具体情况。它是历史发展过程中普遍的东西和特殊的东西的互相联结的恰当体现，是普遍原理和特殊情况结合的产物。制定正确的政策必须以马克思主义世界观所揭示的关于矛盾普遍性和特殊性及其相互关系的原理作指导，深入地研究实际情况，从中引出固有的规律，作为制定方针、政策、计划、方案的根据。因此，从世界观到方法论必然要求理论与实际相结合。只有理论与实际相结合，才能形成从世界观到方法论的中间环节，才能体现世界观的方法论意义。所以，马克思、恩格斯总是无情地谴责那种把他们的理论变成教条的做法。同样，列宁、毛泽东都一直强调把马克思主义的一般原理同各个国家的具体实践相结合，批判脱离实际的错误倾向。毛泽东指出，任何理论，如果不同客观实际相结合，“即使是马克思列宁主义，也是不起作用的”，“马克思列宁主义的伟大力量，就在于它是和各个国家具体的革命实践相联系的”④。所以，马克思主义世界观只有在理论同实践相结合中，才能发挥它指导人们认识世界和改造世界的伟大作用，才能表现出它的方法论意义。

二、科学方法论系统

马克思主义方法论是由各种认识方法和实践方法所组成的一个方法论整体，其中各种方法既互相联系，具有整体性，又各自有其独特的作用，表现出可分性。马克思主义

① 《毛泽东选集》第2卷，第445页。
② 转引自《论列宁主义的战略策略基础》，上海人民出版社1950年版，第6页。
③ 《列宁选集》第2卷，第602页。
④ 《毛泽东选集》第4卷，第1404页。

的方法论，包括人们把辩证唯物主义和历史唯物主义原理应用于认识世界和改造世界的实际工作中所形成的，以获得正确认识为主的认识方法和以改造世界为主的实践方法。认识方法和实践方法是方法论中最高层次的方法，它们各自又包括较低层次的许多方法。认识方法即思想方法，总的说就是实事求是的矛盾分析方法。它包括观察、实验、社会调查等收集材料的经验方法和对材料进行比较、分析、综合、归纳、演绎，从抽象到具体、历史的和逻辑的统一等整理材料得出科学结论的逻辑思维方法，亦即毛泽东所说的："去粗取精、去伪存真、由此及彼、由表及里"的思维加工方法。实践方法即工作方法，总的就是一般和个别相结合，领导与群众相结合的方法。它包括抓典型、点面结合、抓中心环节带动其它等具体工作方法。认识方法和实践方法是紧密联系的。

第一，从最高层次的认识方法和实践方法来讲，它们是互相依赖、互相制约的。人们只能根据改造世界的一定阶段的不同任务和目的来区分认识方法和实践方法。认识方法依赖于实践方法，在于"理论的方案需要通过实际经验的大量积累才臻于完善"①。只有人们按照一定的方式多次实践，才能揭示客观事物的联系，建立起逻辑思维的规则。正如列宁所说："人的实践活动必须亿万次地使人的意识去重复各种不同的逻辑的格，以便使这些格能够获得公理的意义"②，成为正确的逻辑思维的基本规则。同样，实践方法也必须依赖于认识方法。因为，只有科学的认识方法才能帮助人们在工作中正确地选择典型和中心环节，确定工作秩序，才能不断改进工作方法。工作中典型和主要环节的选择不是主观任意的。毛泽东指出，领导人员必须"依照每一具体地区的历史条件和环境条件，统筹全局，正确地决定每一时期的工作重心和工作秩序"③。这说明，要抓好典型和中心环节，必须深入实际，调查研究，经过分析比较，才能作出正确的选择。

第二，构成认识方法和实践方法的低一层次的各种方法之间也是密切联系的。拿各种认识方法来说，人们要获得正确的认识，首先必须占有丰富的材料，这就需要运用观察、实验和社会调查的方法。只有通过这些方法才能够得到充分的合乎实际的材料，为思维加工提供可靠的基础。当材料的积累达到一定的量的时候，人的认识便进入思维加工过程，也就是用理性的方法去整理材料。毛泽东指出，人的头脑好比一个加工厂，而人脑对认识材料的加工必须遵循一定的程序，这种程序必须符合人的思维活动的规律，即必须从简单到复杂、从最普通的现象出发进行分析综合。像马克思研究资本主义社会从商品开始，研究历史唯物主义从人们吃、穿、住开始一样。因为这些最简单、最普通的现象是事物本质的最初的表现，它包含着事物的最深刻的本质的萌芽，体现着一般和个别的辩证关系，而又最直接地呈现在人们的感官面前。因此，人们认识事物，总是从分析这些现象的矛盾的各个方面开始，找出它的主要方面，然后把各个方面联结起来，加以综合，形成关于事物的本质的认识。但是，初步的分析与综合所得到的是关于事物的某一方面的本质的规定，而事物的本质往往是多方面的、多层次的，有初级本质、二

---

① 《资本论》第1卷，第417页。

② 《列宁全集》第38卷，第203页。

③ 《毛泽东选集》第3卷，第856页。

级本质和更深刻地本质。[①] 比起事物多方面的深刻的本质来讲，初步分析综合所得的结论，还是一种简单的规定，因而还只是一种抽象。要完整地把握事物的本质，就必须由抽象上升到具体，也就是把关于事物的简单规定的认识上升到关于事物的多种规定性的统一的认识。但一般说来，这种加深和扩大认识的方法就是归纳和演绎的方法。归纳和演绎“这是两个认识的过程：一个是由特殊到一般，一个是由一般到特殊。人类的认识总是这样循环往复地进行的，而每一次的循环（只要是严格地按照科学的方法）都可能使人类的认识提高一步，使人类的认识不断地深化”[②]，形成关于事物现状的正确认识。要使这种认识反映事物的发展，从而形成科学的理论体系，就必须应用历史和逻辑统一的方法，撇开事物发展的历史进程中迂回曲折的细节，撇开大量次要的、偶然的因素，在纯粹的形态上把握住事物发展的内在必然性。

各种实践方法也是相互联系的。人们在实践中从事任何工作，都必须抓好典型，又必须点面结合。抓典型是工作的起点，其目的在于取得工作经验，以指导全局。而面上的推广则是运用典型经验去指导一般。这两者是紧密结合的。如果没有典型，工作就不知从何着手；但是，如果不在面上推广，也就不能达到目的。毛泽东把这种方法应用于群众工作中，提出了一般号召和个别指导相结合的方法。他指出：“任何工作任务，如果没有一般的普遍的号召，就不能动员广大群众行动起来。但如果只限于一般号召，而领导人员没有具体地直接地从若干组织将所号召的工作深入实施，突破一点，取得经验，然后利用这种经验去指导其他单位，就无法考验自己提出的一般号召是否正确，也无法充实一般号召的内容，就有使一般号召归于落空的危险。”[③] 同时，在一切工作中，还必须实行抓中心环节带动其它的方法。中心环节是制约整个工作的关键环节，是工作的重点，必须相对地集中力量抓住重点，才能把握全局。所以，抓重点规定了工作中的着力方向。但是，中心环节与其它环节是相互作用的，因此又必须抓好非重点，这样才能使整个工作有秩序地展开。由此可见，各种工作方法是互相联系的。这表现了马克思主义方法论的整体性，说明马克思主义方法论是由各种认识方法和实践方法按照人们认识和实践发展的秩序所组成的一个方法论整体。在这个整体中，各种方法又具有它不同的作用，表现出方法论整体的可分性。比如，认识方法是实现从物质到精神、从实践到认识，以获得科学的结论为主。这一方法“在于用理性去整理材料。归纳、分析、比较、观察和实验是理性方法的主要条件”[④]。它的作用在于经过抽象思维正确地把握客观世界的规律，从而形成科学的认识。而实践方法则是为了实现从精神到物质、从认识到实践，以达到改造世界的目的。它的作用在于规定人们的行动方式，制定行动的计划和方案，有效地改造世界。由于认识方法和实践方法各自的作用不同，所以在科学上才表现出理论科学和应用科学的区分。理论科学是从物质到精神，从实践到认识；应用科学则指导人们的实践，实现从精神到物质的转化。

不仅认识方法和实践方法有它们各自不同的作用，而且构成认识方法和实践方法的

---

① 参看《列宁全集》第38卷，第278、239页。
② 《毛泽东选集》第1卷，第285页。
③ 《毛泽东选集》第3卷，第852页。
④ 《马克思恩格斯全集》第2卷，第163页。

各种方法也有它们各自不同的作用。比如，在认识方法中，观察是人们为了取得某种认识，对自然现象、社会现象在自然发生的条件下进行考察的一种方法。这种方法是经验方法中的最基本的方法，它不能对自然现象和社会现象起变革的作用，只能收集自然发生的现象所提供的材料，因而只是一种直观的方法。实验方法则不同，它是人们根据研究的目的利用科学仪器、设备，人为地去干预、控制所研究的对象，是在变革中去掌握对象的情况，因而它是比观察更深一层的方法，它能从认识对象中提取人所希望的材料。观察和实验都是少数人收集材料的方法，所获得的材料都是有限的。社会调查则是收集群众在实践（包括观察和实验）中所获得的材料，这种方法能够比观察和实验提供更丰富、更全面的材料。人们总是在观察的基础上实验，以实验来丰富观察，然后综合群众的观察与实验，从而获得可靠的材料。

观察、实验和社会调查的作用在于收集材料，不能得出科学结论。要获得科学的认识，必须借助于比较、归类、分析与综合、抽象到具体、归纳与演绎、历史的和逻辑的统一的逻辑思维加工方法。这些逻辑思维加工方法的作用是各不相同的，不能互相代替的。同样，各种实践方法的作用也是各不相同、不能互相代替的。

总之，马克思主义方法论中的各种方法，既各自具有不同的作用，又是互相联系的统一的整体，因而构成一个严整的系统。这就要求人们在认识世界和改造世界的活动中，把认识和实践的各种方法有机地结合起来，根据具体条件加以具体运用。列宁说："马克思主义的全部精神，它的整个体系要求人们对每一个原理只是（α）历史地，（β）只是同其他原理联系起来，（λ）只是同具体的历史经验联系起来加以考察"[①]。马克思主义的方法论体系中的每一个方法，如同它的每一个原理一样，都是处在系统之中的，它们只有在认识和实践过程中的一定阶段、一定方面起作用，而且都不能孤立地运用，只有联系其他方法加以运用，才能成为科学的方法。

马克思主义方法论作为一个系统是在实践中不断发展和完善的。马克思、恩格斯把哲学应用于研究自然科学、社会科学和思维科学，运用于指导无产阶级的革命实践，并对方法论问题作了广泛深入的研究，特别是对科学的认识方法作了深刻的阐发，基本形成了科学方法论系统。列宁则着重把马克思主义的世界观运用于指导无产阶级的斗争，形成了关于无产阶级政党的战略、策略思想，给马克思主义方法论增添了新的内容。毛泽东在把马列主义运用于中国革命的过程中，特别着重于方法论的研究。他总结中国共产党人革命和建设的经验，全面地发展了马克思主义方法论系统。第一，毛泽东提出从实际出发、实事求是、调查研究、群众路线、矛盾分析，特别是他所提出的"去粗取精、去伪存真、由此及彼、由表及里"的思维加工方法，把认识论的唯物论和辩证法结合起来，从而使各种认识方法建立在更加可靠的基础上。第二，在马克思主义方法论中，毛泽东特别强调实践方法。他所提出的群众路线、抓主要矛盾、抓典型、一切经过试验、一般号召和个别指导相结合、领导与群众相结合等方法，是指导人们实际行动的科学方法，为马克思主义的实践方法增添了新的内容。当然，这个方法论系统不是封闭的，而是开放的系统。随着实践的发展，特别是现代自然科学的发展，控制论方法、信

① 《列宁全集》第35卷，第238页。

息方法、系统方法等，将在社会实践中得到更广泛地应用，必将给马克思主义方法论系统增添新的内容。我们相信，随着科学的发展，必然会使马克思主义方法论变得更丰富、更完善。

三、方法论的基本原则

马克思主义的方法是人们认识世界和改造世界的科学手段。马克思在谈到方法对于科学研究的意义时指出，一门科学只有当它成功地运用数学方法时，才能达到完善的地步。毛泽东则特别强调正确的方法对于完成革命任务的必要性。他说："我们不但要提出任务，而且要解决完成任务的方法问题。我们的任务是过河，但是没有桥或没有船就不能过，不解决桥或船的问题，过河就是一句空话。不解决方法问题，任务也只是瞎说一顿。"[①] 方法与任务的这种关系，要求我们在提出任务的同时，必须研究和解决完成任务的方法问题，这是马克思主义方法论的一条基本原则。提出任务就是把改造对象引入实践过程，并确定实践目的。这时，如果不解决方法问题，实践就无从着手，或者就是盲目的实践。而盲目的实践往往事倍功半甚至导致完全的失败。因此，毛泽东在领导中国革命和建设的过程中，总是结合革命任务来研究方法，要求各级领导者在布置工作任务的同时，必须交待完成任务的工作方法。在民主革命时期，他曾经高度赞扬老革命根据地兴国和赣东北的同志们"把革命的工作方法问题和革命的工作任务问题同时解决了"，从而"创造了第一等的工作"，是"模范工作者"[②]。今天，党的十二大提出了伟大任务，同时也提出了抓中心环节带动其他、深入实际调查研究的总的工作方法。各行各业也必须在制定具体任务的同时，研究和解决完成该任务的具体工作方法，才能全面开创新局面。

必须根据不同的任务选择不同的方法，这是马克思主义方法论的又一基本原则。马克思主义方法论提供了人们认识世界和改造世界的最一般、最普遍的方法。它是客观事物的普遍规律的反映。但是，由于世界上各种事物都带有特殊性，因此，运用马克思主义方法论作指导去解决具体矛盾时，还必须根据不同事物确定不同的方法。方法论的这一原则要求：第一，要根据任务的不同性质选择不同方法。事物矛盾的特殊性决定了每一事物都有它不同的性质、特点和不同的发展规律，因而必须用适合于矛盾自身斗争形式的方法才能解决矛盾。列宁在论述社会主义经济建设时明确指出，不能用解决军事斗争和解决政治斗争的方法来解决经济建设的任务，要用经济的方法来管理经济。毛泽东也指出："不同质的矛盾，只有用不同质的方法才能解决"。"用不同的方法去解决不同的矛盾，这是马克思列宁主义者必须严格地遵守的一个原则"[③]。我们党正是根据这一原则，才取得了革命和建设的胜利。而教条主义者不懂得这一点，只是千篇一律地使用

① 《毛泽东选集》第1卷，第125页。
② 同上，第126页。
③ 同上，第311页。

一种自以为不可更改的公式到处硬套，结果到处碰壁。

第二，选择方法还要根据完成任务的具体的客观条件。解决完成任务的方法不仅是由任务的特殊性质所决定，而且也由这一任务所处环境条件所决定。列宁说："马克思的方法首先是考虑具体时间、具体环境里的历史过程的客观内容"①。他在论述游击战争时说："马克思主义要求我们一定要用历史的态度来考察斗争形式问题。脱离具体的历史环境来提这个问题，就等于不懂得辩证唯物主义的起码要求"②。一切以时间、地点、条件为转移。同一性质的任务在不同的条件下有着不同的特点，解决的方法就应该有所区别。考察任务所处的条件，一般包括两个方面：一是任务自身发展的历史阶段。每一任务在它的发展过程中，不同阶段有它不同的特点，不能一律看待。二是每一任务所处的外部条件。条件不同，其特点也不相同，解决的方法也应该有所区别。民主革命时期，毛泽东在论述发展农业生产时，指出农业生产"要因地制宜。农业的地区与时间不同，发展的方法也不同"，强调"我们指导农业，要依各种不同地区而采取不同方法……不但在大的地区要有分别，就是在一县、一区，有时甚至在一乡之内也要有这种分别"③。按照具体的时间、地点、条件确定工作方法，是毛泽东一贯坚持的原则。他指出："在干部会议中和在工作中，必须教育干部善于分析具体情况，从不同地区、不同历史条件的具体情况出发，决定当地当时的工作任务和工作方法。……否则就要犯错误。"④ 在我国民主革命过程中，党和毛泽东根据我国的具体情况，采取了不同于苏联和其它国家的方法；同样，在实现生产资料私有制的改造这一任务上，也根据我国的情况采取了不同的方法，苏联对资本主义经济采取没收的办法，我们国家对大资产阶级是采取没收的办法，而对民族资产阶级则采取了赎买的政策，对个体农业、手工业，则遵循自愿互利、典型示范的原则，引导农民和手工业者走互助合作的道路，顺利地实现了社会变革。所以，人们在实践中要很好地完成任务，就必须根据任务的性质和它所处的具体环境条件确定正确的方法。

第三，必须在所有方法中选择一种最佳方法。事物是普遍联系的，每一事物都和其他许多事物处在相互依赖、相互制约和相互转化之中。因此，每一事物的发展都具有多种可能性，人们在实践中对于每一事物的处理也就往往可以用多种方法去达到目的。比如过河，既可以用船，也可以搭桥，还可以用其他多种方法。每一种矛盾在不同条件下可以有多种多样的解决方式，每一种方式都能达到目的。但是，达到目的的时间、效果是有差别的。毛泽东说过："做事情，至少有两种方法：一种，达到目的比较慢一点，比较差一点；一种，达到目的比较快一点，比较好一点。一个是速度问题，一个是质量问题。不要只考虑一种方法，经常要考虑两种方法。比如修铁路，选线路要有几种方案，在几条线路里头选一条。可以有几种方法来比较，至少有两种方法来比较。"⑤ 这样，在多种方法中就存在一种最佳方法。所谓最佳方法，就是最符合客观规律的最科学

① 《列宁全集》第21卷，第121页。

② 《列宁选集》第1卷，第673页。

③ 《毛泽东选集》，东北书店1948年版，第577、578页。

④ 《毛泽东选集》第4卷，第1226页。

⑤ 《毛泽东选集》第5卷，第472～473页。

的方法。最佳方法在实践中能以最小的努力，获得最大的效果，能够更快、更好地达到目的。在经济建设中，最佳方法应该是以最小人力物力的投入获得最大经济效益的方法。为了实现到 2000 年工农业的年总产值翻两番的宏伟目标，我们可以想很多办法，挖各方面的潜力，但必须以提高经济效益为前提。胡耀邦同志在十二大报告中提出，在第六个五年计划期间，要“把全部经济工作转到以提高经济效益为中心的轨道上来”。因此，在经济建设中，研究最佳方法、提高经济效益，就成为十分迫切的问题。其他各方面的工作也必须研究、选择最佳工作方法，才能更好地开创新局面。

研究、选择最佳工作方法，一要深入群众调查研究。许多问题，靠少数领导者坐在办公室里苦思冥想是拿不出解决问题的妙法、高招来的，至多也不过是过去的老办法、老点子。要知道，解决实际问题的最佳方法是来自群众的实践中的。群众在实践中不断创造出解决问题的新方法。要想找到解决问题的最佳方法，首先就要深入群众，调查研究，集中群众的智慧和创造，研究解决各种问题的方法。二要学习专业科学知识。各种工作的最佳方法都是客观规律的反映。正如列宁所说：“人的经验就是对客观实在的适应，唯一科学的‘方法论’……就是客观实在的模写”[①]。而要做到这一点，就必须懂行，必须了解自己所从事的工作的性质、特点和规律。三要充分运用比较的方法。“有比较才能鉴别。”在对各种方法进行比较时，一方面要根据以往的经验，对各种方法进行分析、判断，决定取舍；另一方面，因为情况是在不断变化的，我们决不能固守自己的经验。各种工作方法都必须在实践中反复经受检验，根据实践的结果进行比较，作出正确的选择。科学不断发展，情况不断变化，实践不断深入，人们认识世界和改造世界的方法也在不断更新，因此，最佳方法也具有相对性。随着工作任务或客观情况的变化，工作方法也应当相应地改变。我们只有不断地克服主观主义、官僚主义作风，深入实际，调查研究，努力学习掌握最新的科学知识，才能在工作中不断选择最佳方法，为全面开创社会主义现代化建设的新局面作出贡献。

党的十二大提出了到本世纪末实现工农业年总产值翻两番的战略目标。要实现这一宏伟战略目标，我们必须认真学习和研究马克思主义的方法论，掌握和运用马克思主义的思想方法、工作方法，深入实际，调查研究，运用最科学的方法大力改革，以提高工作效率。唯其如此，才能全面开创社会主义现代化建设的新局面。

四、领导科学应着重研究最佳工作方法

领导科学作为一门应用科学，工作方法应是它的研究对象和重要内容。领导工作的科学化，在于工作方法的科学化。但在目前的领导科学研究中，对于方法问题，并未给予足够的重视。现已出版的各种教科书中，有的不提方法问题，有的照搬一般的哲学方法，这是不能适应现代领导的需要的。

---

① 《列宁选集》第 2 卷，第 279 页。

（一）工作方法是领导科学研究的对象

领导活动是领导者率领被领导者改造客观世界的一种实践活动。而领导科学作为这种实践的理论表现，是一门应用科学。它同其它科学的区别在于：其它科学是通过实践来揭示现实世界的规律，而领导科学则是运用各门科学理论来揭示领导实践的规律。所谓领导实践的规律，即是人类领导活动中诸因素、诸环节之间的客观的、必然的联系。这种联系实质上反映的是领导活动的科学程序或操作的程序化及规范化，因而它也是一种领导活动的方法。“方法”一词在英文中本身就含有条理、秩序、道路、途径等意思；而在希腊文中，它的原始含义是沿着一定的道路前进。所以，在一般意义上讲方法和事物运动发展的规律有一致性。在这个意义上，人们实践的规律和实践活动的方法是同一的。毛泽东就是把这种规律叫做“指导规律”和“行动规律”，也叫做方法。他在《中国革命战争的战略问题》一文中指出，要取得中国革命战争的胜利，就不但要研究一般战争的规律，还要研究革命战争的规律和中国革命战争的规律，进而还要研究“指导战争的规律”。他认为，指导战争的规律就是战略战术，也即是指导人们打仗的方法。由此可以看到，毛泽东是把指导规律与指导方法、行动规律与行动方法看作在本质上是同一的。它们都是揭示人有目的的活动与外部世界的内在联系，说明了人们在改造客观世界中“怎么做”的问题，体现了人的能动性和外部世界规律性的统一，是主体活动的规律。这种规律同外部世界的规律是既相区别又相联系的。首先，它同外部世界的规律一样都具有客观性，它把人们的领导活动当作客体来研究，揭示出领导过程中诸要素，如领导者、被领导者及客观条件等因素，以及规划、决策、组织、指挥等环节之间的客观、内在的必然联系。而这种规律也是在实践中产生的，是一种“行动的推理”，是人们在实践中经过千百次的经验证明确立起来的。比如，人们在领导活动中经过千百次的一般和个别相结合解决实际问题的实践，积累了成功的经验，在行动中以“逻辑的格固定下来”，形成一般和个别相结合的领导方法，因而科学的方法本身也就具有客观性。其次，主体活动的规律是以外部世界的规律为基础的。列宁说：“自然界的规律，乃是人们有目的的活动的基础。人们在自己的实践活动中面向客观世界，以它为转移，以它来规定自己的活动。”[①] 这说明主体活动的规律必须和客观世界的规律相符合。这是一切工作成功的保证。再次，主体活动规律和外部世界规律的区别在于外部世界（主要指自然界）的规律只受客观条件制约，而人们活动的规律除了受外部世界的规律制约以外，还要受到人的活动目的的制约。所以，主体活动的规律即方法是主观性和客观性的统一。

总之，主体活动规律同方法的一致性说明领导活动的规律就是领导活动的方法，而领导活动规律的特点就是领导方法的特点。由此可以得出结论：领导活动的方法也就是领导科学研究的对象，领导科学的任务就是要使领导活动的方法科学化。

---

① 《列宁全集》第38卷，第200页。

（二）领导科学的任务在于探索最佳工作方法

目前，各种领导科学的教材都侧重研究领导活动过程中的各种要素，或论述领导的本质、职能、领导制度、决策、领导者的素质等，而没有强调对工作方法的研究。在论述建立领导科学的必要性时，也往往论及现代化建设要求实行科学领导，而没有提出解决领导方法和工作方法的迫切性问题。其实，无论从理论上还是实践上，研究工作方法问题，探索最佳工作方法，都应该是领导科学的重要任务。

从理论上说，领导科学不是单纯的客体学说，也非纯粹的主体学说，而是主客体关系的学说。它既不应该单纯研究客体，也不应单纯研究主体，而应研究主体怎样改造客体，使客体满足主体需要。因此，怎样改造客体的方法是贯穿于领导活动过程的各个环节之中的，是实现领导活动目的的根本保证。领导者在领导过程中面对复杂的客观世界，首先要有科学的工作方法才能作出正确的规划，提出切实的任务，确定符合实际的目标。其次，提出切实的任务，也就是把改造对象引入实践过程，如果不解决方法问题，实践就无从着手，或者只能是盲目的实践。所以，领导目的的确定和实现都依赖于一定的工作方法。由于工作方法在领导活动中的重要地位，所以毛泽东历来强调在提出任务、确定目的的同时，就交待完成任务的方法。他说："一切工作，如果仅仅提出任务而不注意实行时候的工作方法……那么，什么也是不能实现的。"① 他又说："领导工作不仅要决定方针政策，还要制定正确的工作方法。"② 在中国革命过程中，毛泽东自己一直很重视方法问题。在革命转折时期，每当提出新的革命任务时，他总是同时向全党指出完成任务的方法。这种把工作任务和工作方法同时解决的做法，是值得今天的领导科学研究者认真总结的。

从实践来说，工作方法的研究也是改善领导的迫切要求。我们党历来注重工作方法的研究，在这方面有很多好经验。十一届三中全会以后，党重新确立了思想路线，纠正了搞群众运动的方法，强调根据实际情况来决定工作方针。但最近几年来，却很少注意工作方法的研究，只是不断提出新的任务，没有同时解决工作方法问题，结果就出现了一种形式主义倾向，即不断开会发文件，造成了有令不行、有禁不止的局面。这反映了我们的工作方法不适应改革开放的要求。现在党中央提出了治理经济环境、整顿经济秩序的任务，要很好地完成这一任务，不能仅仅停留在开会发文件的方法上了，应切实地研究新的工作方法。这也是领导科学义不容辞的任务。

领导科学不仅应该研究一般的工作方法，而且应该着力探索最佳工作方法。领导工作的任务是处理各种矛盾、解决各种问题，从而调动人的积极性去改造客观世界，达到一定的目的。由于事物的普遍联系，每一事物都和其它许多事物处在相互依赖、相互制约、相互转化之中，因而每一事物、问题的发展都有多种可能性。人们在实践中对每一事物、每一问题的处理也就可以用多种方法达到目的。如数学上某一方程，可以有多种解法。一切矛盾都可以有多种多样的解决方法。每种方法都能达到目的，但达到目的的

---

① 《毛泽东选集》第1卷，第128页。

② 《毛泽东选集》第4卷，第1330页。

效果和所需时间是有差别的。这样，人们对工作方法的评价就存在着好与坏、优与劣的价值判断。正如毛泽东所说："做事情至少有两种方法：一种，达到目的比较慢一点，比较差一点；一种，达到目的比较快一点，比较好一点。一个是速度问题，一个是质量问题。"① 这就是对工作方法的价值判断。而领导活动作为人类能动的创造性活动，就必然要追求一种获得最大价值的最佳工作方法，也就是最能体现客观规律性和人的能动性统一的方法。

探索最佳领导工作方法既是更好地实现领导目的的需要，也是现代领导方法的内在要求。我们知道，现代领导活动中已普遍采用系统方法。系统方法的根本特点在于最佳化，这是系统方法追求的目的。现代领导活动中决策的过程就是运用系统方法选择最佳方案的过程。离开最佳化的目的，系统方法就无意义，也就无所谓科学决策。因此，探索、选择最佳工作方法是现代领导科学的根本要求。

五、灵活运用领导方法、掌握领导艺术

毛泽东十分强调要灵活运用工作方法、掌握领导艺术，他说："善于把党的政策变为群众的行动，善于使我们每一个运动、每一个斗争，不但领导干部懂得，而且广大的群众都能懂得，都能掌握，这是一项马克思列宁主义的领导艺术。"② 他又说："领导人员依照每一具体地区的历史条件和环境条件，统筹全局，正确地决定每一时期的工作重心和工作秩序，并把这种决定坚持地贯彻下去，务必得到一定的结果，这是一种领导艺术。这也是在运用领导和群众相结合、一般和个别相结合这些原则时，必须注意解决的领导方法问题。"③ 根据毛泽东关于领导艺术的思想，领导艺术同领导方法、工作方法是密不可分的。它们的关系表现为：第一，领导艺术是领导方法的灵活运用。从上述引文中可以看到，毛泽东讲的领导艺术是指善于运用某种方法去达到领导目的。这里的"善于"，就是灵活运用某种方法对问题做出恰当处理。毛泽东在解释战争中的灵活性时说："灵活性是什么呢？就是具体的实现主动性于作战中的东西，就是灵活地使用兵力。"他又说，灵活性就是"运用之妙"④。可见，领导方法、工作方法是基础，领导艺术在熟练掌握领导方法和工作方法基础上的创造性运用。在这个意义上说，领导方法和工作方法同领导艺术也具有同一性。所以，有时又把一些领导方法、工作方法直接叫领导艺术。

第二，领导方法、工作方法虽然也有实践经验的总结和概括，但主要是各门科学理论在领导中的运用，表现为理论的操作化，因而具有规范化、程序化的特点。而领导艺术作为领导方法、工作方法的巧妙运用，主要依靠的是领导者的才智和经验。毛泽东说："古人所谓'运用之妙，在乎一心'，这个'妙'，我们叫做灵活性，这是聪明的指

---

① 《毛泽东选集》第5卷，第472～473页。
② 《毛泽东选集》第4卷，第1214页。
③ 《毛泽东选集》第3卷，第856页。
④ 《毛泽东选集》第2卷，第461、462页。

挥员的出产品。……聪明的指挥员基于客观情况，'审时度势'（这个势，包括敌势、我势、地势等项）而采取及时的和恰当的处理方法的一种才能，即是所谓'运用之妙'。"① 一个聪明的领导者在复杂的客观情况面前，他可以根据自己丰富的领导经验，凭借直觉判断和灵感去分析问题做出恰当处置。所以，领导艺术比领导方法具有更大的主观性，表现出不同的特点。

——灵活性。这是领导艺术最根本的特点。灵活性反映的是领导者在领导过程中善于随机应变、不拘泥于成规，因时因地因人制宜，因势利导，根据客观情况机动灵活地处置问题，巧妙地完成领导任务。它体现了领导者在千差万别的事物面前，在复杂多变的情况里面，在艰难曲折的环境中，发挥积极性和创造性。当然，灵活性不是主观随意性，灵活不是妄动。领导的灵活性一是要根据客观情况审时度势，做出恰当的处置；二是灵活性要和原则性相统一。

——随机性。这是灵活性的具体表现，它表现为领导者在复杂多变的情况下，不是遵循规范化程序办事，或机械地执行原定计划，而是要根据当时当地的情况忖度形势，随机应变，果断决策。在决策贯彻执行时，要根据情况和条件的发展变化，不失时机地调整原定的计划、部署、原采取的领导方式、原提出的口号，提出新的计划方案、新的口号，采取新的领导方式以适应变化了的情况。

——不确定性。这是由灵活性和随机性决定的。领导艺术是领导方法、工作方法的灵活运用，由于客观情况的千变万化和领导者个人才能及经验的不同，因而领导艺术就不可能具有确定的模式，不可能全都程序化和规范化，很难定量把握。它主要不是从逻辑推导中得来，而是以理论为指导，依靠经验，凭借领导者的灵感思维，抓住事物本质，做出决断。

领导艺术虽然具有不确定性，但并不是不可捉摸，而仍然是可以预测、有一定规律性的，因为一切事物的运动都表现为一定的过程，它们在运动变化中都具有相对稳定性的一面，因而也就总是有某种规律性可循。所以，领导艺术也就是可以学习和掌握的。学习和掌握领导艺术，首先是要善于观察和把握客观情况的变化，并善于根据客观情况而确定而改变自己的计划、部署、办法，这是领导者搞好领导工作的关键，也是工作方法灵活性的具体实施，也即是实际的运用之妙；其次要从实践经验中总结、提炼，只要有心，只要善于从领导实践中学习，熟能生巧，就一定能掌握领导艺术。

注：本章由《人文杂志》1983年第2期发表的《马克思主义方法论初探》（该文以温志兰的名义发表，1984年获四川省社科联四等奖）、《光明日报》1983年1月10日发表的《开创新局面需要探索最佳工作方法》（节录）和河南《领导科学》1989年第3期发表的《领导科学应着重研究最佳工作方法》（该文被该刊评为最佳论文）以及《毛泽东思想研究》1983年第3期发表的《毛泽东领导方法的特点》（节录）等文章编辑而成，编辑过程中有的节标题有所改动。

---

① 《毛泽东选集》第2卷，第462页。

第十二章　思想方法论散论

一、图难于其易为大于其细——思想方法漫谈

我国古代的哲学家老子曾经说过："图难于其易，为大于其细。天下难事必作于易，天下大事必作于细。"（《道德经》第63章）这话包含着深刻的辩证法思想，它说明我们要克服困难、成就大事，必须从易处入手，从细小的事情做起。

为什么从易可以"图难"，从细可以"为大"呢？这是由事物发展的量变质变规律所决定的。任何事物的发展过程都是从量变到质变的过程。没有量的变化，就不会有质的飞跃。但是，并不是任何量变都能引起质变的，只有当量变发展到一定程度的时候，才会出现质变。那么，怎样才能使量变发展到足以引起质变的程度呢？这就要"积"。从一种质过渡到另一种质，都是通过量变的积累来实现的。荀子说的"积土而为山，积水而为海……人积耨耕而为农夫，积斫削而为工匠，积贩货而为商贾，积礼义而为君子"（《儒效》），意思也是指差别之间的过渡都是通过量变的积累来实现的。没有量变的积累，就不能实现从土到山，从水到海，从一般人到农夫、到工匠、到商人、到君子的转化。

积量变才能产生质变这一道理，既要求我们在工作和学习中要善于从小处着手，从易处做起，又要求我们要有坚持不懈的精神。因为，量变既是一种细小的和不显著的变化，又是连续不断地进行的。只有从小从易做起，并且持之以恒，才能积易化难，积小为大。人们要想学习和掌握某种知识，也必须循序渐进才能积学而成，一口是吃不成大胖子的。毛泽东非常重视这个道理，他在青年时代为友人的一本读书杂记所写的序言里说，学问的研究，"有获有不获，则积不积之故也。今夫百丈之台，其始则一石耳，由是而二石焉，由是而三石、四石以至于万石焉。学问亦然。今日记一事，明日悟一理，积久而成学。""学如何精，视乎积之道而已矣"①。这就是说，学问的精与博非旦暮所能成，积久才能成学，所以，学问之道在于"积"。

在道德修养上也是这样。自古以来，就有"善不积，不足以成名"之说。雷锋具有很高的共产主义道德修养，但是，他的这种道德修养既不是天生的，也不是一下子造成

---

① 转引自李锐：《毛泽东的早期革命活动》，第44～45页。

的，而是在为人民服务的长期革命实践中日积月累地培养起来的。一个人能不能成为具有高尚道德的人，不在于能否做几件惊人的大好事，而在于能否坚持一辈子做好事，一贯有益于人民。荀子说："圣人者，人之所积也。"只要坚持做有益于社会、有益于人民的事，一般的人也可以成为品德高尚的人。如果人人都能如此，就能使整个社会形成高度的精神文明。

当然，并不是任何量变都能造成有利于事物发展、符合人民群众需要的质变，所以，我们必须对事物的量变作具体的分析。对于这个问题，古人曾经提出要"知几"，要"见几而作"。什么叫"几"？"几者，动之微也，吉（凶）之先见者也。"（《系辞》下）用我们今天的话来说，"几"就是微小的不显著的变化。所谓"知几"，就是分析苗头，即在事物刚出现微小的变化，还处于萌芽状态的时候，人们就要力求看出它的发展方向，对它的前途作出科学的预见。"见几而作"，就是根据这种预见采取相应的措施。如果这种变化有利于事物的发展，有利于人民群众的长远利益和根本利益，就应该及时抓住它的"苗头"，加紧工作，创造条件，循序渐进，促其转化。如果这种"苗头"不利于事物的发展，无益于人民群众，那就不能让它有量变的积累，而应该尽早采取措施加以限制或消除，使它不致发生人们不希望出现的那种质变。这也就是人们常说的"防微杜渐"、"防患于未然"的道理。

"见几而作"，还要求我们解决问题要及时，要迅速。古人有所谓"君子见几而作，不俟终日"。为什么要这样及时处理，不等过夜呢？这是因为量变具有不断积累并向质变发展的趋势。所以，在问题刚露头的时候就及时处理，一般说来，既省时又省力，事半功倍，容易生效。如果拖延时日，小事就会变成大事，易事也会变成难事，解决起来往往费时费力，不易收效，甚至造成不必要的损失。所以，毛泽东指出，在工作中要及时发现问题，研究解决问题的办法，"不要等到问题成了堆，闹出了许多乱子，然后才去解决"①。可是，我们有些同志总是不容易发现"苗头"，作出预见，有时即使发现了也往往不能引起注意，常常用"等一等"、"看一看"、"研究研究"来应付，一直等到事情闹大了才去过问。而这时问题也往往更难解决，于是就叫唤："现在的工作太难做了！"这种在问题容易解决的时候不去解决，拖到问题成堆难以解决的时候又叫苦的作风，是不符合马克思主义辩证法的。按照辩证法，越是难做的工作越不能拖，越应该从细处、易处入手抓紧解决。当前，摆在我们面前的任务就是建设现代化的社会主义强国。为此，我们每一个人都必须在自己的本职工作中，把一件一件的具体工作抓紧做好，只有这样才能汇细流而成大海，完成建设现代化的社会主义强国这一大业。

二、裂一焉能得半——谈谈顾全大局

清代，我们四川有个名叫唐甄的思想家，曾经讲过一个故事，说明"一与半"即全局与局部的关系。他说，他妻子小的时候和姐姐同睡一床，姐姐经常叫她驱赶蚊子，她

① 《毛泽东选集》第5卷，第236页。

很不高兴。有一天晚上，她单把自己睡那头的蚊子驱走，就把蚊帐掩上了。她妈妈看了好笑，问她："你为什么只驱一头的蚊子呢?"她说："我哪有功夫为他人，顾自己就是了。"这种在一帐之内只驱一头的蚊子，不能达到驱蚊的目的，其道理是非常清楚的。所以，唐甄的结论是："盖一失，即半失也。焉有裂一而得半也?"

为什么裂一不能得半呢？这里面包含着全局与局部之间辩证关系的道理。所谓全局，就是事物的整体及其发展的全过程。所谓局部，就是组成事物整体的各个部分、方面及其发展的各个阶段。全局和局部是互相联系的。全局是由局部组成的有机的统一的整体，局部隶属于全局，并受全局制约和支配。没有全局，局部就失去了依托。同样，没有各个局部，也就无所谓全局。

根据全局与局部的这种辩证关系，我们在贯彻调整国民经济的方针时，必须遵循这样一条重要原则：顾全大局。

怎样才能做到顾全大局呢?

首先必须正确地认识大局。所谓"识大体，顾大局"，就是讲的只有对大局有了正确的认识，才有可能自觉地顾全大局，否则是不可能的。比如，十一届三中全会以后，党中央确定了对国民经济实行"调整、改革、整顿、提高"的方针，力求尽快改变严重失调的比例关系，使我国的国民经济走上稳定持续发展的轨道。但是，由于一些同志对这一方针的重要意义缺乏正确的认识，他们往往不从全局的利益出发，而从自己那个局部的利益出发，不是使自己那个局部服从调整这个全局，而是不适当地把自己的局部利益置于调整这个全局利益之上，因而使调整的方针没有得到很好地贯彻执行。这个事实说明，不能正确地认识大局，也就不可能自觉地做到顾全大局。当前，我们一定要认真学习中央工作会议的精神，深刻理解中央工作会议决定的在经济上实行进一步调整、在政治上实现进一步安定的重大方针，认清贯彻这个方针就是当前的大局。只有这样，才能自觉地贯彻这个方针，才能使国民经济比例关系严重失调的问题得到解决，我们的经济工作也才能由被动转为主动。所以，在当前来说，我们想问题、办事情，都必须从调整这个大局出发。

顾全大局，必须自觉地使局部服从全局。局部是全局的有机组成部分，它的存在和发展是受全局制约的。只有全局搞好了，局部利益才能从根本上得到保证。舍全局而求局部，犹如同寝于一帐之内而独驱己首之蚊的道理一样，全局既不能保，局部最终也不可得。这种蠢事，我们是绝不能去干的。毛泽东说："共产党员必须懂得以局部需要服从全局需要这一个道理。如果某项意见在局部的情形看来是可行的，而在全局的情形看来是不可行的，就应以局部服从全局。反之也是一样，在局部的情形看来是不可行的，而在全局的情形看来是可行的，也应以局部服从全局。这就是照顾全局的观点。"① 局部服从全局，在全局利益与局部的暂时利益一致时，是容易做到的；而当局部的暂时利益与全局的利益发生矛盾时，即为了全局的利益局部必须暂时少为或者不为，以至要牺牲局部的某些利益的时候，则往往不容易做到。对于共产党员来说，不论在什么情况下，都必须自觉地无条件地服从全局的利益，特别是在局部利益与全局利益发生矛盾

① 《毛泽东选集》第2卷，第491页。

时，尤其要这样。当前，在经济上，凡是从全局出发该退的就要坚决退下来，而且要退够，该上的则必须想尽办法上，各种安排都必须服从于实行进一步调整这个大局。在政治上，共产党员必须坚决贯彻执行党中央的路线、方针和政策，坚决反对无政府主义，不利于安定团结的话不说，不利于安定团结的事不做。只有这样，全局才能稳定，局部利益也才能得到保证。

在全局与局部的关系中，全局决定局部，这是问题的一个方面。另一方面，局部对于全局也具有重要的影响，全局是由局部组成的，因而局部必然要影响全局。局部搞得好可以促进全局的发展，局部搞得不好又会拖全局的后腿。所以，顾全大局，必须充分发挥局部的积极作用。我们强调局部服从全局，并不是说可以不关心局部的利益，也不是说可以不发挥局部的主动性和积极性，而是说应该在有利于全局、服从全局的前提下，关心局部的利益，发挥局部的积极性和主动性。这样的局部利益，这样的积极性和主动性的发挥，是同全局的利益一致的。大家知道，交响乐队演奏乐曲时，各个乐器手决不会因为服从了乐队指挥的统一指挥，就会使自己的积极性和主动性受到限制，恰恰相反，各个乐器手只有在服从乐队指挥的统一指挥，运用自己的乐器，充分发挥自己的才能，演奏才会获得成功。如果没有统一的指挥，乐器手们各奏各的，演奏是肯定不可能搞好的。但是，如果只有统一指挥，而不发挥乐器手们的积极性和才能，要想演奏出和谐的乐曲，同样是不可能的。我们的日常工作也同乐队演奏乐曲时的情形相似，既要服从全局的统一指挥，又要充分发挥局部的积极性。对于当前正在进行的进一步调整国民经济的工作来说也是这样，地方、部门、企业等各个局部，既要坚决服从中央的统一指挥，又要在这个前提下充分发挥各自的积极性和主动性，努力把局部的工作做得更好。

顾全大局，还必须正确处理好各个局部之间的关系。事物的局部不仅和全局发生联系，而且各个局部之间也是互相联系着的。因此，局部对全局的影响，既有直接的，也有间接的。所谓间接的影响，就是通过局部之间的相互影响而作用于全局的影响。事物的各个局部在全局中的地位和作用是各不相同的。某些局部对于全局的发展具有决定性的作用，某些局部则不具有决定性的作用。人们常说："一着不慎，满盘皆输。"这里所说的"一着"，就是对全局具有决定性作用的那种局部。如果这种具有决定性作用的局部解决不好，就会直接对全局造成严重的影响。但是，如果对其他那些局部不予以应有的注意，不作正确的处理，不但会影响对具有决定性作用那些局部的顺利解决，而且最终也会影响到全局。因此，我们既要着重地正确解决好那些对全局有决定意义的局部，也要正确地处理好其他各个局部同具有决定性作用的局部之间的关系，这样才能更好地促进全局的发展。所以，那种对各个局部的地位和作用不分主次，不注意着重地处理好对全局具有决定意义那些局部的观点是错误的，忽视其他局部的观点也是错误的。各个局部都是互相联系、互相制约的。为了全局的利益，各个局部都应该从全局利益出发，彼此协作，互相配合，共同努力，必要时甚至要勇于牺牲某些局部的利益以保证全局的利益，要坚决反对那种不顾大局，对别的局部漠不关心，甚至以邻为壑的本位主义态度。如果我们的同志都有这种顾全大局的观点，全局的发展也就有了可靠的保证。

总之，只有顾全大局，才能搞好国民经济的调整；只有正确地认识了调整国民经济这个大局，并且正确地处理了全局与局部的关系，才能真正做到顾全大局。我们每个同志，特别是共产党员，都应该树立局部服从全局的观念，充分发挥自己的积极性和主动性，正确处理好局部和全局的关系，坚决贯彻党中央关于对国民经济实行进一步调整的方针，为四化建设作出贡献。

三、齐王赛马的哲理——方法论漫谈

齐王赛马的故事，人们常常用来讲运筹学，其实这个故事也包含着哲学上的道理。

这个古老的故事说：一天，齐威王要大将田忌和他赛马，约定各人从自己的上马(即最好的头等马)、中马、下马中，各选一匹马出来比赛，每次赌注为一千金。田忌的马一般都不如齐王的马好，眼看三千金输定了。但是田忌的谋士们出了个主意，叫他用下马对齐王的上马，中马对齐王的下马，上马对齐王的中马。这样比赛的结果，田忌的下马输了，而中马和上马都胜了，田忌转败为胜，赢得了一千金。

这种在相同条件下，由于事物内部各种因素的安排布局不同而出现不同的结果，在哲学上也叫做量变引起质变，是量变质变规律的一种表现形式。它所反映的是同样成份组成的事物，由于各成份在事物内部的排列组合次序上的改变，引起事物性质上的根本变化。你看，同样是田忌的三匹马，由于用不同组合进行比赛，使本来该三赛三败变为一败二胜，田忌本该输掉三千金，却赢得了一千金，这结果不是发生了根本性质的变化吗?

这种情况我们在生活中、学习中、生产中经常遇到。比如，生活中常有这样的情形：当你工作之余访亲拜友的时候，你会发现一个朋友家里，住房并不宽，家俱不少，但由于主人善于安排、布置得当，整个屋子显得宽敞、舒适。另一个朋友家里，住房不算小，家俱也不多，由于主人不讲究安排布置，整个屋子给人一种芜杂、拥挤的感觉。棋坛对弈，同样的棋子，由于安排布局不同，结果有的是输家，有的是赢家。学习中，你学有机化学碰到的同分异构体，就是同种分子式，因原子的空间排列不同，也就是分子结构不同而产生的不同性质的化合物。如大家知道的乙醇（也就是酒精）和甲醚，它们的分子式都是 C_2H_6O，但是由于乙醇和甲醚的分子结构不同，它们两者就有完全不同的性质。纯净的乙醇为无色易燃的液体，具有特殊香气和辣味，沸点为 78.3℃，能以任何比例与水混合，能溶解香精油和树脂等。而甲醚则是无色气体，沸点是－23.6℃，几乎不溶于水。在战争中，同样数量和素质的军队，由于战斗部署不同，可以引起战斗力性质和战斗结果发生根本的变化。在劳动生产中，生产设备和投资不变、劳动人数不变的情况下，只要善于安排劳动力，使之搭配得当，劳动组织发生变化，劳动生产率就会大大提高，等等，这些都是由于组成事物的内部成份的排列组合的改变而引起的质变。

根据这一量变质变的道理，我们在生产中，要想多出产品、增加生产，就不能只想到增加投资、增加设备、增加劳力，而应该很好地学习、研究生产管理，提高管理水平，在巧安排上下功夫，科学地搞好人力、物力、财力的配合，充分利用现有条件，生产出更多、更好的产品。这种在搞好管理中求得的增产，是最好的增产。同样，在各项工作中，也只有善于安排部署，才能做到事半功倍，收到很好的效果，为社会主义现代化建设作出贡献。

四、谈谈“多”与“少”的辩证法

多与少的问题，是人们在生活中、工作中、生产中都要遇到的问题，是我们在当前的增产节约运动中必须正确处理好的问题。

多与少是互相联系，互相转化的，少可以变成多，多也可以转化成少。它们的转化不仅会出现量上的差异，而且会产生质的不同。多与少转化的条件是“积”。积少可以成多，积少也可以失多。“积”在多与少转化过程中的作用，古人早有论述了。先秦哲学家荀子说：“积土而为山，积水而为海，旦暮积谓之岁”，不积少无以成多。古希腊哲学家欧布里德提出，一粒谷子能否造成一个谷堆？减少一根头发能否造成一个秃头？不能。但是，再来一粒谷子或减少一根头发，一直重复下去，等到最后加一粒谷子或减少一根头发，便造成一个谷堆或一个秃头。列宁称这个辩论表现了从量到质和从质到量的转化的“辩证法”。这充分说明了积少可以成多，积少也可以失多的道理。积少的结果，不止是出现量的差异，而且产生了质的不同。一粒谷子无足轻重，但一个谷堆，它的作用就大不相同了；减少一根头发不要紧，但减少到最后成了秃头，同有头发就根本不同了。

“积”即是多与少转化的条件，这就要求我们在处理多与少的关系问题上必须紧紧地抓住“积”。要抓住“积”就要着眼于多，着手于少。要得到多、要保持多，都必须从积少做起。我们的国家是一个人口众多的大国，某种东西，在局部范围看来是少，是无所谓的，但是，积大范围、积长时间就是多了。比如一粒米，孤立地看，微不足道。然而一万八千多粒米就有一斤，全国九亿七千万人，每人每天节约一粒米，一天就有五万多斤，一年就是二千多万斤，若以每人每天定量一斤算，可供五万多人吃一年。这是一个很可观的数字，然而却是积粒而成的。

懂得多与少的关系，懂得积少成多的道理，对于我们搞好增产节约运动有着十分重要的意义。无论是增加生产，还是厉行节约，都要抓关键问题，但也不要忽略次要问题，既要抱住西瓜，也要注意捡起芝麻。不要以为节约一点点不起作用、浪费一点点算不了啥，要看到积少成多，节约可以使少变多，浪费会使多变少。我们只有从多处着眼，少处着手，坚持积少，才能在增产节约运动中做出成绩，为四个现代化出力。

五、从英雄安泰和他的母亲说起

古希腊神话中，有一个著名的英雄叫安泰。据传说，他是海神波赛东和地神盖娅的儿子，是利比亚国王，住在北非洲的山洞里。安泰对于生育、抚养他的母亲——大地是非常依恋的，总不离开他母亲，连睡觉都躺在母亲身上。安泰很有力量，没有哪一个英雄斗得过他。原因就在于每当他同敌人搏斗而遇到困难时，便往地上一靠，就从母亲那里获得了新的力量，因而他总是所向无敌。但是他也有一个弱点，就是最怕别人用什么办法使他离开大地。后来希腊大英雄海格立斯前往北非洲寻找金苹果时和安泰相遇，进行搏斗。第一次，海格立斯用了很大的力量把安泰摔倒在地上，但是当他从地上翻身站起来时，浑身又充满了力量。海格立斯这才醒悟，原来安泰只要身体不离开大地就有不可战胜的力量。于是，在他们再次搏斗时，海格立斯改变了方式，不是把他摔倒在地上，而是把他高高举在空中，使他无法再靠近大地。海格立斯就这样战胜了安泰。

这是一个反映英雄人物力量源泉的神话。斯大林曾用来说明布尔什维克力量之所在。他说，布尔什维克很像希腊神话中的英雄安泰。布尔什维克也同安泰一样，其所以强大，就是因为他们同自己的母亲——那生育、抚养和教导他们的人民保持联系，他们就始终是不可战胜的。一旦离开人民群众，党就没有力量了。毛泽东说："力量的来源是人民群众。不反映人民群众的要求，哪一个也不行。"他还把人民群众比作什么力量也打不破的铜墙铁壁。在毛泽东、周恩来、朱德、刘少奇等老一辈无产阶级革命家的长期培育下，我们党形成了密切联系群众的优良传统和作风，使我们党不断胜利，不断壮大。但是，在十年浩劫中，由于林彪、"四人帮"的倒行逆施，党的密切联系群众的优良作风遭到了严重破坏。一些人居功自傲，做官当老爷，搞特殊化，严重地损害了党和群众的关系。为了保证党和群众的关系，为了保证党对四化建设的强有力的领导，充分发挥党的战斗力，我们党员和干部，应该像英雄安泰依靠他母亲一样，紧紧地依靠群众，密切联系群众。

密切联系群众，在当前最根本的是要按《关于党内政治生活的若干准则》的要求，整顿党纪党风。一方面，每个共产党员树立为最广大人民谋利益的思想，树立党的"各级领导干部都是人民的公仆，只有勤勤恳恳为人民服务的义务，没有在政治上、生活上搞特殊化的权力"的思想，关心群众、爱护群众，和人民群众同甘共苦，认真接受群众的监督；另一方面，作为人民群众来讲，对当前一些党的干部、一些党员高踞于群众之上，搞不正之风的坏风气，要敢于监督，敢于提出批评建议，帮助我们党改变作风、改善和加强党的领导。如果说英雄安泰的母亲有不足之处的话，那就是她只限于安泰对她的依恋，给他力量，而没有能采取措施来保证安泰不离开她，从而使安泰不能始终有不可战胜的力量。人民群众应该比安泰的母亲高明得多，她不仅要求党不离开她，而且能采取有效的措施防止党离开她。只要我们从关怀爱护出发，充分发挥监督作用，我们党是能够自己纠正缺点错误的，能够始终坚持同群众在一起，从群众那里得到力量，来领导人民实现四个现代化。

注：本章是由《四川日报》1981 年 4 月—10 月发表的几篇短文和《成都日报》1989 年 3 月—8 月发表的几篇短文以及四川省委宣传部、组织部主办的《支部生活》1981 年第 1 期发表的短文选编而成的。

第二篇　实践标准与思想解放

“文化大革命”结束以后一度出现“两个凡是”，严重束缚人们的思想，使人们不敢从实际出发去思考问题，迷信“本本”，生搬硬套革命导师的只言片语和个别结论。凡是革命导师没有讲过的，“本本”上、文件上没有的，就不敢想、不敢说、不敢动，有人甚至还搬用革命导师的只言片语和个别结论来责难党的现行政策。针对这种情况，在邓小平的支持下，全国开展了实践是检验真理的唯一标准的讨论，破除了“两个凡是”，促进了人们的思想解放。

第十三章　坚持实践是检验真理的唯一标准，推动思想解放（上）

一、理论不能作为检验真理的标准

马克思主义认为社会实践是检验真理的唯一标准，但是有的人不承认“唯一”，认为实践固然是检验真理的标准，但是经过实践检验过的正确理论，比如马列主义、毛泽东思想也是检验真理的标准。对于这个问题，必须从认识论的几个最基本的范畴，即主观、客观（或精神、物质）与实践的关系来研究。在这三者中，只有实践才是检验真理的唯一标准，其他都不能作为标准。

实践作为检验真理的唯一标准，是由真理的性质和实践的特点所决定的。真理是客观事物及其规律在人的意识中的正确反映。这就是说，真理的内容是客观的、具体的，而在形式上是主观的，是观念形态的东西，属于意识的范围。所谓检验真理，就是要检验人的认识同它所反映的客观对象是不是相符合，也就是根据某种认识所要求的条件，把精神变成物质，看能否达到预期的成功，如果能够达到，就证明主观和客观是相符合的，因而这种认识是正确的，如果不能达到预期的目的，就证明是错误的。很明显，真理的检验是在认识过程的第二个阶段，即由精神变物质的阶段进行的。作为检验真理的标准，必须是客观的，又必须要具备联系主观与客观、能把精神变成物质的这种特性。在主观、客观与实践这三者中，只有实践具备这种特性。实践是人们有目的地改造客观世界的活动，是主观见之于客观的东西。它具有直接现实性的特点。通过实践，人们能把精神变成物质，证明主观和客观是否相符合。理论和客观事物本身都不具备这种特点。

理论，即使是经过实践检验过的正确理论，包括马列主义、毛泽东思想都不能作为检验真理的标准，首先就因为理论不具备作为检验真理标准的条件。任何理论都是观念形态的东西，它只有经过实践才能变为间接的现实性，而没有直接的现实性，不能把主观和客观联系起来，不能直接使精神的东西变成物质的东西，因此不能证明主观和客观是否相符合。比如，我们检验“整顿就是革命”是不是真理，如果用理论作标准，就说“整顿就是革命”符合马列主义、毛泽东思想，所以它是真理。但这里只是在主观范围内说明观念的东西符合观念的东西，没有说明“整顿就是革命”和客观实际是不是相符合，是不是正确地反映了客观实际。只有经过实际的整顿，看到革命搞好了、生产上去了，这才证明“整顿就是革命”是同客观实际的变化相符合的真理。

理论不能作为检验真理的标准，也由于认识的方法不能证明认识的结果。任何正确的理论是人们在实践中总结出来的，是指导人们继续实践和认识的方法。马克思主义是无产阶级的世界观和方法论，是我们认识世界和改造世界、探求新的知识的工具、方法。恩格斯说：“马克思的整个世界观不是教义，而是方法。它提供的不是现成的教条，而是进一步研究的出发点和供这种研究使用的方法。”[①] 列宁曾多次引用恩格斯的话说：“我们的学说不是教条，而是行动的指南。”他又说，马克思主义给了人们一个伟大的认识工具。[②] 毛主席历来强调学习马列主义主要是学习立场、观点和方法。这些都说明马列主义是我们的世界观和方法论。我们运用马列主义的立场、观点和方法作指导，进行生产斗争、阶级斗争和科学实验，总结出新的知识。这知识是否具有真理性，不能用世界观和方法论去检验。因为世界观和方法论是普遍的原理、原则，它和在一定条件下总结出来的新的知识是一般和个别的关系。虽然个别中包含着一般，但个别的本质是它的特殊矛盾。正如用矛盾的普遍性不能说明矛盾的特殊性一样，一般的原理、原则也不能证明在特定条件下产生的具体认识的正确性。我们不仅不能用马列主义的原则作标准去检验自然科学，也不能用马列主义的原理作标准去检验社会科学。各门科学都有它自身的研究对象和特殊的矛盾。马列主义、毛泽东思想只能指导各门科学的研究，不能作为标准检验各门科学研究的成果。各门科学理论的正确性，只有实践才能证明。比如，毛主席运用马列主义的基本原理研究中国革命的特点，提出工农武装割据、农村包围城市夺取政权的理论，这在马列主义中是崭新的东西，马列主义的世界观和具体问题具体分析的方法并不能证明这一理论是否正确，只有中国革命的胜利实践才证明这一理论是伟大的真理。这好比打靶的方法不能证明打靶结果的好坏一样，认识的方法不能证明认识的结果是否正确。

理论不能作为检验真理的标准，还在于认识的阶段不能检验认识的过程。任何正确的理论都是人们在一定条件下对于客观事物发展的一定阶段的认识的总结，它只具有相对的真理性。它反映的是人们认识的一定阶段的成果，一旦形成，就具有相对稳定性。而客观事物是不断运动、变化、发展的，社会实践是不断深入的，人们的认识也随着客观事物和实践的不断发展而发展。毛主席说：“客观现实世界的变化运动永远没有完结，人们在实践中对于真理的认识也就永远没有完结，马克思列宁主义并没有结束真理，而是在实践中不断地开辟认识真理的道路。”[③] 这就是说，真理是一个过程。这个过程是随着客观事物及实践的变化而变化的，只有用实践作为检验真理的标准，才能使主观和客观、理论和实践达到历史的具体的统一。用理论作为检验真理的标准，就是用认识的一定阶段来检验认识的过程，用过去的认识来检验现在的认识，用人类认识的低级阶段来检验人类认识的高级阶段。其结果就会出现用牛顿力学理论来检验爱因斯坦的相对

---

① 《马克思恩格斯全集》第39卷，第406页。

② 参看列宁的《马克思主义的三个来源和三个组成部分》、《论马克思主义历史发展中的几个特点》及《论策略书》等著作。

③ 《毛泽东选集》第1卷，第296页。

论，用物质结构的原子理论来检验物质结构的层子理论。这是很荒唐的。它只能阻碍人类认识的发展，窒息真理。

用理论作为检验真理的标准，必然是颠倒主观与客观、理论与实践的关系，导致认识论上的唯心主义、形而上学，把理论变成无源之水、无本之木，变成主观自生的僵死的教条。马克思主义以前的一切哲学家由于不懂得实践，都没有能解决真理的标准问题，在认识论上不是唯心主义就是形而上学。马克思主义第一次把实践引入认识论，科学地解决了认识和实践的关系，创立了革命的能动的反映论，划清了同唯心主义先验论和旧唯物主义反映论的界限。实践在认识中的重要地位，就在于它决定认识的发生、发展，决定人们认识的真理性。只有用实践作为检验真理的标准，才能坚持客观决定主观、物质决定意识的唯物主义原理，坚持从物到感觉到思想的唯物主义路线。也只有用实践作为检验真理的标准，才能坚持认识论的辩证法，使人们的认识随着客观事物的变化，随着实践的深入而不断得到修正、补充和完善，逐渐达到对客观事物的规律性的认识，不至停止在一个水平上，变成僵死的教条。如果用理论作为检验真理的标准，就是要人们的认识符合理论，实质上是认识的内容和它所反映的对象都是一个东西，即都是思想，因而也就是主观决定主观，或者意识决定意识，根本否认物质决定意识的唯物主义基本原则，实际走的是从感觉到思想到物的唯心主义路线。林彪、“四人帮”正是从这里出发，完全颠倒精神与物质、理论与实践的关系，鼓吹“精神万能论”，贩卖“倒过来”的哲学，提出“思想上正确与否决定于理论”、“理论——实践——理论”的荒谬公式，仿佛理论能主宰一切、裁决一切，只要谁的调子唱得高，谁就最正确、最革命，谁讲求实事求是，谁就倒霉。

用理论作为检验真理的标准，必然导致用唯心主义来解释马克思主义的产生，把马克思主义创始人神化，把马克思主义当成万古不变的宗教信条。马克思主义是一门科学，科学是在实践中产生的，它是相对真理和绝对真理的统一，它要在实践中不断接受检验，不断发展。如果把马列主义当成检验真理的标准，就会把它变成是天上掉下来的或主观自生的宗教信条。按照这种理论，毛泽东思想是真理，是因为经过列宁主义检验；列宁主义是真理是因为经过马克思主义检验，那么马克思主义是真理，是由谁的理论检验的呢？当然不能说是由黑格尔的理论检验的，那只能是马克思、恩格斯这种天才人物凭空创造了这种正确的理论。林彪、“四人帮”就是这样来宣传天才论的，他们根本否认马克思主义创始人亲身参加革命实践，总结革命实践的经验，作出了理论上的创造，而把革命理论的创始人当成宗教的偶像，宣扬什么“世界几百年，中国几千年才产生一个天才”，鼓吹“句句是真理，一句顶一万句”，必须“句句照办”。他们完全离开真理的具体性、相对性，把马列主义、毛泽东思想绝对化，变成不包含相对真理、不再发展的“顶峰”、终极真理，从而堵塞了人们认识真理的道路。这在认识论上是典型的一次完成论，是彻头彻尾的形而上学。“四人帮”正是利用这种荒谬的形而上学，伪造了永远“按既定方针办”的所谓临终嘱咐，来为他们篡党夺权的反革命活动服务。

用理论作为检验真理的标准，在实践上必然阻碍革命事业的发展。实践是理论的基础，理论又转过来为实践服务，推动实践的发展。毛主席说：“通过实践而发现真理，又通过实践而证实真理和发展真理。从感性认识而能动地发展到理性认识，又从理性认识而能动地指导革命实践，改造主观世界和客观世界。实践、认识、再实践、再认识，这种形式循环往复以至无穷，而实践和认识之每一循环的内容，都比较地进到了高一级的程度。”[①] 它们就是在这种互相促进的关系中前进的，实践无止境，理论无顶峰。如果用理论作为检验真理的标准，把在一定阶段、一定条件下总结出来的理论作为框子去套一切，不准越雷池一步，这就会限制人的行动，阻碍革命事业的发展。这种对待革命理论的错误态度对革命事业的危害极大。斯大林在批判季诺维也夫一伙阉割马克思主义“活的灵魂”时曾引述一个故事作过尖刻的嘲讽和批判。“‘故事’”的内容是这样的：事情发生在克里木海陆军起义的时候。水兵和步兵的代表去见社会民主党人说：近几年来你们号召我们起义以反对沙皇制度，我们深信，你们的号召是正确的，我们水兵和步兵约定起义，现在特来向你们请示。社会民主党人慌张了起来，回答说他们不召开专门代表会议不能解决起义问题。水兵们示意说，不能再迟延了，事情已经准备好了，如果他们得不到社会民主党人明白的答复，社会民主党人不来领导起义，事情就会失败。水兵和步兵随即离去，等候指示，而社会民主党人就召开代表会议来讨论这个问题。他们拿出《资本论》第一卷，拿出《资本论》第二卷，最后拿出《资本论》第三卷。他们寻找马克思有关克里木、塞瓦斯托坡里的指示，有关克里木起义的指示。但是找遍三卷《资本论》，都没有找到一个，简直没有找到一个有关塞瓦斯托坡里、有关克里木、有关水兵和步兵起义的指示。他们又翻阅马克思和恩格斯的其他著作，寻找指示，还是一点指示也没有找到。怎么办呢？水兵们已经来了，等着答复。结果怎样呢？社会民主党人只好承认，在这样的情形下他们不能给水兵和步兵任何指示。……“海军和步兵的起义就这样失败了”[②]。这个故事生动而又深刻地击中了假马克思主义者的要害。这种假马克思主义者看起来很忠实于马克思主义、维护马克思主义，但实际上他们离开马克思主义的完整体系，抛弃马克思主义的精神实质，把马列主义的词句当作包医百病的灵丹圣药，把马克思列宁主义的著作看成是一部解决各种问题的现成答案的教条集录，认为遇到什么问题，只要打开“锦囊”就可以找到妙计应付一切。按照这种观点，凡是革命导师讲过的，不管条件变不变都必须照办；凡是革命导师没有讲过的，不管现实中多么迫切需要解决的事都不能办。它完全把指导人们行动的指南，变成了束缚人们行动的紧箍咒，使人们不敢前进一步。如果照此办理，就不可能有苏联十月革命的胜利，也不可能有中国革命的胜利，在今天我们也不可能进行新的事业。毛主席没有讲过党的十一大路线，没有讲过新的长征等等，我们通通都不能实行，实行了就是没有按照毛主席的指示办事，就是砍旗。有这种思想的人不仅自己反对理论联系实际，而且反对别人联系实际，认为谁要是坚持实事求是，从实际出发，根据新的情况制定新的工作方针、政策，谁就是犯了弥天大罪。因此，提出理论是检验真理的标准、反对实践是检验真理的唯一标准这种思潮，不仅在理论上是从辩证唯物主义倒退到唯心主义形而上学，而且在实践上是有害的。它阻碍革命事业的前进，实质上是林彪、“四人帮”那一套假左真右的货色的流毒和影响。不批判这种思潮，就不能解放人们的思想，就不能前进，就不能完成

---

① 《毛泽东选集》第1卷，第296页。

② 《斯大林全集》第9卷，第83～84页。

新时期的总任务，实现四个现代化。

实践是检验真理的唯一标准，这本来是马克思主义的常识，为什么还会提出理论也是检验真理的标准呢？这除了林彪、“四人帮”的流毒和影响以外，我认为在认识上的原因就是不能正确理解真理的检验，把检验看成是逻辑上的一致，因而认为逻辑证明也就是检验真理，进而认为理论是检验真理的标准。前面我们已经讲过，检验真理就是要证明主观和客观相符合，逻辑证明不能解决这个问题。逻辑证明是人们进行抽象思维的方法，证明的过程是人们在理性认识阶段运用概念、判断进行推理的过程，它所遵循的是推理要合乎逻辑规则，推出的结论要和前提一致。逻辑证明是在理性认识阶段进行的，属于认识过程的第一个飞跃。在这个飞跃范围内不能把精神变成物质，因而无法证明主观和客观是不是相符合。毛主席说由感性认识到理性认识，“这是整个认识过程的第一个阶段，即由客观物质到主观精神的阶段，由存在到思想的阶段。这时候的精神、思想（包括理论、政策、计划、办法）是否正确地反映了客观外界的规律，还是没有证明的，还不能确定是否正确。然后又有认识过程的第二个阶段，即由精神到物质的阶段，由思想到存在的阶段。这就是把第一个阶段得到的认识放到社会实践中去，看这些理论、政策、计划、办法等等是否能得到预期的成功。一般说来，成功了的就是正确的，失败了的就是错误的。”[①] 这里清楚地说明了逻辑证明，也就是理性认识阶段所得到的结论，是否正确只有在实践中才能得到证明。离开了实践，没有认识过程的第二个飞跃，结论是否正确是无法确定的。例如，说共产党人最讲实事求是，张三是共产党员，因此张三也最讲实事求是。这里逻辑推理是正确的，结论和前提是一致的。但这种和前提的一致并没有证明结论和客观事物是一致的，只有在实际工作中通过具体考察才能证明张三是不是实事求是。由此可见，逻辑证明不能代替检验真理。

与逻辑证明有关的，有一种意见认为经过实践检验过的正确理论可以作为检验真理的间接标准，好比先用尺子量竹竿，再用竹竿量地，同样可以达到丈量土地的目的。这里是把检验真理同客观事物之间的比较混在一起。用尺子量地和用竹竿量地都是客观事物之间的比较，不是讲的主观与客观的统一，这与检验真理是根本不同的范畴，不能用来类比真理的检验，不能证明间接标准的成立。

要坚持实践是检验真理的唯一标准，还必须正确认识实践标准同我们日常所说的各种标准的区别和联系。在我们日常生活中使用了许多标准，如鉴别香花毒草的六条标准、建设大寨县的六条标准、共产党员的八条标准，这些是不是就证明了理论是检验真理的标准呢？我以为不能。首先，这些标准是人们在一定条件下对于客观事物认识的总结，它反映的是事物的质的规定性，表明某某事物具备有什么性质、特点等等。其次，这些是来自实践并经过实践检验过的正确认识，因此它能指导人们认识新的事物，作为人们判定新的事物是否具有某种性质、特点的依据。这种判定是否正确，要在实践中才能得到证明。总之，我们日常所说的各种标准，既是人们认识事物的总结，又是指导我们进行新的认识的思想原则，而不是检验真理的标准。只有坚持实践标准，才能使理论在接受实践的检验中更正确、更彻底，因而更能够指导人们的行动。

---

① 《毛泽东著作选读》下册，第839～840页。

二、坚持实践是检验真理的标准，破除迷信解放思想

所谓解放思想，在当时就是要冲破林彪、“四人帮”所搞的种种迷信和设置的那些禁区，敢于开动脑筋想新问题，从事新的创造。它有两层意思：一是敢于坚持实践是检验真理的唯一标准，用马列主义、毛泽东思想的立场、观点、方法去研究历史和现实中的各种问题，不是照抄书本，不是人云亦云，而是根据实践的结果，提出合乎客观规律的见解，作出新的理论概括去代替那些过时的陈旧的观点、结论，二是要敢于在实践中探索新路。凡是经过实践证明能够促进生产力发展，能够加快四个现代化，有利于巩固社会主义经济基础，符合人民群众利益，并得到他们拥护的理论、政策、计划、办法都是正确的，应该坚决贯彻执行；凡是阻碍生产力发展，不利于四个现代化的条条框框要坚决破除，要敢于从实际出发，打破常规走新路。这就说明，破除迷信、解放思想不单是一个主观范围内的问题，首先是一个实践问题，是一个实践和理论的关系问题，是坚持什么认识路线的问题。坚持理论与实践的统一，坚持实践是检验真理的唯一标准，是破除迷信、解放思想的基础。解放思想，必须破除束缚人们思想的迷信和禁区。迷信是和科学根本对立的。人们思想上对某种实际并不存在或者不符合实际的东西的盲目信仰和服从，并且绝对化，就是迷信。把迷信的对象看成神圣不可侵犯，认为有些事物是科学所不能接触、不能探索的，就成了禁区。迷信和禁区，不论在古代，还是在现代，都是没有实践基础、没有科学根据，经不起实践检验的唯心主义的胡说。对于迷信的破除，不能单靠思想的批判，还必须凭借实践的力量，才能彻底。列宁指出，唯心主义从理论上是不容易驳倒的，他认为，“对……不可知论以及其他哲学怪论的最有力的驳斥就是实践”①。人们实践的结果，证明迷信所宣传的东西并不存在，或者并不是那个样子，迷信也就从根本上站不住脚了。比如，地球中心说是宗教神学长期宣扬的迷信，哥白尼的太阳中心说对它进行了批判，但只有天文学的实践，发现了海王星，证实哥白尼太阳中心说的正确性以后，才彻底破除了地球中心说的迷信。

林彪、“四人帮”鼓吹的天才论，把无产阶级的领袖人物当成神仙皇帝，认为天才人物的话“句句是真理，一句顶一万句”，以语录为标准去衡量一切、裁决一切，这也是一种束缚人们思想发展的迷信。马克思主义认为，任何人的认识都是在实践中产生的，“一个正确的认识，往往需要经过由物质到精神，由精神到物质，即由实践到认识，由认识到实践这样多次的反复才能够完成”②。这是人类认识的规律。任何天才人物（包括无产阶级的领袖人物）的正确思想，都不是主观自生的，而是在反复实践过程中形成的。在这个反复实践的过程中，由于主观和客观的矛盾，由于种种条件的限制，人的认识不可能完全正确反映客观世界，只能有一部分是正确的反映，有的是比较正确的反映，有的则是不符合客观世界的，因此不可能“句句是真理”。认为“句句是真理”，

---

① 《列宁选集》第2卷，第137页。

② 《毛泽东著作选读》下册，第840页。

就取消了主观和客观、认识和实践的矛盾，就是“一次完成论”。它完全违背了人们认识的规律，也是根本不符合客观实际的。马克思、恩格斯、列宁、斯大林、毛主席在他们后来的著作中，修正以前的著作中的错误是不乏事例的。这就说明认识是不断发展的，不可能在一定历史条件下说的话句句都是真理。所以，毛主席从来对思想理论问题采取极其严肃和慎重的态度，他总是要让他的著作经过一段时间的实践的考验以后再来编定他的选集。

林彪、“四人帮”搞迷信，宣扬领袖人物的话“句句是真理”，这是把人变成神。我们要坚持实践检验真理，把神还原为人。只有这样，才是坚持了唯物主义反映论。无产阶级的领袖人物作为人民群众的代表，也不能违背人类认识的规律。无产阶级领袖人物比一般人伟大的地方，就在于他能集中群众的智慧，总结出普遍的真理，指导人们前进。对他们阐述的基本原理，我们要认真学习，但这种学习是为了掌握和领会精神实质，不是用每句话作为框框去剪裁现实，不能搞语录标准，而必须把普遍真理和具体实践密切结合起来。毛主席说：“我们除了科学以外，什么都不要相信，就是说，不要迷信。中国人也好，外国人也好，死人也好，活人也好，对的就是对的，不对的就是不对的，不然就叫做迷信。要破除迷信。不论古代的也好，现代的也好，正确的就信，不正确的就不信，不仅不信而且还要批评。这才是科学的态度。”①

破除迷信和进行新的探索，这是思想解放这个问题的两个方面。要进行新的理论探索，也必须以新的实践为基础。任何新的理论的产生，都不是某个人头脑里凭空想出来的。只有实践中提出了某些新问题，需要作出理论的回答，某种新的理论、思想才会应运而生，并且只有经过实践检验其正确性以后，才能最后确立，被人们承认。马克思主义本身就是马克思、恩格斯为了适应无产阶级反对资产阶级的伟大斗争的需要而创造出来的，并经过无产阶级革命斗争实践的检验，战胜了资产阶级和各种机会主义思潮，从而成为全世界无产阶级争取解放的科学。在自然科学中，许多发明创造，开始总是受到旧框框的束缚和权威的压抑，但是一些坚持实践的青年人最后总是在实践中找到根据、获得力量，敢于解放思想，以新的发明创造向旧框框、旧权威挑战。19 世纪 50 年代以前，神创论、物种不变论、目的论统治着整个生物学。年轻的达尔文参加英国贝格尔号巡洋舰的环球航行，进行动植物资源的考察。通过他亲身的实践，发现大量物种变异的事实，使他怀疑神创论，产生物种可变的思想。但他不是一开始就提出进化论，而是经过长达二十多年的、多方面的研究，并亲自建立动植物园地进行试验，证明物种变化的思想是完全正确的，最后才发表了《物种起源》一书，揭示了进化论的伟大真理，把人们从宗教神学的迷信中解放出来，完成了生物学上的一次伟大革命。

历史上任何一次大的思想解放运动，在理论上破旧立新，都是由当时的伟大的革命运动所决定的。马克思说：“理论在一个国家的实现程度，总是取决于理论满足于这个国家的需要的程度”②。欧洲文艺复兴是伴随 14 到 16 世纪新兴资产阶级反封建的革命运动而出现的一次大的思想解放运动。我国五四运动时期的新文化运动，也是由当时中

---

① 《毛泽东选集》第 5 卷，第 131 页。

② 《马克思恩格斯选集》第 1 卷，第 11 页。

国人民反帝反封建的革命运动所产生的思想解放运动。解放以后，党领导我国人民进行的翻天覆地的社会主义革命和社会主义建设的伟大实践，带来了思想的大解放，改变了人们的精神面貌，焕发出冲天的干劲去征服自然，敢叫“高山低头，河水让路”。毛主席曾高度地评价了人民群众的这种思想解放，指出：“从来也没有看见人民群众像现在这样精神振奋，斗志昂扬，意气风发”（《介绍一个合作社》）。现在，伴随着实现四个现代化的伟大实践，也必将出现、并正在出现新的思想解放运动。

三、坚持实践标准确保思想解放的科学性

坚持用实践作为检验真理的标准，不断实践，不断总结提高，才能防止人们思想僵化，推动思想不断解放。列宁曾经指出，实践作为检验真理的标准，“是这样的‘不确定’，以便不至于使人的知识变成‘绝对’”[①]。这就是说，实践是不断发展的，在一定条件下，实践所证明的只是理论和实践的具体的历史的统一，而不是终极真理。

但是有一种说法，认为凡是领袖作出的决策都不能动，凡是领袖的指示都不能动。这两个“凡是”，实质上是林彪、“四人帮”的“顶峰论”、“句句照办”的迷信的花样翻新。它把人们的认识发展的一定阶段绝对化、凝固化，认为人们只要依据领袖已有的结论，照说、照办就行了。这是一种割裂理论和实践的关系，割裂相对真理和绝对真理的关系的唯心论形而上学观点。按照这种观点，某种理论一旦产生，就成为同实践没有关系，可以脱离实践，不再受实践检验，不再受实践变化影响的绝对真理。这同马克思主义是格格不入的。马克思主义认为认识是人的思维对客观事物的反映，它是在实践的基础产生的，又是在实践中得到检验和发展的。认识要符合客观规律就一点也不能够离开实践，必须随着客观事物的运动变化而变化，随着实践的发展而发展。人的认识的这样一个无限发展的过程，是一个由相对真理向绝对真理的无限深化的过程。人们在一定条件下形成并经过实践检验过的正确认识，对于它所处的条件来说，具有绝对真理性的一面，但是对事物的发展来说，它又只具有相对真理性的一面。由于社会实践的深入发展，不断暴露出原来的认识和新事物之间的矛盾，并通过实践解决这种矛盾，就推动着人们不断解放思想，提出新的理论，在新的实践中不断接受检验和发展，使认识由浅入深逐渐达到对于客观规律的正确认识。任何真理都有这种辩证的发展过程。马克思主义是要发展的。马列主义、毛泽东思想的普遍真理，是革命导师总结人类长期实践的经验而得出来的，这是不能违背的，违背了就要犯错误。但是，就是这些真理，也要随着实践的发展而发展。这就要求我们要完整准确地理解马列主义、毛泽东思想的体系，把理论和实际结合起来，一切从实际出发，敢于解放思想，用经过实践检验过的新的结论去代替那些已经过时的结论。毛主席说：“真正的革命的指导者，不但在于当自己的思想、理论、计划、方案有错误时须得善于改正……而且在于当某一客观过程已经从某一发展阶段向另一发展阶段推移转变的时候，须得善于使自己和参加革命的一切人员在主观认

① 《列宁选集》第2卷，第142页。

识上也跟着推移转变，即是要使新的革命任务和新的工作方案的提出，适合于新的情况的变化。革命时期情况的变化是很急速的，如果革命党人的认识不能随之而急速变化，就不能引导革命走向胜利。”①

当前，国内外形势要求我们迅速实现四个现代化，改变我国的落后面貌。我们必须迅速把一切思想、观念引导到四个现代化上来，才能适应形势发展的要求。对于毛主席为首的党中央作出的一系列加速四个现代化的重要决策和提出的许多新的措施，我们不能停留在过去的认识水平上，必须一切着眼于加速四个现代化去看待，用四个现代化的伟大实践去检验。比如利用外资问题，如果按照“两个凡是”，因为过去没有讲过利用外资，我们就只能停留在“既无外债，又无内债”的观念上，就不敢破除那种万事不求人的自给自足的小农经济传统观念的束缚，就不能大胆利用国际上的有利条件来为加速四个现代化服务，也就谈不上在新的条件下发展马列主义、毛泽东思想。“两个凡是”反对理论和实践相结合，反对从实际出发，否认实践是检验真理的唯一标准，就必然把革命导师在一定条件下作出的个别结论，当成束缚人们思想和行动的教条，阻碍革命事业的发展，阻碍认识的发展。按照“两个凡是”，马克思、恩格斯没有讲过社会主义可以首先在一国取得胜利，列宁、斯大林就不能动，那就不会有列宁主义，也就不会有十月革命的胜利；同样，列宁、斯大林没有讲过“农村包围城市”，毛主席就不能动，那就没有中国革命的胜利，也就不会有毛泽东思想。这是根本违背人类历史发展规律的，违背马克思主义的。毛主席说：“人类的历史，就是一个不断地从必然王国向自由王国发展的历史，这个历史永远不会完结”②，又说：“马克思列宁主义并没有结束真理，而是在实践中不断开辟认识真理的道路”③。人类的实践和认识永远不会停留在一个水平上，人类总是要不断总结经验，不断解放思想，才能有所发现，有所发明，有所创造，有所前进。

解放思想离不开实践，以为解放思想就可以随便乱想、乱说的想法是错误的。比如，有人曾提出“人有多大胆，地有多高产”，这就不是真正的思想解放，而是主观妄想。它的错误在于夸大人的主观能动性，把思想对存在的反作用绝对化，使主观脱离客观。毛主席说：“任何人不可以无根据地胡思乱想，不可以超越客观情况所许可的条件去计划自己的行动，不要勉强地去做那些实在做不到的事情。”④ 离开客观条件，脱离实际的瞎说和妄想，是主观随意性，不是真正的思想解放。林彪的所谓“精神力量可以代替物质力量”，“四人帮”的“大批判能够摧毁旧制度”，“精神力量能够粉碎物质力量”，叫喊“向客观规律夺权”等等胡说，就是这种主观唯心主义的瞎说。真正的思想解放，是在实践的基础上，冲破种种精神束缚，充分发挥主观能动性，进行新的创造。这种思想解放，是在实践中产生，经得起实践检验的。也就是说，解放思想，是要在实践的基础上，不断解决主观和客观的矛盾，努力使人的思想不断跟上形势的发展，做到主观和客观的符合，更好地按客观规律办事。

---

① 《毛泽东选集》第1卷，第294页。
② 《毛泽东著作选读》下册，第845页。
③ 《毛泽东选集》第1卷，第269页。
④ 《毛泽东选集》第5卷，第224页。

有的人对于解放思想很不以为然，认为坚持实事求是、从实际出发、理论和实践相结合犯了弥天大罪，指责别人是要“否定毛泽东思想”，是“砍毛主席的旗帜”。到底怎样才是真正高举马列主义、毛泽东思想的旗帜？是字字句句照办呢，还是掌握它的精神实质，一切从实际出发，在实践中不断研究新问题、解决新问题，用新的理论不断丰富和发展马列主义、毛泽东思想？在同一个问题上，真理只有一个，究竟谁掌握了真理，不是依靠主观的声明，而只能依靠社会的实践。这是国际共产主义运动和我们党的历史发展的共同结论。

马克思、恩格斯逝世以后，列宁从帝国主义时代的实际出发，根据俄国无产阶级的斗争实践，敢于解放思想，抛弃关于社会主义革命不可能首先在一个国家取得胜利的过时的结论，提出社会主义革命可以首先在一国取得胜利的新结论时，固守马克思、恩格斯在这个问题上原有公式的第二国际老爷们，以及俄国的机会主义者普列汉诺夫之流却攻击列宁是在“说梦话”，“硬说‘列宁发疯了，应当把他藏到远一点的地方去’。当时科学界形形色色的人都咆哮起来反对列宁，说他是科学的破坏者。但是，列宁顶逆流而进，不怕反对守旧习气。结果是列宁胜利了。”[①] 苏联十月社会主义革命的胜利，证明列宁是真正高举马克思主义旗帜的，而自命为正统马克思主义的考茨基及普列汉诺夫之流则成为修正主义。

在我们党的历史上，当毛主席把马列主义的普遍真理同中国革命的具体实践相结合，从中国革命的实际出发，提出“工农武装割据”、“农村包围城市”以夺取政权的理论时，以王明为代表的自称“百分之百的布尔什维克”的教条主义者，生吞活剥马列主义的词句，照搬外国经验，攻击毛主席是“狭隘的经验主义”，是“农民意识的地方观念与保守观念”，说什么“山沟里没有马克思主义”。可是，王明路线几乎断送了中国革命，只有毛主席的革命路线才使中国革命转危为安，转败为胜，最后夺取了新民主主义革命的胜利。实践证明毛主席真正高举马列主义的旗帜，继承、捍卫和发展了马列主义，而自封为百分之百的布尔什维克的王明则根本背叛了马列主义，最后堕落成为马列主义的可耻叛徒。

在“文化大革命”中，林彪把“高举”、“紧跟”、“照办”的调子唱得最高。林彪垮台后，“四人帮”又自封为毛主席的“学生和战友”、“正确路线的代表”，攻击周总理等老一辈无产阶级革命家是“经验主义”，等等。但是，实践证明林彪、“四人帮”是一伙反革命两面派、阴谋家、野心家，是马列主义、毛泽东思想的最凶恶的敌人，而周总理等老一辈无产阶级革命家则是毛泽东思想的忠实捍卫者。

粉碎了“四人帮”以后，邓小平提出完整准确地理解毛泽东思想体系，从我国当前的实际出发，制定了新时期的总任务，为加速实现四个现代化，又提出了一系列的新措施，打破了一些旧框框。两年来抓纲治国的斗争实践，使我们国家在各方面都发生了深刻的变化，林彪、“四人帮”的破坏所造成的各种困难正在消除，正在出现一个经济建设和文化建设的新高潮。实践已经证明、并将继续证明华主席为首的党中央继承、捍卫和发展了马列主义、毛泽东思想，是真正高举毛主席旗帜的。

---

① 斯大林：《在克里姆林宫招待高等学校工作人员时的讲话》。

国际共产主义运动的历史经验和我们党内两条路线斗争的历史经验以及当前的斗争实践都充分证明，只有坚持理论联系实际、一切从实际出发，不断研究和解决新问题，提出新结论去代替已经过时的结论，才能不断丰富和发展马列主义、毛泽东思想，保持它的生命力。也只有这样，才能保证我们有一条正确的思想政治路线，把革命导师开创的革命事业进行下去。如果我们因循守旧，不能从事新的事业，促进历史的发展，就不能把毛主席、周总理等老一辈无产阶级革命家所开创的革命事业进行下去，就是违背毛主席的遗愿，那才是真正地砍毛主席的旗帜。

应该指出，要使思想得到真正的解放，还必须充分发扬民主。只有充分发扬民主，才能在事实上而不是在名义上坚持实践是检验真理的唯一标准，人们思想的解放才有保证。我国是一个封建统治时间很长的国家，封建的宗法等级观念影响很深。林彪、“四人帮”利用了这一点，大搞法西斯专政，剥夺人民的民主权利，对于他们篡党夺权的反革命活动，广大人民有语不能言。这是一个严重的教训。现在，“四人帮”虽然被粉碎了，但是他们的流毒还没有肃清。一些人口头上承认实践是检验真理的唯一标准，但在实际上，他们只相信“本本”和上级指示，不管实践结果如何，也不听群众的呼声。他们习惯于自己说了算，“很怕群众开展讨论，怕他们提出同领导机关、领导者意见不同的意见。一讨论问题，就压抑群众的积极性，不许人家讲话。这种态度非常恶劣。民主集中制是上了我们的党章的，上了我们的宪法的，他们就是不实行。”[①] 他们搞的不是实践检验真理，而是领导高明，有权就有真理。马克思主义认为，人民群众是历史的创造者，实践是群众的实践，真理是由群众的实践来检验的。从实践到认识，又从认识到实践，证实真理和发展真理，就是从群众中来到群众中去的过程。人民群众通过自己的实践，对于理论、政策、计划的好与坏、正确与错误最有发言权。充分发扬民主，让群众讲话，群众就敢于按照实践的结果来品评各种方针、政策、计划、办法，肯定正确的，纠正错误的，补充不完善的。这既是坚持了用实践检验真理，又推动了群众的思想解放。群众思想解放了，反过来又能更好地坚持用实践标准来检验真理，推动实践的发展。如果没有民主，一切是少数人说了算，没有批评和自我批评，群众不敢讲话，或者是迎合领导意图，隐瞒实践结果，报喜不报忧，正确的不能得到肯定，错误的不能得到纠正，用实践标准检验真理就成了一句空话。要发扬民主就要认真地实行毛主席倡导的不戴帽子、不抓辫子、不打棍子的“三不主义”。要允许探讨，允许犯错误，不能一犯错误就抓住不放，无限上纲，一下打倒。有了这种民主的空气，人们才会勇于实践，勇于探索，才能不断解放思想，心情舒畅，充分发挥自己的聪明才智，为加快实现四个现代化献计献策，使我们顺利前进，早日建成现代化的社会主义强国。

注：本章是由《四川大学学报》1978 年第 3 期发表的《理论不能作为检验真理的标准》（1978 年 11 月 13 日《成都日报》全文转载，作为成都市级机关真理标准讨论中的学习资料）和《四川大学学报》1978 年第 4 期发表的《实践标准与思想解放》（冉昌光、张国祺、刘慧群合写）两文编辑而成，编辑过程中有的节标题有改动。

---

① 《毛泽东文集》第 8 卷，第 292 页。

第十四章　坚持实践是检验真理的唯一标准，推动思想解放（下）

一、怎样理解实践对科学社会主义理论的检验

东欧发生剧变，一些同志对社会主义的前途产生了忧虑，而国外资产阶级和国内一些坚持资产阶级自由化立场的人则借此来否定社会主义。他们认为实践证明了马克思主义不行了，社会主义失败了。其实，这种观点是根本站不住脚的。这里有一个如何正确理解实践对社会主义理论的检验的问题。

众所周知，实践是检验真理的唯一标准，这是马克思主义的基本观点。但是，马克思主义认为，坚持实践检验真理，必须全面理解实践标准。根据列宁的一贯教导，我们在运用这一标准检验真理时，必须全面地把握实践标准的确定性和不确定性的辩证统一，既要看到实践标准的唯一性，也就是它的确定性，又要看到实践标准的局限性，也就是它的不确定性。任何实践都具有历史局限性，它作为检验真理的标准也必然具有社会的历史局限性。在实践检验的过程中必须注意几点：

第一，不能以局部实践的成败论社会主义理论的是非，而必须从世界社会主义实践的总和去看待社会主义理论的科学性。由于实践标准具有不确定性，列宁在谈到真理标准问题时曾多次讲过，必须把人的全部实践作为真理的标准。在对社会问题的认识上，他反对抽出个别事实和玩弄实例的做法，特别强调要从事实的全部总和，从事实的联系去把握事实。在对社会主义问题的认识上我们也必须坚持这一观点。社会主义理论是马克思、恩格斯研究人类社会发展规律所得出的科学结论，而某一个国家的社会主义实践总是在一定的具体条件下进行的，由于主客观条件的限制以及社会主义实践是探索性的实践，因此，这种实践不可能完全达到科学社会主义理论的要求。比如东欧一些国家，由于历史条件的限制，一般受社会民主主义、资产阶级改良主义思潮影响较深，因此，它们这种局部的实践的失败不能用来断定社会主义理论的错误，否则就是用个别来否定一般。这在理论上和逻辑上都是说不通的，也是完全不符合实际的。现在世界上仍然还有中国等一些国家正在成功地进行社会主义实践。因此，我们不能以某些国家社会主义实践的失败来判定社会主义理论和马克思主义的失败，而必须联系全世界社会主义运动的实践来认识社会主义和马克思主义的科学性。

第二，任何真理的检验都有一个过程，必须从人类社会主义运动的整个历史去理解社会主义理论，而不能因为一定历史阶段上社会主义实践的失误或失败就否定它的科学性。社会主义的实践同人们的任何实践一样是一步步从低级到高级不断发展的，人们对社会主义的认识也是随着实践的发展而发展的，社会主义理论的检验也是在这一发展过程中逐步完成的。科学社会主义自产生以来就一直在社会主义运动中不断地得到证实和发展。在这一过程中，尽管社会主义的实践有时候也会遇到挫折，但它没有推倒社会主义理论。正如毛泽东所指出的："在社会斗争中，代表先进阶级的势力，有时候有些失败，并不是因为不正确，而是因为在斗争力量的对比上，先进势力一方，暂时还不如反动势力那一方，所以暂时失败了，但是以后总有一天会要成功的"①。

第三，必须坚持科学地运用社会主义理论来指导实践。社会主义理论不能脱离社会主义实践，同样，社会主义的实践也不能脱离社会主义理论的指导。毛泽东曾多次引用斯大林的话说："理论若不同实践相结合是空洞的理论，实践若不以理论为指导是盲目的实践。"盲目的实践是不能作为检验理论的标准的。在社会主义运动中违背科学社会主义理论的错误行动并不能检验社会主义理论。比如，我国曾经出现过的"文化大革命"的实践，就是完全违背科学社会主义理论的，这种错误的实践同科学社会主义理论没有任何关系，不能算在科学社会主义理论的账上。同样，东欧的制度、社会主义遇到的挫折在某种程度上恰恰正是离开科学社会主义理论指导的结果。马克思主义作为社会意识是社会生活的重要组成部分，它渗透在社会生活的各个方面，对社会的发展起着重要的作用，特别是在世界上还存在两种对立的意识形态斗争的情况下，决不能放松意识形态的工作，放松马克思主义。东欧发生剧变，一个重要原因是忘记了"和平演变"的危险，违背马克思主义理论，主张非意识形态化，放弃意识形态领域的斗争，因而在实践上出了问题，社会主义制度被颠覆。这说明社会主义实践必须坚持马列主义的指导，必须把科学社会主义的理论同本国的具体实践结合起来加以创造性地运用，才能保证社会主义实践的成功。

二、解放思想，提出社会主义不能只有一种模式

20 世纪 50 年代中期我国完成社会主义改造、建立社会主义制度以后，怎样建设社会主义、建设什么样的社会主义，是摆在中国共产党人面前必须回答的问题。鉴于苏联的经验教训，毛泽东解放思想，提出社会主义不能只有一种模式。他着眼于中国的特点，强调马列主义同中国社会主义建设实际相结合，走自己的路，形成了他探索社会主义建设道路的基本出发点。

① 《毛泽东著作选读》下册，第 840 页。

(一) 解放思想，冲破苏联模式，提出社会主义应有符合各国特点的多种模式

十月革命胜利后，苏联建立了世界上第一个社会主义国家，建立了无产阶级专政，实现了社会主义工业化和农业集体化，发展了科学文化，在世界上树起了社会主义旗帜，把社会主义理论变成了现实。这样的历史地位决定了苏联社会主义的一切做法当然地成为社会主义各国效法的榜样。也由于当时东欧一些社会主义国家是在苏联红军的帮助下建立起来的，苏联自然成为社会主义各国的老大哥，成为社会主义阵营的头。斯大林不恰当地利用这种地位，使苏联党和国家凌驾于各社会主义国家及各兄弟党之上，发号施令，指挥一切。这样，苏联建设社会主义的一切经验和做法就成为神圣的不可非议的，苏联社会主义模式就成了唯一的社会主义模式。在一些人的认识中，苏联是社会主义，社会主义就是苏联。它束缚着人们对社会主义的认识，不敢独立思考，稍有一点异议，就被斥之为叛徒、民族主义。对于这种情况，中国共产党人是不满意的，但由于建国初期，“因为我们没有经验，在经济建设方面，我们只得照抄苏联，特别是在重工业方面，几乎一切都照抄苏联，自己的创造性很少。这在当时是完全必要的，同时又是一个缺点，缺少创造性，缺乏独立自主的能力。”① 毛泽东后来在总结这一时期的经济工作时说：建国后，三年恢复时期，对搞建设，我们是懵懵懂懂的。接着搞第一个五年计划，对建设还是懵懵懂懂的。只能基本照抄苏联的办法，但总觉得不满意，心情不舒畅。② 这种情况在斯大林去世以后有所改变，但真正的改变是在苏共 20 大以后。苏共 20 大公开揭示斯大林在领导苏联社会主义建设中的严重错误，批判了他的个人崇拜所造成的严重后果，这对各国共产党人来说是一次大的思想解放，使人们敢于独立思考社会主义问题。1956 年 9 月，在党的八大期间，中国共产党领导人会见外国党代表团时多次强调了这一点。毛泽东会见南斯拉夫共产主义联盟代表团时说：对斯大林的批评是好的，它打破了神化主义，揭开了盖子，这是一种解放，一场解放战争，大家敢讲话了，使人能想问题，可以自由思考、独立思考了。周恩来会见澳大利亚和新西兰共产党代表团时说：过去斯大林的观点压倒一切，现在打倒偶像以后，也就是中国人说破除迷信以后，各国共产党的思想都动起来了，不沉闷了。打倒了个人崇拜，大家的思想都解放了。这对各国党是个很大的进步，这是共产党的思想解放。③ 这种思想解放破除了对苏联社会主义模式的迷信和对苏联经验的教条主义。这以后，中国共产党人和毛泽东开始自觉地批判审查苏联社会主义模式。正如《剑桥中华人民共和国史》的作者所指出的那样：“当中共领导人为新形势制定政策时，他们开始以一种更自觉的批判态度审查苏联模式。在此以前，毛泽东及其助手已经对苏联的榜样作了重要的改变，并且发出了使苏联的经验适合中国国情的一般号召，但他们并没有在公开场合或在内部报告中细谈苏联的缺点或中共的创新。”而在苏共 20 大以后，毛泽东就对苏联模式进行了系统的检

① 《毛泽东著作选读》下册，第 831 页。

② 《读苏联〈政治经济学〉教科书的谈话》(1959 年)。

③ 石仲泉：《艰辛的探索》，第 149 页。

查，并对苏联体制的缺陷进行鲜明而深刻的批判。[①] 苏联模式的最大特点是：经济上单一的公有制和高度集中的计划经济；政治上是中央集权的一党专政。这一体制在苏联建立社会主义过程中曾经发生过重要作用，但随着社会主义建设的发展，这一体制就暴露出了它的弊病。毛泽东在审视苏联社会主义模式的过程中指出："特别值得注意的是，最近苏联方面暴露了他们在建设社会主义过程中的缺点和错误，他们走过的弯路，你还想走？过去我们就是鉴于他们的经验教训，少走了一些弯路，现在当然更要引以为戒。"[②] 为了摆脱苏联的模式，避免走苏联的弯路，毛泽东坚持唯物辩证法，强调各个民族都有自己的特点，"马列主义的基本原理在实践中的表现形式，各国应有所不同"[③]。我们的理论是马克思列宁主义的普遍真理同本国的具体实践相结合。革命是这样，建设也是这样，各个国家建设社会主义都必须处理好马克思主义同本国具体实践的这一共性和个性的关系，坚持社会主义方向，走自己的路。毛泽东反对统一模式论，强调要根据各国特殊的国情，创造符合自己特点的模式。1956 年，他在修改中共八大政治报告时指出：各国社会主义都有自己特殊的规律，所谓特殊的规律，就是各国的差别点，也就是各国无产阶级取得执政地位的具体道路，无产阶级专政的国家形式，一党制或者工人阶级革命政党领导下的多党制，改造旧生产关系的方法，进行社会主义建设的速度，过渡时期所需要的时间，等等，因为各国不同的政治条件和经济条件，都应有所差别。这样的差别在任何一个民族中都是存在的，而在有些民族中可能更多的存在。如果以为有了差别性，就可以否认共同性，是错误的；如果以为有了共同性，就可以否认差别性，也是错误的。不可能设想，社会主义制度在各国具体发展过程的表现形式，只能有一个千篇一律的格式。社会主义必须有符合各个国家特点的多种模式。我国是一个东方国家，又是一个大国。因此，我国不但在民主革命过程中有自己的许多特点，在社会主义改造和社会主义建设过程中也带有自己的许多特点，而且在将来建成社会主义社会以后还会继续存在自己的许多特点。我们只能从自己的特点出发，建筑一条反映中国客观经济规律的适合中国特点的社会主义建设道路。这是 50 年代中期毛泽东探索社会主义道路的最基本的出发点。从这一基本点出发，毛泽东反思了社会主义的理论观念和苏联的经验，从而在理论上和实践上都走着同苏联不同的社会主义建设道路。

（二）重新认识社会主义，更新社会主义理论观念

解放思想，冲破苏联模式，提出社会主义有多种模式，首先就是纠正了人们对社会主义认识的误区，更新了社会主义的理论观念。人们对社会主义的认识，除了从马克思主义的著作中获得一些理论知识外，主要是从苏联建设社会主义的实践中来获得的。如前所述，由于苏联的历史地位，形成了"苏联是社会主义，社会主义就是苏联"的认识范式。在社会主义理论观念上，一是把苏联宣传的东西当作社会主义理论，二是把社会主义的根本制度同苏联社会主义的体制混为一谈，形成了许多固定的社会主义理论观

① 《剑桥中华人民共和国史》，第 129～130 页。

② 《毛泽东著作选读》下册，第 720～721 页。

③ 同上，第 747 页。

念。苏联在斯大林的影响下，长期坚持社会主义无矛盾的理论。斯大林曾一度认为苏联社会由于剥削阶级已经消灭，“生产关系同生产力状况完全适合”[①]，各种利益完全一致，是一个没有矛盾、一切都非常和谐的社会。在社会主义社会发展动力上，斯大林认为“道义上和政治上的一致是苏联社会发展的动力”[②]。在所有制关系问题上，他们认为社会主义只能是全民所有制和集体所有制的公有制，因而在经济体制上就是高度集中的指令性的计划经济体制。在政治上，他们认为无产阶级专政就是“一国一党”，实行联邦制、最高苏维埃两院制等等，认为这些就是社会主义的理论。苏共20大暴露了苏联模式的弊端，揭露斯大林个人迷信所造成的严重后果以后，人们开始重新反思社会主义理论。

毛泽东坚持辩证法，首先针对苏联的社会主义社会无矛盾的观点，集中地论述了社会主义社会矛盾的理论。1956年4月，根据毛泽东的意见，由人民日报编辑部写成、经中央政治局讨论发表的《关于无产阶级专政的历史经验》指出：“有一些天真烂漫的想法，仿佛认为在社会主义社会中不再会有矛盾存在了。否认矛盾存在，就是否认辩证法。各个社会的矛盾性质不同，解决矛盾的方式不同，但是社会的发展总是在不断地矛盾中进行的。社会主义社会的发展也是在生产力和生产关系的矛盾中进行着的。”接着，在1956年～1957年，毛泽东反复强调必须用对立统一观点来认识社会主义社会，多次论述了社会主义社会的矛盾问题，提出社会主义社会是一种对立统一的矛盾发展过程，并全面论述了社会主义社会的基本矛盾、两类矛盾以及政治、经济、文化领域中的许多具体的矛盾。党的八大又提出了社会主义社会的主要矛盾（毛泽东在一段时间是赞成八大关于主要矛盾的论断的，后来他虽然改变了八大关于主要矛盾的论断，作出了主要矛盾的错误论断，但他并不否认主要矛盾的存在）。这样，他实际上是把社会主义社会看作是一个由基本矛盾、两类不同性质的矛盾、主要矛盾和具体矛盾所组成的分层次的矛盾系统。他认为把社会主义社会当着一个矛盾系统来认识才能正确认识社会主义社会，理解社会主义的发展。他提出，社会主义社会的发展就是通过社会主义制度自我改革的方法解决社会矛盾来实现的。

毛泽东把辩证法贯彻到底，他不仅认为社会主义社会是依靠自身解决矛盾发展的，而且将来全世界的帝国主义都打倒了，阶级消灭了，建立了共产主义社会，“那个时候还有生产关系同生产力的矛盾，上层建筑同经济基础的矛盾”。“社会制度还要改革，还会用‘革命’这个词。当然，那时革命的性质不同于阶级斗争时代的革命。”[③] 它是依靠社会自身自觉地调整改革，不断解决社会基本矛盾，从而推进社会的协调发展。

其次，在经济体制问题上，长期以来人们认为苏联推行的全民所有制和集体所有制、高度集中的计划经济就是社会主义的经济体制，而把私有制的存在和发展商品经济则认为是资本主义。对此，50年代中期，毛泽东从社会主义社会的矛盾出发，在所有制问题上，他曾一度认为社会主义不能是单一的公有制，也可以有私有制，可以搞国

---

① 《斯大林选集》上卷，第202页。

② 同上，第237页。

③ 《毛泽东选集》，第5卷，318页。

营、可以搞私营。1956年12月，他在同统战部、工商联、民主建国会的同志的谈话中提出：允许雇工，开办私营工厂，可以搞国营、可以搞私营。可以消灭资本主义，又搞资本主义。同一时期，刘少奇也提出：可以让资本家盖工厂。我们国家有百分之九十几的社会主义，有百分之几的资本主义，我看也不可怕。有这么一点资本主义，一条是它可以作为社会主义经济的补充，另一条是它可以同社会主义经济比较。陈云也提出了国营经济和集体经济是工商业的主体，一定数量的个体经营是国营和集体经营的补充。这种社会主义可以发展私营经济的思想，毛泽东虽然后来没有执行，仍然回到单一的公有制，但反映了50年代中期他在探索社会主义建设道路的过程中更新社会主义所有制观念的思想闪光。

在计划经济与商品经济的问题上，长期来人们把计划经济当着社会主义，而把商品经济等于资本主义。的确，马克思曾预示过，共产主义社会的初级阶段是一个没有商品生产和商品交换的社会，“一切生产部门将由整个社会来管理，也就是说，为了公共的利益按总的计划和在社会全体成员的参加下来经营”[①]。生产者不需要交换自己的产品。恩格斯也曾经指出：“一旦社会占有了生产资料，商品生产就将被消除。”[②] 他还指出过，社会主义社会的计划经济不借助于价值形式。他说：“必须按照生产资料，其中特别是劳动力，来安排生产计划。各种消费品的效用（它们被相互衡量并和制造它们所必需的劳动量相比较）最后决定这一计划。人们可以非常简单地处理这一切，而不需要著名的‘价值’插手其间”[③]。这可以说是人们所熟悉的理论社会主义的观念。不过，这是按照社会发展规律的正常展开所设想的理论社会主义的理论观念，它同实际社会主义是不相符的。所以，列宁在十月革命胜利后根据马恩的思想，也曾设想过比较快地取消商品货币关系，不过他很快发现这是行不通的，并从1921年起，采取新经济政策，发展工农之间的商品交换，恢复小农的贸易自由，国营企业实行自主的经济核算，等等。斯大林在领导苏联社会主义建设的过程中，发挥列宁这一思想，提出只要社会主义存在着两种所有制就必然存在着商品生产，并批判了那种认为商品生产无论在什么条件下都会引导到资本主义的错误观念。他指出：“不能把商品生产和资本主义生产混为一谈。”商品生产不是资本主义特有的，“资本主义是商品生产的最高形式”。[④] 他认为：“只有国内存在着资本家剥削雇佣工人的制度，商品生产才会引导到资本主义”。在社会主义条件下，由于生产资料公有制的建立和剥削制度的消灭，商品生产能“在一定时期内同样地为我国社会主义服务而并不引导到资本主义”[⑤]。但是，由于当时苏联实行的是高度集中的计划经济体制，因而斯大林的社会主义商品生产的思想是不彻底的。他认为国营经济内部不存在商品生产，只存在商品的“外壳”，生产资料不是商品，价值规律甚至对农业的原料生产也不起调节作用。我国在社会主义改造完成以后也是根据苏联经验建立了高度集中的计划经济体制。在计划经济观念指导下，1958年公社化刮起了“一

① 《马克思恩格斯选集》第1卷，第217页。

② 《马克思恩格斯选集》第20卷，第307页。

③ 《马克思恩格斯选集》第1卷，第228页。

④ 《斯大林选集》下卷，第548页。

⑤ 同上，第549页。

平二调”的共产风，党内一些人否认价值规律，主张取消商品生产，实行产品调拨。针对这种极“左”的倾向，毛泽东1959年底在读《苏联社会主义经济问题》的谈话中指出：这种观点是错误的，是违反客观规律的。持这种主张的人没有区分社会主义商品生产和资本主义商品生产的本质差别，不懂得在社会主义制度下利用商品生产的重要性。毛泽东进一步发挥斯大林的思想，在社会主义商品生产问题上提出了一些有价值的观点：明确提出商品生产是一个有利的工具，谁都可以利用；中国原来是商品生产很不发达的国家，需要有一个发展商品生产的阶段；在商品生产的范围上提出生产资料也属于商品；对商品生产的消极作用不要怕，要加以限制，等等。毛泽东这些商品经济思想，实际上建构了社会主义商品经济的理论框架。但他这一思想也是不彻底的，因为在经济体制上他仍然强调的是计划经济，他主张的实际上是有商品的计划经济，这同党的十四大确定的市场经济体制下的商品生产是不同的。而且，就是这一不彻底的商品生产思想也没有能够变成他的主导思想，没有付诸实践。从理论到实践，他仍然坚持的是高度集中的计划经济。但这一思想不能不说是社会主义经济理论的新观念。

第三，在社会主义的政治观念上，斯大林认为无产阶级专政，就是共产党领导，实行“一国一党”的政治体制，不允许其他党派存在。毛泽东总结苏联的经验教训，结合我国革命的实际提出：“究竟是一个党好，还是几个党好？现在看来，恐怕还是几个党好。”[①] 并且，他还提出“我们和苏联不同”，在我国要坚持“两个万岁”（即共产党万岁，民主党派万岁），坚持共产党领导下的多党合作制，实行“长期共存，互相监督”。毛泽东认为，实行长期共存的政治基础就是在民主革命时期，各民主党派都支持革命，帮助人民做了好事，在社会主义时期他们又赞成社会主义改造，参加社会主义建设，因此，“凡属一切确实致力于团结人民从事社会主义事业的、得到人民大众信任的党派，我们没有理由不对他们采取长期共存的方针。”[②] 至于互相监督，毛泽东认为这是为了听到不同的意见，保证执政党的正确。他说：“一个党同一个人一样，耳边很需要听到不同的声音”。[③] 这样才能防止执政党的失误，保持正确的领导。当然，这种互相监督要有共同的基础，根据我国的宪法原则，根据我国最大多数人民的意志和我国各民主党派历次宣布的共同的政治主张，毛泽东提出了六条政治标准。他指出：六条政治标准是鉴别我国人民开展批评和自我批评是否沿着正确轨道前进的标准，“各民主党派和共产党之间所提意见，所作的批评，也只有符合我们前面所说的六条政治标准的情况下，才能够发挥监督的积极作用”[④]，也才能够保持共产党领导下的多党合作，在政治上最终建成“一个又有集中又有民主，又有纪律又有自由，又有统一意志、又有个人心情舒畅、生动活泼，那样一种政治局面”[⑤]。当然，毛泽东在实践上并没有实现这一政治理想，而且在后来的实践中实际还形成了缺乏民主的个人专断的政治局面。但从理论上说，这应该是社会主义民主政治建设的目标。

---

① 《毛泽东著作选读》下册，第733页。
② 同上，第790页。
③ 同上，第790页。
④ 同上，第791页。
⑤ 《毛泽东选集》第5卷，第456～457页。

第四，在发展社会主义科学文化上，过去苏联在相当长的一段时间里，由于受斯大林形而上学思想方法的影响，不允许学术观点自由，采用行政的方法干预科学艺术的争论。针对这种情况，毛泽东提出了“百花齐放，百家争鸣”繁荣社会主义科学文化的方针。这一方针规定“艺术上不同的形式和风格可以自由发展，科学上不同的学派可以自由争论”，反对运用行政力量干预艺术和科学中的是非，提出“艺术和科学中的是非问题，应当通过艺术界和科学界的自由讨论去解决，通过艺术和科学的实践去解决，而不应当采用简单的方法去解决”①。毛泽东认为，在社会主义的科学文化发展中，有香花和毒草，有正确的东西和错误的东西。香花是在同毒草的斗争中盛开的，正确的东西总是在同错误的东西作斗争的过程中发展起来的。这是真理发展的规律，也是马克思主义发展的规律。因此，在社会主义社会的科学文化中不可能只有单一的马克思主义，必须要有百花齐放、百家争鸣。在这一争鸣过程中，马克思主义当然也是可以批评的。但“马克思主义是一种科学真理，它是不怕批评的”，批评不倒的；这种批评“不会削弱马克思主义在思想界的领导地位，相反地正是会加强它的这种地位”②，从而更好地指导科学文化的发展。

当然，毛泽东虽然确立了社会主义的科学文化的正确观念，但他并没有认真贯彻。在双百方针提出不久，由于他对国内主要矛盾的错误判断，在指导思想上发生“左”的错误，也就使“双百方针”在相当长的一段时间内处于名不符实的状态，影响了我国科学文化的发展。

总之，毛泽东冲破苏联社会主义模式，重新认识社会主义，从社会主义的矛盾、经济、政治和科学文化观等方面更新社会主义理论观念，建立了新的社会主义理论观念，尽管他后来没有完全坚持和实现这些理论，在指导社会主义建设的实践中犯了“左”的错误，但这些新的社会主义理论观念在客观上为后来建设社会主义道路的探索提供了理论先导。

（三）坚持马列主义与我国社会主义建设的具体实际相结合，走自己的路

毛泽东冲破苏联模式，提出社会主义不能只有一种模式，最终的落脚点是要把马列主义同中国社会主义建设的具体实际结合起来，走自己的路，探索一条适合中国特点的社会主义建设道路。马克思、恩格斯创立的科学社会主义理论揭示了人类社会发展的一般规律，确立了社会主义发展的方向，说明建立和建设社会主义是人类历史发展的新趋势。但是，人类实现社会主义道路由于各国政治、经济、历史和文化等的不同特点而有所不同。所以，马恩一开始就强调对科学社会主义基本原理的实际运用，“随时随地都要以当时的历史条件为转移”③。列宁则进一步指出：“一切民族都将走向社会主义”，但“走法却不完全一样”，“各个民族都会有自己的特点”。④“在东方那些人口无比众

① 《毛泽东著作选读》下册，第 785 页。

② 同上，第 786～787 页。

③ 《马克思恩格斯选集》第 3 卷，第 348 页。

④ 《列宁全集》第 21 卷，第 228 页。

多，社会情况无比复杂的大国里，今后的革命无疑会比俄国带有更多的特色”[①]。这就是说，科学社会主义的原理到底通过什么样的形式来实现，即社会主义到底采取什么样的模式，不是社会主义理论决定的，而是由各个国家的特点来决定的。毛泽东坚持社会主义的辩证法，指出：各个民族都有自己的特点，“实现社会主义的基本原则，各个国家都是相同的。但是在小的原则和基本原则的表现形式方面是有所不同的”。它的“表现形式一定有许多样子”。[②] 我们的结论是马列主义同我国社会主义建设的具体实践相结合，走自己的路，探索适合中国特点的社会主义建设道路。

实现马列主义同社会主义建设实践的结合，探索社会主义建设道路，首先必须懂得中国社会主义建设的特点。在社会主义改造完成后，50 年代中后期，毛泽东对我国社会主义建设的特点作过多次论述，他指出：中国有两条缺点，同时又是两条优点：一是中国过去是殖民地、半殖民地，历来受人欺压，工农业不发达，科学技术水平低，除了地大物博，人口众多，历史悠久，以及在文学上有部《红楼梦》等等外，很多地方不如人家，骄傲不起来。二是中国的革命是后进的，到 1949 年才取得革命胜利，比苏联十月革命晚了三十几年，在这点上也轮不到我们骄傲。他进一步指出：中国显著的特点之一是“一穷二白”。“穷”就是没有多少工业，农业也不发达。“白”就是文化水平、科学水平都不高。我国又是一个农业大国，农村人口占 80％以上。这就是我国社会主义建设的基本特点。后来在 1958 年，他又把这一特点明确概括为 3 个方面：第一，我国是社会主义国家；第二，人口众多，地区辽阔；第三，经济落后，文化落后。[③] 他指出，对于这些特点，我们要充分地正视它、认识它，同时要辩证地看待它。“我国人多，是好事，当然也有困难”[④]。我国科学不发达，科学文化水平不高，是“坏事”也是“好事”，从发展的观点看，可以激发我们发展经济的愿望，提高我们的民族自信心，又能使我们虚心地向外国学习。

从中国人口众多、经济文化不发达的特点出发，走自己的路，建设社会主义，我们不能首先指望物质条件和科学技术条件，也不能指望外援。建设社会主义需要这些条件，要创造这些条件，我们首先能办得到的是发挥人的力量。毛泽东指出：“我国人多，这是一个客观存在，这是我们的本钱。”[⑤] 我们建设社会主义，首先是调动一切积极因素，依靠人民群众。这是我们建设社会主义的基本方针。他在《论十大关系》一开头就讲：提出这十个问题，都是围绕着一个基本方针，就是要把国内外一切积极因素调动起来，为社会主义事业服务。过去在民主革命时期，为了人民民主革命的胜利，我们就实行了调动一切积极因素的方针。现在为了进行社会主义革命，建设社会主义国家，同样也实行这个方针。以后，毛泽东又多次论述这一方针。他强调，为了建设社会主义，“这是一个战略方针”[⑥]。实行这一方针的目的，就是要把我国建设成为强大的社会主义

① 《列宁选集》第 4 卷，第 63 页。

② 《毛泽东著作选读》下册，第 745～747 页。

③ 《建国以来毛泽东文稿》第 7 卷，第 340 页。

④ 《毛泽东著作选读》下册，第 782 页。

⑤ 同上，第 782 页。

⑥ 《毛泽东选集》第 5 卷，第 340 页。

国家。

调动一切积极因素、依靠人民群众的力量建设社会主义，这是符合中国特点的，也是毛泽东探索社会主义建设道路的基本出发点。这一出发点无疑是正确的。但是，毛泽东从这一点出发，过分强调人的能动性和群众运动在社会主义建设中的作用，从而自觉不自觉地走到了忽视客观规律的主观主义道路上去了，结果在社会主义建设实践中犯了“左”的急躁冒进的错误。

50年代中后期，毛泽东从社会主义不能只有一种模式出发，对社会主义理论和苏联经验进行了反思，更新社会主义理论观念，强调把马列主义同中国社会主义建设的实际相结合，走自己的路，建设社会主义，并进行了多方面的探索，在经济上提出了以农业为基础，工业为主导，按农、轻、重的秩序发展经济，发挥中央和地方两个积极性；在政治上提出坚持共产党领导的多党合作的政治协商制度，实行长期共存、互相监督，加强和巩固人民民主专政制度等等，建立了与苏联模式不同的社会主义制度。但是，他仍然没有摆脱公有制和高度集中统一的计划经济模式，并希望通过对阶级斗争和思想文化领域的革命来促进经济发展，建成社会主义。这就使他在探索社会主义道路的过程中不可避免地犯“左”的错误。但不管他有多大的错误，他所提出的社会主义不能只有一种模式的思想以及在他领导下建立起的不同于苏联模式的我国社会主义，是他的一个巨大功劳，同时也为建设有中国特色的社会主义奠定了基础，使我们能够坚定地走建设有中国特色社会主义的道路。

三、坚持实践观点深化自由与必然的认识

（一）自由是对必然的认识和对客观世界的改造

自由和必然是反映人类认识的一对范畴，哲学史上各个时期不同派别的哲学家都从理论上探讨过这一问题，发表过不少精深的见解。但是，马克思主义以前的哲学家们都没有能够科学地解决自由和必然的关系问题。马克思、恩格斯吸取前人的优秀的思想成果，在辩证唯物主义的基础上，科学地解决了这一问题。恩格斯总结黑格尔关于自由和必然的思想，明确提出了“自由是对必然的认识”。自由不在于幻想中摆脱自然规律而独立，而在于认识这些规律，从而能够有计划地使自然规律为一定的目的服务①。恩格斯还全面论述了自由和必然的转化及其相互关系。从恩格斯的论述中可以看到自由包括改造客观世界的思想，但是他没有明确作出这一结论。毛泽东在恩格斯这一思想基础上，结合中国革命和建设的经验，明确提出了自由是对必然的认识和对客观世界的改造，升华了恩格斯的思想。1941年，毛泽东为批评王明“左”倾错误而写的文章，有一段专门论述了自由和必然的问题. 他鲜明地提出了“自由是必然的认识和世界的改

① 《马克思恩格斯选集》第3卷，第153页。

造”，并指出：“必然王国之变为自由王国，是必须经过认识与改造两个过程的”[①]。在社会主义建设时期，毛泽东总结民主革命和社会主义建设的经验又多次重申这一思想。1959年12月到1960年2月，毛泽东在读苏联《政治经济学（教科书）》的谈话中，从谈建国以来探索中国建设社会主义道路的体会的角度说明“自由是对必然的认识，并根据对必然的认识成功地改造客观世界”[②]。1960年，他在《十年总结》中讲了这一观点；1962年，《在扩大的中央工作会议上的讲话》中他又指出：“自由是对必然的认识和对客观世界的改造。只有在认识必然的基础上，人们才有自由的活动。”[③] 毛泽东在自由是对必然认识的基础上加上对客观世界的改造，这一思想非常深刻，具有重要的理论意义和实践意义。

首先，它使自由的规定更科学，更具有鲜明的认识论意义。辩证唯物主义认识论认为，必然作为客观事物的规律，只有在改造客观世界的实践中才能被认识，也只有在这种实践中才能检验和发展对必然的认识，证实人的自由。人们认识世界是为了改造世界，此外别无其他目的。离开改造客观世界的实践，人们不可能获得自由。因此，如果只讲自由是对必然的认识，不讲对客观世界的改造，这只说到了问题的一半，而且是并非十分重要的一半、对自由的规定也是抽象的，只有加上对客观世界的改造，才使自由建筑在辩证唯物主义认识论的基础上，从而获得了完满的规定，体现了它的目的性，使其具有鲜明的认识论意义。

其次，自由是对客观世界的改造这一思想，突出了马克思主义哲学实践性的本质特征，说明了马克思主义哲学在自由与必然问题上与旧哲学的联系和区别。马克思主义以前，哲学史上斯宾诺莎和黑格尔等人提出了自由是对必然的认识的思想，从人们改造世界必须认识世界、不认识世界就不能改造世界来说，这一命题是真理。对此，恩格斯曾经给予高度评价。他指出：“黑格尔第一个正确地叙述了自由和必然之间的关系。在他看来，自由对必然的认识。”“必然只是在它没有被了解的时候才是盲目的”[④]。恩格斯在此基础上进一步论述了“自由是在于根据对自然界的必然性的认识来支配我们自己和外部自然界”[⑤]。所以，毛泽东总结说：“欧洲的旧哲学家，已经懂得‘自由是必然的认识’这个真理。马克思的贡献，不是否认这个真理，而是在承认这个真理之后补充了它的不足，加上了根据对必然的认识而‘改造世界’这个真理。‘自由是必然认识’——这是旧哲学家的命题，‘自由是必然的认识和世界的改造’这是马克思主义的命题。”[⑥] 这里，毛泽东对哲学史上关于自由与必然的理论所作的科学总结，深刻地说明马克思主义哲学同旧哲学在这一问题上的联系与区别。

再次，它指明了坚持自由与必然的辩证关系的方法论意义。毛泽东认为，必然到自由必须经过认识和改造两个过程，因此，坚持自由是对必然的认识和对客观世界的改

① 《毛泽东著作选读》下册，第485页。
② 转引自《毛泽东的读书生活》，第169页。
③ 《毛泽东著作选读》下册，第833页。
④ 《马克思恩格斯选集》第3卷，第153页。
⑤ 同上。
⑥ 《毛泽东著作选读》下册，第435页。

造，就必须“从改造世界中去认识世界，又从认识世界中去改造世界”。对于指导中国革命来说，必须“从改造中国中去认识中国，又从认识中国中去改造中国”①，否则就不能掌握自由和必然的关系，不能很好地指导改造客观世界，引导革命取得胜利，也“就不是一个好的马克思主义者”②。这对于我们社会主义建设实践来说，具有重要的方法论意义。当前，我们坚持改革，在改革实践中不断总结经验教训，加深对改革必要性的认识，又进一步指导更深入的改革正是体现了自由与必然的辩证统一。

（二）从必然到自由要充分发挥主观能动性

在怎样获得自由的问题上，旧唯物主义由于机械反映论的局限不可能真正解决这一问题。黑格尔从唯心主义立场出发也不可能真正解决获得自由的问题。只有马克思主义哲学把自由和必然的关系建立在实践的基础上，才能科学地解决这一问题。毛泽东运用革命的能动的反映论考察自由和必然的关系，认为从必然到自由必须经过充分发挥自觉能动性。他把辩证唯物主义的自由观运用于革命战争和实际工作中，提出了争取主动权的思想。他在《论持久战》中指出，主动性“是军队行动的自由权，是用以区别于被压迫处于不自由状态的。行为自由是军队的命脉，失了这种自由，军队就接近于被打败或被消灭”③。同样，在实际工作中没有主动权，不懂得工作对象的规律，也就是盲目的，不能做好工作。因此．他也特别强调争取主动权。1960年，他在《十年总结》中回顾建国以来，特别是1956年以来我们党所走过的道路，总结经验和教训，谈到自由和必然的关系时指出：主动权是一个极端重要的事情。怎样才能获得主动权呢？毛泽东认为除了一定的必要的客观条件，就是必须充分发挥人的自觉能动性去认识必然性。他指出：“必然不是一眼就能看透的。”④ 从必然到自由包括认识和实践两个过程，这两个过程都要求充分发挥人的正确的自觉能动性。毛泽东认为，正确的自觉能动性是根据和符合客观事实的正确的思想和依据正确思想的正确行动，这是区别于主观主义和盲目乱闯的能动性。发扬这种能动性是认识必然性、获得自由的重要条件。

毛泽东认为，发挥正确的自觉能动性首先要坚持从实际出发、实事求是的原则，深入实际调查研究，掌握客观情况。这是得出正确结论的前提。民主革命时期，毛泽东一贯强调实事求是，从实际存在的事物中引出固有的而不是臆造的规律作为我们行动的向导。在社会主义建设中，毛泽东也曾经强调，为了弄清我国社会主义建设的客观规律，“一定要下一番苦功。要切切实实地去调查它，研究它”⑤。他强调要把马克思列宁主义的普遍真理同中国社会主义建设的具体实际结合起来，从实践中一步步认识它的客观规律。其次要坚持独立思考的方法。毛泽东认为，在革命和建设中没有独立自主的原则和没有独立思考的方法就不能发挥人民群众的主动性和创造性。在民主革命过程中，以毛泽东为代表的中国共产党人坚持独立自主原则，反对把共产国际的指示当作“圣经”和

① 《毛泽东著作选读》下册，第485页。

② 同上，第485页。

③ 《毛泽东著作选读》上册，第239～240页。

④ 转引自《毛泽东的读书生活》，第169页。

⑤ 《毛泽东著作选读》下册，第829页。

把外国经验当作教条的错误思想倾向，独立自主地解决中国革命的问题，认识中国革命的规律，创造了农村包围城市的革命道路，取得了中国革命的胜利，实现了从必然到自由的飞跃。在社会主义建设时期，开始我们也受外国模式的影响，“因为我们没有经验，在经济建设方面，我们只得照抄苏联，特别是在重工业方面，几乎一切都抄苏联，自己的创造性很少。这在当时是完全必要的，同时又是一个缺点，缺乏独立自主的能力。”[①]这说明，要发挥正确的自觉能动性必须坚持独立思考的方法，摆脱已有认识模式的束缚，才能发挥主体的创造性，从客体本身出发，探索客观事物的规律，实现从必然到自由的转化。

（三）从必然到自由必须用科学指导实践

科学在认识必然争取自由中的重要作用，近代唯物主义哲学家就已意识到了。弗兰西斯·培根就曾提出依靠知识去获取支配自然的力量，留下了“知识就是力量”的千古名言。斯宾诺莎继承培根的思想指出：科学的目的就在于把为获得自由所必须的一切给予人。他说：“我想使一切科学都通向一个终点和达到一个目的，就是使人达到最高的完美境界，因此，科学中凡是不能使我们达到这个最终目的的东西，都应该当作废物加以抛弃。总而言之，应当把我们的全都行动和思考都引向这个最终目的。”[②] 马克思和恩格斯把人的自由同科学技术、生产力的发展联系起来，指出，随着科学技术和生产力的发展，人类本身能力的发展、自由不断扩大。毛泽东则明确提出了科学是人类争取自由的武装。毛泽东认为，只靠实践中的一般经验是不能达到自由的，要认识必然改造客观世界必须依靠科学。科学包括自然科学和社会科学，都是人们在实践中认识客观规律的总结，它能指导人们改造自然和改造社会的实践，它标志着人们已经获得的自由。但是，从必然王国到自由王国的飞跃是一个无限发展的过程，任何科学都不可能穷尽真理。人们要获得新的自由，就必须利用已经取得的自然科学和社会科学知识来指导改造自然和社会，探索新的规律。在民主革命时期，毛泽东主要强调用马克思主义的社会科学来了解中国社会，指导中国革命，改造中国社会。在社会主义建设时期，为了探索社会主义建设规律，毛泽东从过去强调学习马列主义、学习社会科学，转而强调要学习自然科学，要依靠科学技术搞社会主义建设。他一再指出，我们不仅要学习马列主义，而且要学习科学技术来建设我们的国家。1955 年，他在全国党代表会议上的讲话中说：“我们进入了这样一个时期，就是我们现在所从事的、所思考的、所钻研的，是钻社会主义工业化，钻社会主义改造，钻现代化的国防，并且开始要钻原子能这样的历史的新时期。”我们要适应这种新情况，就要钻研各种科学，要“钻进去，成为内行，这是我们的任务”。为了更好地领导社会主义建设，毛泽东提出领导必须同科学结合，最高决策机关必须懂得科学、钻研科学。1956 年 9 月，在八大的一次预备会上，他说：“我们对新的科学技术还不懂，还要作很大的努力。现在的中央委员会是一个政治中央，还不

---

① 《毛泽东著作选读》下册，第 831 页。

② 转引自戈卢宾科：《必然和自由》，北京大学出版社 1984 年版，第 10 页。

是科学中央，将来，中央委员会就是科学委员会了。”[①] 这一思想是非常深刻、具有战略意义的。它实际上提出了要高度重视科学技术，党和国家干部队伍要知识化、专业化的问题。紧接着，毛泽东在 1957 年提出正确区分和处理两类社会矛盾的目的就是要团结全国各族人民“向自然开战，发展我们的经济，发展我们的文化，建设我们的新国家”[②]。1958 年 1 月，毛泽东明确提出全党工作要转移到技术革命和经济建设上来，他说：“提出技术革命，就是要大家学技术，学科学。”[③] 1963 年 12 月，他又提出：科学技术这一仗，一定要打，而且必须打好。[④] 毛泽东认为：“在社会主义建设上，我们还有很大的盲目性。社会主义经济，对于我们来说，还有许多未被认识的必然王国”[⑤]。要认识这些必然王国，就要学习很多科学知识，只有努力学习、掌握科学知识，在实践中不断探索，不断总结经验，才能逐步地认识这些必然王国，达到自由王国。

（四）从实践到认识，又从认识到实践的多次反复才能实现从必然王国到自由王国的飞跃

关于从必然到自由的辨证发展过程，恩格斯从相对真理和绝对真理的关系说明自由“是历史发展的产物”。人类的自由是随着科学技术和文化的发展一步步向前迈进的，只有在将来无任何阶级差别，生产力高度发展的社会里，人类才“能够谈到真正的人的自由”[⑥]。列宁在批判俄国马赫主义者攻击恩格斯关于自由和必然的思想的时候，又从唯物主义可知论的角度论述了从必然到自由是一个不断转化的发展过程。他指出，唯物主义观点就是承认外部世界的客观实在性和外部自然界的规律，并且认为人完全可以认识这个世界和这些规律，而“一经我们认识了这种不依赖于我们的意志和我们的意识而起作用的（马克思把这点重述了千百次）规律，我们就成为自然界的主人”[⑦]，就获得了自由。但是，这种自由是不完全的，因为对于客观世界的规律，我们“永远不能够彻底地认识它们”[⑧]，只能在我们知识的发展中不断获得更多的自由。毛泽东根据我国革命和建设的经验，从认识发展的规律上说明了只有经过实践到认识，又由认识到实践的多次反复才能实现从必然王国到自由王国的飞跃。50 年代末 60 年代初，毛泽东在探索社会主义道路的过程中结合总结民主革命的经验曾多次讲到这一问题。在《十年总结》中他说：由必然王国到自由王国的飞跃是在一个很长的认识过程中逐步完成的。《在扩大的中央工作会议上的讲话》中，毛泽东回顾我们党对民主革命规律的认识时又说：“人对客观世界的认识，由必然王国到自由王国的飞跃，要有一个过程。”他在具体分析了我们党对民主革命规律的认识过程之后，又告诫大家：对于社会主义建设规律的认识，也应有一个过程。我们必须从实践出发，从没有经验到有经验，从有较少的经验到有较

① 转引自《毛泽东的读书生活》第 109 页。

② 《毛泽东著作选读》下册，第 770 页。

③ 毛泽东：《不断革命》，《红旗》1979 年第 1 期。

④ 转引自《毛泽东的读书生活》第 111 页。

⑤ 《毛泽东著作选读》下册，第 829 页。

⑥ 《马克思恩格斯选集》第 3 卷，第 154 页。

⑦ 《唯物主义和经验批判主义》，人民出版社 1973 年版，第 184 页。

⑧ 同上。

多的经验，从建设社会主义这个未被认识的必然王国，到逐步地克服盲目性、认识客观规律、从而获得自由，在认识上出现一个飞跃，到达自由王国①。

毛泽东认为，在反复实践、反复认识的长过程中要达到从必然到自由的目的，第一，必须总结正反两方的经验。这是实现从必然王国向自由王国飞跃的必要条件。他在读苏联《政治经济学（教科书）》的谈话中强调指出，认识客观事物的发展规律，“必须经过多次胜利和失败，并且认真进行研究，才能逐步使自己的认识合乎规律。只看见胜利，没看见失败，要认识规律是不行的”②。为什么认识必然必须总结失败的经验教训呢？从主体和客体的相互关系来说，是由于主观和客观的矛盾、自由和必然的矛盾；从客体方面来说，是由于必然性和自然性的矛盾；从真理自身的发展来说，真理只能同错误相比较而存在、相斗争而发展，这就决定了人们在认识和实践中犯错误是难免的。毛泽东说：“人类总是要犯一些错误才能显出他们的正确。对客观必然规律不认识而受它支配，使自己成客观外界的奴隶，直至现在以及将来，乃至无穷，都在所难免。认识的盲目性和自由，总会是不断地交替和扩大其领域，永远是错误和正确并存。不然，发展也就会停止了，科学也就会不存在了。要知道，错误往往是正确的先导，盲目的必然性往往是自由的祖宗。”③ 人类总是要通过正确和错误的比较才能剔除偶然性，认识必然性。所以，毛泽东指出，犯错误是形成正确路线的必要条件。他认为，人们对客观世界的认识，必须“经过反复的实践，在实践里面得到成绩，有了胜利，又翻个斤斗，碰了钉子，有了成功和失败的比较，然后才有可能逐步地发展成为完全的认识或者比较完全的认识。到那个时候，我们就比较主动了，比较自由了，就变成比较聪明一些的人了。”④

第二，必须坚持群众路线、民主集中的方法。毛泽东把群众路线同马克思主义认识论结合起来，提出群众路线就是马克思主义认识论。他认为，要获得正确的认识，“必须通过从群众中来的方法，通过作系统的周密的调查研究的方法，对工作中的成功经验和失败经验作历史的考察，才能找出客观事物所固有的而不是人们主观臆造的规律”⑤。群众路线的方法从本质上说是要调动个人和群体这样两个不同层次的认识主体的积极性。为了达到这一目的，毛泽东又提出了民主集中的认识方法。他指出，有许多问题不发动群众和干部的积极性是不能解决的。要调动干部和群众的积极性就要有民主，也要有集中。只有处理好民主和集中的关系，从而调动了广大干部和群众的积极性，才能正确地认识客观事物的规律，达到自由的境地。

第三，必须坚持自由和必然的具体的、历史的统一。毛泽东指出，从必然王国到自由王国的飞跃的过程，就整个人类的认识来说是一个无限发展的过程。他说：“人类的历史，就是一个不断地从必然王国向自由王国发展的历史。这个历史永远不会完结。”⑥

① 《毛泽东著作选读》下册，第 824、826 页。
② 转引自《毛泽东的读书生活》，第 169 页。
③ 《毛泽东著作选读》下册，第 846 页。
④ 同上，第 833 页。
⑤ 同上，第 832 页。
⑥ 同上，第 845 页。

人类永远也不可能达到绝对的自由，只能根据一定的条件来认识必然改造世界，争取一定限度的自由。因此，自由和必然的统一只能是历史的、具体的统一，不同的历史时期、不同的条件下有不同的具体内容。就我国的情况来说，民主革命时期，必然就是民主革命的规律，自由就是掌握这个规律，正确指导中国革命。在社会主义建设时期，自由和必然的统一则表现为对社会主义建设规律的认识和利用；在今天又表现为探索改革和建设具有中国特色的社会主义的规律，深入进行改革，加快社会主义现代化建设。总之，不同的事物以及事物发展的不同阶段都带有矛盾特殊性，有着不同的规律，人们认识和利用这些规律改造客观世界的情况也就不相同。由于社会实践和科学的发展，人类已经获得了较大的自由，但是，“人类总是不断发展的，自然界也总是不断发展的，永远不会停止在一个水平上”。“人类对客观物质世界、人类社会、人类本身（即人的身体）都是永远认识不完全的”[①]。因此，人类要不断获得和保持自由，就必须不断地总结经验，有所发现、有所发明，有所创造、有所前进。

综上所述，毛泽东关于自由和必然的思想丰富和发展了马克思主义理论。但应看到，在党的十一届三中全会以前，他的这些正确思想在社会主义建设中并未得到认真贯彻，相反，他还严重地忽视客观经济规律，夸大主观意志的作用。这种“左”的指导思想，给我国社会主义建设造成严重的损失。毛泽东的这种错误从认识论上来说，正是由于他违背了自由和必然的辩证关系。当然，这些错误并不能否定他的正确理论，今天学习和研究毛泽东关于自由和必然的思想，对于指导我们深入进行改革、探索建设具有中国特色的社会主义的规律，仍然是很有必要的。

注：本章是由《中国教育报》1991 年 5 月 25 日发表的《怎样理解实践对科学社会主义理论的检验》、《毛泽东思想研究》1998 年第 1 期发表的《社会主义不能只有一种模式——五十年代中后期毛泽东探索社会主义道路的基本出发点》以及《毛泽东思想研究》1987 年第 1 期发表的《毛泽东对自由和必然的理论贡献》等文章编辑而成。编辑过程中有的节标题有所改动。

① 《毛泽东著作选读》下册，第 845、846 页。

第十五章　解放思想，发挥主体奋斗精神大胆实践

艰苦奋斗、顽强拼搏的精神是人类崇高的精神，也是中国共产党人一直提倡的革命精神。过去我们依靠这种精神的力量战胜各种困难，取得了革命的胜利，现在坚持实践标准、解放思想，仍然需要提倡和发扬这种精神去夺取新的胜利。古今中外许多名人凭着这种精神做出了可歌可泣的英雄业绩。人们歌颂他们的英雄业绩，赞美他们的奋斗精神，但都是从道德上给予评价，很少从世界观的角度来研究作为社会主体的人的奋斗精神，本章就从这一角度作一初步探讨。

一、主体奋斗精神是主体能动性的特殊表现

什么是作为社会主体的人的奋斗精神？这在现有的哲学教材和哲学词典中是找不到答案的。现行哲学教材只从人与动物的关系中来规定人的能动性，只说明了认识主体的一般的能动性，没有说明认识主体能动性的内在差别性。这反映在对能动性的考察上没有坚持辩证法，只讲能动性的一般，不讲能动性的特殊。因此，一旦讲某人具有特殊才能，人们往往从天资方面去找原因，然而这同唯物主义反映论是不相符合的，因而能动性被囿于天才论。随着思想解放，坚持彻底唯物主义，承认人体生理上的差别，这一问题好像得到解决。然而，科学和实践都证明，作为认识主体的人生理上（大脑的组织结构上）的差别是极其微小的，但人们在同样的实践条件下，有的人却具有奇特的本领、非凡的能力，取得了巨大的成就，而有的人却能力平平。这就不能不考虑应该从主体能动性自身的内在差别去寻找原因，探讨特殊的能动性。

唯物辩证法认为，任何事物都是共性和个性的统一，主体能动性也应该是共性和个性的统一。主体能动性的共性就是人与动物相对立中表现出来的认识和实践的能动性，主体能动性的个性是指不同认识主体所具有的特殊能力。这种特殊能力是人在物质生产和精神生产中创造不同使用价值的能力。主体奋斗精神也是主体能动性的个性，但它不同于主体创造不同使用价值的特殊能力，它是指主体在改造客体的活动中倾全力去达到目的的意志状态，包括人的意志、毅力、激情、信心、干劲等主观的精神状态，表现为吃苦耐劳、坚韧不拔、顽强拼搏、牺牲自我的精神。这是主体的特殊的能动性。马克思

把这种能动性叫做人追求自己目的的激情和冲动。他说，人“是一个有激情的存在物，激情、热情是人强烈追求自己的对象的本质力量”①。毛泽东把这种精神看作自觉能动性的重要内容，他认为自觉能动性包括3个方面：一是指人的思想或思维能力；二是指人的实践活动；三是指人的意志、干劲、热情、努力。前两个方面已有很多论述，但对于后一方面却没有引起足够重视。其实，人的意志、干劲、热情、努力是自觉能动性中很重要的内容，毛泽东非常强调这一点。他认为，发挥主观能动性，根本的就是要发挥人的奋斗精神。人只有在一定的热情、意志、干劲的驱使下才具有积极性、主动性，才能在改造客观世界的活动中想办法、出主意，利用客观条件去达到自己的目的。因此，在革命战争时期，毛泽东特别强调要发扬不怕牺牲、压倒一切敌人、排除万难去争取胜利的精神。在社会主义建设时期，毛泽东又说：“我们要保持过去革命战争时期那么一股劲，那么一股革命热情，那么一种拼命精神，把革命工作做到底。……只要你还能工作就多多少少应当工作。而工作的时候就要有一股革命热情，就要有一种拼命精神。”②他认为有没有艰苦奋斗精神是世界观问题。无产阶级世界观应该有革命热情，有很大的干劲，有“一不怕苦，二不怕死”的奋斗精神。相反，“拖拖沓沓，困难重重，这也不可能，那也办不到，这些都是懦夫和懒汉的世界观”③。这里，毛泽东是从世界观的角度来论述主体奋斗精神，把它看作是主体能动性的重要内容。

主体奋斗精神属于主体能动性范畴，又有着与主体的一般能动性不同的特点。

第一，主体奋斗精神不是主体现实的普遍特性，而是某些主体在特定条件下表现出的一种能动性。主体的一般能动性反映的是人与动物的区别点，这是人在一般的认识和实践活动中都能表现出来的能动性。而主体奋斗精神反映的则是主体活动中特殊的意志状态。在一般的主体中，这种奋斗精神只是一种潜在性，只有在某些特定条件下（比如某些科学研究、重大的生产活动、体育竞赛、战争中战胜敌人等等情况下）某些主体意识到需要不惜付出智力和体力去克服主客体的限制达到目的时，才能表现出主体奋斗精神。而那些不能认识自己努力同自己活动的目的的关系的主体，就不可能表现出这种奋斗精神。所以，在改造客观世界的活动中，一些人能吃苦耐劳、积极主动、顽强拼搏，最后取得很大的成绩，而另一些人则只能发挥一般的能动性，取得一般的成绩，有的甚至掉队落伍，无所作为，这些人就是缺乏这种热情、缺乏这种精神所致。

第二，主体奋斗精神具有很明确的目的性。目的是主体活动所追求的结果。马克思认为，这种结果一开始就观念地存在于主体的表象之中，规定着主体活动的性质和方法。他说，人在活动中“实现自己的目的，这个目的是他所知道的，是作为规律支配着他活动的方式和方法的，他必须使自己的意志服从这个目的”④。由于目的反映主体的需要，因此，目的就成为主体活动的“理想的力量”（恩格斯语），目的越明确，理想的力量也就越大。目的性是主体能动性的表现，一般的能动性都带有目的性，但是，这种目的性只要求达到一定的结果，没有确定的目标。而主体奋斗精神的目的却不同，它总

① 《马克思恩格斯全集》第42卷，第169页。

② 《毛泽东著作选读》，第800～801页。

③ 转引自《人民日报》1975年12月12日。

④ 《资本论》第1卷，第100页。

是和确定的目标相联系，因而具有很明确的目的性。比如，发展经济，到本世纪末翻两番、国民生产总值按人口平均达到八百美元、人民生活达到小康水平，这就是我们到本世纪末奋斗的目标，也就是我们奋斗所要达到的目的。中国女排顽强拼搏所瞄准的目标是世界强队，目的是夺取世界冠军。一切表现出奋斗精神的活动都带有很明确的目的性。正是这种目的性使主体表现出强烈的激情、热情去追求自己对象的本质力量。

第三，主体奋斗精神要求主体具有强烈的自我意识，进行自我控制。主体在作用于客体的活动中产生实践和认识的能动性，是一般的主体意识的表现。而主体奋斗精神要求主体在活动中付出最大的体力和智力，去战胜一切困难，这就需要主体具有比发挥一般能动性更高的自觉性，要有实现自己潜能的强烈的自我意识，充分地意识到自己活动的价值和作用，意识到自己的力量。只有这种主体意识，才能使主体在活动中能进行自我控制和调节，保持坚强的意志、巨大的决心和干劲，直至取得最后的胜利。

主体奋斗精神的上述特点表明它不是主体的一般的能动性，而是主体在一定条件下表现出来的特殊的能动性。这种能动性是激发主体实践和认识能动性的内在因素，没有主体奋斗精神，人们实践和认识的能动性都不可能得到充分的发挥，也不可能达到最好的结果。

二、主体奋斗精神在主体实践活动中的作用

主体奋斗精神作为主体的特殊的能动性，它在主体实践活动中具有特殊的意义。

第一，主体奋斗精神是实现主体目的的决定性的精神力量。主体活动的目的的实现需要有物质条件，也需要主体活动遵循客观规律。但是，客观条件只是实现目的的可能性。要把这种可能性变成现实性，发挥主体奋斗精神就是决定性的精神力量。列宁指出，在解决历史重大任务的各种历史因素中，“起决定作用的是工人阶级的觉悟性和坚定性。如果工人阶级决心作自我牺牲，如果工人阶级表明它善于用出自己的全部力量，那就可以解决任务。……工人阶级的决心，它实现自己‘宁死不屈’口号的坚决意志，不但是历史的因素，而且是决定一切、战胜一切的因素”①。毛泽东也指出，在战争中要达到胜利目的，在一定客观条件的基础上，主观努力是实现战争目的的决定性因素。中国工农红军正是以坚韧不拔、百折不挠的奋斗精神，在极其艰难困苦的条件下完成了人类历史上的伟大壮举。中国人民在民主革命时期也正是以这种精神战胜一切困难取得胜利的。所以，毛泽东特别强调要发扬这种精神。办一切事情都要发扬艰苦奋斗精神，我们的卫星上了天，靠了艰苦奋斗的精神。这就是依靠主体奋斗的精神力量达到主体活动的目的。

第二，主体奋斗精神能强化主体的实践活动，加强对客体的改造和认识。主体和客体的关系是建立在实践活动基础之上、随着实践活动的改变而改变的。一般的实践能够把握事物的一级本质、二级本质，达到主客体的一般的统一，但是要获得对客体的更深

① 《列宁选集》第4卷，第167页。

层次的本质的认识，使主客体达到更高的统一，就必须有更深层次的实践。然而，由于主客体之间的矛盾和客体联系变化的复杂性，决定了主体改造和认识客体的活动是一个艰巨复杂的过程。马克思把这一过程比做攀登陡峭的山路。毛泽东把它比做入虎穴、取虎子的过程。在这一过程中不仅要付出体力和智力，而且有成功也会有失败，有欢乐也会有痛苦，如果没有百折不挠的毅力，没有刚强的意志，就不可能坚持实践，也就不可能认识真理。所以，马克思说："在科学的入口处，正像在地狱的入口处一样，必须提出这样的要求：这里必须根绝一切犹豫；这里任何怯懦都无济于事。"[①] "只有不畏劳苦沿着陡峭山路攀登的人，才有希望达到光辉的顶点"[②]。这就要求发扬主体的艰苦奋斗精神，不畏劳苦，反复实践，强化实践，克服主客体的限制，才能使主体在更深层次上接触客体，把握客体深层次的本质。

第三，主体奋斗精神是发展和完善主体能力的重要因素。作为认识主体的人的能力是人的智力、体力和技巧的总和。这种能力的发展和完善是在主客体的相互作用过程中实现的。马克思说：在改造世界的生产活动中，"生产者也改变着，炼出新的品质，通过生产而发展和改造着自身，造成新的力量和新的观念，造成新的交往方式，新的需要和新的语言"[③]。主体在改造客体的活动中发展自己的能力，揭示了主体能力发展的一般规律。但是，在同一种改造客体的活动中，主体能力发展是不平衡的，有时差别是很大的。人们习惯把这种差别归结为主体自身的先资条件。不可否认，先资条件在形成主体能力差别中是重要的。但是，科学证明作为认识主体的人的生理上的差别是很微小的，而且先资条件的发展规律又是随着年龄增长而递减的。因此，在同一种实践活动中，造成主体能力差别的原因主要不在客观方面，而在主体自身的精神方面。主体的艰苦奋斗精神就是发展主体能力的重要因素。主体奋斗精神在发展和完善主体能力中的作用又是通过强化主体的实践活动来实现的。主体在改造客观世界的活动中，由于发挥主体奋斗精神强化某一方面的实践，会使大脑组织的某一方面得到相应的发展和完善，同时促进思维能力的发展和完善。人的思维是在实践中发展的，实践越深入，思维就越发展，对事物反映也就越深刻。普通工人只能分辨两三种不同的黑色色度，但是，一个专门从事黑色纺织品工作、经过长期艰苦训练的工人却能准确地分辨出 40 多种不同的黑色色度。经过长期飞行锻炼的飞行员能够根据发动机声音的变化，准确判断发动机工作的情况。这种迅速、准确的反应能力，一般的实践锻炼是无法培养起来的，只有充分发挥主体奋斗精神，强化某一方面的实践，才可能使主体具有反映客体的敏捷性和准确性。

由于主体通过顽强的实践能敏捷、准确地反映客体，因而也就能够很迅速地根据客体运动的规律，形成新的认识，建立新的理论，做出新的成绩，表现出创造性。主体创造性的形成有生理方面的因素，但创造能力的增强和创造活动的实现，却存在于主体的顽强的追求之中。人们常说的勤奋出天才就是这个意思。

① 《马克思恩格斯选集》第 2 卷，第 85 页。

② 《马克思恩格斯全集》第 23 卷，第 26 页。

③ 《马克思恩格斯全集》第 46 卷上册，第 494 页。

主体的奋斗精神和完善主体的能力还表现为发展人的体力，增加人体器官的新功能。主体奋斗精神作为一种意志状态，能控制人体的生理过程，调整人体内部的活动来增加人体的力量。我国传统医学的理论和实践以及现代科学发展提供的事实都证明，人的意识过程一方面依赖于人体的生理过程；另一方面，人的意识又积极地作用于人体的生理过程。人的情绪、意念能够调整机体内部活动，增强机体力量。人们熟知的气功，通过意念使人体具有极大的力量；举重运动员在比赛场上由于有很好的精神状态，就能够举起他平常所不能举起的重物，这就是通过奋斗精神调节体内活动产生的力量。强化某一方面的实践活动还会使人体器官的功能得到改善，并增添新的功能。比如，人体某一器官因为伤病减弱或者失去某种功能，通过艰苦的训练可以使功能得到恢复、改善。有的器官原来不具备某种功能，通过长期艰苦的锻炼使它具有新的功能。这就是主体奋斗精神强化实践的结果。

发扬主体奋斗精神，还表现在通过强化实践使主体产生新的技巧。技巧是人发挥智力和体力的方式。人们表现自己的能力有不同的方式，各种不同方式都不是先天具有的，而是在后天的实践活动中得来的。不同类型的实践决定着不同的技巧，同一种类型的实践活动的程度不同也会有不同的技巧。同是雕刻，有人只有刻木头和石头的技巧，有的人却能在头发上刻字雕花。这里，决定性的因素是实践的程度。一般的实践只能产生一般的技巧，长期艰苦的实践就能产生新的技巧。齐白石拿起笔来在纸上点几点，能画出栩栩如生的在空中飞着的鸟或在水中游动着的虾。有人问齐白石画虾的秘诀，他回答说："余画虾数十年，始得其神。"这里包含着多少艰辛啊！如果没有意志、毅力，没有艰苦奋斗的精神，是不可能坚持数十年，也就不会有点笔成鸟成虾、活灵活现的技巧。

上述几方面说明主体奋斗精神不仅是主体特殊的能动性，而且是发展主体能力的内在动力。因此，研究主体奋斗精神对于发挥主体能动性就具有重要意义。

三、主体奋斗精神的形成与培养

主体奋斗精神作为主体的一种特殊的能动性，在一般的认识主体中是以一种潜在的形式存在，只有在特定条件下才能表现出来。因此，必须创造条件发掘人的这种潜在的能动性。

人的一般的能动性根源于实践，而主体奋斗精神的产生不是一般的实践条件，它是由多种社会因素造成的。主要有：(1) 教育的作用。作为社会主体的人，如果受到良好的教育（学校教育和家庭教育），从小培养人的向上、进取精神，对人一生的精神状态有重要影响。有的人从小立志，终生不渝，就与教育分不开。(2) 文化传统的影响。优秀的文化传统通过教育和其他形式潜移默化使人形成进取、拼搏奋斗的精神。(3) 主体自身认识和活动的倾向性。这种倾向性表现为人的兴趣爱好。它使主体的注意力具有高度的指向性，从而产生激情、热情。这是主体奋斗精神的内在根据。(4) 主体发展自己，实现自我的特殊需要。主体奋斗精神是主体对自身活动的强烈的态度。人们是否对他所从事的活动抱有热情、激情，同他能否在活动中达到某种需要的满足和利益的实现直接相关。满足人的需要、实现人的利益是发挥人的主体奋斗精神的主要动力。人的需要是多方面、多层次的。在这多层次的需要中发展自己的潜能，追求某一方面的事业和成就，实现自我，是人的最高的需要。比如，科学家需要进行科学研究，画家需要作画，企业家需要经营等等，这都是不同的人所追求的事业和成就，使他们发挥自己的潜能，实现自我。这是人的最高的特殊需要的满足，因而它是激发人的奋斗精神的动力源泉。(5) 主体自身的价值观念。主体的价值观念是主体对客体和对自身活动的评价。它包括两个方面：一是主体认为他活动的结果对他自身有意义，能满足他的某种需要，实现他的利益（如上述），认为值得为之奋斗；二是主体认为他的活动对一定的社会、阶级、集团有意义，认为值得为之奋斗。比如，长江漂流队员认为，他们的行动能够表现中华民族的伟大志气、为祖国争光，所以他们就能冒着生命危险去顽强拼搏。上述几个方面都说明主体奋斗精神是在各种社会因素的作用中产生的。因此，培养主体奋斗精神，需要从各方面去创造条件。对于我国来说，就是要进行社会主义精神文明建设，开展革命传统教育，发展人的主体意识。人的主体意识是发展人的潜能的内在根据。发展人的主体意识要做很多工作，但概括起来，就是要尊重人、关心人、提高人。尊重人，就是要尊重人的价值、尊严和自由发展的权利。关心人，就是要关心人的基本需要，包括物质生活和精神生活的基本需要。提高人，一是要提高人的需要的层次，使人能够充分发挥自己的潜能，充分实现自己的价值，这是人的高层次的需要；二是要提高人的思想道德和科学文化水平。做到这些，就能从根本上激发作为历史主体的人的奋斗精神。

四、充分发挥主体奋斗精神，大胆实践，推进改革开放

当今时代是科学技术革命推动社会变革的时代，科技革命和社会改革成为世界的两大潮流。这两大潮流大大增强了人的创造力，从而使人作为首要生产力和社会历史过程的主体作用显得更加突出。人类的未来取决于自己的行动。人类如何发挥自己的智力和创造力决定着人类对客观世界的认识和改造。现在可以说，人们所描述的世界，是由主体参与并积极活动的世界。不考虑主体性质及其对客体的影响和干预，离开人的社会实践活动断言客观世界本身如何的观点，是不科学的。因此，增强哲学的主体性是当代哲学发展的趋势。这一发展趋势要求加强主体能动性的研究。所以，研究主体奋斗这种主体特殊的能动性，也就是哲学发展新趋势的要求。

研究主体的奋斗精神也是实现四个现代化，建设有中国特色的社会主义的需要。根据当今时代的特点，我们党作出了改革、开放，实现四个现代化，建设有中国特色的社会主义的伟大决策。为了完成这一伟大任务，在今天仍然需要发扬主体奋斗的精神。邓小平说："在长期革命战争中，我们在正确的政治方向指导下，从分析实际情况出发，发扬革命和拼命精神，严守纪律和自我牺牲精神，大公无私和先人后己精神，压倒一切敌人、压倒一切困难的精神，坚持革命乐观主义、排除万难去争取胜利的精神，取得了伟大的胜利。搞社会主义建设，实现四个现代化，同样要在党中央的正确领导下，大大

发扬这些精神。”[①] 这是我们实现四化，建设有中国特色的社会主义的巨大精神力量。当前，我国还处在社会主义初级阶段，我们是在经济底子薄，生产力水平低，教育、科学、技术都比较落后的基础上来搞现代化建设，客观条件决定了我们必须发挥全民族的艰苦奋斗精神，艰苦创业，才能克服客观条件的不利，实现四个现代化，建成具有中国特色的社会主义。

建设有中国特色的社会主义，需要建设高度的物质文明和精神文明。而人的奋斗精神既是社会主义精神文明的重要内容，也是精神文明建设的内在动力。社会主义精神文明建设的根本任务是要提高人的思想道德素质和科学文化素质。艰苦奋斗、顽强拼搏、自我牺牲、大公无私、压倒一切困难的精神集中体现了社会主义新人的思想道德素质，又是发展教育、科学、文化，提高人的科学文化素质的精神力量。所以，社会主义精神文明建设必须大力发扬人的奋斗精神。邓小平说，我们要把这种精神“推广到全体人民、全体青少年中间去，使之成为中华人民共和国的精神文明的主要支柱，为世界上一切要求革命、要求进步的人们所向往，也为世界上许多精神空虚、思想苦闷的人所羡慕”[②]。发扬主体奋斗精神，使人的本质力量得到全面的发展，既是社会主义精神文明建设的根本目的，也是发挥社会主义制度优越性的必然要求。

主体奋斗精神作为主体的特殊的能动性，作为激发主体实践和认识能动性的因素，它是发挥人的潜能的本质力量。长期以来，人们往往认为只是在创业之初，或在困难之时才提倡艰苦奋斗。这是一种理解的错误。今天我们弄清主体奋斗精神的哲学意义，就在于要明白有主体和客体的关系，以使主体的活动永远保持艰苦奋斗的精神，大胆实践，推动改革开放的实践。

五、真善美的统一是人类实践合理性的根本要求——读《真善美的现代反思》代序

解放思想、发挥主体奋斗精神大胆实践既要有所为，也要有所不为。有所不为就是要把握实践的合理性，达到真、善、美统一的境界。真、善、美的统一历来是哲学家关注的问题，但由于社会和历史的原因，在哲学史上只有马克思主义才从理论上真正解决了真、善、美的统一问题。马克思主义哲学认为，真、善、美是人类在活动过程中所达到的主客体之间的全面的完整的统一的境界。这一境界在人类的认识和实践活动中是一个从真到善再到美的日益完善的过程。人们在认识和实践活动中首先所达到的是体现主体和客体一致的“真”，即正确把握对象和周围环境的本质和规律，进而创造善、实现善，即解决主客体之间的矛盾，实现主体的目的，获得人在自然和社会中的生存、保障。因此，“善”是在更高一级层次上的主客体统一。这种统一意味着主体自我实现能力的发展和人的自由度的提高。而“美”是在真和善的基础上达到的主客体统一的更高

① 《邓小平文选》，第327页。

② 同上。

境界。它是人类在改造世界的创造性活动中从客体那里体验到的美和美感，是充分展开并肯定人的本质的丰富性和人的活动的创造性。这种丰富性和创造性是主体在超越功利需求的基础上被体验到的，因而它充分显示了美是以主体尺度为尺度的主客体的高度统一。它以真和善为前提，又超越了真和善，是主体自由的进一步实现。在人类认识和实践发展中，真、善、美一次次地达到具体的历史的统一，使人类的自由不断发展。人类从必然王国进到自由王国的历史就是真、善、美的统一和实现的过程。马克思主义哲学所揭示的真、善、美的统一，为人类的认识和实践活动指明了方向。按照这一理论，人类改造世界的实践活动应当符合真、善、美的要求，具有合理性，也就是合规律性和合目的性的统一。这种实践应该在有利于自然、社会的持续发展，有利于人的持续生存和全面发展的原则下，按照真、善、美相统一的尺度，和谐有序地展开，以达到人与自然、人与社会、人与人、人与自身身心的和谐统一，保持自然、社会的可持续发展和人的全面发展。然而，理论和实践总是充满着矛盾，在实际历史进程中，由于社会的、历史的原因，真、善、美及其统一的实现极为曲折复杂。一方面，真、善、美总是同假、恶、丑相比较而存在，相斗争而发展，因此，对于每一具体的真、善、美的追求，都伴随着现实的社会斗争；另一方面，就是在以追求真、善、美为共同目标的社会主义社会中，由于经济不发达和认识发展的不平衡，人们的实践常常违反真、善、美统一的要求，趋于功利化，以追求经济利益和眼前利益为目标，总是从自己所需要的某一点、某一方面和自己本质力量所能及的范围、程度来认识和把握事物，在实践中又往往采用“拆零”的技法把自己所需要的事物的某一点或某一方面从事物的复杂的内在关系中剥离、切割开来，以致使事物原有的内外关系受到破坏，甚至发生人们没有预料也不能控制的灾难性变化。这样，作为主体的人的活动在人所需要的那一点或那一方面产生了正面的主体效应，但是，它所引发的事物内外关系的变化，却可能产生负面的反主体效应。现在人类所面临的一系列全球性问题，除了一些是由于人们尚无法控制的自然的力量所带来的以外，很多是由于人们实践的不合理所产生的反主体效应造成的。当这些反主体性变化从总体上与人在世界的大关系中形成不和谐、不协调的破缺时，就成了人类所面临的全球性问题。这些问题如果不加以解决就会造成人与世界的关系紧张，危及人类的持续生存和全面发展。解决这些问题需要发展生产力、发展科学技术，但最根本的还是要树立真、善、美统一的理念，从而规范人类的实践，这样才能通过发展生产力、发展科学技术去解决人类面临的问题。这可谓是“人间正道”。《真善美的现代反思》一书最大的可贵之处，就在于它从理论与实践的结合上系统地阐述了马克思主义真、善、美统一的理论并揭示了这一理论与现实的矛盾，从现代人类所面临的困境出发，提醒人们在科学技术高度发展的今天，更需要树立真、善、美统一的理念，并以此来规范人类实践活动，达到合目的性和合规律性的统一，从而保证自然、社会的可持续发展和人类自身的全面发展。

马克思主义哲学是以实践为核心和基础的实践唯物主义。它的“全部问题都在于使现存世界革命化”①。因此，批判、探索、创新是马克思主义哲学的基本精神。作者发

① 《马克思恩格斯选集》第1卷，第48页。

扬马克思主义哲学的探索精神，探索马克思主义哲学自身，突破传统哲学的理论体系，从真、善、美统一的角度去阐述马克思主义哲学，提出真、善、美统一也是马克思主义哲学的基本精神，是人类精神文化的核心，真、善、美是人类认识的三个基本层次，人类实践必须遵循真、善、美三个尺度，实践是真、善、美的统一等等一系列新的观点和见解，并理论联系实际地作了充分的论证。这些尽管都是一家之言，但它却体现了作者的探索创新精神。这也是本书的一个重要特点。

真、善、美的统一不仅表现在从真到善再到美的递进的发展联系，而且表现在真、善、美之间互相渗透、互相影响的横向的综合统一。一方面，在社会生活的政治、经济、科学文化等每一个领域、过程中它们都是结合在一起协同作用，使人类在各个领域中的活动保持一种合乎规律性、目的性和情感性的统一的协调行动，得到圆满成功，从而创造美好的环境，增进人类健康幸福，推动社会各方面事业的发展与不断进步；另一方面，社会生活的每一个领域、过程的真、善、美的实现又同其他领域、过程乃至整个社会的真、善、美相联系。这就要求人们要站在社会整体的高度上才能把握每一个具体的领域、过程中的真、善、美发展的方向；同时，也只有通过每一个领域、过程中的真、善、美统一的实现，才能实现社会整体发展的真、善、美的统一，创造美好的社会环境。作者在书中正是遵循着真、善、美统一是共性与个性的关系，站在社会整体的高度，把真、善、美统一的理论贯彻到社会生活的方方面面，对我国社会生活的政治、科学、文化乃至思想教育等各方面的真、善、美的统一进行了深入的分析，正确地阐明了人类社会的一切活动都必须遵循真、善、美统一的原则，以促进人类社会整体的和谐发展。这也是本书最具特色之点。它突破一般哲学著作只把真、善、美统一当作一章一节或一个问题论述的局限，把真、善、美统一的原理推广运用到社会生活的一切领域、规范人们的一切活动，这正体现了作者把马克思主义哲学基本精神一以贯之的理论彻底性。

总之，《真善美的现代反思》是一本从真、善、美统一的角度叙述马克思主义哲学的基本精神，论述了人类实践合理性的要求，它是一本富有时代特色和创新精神，有理论深度和现实意义的新作。希望这本书在同读者的结合中发挥更大的作用。

注：本章是由《社会科学研究》1987 年第 6 期发表的《主体奋斗精神初探》和《真善美统一是人类实践合理性的根本要求——读〈真善美的现代反思〉代序》（《真善美的现代反思》，任仲平等著，四川人民出版社 1999 年版）两文构成。

第三篇　人权问题的哲学思考

由于思想的解放，一些长期被禁锢的观念又重新提出来，比如“人权”，在阶级斗争观念占统治地位的时期是根本不能讲的。随着改革开放，人权问题逐渐提出来。党的“十五大”以后，党和国家十分重视人权问题，把尊重和保障人权写入国家宪法、中国共产党的章程，并制定了从2009年—2020年期间的三个《国家人权行动计划》，以加强全民的人权意识，全面推进中国人权事业的发展。从哲学上研究人权，就是为深化人权教育提供理论依据。

第十六章　人权本质上是哲学问题

当今世界人权已成为人类共同的理想追求。人权作为权利的一般形式，在本质上是哲学问题，它是现实的人在有意识的自由自觉的劳动中产生的，它的内容是由人和人的本质决定的。

一、人权是权利的一般形式

当代世界，人权已成为国际社会普遍关注和认同的问题，成为人类共同的理想追求。习近平总书记指出："实现人民充分享有人权是人类社会的共同奋斗目标"。中国人民"深知人的价值、基本人权、人格尊严对社会发展进步的重大意义，倍加珍惜来之不易的和平发展环境，将坚定不移地走和平发展的道路，坚定不移地推进中国人权事业和世界人权事业"。中国"坚持把人权的普遍性原则同中国实际相结合，不断推进经济社会发展，增进人民福祉，促进社会公平正义，加强人权法制保障，努力促进经济、社会、文化权利和公民、政治权利全面协调发展，显著提高了人民生存权、发展权的保障水平，走出了一条适合中国国情的人权发展道路"①。现在，我国人权事业有了很大发展，取得了新的成就，人权建设的理念、政策和取得的成就受到了国际社会的认同、尊重。为进一步加强人权建设，落实尊重和保障人权的宪法原则，全面推进中国人权事业的发展，国家已 3 次发布《中国人权行动计划》，规定了国家要大力传播人权理念，普及人权知识，开展人权教育，努力提高全社会尊重和保障人权的意识。为加强人权教育，哲学不应缺位。长期以来，人们对人权多是从政治学、法学角度去理解和阐释，这当然也是对的，但人权不仅是政治学和法学问题，更是哲学问题。然而，我们从哲学的角度对人权的研究不够，我们的哲学教材也不反映人权。现在加强人权教育，应该从哲学上深入研究人权，将人权列入哲学教材，作为历史唯物主义的范畴，为当今世界多元文化交流和融合提供方法论指导，也为发展中国家同西方国家开展人权斗争提供思想武器；同时，为我们国家开展以人民为中心，以社会主义核心价值观为引领，培育中国人权文化，提高全民人权意识，建设富强、民主、和谐的社会提供理论支撑。

---

① 《习近平致"2015・北京人权论坛"的贺信》，新华网，2015 年 9 月 16 日。

对于人权，现在人们已形成的共识是指在一定社会历史条件下，每个人按其本质和尊严应该享有的基本权利和自由。这是人独有的、不可转让的权利，是人最基本的需要。马克思说："人权是权利的一般形式"。[①] 人的权利包括生命、生存、教育、发展、经济、政治、社会、文化及环境等个人和集体（国家、民族、群体）的多方面、多层次的权利。在这些权利中，最普遍、最核心、最重要的就是人权，只有人权才体现着人作为社会历史主体的本质、尊严和价值。所以，《联合国宪章》鉴于两次世界大战对人类的伤害，特别"重申人权、人格尊严与价值"。《世界人权宣言》开宗明义提出："鉴于对人类家庭的所有成员的固有尊严及其平等的和不移的权利的承认，乃是世界自由、正义与和平的基础"[②]。1993 年世界人权大会上所通过的《维也纳宣言和行动纲领》更是明确规定："承认并肯定一切人权都源于人类固有的尊严和价值，人是人权和基本自由的中心主体，因而应是实现这些权利和自由的主要受益者。"[③] 可以说，人权是由人的本质、尊严和价值所决定的人的存在方式。如果作为社会的人享受不到人权，没有人的尊严和价值，就不能算过着人的生活，也就谈不上发挥人的作用。所以，人权的本意是人作为人的生存、发展的基本要求，是人享有的尊严、价值和实现人的本质力量所必需的、不可剥夺的神圣的权利。

人权作为哲学问题，首先在于人权是在人的有意识的自由自觉的劳动中产生的。资产阶级早期启蒙思想家提出人权是人与生俱来的"天赋权利"。这在当时反对封建专制的特权和宗教神权的斗争中是有其历史进步性的。但他们把人权看成一种非社会的、非历史的，使人权这种现实的人的权利脱离了作为它的基础的经验的现实，对现实的人是没有意义的。马克思主义认为，人权作为权利在本质上是权利主体——人以及人与人之间利益关系的表现。马克思说："政治国家的建立和市民社会分解为独立的个人——这些个人的关系通过权利表现出来"。[④] 这种权利不是天赋的，而是现实的人的有意识的自由自觉的劳动中产生的。劳动是人的"具有意识的生命活动"。这种"自由的有意识的活动恰恰就是人的类特性"。[⑤] 人的这种自由的有意识的活动集中表现为物质资料的生产劳动。而人们的劳动总是要结成一定的生产关系才能进行生产，并在生产关系的基础上建立起各种社会关系。而"社会的经济关系首先是作为利益关系表现出来"，[⑥] 并在各种利益关系基础上形成了各种权利，所以马克思说："创造这种权利的是生产关系"。[⑦] 马克思沿着这一思路分析资本主义经济形式，明确提出了商品生产和交换"是一切平等和自由产生的、现实的基础"，也就是人权产生的实现基础。[⑧] 人的自由的有意识的劳动创造历史，推动社会发展，出现了商品经济，为人的权利奠定了经济基础，实现了从"天赋人权"到"商赋人权"的转变，从而为科学的人权理论奠定了现实的基础。

① 《马克思恩格斯全集》第 3 卷，第 374 页。
② 《世界人权约法总览》，四川人民出版社 1990 年版，第 728 页、第 960 页。
③ 同上，第 989 页。
④ 《马克思恩格斯全集》第 1 卷，第 422 页。
⑤ 《马克思恩格斯全集》第 42 卷，第 96 页。
⑥ 《马克思恩格斯选集》第 1 卷，人民出版社 2012 年版，第 56 页。
⑦ 《马克思恩格斯选集》第 2 卷，第 573 页。
⑧ 《马克思恩格斯全集》第 25 卷，第 874 页。

人的自由的有意识的劳动不仅创造了人的社会关系，产生了各种权利，而且人也是在这种劳动中发现了自身的力量，确证着自身的价值。因为人的劳动不是简单地按照自身肉体需要的尺度进行生产。“人与动物不一样，人的生产是全面的，人懂得按照任何一种尺度来进行生产，并且懂得处处都把内在的尺度运用于对象，因此，人也按照美的规律来构造。”① 这就是说，作为历史主体的人的自由的有意识的劳动，不是简单的维持生存的需要，而是超出生存之外的广泛的社会需要。这种需要是由人按照自己规定的尺度，通过生产活动改造对象，生产出物质和精神的产品满足人的需要。人在这种劳动及其结果中发现了自己的力量，确证了自己的价值，也实现了自己的价值，所以，人作为历史主体的权利和价值是在劳动中体现出了一致性。主体在劳动中获得某种权利，实际上就体现着主体追求价值的实现，同样，这种价值本身也表示着对主体所拥有的权利的肯定。在这个意义上说，权利是历史主体——人在实践中实现自身价值的一种标志，是人的一种价值取向。权利作为人的一种价值取向，集中地体现了人对自身的价值、尊严、地位以及责任使命感的执着期待与追求。这种追求是推动人自身发展、完善的巨大动力。

人权作为哲学问题，还在于人权的内容是由人和人的本质决定的。马克思根据人的社会性，在批判黑格尔和费尔巴哈抽象地谈人的问题时指出：“人不是抽象的蛰居于世界之外的存在物。人就是人的世界，就是国家、社会。”② 人类进入文明社会以后，产生了国家，特别是资产阶级建立了市民社会，进入了社会关系最发达时代，使“人是最名副其实的政治动物，不仅是一种合群的动物，而且是只有在社会中才能独立的动物”③。所以，在社会中人是社会存在物。这种存在决定人的本质也只能从社会和社会关系中来理解。马克思说：“人的本质不是单个人所固有的抽象物，在其现实性上，它是一切社会关系的总和。”④ 人的社会关系实际上是以生产关系为基础的经济、政治、文化等方面的关系。因此，马克思主义认为，人基于本质应该享有的人权必然涉及社会生活的一切领域，即经济、政治、社会、文化和环境等领域的权利。而人又“是作为类存在物和别人共同行动的”，“只有在集体中，个人才能获得全面发展其才能的手段，也就是说，只有在集体中才有可能有个人自由”⑤。人权也是“只有同别人一起才能行使的权利”。⑥ 所以，人的本质的社会性决定了人权必然是集体人权和个人人权的统一，没有集体人权也就谈不上个人人权，反之亦然。事实上，现代人权在第二次世界大战以后逐渐发展成为包括个人、集体（国家、民族、群体）的，以生存权和发展权、自由权和平等权为核心的经济、政治、社会、文化、和平和环境等方面的权利系统。这个权利系统的方方面面实际上也是历史唯物主义所要研究的内容，这也反映人权是哲学问题，对人权也应该从哲学上进行研究。

① 《马克思恩格斯选集》第46卷（上），第197页。

② 参见鲍宗豪、金湘翔、李进：《权利说》，上海三联书店1993年版，第74页。

③ 《马克思恩格斯选集》第1卷，第1页。

④ 同上，第135页。

⑤ 《马克思恩格斯全集》第3卷，第84页。

⑥ 同上，第85页。

二、人权应引入哲学教材作为历史唯物主义的基本范畴

我国马克思主义哲学教材一直不反映人权，我以为这同受苏联20世纪30年代哲学的影响、强调哲学的斗争性和阶级性是分不开的。20年代末到30年代，在斯大林的领导和直接支持下，红色教授学院的米丁、尤金等人从“左”的方面对德波林学派进行批判和清算，为总结哲学批判上的成果，确立马克思主义哲学的列宁斯大林阶段，西洛可夫、米丁等一批哲学家撰写了《辩证法唯物论教程》、《辩证唯物论与历史唯物论》和《辩证法唯物论》（中译本取名《新哲学大纲》）等几本哲学教材，既阐述了马克思主义哲学的基本原理，构建了辩证唯物主义与历史唯物主义理论的体系，又突出了列宁关于矛盾斗争的绝对性和统一的相对性以及关于阶级、阶级斗争和无产阶级专政的贡献。这批教材一方面只讲对立面的斗争，否认对立面的统一，把对立面的斗争绝对化；另一方面又把列宁关于哲学的党性原则等同于哲学的阶级性，把哲学理论的争论视为政治斗争、阶级斗争，从这一思想出发否认人性论和人道主义，也根本否认人权。这批教材传到中国以后，成为中国马克思主义哲学的最初的理论来源。中国马克思主义哲学也就一直强调矛盾斗争的绝对性和哲学的阶级性，认为在阶级社会人都是划分为阶级的，各种思想无不打上阶级的烙印，只有阶级的人性，没有普遍的人性；人与人之间只有阶级的爱，没有普遍的爱。因此，哲学只讲阶级的人权，不讲普遍人权。我们现在的历史唯物主义中只讲人民群众是历史的主人，担负着创造社会财富、创造历史的作用，不讲人民群众的权利，使人们只看到人民群众的责任、义务，看不到人民群众的权利，特别是看不到作为权利的一般形式的人权，使马克思主义关于历史主体理论成为只讲义务、不讲权利的“片面”学说。因此，把人权引入哲学，作为历史唯物主义的范畴，首先是恢复马克思主义关于人是历史主体的完整的科学的历史主体理论的需要。马克思、恩格斯研究人类社会发展的规律，创立了历史唯物主义，认为人通过生产劳动创造了自己的生活，创造了人类社会，也创造了历史，人是历史的主体。他们从人创造历史、推动历史发展、最终实现人类的解放、实现人的全面发展，论述了人作为历史主体的地位、作用和使命，同时也论述了作为历史主体的人的需求和应享有的权利。这是完整的科学的历史主体理论。但是，我们哲学教材的历史唯物主义在历史主体问题上，只讲人民群众是历史的创造者、人民群众中的无产阶级解放全人类的历史使命，而对于作为历史主体的现实的人的最基本的权利——人权问题，完全没有提及，这同马克思、恩格斯关于历史主体的理论是不相符的。马克思、恩格斯关于人是历史主体的理论是人创造历史的作用、责任和人自身应享有的权利的统一。他们在批判费尔巴哈人本主义哲学时指出，费尔巴哈在历史观上是从抽象的人出发离开了唯物主义，从而阐述了历史唯物主义就是“我们应当首先确定一切人类生存的第一个前提，也就是一切历史的第一个前提，这个前提是：人们为了能够‘创造历史’，必须能够生活。但是为了生活，首先就需要吃喝住穿以及其他一些东西。因此第一个历史活动就是生产满足这些需要的资料，即生产物质生活本身，而且，这是人们从几千年前直到今天单是为了维持生活就必须每日每时从

事的历史活动，是一切历史的基本条件”[①]。这里的“需要吃喝住穿以及其他一些东西”，就是人生存发展的需要，也就是作为创造历史主体的人首先应享有的权利。马克思、恩格斯正是从历史唯物主义的这一基本理论出发，建立了作为历史主体的人的权利与义务统一的科学的历史主体理论。这一理论包括两个方面：一是权利与义务是统一的，不可分割的。权利是主体内在的需求，责任是主体外在的社会义务，这两者必须一致。马克思说：“一个人只有在他握有意志的完全自由去行动时，他才对他的这些行为负完全的责任。”[②] 如果他没有权利，就不可能或不应当存在行为的责任，当然也就谈不上对社会产生义务问题。因此，在任何社会里，其社会成员在履行社会责任、为社会尽义务时，必须以拥有一定权利为前提，否则就不存在外在的社会责任与义务。当然，拥有了权利，就必须承担相应的社会责任和义务，使自己权利行使的行为尽可能符合社会的要求。权利与义务必须是一致的，用马克思的话来说：“没有无义务的权利，也没有无权利的义务”。[③] 另一方面，权利与义务是同等的，具有同样重要性。马克思在谈到工人阶级的解放时指出：“工人阶级的解放斗争不是要争取阶级特权和垄断权，而是要争取平等权利和义务，并消灭任何阶级统治。”[④] 1891 年，恩格斯在批评德国社会民主党的爱尔福特纲领草案中的片面观点时进一步明确指出：“我提议把‘为了所有人的平等权利’改为‘为了所有人的平等权利和平等义务’，等等。平等义务，对我们来说，是对资产阶级民主的平等权利的一个特别重要的补充，而且使平等权利失去地道的资产阶级含义。”[⑤] 这说明马克思主义关于历史主体的权利与义务都是同等重要的，不能顾此失彼，强调一面而否定另一面，只有权利和义务的统一才是历史唯物主义科学的完整的历史主体理论。而人的权利最基本、最核心的是人权，没有人权其他一切权利都谈不上。因此，我们党和国家非常重视人权，把“尊重和保障人权”写入宪法和中国共产党章程，从根本上保证了我国人民的人权。党的十八大又进一步强调要使“人权得到切实的尊重和保障”。十八届四中全会决议更具体地提出了要“实现公民权利保障法制化，增强社会尊重和保障人权意识”。为尊重和保障人权的宪法原则，习近平总书记多次指出要坚持全心全意为人民服务的根本宗旨，实现好、维护好、发展好最广大人民的根本利益；要“坚持以人民为中心的发展思想，以保障和改善民生为重点，发展各项社会事业，加大收入分配调节力度，打赢脱贫攻坚战，保证人民平等参与、平等发展权利，使改革发展成果更多更公平惠及全体人民，朝着实现全体人民共同富裕的目标稳步迈进”[⑥]。这些年来，党和政府大力开展经济、政治、社会、文化和生态文明等方面的建设，取得了举世瞩目的巨大成就，人民群众生活有了很大的改善，有了充分的获得感。我们应该总结这方面的成就和经验，上升到人权理论，纳入历史唯物主义范畴，使历史唯物主义既讲人民群众创造历史、推动历史发展的使命，又讲人民群众自身应享有的人

① 《马克思恩格斯选集》第 1 卷，第 158 页。
② 《马克思恩格斯全集》第 21 卷，第 93 页。
③ 《马克思恩格斯选集》第 2 卷，第 137 页。
④ 同上，第 136 页。
⑤ 《马克思恩格斯全集》第 22 卷，第 271 页。
⑥ 习近平：《在庆祝中国共产党成立 95 周年大会上的讲话》，《光明日报》2016 年 7 月 2 日。

权，成为完备的科学的历史主体理论，从根本上避免长期来讲历史唯物主义“见人的作用不见人的权利”的片面性，把尊重人权同发挥人的历史作用统一起来，使历史唯物主义真正成为既反映历史发展规律，又反映历史主体——人的需要的学说。

人权作为历史唯物主义范畴，还在于人权概念在当代世界具有最大的普遍性。人权是指所有的人应该享有权利和自由，在现实世界凡有人存在就有人权，人权在现代人类社会是最具普遍性的概念。恩格斯曾说：“一切人，作为人来说，都有某些共同点，在这些共同点所及的范围内，他们是平等的，这样的观念自然是非常古老的。但是现代的平等要求与此完全不同；这种平等要求更应当是从人的这种共同特性中，从人就他们是人而言的这种平等中引申出这样的要求：一切人，或至少一个国家的一切公民，或一个社会的一切成员，都应当有平等的政治地位和社会地位。”[①] 平等的政治权利，是人权的重要内容。这里，恩格斯是主张人权是所有人应享有的权利。1948 年联合国通过的《世界人权宣言》在解释人权时也指出：“人人有资格享受本宣言所载的一切权利和自由，不分种族、肤色、性别、语言、宗教、政治或其他见解、国籍或社会出身、财产、出生或其他身份等任何区别”。[②] 这同恩格斯关于人权是所有人的权利的思想是一致的。当然，这种普遍的人权要使大家都承认，是要经过人类社会的长期发展才能做到。所以，恩格斯接着指出：“要从这种相对平等的原始观念中得出国家和社会中的平等权利的结论，要使这个结论甚至能够成为某种自然的、不言而喻的东西，必然要经过，而且确实经过几千年。随着社会经济的发展，产生了资本主义，人们关于自由平等的要求很自然的获得了普遍的、超出个别国家范围的性质，而自由和平等也很自然的宣布为人权。”[③] 然而，这一时期的人权同资本主义相结合，由于资产阶级掌握生产资料，使人权具有阶级性，人权主体受到限制，只有资产阶级才有人权。所以，马克思、恩格斯在批判当时资产阶级人权观的虚伪性时指出，在私有制条件下，“人权本身就是特权”，是“资产阶级的所有权”。[④] 长期以来，人们根据马克思、恩格斯在 19 世纪中期前的资本主义私有制社会里，人权主体受到限制的情况下所说的话当作普遍真理，把人权看作是资产阶级的意识形态不予承认，对马克思、恩格斯关于人权是人作为人所应具有的权利和自由的思想没有引起重视。然而，人权是随着社会的发展而不断发展变化的。众所周知，在资产阶级革命时期提出的人权仅仅指个体人的自由平等的政治权利，但随着资本主义的发展、无产阶级的成长壮大、无产阶级同资产阶级斗争的发展，特别是第二次世界大战以后，人权的性质和内容不断发生变化，形成了现代人权理论。20 世纪 40 年代，联合国大会通过的《世界人权宣言》及其在 60—70 年代先后通过的《经济、社会、文化权利国际公约》、《关于人权新概念决议案》以及国际人权会议颁布的《德黑兰宣言》等国际人权约法，不仅确立了经济、社会、文化权利为人权内容，并提出人的这些权利同公民的政治权利及其他权利是不可分割的整体，而且强调经济、社会、文化权利在人权体系中的基础地位和决定意义。《世界人权宣言》明确提出：“每个人，作为社会

① 《马克思恩格斯选集》第 3 卷，第 480 页。

② 《世界人权约法总览》，四川人民出版社 1999 年版，第 961 页。

③ 《马克思恩格斯选集》第 3 卷，第 483 页。

④ 同上，第 57 页、第 229 页。

的一员，有权享受社会保障，并有权享受他的个人尊严和人格的自由发展所必须的经济、社会和文化方面各种权利的实现。”①《经济、社会、文化权利国际公约》则更明确指出：“只有在创造了使人人享有经济、社会及文化权利，正如享有其公民和政治权利一样的条件的情况下，才能实现自由人类享有免于恐惧和匮乏的自由的理想”。而《关于人权新概念决议案》则更进一步强调：“一切人权和基本自由都是不可分割并且是相互依存的；对于公民权利和政治权利，以及经济、社会、文化权利的执行、增进和保护，应当给予同等的关注和迫切的考虑”；“如若不同时享有经济、社会及文化权利，则公民及政治权利决无充分实现之日”。1981年，非洲统一组织通过的《非洲人权和民族权宪章》也明确规定：“公民和政治权利不但在普遍性上而且在概念上均与经济、社会和文化权利不可分割，满足经济、社会和文化权利乃是享有公民权利和政治权利的保证”。② 国际人权约法的这些规定，同历史唯物主义关于人们首先必须解决吃、喝、住、穿，然后才能从事政治、科学、艺术、宗教等活动，这一历史唯物主义的最基本原理是一致的。当然，在怎么实现人的经济、社会、文化权利的途径和方式上，这些国际人权约法还基本停留在国家要遵守和接受国际人权组织的监督、检查层面，没有涉及经济制度的变革。这同马克思、恩格斯当时强调实现人的经济、社会和文化权利最根本的是要通过社会革命消灭私有制、消灭阶级，建立社会所有制，实现社会经济制度的根本变革来解决人权的设想是不同的。但同时我们也应该看到，随着资本主义经济的高度发展，马克思、恩格斯晚年对资本主义私有制、对人类社会的发展变革也有了新的认识。1866年爆发了世界经济危机，危机过后，资本主义发展采取了新的形式，不再靠资本家积累资本，而是靠吸收社会资本来办企业，于是股份公司应运而生，欧洲的一些大企业都变成股份制企业。马克思非常看重这一变化，他认为股份公司“是在资本主义体系本身的基础上对资本主义的私人产业的扬弃”。“这是资本主义生产方式在资本主义生产方式本身范围内的扬弃，因而是一个自行扬弃的矛盾。这个矛盾明显地表现为通向一种新的生产方式的过渡点。”马克思认为，在这种新的生产方式中，资本家不再是企业主，而是企业股东。“在股份公司内，职能已经和资本所有权相分离，因而劳动也已经完全同生产资料的所有权和剩余劳动的所有权相分离。资本主义生产极度发展的这个结果，是资本再转化为生产者的财产的必需过渡点，不过这种财产不再是各个互相分离的生产者的私有财产，而是联合起来的生产者的财产，即直接的社会财产。”③ 恩格斯在《1891年社会民主党纲领草案批判》中也指出：“由股份公司经营的资本主义生产，已经不再是私人生产，而是为许多结合在一起的人谋利的生产。如果我们从股份公司进而来看那支配着和垄断着整个工业部门的托拉斯，那么，那里不仅私人生产停止了，而且无计划性也没有了。”④ 与股份制相适应的就是政治上的政党制度实行议会选举制，工人阶级组织了社会主义政党，他们利用普选权为自己争取权利。因此，这一时期的阶级关系、阶级斗争形式发生了很大的变化，有效地利用普选权成为无产阶级崭新的斗争形式。面对

① 《马克思恩格斯全集》第4卷，第963页。

② 《世界人权约法总览》，四川人民出版社1990年版，第963页、第964页、第997页、第1082页、第1083页。

③ 《资本论》第3卷上，第496页、第495～496页、第494页。

④ 《马克思恩格斯全集》第22卷，第207页。

这种形势，恩格斯说："历史表明我们也曾经错了，暴露了我们当时（1848 年前——引者）的看法只是一个幻想。"[①] 那时，他们认为只有通过无产阶级革命，推翻资产阶级的统治，消灭资本主义私有制，建立社会主义公有制才能真正解决无产阶级和人民大众的人权问题。然而，资本主义的"极度发展"出现了股份公司，使他们看到了通过股份制可以把资产阶级的私有制财产转变为"联合起来的生产者的财产，即直接的社会财产"。现在，由于科学技术新的革命，互联网技术的产生与革命，人类社会将发生翻天覆地的大变化，资本主义模式将逐渐消亡而由协同共享的社会经济模式取而代之，将进一步证明马克思、恩格斯当时提出的"直接的社会财产"的现实性。面对社会生产的这种变化，根据马克思、恩格斯坚持的"人们的观念、观点和概念，一句话，人们的意识，随着人们的生活条件、人们的社会关系、人们的社会存在的改变而改变"的思想[②]，他们关于人权的观念也必然会发生变化。既然资本家私有财产已成为社会财产了，那么人权的资产阶级性质也就自然消失了，人权主体就不受限制了，全社会成员都成为人权的主体，人人都享有人权，也就出现了如恩格斯所预言的："一旦社会占有了生产资料……产品对生产者的统治也将随之消除"。"于是，人在一定意义上才……进入真正人的生存条件。人们周围的，至今统治着人们的生活条件，现在受人们的支配和控制，人们第一次……成为自身的社会结合的主人了。""只是从这时起，人们才完全自觉地自己创造了自己的历史，只是从这时起，由人们使之起作用的社会原因才大部分并且越来越多地达到他们所预期的结果。"[③] 因而社会也就能够实现"给所有的人提供健康而有益的工作，给所有的人提供充裕的物质生活和闲暇时间，给所有的人提供充分的自由"[④]，使所有的人都能够真正享受到人权。马克思、恩格斯的这一思想，同第二次世界大战以后国际社会普遍对人权的认同是一致的。第二次世界大战以后，联合国通过的《世界人权宣言》、《国际人权公约》等关于人权的文件得到了世界各国民众的认可，"由这些文件所规定，并传播于世界各国的'（基本）人权'的重要性，在今日世界已获得了广泛的一致意见"[⑤]。因为"对人来说，将必须的价值视为'人权'并积极追求其实现这一方式，具有极为广泛的吸引力"。对"人权思考以及以此为基础的制度设计，在实现人的精神和物质福利上具有巨大的力量"。所以，各国的"人们也都主动选择接受人权"[⑥]，使人权具有最大的普遍性，人权意识成为当今社会的精神。作为时代精神精华的马克思主义哲学的历史唯物主义，也应当反映人权，并将其作为基本范畴。

① 《马克思恩格斯选集》第 4 卷，第 382 页。
② 《马克思恩格斯选集》第 1 卷，第 419～420 页。
③ 《马克思恩格斯选集》第 3 卷，第 671 页。
④ 《马克思恩格斯全集》第 21 卷，第 570 页。
⑤ 大沼保昭著，王志安译：《人权、国家与文明》，生活·读书·新知三联书店 2003 年版，第 1 页。
⑥ 同上，第 325 页。

三、加强人权的哲学研究，进一步促进不同文化交流

当今世界正处在大发展、大变革、大调整时期，世界多极化、经济全球化深入发展，国际关系复杂多变，矛盾冲突迭起，各种思想文化交流、交锋、交融更加频繁。我国正在贯彻“四个全面”伟大战略，建设富强、民主、和谐的社会主义社会。面对这种形势，从哲学上升华人权研究具有重要意义。

第一，深化对人权的普遍性和具体性的统一研究，为世界多种文化的交流、融合、发展提供方法论指导，也为发展中国家进行人权斗争提供思想武器。人权源于人固有的尊严和价值，是人作为人应享有的基本权利，它是人的其他一切权利的根据和基础，人权的最终实现也是为了人的尊严和价值。这是国际社会普遍认同的人权普遍性。但是马克思主义同时认为：“权利永远不能超出社会的经济结构以及由经济结构所制约的社会的文化发展”。[①] 人权作为权利的一般形式，它必须依赖社会经济结构和文化发展，这就决定了人权是具体的、历史的。人权的具体性主要就表现在人权离不开现实的经济、社会和文化的发展。这首先表现在人权是现实的社会、经济、文化发展到一定阶段的产物，并随着社会的经济、文化的发展而发展。其次表现在人权的理解、解释也是同社会、经济、文化密切相关的，不同的社会、国家、民族，不同的宗教、文化对人权的理解、解释是有差别的。现在以《世界人权宣言》为代表的人权基本价值是国际社会普遍认同的，但西方国家和东方国家、发达国家和发展中国家对人权的理解、解释是不尽相同的。其三，经济、社会和文化的发展是人权保障和实现的基础（前面已作了论述）。人权的具体性表明人权理想的实现离不开各个国家的国情，离不开各个国家经济、社会及文化的发展。人权既是普遍的，又是具体的、历史的，是具体性和普遍性的统一。人权的普遍性体现人类共同的理想和追求。人权的具体性体现人权的历史发展，是人类追求实现人权的条件和路径。这两者的统一就是历史辩证法的普遍和特殊的关系。正确理解和把握这一关系，可以更好地认识和处理当今世界文化多元化和文明多样性的冲突、交流、融合和发展。人权普遍性的价值就在于它是世界多元文化交汇融合的结果，历史地看人权观念的推广和人权话语的普及，其所体现的一直都是不同社会、经济所产生的多元文化交汇、融合的结果。这种普遍性是存在于不同的文化和文明之中的，因而人权本身对各文化和文明具有一种相容性。日本学者大沼保昭在《人权、国家与文明》一书中提出了文明相容的人权观。他认为这种人权观“是以承认不同价值体系与世界观并存的现实基础为前提，通过互相批判和容纳的过程，来统一和克服这些差异。在这个意义上，文明相容的人权观认为，共同性不是某种一开始就具有一定内容的存在物，而是寻求和确定文明相容人权观的内容，并在对这一暂定结论的批判上，重新定义其内容，由此确立共同性的一个不间断过程”。“文明相容的人权观所追求的是不同文明、文化、宗

① 《马克思恩格斯选集》第3卷，第12页。

教之间的不断的对话和共通性”①。大沼保昭这一观点是符合人权发展的历史和现实的，它揭示了人权观念对各种文化和文明的相容性。当今世界文化多元化和文明多样性并存，因而使人们对人权在观念的认识上有差异和实现路径上有所不同，这是一个客观事实。这种不同有时候会产生误解甚至引发冲突，这在历史上是屡见不鲜的，在现实中也是存在的。面对价值观和人权观的多元化，我们应当抛弃不合时宜的以自我为中心的立场和态度，坚持人权对文化和文明的相容性的特性，既要看到各种不同文化和文明的差异，也要看到不一样的文化和文明同样都有尊重人的价值和尊严的追求的共同性。有这种共性，各种不同文化、文明就有相互交流的基础。因此，我们应该高扬理性协商的旗帜，“力推一种建立在平等和互相尊重的基础上的协商机制。一种理性的、成熟的协商机制应当包含……主体的平等性、议题的开放性和过程的互动性。主体平等性是民主协商的前提条件，议题的开放性决定了协商内容的广泛性，过程的互动性能确保协商结果的有效性”。② 坚持不同文化和文明的平等对话的协商机制既能促进对人权概念认识的逐渐统一和不断丰富，又可以做到不同文化的相互交流、相互启发、取长补短、自我扬弃，从而实现文化的综合创新发展，走向共同繁荣。

这种文明相容的人权观所体现的人权普遍性和特殊性的统一，也是当前发展中国家开展人权斗争的思想武器。冷战结束以后，人权问题成了发展中国家同西方发达国家外交斗争的焦点。西方发达国家习惯用西方中心论的眼光来看问题，习惯用他们的价值观、人权观来看发展中国家，把他们的社会制度和发展模式当成人权的标准，而把其他国家的社会制度和发展模式看成是侵犯人权的表现，因此，他们每每拿人权来说事，干涉别国内政。这不仅公开违反《世界人权宣言》的精神，而且同人权普遍性和具体性统一的观点也是不相容的。人权普遍性和具体性的统一表明人权的理想、目标、价值、原则是普遍的，而实现人权的道路和模式则因各国的国情不同而不一样。各个国家只有从本国的经济、社会和文化发展的实际出发，探索符合本国人民要求的发展道路才能切实地保障人民的权利，人权事业才能取得持续发展。这是人权发展和进一步实现的规律。根据这一理论，发展中国家应该高举人权对文化相容性的旗帜同西方发达国家开展人权斗争，维护国家主权和人权，批判其对于发展中国家人权的种种指责，理直气壮地要求他们摒弃西方中心主义的思维方式，理直气壮地要求他们尊重、理解发展中国家的实际情况，尊重、理解和支持为探索符合本国的人权发展道路和模式，这才是人权发展的正道。

四、加强人权教育，提高全民族的人权意识，推进人权事业的发展

人权引入哲学教材，作为历史唯物主义范畴，深入进行研究，为加强人权教育、提高人权意识、促进和谐社会建设提供理论支撑。加强人权教育、提高全民的人权意识是

① 《人权、国家与文明》，生活·读书·新知三联书店2003年版，第321、344页。

② 参见罗豪才：《不一样的文化一样尊重人的尊严》，《光明日报》2011年9月22日。

纳入我们国家人权行动计划的重要内容，这充分肯定了树立人权意识的重要性。人权意识应该是国家工作人员和社会公民的基本素质。它对于人们遵守宪法、保障公民权益、行使自己的权利与义务都是十分重要的。早在 18 世纪，法国的《人权和公民权宣言》开明宗义就提出："不知人权、忽视人权或轻蔑人权是公众不幸的政府腐败的唯一原因"。以后，这一思想又写入 1793 年的法国宪法中，目的是要使人权"可以经常呈现在社会各个成员之前，使他们不断地想到他们的权利和义务"。"以便全体公民都能不断地把政府的决定同整个社会机构的目标加以对比，从而不受暴政的压迫和凌辱；以便人民经常看见自己的自由与幸福的基础，官吏行使其职责时有准则，立法者行使其使命时有目标"[①]。这充分反映了早期资产阶级对人权意识的重视，认为它能防止政府腐败，使官员能依据宪法懂得自己的职责及行使权力的目的，能自觉接受人民监督；使公民懂得他们的权利与义务，能够遵纪守法，也能依法监督政府，保障自己的权利，防止政府的腐败。

现在我们国家非常重视人权问题，为实现人民充分享有人权目标，党和政府提出了加强人权教育、提高全民的人权意识，并把这纳入《国家人权行动计划》，要求"广泛开展各种形式的人权教育和培训，在全社会传播人权理念，普及人权知识"；要求"将人权教育纳入公务员培训计划，纳入各个层次的国民教育"；要全面"提高全民人权意识，形成全社会重视人权的舆论氛围"[②]。现在更是强调要以人民为中心，以社会主义核心价值观为引领，更加注重提高人权理论研究和人权宣传教育的水平，不断提高全社会尊重和保障人权的意识，为人权建设奠定广泛的社会基础；同时，强调要围绕中国人权发展的实践和国际人权重大问题，积极开展人权理论研究，加快构建具有中国特色的人权话语体系[③]，真正实现走出一条"适合中国国情的人权发展道路"。当全社会都树立起了宪法规定的"尊重和保障人权"的意识并成为实践的指导以后，人们随时都会想到宪法规定的自己的权利和义务，想到尊重人的价值和尊严，人与人之间就会多一些尊重，多一些友爱，少一些矛盾和冲突，相互之间就能和谐相处。领导者有了人权意识后，能真正贯彻"以人为本"的原则，在处理领导和群众之间的关系时，也会多一些相互理解、相互尊重；他们在制订政策时也会更多考虑群众的权利问题，在行使自己的职责处理各种社会矛盾时也要多一份心思，考虑人权问题，从而避免过激行动伤害当事人，减少矛盾和冲突，这就有利于营造整个社会的和谐。可以说加强人权教育、提高全民的人权意识，是促进社会主义和谐社会建设的一种强大的精神力量。当我们把人权作为历史唯物主义基本范畴写入哲学教材以后，它便能发挥更大的、更持久的教育作用。

注：本章是新写的《关于人权教育的哲学思考》一文。

---

① 董云虎、刘武萍：《世界各国人权约法》，四川人民出版社 1994 年版，第 27、41 页。

② 《国家人权行动计划（2012—2015）》，《光明日报》2012 年 6 月 12 日。

③ 参见蒋建国：《中国人权事业不断取得新成就》，《光明日报》2016 年 6 月 15 日。

第十七章　中国马克思主义的人权观

一、人权是人民群众自己争得的——毛泽东的人权观

人权问题已成为当代世界的热点话题，也是我国政府极为重视的问题。1991年10月，国务院新闻办公室公布了《中国的人权状况》白皮书，全面阐述了中国人权的基本理论、基本实践和基本立场，是中国当代人权理论的集中体现。毛泽东虽然直接论述人权的不多，但他一生都在为争取中国人民大众的人权而奋斗。他的理论和实践反映了他的人权观。研究他的人权观，对于发展和完善中国当代人权理论和实践是有意义的。

（一）人权的主体是人民大众

人权作为人们在现实社会中的利益的反映，它在形式上表现为整个人类的普遍理想，“是权利的一般形式”①，但在内容上却反映着一定时代不同人们的特殊利益要求及其相互关系。人权的这种普遍形式与特殊内容的统一，决定了人权不同于一般的权利，而是一种特殊的权利。这种特殊权利与其他权利一样，不可避免的也是现实利益冲突的产物，一部分人的权利总是对另一部分人的权利的限制。因此，在人权问题上，历来存在着不同人权主体的争论。在阶级社会里，人民大众同统治阶级的利益要求是互相冲突的，在人权主体问题上也就有是少数统治者的人权还是人民大众的人权的对立，这是两种不同的人权观的对立。正如邓小平所指出的：“什么是人权？是多少人的人权？是多数人的人权，还是少数人的人权，还是全国人民的人权？西方世界的所谓‘人权’，和我们讲的人权是两回事，观点不同。”② 西方世界的人权理论也就是资产阶级人权理论。资产阶级人权论所理解的“人”，是孤立封闭的利己主义的人，把个人看作是独立于他人、独立于社会、国家的人，离开人的社会性、离开人的历史发展去谈人权问题。因此，正如马克思所指出的，在资本主义社会，“任何一种人权都没有超出利己主义的人……即作为封闭于自身、私人利益、私人任性、同时脱离社会整体的个人的人”③。

---

① 《马克思恩格斯全集》第3卷，第228页。

② 《建设有中国特色的社会主义》增订本，第111页。

③ 《马克思恩格斯全集》第1卷，第439页。

正是从这种“人”出发，资产阶级主张个人的人权，否认人权的社会性、阶级性。与此相反，马克思主义是从“人类社会”或“社会的人类”这一视角来考察人，把人看作是社会的从事实际活动的现实的人。人的本质是建立在生产过程中的社会关系的总和。在阶级社会里，人都在一定的阶级地位中生活，人的社会性也就带有阶级性。马克思主义正是从人与社会的内在联系出发，反对把人权简单地规定为个人的权利，而首先强调国家、集体和民族的自决权，强调人民大众的人权。中国共产党正是根据马克思主义的这一观点，历来主张多数人的人权、人民大众的人权。这也是我国在人权问题上的基本立场。毛泽东作为中国共产党人的代表，他历来坚持这一立场，一生都在为争取人民大众的人权而奋斗，并就人民大众作为人权主体的地位作了多方面的论述。

第一，早在青年时代，毛泽东就认为民众是一国国民的多数，应该享有一切权利。他在《民众大联合》中指出，民众是国民的多数，却受着少数贵族、资本家及其他强权者的压榨，没有任何权利。因此，他提出要实行民众大联合，反对专制主义的强权，争取本属于民众自己的权利。在他主编的《湘江评论》二号上发表的文章中指出：“土地本来是天然的，养活人的，断没有这块是你的，那块是我的分别”，但却被一批“强霸恶王占去”，作为他们强迫农夫劳动，压迫农夫的资本。文章说：“天地间的权利与自由”本来是人人所能得到手的，但也成了少数“恶贼”的“专利”。“何以叫权利与自由的专利呢？就是一般恶贼把我们杀死，自我们手里夺去权利自由。”毛泽东认为这些“恶贼”就是帝国主义和封建统治阶级，他说：由于专制主义的统治，“中华民族，几万万人，从几千年来，都是干着奴隶的生活，只有一个非奴隶的是‘皇帝’（或曰皇帝也是‘天’的奴隶）。”皇帝当家的时候是不准我们有政治、学术、社会等等权利的①。我们必须联合起来，反对帝国主义、封建主义的强权统治。他说：“宗教的强权，文学的强权，政治的强权，社会的强权，教育的强权，经济的强权，思想的强权，国际的强权，丝毫没有存在的余地。都要平民主义的高呼，将他们打倒，夺回我们自己的权利，使社会由少数阶级专制的黑暗社会，变为全体人民自由发展的光明社会。”② 尽管这一时期他还没有摆脱自然权利学说思想的影响，也还没有完全解决打倒专制主义强权、使民众“由强权得自由”的途径，但他反对专制主义强权、争取人民大众的人权的思想是非常明确的。这一思想对于今天广大的发展中国家反对霸权主义、争取民族解放、争取人民大众的人权，仍然具有现实的意义。

第二，毛泽东在完成世界观转变，成为马克思主义者以后，他又从唯物史观的角度，论述了人权就是人民的各项权利，人民是人权的主体。他指出，社会的财富是人民创造的。“人民，只有人民才是创造世界历史的动力”③。他认为人民是历史的主体，应该享有一切权利。但这一点在历史上被颠倒了，只有统治阶级享有一切权利，人民却没有。他领导中国人民革命就是为了颠倒这被颠倒的历史，争得人民的权利。1934 年 1 月，他在第二次苏维埃全国代表会议上的报告中详细论述了苏维埃政权是工农民众自己

① 《毛泽东早期文稿》，第 293 页。
② 同上。
③ 《毛泽东选集》第 3 卷，第 9 页。

的政权，它实行最宽泛的民主，给予一切革命民众以完全的集会、结社、言论、出版与罢工的自由，并给予一切可能的物质条件上的便利（会场、报纸、印刷机关等等），以实现人民的自由权利。该报告还详细论述了劳动群众的就业、文化教育以及男女平等、婚姻自由、民族平等和民族自决等权利。这次大会根据毛泽东的讲话精神修改通过了《中华苏维埃宪法大纲》，以法律的形式肯定了劳动群众的人身自由，政治、经济、文化等方面的权利，成为红色根据地人权的法律保障。

抗日战争时期，毛泽东多次结合孙中山先生的民权主义思想，阐述人民大众是人权的主体。1940 年 2 月，他在延安各界宪政促进会成立大会上说：对宪政“讲得最好的是孙中山先生在《中国国民党第一次全国代表大会宣言》里的话。那个宣言说：‘近世各国所谓民权制度，往往为资产阶级所专有，适成为压迫平民之工具。若国民党之民权主义，则为一般平民所共有，非少数人所得而私也。’同志们，我们研究宪政，各种书都要看. 但尤其要看的，是这篇宣言，这篇宣言中的上述几句话，应该熟读而牢记之”①，要为人民大众争取权利。他认为在当时，人民大众就是一切抗日的阶级和阶层。因此，他说：“关于人民的权利，应规定一切不反对抗日的地主资本家和工人农民有同等的人权、财权、选举权和言论、集会、结社、思想、信仰的自由权”②。1941 年 11 月，他《在陕甘宁边区参政议会的演说》中再次解释孙中山先生的三民主义，提出全国人民都要有各种权利。他说：“就目前来说，革命的三民主义中的民族主义，就是要打倒日本帝国主义；其民权主义和民生主义，就是要为全国一切抗日的人民谋利益，而不只是为一部分人谋利益。全国人民都要有人生自由的权利，参与政治的权利和保护财产的权利。全国人民都要有说话的机会，都要有衣穿，有饭吃，有事做，有书读，总之是要各得其所。”③ 为体现和保障人民大众是人权的主体，毛泽东强调人民大众作为人权主体必须要有立法保障。早在 1922 年 5 月 1 日，他就在《大公报》上发表《更宜注意的问题》的文章，强烈要求政府必须给劳工以合法权益。他说，除了那些依靠剥削为生的以外，“用手或用脑做事的”都是劳工。他谴责当时湖南宪法是“美其名曰全民政治，实际上抛弃了百分之九十九的劳工”。他明确提出宪法要肯定劳工的三种权利，即：生存权、劳动权、劳动全收权。他积极组织和领导了当时争取劳动立法的斗争。以后，在民主革命的各个时期，他都注意用法律和法规来保护人民大众的各项权利。民主革命胜利后，毛泽东领导建立了人民民主专政的国家，主持制定了《共同纲领》和第一部《中华人民共和国宪法》，明确规定了人民是国家的主人，国家的一切权力属于人民，人民享有广泛的权利。毛泽东说：“我们的宪法规定：中华人民共和国公民有言论、出版、集会、结社、游行、示威、宗教信仰等等自由。”“我们的这个社会主义的民主是任何资产阶级国家所不可能有的最广大的民主。”④ 这就从根本大法上保证了人民作为人权的主体地位。

为使人们充分认识人民大众的人权主体地位，毛泽东还特别从指导思想上强调：

---

① 《毛泽东选集》第 2 卷，第 733 页。

② 同上，第 768 页。

③ 《毛泽东选集》第 3 卷，第 808 页。

④ 《毛泽东著作选读》下册，第 760 页。

(1) 要懂得干部的权力是人民给的。1944年，一位美国记者问毛泽东："你们办事，是谁给的权力？"毛泽东回答说："人民给的。"[①] 几十年后，毛泽东又重申我们的权力是"占人口百分之九十以上的广大劳动群众给的"[②]，领导者只有代表人民群众，向人民群众负责，正确使用这一权力，尽心竭力为群众的利益服务。(2) 毛泽东指出，人民群众必须有管理上层建筑的权利。他说："人民必须有权管理上层建筑，我们不能把人民的权利问题了解为人民之所在某些人的管理下面享受劳动、教育、社会保险等等权利。劳动者有管理国家、管理各种企业、管理文化教育的权利，没有这个权利，就没有工作权、受教育权、休息权等等"[③]。毛泽东这一思想为我们坚持人民群众是人权主体和全面理解人权提供了重要的指导思想。

第三，毛泽东论述了人权实现的个体主体与集体主体的关系。人民作为人权的主体，决定了人民中每一个人都有权平等地享受各种权利。人民是由各个个人组成的，人民的人权的实现要体现在每个人身上。因此，毛泽东在强调人民大众的权利的同时，也强调个人的权利。在集体权利与个人权利的关系上，首先，毛泽东强调解放个性，强调人人都要有民主平等权利。青年时代，他曾经提出社会、国家是由个人组成的，无个人即无社会、国家，因此他推崇个人价值，提倡个性解放。后来在革命斗争中，他进一步指出："解放个性，这也是民主对封建革命必然包括的。……被束缚的个性如不得解放，就没有民主，也就没有社会主义。"[④] 他认为每一个人都有民主和平等的权利。他说："人与人之间的关系应该是民主的和平等的"[⑤]。因此，他要求"以真正平等的态度对待干部和群众，必须使人感到人们相互间的关系确实是平等的"[⑥]。他一直强调要建立一种官兵之间、干群之间的民主平等的关系。其次，他指出，要实行统筹兼顾，各得其所。他说："统筹兼顾，各得其所。这是我们历来的方针，在延安时候我们就采用这一方针，现在仍然实行这一方针，对各种人的生活、就业、教育等等问题，都要从对全体人民统筹兼顾这个观点出发，就当时当地的实际可能条件，同各方面的人协商，作出各种适当安排，使人人适得其所。"[⑦] 再次，他强调必须公私兼顾，处理好个人利益与集体利益的关系。1959年底，他在读苏联《政治经济学（教科书）》的谈话中指出：公是对私来说的，私是对公来说的。公和私是对立的统一，不能有公无私，也不能有私无公。我们历来讲公私兼顾，早就说过没有什么大公无私，又说过先公后私。个人是集体的一份子，集体利益增加了，个人利益也就随着改善了。公私兼顾的实质就是要处理好国家利益、集体利益和个人利益的关系，实行集体利益和个人利益的结合。毛泽东认为，要"提倡集体利益和个人利益相结合的原则为一切言论行动的标准"[⑧]，保证人民的集体权利和个人权利的实现。这些思想仍然是我们现在人权实现问题上处理好个体主

① 《毛泽东选集》第4卷，第1128页。

② 转引自1968年10月16日《人民日报》、1978年3月8日《人民日报》。

③ 《毛泽东书信选集》，第239页。

④ 转引自《毛泽东的文化性格》，第275页。

⑤ 《工作方法60条（草案）》，转引自《关于人的学说的哲学探讨》，第329页。

⑥ 同上。

⑦ 《毛泽东选集》第5卷，第339～340、387～388。

⑧ 同上，第244页。

体与集体主体关系的重要的思想准则。

（二）人权是人民大众自己争得的

人权是怎样产生的？对这一问题，不同的人权观有着不同的回答。早期资产阶级提出“天赋人权”。现代西方国家一些人自封“人权卫士”，总认为是他们给别人争人权。其实这是一种霸权主义，救世主的表现。马克思主义认为，人权是人类社会实践的产物，人民群众是实践的主体，他们的人权是自己实践斗争的产物。世界上从来没有救世主，也不靠神仙皇帝，全靠人民自己救自己。毛泽东作为一个伟大的马克思主义者，他一生都坚持人民群众自己解放自己的观点。他认为人民群众的各种权利不是自然产生的，也不是别人恩赐的，而是人民群众自己在革命斗争和建设实践中争得的。早在青年时代，他就发出呼唤：“天下者我们的天下。国家者我们的国家。社会者我们的社会。我们不说，谁说？我们不干，谁干？”[①] 他指出，在阶级社会里不同的阶级有不同的利益追求，被压迫被剥削阶级的利益只能靠自己去争。他说：“我们是农夫。我们就要和我们种田的同类，结成一个联合，以谋我们种田人的种种利益。我们种田人的利益，是要我们种田人自己去求，别人不种田的，他和我们的利益不同，决不会帮我们去求。”[②]因此，他号召民众联合起来，反对强权专制，争取民众自身的利益。后来，毛泽东在领导中国人民革命和建设的过程中一直坚持人民群众自己解放自己的观点，并从马克思主义的立场充分论证了政党同人民群众自己解放自己、争取自己利益的关系。他指出，人民群众作为历史的创造者和历史主体，能够依靠自己的力量为自己争得权利，共产党的任务就是组织和领导群众为实现自己的利益而斗争。1927 年，他在《湖南农民运动考察报告》中就指出：农民要争取政治、经济、思想上的解放、自由，就得靠农民自己起来斗争，“别人代庖是不对的”，共产党的“政策应当是‘引而不发，跃如也’”[③]。1943 年 10 月，他在《开展根据地的减租、生产和拥政爱民运动》一文中又指出，农村开展减租减息，争取经济利益的改善，“是农民的群众斗争、党的指示和政府法令是领导和帮助这个群众斗争，而不是给群众以恩赐。凡不发动群众积极性的恩赐减租，是不正确的，其结果是不巩固的”[④]，并认为是依靠群众斗争还是靠恩赐，这是减租减息成败的关键。后来在《论联合政府》一文中，他把这一思想上升到争人权的一般理论，指出：“自由是人民争来的，不是什么人恩赐的。中国解放区的人民已经争得了自由，其他地方的人民也可能和应该争得这种自由。”[⑤] 他坚持这一观点从未动摇，直到晚年他还一再强调要信任群众、依靠群众、尊重群众的首创精神。他认为，社会主义革命和社会主义建设都是人民群众的事业，“人民群众有无限的创造力。他们可以组织进来，向一切可以发挥自己力量的部门进军，向生产的深度和广度进军，替自己创造日益增多的福利

---

① 《毛泽东早期文稿》，第 390 页。

② 同上，第 373～374 页。

③ 《毛泽东选集》第 1 卷，第 33 页。

④ 《毛泽东选集》第 3 卷，第 910 页。

⑤ 同上，第 1020 页。

事业。”[①] 20世纪60年代初，他在同第三世界国家一些人士的谈话中也一再强调，人民是决定的因素，依靠人民的团结和斗争必能战胜帝国主义和反动派，取得民族独立和解放，争得自己的权利。今天，我们广大发展中国家仍然必须坚持这一观点，同西方一些国家利用人权推行的新的霸权主义作斗争。

在人民实现自己权利的斗争中，毛泽东认为共产党的任务“就是要使群众认识自己的利益，并且团结起来，为自己的利益而奋斗”。他指出，这是“马克思列宁主义的基本原则”[②]。为了组织和领导群众实现自己的利益，毛泽东强调“共产党是为民族、为人民谋利益的党”，必须“全心、全意地为人民服务，一刻也不能脱离群众；一切从人民的利益出发，而不是从个人或小集体的利益出发”。“共产党人的一切言论行动，必须以合乎最广大人民群众的最大利益，为最广大人民群众所拥护为最高标准。”[③] 他要求共产党人在领导群众实现自己利益斗争的过程中，绝不能高踞于群众之上，做官当老爷，而应该深入群众之中，同群众打成一片，这样才能更好地为实现群众的利益服务。

（三）经济权利是最基本的权利

马克思主义认为，人们的经济生活决定人们的政治生活和精神生活。毛泽东的人权思想中也贯穿着这一观点。他认为，在人们的生存权利、政治权利、经济权利、文化及社会各方面的权利中，经济权利是决定其他一切权利的最基本的权利。

第一，毛泽东认为经济权利是人们生存权的保障。生存权是人的首要的人权。人的生存权不仅包括人的生命安全不受非法剥夺和侵害的权利，而且包括每一个人维持生命存在所必需的生活条件应该获得基本保障的权利。没有经济权利，没有基本的物质生活条件，人就没有像人一样生存的权利。毛泽东早在青年时期就认识到了这一问题，并响亮地提出了“世界什么问题最大？吃饭问题最大”[④]。他在领导中国革命后，又进一步分析中国的情况，指出在旧中国由于受帝国主义、封建主义和官僚资本主义的压迫，“中国的广大人民，尤其是农民，日益贫困以至大批地破产，他们过着饥寒交迫和毫无政治权利的生活。中国人民的贫困和不自由的程度，是世界所少见”[⑤]。他认为，中国人民首要的是要争国家独立的主权，解决人民生存的经济权利。在中国解决人民经济权利，首先就是要解决农民的土地问题。因此，在民主革命过程中，毛泽东十分赞成孙中山先生的“平均地权”、“节制资本”，实行“耕者有其田”的方针，领导农民进行土地斗争，没收地主多余土地分给无地或少地的农民，反对资产、土地为“少数人所得而私”，反对少数地主资本家“操纵国计民生”。其目的就是要广大的人民，特别是广大农民有生产资料，有经济权利，以保障他们的生存权。

为保障人民的生存权利，毛泽东历来重视发展经济，特别是发展农业，保证人民的吃饭，改善人民生活。1934年1月，他在江西瑞金召开的第二次全国工农兵代表大会

① 《毛泽东选集》第5卷，第253页。
② 《毛泽东选集》第4卷，第1318页。
③ 《毛泽东选集》第3卷，第809、1094～1095、1096页。
④ 《毛泽东早期文稿》，第292页。
⑤ 《毛泽东选集》第2卷，第631页。

上的讲话中提出，要关心群众生活、注意工作方法，强调要发展经济、增加农业生产，以“解决群众的穿衣问题，吃饭问题，住房问题，柴米油盐问题，疾病卫生问题，婚姻问题。总之，一切群众的实际生活问题，都是我们应当注意的问题”①。20 世纪 40 年代，在抗日战争的艰苦岁月中，他提出“发展经济，保障供给”的方针。1942 年，他在《经济问题与财政问题》一书中指出，在当时陕甘宁边区的条件下，经济工作是第一位的工作，是中心工作，并批评了那种鄙薄经济工作的儒家唯心主义思想。他指出，马克思主义者是革命的功利主义者，一切鄙薄经济工作的思想都是错误的，是“中了董仲舒所谓的‘正其谊不谋其利，明其道不计其功’这些唯心的骗人的腐话之毒，还没有去掉得干净。”他说：“我们现在还不是处在‘学也禄在其中’的时代，我们不能饿着肚子去‘正谊明道’，我们必须弄饭吃，我们必须注意经济工作。”他认为，要解决吃饭，首要的是发展农业生产。他提出“应确定农业为第一位”。他说，我们要用尽力量使农民发展农业生产，这样做的首要目的是使农民富裕起来，改善他们的生活，同时也使全体人民有饭吃。毛泽东这一思想一直坚持到他晚年。1956 年，他在《论十大关系》中批评苏联轻视农业、轻工业，片面强调重工业，把农民挖得很苦，拿走的东西太多，给的代价又极低，使农民生产的积极性受到了极大的损害，农业生产发展缓慢，人民生活受到影响。我们则一直抓了农业，发展了农业；稳定了市场，稳定了人民的生活。他提出要多发展农业和轻工业来发展重工业。1957 年初，他又提出：“全党一定要重视农业。农业关系国计民生极大。要注意，不抓粮食很危险，不抓粮食，总有一天要天下大乱。”② 他认为“民以食为天”，“我国是一个有六亿五千万人口的大国，吃饭是第一件大事”③。因此，他要求各级党组织要抓好农业，并明确提出要以农、轻、重的秩序来安排国民经济，首先解决人民的衣、食、住、行问题，保障人民的吃饱穿暖的基本的生存权利。对于我们这样一个有 11 亿多人口的大国来讲，搞好农业，保证人民吃、穿、住，解决生存权，今天仍然是不可忽视的大问题。

第二，毛泽东认为经济权利是政治、文化、社会等各方面权利的基础。民主革命时期，毛泽东提出要动员人民群众参加革命斗争，争取政治上的民主权利和享受文化教育的权利。首先必须解决好人民群众的经济利益，只有人民群众的经济利益有了保证，其他一切事情才好办。1933 年 11 月，他在《长岗乡调查》中指出：“苏维埃是群众生活的组织者，只有苏维埃用尽它的一切努力解决了群众的问题，切切实实地改良了群众的生活，取得了群众对于苏维埃的信仰，才能动员群众加入红军，帮助战争，为粉碎敌人的‘围剿’而斗争。”④ 1934 年 1 月，他又指出，共产党只有“真心实意地为群众谋利益，解决群众的生产和生活问题，盐的问题，房子的问题，衣的问题，生小孩的问题，解决群众的一切问题”⑤，群众才会把革命当作他的生命，积极投身革命斗争，去争取政治上的解放与民主。1941 年 8 月，他在给谢觉哉的信中又指出，只有以经济工作为

---

① 《毛泽东选集》第 1 卷，第 136～137 页。

② 《毛泽东选集》第 5 卷，第 360 页。

③ 《毛泽东著作选读》下册，第 811 页。

④ 《毛泽东农村调查文集》，第 308 页。

⑤ 《毛泽东选集》第 1 卷，第 139 页。

中心，解决人民群众的吃、穿、住、用，才能办好其他事情。他说："边区有政治、军事、锄奸、文化各项重大工作，就现时状态即不发生重大的突变来说，经济建设一项乃是其他各项的中心，有了吃、穿、住、用，什么都活跃了，都好办了，而不要提民主或其他什么为中心工作。"1942年，他在《经济问题与财政问题》一书中论及经济与教育这两项工作的关系时又说："离开经济工作而谈教育或学习，不过是多余空话"，"一切空话都是无用的，必须给人民以看得见的物质利益"。他指出，这是"我们党的根本路线，根本政策，每个同志（军队同志也在内）都要好好去研究"。他认为，是否执行了这个根本路线和根本政策，是衡量一个人是否真正关心群众利益的标志。为解决人民群众的经济利益，建国以后，中国共产党领导全国人民用了3年时间，集中精力医治创伤，迅速恢复国民经济，稳定了人民的生活。在此基础上，共产党和毛泽东又不失时机地领导人民实现了对农业、手工业和资本主义工商业的社会主义改造，消灭了剥削制度，建立了社会主义制度，使中国人民在历史上第一次成为生产资料的主人和社会财富的享有者，这就从根本上保证了人民在政治、文化及社会生活各方面的平等的权利。现在，我们以经济建设为中心，则是要从根本上保证人民政治、文化及社会各方面平等权利的实现。

（四）毛泽东人权观的特点及其对中国当代人权的影响

毛泽东的人权观贯穿在他人权思想的各个方面，如人权的共性和个性关系问题、人权的立法保障、公民的宗教信仰自由、特殊人群的权利等方面，毛泽东都有不少的论述，反映了他的人权观。鉴于篇幅，我们只概括了毛泽东人权观的上述几个方面的内容。研究毛泽东的整个人权观，可以看到它有两个显著特点：第一，毛泽东人权观始终贯穿着唯物史观和马克思主义实践观。毛泽东总是从历史主体和社会经济条件来说明人权，把人权看作是人权理想、立法保障和政治实践三个层次的统一。一方面认为人权理想具有普遍性和超越性；另一方面认为人权作为立法形式所保障的权利，被付诸实践的过程中，它在实质上体现着统治阶级的根本利益，具有鲜明的阶级性和时代性。在阶级社会里，人权的主体是人民大众。人民大众在实践斗争中争得自己的权利，又在实践中创造条件，不断满足自己的利益要求，使人权的充分保障不断发展和完善。毛泽东人权观的这一基本思想无疑是正确的，对我国人权理论具有指导意义。中国共产党和中国政府根据毛泽东人权观的基本思想，从中国的历史和国情出发，总结长期的实践经验，形成了自己的人权观点，并制定了相应的法律和政策，使我国人权具有广泛性、公平性、真实性的特点。

第二，强调人权的具体性和阶级性。毛泽东认为，人们的各种权利都是一定条件下的权利，只有具体的权利，没有抽象的权利；在阶级社会里只有阶级的利益，没有人类共同的利益。这种强调人权的具体性和阶级性，既是毛泽东人权观的特点，又是他人权观的局限性。它反映了毛泽东在人权的共性和个性的关系问题上片面地强调个性。我们知道，人权是一种特殊权利，尽管在内容上主要是反映一定时代不同阶级的人的利益及其相互关系。但它不同于一般的权利，它不是某些人或某一部分人特有的权利，在形式上它被表达为所有人都应享有的权利。因此，人权作为一种特殊权利，它既表现了人们利益之间的差别和冲突，同时又表现了不同利益之间的交叉、依赖和抽象的共同的形式，它是特殊内容和普遍形式的统一。在人权的这种统一中，毛泽东虽然也承认人权作为一种道德理想，具有普遍性；但是，他重点强调的是人权的特殊内容，人权的具体性、阶级性。他说："在阶级社会中，每一个人都在一定的阶级地位中生活，各种思想无不打上阶级的烙印。"他认为："只有具体的人性，没有抽象的人性。在阶级社会里就只有带着阶级性的人性。而没有什么超阶级的人性。"[①] 这就基本上否定了人性的普遍性。由于强调人权的阶级性，在政治上他提出民主只是手段而不是目的，全盘否定资产阶级民主，强调无产阶级的阶级利益。晚年，他为了捍卫无产阶级的阶级利益而强化阶级斗争，提出无产阶级专政下的继续革命，发动"文化大革命"，搞个人专断，严重侵犯人权，使我国在维护和发展人权的实践中发生了严重的挫折，给我国的人权发展带来了严重的影响。党的十一届三中全会以后，在理论上拨乱反正，纠正了毛泽东的失误，坚持和发展毛泽东的正确思想，充分发扬民主，坚持以经济建设为中心，使我国人权状况得到很大改善，人权理论的发展也进入了一个新的阶段。

最后，值得说明的是，人权作为人们在社会中享有的各种权利，它是社会条件的产物。人权的充分保障只能是由现实条件决定的一个历史过程。在这一问题上，毛泽东一方面坚持人权理想，另一方面又总是根据现实的条件尽量保障人民的各种权利的实现。在坚持人民权利的长远目标与现实条件的具体的历史的统一时，毛泽东提出：第一要处理好群众利益与发展生产的关系；第二要处理好人民群众目前利益与长远利益的关系，二者必须统一，但后者是根本，前者必须服从后者。

二、发展权利是中国和第三世界国家最重要的人权——邓小平人权思想

人权问题是当代世界的热点问题，围绕这一问题，广大发展中国家同西方发达国家之间展开了激烈的斗争。一些西方发达国家推行人权外交，把人权政治化和意识形态化，提出"人权高于主权"、"人权无国界"等论调以推行强权政治，干涉别国内政。针对这种人权外交，邓小平依据马克思主义的人权观，阐述了中国人权理论的基本思想，提出了国权重于人权的思想，确立了尊重人权、捍卫主权、反对霸权的基本原则，为我们进行人权问题上的斗争、开展人权问题的研究、建立具有中国特色的人权理论指出了明确的方向。

（一）国权重于人权

在人权与国权的关系问题上，近年来一些西方国家为推行人权外交，利用人权干涉别国内政，大肆鼓吹"人权至上"、"人权没有国界"、"人权大于、高于主权"等论调，并攻击我国不民主，没有人权。针对这些论调，邓小平明确提出了"国权比人权重要得

① 《毛泽东选集》第3卷，第870页。

多”的思想。1989年10月，他在会见美国前总统尼克松时说：“人们支持人权，但不要忘记还有一个国权。谈到人格，但不要忘记还有一个国格”[①]。同年10月，他在会见坦桑尼亚革命党主席尼雷尔的谈话中，批评某些西方国家利用人权问题推行霸权主义、强权政治时又进一步指出：“真正说起来，国权比人权重要得多”[②]。随后，在会见以樱内义雄为团长的日本国际贸易促进会访华团主要成员的谈话中，他又再一次明确提出：“国家的主权、国家的安全要始终放在第一位，对这一点我们比过去更清楚了。西方的一些国家拿什么人权、什么社会主义制度不合理不合法等做幌子，实际上是要损我们的国权。”[③] 他指出，西方国家用人权问题对第三世界进行煽动，制造混乱，“实际上是搞强权政治、霸权主义，要控制这些国家，把过去不能控制的国家纳入他们的势力范围”。“贫弱国家、第三世界国家的国权经常被他们侵犯。他们那一套人权、自由、民主，是维护恃强凌弱的强国、富国的利益，维护霸权主义者、强权主义者利益的”[④]。所以，“搞强权政治的国家根本就没有资格讲人权！他们伤害了世界上多少人的人权！从鸦片战争侵略中国开始，他们伤害了中国多少人的人权！”“西方国家说我们侵犯了人权，其实他们才是真正的侵犯人权”[⑤]。我们发展中国家不要听他们那一套，不能屈服。我们必须坚持尊重人权、捍卫主权、反对霸权的基本原则；在人权问题上，坚持各国应该在平等和相互尊重的基础上进行对话，求同存异，共同发展，才有利于世界人权的维护和改善。那种无视别国国情和法律，将一种人权标准强加于人，借口人权问题干涉别国内政，理所当然地要受到包括中国在内的广大发展中国家的反对。

邓小平关于国权比人权重要得多的思想，不仅是对西方国家推行人权外交的实质的揭露和批判，而且也深刻地揭示了国权与人权的内在关系，说明了国权是人权的集中体现，国权高于人权，国权保障人权。

国权高于人权，首先在于国权是一种最高的集体人权。人权作为在一定社会历史条件下的人，按其本质享有或应该享有的基本权利和自由，它是人们在现实社会中的利益的反映，不过它不是人们现实利益的直接反映，而是现实社会中不同阶级的人将自己的利益要求普遍化的产物。因此，人权在形式上表现为整个人类的普遍理想，是“权利的最一般的形式”[⑥]，但在内容上却反映着一定时代人们的利益要求及其相互关系。人权的这种普遍形式与特殊内容的统一，决定了人权在不同的时代、不同的社会、不同的民族、不同的阶级有着不同的要求。阶级社会里，人权的不同要求在人民大众和统治者之间是互相冲突的，因而在人权主体问题上，历来就有是少数统治者的人权还是人民大众的人权的对立。这是两种不同人权观的对立。正如邓小平所说：“什么是人权？首先一条，是多少人的人权？是少数人的人权，还是多数人的人权，全国人民的人权？西方世

① 《邓小平文选》第3卷，第331页。
② 同上，第345页。
③ 同上，第348页。
④ 同上，第348、345页。
⑤ 同上。
⑥ 《马克思恩格斯全集》第3卷，第228页。

界的所谓‘人权’和我们讲的人权，本质上是两回事，观点不同。”[①] 西方世界从资产阶级早期天赋人权论出发，把人看作是独立于他人，独立于社会、国家的个人，离开人的社会性，离开人的历史发展去谈人权问题。正如马克思所指出的，在资产阶级那里，“任何一种人权都没有超出利己主义的人，没有超出……作为封闭于自身、私人利益、私人任性、同时脱离社会整体的个人的人”[②]。邓小平也指出，离开具体社会历史条件“而谈人，这就不是谈现实的人而是谈抽象的人”[③]。正是从这种抽象的“人”出发，西方国家强调人权的主体是个人，主张个人的人权，否认人权的社会性、民族性、阶级性和时代性。与此相反，马克思主义则是从“人类社会”或“社会的人类”这一视角来考察人，把人看作是社会的从事实际活动的现实的人。人的本质是建立在生产过程中的社会关系的总和。正是从人与社会的内在联系出发，马克思主义认为人权是集体人权和个人人权的统一，反对把人权主体简单地规定为个人，而应该首先强调国家、民族、阶级等集体的人权主体地位，认为人权不能只体现在个人的权利上，更重要的是要体现在国家、民族的权利上。国家、民族权利首要的就是国家的独立和主权、民族的自决权，也就是邓小平所说的国权。它是国家在国际社会中的对外主权，是国家作为国际法不可取代的主体的自由、独立地处理内部事务的权利，是一个国家、民族所固有的权利。邓小平指出：国权是国家存在的基本条件，是立国的根基。他说：一个国家，“特别是像我们这样第三世界的发展中国家，没有民族自尊心，不珍惜自己民族的独立，国家是立不起来的”[④]。只有具有独立的主权，国家才能真正获得它自身的规定。国权不仅是国家存在的条件，而且也是人权存在的本身。马克思说：“人并不是抽象地栖息在世界以外的东西。人就是人的世界，就是国家，社会”。[⑤] 在这个意义上说，国家就是人的社会存在本身，国权也就是人权存在的本身，国权集中地体现了人权。

国权作为最高的集体人权，还在于它与其他集体人权的关系是整体与部分的关系。人权是一个包括集体人权和个人人权在内的具有层次性和丰富内容的权利体系。在这个权利体系中，国权与其他集体权利，如自然财富和资源主权、发展权利、和平权利、环境保护权利等都是国家主权的基本要素和充分发展。（当然，这些权利有些既是集体权利也是个人权利，但是，它们作为不同主体的权利时，其要求是不相同的。当它们作为个人的权利时所要求的是不受他人、国家和政府的侵犯；当它们作为国家、民族的权利时所要求的是不受其他国家、民族的侵犯。这里是在后一种意义上把它们作为集体人权。）国家的主权是包括其他集体人权在内的完整的权利，其他集体人权正是国家主权在各个方面的延伸和体现。没有国家主权，其他集体人权就谈不上。所以，邓小平特别强调国家的主权，国家的安全要始终放在第一位。当然，其他各方面的集体人权受到损害，也会影响国家主权，只有各方面集体人权的全面实现，才能充分体现完整的国家主权。

---

① 《邓小平文选》第3卷，第125页。

② 《马克思恩格斯全集》第1卷，第439页。

③ 《邓小平文选》第3卷，第41页。

④ 同上，第331页。

⑤ 《马克思恩格斯选集》第1卷，第1页。

其次，国权是个人一切人权得以实现的根本保障。人权包括人的生存、自由以及在政治、经济、社会、文化等各方面的权利。这些方面的权利从表现形式上看，具有普遍性和超越国界性，表现为整个人类的权利。但这只是一种理想。正如英国学者亚当·库伯等主编的《社会科学百科全书》所指出的："人权经常被称为基本的和普遍的权利。'基本'意味着这些权利不可剥夺，亦即在任何情况下都不容否定"；"普遍性表示一种理想，一种目标，而不表示人权的现有性质"①。现实的人权总是通过具体的人所生活的国家立法来确认，并通过施法来保障的。因此，首先要有国家主权、国家立法权才谈得上具体的人权。可以说，国权是具体人权产生的基础，也是其得以实现的根本保障。所以，国际人权理论特别强调："人民和民族应先享有自决权，然后才能保证充分享有一切基本人权。""自决权是充分享受一切基本人权的先决条件"②。一个国家只有有了完全的独立主权和立法权，才能确认和保障人民的人权。国权与人权的这种关系，从根本上说，是由人的社会性决定的。人是生活在社会中的，个人的权利与义务是由社会来规定的。马克思说："个人是社会存在物"。只有在社会中，"只有在集体中，个人才能获得全面发展其才能的手段，也就是说，只在集体中才可能有个自由。"马克思认为，这里的集体不是从前作为与个人对立的国家那种"冒充的集体"、"虚构的集体"，而是作为代表人民利益的国家这种"真实的集体"。只有"在真实的集体的条件下，各个个人在自己的联合中并通过这种联合获得自由"③。离开社会、没有国家和民族的个人不存在，也不可能产生个人的权利。正是由于个人与国家的这种关系，国权才与人权联系起来，被国际社会确认为人权的一项首要内容，并成为个人人权的根本保障。

国权对人权的保障，表现在对外方面是国家运用国际法保障本国人民的人权不受别的国家、民族的侵犯。在国际法中，国家是法律主体。只有主权国家才能在各种国际活动中具有完全的权利能力和行为能力参加国际会议、缔结条约、参与国际立法，有资格与外国建立外交关系，有力量保证国际法规范地实施。一旦本国人民遭受别的国家、民族的入侵，个人和集体人权受到威胁的时候，只有主权国家才有能力利用国际法开展斗争，保卫本国人民的人权。如果国家丧失了主权，人民的基本人权也就失去了保障。邓小平联系中国历史上的人权状况多次指出：中华民族自鸦片战争以来的一个多世纪，在世界上一直处于卑下地位，人家看不起中国人，人权没有保障。在中国共产党的领导下，中国人民奋斗了二十八年，打败了帝国主义的侵略，推翻了蒋家王朝，建立了中华人民共和国，成为独立的主权国家，从此中国人民站起来了，敢于同帝国主义、霸权主义作斗争，中国人民的人权才得到了根本的保障。总结历史的经验，使我们认识到：尊重人权，首先必须捍卫国权。

国权对人权的保障在对内方面表现为国家通过立法确认和保障个人人权不受他人、国家或政府的侵犯。人权作为一种特殊权利，它和任何权利一样，都是利益与权力的结合。任何权利都不是单纯的利益要求或愿望，单纯的利益要求或愿望是不能构成"权

---

① 《社会科学百科全书》，上海译文出版社 1989 年版，第 338～339 页。

② 《世界人权约法总览》，第 1345、1096 页。

③ 《马克思恩格斯全集》第 42 卷，第 122 页；《马克思恩格斯全集》第 1 卷，第 82 页。

利”的，只有在政治上被合法化了的利益关系和利益要求才能构成“权利”。这就是说，“权利”概念之中除了“利益”观念，还必须包含“权力”观念。换句话说，只有由政治“权力”确认为合法和正义的利益关系、利益要求才是“权利”，只有受到政治“权力”和法律保障的利益才是“权利”。因此，权利本身就涉及个人与国家权力（主权、立法权）之间的关系，它反映个人在国家立法中的地位、权益和义务。恩格斯说：现代的人权观念是“从人就他们是人而言的这种平等中，引申出这样的要求：一切人，或者至少是一个国家的一切公民，或一个社会的一切成员，都应当有平等的政治地位和社会地位”①。从这个意义上说，国家主权就是人的一切“权利”的集中和源泉。当国家主权被宣布为平等地属于全体人民时，人民主权所包含的“权利”就获得“人权”的意义。所以，我国领导人一再强调“人权是个抽象概念，要具体地通过每个国家的法律来规定。中国的人权体现在宪法第二章：公民的基本权利和义务”。“人权问题说到底是属于一个国家主权范围的事，我们坚决反对利用人权问题干涉别国内政”②。中国共产党历来强调人权的立法保障。民主革命时期，党领导制定了一系列人权约法，从法律上确认和保障人民群众的各种权利。新中国成立后，我国政府又通过制定宪法来肯定人民的各种权利。毛泽东指出：“我们的宪法规定：中华人民共和国公民有言论、出版、集会、结社、游行、示威、宗教信仰等等自由”③。除宪法外，为保障人民的权利，我们国家还制定了各种人权约法，并参与了国际人权约法的制定和实施。当然，毋庸讳言，我们在人权理论和实践上有过曲折，但是，在党的十一届三中全会以后，我们党总结历史的经验教训，又重新强调人权的立法保障。邓小平指出：要用法制来保障人民的民主权利。1980 年，他提出修改宪法，“要使我们的宪法更加完备、周密、准确，能够切实保证人民真正享有管理国家各级组织和各项企业事业的权力，享有充分的公民权利”④。他说：“公民在法律和制度面前人人平等……人人有依法规定的平等权利和义务”⑤。他还强调必须运用法律武器，运用人民民主专政来打击各种侵犯人权的刑事犯罪。他说：“保护最大多数人的安全，就是最大的人道主义”⑥，也就是对人民大众人权的有力保障。

国权高于人权的思想是世界人权理论在事实上都承认的。美国最早的第一个人权宣言，就是以宣告美国独立为目的的《独立宣言》。该宣言明确指出：一个民族只有“在世界列国之中取得那‘自然法则’和‘自然神明’所规定给他们的独立和平等地位时”，其人民的“天赋人权”才能实现并受到保障。这说明，即使是“天赋人权”的理论也是以承认国家、民族的独立主权为前提的。现代人权理论更是把国家独立主权作为首要的人权给予充分的肯定。联合国 1946 年通过的《国家权利义务宣言草案》第一条就明确规定：“各国有独立权，因而有权行使一切合法权力，包括其政体之选择，不接受其他

① 《马克思恩格斯选集》第 3 卷，第 143 页。
② 参见李鹏 1989 年 4 月 3 日答中外记者问。
③ 《毛泽东选集》第 5 卷，第 366 页。
④ 《邓小平文选》第 2 卷，第 299 页。
⑤ 同上，第 292 页。
⑥ 同上，第 34 页。

任何国家之命令"[①]。20 世纪 60 年代，联合国通过的《给予殖民地国家和人民独立宣言》又进一步确认："所有的人民都有自决权；依据这个权利，他们自由地决定他们的政治地位，自由地发展他们的经济、社会和文化"，并指出："使人民受外国的征服、统治和剥削的这一情况，否定了基本人权，违反了联合国宪章"[②]。70 年代，联合国又通过《关于各国依〈联合国宪章〉建立友好关系及合作之国际法原则之宣言》，再一次重申：每一个国家都拥有不受他国任何形式的干涉，选择其政治、经济、社会及文化制度的不可转让的权利[③]。这些都说明民族自决权、国家的独立主权作为享有人权的先决条件本身已被现代人权理论所肯定。可见，某些西方国家所宣扬的"人权没有国界"、"人权大于、高于主权"的论调是直接同世界人权理论相抵触，违反世界人权基本准则的，其实质是在推行霸权主义和强权政治，控制贫弱国家的国权。

（二）发展权利是中国和第三世界国家最重要的人权

发展是当代世界面临的全球性问题，特别是 20 世纪 70 年代以来，由于新殖民主义和旧的不平等的国际经济秩序，使世界上的穷国和富国之间的两极分化不断加剧。针对这一问题，邓小平在 1986 年就明确提出："现在世界上真正大的问题，带全球性的战略问题，一个是和平问题，一个是经济问题或者说发展问题"[④]。其中发展问题是核心问题，这个问题并没有得到解决。它越来越引起世界人民，特别是第三世界人民的普遍关注。为适应世界人民的要求，国际社会在总结《世界人权宣言》通过以来所出现的经济上发达国家与发展中国家日益悬殊、妨碍国际人权实现的状况，提出了发展权利问题，其目的就是要改变发展中国家与发达国家之间经济上的差距，从而在世界范围内保障和促进人权的实现。因此，联合国大会于 1986 年通过了《发展权利宣言》，正式把发展列为一项人权，并对发展权利作了明确的规定。该宣言指出："发展是经济、社会、文化和政治的全面进程，其目的是在全体人民和所有个人积极、自由和有意义地参与发展及其带来的利益的公平分配的基础上，不断改善全体人民和个人的福利"。宣言进一步确认："发展权利是一项不可剥夺的人权，发展机会均等是国家和组成国家的个人一项特有权利"[⑤]。由此可见，发展权利既是个人的权利，也是国家的权利，对于中国和第三世界发展中国家来讲首先是国家的重要权利。

第一，因为中国和第三世界国家都是处在发展中的国家，经济、文化比较落后，同发达国家的差距较大，只有加快国家的发展、摆脱贫困，才能保障人民的生存权利。发展中国家由于长期受新老殖民主义的掠夺、剥削和旧的不平等的国际经济秩序的影响，多数处于贫困状态，人民的生存权利得不到保障。自 20 世纪 60 年代以来，广大发展中国家在争取政治独立的同时，开展了要求建立公正合理的国际经济新秩序、以谋求社会经济发展的斗争。这一斗争的实质是摆脱贫困，从经济、社会、文化角度争取生存权的

① 《世界人权约法总览》，第 953 页。

② 同上，第 1348 页。

③ 参见《世界人权约法总览》，第 950 页。

④ 《邓小平文选》第 2 卷，第 105 页。

⑤ 《世界人权约法总览》，第 1364、1365 页。

斗争。这也就是当今世界人们所说的南北问题。正如邓小平所指出的，在当今世界的和平与发展两大问题中，“和平是有希望的，发展问题还没有得到解决。人们都在讲南北问题很突出，我看这个问题就是发展问题。我曾多次对一些外国朋友讲，这个问题要从人类发展的高度来认识。现实情况是当今世界只有四分之一的人口生活在发达国家，其他四分之三的人口生活在发展中国家，或者叫不发达国家。国际社会虽然提出要解决南北问题，但讲了多少年了，南北之间的差距不是在缩小，而是在扩大，并且越来越大”。虽然“第三世界有一部分国家开始好起来，但还不能说已经发达了，而大部分国家仍处于极其贫困的状态，他们的经济问题不解决”①，就不能摆脱贫困，人民的生存权就无法保障。所以，邓小平特别强调第三世界国家的发展权。他指出，第三世界，包括中国都要抓住机遇发展自己。他说：“中国的主要目标是发展，是摆脱落后，使国家力量增强起来，人民生活逐步得到改善。”② 他多次强调中国建设社会主义的首要任务是发展生产力，摆脱贫困，逐步提高人民的物质和文化生活水平。他说：“贫穷不是社会主义，社会主义要消灭贫穷。不发展生产力，不提高人民的生活水平，不能说是符合社会主义要求的。”③ 社会主义不仅要消灭贫困，保障人民的生存权利，而且必须大力发展经济和文化，使人民生活得更好。

第二，中国和第三世界国家人口最多，他们的发展关系到世界人民的和平与发展。邓小平指出：“第三世界的力量，特别是第三世界国家中人口最多的中国的力量，是世界和平力量发展的重要因素。所以，从政治的角度来说，中国的发展对世界、对亚太地区的和平和稳定都是有利的。”“中国发展得越强大，世界和平越靠得住”④。中国和第三世界的发展也是世界发展的条件。因为现在“第三世界人口大约占世界人口的四分之三。其余四分之一的人口在发达国家……共十一二亿人口。很难说这十一二亿人口的继续发展能够建筑在三十多亿人口的继续贫困的基础上”⑤。第三世界的贫困问题不解决，他们的经济不发展，发达国家也难以继续发展。“总之，南方得不到适当的发展，北方的资本和商品出路就有限得很，如果南方继续贫困下去，北方就可能没有出路”⑥。所以，邓小平强调：“应当把发展问题提到全人类高度来认识，要从这个高度去观察问题和解决问题。只有这样，才会明了发展问题既是发展中国家自己的责任，也是发达国家的责任。”⑦ 只有中国和第三世界发展了，国际社会的和平和发展才有保障。

第三，只有加快发展，第三世界国家才能维护国家主权。国家主权是一个国家、民族的最高的集体人权。然而，这一人权的现实基础却是经济力量。邓小平说：“一个国家要取得真正的政治独立，必须努力摆脱贫困。”⑧ 而要摆脱贫困，就必须依靠自己发展起来。他说：由于新殖民主义、霸权主义、强权主义的存在，“现在贫穷弱小的国家，

① 《邓小平文选》第2卷，第281、106页。
② 同上，第375、244页。
③ 同上，第116页。
④ 同上，第105、104页。
⑤ 同上，第106页。
⑥ 同上，第106页。
⑦ 同上，第282页。
⑧ 同上，第202页。

环境比过去更困难些，需要更多的艰苦奋斗”。苏美对峙的冷战结束了，“另外两个冷战又已经开始。一个是针对整个南方、第三世界的，另一个是针对社会主义的”[①]。西方一些国家推行霸权主义、强权政治，干涉别国内政，贫弱国家、第三世界国家的国权经常被他们侵犯。因此，第三世界国家“必须抓住时机，发展自己，关键是发展经济”[②]，增强自己的综合国力，才能反对霸权主义、强权政治，维护国家的独立主权。发展权利作为国家的权利，实质上是国家主权的延伸，强调发展权，就是捍卫国家主权。正如《发展权利宣言》所指出的：“人的发展权利意味着充分实现民族自治权，包括关于人权的两项国际公约有关规定的限制下对自然资源和财富行使不可剥夺的完全自主权”[③]。

实现国家的发展权利，最重要的是要建立国际新秩序。现在世界上发展中国家与发达国家之间的贫富差距，一些发展中国家经济上存在着困难，不少就是由于不合理的国际经济秩序和不等价交换造成的。人们已愈来愈认识到，要实现国家的发展权利，必须确立平等互利的国家关系和国家政治生活共同遵循的基本原则，才能从总体上有效地指导和规范国际社会的活动，促进世界的和平与发展，特别是第三世界国家的发展。正如《发展权利宣言》所指出的：“实现发展权利需要充分尊重有关各国依照《联合国宪章》建立友好关系与合作的国际法原则”，“同时还必须努力建立一个新的国际经济秩序”[④]。特别是当今世界格局正向多极化发展的形势下，冷战虽然结束，但世界并不太平。一些发展中国家更加贫困化，南北矛盾更加突出，霸权主义仍然存在，还在干涉别国内政，世界人民所渴望的和平与发展远没有实现。因此，更需要建立国际政治经济新秩序。所以，邓小平特别强调：“世界上现在有两件事情要同时做，一个是建立国际政治新秩序，一个是建立国际经济新秩序”[⑤]。他说：“世界总的局势在变，各国都在考虑相应的新政策，建立新的国际秩序。霸权主义、集团政治或条约组织是行不通了，那么应当用什么原则来指导新的国际关系呢?”他认为，建立“国际关系新秩序的最主要的原则，应该是不干涉别国的内政，不干涉别国的社会制度”[⑥]。实践证明，和平共处五项原则应该成为“指导国际关系的准则”[⑦]。因为和平共处五项原则概括了最基本的国际关系准则，符合《联合国宪章》的宗旨和原则，反映了国际关系的本质，能够为不同社会制度及经济发展水平不同的国家服务。所以，我们主张以和平共处五项原则为基础，结合变化了的国际形势，建立国际政治、经济新秩序，在平等互利的基础上促进各国经济的发展。对于中国来讲，就是长期实行全方位的开放政策，积极发展同世界各国的经济关系，按照平等互利的原则，不断扩大和加强同世界各国在经济、科技、文化等领域的交流与合作。“大胆吸收和借鉴人类社会创造的一切文明成果，吸收和借鉴当今世界各国包括资本主义发达国家的一切反映现代社会化生产规律的先进经营方式、管理方法”[⑧]，发展

① 《邓小平文选》第2卷，第344页。
② 同上，第375页。
③ 《世界人权约法总览》，第1365页。
④ 同上，第1366、1365页。
⑤ 《邓小平文选》第2卷，第282页。
⑥ 同上，第282、359页。
⑦ 同上，第283页。
⑧ 同上，第373页。

我国的经济和文化，不断满足人民日益增长的物质文化需要。

发展权利既是国家的权利，也是个人的权利，但归根到底是个人的权利。《发展权利宣言》指出："人是发展的主体，因此，人应成为发展权利的积极参与者和受益者"①。在社会主义条件下，发展权利作为国家、民族的权利最终也是为了个人权利的实现。

发展权利作为个人的权利，其内容包括：第一，个人要积极参与经济、社会、文化及政治的发展并公平地享受其发展成果。正如《发展权利宣言》所指出的，提出发展权利"其目的是在全体人民和所有个人积极、自由地有意义地参与发展及其带来的利益公平分配的基础上，不断改善全体人民和所有个人的福利"②。在我国社会主义条件下，人民是国家的主人，每一个人都有权利也应该积极参加社会主义建设，发展我们的经济、政治、社会和文化。每一个人也都有权享受社会主义建设的成果。邓小平指出，我们进行现代化建设，发展经济，"代表着人民的最大的利益、最根本的利益……每一个党员、团员，每一个爱国的公民，都必须在党和政府的统一领导下，克服一切困难，千方百计地为实现四个现代化贡献出一切力量"③。他强调，我们党搞革命、搞建设、发展经济，最终是为了满足人民群众物质文化的需要，不断改善人民的生活。他说："我们搞革命就是要解放穷人。现在可以说，中国解决了温饱问题，当然也还有百分之十左右的人口比较贫困，但不是绝对的贫困。总的说来，他们的生活也比过去好一些了，国家和社会正在帮助他们努力摆脱贫困。总之，我们有我们的责任，要对世界上五分之一的人负责，要发展经济，使他们生活得更好。"④ 他多次指出，我们搞改革开放，建设中国特色社会主义，发展生产力就是要使国家富强，人民生活得到改善。他认为，社会主义不改革开放，不发展经济，不改善人民生活只能是死路一条。他提出衡量改革开放的标准之一就是看"是否有利于提高人民的生活水平"⑤。在政治上，他提出进行政治体制改革，发展社会主义民主，"总的目标是三条：第一，巩固社会主义制度；第二，发展社会主义社会的生产力；第三，发扬社会主义民主，调动广大人民的积极性。而调动人民积极性的最中心的环节，还是发展生产力，提高人民的生活水平。"⑥ 总之，社会主义条件下，人民群众中的每一个人有权积极参加社会的经济文化发展，有权享受社会主义发展的一切成果。

第二，发展权利作为个人的权利，要求国家给个人的发展创造条件和提供平等的发展机会。《发展权利宣言》指出："创造有利于各国人民和个人发展的条件是国家的主要责任"⑦。国家要采取措施确保每一个人在获得基本资源、教育、保健服务、粮食、住房、就业、收入公平分配等方面的机会均等，使每个人有条件全面发展自己。这一点既

---

① 《世界人权约法总览》，第1365页。
② 同上，第1366页。
③ 《邓小平文选》第2卷，第149页。
④ 同上，第326页。
⑤ 同上，第372页。
⑥ 同上，第178页。
⑦ 《世界人权约法总览》，第1365页。

是个人发展权利的要求，也是社会主义国家应当解决的问题。正如马克思所说："我们的目的是要建立社会主义制度，这种制度将给所有的人提供健康而有益的工作，给所有的人提供充裕的物质生活和闲暇时间，给所有的人提供真正的充分的自由去发展自己"①。社会主义发展经济、文化，就是要"使每一个社会成员都能够完全自由地发展和发挥他们的全部力量和才能"，"为人的自由的全面的发展创造一切条件"②。邓小平也指出："社会主义的经济是以公有制为基础的，生产是为了最大限度地满足人民的物质文化需要"③。为了保证给每一个人都能提供发展的平等机会，邓小平一直强调建设有中国特色社会主义的根本原则一个是公有制为主体，一个是共同富裕。为此，他提出："社会主义的本质，是解放生产力，发展生产力，消灭剥削，消除两极分化，最终达到共同富裕"④。他认为，只有坚持公有制为主体的多种经济成分共同发展，同时坚持按劳分配为主体，不搞两极分化，才能保证公平的机会，才能为个人的发展创造条件。

（三）社会稳定是实现人权的重要保障

人权的保障除了国家的独立主权和国力的强大以外，最重要的就是社会的稳定。社会稳定才能有和平的环境发展经济，充分保障人权的实现。所以，邓小平特别强调稳定。他多次指出："稳定压倒一切"，"中国的最高利益就是稳定"⑤，没有社会的稳定也就谈不上什么人权。

社会稳定作为实现人权的重要保障，首先在于稳定才能保障人民和平权利的实现。对和平的渴望一直是人们关心的问题，特别是经过第二次世界大战的灾难，各国人民都普遍认识到人民享有国内和国际和平的重要性。适应时代和人民的要求，国际社会从20世纪70年代末期开始把享有和平生活作为人的固有的权利。1984年，联合国大会专门通过了《人民享有和平权利宣言》，"庄严宣布全球人民均有享受和平的神圣权利"；"庄严宣告维护各国人民享有和平的权利和促进实现这种权利是每个国家的根本义务"。该宣言还强调指出："没有战争的生活是促进各国物质福利、发展和进步，并充分实现联合国宣布的各种权利和人类基本自由的首要国际先决条件"⑥。中国共产党和中国政府十分尊重各国人民的和平权利。在国际上，中国和印度等国首创"和平共处五项原则"，并一直在为维护世界和平进行着不懈的努力。

维护人民的和平权利，在国际上就是要反对霸权主义、强权政治，反对战争，维护世界和平。邓小平指出，我国外交政策的第一条就是"反对霸权主义、强权政治，维护世界和平"⑦，并强调中国永远不允许别国干涉内政，中国永远也不干涉别国内政。中

---

① 《马克思恩格斯全集》第21卷，第570页。
② 《马克思恩格斯全集》第1卷，第217页。
③ 《邓小平文选》第2卷，第153页。
④ 同上，第373页。
⑤ 同上，第331、313页。
⑥ 《世界人权约法总览》，第185页。
⑦ 《邓小平文选》第2卷，第353页。

国政府始终站在反对侵略战争、维护世界和平的前沿，为维护人民的国际和平权利而努力；在国内来说，就是反对动乱，维护社会的稳定。社会稳定是人民享有国内和平权利的重要保障。现在世界上一些地区和国家由于内乱，民族矛盾尖锐，武装冲突迭起，战火连绵不绝，成千上万的人流离失所，沦为难民，生命财产遭受重大损失，没有丝毫的人权保障。事实证明，没有社会稳定也就谈不上人权。所以，邓小平指出，现在世界上还有很多问题尚未解决，发达国家不能再捅乱子，干涉别国内政，挑起别国内乱。他说："可以设想一下，如果中国动乱，那将是个什么局面？现在要是中国乱起来，就决不只是'文化大革命'那样的问题……如果再乱，乱到党不起作用了，国家权力不起作用了，这一派抓一部分军队，那一派抓一部分军队，就是个内战的局面。一些所谓民主斗士只要一拿到权力，他们之间就会打起来。一打内战就是血流成河，还谈何'人权'？一打内战就是各霸一方，生产衰落，交通中断，难民不是百万、千万而是成亿地往外面跑，首先受影响的是现在世界上最有希望的亚太地区。这就会是世界性的灾难。所以……什么人权、民权问题，都管不住这个问题。"[①] 如果中国不稳定，不仅中国人民的和平权利得不到保障，而且世界的和平权利也将会受到影响。中国的稳定，既是对中国人民负责，"同时也是对全世界全人类负责"[②]。可以说，中国的稳定是人类和平权利的极大的保障。

社会稳定对人权的保障还表现在只有稳定才能促进发展权利的实现，并为其他人权的实现创造物质文化条件。如前所述，发展权利是国家、民族和个人的一项不可剥夺的人权。实现发展权利最重要的是要有一个和平稳定的环境。邓小平指出："第三世界国家要求有稳定的政治环境来摆脱贫困。政治不安定，谁还有精力搞饭吃？更谈不上发展了。""中国要实现自己的发展目标，必不可少的条件是安定的国内环境与和平的国际环境。我们不在乎别人说我们什么，真正在乎的是有一个好的环境来发展自己。""中国发展的条件，关键是政局稳定"[③]。他认为，只有稳定才能集中精力搞建设，发展经济和文化，摆脱贫困，创造丰富的物质文化条件，改善人民的生活。他多次指出："中国的主要目标是发展，是摆脱落后，使国家力量增强起来，人民的生活逐步得到改善。要做这样的事，必须有安定的政治环境。没有安定的政治环境，什么事情都干不成。"[④] 他又说："中国要摆脱贫困，实现四个现代化，最关键的问题是需要稳定。"[⑤] "道理很简单：中国人这么多，底子这么薄，没有安定团结的政治环境，没有稳定的社会秩序，什么事也干不成。"[⑥] 只有社会一稳定，全国人民才能齐心协力，有领导、有秩序地进行社会主义建设，发展我们的经济和文化。

中国的发展离不开改革开放，而社会稳定则是改革开放的重要条件。邓小平指出：

① 《邓小平文选》第2卷，第361～362页。
② 同上，第361页。
③ 同上，第360、216页。
④ 同上，第244页。
⑤ 同上，第348页。
⑥ 同上，第331页。

“改革是中国发展生产力的必由之路”[①]，开放是发展的条件。但是，改革开放本身需要社会稳定。他说：“我们搞四化，搞改革开放，关键是稳定。”为了保证改革开放的顺利进行，中国不能乱，“不能允许随便示威游行，如果三百六十五天，天天游行，什么事也不要干了，外国资金也不会进来了。”我们强调稳定，“不会影响外商来华投资，恰恰相反，外商会更放心”。我们要让外国人明白，保持稳定，“是为了更好地改革开放，进行现代化建设”[②]，加快我们的经济和文化的发展。创造丰富的物质文化条件，保证人民各方面权利的实现。

社会稳定保证改革开放、保证发展，同样，也只有经济发展了才能保持稳定。邓小平指出：“世界上一些国家发生问题，从根本上说，都是因为经济上不去，没有饭吃，没有衣穿，工资增长被通货膨胀抵消，生活水平下降，长期过紧日子”[③]，生存权利得不到保障，人民不拥护政府，发生闹事，影响政治稳定。总结国际上的经验，我们要看到只靠现在已经取得的稳定的政治环境还不够，要保持政治稳定，“最根本的因素，还是经济增长速度，而且要体现在人民的生活逐步地好起来。人民看到稳定带来的实在的好处，看到现行制度、政策的好处，这样才能真正稳定下来。不论国际大气候怎样变化，只要我们争得了这一条，就稳如泰山”[④]。这样，我们就能集中精力加快发展，实现国家和个人的发展权利。

邓小平运用马克思主义分析当代国际政治、经济的新形势、新特点和国际人权的实际状况，提出的国权重于人权、发展权利是中国和第三世界最重要的人权以及社会稳定是实现人权的重要保障的思想，反映了第三世界发展中国家人权的主要问题，揭示了当今国际人权斗争的实质是某些西方发达国家推行霸权主义、强权政治，干涉别国内政引起发展中国家反对这种干涉的斗争，从而说明发展中国家在人权问题上必须坚持尊重人权、捍卫主权、反对霸权的基本原则。邓小平在人权问题上的这些思想，概括了我国人权的基本思想，鲜明地反映了中国人权思想的特点，它对于我们进行人权问题上的斗争、开展人权理论研究、建立具有中国特色的人权理论都具有十分重要的指导意义。

三、共同富裕是实现人权的根本保证

共同富裕是邓小平建设有中国特色社会主义理论的重要内容，是体现社会主义本质的重要方面，也是邓小平人权思想的核心。邓小平有关解决中国人权问题的着眼点是：坚持社会主义，坚持公有制为主体，发展生产力，摆脱贫困，走共同富裕的道路，提高全体人民的物质文化生活水平。因此，坚持共同富裕既是社会主义的基本原则，也是保证社会主义人权的要求，它充分体现了社会主义人权的广泛性、公平性和真实性的特征，对保证人权的全面实现，消除非人权现象的根源，防止非人权现象的产生都具有重

① 《邓小平文选》第2卷，第136页。
② 同上，第286、287页。
③ 同上，第354页。
④ 同上，第355页。

要的意义。

（一）共同富裕充分体现了社会主义人权主体的要求

马克思主义的社会主义人权观与资产阶级把个人看作是唯一的人权主体、只强调个人的政治权利的人权观不同，它坚持历史唯物主义的基本观点，从“人类社会”或“社会的人类”这一视角来考察人，把人看作是社会的从事实际活动的现实的人，认为人是历史的主体，人民群众是历史的主人，因而在人权主体问题上，坚持个人人权和集体人权的统一，强调人民群众的人权主体地位。在人权内容上，马克思主义认为人权不是抽象的自由、平等的权利，而是与人的生存和发展不可分割地联系在一起的各方面的权利。人权的实质内容和目标是人的生存和发展。马克思主义认为，人的本质在其现实性上是一切社会关系的总和，因而人基于其本质应该享有的权利也就必然涉及一切社会领域，形成包括人的人身、政治、经济、社会、文化等方面的权利关系。

邓小平坚持和发展了马克思主义人权观，在人权主体问题上，他的着眼点是人民群众。他始终坚持一切从人民的利益出发，而不是从个人或小集团的利益出发来考虑人权问题。他始终把“人民拥护不拥护”、“人民赞成不赞成”、“人民高兴不高兴”、“人民答应不答应”作为制定各项方针政策的出发点和归宿。从这一点出发，他针对西方国家只讲个人或少数人的人权，明确提出了人权主体是全体人民。他说：“什么是人权？首先一条，是多少人的人权？是少数人的人权，还是多数人的人权，全国人民的人权？西方世界的所谓‘人权’，和我们讲的人权，本质上是两回事，观点不同。”[①] 邓小平的这一思想丰富和发展了马克思主义的人权主体的思想。

在人权内容上，邓小平强调生存和发展权利是中国人民最重要的权利。他指出：“中国的主要目标是发展，是摆脱落后，使国家的力量增强起来，人民的生活逐步得到改善。”[②] 现在中国解决了温饱问题，但还有百分之十的人比较贫困，我们有责任“要对世界上五分之一的人负责，要发展经济，使他们生活得更好。”[③] 现在和平发展是世界的主题，世界各国都在发展，中国必须“抓住时机，发展自己，关键是发展经济”[④]，提高人民的生活水平。历史的经验告诉我们，不发展就要落后，落后就会挨打，落后就有亡国的危险。所以，邓小平强调：“发展才是硬道理”[⑤]。只有发展才能在竞争中取胜，才能更好地生存，使人民的物质文化生活不断得到改善。

人民作为人权的主体，它要求解决人权主体的生存和发展不能像资产阶级人权只要求个人的私有财产和个人的权利，而是要求解决共同的财产和共同的利益。邓小平提出的共同富裕正充分体现了社会主义人权主体的这一要求。首先，共同富裕以公有制为主体，保证了人民对于财产的共同占有和人民的共同利益。在改革开放中，邓小平反复强调要始终坚持公有制为主体，其他经济成分为补充。他认为，只有这样才能保持社会主

---

① 《邓小平文选》第3卷，第125页。

② 同上，第244页。

③ 同上，第326页。

④ 同上，第375页。

⑤ 同上，第377页。

义性质，坚持社会主义方向。他多次指出："一个公有制占主体，一个共同富裕，这是我们所必须坚持的社会主义的根本原则。"① "社会主义财富属于人民，社会主义的致富是共同的致富。"② 社会主义生产的目的是为了最大限度地满足人民物质文化的需要，提高人民的生活水平，保障全体人民的利益。

其次，社会主义人权主体要求既要满足人民作为集体主体的利益，也要求满足人民中的各个成员的利益。共同富裕把集体利益和个人利益很好地结合起来，既保证了集体的利益，也保证了个人的利益。邓小平指出，我们讲共同富裕，"提倡按劳分配，承认物质利益，是要为全体人民的物质利益奋斗"③。我们提倡个人利益服从集体利益，局部利益服从整体利益，当前利益服从长远利益，但"决不是说可以不注意个人利益，不注意局部利益，不注意暂时利益"④，相反，我们认为："每个人都应该有他一定的物质利益"⑤，而且随着生产力的高度发达，"将更多地承认个人利益、满足个人需要"⑥。他强调："要切实保障集体劳动者和个体劳动者的合理利益"⑦。这表明，邓小平在人权主体问题上非常强调个人的权利。但是，他认为这和资本主义强调个人权利不同，我们同时强调个人利益必须要和国家、集体利益相结合。他说："在社会主义社会中，国家、集体、个人的利益在根本上是一致的"⑧。这种一致就在于社会主义公有制和共同富裕，决定了社会主义的财富属于全体人民，在分配方式上不采取平均主义，不是消灭个体利益差异，而是坚持按劳分配，兼顾公平与效益，实行多劳多得，保证劳动者个人利益。在实现整体致富的过程中实行"先富"促"共富"，允许一部分地区和一部分人先富起来，然后带动其他地区和其他人尽快富起来，最后达到共同富裕。所以，社会主义的共同富裕就充分体现了集体利益和个人利益、整体利益和局部利益、长远利益和暂时利益的一致，使人权主体各方面的利益都得到了保证。

（二）共同富裕保证了社会主义人权的广泛性、公平性和真实性

我国社会主义制度规定了国家的一切权利属于人民，因而也就决定了我国人权具有广泛性、公平性和真实性的特点。而共同富裕是全国人民享有广泛的、公平的、真实的人权的保证。

第一，坚持共同富裕才能保证全国人民的生存和发展权利。中国是一个拥有12亿人口，人均资源相对贫乏，曾长期遭受外国侵略、掠夺和压迫的发展中国家。在中国要保证全国人民的吃饭、穿衣和受教育，使人民享有生存和发展权利，一方面要发展经济，另一方面是要保证社会财富的公平分配。这就必须走社会主义的发展道路，实行共同富裕。如果我们不坚持社会主义，不发展共同富裕，走资本主义道路，解决不了全国

① 《邓小平文选》第3卷，第111页。
② 同上，第172页。
③ 《邓小平文选》第2卷，第337页。
④ 同上，第175页。
⑤ 同上，第337页。
⑥ 同上，第352页。
⑦ 同上，第362～363页。
⑧ 同上，第337页。

人民的生存和发展权的要求。正如邓小平所指出的："中国根据自己的经验，不可能走资本主义道路，道理很简单，中国十亿人口，现在还处于落后状态，如果走资本主义道路，可能在某些局部地区少数人更快地富裕起来，形成一个新的资产阶级，产生一批百万富翁，但顶多也不会达到人口的百分之一，而大量的人仍然摆脱不了贫穷，甚至连温泡问题都不可能解决。"① 可见，多数人的生存和发展权利没有保障，也就根本谈不上人权的广泛性。然而，由于我们坚持社会主义，坚持走共同富裕的道路，尽管资源相对贫乏，但我们以世界百分之七的耕地养活了世界百分之二十二的人口。自改革开放以来，全国人民的物质生活、文化水平显著改善，绝大多数人已达到小康生活水平。另外，由于社会主义的共同富裕，"给所有的人提供健康而有益的工作，给所有的人提供充裕的物质生活和闲暇时间，给所有的人提供真正充分的自由"②，因而使公民的政治积极性也普遍提高，政治权利、劳动权益、受教育的权利、妇女儿童的合法权益、残疾人权益普遍得到保障，集体人权和个人人权在各方面都有很大改善。随着"九五"规划和 2010 年远景目标的实施，我国人民的生存权、发展权及其他各方面的人权将在更高层次和更广阔的领域得到实现。

第二，共同富裕体现了社会主义人权的公平性。人权的公平性是指社会的人应该享受的各方面的权利不受人权主体的财产及其他各方面差异的限制而都能平等地享有。马克思曾经指出，资产阶级"人权本身是特权"就在于它是同私有制经济相联系，是维护资产阶级私有制的自由权。私有制不可能造成真正的平等，不管什么性质的私有制，它作为一种经济关系就避免不了剥削和压迫。对于资本主义私有制来说，就是通过财产的垄断来实现"自由的私有制"、"自由的剥削"。由于财产的不平等，在资本主义私有制下存在剥削和压迫，就不可能产生真正平等的人权。正如邓小平指出的："资本主义无论如何不能摆脱百万富翁的超级利润，不能摆脱剥削和掠夺，不能摆脱经济危机，不能形成共同的理想和道德，不能避免各种极端严重的犯罪、堕落、绝望"③，也就能实现真正平等的人权。与此相反，社会主义坚持公有制，坚持共同富裕，就能从根本上消除财产的不平等，保证人在各方面的平等权利。

共同富裕所体现的人权平等具体表现在致富过程和致富的结果中。从致富过程来说，共同富裕是通过建立社会主义市场经济体制，发展生产力，消灭贫困来实现的。马克思说："平等和自由不仅在以交换价值为基础的交换中受到尊重，而且交换价值的交换是一切平等和自由生产的，现实的基础，作为纯粹观念，平等和自由仅仅是交换价值的交换的一种理想化的表现。"④ 我国的社会主义市场经济又有它的特殊性，在所有制结构上以公有制为主体，它在平等的竞争中起着主导作用；在分配制度上以按劳分配为主体，自觉防止两极分化，把共同富裕作为社会目标；在宏观调控上注意发挥计划与市场两种手段的长处，强化法制管理，兼顾效率与公平，努力把人民的当前利益和长远利益、局部利益和整体利益结合起来。这样的社会主义市场经济的竞争机制所要求的是公

① 《邓小平文选》第 3 卷，第 207～208 页。

② 《马克思恩格斯全集》第 21 卷，第 570 页。

③ 《邓小平文选》第 2 卷，第 167 页。

④ 《马克思恩格斯全集》第 46 卷上，第 197 页。

开、公平、公正竞争，是一种机会均等的竞争，权利主体在竞争中的平等是有保证的。因此，共同富裕的过程也就是体现人权公平性的过程。从共同富裕的结果来看，社会主义致富不是少数人致富，而是全民共同致富。社会财富是属于全国人民的，每一个人都不受金钱财产状况以及民族、种族、性别、职业、家庭出身、宗教信仰、教育程度、居住期限等的限制，按照自己对社会的贡献平等地享有社会的物质文化财富的权利。

第三，共同富裕保证了社会主义人权的真实性。人权真实性是指宪法和法律上规定的公民权利同人们在实际生活中享有权利的一致性。在我国宪法和法律中规定的各项公民权利，同人们在现实生活中所享受的权利是一致的。我国人权的这种真实性，除了制度和法律上的保障外，还在于我们坚持共同富裕给人们享受各种权利提供了共同的物质保障。马克思主义认为，人们的“物质生活的方式制约着整个社会生活、政治生活和精神生活的过程”①。所以，邓小平在解决中国人权问题上，特别强调发展生产力，摆脱贫穷，提高人民生活水平。他说：“社会主义经济政策对不对，归根到底要看生产力是否发展，人民收入是否增加。这是压倒一切的标准。”②“离开了生产力的发展、国家的富强、人民生活的改善，革命就是空的。”③ 改革开放中他提出“三个有利”的标准，其核心也是提高人民的生活水平。他认为生产力发展、经济增长、国力增强，“要最终体现到人民生活水平上”，“要体现在人民生活逐步地好起来”④。他批评党内一些同志抽象地宣传人道主义、人的价值时指出：“他们不了解，不但在资本主义社会，就是在社会主义社会，也不能抽象地讲人的价值和人道主义，因为我们的社会内部还有坏人，还有旧的社会渣滓和新的社会渣滓，还有反社会主义分子，还有外国和台湾的间谍。我们的人民生活水平和文化水平还不高，这也不能靠谈论人的价值和人道主义来解决，主要地只能靠积极建设物质文明和精神文明来解决。离开了这些具体情况和具体任务而谈人，这就不是谈现实的人而是谈抽象的人，就不是马克思主义的态度，就会把青年引入歧途。”⑤ 他强调，我们只有一心一意搞经济建设，发展生产力，消除贫困，走共同富裕的道路，才能提高全体人民的物质生活水平。人民的物质生活有了共同的保障，才能消除西方资本主义国家人权的形式与实际享有人权的矛盾。

（三）共同富裕消除了非人权现象产生的根源，防止了非人权现象的发生

共同富裕以发展生产力、消灭贫困为前提，可以防止因为贫困而产生的非人权现象。马克思、恩格斯指出：要消除人的异化，要以生产力的巨大增长和高度发展为前提。“生产力的这种发展之所以是绝对必需的实际前提，还因为如果没有这种发展，那就只会有贫穷的普遍化；而在极端贫困的情况下，就必须重新开始争取必需品的斗争，也就是说，全部陈腐的东西又要死灰复燃。”⑥ 所以邓小平特别强调：“坚持社会主义，

① 《马克思恩格斯选集》第 2 卷，第 82 页

② 《邓小平文选》第 2 卷，第 314 页。

③ 同上，第 231 页。

④ 《邓小平文选》第 3 卷，第 355 页。

⑤ 同上，第 41 页。

⑥ 《马克思恩格斯选集》第 1 卷，第 39 页。

首先要摆脱贫困落后状态，大大发展生产力，体现社会主义优于资本主义的特点。”“贫穷不是社会主义”，“社会主义原则，第一是发展生产，第二是共同致富”[①]。我国在改革开放以来，坚持以经济建设为中心，大力发展生产力，增加社会物质财富，坚持共同富裕，人民生活水平普遍提高，因为贫困相争而产生的非人权现象大大减少。但是，我们是发展中国家，达到共同富裕是一个长期的过程，在这一过程中仍然出现了一些经济犯罪和刑事犯罪、侵犯人权的情况。邓小平指出，对于刑事犯罪必须坚决打击，但主要的是要发展经济。他说：“物质是基础，人民的物质生活好起来，文化水平提高了，精神面貌会有大变化。我们对于刑事犯罪活动的打击是必要的，今后还要继续还击下去，但是只靠打击不能解决根本的问题，翻两番、把经济搞上去才是真正治本的途径。当然我们总还要做教育工作，人的工作，那是永远不能少的。但经济发展是个基础，在这个基础上工作就好做了。”[②] 这就是说，发展生产力，摆脱贫困达到共同富裕，是消除因刑事犯罪侵犯人权现象的基础，没有这个基础，这种非人权现象是难以杜绝的。

共同富裕保障社会稳定，防止因社会动乱而引发的非人权现象。社会稳定是实现人权的重要保障。一方面，只有社会稳定才能促进经济、文化的发展，为人权的全面实现创造物质文化条件；另一方面，社会稳定才能保障人民生命财产安全，享有国内和平权利。现在世界上一些地区和国家由于内乱，民族矛盾尖锐，武装冲突迭起，战火连绵不断，成千上万的人流离失所，沦为难民，生命财产遭受重大损失，没有丝毫的人权保障。事实证明，没有社会稳定，也就谈不上人权。现在世界上贫富差距越来越大，50多亿人口中有13亿人生活在贫困之中，贫穷、落后已对世界的安全、和平和稳定构成威胁。邓小平说：“世界上一些国家发生问题，从根本上说，都是因为经济上不去，没有饭吃，没有衣穿，工资增长被通货膨胀抵消，生活水平下降，长期过紧日子”[③]，生存权利得不到保障，政治腐败，分配不公，贫富差距大，一些人生活不下去，发生闹事，影响政治稳定。总结国际上的经验教训，邓小平强调，要保持政治稳定，最根本的因素，还是经济增长的速度，而且要坚持共同富裕，“要体现在人民的生活逐步地好起来。人民看到稳定带来的实在的好处，看到现行制度、政策的好处，这样才能真正稳定下来。不论国际大气候怎样变化，只要我们争得了这一条，就稳如泰山。”[④] 我们就能避免因内乱引发的非人权现象。

四、坚持科学发展观实现共同富裕

党的十六届三中全会以邓小平理论为指导，从新世纪新阶段党和国家事业发展的全局出发，总结国内外在发展问题上的经验教训，吸取人类文明的新成果，提出了科学的发展观。科学发展观突出以人为本、经济社会和人的全面发展，反映了社会发展的要

① 《邓小平文选》第3卷，第224、225、172页。

② 同上，第89页。

③ 同上，第354页。

④ 同上，第355页。

求，也体现了邓小平关于社会主义最终要实现共同富裕的内在要求。

（一）以人为本和共同富裕是科学发展观的价值追求

科学发展观是对传统发展观的新发展。传统发展观是建立在“发展是前进、上升，是天然合理”的哲学信念之上的，认为发展总是好的。它所关注的只是如何发展得更快，而对于“为了什么发展”和“怎样的发展才是好的发展”这一类目的论、价值论问题并不关心。对于社会的发展，它强调的是经济的发展，甚至是GDP的增长；对于为了什么增长、怎样才是好的增长，这类涉及增长目的和人本身的问题，被置于增长所关注的视野之外。因此，可以说传统发展观只反映了客体的生长运动状态和结果，没有价值追求的意义。它只把人当作发展的工具，而没有把人当作发展的目的。与此不同的科学发展观强调以人为本，促进人的全面发展，强调经济社会的全面、协调和可持续发展。这就突出了发展观的两种价值取向：一是为了人而发展，为了人的全面发展；二是好的发展必须是全面、协调和可持续的发展。这两种价值取向归根到底就是发展的最终目的是为了最广大人民群众的根本利益，提高人民群众的物质文化生活水平，最终实现全体人民的共同富裕。这是科学发展观最终的价值追求。

科学发展观以人为本，是要以人的全面发展为目标，从人民群众的根本利益出发去谋发展、促发展，不断满足人民群众日益增长的物质文化需要，切实保障人民群众经济、政治和文化的权益，不断提高人民群众的物质文化生活水平和健康水平，并创造人们平等发展、充分发挥聪明才智的社会环境，使发展的成果惠及全体人民。这实质上就是共同富裕要达到的要求。共同富裕本身也是以人为本。邓小平提出共同富裕，其着眼点和归宿都是人民群众。他说：“我们坚持走社会主义道路，根本目标是实现共同富裕。”①

共同富裕是一个持久的发展过程，它不仅包括同一时间内不同地域的同代人之间代内共同富裕，而且也包括从时间延续上来看的子孙后代的各代人之间代际共同富裕。这就要求发展不是一时的，而是可持续的。可持续发展作为发展战略，它本身就是源于当代人对子孙后代利益的关怀而产生的，其实质是要实现资源世代分配，保证子孙后代在追求自身福利方面和当代人有着同样的权利。科学发展观所确立的可持续发展，就是要促进人与自然的和谐，实现经济发展和人口、资源、环境相协调，坚持走生产发展、生活富裕、生态良好的文明发展道路，保证世世代代的永续发展，从而保证持久的共同富裕。可见，共同富裕本身就是为了人，特别是为了广大的人民群众，这也是科学发展观的追求。

（二）坚持科学发展观，消除人文贫困，实现持久的共同富裕

科学发展观的本质和核心是以人为本，促进人的全面发展。人的全面发展意味着人的个性的丰富性和能力的多样性，它使人在复杂多变的社会生活中能应付自如，显示出更强的主动精神和创造能力。人的全面发展不仅要求提高现实的物质文化生活水平和健

① 《邓小平文选》第3卷，第155页。

康水平，更主要的是要求不断提高人的思想道德素质、科学文化素质和健康素质，要创造人人平等发展、充分发挥自己的聪明才智、实现自由发展的社会环境。这就是说，实现人的全面发展，不仅要有物质财富的富裕，能满足人们物质文化生活的需要，更重要的要有使人摆脱人文贫困，能够提高自己适应复杂多变的社会生活的生存能力、竞争发展能力的人文富裕。科学发展观与以经济增长为中心、以人们的经济收入来衡量人们的贫穷或富有的传统发展观不同，它强调以人为本，促进经济社会和人的全面发展。其人文含义，就是以提高全体人民的能力为主旨。为了更好地了解贫困或富有的本质，联合国开发计划署编写的《人类发展报告·1997》提出了一个关于贫困的崭新的概念——人文贫困（human poverty）。其含义包括寿命、健康、居住、知识、参与、个人安全和环境等方面的基本条件得不到满足，因而限制了人们的选择。在这个概念下，贫困意味着一些基本能力的缺乏，使得陷入这种状况的群体不能很好地履行必要的生产、生活职能。① 处于人文贫困中的群体通常在体力、智力这两个人力资本因素上面都处于缺乏状态。在社会的经济生活、政治生活和文化生活中，他们参与程度低，没有安全感，受到社会性歧视；在生存环境方面，他们更大程度上依赖于自然资源生存，靠输出自然资源谋生，因而他们所处的环境，生态系统遭破坏、环境受污染，生存条件恶劣。这种情况在发展中国家比较普遍地存在，在我国也是存在的。因此，我们坚持科学发展观，要实现经济社会和人的全面发展，必须消除人文贫困。

消除人文贫困，第一，要在发展生产的基础上，大力发展科技、教育、文化、卫生、体育等社会事业，努力提高劳动者的人力资本因素。劳动者由于先天因素和生活环境、生活质量的影响具有不同的身体状况，这是人力资本的体力因素。而天资禀赋、受教育的程度、掌握的知识技能和工作经验等又构成人力资本的智力因素。人力资本的这两个因素都和人的物质生活条件和文化教育、医疗、卫生等条件有关。处于贫困中的人，少有或不能充分享受这方面的条件，因而限制了他们人力资本因素的发展，使他们在社会经济、政治和文化活动中失去竞争力。特别是在今天，处在知识经济时代，科学技术高度发展，人的智力成为主要竞争能力的时代，劳动者必须掌握科学知识和技能才能生存、发展。因此，要提高劳动者的生存竞争能力，就必须在发展生产的基础上，大力发展教育、科技、文化、卫生、体育等事业，满足他们物质文化的需求，提高他们的思想道德素质、科学文化素质和健康素质，增强他们的人力资本因素。

第二，要加强政治文明建设，创造人们平等发展、积极参与、充分发挥聪明才智的社会环境。处在人文贫困中的人，他们在经济、政治、文化活动中的参与程度低，容易受到社会性歧视，也容易成为各种暴力和犯罪活动等不安全事件的受害者。这些都是与社会环境密切相关的。在我国社会主义条件下，社会环境从根本上说是能保证人民群众的参与、平等和安全的。但是，由于历史文化的原因和长期“左”的思想影响，我们的政治体制中民主法制较弱，不利于人民群众参与国家管理。所以，改革开放中邓小平特别强调政治体制改革，发展社会主义民主。他提出，没有民主，就没有社会主义。他认为，政治体制改革就是要充分发扬人民民主，保证全体人民真正享有通过各种有效形式

① 蔡日方、张车伟：《可持续发展战略》，中央党校出版社1998年版，第49～50页。

管理国家，特别是管理基层政权和各项企事业的权利，享有各项公民权利；健全社会主义法制，正确处理人民内部矛盾，打击一切犯罪活动，调动人民群众的积极性，巩固和发展安定团结、生动活泼的政治局面。改革开放以来形成了这样的政治局面。为了发展这种局面，党的十六大又进一步提出了建设社会主义政治文明，并把它作为全面建设小康社会的重要目标，并明确提出建设政治文明就是要继续推进政治体制改革，扩大社会主义民主，健全社会主义法制，建设社会主义法治国家，巩固和发展民主团结、生动活泼、安定和谐的政治局面。创造出这样的社会环境就能保证广大的人民群众积极参与经济、政治、文化的活动，能平等地行使管理国家的权力和享受各种权利，充分发挥他们在经济、政治、文化生活中的聪明才智和创造性作用。

第三，要加大统筹区域发展的力度，认真落实可持续发展，切实保护人们生存的自然环境。我国幅员辽阔，地区发展很不平衡。改革开放以来，各地区都有了很大的发展，但区域发展的差距也在不断扩大。部分贫穷地区、贫困人口没有摆脱依赖自然资源生存的状况。为了生存，他们滥用自然资源，如滥伐森林、乱开矿产，开办高能耗的产业等等。这一方面破坏了生态系统，造成环境污染，恶化了他们的生存条件；另一方面又大量浪费自然资源。这样下去，贫困地区和贫困人口不仅不能摆脱贫困，而且丧失了可持续发展的能力。因此，在当前坚持科学发展观，首先必须加大统筹区域发展的力度，对贫困地区不仅是自然资源的开发，更主要的是要从政策上、资金上、科学技术上支持贫困地区加快发展，提高他们自身的能力，才能从根本上改变他们依靠自然资源生存的状况，从而也才可能改善生态环境和生存环境。根据当前我国区域发展的实际情况和全面推进现代化建设的要求，党中央提出的西部大开发战略，就是要加快欠发达的西部地区的发展，形成东中西互动、优势互补、相互促进，共同发展的新格局。按照这一战略布局，加快西部大开发，在当前就是要认真总结经验，完善政策，落实各项措施，加强基础设施和科学文化建设，提高西部地区自身的发展能力。其次，要科学地规划欠发达地区的资源开发，加强生态建设。我国人口众多，资源相对不足，生态环境承载能力弱，这是基本国情。特别是改革开放以来，随着经济快速增长和人口的不断增加，能源、水、土地、矿产等资源不足的矛盾越来越尖锐，生态环境的形势十分严峻。在欠发达的西部地区自然资源情况相对好一些，但由于经济不发达，主要靠自然资源的输出，又缺乏科学的规划和管理，滥采滥用，造成资源浪费和环境污染，生态环境的形势更为严峻。因此，坚持科学发展观，加快西部大开发，必须坚持经济社会发展与环境保护、生态建设的统一，科学地规划资源开发，实行资源开发与节约并举，把节约放在首位，在保护中开发，在开发中保护。特别要加大科技投入，依靠科技进步有计划、有步骤地进行环境治理和建设。同时，要进行可持续发展教育，提高人们保护环境的意识，使人与自然和谐发展，处理好经济建设、人口增长与资源利用、生态环境保护的关系，推动经济社会的全面、协调和可持续发展。

总之，坚持科学发展观、消除人文贫困，实质就是要在发展生产的基础上，通过发展科学文化，创造和谐公正的社会环境，保护自然环境，促进经济社会和人的全面发展；提高全体人民，特别是处于贫困状态中的人的生存能力、竞争发展能力，使他们在经济活动、政治活动和文化活动中能充分发挥聪明才智，创造美好的生活。这样才能从根本上消除贫困，实现共同富裕的持续发展。

注：本章是由《社会科学研究》1993年第6期发表的《论毛泽东的人权观》、《人文杂志》1995年第2期发表的《国权重于人权——邓小平人权思想研究》（1996年获四川省委宣传部“五个一工程”奖）、《光明日报》1995年7月27日发表的《论社会稳定的人权意义》（《人大复印资料——中国政治》1995年第7期全文转载）、《毛泽东邓小平理论研究》1995年第6期发表的《论人权与社会稳定》（《人大复印资料——中国政治》1996年第2期全文转载，1996年6月获第二届大象社会科学二等奖）以及《毛泽东思想研究》2004年第5期发表的《科学发展观与共同富裕》等文章编辑而成的，编辑过程中有的节标题有所改动。

第四篇　文化与文化素质教育

随着改革开放的深入发展，给高等教育提出了新的要求。为使我国高等教育跟上世界高等教育加强人文素养教育的新潮，20世纪90年代开始，教育部（当时是国家教委）提出了在高等学校学生中加强文化素质教育，以推动教育思想、教育观念和人才培养模式的改革，建立了高校文化素质教育指导委员会，建立了高校文化素质教育基地，设立了文化素质教育研究课题，开展了文化素质教育研究。我校作为国家文化素质教育基地，开展了系列的文化素质教育活动。为适应文化素质教育的要求，我对文化素质教育进行了较长时间的研究。

第十八章　文化的本质是人化与化人

一、文化是人为的，也是为人的

文化的本质是什么？这是一个争论不休而又歧义层出的当代哲学问题。马克思主义从物质生产是一切社会现象的基础这一基本立场出发，揭示了文化本质的基本含义是自然的人化或人化自然。一块石头不是文化，但经过人加工制造成器物就是文化；从土地中生长出来的植物不是文化，但人工种植栽培生长的作物就是文化。所以，文化是人们在社会生产和生活中创造的，体现人的本质、力量、尺度的方面以及成果，是人类所创造的“人工世界”及真人化形式，是人类所特有的东西。一切文化都是属于人的，是区别于“自然”的东西。“文化物”不同于“自然物”，就在于“文化物”中包含着人的活动的内容，包含着社会历史中形成的人的智力、能力、情趣、价值取向所赋予物的那种特殊的人化形式。所以，文化首先是人为的文化。凡文化都包含着两个方面的内涵：一是“人化”，二是“化人”。相对于自然而言的“人化”，就是人用自身的尺度或标准去改变对象的行为的过程和结果，是人自身的活动所创造的。“化人”就是用人化的成果来塑造人、提高人。费孝通先生说的文化是人为的，也是为人的，就是“人化”和“化人”。文化是以人为根本的，文化体现着人的本质力量。文化塑造人、提高人，人体现着文化的最终目的。现代西方著名哲学家恩斯特·卡西尔在他的《人论》中提出“人是文化的动物”。他说：“作为一个整体的人类文化可以被称之为人不断自我解放的历程”[①]。在卡西尔看来，人的突出的特征是劳作。正是这种劳作成为创造文化的活动。人只有在这种创造文化的活动中才能成为真正的人，才能获得人的本质规定。因为在卡西尔看来，人并没有与生俱来的抽象本质，也没有什么一成不变的永恒的人性。人的本质永远处在生成之中，它只存在于人不断创造文化的辛勤劳作之中。因此，人性并不是一种实体性的东西，而是人在创造文化中自我塑造的一种过程：真正的人性无非就是人的无限的创造性活动。正是靠着人的这种能动的创造性活动，一方面产生出了一切文化，如语言、神话、宗教艺术、科学、历史等等各种文化形态；另一方面又在这一过程中塑造了人自身，形成了人之为人的本质规定。人的本质和文化的本质通过人的创造性

① 恩斯特·卡西尔：《人论》，上海译文出版社1985年版，第288页。

活动结合在一起，具有一种同一性[①]。因此，人类的一切文化从根本上来说就是“人化”和“化人”的统一。谈文化首先就意味着在世界万物中要以人为本，要面向人、尊重人、关爱人、为了人，人是考虑一切问题的根本，是一切文化的中心。所以，一谈文化就意味着要以文化塑造人、教育人、提高人，使人真正成为与时俱进的文明的人。

以人为本是人类文化的共同追求。由于文化是人类的活动产物，并一直塑造着人本身，因此，人本性是一切文化本身的特色，是人类文化的共同追求。以西方文化来说，早在3000多年前，古希腊智者就提出了“认识你自己”的命题，古希腊哲学家苏格拉底将其作为自己哲学原则的宣言。他批判自然哲学家不关心自身而去关心自然，故而不能解释自然本身，提出哲学的真正对象不是自然而是人自己，即认识人自身中的善。而古希腊著名哲学家普罗泰戈拉还提出了“人是万物的尺度，是存在的事物存在的尺度，也是不存在的事物不存在的尺度”[②]。这是古希腊文化对于人在宇宙万物中的中心地位的充分肯定。后来由于宗教神学的统治，人的地位受到压抑和贬低。直到14～16世纪的文艺复兴运动，人们反对宗教神学对人的束缚，主张人的解放，人的地位、价值、尊严、权益重新得到肯定，形成了影响世界文化的人文主义思潮这样一种特殊形态的人本主义。它强调人的自由意志和人对自然的优越性，以人为衡量一切的标准，突出了人本性的感性内容。到18世纪末19世纪初，德国古典哲学家、启蒙思想家的先驱康德认为世界万物中存在着一种复杂的目的结构中心，有一个最后和最高的目的，这个目的就是人。“人就是创造的最后目的。因为没有人，一连串的从属于一个的目的就没有其完成的根据。”[③] 康德认为，人作为最后的目的是不需要其他目的作为条件的，人就是万物中一切目的之源。康德关于人是目的的思想经过18世纪启蒙运动思想家结合文艺复兴以后的“人道主义”进一步发展成为强调人与人之间的自由、平等和博爱的文化思潮。尽管它属于资本主义人道主义范畴，但它不是资产阶级专有的。邓小平曾经指出：“人道主义有各式各样，我们应当进行马克思主义的分析，实行和实现社会主义的人道主义”[④]。实事求是地说，我们过去老是用阶级斗争的观点去看待，把自由、平等、博爱当成资产阶级的，但如从文化的角度去看待，它是资产阶级与人民群众共同斗争得来的。正如党的十二届六中全会通过的《中共中央关于社会主义精神文明建设指导方针的决议》所提出的：“在新兴资产阶级和劳动人民反对封建专制制度的斗争中，形成的民主和自由、平等、博爱的观念是人类精神的一次大解放”。这是在历史发展中人民群众共同斗争的产物，也是人类共同的追求。它同中华文化的人本性一样都颂扬人的价值、尊严和力量，强调人的地位和作用，重视人性和人格，因而为世界人民所接受，受到世界人民的肯定，它充分体现了文化是人为，也是为人的文化本质。

---

① 参看《人论·中译本序》第6～7页。

② 《古希腊罗马哲学》，商务印书馆1961年版，第138页。

③ 康德：《判断力批判》下卷，商务印书馆1964年版，第98页。

④ 《邓小平文选》第3卷，第41页。

二、文化的力量

文化既然是为人的，所以文化的力量首先就是对人具有教化、培育和塑造人成为文明人的力量。人们创造文化不为别的，就是为了人自身。文化以人为根本，人创造文化，文化体现着人的本质力量；文化塑造人，人体现着文化的最终目的。所以费孝通先生说："文化是为人的，也是人为的"。"人为"的文化必须源于生活，"为人"的文化必须更好地造福人的生活。文化对人的价值首先是"文而化之"。"文"通过"化"的方式内化于人的生命中、血脉中、灵魂中，成为人的精神家园。人只有由文才得以成文明人，人的一生都要"以文化之"才能成为与时俱进的文明人。其次是文化塑造人的思维，启发人的思想。人的思维和思想是人在社会生活中形成的，而人类社会的方方面面都渗透着文化，这种文化积聚并积淀为"社会遗传密码"塑造着人类，形成特定时代的特定的"文化人"，具有的特定思维和思想。其三，文化培养人的情感。人与物不同就在于人是有情感的。人的情感也是由一定的文化所陶冶的，不同的文化有着不同的情感，这就是文为情生，情以文生。文化涵养人心，使人文明，使人具有思想，具有情感，使人典雅灵秀。可以说，人是文化的存在物，是文化的发展不断推动着人的文明与进步。

第二，文化是推动社会发展的力量。文化作为人与自然、人与人之间关系的中介，推动着社会的发展。文化本身包含着外在文化产品的制造和人的内在心智的塑造，也就是通常所说的改造客观世界和主观世界。因此，文化可分为技术体系和价值体系两大部分。技术体系表现为文化的器用层面，它是人类改造客观世界的活动方式和成果的总和，是整个文化大厦的物质基础。我们的科学技术和操作工艺就属于文化的技术体系。价值体系表现为文化的心智层面，即人类在社会实践活动中所形成的价值判断、价值取向、思想观念、思维方式、审美情趣等，形成文化价值观，在今天就是社会主义核心价值观。这是文化的精神核心。文化的这两个体系决定了文化作为中介推动社会发展主要表现在两个方面：一是通过人掌握科学技术提高生产力，推动经济发展和社会发展；二是通过文化价值观提供思想先导和精神鼓舞，激励人、提高人的积极性参与实践，推动社会发展。这两个方面都表明文化是生产力，是现代信息时代知识经济的重要内涵和支撑。现在人们把这叫做文化软实力，在综合国力竞争中的地位和作用越来越突出。国家、地区之间的竞争归根到底是文化的竞争，经济、社会发展的差异是文化的差异。

第三，文化具有保存历史、开拓未来的力量。文化都是一定时代的人们的生产生活的经验总结，具有人类社会约定的符号，特别是文字符号系统的功能，因而能起到固定、表达、储蓄、传递和加工信息的作用。这就使文化能传递社会经验，维持社会历史的连续性。文化不仅能充当人类社会历史经验的记事本和储藏室，起到保存历史的作用，而且可以对历史经验进行复制和交流，使社会经验的传递突破时间和空间的限制，超出个人直接经验的范围，把社会的过去与现在联系起来，使人们从现在知道过去，起到传承历史的作用。我们中华民族五千多年的统一和长盛不衰，就是靠中国优秀传统文化的凝聚力和影响力。中国历史上曾经多次发生过外族入侵和战争及短暂的分裂，但最终出现的是中华民族的统一、国家的统一，这就是因为中国优秀的传统文化具有强大的凝聚力、影响力和同化力。一切外来的势力和文化最终都被中国文化所同化，因而中国文化始终保持着民族性，中华民族也就成为世界最伟大的民族之一。

文化不仅能保存历史、传承历史，更重要的还在于通过技术体系层面的科学技术去探索未知，进行创新、开拓未来。在人类历史上，由科学技术发明创造，推动农耕社会进入工业社会，依次实现了第一次工业革命和第二次工业革命，两次工业革命的成果把人类社会又推向了信息社会，正在酝酿着第三次和第四次工业革命。现在由于交通、能源及物联网的革命，正在把人类社会从资本主义私有制推向生产资料协同享用的经济生活模式，这或许会成人类社会的理想社会。这就是文化开拓未来的力量。

三、文化对现代设计的影响——读《现代设计概论》代序

古大治教授的《现代设计概论》在写作过程中我曾读过一些章节，感觉不错，但没有形成整体印象；这次通读全书以后，觉得这是一部特色鲜明、极富创新性的力作。在许多方面，比如对现代设计的历史和理论，作者从英国工业革命开始一直写到现在，力求探索现代设计的历史与逻辑的统一。同时，书中结合许多精美的图片进行设计理论阐述，在完美地展现形象思维与逻辑思维的结合等方面都下了很大的功夫，达到了应有的境界。然而，本书最具特色的是，体现了设计与文化的融合。本来，设计与文化的关系是一个大而难的问题，文化与设计都是众说纷纭，仁者见仁，智者见智的。文化是人们经常谈到、随时接触、却又难以言说的。正如著名哲学家周谷城先生所言：文化有点像“泥鳅”难以抓住，只有边研究边把握，轮廓才会逐渐清晰起来，所谓“草鞋无样，边打边像”。他说，一块石头不是文化，而是自然，经过有意识的人类对它加工就变成了文化。周老形象而深刻地给我们提供了理解文化内涵的指导。文化就其广义而言是自然的人化，它包括外在文化产品的制造和人的内在心智的塑造，也就是通常说的改造客观世界和主观世界。因此，文化可分为技术体系和价值体系两大部类。技术体系表现为文化的器用层面，它是人类改造客观世界的活动方式和成果的总和，是整个文化大厦的物质基础。价值体系表现文化的心智层面，即人类在社会实践和意识活动中所形成的价值判断、价值取向、思想观念、思维方式、审美情趣等，形成文化的精神内核①。技术体系和价值体系的统一就是完整的文化。

文化作为人类所创造的“人工世界”及其人化形式，它的内涵既体现在人们活动的成果和活动方式中，也体现在人们的精神生产、观念形态和思维方式中，渗透在人类社会的一切方面，随着人类社会的发展而不断发展。反过来，由人类所创造的文化，聚集并积淀为“社会遗传密码”，又塑造着人类，决定人的社会化，形成特定时代的特定的“文化人”。从这个意义上讲，文化也就是人和社会的具体存在方式或样式。人与文化的关系，也就决定了设计与文化的关系，不管设计界对设计有多少种界说，但就其本质而言设计就是人的艺术化的造物行为，所要达到的是人的生活本体如何以物质艺术化的形

① 参见冯天瑜：《中华文化辞典》，武汉大学出版社2001年版，第1～2页。

式展现出来。设计应该是艺术、科学、技术的统一。艺术解决设计的审美问题，科学解决设计的理论根据问题，技术解决设计的实现问题，任何设计的这三者都是不可或缺的。从设计的本质看，设计包含着文化的价值体系和技术体系，可以说，设计本身就是一个文化概念。设计艺术代表的是人们对于所选择的生活方式的设计，是人们的衣、食、住、行、用，以及潜含其中的人们的精神层面的价值系统。作为生活方式的创造者，所创造的决不仅仅是功能，是我们所看得见的“物质”本身，还有更深层次的价值判断、价值追求的导向。因此，严格的意义上说，设计师不仅应该是一个艺术家、技师，还应该是一个思想者，他所传递的是对历史文化、当代社会及未来社会的价值取向，是带有引领性的价值判断。这种引领生活方式的设计理念的形成，除了深入实际观察生活之外，更重要的是要把握民族的文化精神及文化的现代发展。可以说文化是设计的内涵，设计是文化的表现。设计作品的真正价值在于它所体现的文化内涵。

设计与文化的这种关系少有专著深入探讨。古大治教授一生热爱艺术，对艺术创作有浓厚的兴趣，深谙艺术的本质，而他大学所学专业却是工学，出国做访问学者又专攻力学。他的多学科的知识和对艺术的理解使他能够从本质上去把握设计与文化的内在关系。他的《现代设计概论》一书从多层面揭示了这种内在联系：第一，设计艺术是在历史文化的积累和接受的过程中不断丰富、发展、进步的；第二，设计思想品位的提升和发展必须有丰富的民族文化底蕴；第三，设计艺术只有在科学技术的基础上才能实现飞跃和发展。难得的是，书中对设计与文化的这种关系处理得水乳交融，恰到好处。由于设计和文化的这种关系，所以古教授强调他写这本书的目的就“在于从文化的角度去认识设计活动及其结果的价值和意义”。

既然文化融于设计，设计体现文化，这就决定了设计的“根”应在形成文化的多种知识中。设计体现的是艺术科学、人文科学、社会科学、自然科学的融合与交叉。因此，学习设计不能只从艺术和技能去学，而应广泛地学习一些人文科学、社会科学、自然科学的知识和能力，特别是要学一点中外文化经典，了解中国文明和西方文明，理解和把握中华文化和西方文化精神并结合现代发展，才能真正理解设计；在设计中也才能真正产生富于创造力的艺术构想，形成源于生活、引领生活的设计理念，创造出具有民族性、富有时代感，又具特色和个性的设计作品。

现今世界正走向经济全球化，进入一个“设计”时代，是需要艺术设计满足人们需求的时代。我们的设计既要面向中国，也要面向世界。现在，“中国制造”的产品正走出国门在全球经济中闯荡天下，这是对我们民族文化的优越性和生命力的最好展示。艺术设计专业的教师和学子们，正面临“中国制造”走向世界、塑造品牌的时代，是你们肩挑重担施展才能，设计出“中国制造”品牌的时代，任重道远。希望学子们能从《现代设计概论》中受到启迪和教益，努力学习和掌握先进文化，提高设计能力，设计出具有民族文化内涵和时代精神的作品，走向世界，去争取独领风骚。

注：本章是由新写的《文化的本质是人化与化人》和《设计与文化——读〈现代设计概论〉并代序》(《现代设计概念》，古大治著，四川美术出版社2008年版）两篇文章编辑而成。

第十九章　文化的交流与发展——中学西渐与自由、平等、博爱观念的形成

随着明清之际的中西文化交流，中国文化传入欧洲，至18世纪形成“中国热”，对欧洲产生广泛而重要的影响，最直接的影响就是推动启蒙运动的发展，为启蒙运动思想家提供了批判武器和思想资料，促进了自由、平等、博爱价值观的形成。近年来，研究中西文化交流及18世纪欧洲“中国热”的成果较多，但将它与自由、平等、博爱价值观联系起来研究几无涉及，而长期以来一提自由、平等、博爱就视为资产阶级的价值观。然而，从文化的观点来看，这不单是资产阶级的，它是人类社会发展和人类文化交流发展中形成的人类共同的价值追求。早在20世纪80年代中期，党的十二届六中全会通过的《中共中央关于精神文明建设指导方针的决议》中就明确指出：“在人类历史上，在新兴资产阶级和劳动人民反对封建专制制度的斗争中，形成民主和自由、平等、博爱的观念，是人类精神的一次大解放”，是人类共同价值观的基础。2012年，党的十八大报告又从国家、社会、个人三个层面提出了“倡导富强、民主、文明、和谐，倡导自由、平等、公正、法治，倡导爱国、敬业、诚信、友善”的社会主义核心价值观，这实际上就是将民主、自由、平等、公正等人类共同的价值观纳入了社会主义核心价值观范畴。本文试图从中西文化交流与发展的角度来探讨自由、平等、博爱价值观的形成同中国文化对欧洲影响的关系，说明自由、平等、博爱观念的产生也有中国文化的贡献。在当前我们建设中国特色社会主义，实现国家富强、民族复兴、人民幸福的伟大实践中，研究这一问题具有重要的意义：一是可以实事求是地评价中国文化在世界历史中的地位和作用，从而提高民族文化自信心，加强文化建设，建设文化强国，提高国家文化软实力，实现中华文明的伟大复兴；二是可以总结探索中外文化交流的经验和规律，更好地推动中华文化走向世界，为人类文化发展做出新的贡献。

一、欧洲18世纪“中国热”的必然性

欧洲18世纪的“中国热”是欧洲社会转型时期的文化需要同中国文化本身的特点及当时的先进性能满足这种需要的结果。欧洲自文艺复兴后，随着商品生产和交换的发展，出现了资本主义和新兴的资产阶级。为进一步发展生产，15－16世纪，欧洲人进

行远洋航行，开辟了通往东方和美洲的航线，实现了地理大发现，进行殖民地掠夺和侵略，积累了大量财富。与此同时，新兴的资产阶级感觉到由于长期基督教文化和封建贵族统治，禁锢着人们的思想，束缚生产力的发展，要实现新的发展就需要有新的文化支撑。因此，他们在地理大发现的同时，也开始了对世界文化的发现，希望借助一种先进文化来实现欧洲文化的自我批判和启蒙，推动社会变革。他们对世界许多地方发现的文化都不满意，唯独在中国发现了比他们优秀的文化，能为所用。正如法国人文主义作家蒙田所说："在中国，没有我们的商业性和知识性，但王国管理和艺术之超越绝伦，在若干方面超越了我们的典范，它的历史使我们觉得世界是如此广阔而丰富多彩，这是无论我们的古人和今人所不能体会的。"[①] 历史学家福利德尔（E. Friedell）在他的《现代文化史》中说："在罗柯柯代的心理中，中国是一个模范国家，不单是艺术方面，就是智慧方面也然。在这个世纪之初，所谓支那货如图画、花瓶、雕刻、墙纸、漆器、丝绒等东方物品大为流行，盛极一时；小说中宣传中国的情形，以至于使读者们个个都憧憬于神话式的理想国之中，里边有幸福安乐、泰然无忧的人民，有学识最高的政治管理者，生活优裕，直如华胥国一般。历史学家们以伏尔泰为首，也极力炫耀中国，以为是一个理想至治之世，道德、宗教与行政全超然不群"的国家。[②] 这一时期，由于繁荣昌盛和谐而美好的中国模型呈现在欧洲人的眼前，艺术家、文学家、思想家都可以从中国文化中选择适合自己目标的东西，他们在中国文化面前开始了文化上的学习与思考。

17－18 世纪欧洲掀起"中国热"，中国文化通过贸易和耶稣会士、外交官、商人和游客被介绍到欧洲，为当时的欧洲人认同和接受，其内容包括器物和精神两个层面。器物层面是通过日益频繁的中欧贸易，中国的产品，特别是工艺美术产品不断运入欧洲，由于当时欧洲反宗教改革运动、新专制制度和文化精神都露出衰败的端倪，失去了俘获人心的能力，充满怀疑主义和幻灭感的欧洲上层贵族只能沉湎于一种优美的文化艺术之中，以尽可能小的宏伟风格为自己制造一个想象中的光明、空想、精致、娴雅、欢乐和自由的世界。[③] 而中国工艺品的淡雅纤细和各种丝绸上的鲜艳悦目的色调，中国优美典雅的建筑和充满诗情画意的园林，都暗示着一种想象中的快乐的人生观，很符合当时欧洲人的需要，一时间，欧洲社会上至王公贵族、下至市井平民都对中国表现出一种狂热，他们都以购买中国商品，收藏中国工艺品，仿照中国人的建筑、园林、装饰、衣着，了解中国的奇闻趣事为时尚，对中国非常景仰和羡慕。可以说，这种器物形态的中国文化，在欧洲形成了全社会的"中国热"。尽管这种热对中国文化的认识停留在比较肤浅的表面，但它为欧洲 18 世纪真正的"中国热"打下了社会基础。

当然，18 世纪欧洲的"中国热"与马可波罗时代欧洲人对中国的向往不同，这一次是欧洲人要借中国文化的他山之石实现欧洲文化的自我批判和启蒙，因此，这一时期的"中国热"主要是在精神文化层面。许平先生在《欧洲人认识中国的拐点》的文章中指出，17－18 世纪欧洲人对中国文化的发现和解读，"在很大意义上，是那个时代欧洲

---

① 许平：《欧洲人认识中国的拐点》，《光明日报》，2013 年 3 月 9 日。

② 朱谦之：《中国哲学对欧洲的影响》，河北人民出版社 1999 年版，第 57～58 页。

③ 袁行霈等：《中华文明史》第 4 册，北京师范大学出版社 2006 年版，第 227～228 页。

普遍精神的一个结果。在欧洲，那是一个孕育生机、充满理想的时代，也是文化批判和创新的时代。在这样一个变革的时代，对中国文化的解读与欧洲文化中的时代精神和批判意识联系在一起，其意义就非同一般了。在批判旧的制度、构筑理想社会的时候，欧洲需要一个承受批判的靶子，来完成对旧制度的批判；与此同时，他们也需要一个理想的标杆，来支撑他们的超越自我，实现向现代社会的历史跨越。于是，遥远的中国文化就被拉来，或成为他们批判的目标，或成为他们心中理想的伊甸园。这样一来，对中国文化的解读和批判，就具有了适合欧洲时代的历史意义。可以说，被思想家心中的观念理想化的中国文化给启蒙运动一个强有力的支持。"① 正如马克思所说，他们从中国文化中"用这种借来的语言，演出世界历史的新场面"。② 许先生这段评述可谓深刻地揭示了欧洲社会转型时期对中国文化的需求。由于有这种需求，他们通过耶稣会士的著述和译作，外交官、商人、游客的回忆录和游记，把中国文化介绍到欧洲，一时间在欧洲出版了大量介绍中国文化的著作和翻译的儒家经典，如利玛窦的《中国传教史》，曾德昭的《中国通史》（又称《大中华帝国志》），卫匡国的《中国新图》、《中国上古史》，安文思的《中国新纪闻》，殷铎泽的《中国传教概况略》，他与柏应等人合著的《中国哲学家孔子》，李明的《中国现状新志》，白晋的《中国现状志》和《中国皇帝传》。1703 年至 1776 年，在巴黎陆续出版了《耶稣会士书简集》、赫德主编的《中华帝国全志》（1735 年，4 卷）。《中华帝国全志》是在 27 位传教士的报告基础上编成的中国百科全书，全面地介绍了中国各方面的情况，影响极大。在介绍儒家典籍方面，传教士郭纳爵、殷铎泽、柏应理、雷孝思、白晋等人都有译作在欧洲出版，他们将儒家经典如《大学》、《中庸》、《论语》、《孟子》、《周易》、《书经》、《孝经》、《诗经》、《春秋》、《礼记》等翻译为西文出版。此外，还有一些从未到过中国的人，却根据传教士的传闻编纂了一些影响颇大的著作，最典型的是门多萨的《大中华帝国史》等。据研究欧洲 18 世纪中国热的专家许明龙先生统计研究，在"礼仪之争"期间，欧洲出版的有关中国的著作有 262 种，其中综合性的 48 种，与礼仪之争相关的 9 种，历史题材的 14 种，地理和天文题材 54 种，宗教和哲学题材的 40 种，翻译著作 39 种，字典和语法类 20 种③。他们对中国文化表现了极大的兴趣，对其进行了各自的解读、研究和理性的思考，并用中国文化作为参照物来探讨欧洲的诸多问题，形成了思想文化方面的"中国热"，集中体现了中国文化对欧洲思想界的深刻影响。因此，可以说精神层面的"中国热"同器物层面的"中国热"相结合出现了 18 世纪欧洲全面的"中国热"。

18 世纪欧洲出现"中国热"除了欧洲社会转型的文化需要外，也是同中国文化的特点和当时的先进性分不开的。中国文化在 18 世纪之前一直处于世界的领先地位，与欧洲文化相比当时也处于先进地位。欧洲文化在中世纪是以神为本的神本性文化，文艺复兴后，人文精神有所提升，但基督教神学观念仍然在文化中占统治地位。中国文化则不同，它一开始就强调文化的人本性，认为自然是一种前文明状态，人应该通过自然的

① 许平：《欧洲人认识中国的拐点》，《光明日报》，2013 年 3 月 9 日。

② 《马克思恩格斯选集》，第 669 页。

③ 参见许明龙：《欧洲 18 世纪中国热》，第 57 页。

人文化，以达到文明的境界，因而认为文化是人为的“人化”和为人的“化人”。中国文化在发展过程中一直围绕着“人化”和“化人”这一核心演进，形成了以人为本的人本主义文化。人是考虑一切问题的根本，强调在天人之间和人神之间都要以人为中心。这种以人为本的文化在以孔子为代表的儒家哲学中形成了“仁者爱人”的核心价值观。它所体现的是一种朴素的人道原则，要求关爱人、尊重人。孔子把仁的思想运用到政治上，提倡“德政”，即加强仁义道德教化，实现所谓“道之以德，齐之以礼，有耻且格”（《论语·为政》）的政治环境。孟子发挥孔子的思想，提出“性本善”的理论，并进而提出“仁政”，要求以仁爱之心对待人民，要以德行仁，反对用专制方式压服人，强调英明君主行仁政，必得民心，并进一步提出了“民为贵，社稷次之，君为轻”的“民贵君轻”的具有民主色彩的政治理论（《尽心》）。中国文化以人为本的思想在墨家哲学那里更明确提出了“人人兼相爱”，认为“凡天下祸篡怨恨，其所以起者以不相爱生也”，因此，主张“天下之人皆相爱”（《墨子·兼爱中》）。它所体现的更是一种普遍的人道原则。中国哲学这种超越宗教、一切以人和人的利益为是的人道原则，比之以神为中心的基督教文化无疑是先进的，它不仅有助于人们合理解释人神关系、增强人的主体意识，而且有助于抵制宗教神学和强权专制，因此，它很符合欧洲启蒙运动思想家批判基督教神学和封建专制统治的需要。

其次，在人与自然的关系上，中国文化强调“天人合一”，这“天”不是有意志之天，而是自然之天。这也是欧洲的神学独断论不能比的。欧洲文化认为神或上帝创造世界，是最高的主宰，它主宰着人的命运、人的精神、人的生活、人的行为，一切都得听从上帝的安排。这是不容怀疑、不能追问的。而中国文化的“天人合一”则认为，“天”是自然，人和自然是和谐统一的，人的行为与自然规律的协调、道德理性与自然理性的一致、自我身心平衡与自然环境的平衡统一，从而达到天道与人道的统一，实现完满和谐的精神追求。因此，人类文明、人的道德都是人在同自然的关系中产生，在社会环境中形成的。孔子提出：“克己复礼为仁……为仁由己，而由人乎哉”（《颜渊》）。这就是说，人的道德修养是人在社会中克服不符合社会规范的行为而形成的。战国时期，儒家的荀子更明确地提出人的礼仪道德的差异都在于“注错习俗之所积”（《荀子·荣辱》），也就是说，礼仪道德修养都来自生活环境的教育和累积。这既体现了道德理性和自然理性的一致，也体现了人在道德实践中的选择自觉和意志自由。可以说，“天人合一”的思想是一种充满理性的无神论哲学。正如恩格斯所指出的，当人们感觉“认识到自身和自然界的一致，而那种把精神和物质、人类和自然、灵魂和肉体对立起来的荒谬的，反自然的观点，也就愈不可能存在了”[①]。“自然界和精神的统一，自然界不能是无理性的……而理性是不能和自然界矛盾的”[②]。只要自然规律和思维规律被正确认识，“必然是相一致的”[③]。恩格斯这些论述同中国文化中的天人合一的思想是很一致的。这说明中国古代思想家关于人与自然关系的思考有着深刻的合理性和科学性。中国文化中这种

① 恩格斯：《自然辩证法》，第159页。

② 同上，第200页。

③ 同上，第203页。

充满理性精神的无神论哲学正是当时欧洲启蒙思想家在同基督教神学斗争中特别需要的一种思想武器。所以，当以孔子为代表的儒家哲学传入欧洲，就特别受到欧洲启蒙运动思想家的欢迎和称赞。他们把中国当着欧洲理想的国家，把孔子当成思想界的榜样，孔子哲学理性观成为他们思想的来源。德国古典哲学的先驱、启蒙思想家莱布尼茨认为，中国的伦理和立身处事之道比德国更进步。他说："我们从前谁也不信世界上还有比我们的伦理更美满，立身处事之道更进步的民族存在，现在从东方的中国，给我们一大觉醒。""在实践哲学方面，欧洲人不如中国人"。① 因此，他极力主张进一步扩大中西文化交流，由中国派人到欧洲教他们实践哲学。对那些非议中国哲学的言论，他大声反驳道："我们这些后来者，刚刚脱离野蛮状态就想谴责一种古老的学说，理由是因为这种学说似乎首先和我们普通的经院哲学不相符合，这真是狂妄至极。"他认为《易经》八卦图的排列，是人类历史上第一次提出了数学上"二进位"思想，是个了不起的贡献，"这新方法能给一切数学以一道新的光明"。② 他因此提出德国民族和中国民族"相互之间应建立一种交流认识的新型关系"，"交流各自的才能，共同点燃我们智慧之光"。③ 法国启蒙思想家伏尔泰把中国视为人类社会的范本，要以中国为楷模从事欧洲社会的自我批判。他说：中国是"举世最优美、最古老、最广袤、人口最多而且治理得最好的国家"。④"我们不能像中国人一样，这真是大不幸"。⑤ 百科全书派的核心人物狄德罗在百科全书的"中国"条目中说："中国民族其历史之悠久，文化、艺术、智慧、政治、哲学的趣味，无不在所有民族之上"。⑥ 霍尔巴赫则认为，"中国可算世界上所知唯一将政治的根本法与道德相结合的国家"，这种道德政治的完全实行就是一种理想的政治。因此，他提出："欧洲政府非学中国不可"。⑦ 重农学派的代表魁奈对中国的历史、地理、教育、社会状况、国家治理、君民关系等作了全面的介绍和高度的赞扬，他认为"中国提供了一个稳定、持久和不变的政府的楷模"。另一名重农学派人物博多（Bandeen Nicolas）则从总体上概括指出：中国"人民以人们所能达到的最智慧、最幸福、最自由的程度，生活在他们的政府和君主领导之下，他们的政府拥有最绝对、最公正的权力，他们的君主是最富有、最强大、最人道和最仁慈的君主"。⑧ 法国大革命的领袖罗伯斯庇尔起草的《人权和公民权宣言》第 6 条阐述人的自由权利，自由的道德界限就是孔子的"己所不欲，勿施于人"。⑨ 英国启蒙运动的思想家坦帕尔（Temple Richard）称孔子是"最有学问、最有智慧、最有道德的中国人……孔子的全部著作旨在教导人们如何修身、齐家、治国"；他认为中国"是以最大的力量和智慧，以理性和周密的设计建立并进行治理的，实际上它胜过其他国家人民和欧洲人以他们的思辨能力和智慧所想象

① 张岱年、方克立：《中国文化概论》，北京师范大学出版社 2011 年版，第 101 页。

② 同上。

③ 叶延芳：《18 世纪欧洲文化思潮中的"中国风"》，《光明日报》，2010 年 8 月 12 日。

④ 叶延芳：《18 世纪欧洲文化思潮中的"中国风"》，《光明日报》，2010 年 8 月 12 日。

⑤ 朱谦之：《中国哲学对欧洲的影响》，河北人民出版社 1999 年版，第 291 页。

⑥ 朱谦之：《中国哲学对欧洲的影响》，河北人民出版社 1999 年版，第 308 页。

⑦ 朱谦之：《中国哲学对欧洲的影响》，河北人民出版社 1999 年版，第 279 页。

⑧ 许明龙：《欧洲 18 世纪中国热》，外语教学与研究出版社 2007 年版，第 172 页。

⑨ 董云虎、刘武萍：《世界各国人权约法》，四川人民出版社 1994 年版，第 42 页。

的政体”。[1] 欧洲启蒙运动的思想家对中国文化这些理想化的解读、赞扬和吸纳表明，他们当时确实是要把中国悠久的历史、无神论的哲学、与伦理结合的政治、国家的治理、淳朴的道德作为批判基督教文化和封建贵族统治的武器，同时作为欧洲人效仿的榜样来参与他们新的思想和理想制度的构建。

二、中国文化的理性精神促成了启蒙思想家理性批判的旗帜

中国文化对18世纪欧洲的影响，首先表现为中国哲学的理性精神为启蒙思想家所接受，对他们树立理性批判旗帜产生直接的影响。18世纪的欧洲经过文艺复兴运动虽然提升了人的地位，突出了人的幸福，但没有触及宗教信仰问题，欧洲文化的主流仍然是基督教。基督教文化的特点就是贬低理性，突出信仰。神学家和经院哲学家都竭力论证人的理性的局限性，认为人不能通过理性去认识上帝、证明上帝是否存在，人只有通过信仰才能与上帝联系，获得上帝恩宠。上帝主宰着人间的一切。在天主教国家里，宗教和王权结合在一起，教会和政府同一，迫害异己，剥夺思想自由。因此，启蒙思想家要达到批判宗教神学的神秘主义和封建贵族专制主义的统治，建立人道、民主与自由的世界，为资本主义的进一步发展开辟道路的目的，首先是解放思想，破除宗教神学的神秘主义，树立人们的理性精神。启蒙思想家认为，理性乃是上天或自然赋予每个人的内在禀赋，是人们认识事物本质和把握真理的能力。人必须把这种内在的禀赋充分地展现出来，才能认清、揭露基督教和封建专制统治的本质。所以，启蒙思想家把“理性、宽容、人道”作为他们的“战斗口号”。[2] 他们高举“理性”的旗帜，用理性的权威代替上帝的权威，把理性当着一切现存事物的唯一裁判者。他们不承认任何外界的权威，不管这种权威是什么样的，宗教、自然观、社会形式、国家制度等等都必须在“理性”的法庭面前接受审判。启蒙思想家这种理性批判精神首先不是直接从欧洲产生的，因为当时的欧洲由于长期的基督教文化和经院哲学遮蔽了人们的理性精神，启蒙思想家自然就把目光投向古希腊哲学和中国以孔子为代表的非宗教哲学。但当时对欧洲思想界影响最深的还是孔子的哲学理性观。黑格尔在他的《历史哲学》中指出：理性支配世界可以有两种形式，一种是希腊哲学家之“Nous”支配宇宙说，一种是宗教家对于神的信仰说；但他反对这两种形式，以为两者都不是“哲学理性观”。他认为理性范畴，“这就是东方人所抱的一种思想，或许就是他们的最伟大的思想，他们的形而上学之最高的思想”。而“中国人承认的基本原则为理性（renason）——叫做道。道为天地之本，万物之源”。[3] 这说明孔子哲学理性观当时成为启蒙思想家理性思想的主要来源。关于这一点，英国学者、剑桥大学教授李约瑟说得非常明白。他在《中国文明》的演讲中曾指出：“当余发现十八世纪西洋思潮多系溯源于中国之事实，余极感欣忭。彼十八世纪西洋思

① 许明龙：《欧洲18世纪中国热》，外语教学与研究出版社2007年版，第169页。

② 卢风：《启蒙之后》，湖南大学出版社2003年版，第79页。

③ 朱谦之：《中国哲学对欧洲的影响》，河北人民出版社1999年版，第191～192页。

潮潜流滋长，固为推动西方进步思想之根据……吾人皆知彼启蒙时期之哲学家，为法国大革命及其后诸种进步运动导其先河者，固皆有深感于孔子之学说。”① 不少史实也充分说明了欧洲启蒙思想家对中国哲学的理性精神的赞扬和吸纳。德国古典哲学的先驱、启蒙运动的思想家莱布尼茨是第一个认识并阐述中国文化对西方发展具有重要意义的哲学家，他对中国的历史、政治、哲学，特别是宋代的理学极感兴趣。他认为“中国人的史书中在确切性和古老性方面超过其他所有的民族”。② 莱布尼茨认为中国哲学是自然神论。他根据宋儒的理学来建立他的哲学体系。他在其《单子论》中提出的“理由律”就是在读了《大学》、《中庸》及《论语》后的创造。他根据宋儒理学提出“理是天地其他所有物质的东西之物理的原理，同时也是德行、习性、其他一切精神的东西之道德的原理”。③ 德国学者赖赫淮恩在他的《中国与欧洲》一书中说：“莱布尼茨实为承认中国文化大足贡献西方文化发展的第一个人。他的《单子论》极其和中国儒释道三教的德性论相同。他所提出的‘预定的调和’又极像中国的‘天下之道’。莱布尼茨和中国哲人一样，深信实际世界有其统一性，精神上有日新又新的进步，所以非常乐观。他们都认为宗教的任务在于创造知识，目的在于教成对于社会有用的行为。这就是欧洲启蒙运动的福音。”④ 莱布尼茨不仅自己学习中国哲学的理性精神，而且倡导欧洲人“首先应该学习他们（中国人）的实践及其合乎理性的生活方式。鉴于我们的道德急剧衰败的现实，我认为，由中国派教士来教我们自然神学的运用与实践……是很有必要的”。⑤

莱布尼茨通过中西文化的比较来论证和学习儒家文化的理性精神，而他的学生沃尔夫则直接从哲学的思考来论证中国哲学是人类理性和自然性的统一。他说：“哲学的真正基础就是与人类理性的自然性相一致的东西，违背人类理性的自然性的东西不能被看着是真正的基础，它是伪”。他断定：“运用这块试金石来判断，中国哲学的基础有其大真”。他认为中国人最善于运用自然理性的力量，“总是注意理性的完善的一面，这样他们就可以认识自身自然的力量，从而达到自然力所能让他们达到的高度”。欧洲人在这方面就差之甚远⑥。当然，莱布尼茨和沃尔夫对中国哲学理性的赞扬不免有些夸大的色彩，但不难看出他们为反对宗教蒙昧主义和封建贵族的专制统治，从中国文化中寻求理性精神和现实依据作为批判的武器，并借想象中的理想中国哲学来为理性和人的权力谱写赞歌。这也是欧洲启蒙运动思想家的共同的思想追求。

这一时期法国启蒙运动的思想家对中国哲学理性精神的赞赏、利用和吸纳不亚于德国思想家。法国启蒙运动的先驱者之一培尔认为，儒家哲学使中国人的无神论最彻底，它不仅是哲学家特有的教义，而且是一种占支配地位的哲学理论。他说：“中国的无神论永远没有阻止中华民族的形成和生存下来，这种无神论似乎帮助它维持生存和繁荣昌

---

① 朱谦之：《中国哲学对欧洲的影响》，河北人民出版社 1999 年版，第 195 页。

② ［法］维吉尔·毕诺：《中国对法国哲学形成的影响》，商务印书馆 2000 年版，第 387 页。

③ 朱谦之：《中国哲学对欧洲的影响》，河北人民出版社 1999 年版，第 327～328 页。

④ 同上，第 224 页。

⑤ 袁行霈等：《中华文明史》第 4 册，北京师范大学出版社 2006 年版，第 232 页。

⑥ 夏瑞春：《德国思想家论中国》，江苏人民出版社 1989 年版，第 40 页。

盛。”[①] 他认为这证明一个文明发达的社会无须宗教的维系，表达了他反对基督教统治的思想。法国启蒙运动中最有影响的思想家伏尔泰更是全面地推崇并借鉴中国文化的理性精神来阐述他的思想。首先，他针对《圣经》荒诞的历史观，反对用上帝来解释历史，他认为中国历史是最有理性根据的。他说：“如果说有些历史具有确实可靠性，那就是中国人的历史”。中国历史“几乎没有丝毫的虚构和奇谈怪论，绝无埃及人和希腊人那种自称受到神的启示的上帝代言人；中国人的历史一开始就写得合乎理性”。[②] 他还认为：“从前历史著作都因荒唐的杜撰而失去本来面目，可是从中国历史发现后，进步的人谁也不会再信作为惰性权威的《旧约》世界史的谎话了。”[③] 这就彻底否定了基督教的历史观。其次，伏尔泰认为中国儒学是“理性宗教”的楷模。他认为当时欧洲基于迷信的“神示宗教”是违背人的理性的，它限制人们的思想自由，造成社会不安宁，阻碍社会进步。当他接触孔子儒家学说以后，认为儒家学说是以自然规律为原则的“理性宗教”。他在自己创作的哲理小说《查第格》中说，中国的“理”或所谓的“天”，既“是万物的本源”，也是中国“立国古老”和文明“完美”的原因。他称赞中国人“是在所有的人中最有理性的人”。[④] 他特别崇拜孔子，认为孔子是贤哲圣人，他不言怪力乱神，只讲道德和真理。他在自己书房中悬挂孔子画像，并在下题诗：“唯理才能益智能，但凭诚信照人心；圣人言论非先觉，彼土人皆奉大成”[⑤]，表达了他对孔子理性的崇拜。他主张以孔子的儒学为参照系来建立一种像儒学一样崇尚理性、自然和道德的新的“理性宗教”，以取代欧洲的“神示宗教”。

启蒙思想家中百科全书派的重要人物霍尔巴赫也极赞孔子的政治与道德理性。他说：“在中国，理性对于君主的权力，发生了不可思议的效果，建立于真理之永久基础上的圣人孔子的道德，却能使中国的征服者亦为所征服。”他认为中国的政治是理想的政治，“欧洲政府非学中国不可”。[⑥] 百科全书派的核心人物狄德罗在百科全书中专门撰写了“中国”和“中国哲学”的条目介绍中国，认为中国哲学的基本概念是“理性”。他赞扬孔子的学说简洁深刻，“只需以理性和真理，便可治国平天下”。[⑦] 法国启蒙思想中对儒家学说理性崇拜最突出的要数以魁奈为代表的重农学派，魁奈本人被称为“欧洲的孔子”。他认为儒家重视自然法，重视自然法的研究和教育，所以理性训练特别发达，这在世界上是无可比拟的。他说：“人们由于理性之光而成为自然法的主人，而与禽兽区别开来。为了达到繁荣的、永续的政治制度之行政的着眼点，应该像中华帝国一样不断地深入研究构成社会秩序的自然法”。他希望法国政府向中国学习，“所以政府第一该着手的政治的施设，是设立学校来教育人这种学问。这种施设实为政治的基础，然而除中国以外，任何国家都不知道有此施设的必要”。他认为：“孔子立教的目的在于恢复人

① ［法］维吉尔·毕诺：《中国对法国哲学形成的影响》，商务印书馆 2000 年版，第 374 页。

② 叶延芳：《18 世纪欧洲文化思潮中的“中国风”》，《光明日报》，2010 年 8 月 12 日。

③ 朱谦之：《中国哲学对欧洲的影响》，河北人民出版社 1999 年版，第 294 页。

④ 《伏尔泰小说选》，人民出版社 1980 年版，第 30～31 页。

⑤ 许明龙：《欧洲 18 世纪中国热》，外语教学与研究出版社 2007 年版，第 175～176 页。

⑥ 朱谦之：《中国哲学对欧洲的影响》，河北人民出版社 1999 年版，第 371 页。

⑦ 叶延芳：《18 世纪欧洲文化思潮中的“中国风”》，《光明日报》，2010 年 8 月 12 日。

类的天性，不再为愚昧和情欲所隐蔽，所以他叫人敬天、畏天、爱人，战胜物欲，勿以情欲去衡量行为，应以理性为标准，凡是不合理性的，叫他们勿动，勿思、勿言。宗教的道德优美到这个地步，真是无以复加了。”他在其科学著作《经济表》[①]中把孔称作他的老师，他未来的事业就是要把孔子的“道德教训普行于世界”。[②]这表明他的《经济表》是继承了孔子哲学的思想。所以有法国学者认为，以魁奈为代表的重农派其“全部理论均是中国哲学的产物”[③]。当然，启蒙思想家中也有对中国哲学持分析批判态度的，如孟德斯鸠、狄德罗等都不是盲目地肯定中国哲学，而是采取分析态度吸取其合理的思想。但不管是赞美学习，还是分析批判吸取，中国哲学的理性精神对他们的影响都是经过他们自己的咀嚼、消化、吸收而发生作用的。他们正是在这种学习、批判、吸纳中国哲学理性精神的过程中，形成了启蒙运动的理性的批判精神，开辟了思想解放的道路，为资产阶级和人民群众在法国大革命时期提出自由、平等、博爱作了理论和思想准备。这正如恩格斯所指出的，他们有了理性的精神，高举理性的旗帜，“不承认任何外界的权威，不管这种权威是什么样的。宗教、自然观、社会、国家制度，一切都受到了最无情的批判；一切都必须在理性的法庭面前为自己的存在作辩护或者放弃存在的权利。思维着的知性成了衡量一切的唯一尺度”。“从今以后，迷信、非正义、特权和压迫，必将为永恒的真理、永恒的正义、基于自然的平等和不可剥夺的人权所取代。”[④]这就是理性批判旗帜的光芒所在，没有这面旗帜，也就没有法国大革命和人权、民主、自由、平等、博爱等进步观念的产生。

三、中国古代的政治民主性为启蒙思想家的民主、自由、平等观念的形成提供理论借鉴

启蒙思想总是同政治变革联系在一起的，思想启蒙是政治变革的精神助力，为政治变革扫清障碍，而政治变革则是启蒙思想的目的和社会结果。18 世纪欧洲的启蒙运动就是为了批判宗教神学的神秘主义和封建贵族的专制制度，建立民主、自由、人道的政治制度。所以，启蒙时代的思想家特别重视从中国的政治制度和国家治理的经验中吸取思想资料和理论借鉴来构建他们理想中的思想观念和政治制度。莱布尼茨在得知康熙皇帝颁布允许自由信仰基督教的容教圣旨后，认为这是一种辉煌的成功，“对此表示欢欣鼓舞；这是为了使我们学习他们的伟大文明和治国艺术。世界上的任何民族都不曾拥有像他们令人赞赏的治国术。因为我们生活在极度不安定中，我认为，正如我们向他们派遣传教士以传授真正的神学一样，他们也必须向我们派遣那些政治圣贤以传授治国术”。[⑤]法国空想社会主义的先驱马布里（Mably · Gabriel Bonnoe de）在反驳法国重农

① 马克思认为，《经济表》使政治经济学成为一门科学。见《马克思恩格斯选集》第 1 卷，第 217 页。

② 朱谦之：《中国哲学对欧洲的影响》，河北人民出版社 1999 年版，第 320 页。

③ 袁行霈等：《中华文明史》第 4 册，北京师范大学出版社 2006 年版，第 232 页。

④ 《马克思恩格斯选集》第 3 卷，第 391～392 页。

⑤ [法] 维吉尔·毕诺：《中国对法国哲学形成的影响》，商务印书馆 2000 年版，第 388～389 页。

学派对中国合法专制主义的颂扬时也曾指出，重农派的思想是从中国的“国家治理中，吸取了他们全部的政治思想”。[①] 应该说马布里的看法是对的，以魁奈为代表的重农学派的合法专制主义理论的确是以中国政治作为实例总结出来的（这点将在后面论及）。不仅如此，在启蒙时代的欧洲，凡主张开明专制主义的思想家，无一不以中国政治作为他们理论建构的依据。

首先，他们以中国的道德与法相结合的伦理政治为榜样来支撑他们的开明专制主义的思想。18 世纪启蒙思想家大多在政治上主张开明专制，但缺乏历史的根据和理论支撑。所以他们对中国古代的伦理政治很感兴趣，认为中国是道德和法结合得最好的国家。伏尔泰指出，中国政治是建立在父权制这个自然法则的基础上，“儿女孝敬父母是国家的基础，在中国，父权从来没有削弱。……一省一县的文官被称为父母官，而帝王则是一国的君父。这种思想在人们心中根深蒂固，把这个幅员广大的国家组成一个大家庭。正因为全国一家是根本大法，所以在中国比其他地方更把维护公共利益视为首要任务。因此，皇帝和官府始终极其关心修桥铺路、开凿运河，便于农耕和手工制作。”[②] 在他看来，由于全国是一个大家庭这个基本大法，中国的法律与道德融为一体，因而深入人心，成为民众自觉遵循的行为规范，从而减低了法律的严酷性，增强了法律的人情味。伏尔泰说：“在别的国家，法律用以治罪，而在中国，其作用更大，用以褒奖善行。若是出现一桩罕见的高尚行为，那便会有口皆碑，传及全省。官员必须奏报皇帝，皇帝便给受褒奖者立碑挂匾。”[③] 伏尔泰认为这种政治组织是世界上最完善的组织，他赞叹“人类智慧不能想出比中国政治还要优良的政治组织”。[④] 百科全书派的核心人物霍尔巴赫称赞：“中国可算是世界上所知唯一将政治的根本法与道德相结合的国家。而此历史悠久的帝国，无疑乎告诉支配者的人们，使知国家的繁荣须依靠道德。”为此，他提出“德治”主张，要求“欧洲政府非学中国不可”。[⑤] 以魁奈为代表的重农学派对中国的伦理政治更是推崇备至，认为中国的政治当为欧洲效仿的模范。如果说伏尔泰、霍尔巴赫、孟德斯鸠、狄德罗等人主要从中国哲学的无神论思想中吸取了唯物主义哲学思想，为法国大革命作了哲学理论准备，那么重农学派主要对中国伦理政治和经济进行解读、学习，为法国大革命作了政治、经济的理论准备，马克思说：“重农主义体系是对资本主义生产的第一个系统的理解”。[⑥] 他们把重农主义体系当着在封建社会内部的资本主义社会来叙述，他们主张为资产阶级社会的利益而取消一切政府干涉。所以有学者指出：“真正法国大革命的特点，可以从重农学派的经济学者著述中发现出来。”[⑦]

重农学派受中国政治和经济的影响主要表现在：一是学习中国政治和道德的一致。魁奈认为：“幅员辽阔的中华帝国的政治制度和道德制度建立在科学和自然法基础之

① 许明龙：《欧洲 18 世纪中国热》，外语教学与研究出版社 2007 年版，第 164 页。

② ［法］伏尔泰：《风俗论》上册，商务印书馆 1995 年版，第 216 页。

③ 同上，第 217 页。

④ 朱谦之：《中国哲学对欧洲的影响》，河北人民出版社 1999 年版，第 302 页。

⑤ 同上，第 279～288 页。

⑥ 马克思：《资本论》第 2 卷，人民出版社 1975 年版，第 399 页。

⑦ 朱谦之：《中国哲学对欧洲的影响》，河北人民出版社 1999 年版，第 311～312 页。

上……是对自然法的发扬。”[①] 他认为自然法是一种自然力，表现为一种“自然秩序”，是一种永恒存在的法则，它不是上帝的意志，而是自然的意旨。人们只有遵守这个法则，才能享受更大的自由和权利。魁奈认为，这种自然法在中国哲学中叫做“天道”，而社会的政治伦理是“人道”，“人道”必须遵循“天道”。中国的政治制度把皇帝叫作“天子”，他是“替天行道”，所以皇帝要祭“天”，要关心农事，兴修水利，发展农业，要关心子民，教化子民。他虽然贵为君主，但同样要受“天道”的支配和约束。所以，中国的政治是“合法的专制政治”，这法就是自然法。以自然法为基础的政治，基本的就是政治制度和道德相一致。在这种政治制度下，存在着王公贵族、官吏等治者与士农工商等被治者的阶级差别，却没有世袭的贵族阶级存在。除天子外的一切贵族和大臣子弟，如无才能，也只能列入平民地位，这意味着在自然法面前人是平等的。这就是中国的政治制度与道德的结合。魁奈说：“中国人不区别道德和政治，在他们看来，良好的生活技术即是良好的统治技术。所以在中国，伦理学和政治学毕竟是同一个学问”。[②] 二是学习中国的礼治。魁奈认为，中国政治的特点是礼治，礼治是指靠一种制度来规范和治理国家，他认为中国将法制、宗教、道德、国俗融合为一，是实证法完全基于自然法的好范例，也是官吏遵守礼仪、履行职责的原因。三是学习中国的谏议制度。魁奈认为，中国古往今来对于皇帝所设的谏议制度是皇帝遵循天理、听取民意的重要制度。他认为在世界上像“中国那样自由地谏议君主的国家，是不存在的”。[③] 只有中国才是世界各国政治中最古老、最仁爱、最和自然法相吻合的国家。这些都是值得法国学习借鉴的。

魁奈和其他启蒙思想家对中国伦理政治制度的认识、理解和赞扬，实际上是他们要借中国之箭去射欧洲之靶，反对宗教和政治结合的神权政治和贵族世袭的封建专制制度，表达他们开明专制的民主政治理想。

其次，启蒙思想家从中国古代的民主政治和选拔官吏的科举制度中受到了民主和平等思想的启迪。中国的伦理政治，在远古时代表现出一种民主的思想，那就是君主的产生不是子袭父位的继承制，而是一种推荐选拔制，即中国历史上的禅让制。禅让制施行于中国古代国家正在形成的尧、舜、禹时期，国君是由部落首领共同推举继位。这实际上是一种原始民主制。对这种禅让制，启蒙思想家霍尔巴赫特别赞扬说：“中国有一位天子，当他发现自己的儿子够不上做成伟大君主的资格的时候，他便选出才德兼优的市民为后继者。他说‘我与其使儿子幸福、人民不幸，不如使我的儿子不幸，而一切人民得到幸福’。”[④] 霍尔巴赫提出欧洲的政府必须学习这种政治制度。中国古代政治的民主性也表现在君民关系上，强调“民贵君轻”。战国时期，孟子为推行仁政，认为英明的君主只有得民心才能得天下，于是提出了“民贵论”。他说：“民为贵，社稷次之，君为轻”（《孟子·尽心下》）。这种民贵君轻的思想后来荀子又进一步阐释为“君者，舟也；庶人者，水也，水则载舟，水则覆舟”（《荀子·王制》）的意思。在中国古代社会中，

① 许明龙：《欧洲18世纪中国热》，外语教学与研究出版社2007年版，第208页。

② 朱谦之：《中国哲学对欧洲的影响》，河北人民出版社1999年版，第319~320页。

③ 同上，第322页。

④ 同上，第279页。

开明的君主大都重视这个道理。这实际上表现了中国古代的政治民主思想，这一思想对18世纪欧洲启蒙思想家的影响是很大的，让他们从中所看到的不是贵族、国王，而是社会的民众。当时，神甫竺赫德在他的《中华帝国全志》中说："中国哲人的伦理非如希腊罗马哲人们斗智，是要合着民众的要求，便是说大众化的"。而另一位思想家波提埃在他的《东方圣经》中则激呼："便是最前进的理论，也没有孟子'民为贵，社稷次之，君为轻'的更激进。"[①] 这可以说是对启蒙思想家民主思想的形成产生了巨大的影响。中国古代的政治民主性还表现在春秋战国时期各种思想的"百家争鸣"，自由发展。当时，由于社会大变革时代为各个阶级、集团的思想家们发表自己的主张，进行"百家争鸣"提供了历史舞台，形成了诸子兴起、学派林立的文化现象，最终出现了儒、墨、道、名、法、阴阳、农、纵横、杂、小说等多家学说的自由发展。在宗教方面，自汉以后佛教及其他宗教相继传入，在中国形成了儒、释、道、基督教、伊斯兰等多种宗教共存的局面。中国古代这种学术自由和多种宗教共存的文化现象，对启蒙运动思想家的影响也很大。所以，当清代康熙皇帝颁布宽教令使启蒙思想家看到了中国盛行的宗教宽容思想时，启蒙思想家的先驱者培尔在他的《文学界的新闻》中写道："我不知道基督教徒为什么会很少思考那些异教徒王国中盛行的宽容思想，它们已被我们公开认为是蒙昧和残暴的国度"。[②] 培尔认为，中国皇帝本是坚信耶稣会士的宗教为伪宗教，与皇帝及臣民宣扬的那种宗教相对立，但他允许传教，不允许折磨传教士，而是非常人道地对待他们。这同欧洲基督教排斥异己、打击迫害异教徒是完全不同的。他认为，中国实行的宗教宽容是一种信仰自由和多种宗教同时并存的原因。培尔这一思想实际上是信仰自由和宗教多元主义等现代思想的先声，这在启蒙运动的思想发展中的影响是不容低估的。

中国古代政治的民主性还表现在选拔官吏的科举制度上，从唐代至清代中国所有的官员都由科举考试按成绩选拔，从理论上说，官职不能买卖，任何人都只依靠自己的学识才智才能取得官职，即使皇亲国戚也不例外。在欧洲人看来，科举制体现了人人平等的原则，为每个人敞开了仕途的大门，同时也体现了哲学家治国的理想。所以欧洲人赞赏中国的科举制，比如游客如腓内斯在《旅行记》中说："中国为哲人政治，故学者得有行政权和官职。在授予官职的时候，常召集多数学者，在公堂上公开讨论，而选拔其最有贤明底答案的畀以要职。据记载中国事情的历史学家所说，中国人为世界最严守政治规则的国民，国王为最有力的主脑，由此主脑使国家的手足活动。中国谓为武断政治，不如以文治主义的理想称它。青年竞入大学而从事探讨他日出仕时所应熟悉的国法民情，所以中国大学乃有举世无双的荣誉。"[③] 耶稣会士李明在他的《中国现状新志》第二卷中论及中国政治和政府时，赞美中国政治为古代政治思想中之绝无仅有者，并认为中国政治制度是一种民主政治。形成这种政治制度的原因就是科举制度[④]。当时，大多数耶稣会士的著述都讲到了科举制，说明中国所有官员都由科举选拔产生，认为中国政治制度的优越性正是来源于此。耶稣会士的著述和对科举制的看法直接影响着启蒙运

---

① 朱谦之：《中国哲学对欧洲的影响》，河北人民出版社1999年版，第271页。

② ［法］维吉尔·毕诺：《中国对法国哲学形成的影响》，商务印书馆2000年版，第363页。

③ 朱谦之：《中国哲学对欧洲的影响》，河北人民出版社1999年版，第64页。

④ 同上，第67页。

动的思想家。伏尔泰认为中国的政治同他主张国王为哲学家是一致的。当他从耶稣会士的著述中得知中国皇帝英明、睿智，如同家长一样治理着国家，被人民当作父亲尊重时，他觉得这就是他所向往的哲学家国王，因而在他的《风俗论》中对中国皇帝和政治体制及行政体制都大加赞扬，认为中国中央政府各部之间既有分工、又有合作，有利于提高行政效率、防止官员独断专行；地方官员也职责分明，各司其职，国家行政机构形成一个疏而不漏的大网，处处有官员、事事有人管，从而能够保证人民安居乐业，国家祥和太平。他写道：中国“一万三千六百名官员，管理着一亿五千万人民，他们分属于不同的部门，这些部门的上面是六大部，六大部则同受一个最高机构的监督。一想到这些我就情不自禁地异常兴奋。”[①] 在伏尔泰看来，中国政治之所以有贤明的君主、良好的法律、合理有效的行政机构，进行良好的管理，就是因为各级官员都是从科举考试选出的贤能之人组成，因而能防止君主独裁，是有利于体现民主的一种政治体制。与伏尔泰不同，孟德斯鸠认为中国政治是专制制度，但对于中国选拔官吏的科举制他又持赞扬态度，并把科举制同法国官职公开买卖作比较，认为中国没有世袭贵族，人人只能通过科举取士，凭品德和才能取得爵位和荣耀。他还多次提到中国皇帝和政府都以天下太平、人民安居乐业为最高目标，为此而提倡勤奋、鼓励节俭，并对农业给予特殊关注，这些都体现了中国政治的开明一面。[②] 总之，在启蒙思想家看来，中国选拔官吏的科举制度为每个有知识、有能力的人敞开了仕途的大门，它既体现了人人平等的原则，又体现了哲学家治国的理想。对此，黑格尔曾有一个评价，他在《历史哲学》中说：“除皇帝的尊严以外，中国臣民中可说没有特级，没有贵族；唯有皇室诸子和公卿儿孙享有一种特权，但这个与其说是由于门阀，毋宁谓为地位的关系使然。其余则人人一律平等，而唯有才能胜任者得为行政官吏，因此国家公职皆由最有才智与学问的人充当。因此他国每以中国为一种理想的标准，便是我们也可以拿来做模范的。”[③] 黑格尔的这一评价是符合当时欧洲启蒙思想家的看法的，也是符合他们的做法的。他们以中国古代的民主政治和国家治理的经验及选拔官吏的科举制为榜样来思考他们社会未来的民主、自由和平等是一种必然的逻辑结果。

四、以仁爱为核心的儒家伦理道德思想促进了启蒙思想家博爱观念的形成

基督教文化认为道德是建立在宗教信仰的基础上的，强调做一个有道德的人，首先就是要做一个对上帝虔诚的人。一个虔信上帝的人就应该恪守基督的清规戒律，才能成为一个真正有道德的人。18 世纪的欧洲虽然经济在发展，新兴资产阶级已形成，但思想文化上对基督教的信仰却仍是普遍存在的，建筑在宗教基础上的道德观念严重地禁锢

① 许明龙：《欧洲 18 世纪中国热》，外语教学与研究出版社 2007 年版，第 170 页。
② 同上，第 164 页。
③ ［法］维吉尔·毕诺：《中国对法国哲学形成的影响》，商务印书馆 2000 年版，第 432 页。

着人们的思想。为破除这种有神论的道德观念，启蒙思想家还是从中国文化中寻找思想武器，他们首先是从耶稣会士的著述和翻译的儒家经典中吸取儒家的伦理道德和仁爱思想，来思考他们未来的思想观念。

17世纪下半叶到18世纪上半叶，来华的耶稣会士为论证儒家思想同基督教精神的一致，他们把伦理同宗教联系起来，翻译介绍了儒家的政治伦理和仁爱思想，并给予了高度的评价。这在客观上为启蒙思想家提供了思想资料。德国思想家赖特淮思在他的《中国与欧洲》一书中说："那些耶稣会中人，把中国经书翻译出来，劝告读者不但要诵读它，且须将中国思想见诸实行。他们不知道经书中的原理，刚好推翻了他们自己的教义；尤其重要的就是，他们不但介绍了中国哲学，且将中国实际的政情亦尽量报告给欧洲的学者，因此欧洲人对于中国的文化，便能逐渐了解，而中国政治也就成为当时动荡的欧洲政局一个理想的模型。当时欧洲人都以为中国民族是一个纯粹德性的民族了。"[①] 事实上，当时的耶稣会士对中国文化，特别是儒家文化的介绍是不遗余力的，极力赞扬。比如，宗教家西蒙·博歇（Simon Foucher）的《论中国哲学家孔夫子伦理书简》认为，孔夫子的学说不是一种玄学，"而是一整套产生智慧的准则。有关个人的准则就是伦理，有关众人或君主的准则就是政治。然而，这名中国哲学家的重要准则应为'完全符合至理'的至善至美地工作。为了达到这种目的，首先必须使人的灵魂摆脱偏激或成见，为它带来的混乱。合乎情理的伦理就在于尽可能地启发智力"，寻求真理。西蒙·博歇认为这一切就是孔子的全部哲学。[②] 新教牧师J.德·拉·布纳（J. De La Brune）写了一本《孔夫子的伦理》，赞扬孔子的伦理不是玄学家的伦理，而是追求实际者的伦理，"它不是向人要求可望而不可即的道德，而是要求任何普通人都可了解和由此也可以完成的义务，因而理智是具有普遍性的。大家可以说这位哲学家的伦理是无限高尚的，但它同时又是很纯朴的，显而易见的和取自自然情理那最纯洁源泉中的"。[③] 他们认为孔子的伦理完全是一种人道的伦理，完全出自理性，适用于一切种姓、一切民族，"是一种人类伦理的准则，具有普遍性，能够在所有人之间建立某种联系"。[④]

耶稣会士推崇孔子还在于伦理同政治的结合，认为这种伦理同时也是高超的政治。一位来华的医生、旅行家弗朗李瓦·贝尼埃写了一本《孔夫子著作导读》，书中阐述了孔子的伦理思想，其中最吸引他的就是政治伦理，他认为孔子的伦理"不仅是一种个人道德，或指导众人彼此之间关系的社会道德，而且是一种真正的政治伦理，是那些希望完成他们的使命和实现他们天职——为民众谋福利的国王们的一门学问"。所以，贝尼埃为孔子书的译本的标题定为"国王们的学问"。他说："我从事这项任务主要是由于我发现，再没有任何一种伦理能够更明智、更谨慎和更恭敬地以其义务而教化王子们了"。他认为孔子伦理和政治格言对教育世界上所有的国王都适用，因而他希望孔子伦理应"为法国政治向中国政治借鉴的内容"。[⑤]

---

① 朱谦之：《中国哲学对欧洲的影响》，河北人民出版社1999年版，第193页。

② ［法］维吉尔·毕诺：《中国对法国哲学形成的影响》，商务印书馆2000年版，第389页。

③ 同上，第432页。

④ 同上，第434～435页。

⑤ 同上，第435页。

这一时期，耶稣会士学者们在介绍孔子伦理思想的同时也特别突出了孔子的仁爱思想。他们认为，孔子的“己所不欲，勿施于人”这一格言“是为‘仁’或‘大慈悲’下定义的（仁爱、爱人)”，认为：“它是一种稳定不变的思想状态，符合一个可以放弃他的私人或个人的方便，而普遍爱所有人的情理。由于这些人与他本为一体，因而他也与他们具有同样和共同的感情。……孔夫子以他爱众人的这种方式，征引了某些例证。他不是要避免对别人做我们不希望别人对我们所做的那种恶，而更在于他们广施我们希望为自己所行的善行。然而，当这种‘仁’一旦扎根于常人的思想中，整个大地上就变得如同是一家人。”[①] 因为孔子伦理思想中充满这种仁爱的精神，所以法国哲学史思想家维吉尔·毕诺（Virgihe Pinot）得出结论：“孔夫子的这种伦理显得特别符合人道精神”。[②] 由于儒家伦理不是建立在宗教神学的基础之上，而是建立在自然的人性之中，特别符合启蒙思想家的要求，所以，这一时期耶稣会士对儒家伦理道德及仁爱思想的介绍和推崇性的评价直接影响启蒙思想家，他们从耶稣会士的著述、翻译介绍的儒家伦理道德和仁爱思想中吸取了思想资料、获得了理论的支撑。

首先，他们从儒家哲学中吸取性本善的理论来批判基督教的原罪论。基督教文化信仰的核心是：上帝是尽善尽美的、全智全能的造物主，而人类因其始祖亚当和夏娃违背上帝意志而具邪恶的本性，只有上帝才能使人摆脱罪恶、得到拯救。为揭露基督教的原罪论，启蒙思想家从儒家学说中找到了孟子的人性本善的理论作为武器批判原罪说，也用以反驳启蒙思想家内部霍布斯的性恶说。当时，有思想家把孔子的道德格言变成诗的形式：“人之初，性本善，霍布斯之叹息，欲何为?”这显然是用儒家孟子的性善论来反驳霍布斯的性恶说。事实上，性善论在当时百科全书派内部的影响是很大的，摩尔利（Morley）在他的《狄德罗与百科全书派》一书中把性善论作为“十八世纪之思想精神”。他说：“人性本善，世界能成一优美可爱的处所；而且目前世界之祸患乃恶劣教育、恶劣制度之结果。……盖维深信人之品格与境迁可以无限地更化为善，则对于人类环境之改选，始有普遍与坚忍的努力。”[③] 伏尔泰在1728年发表《反巴斯噶论》，开卷即用激烈的文字攻击巴斯噶以人性为恶的说法。他说对于此厌世家他要给人类作辩护。对于基督教的性恶说，他采取了儒家性善论的立场，逐一驳斥巴斯噶的《辩神论》中的若干思想。例如，巴斯噶说“只爱神，不爱他物”。伏氏驳斥道：“人类须以深厚的爱情爱其祖国及其父母、妻子”。[④] 人类本性须有善才有爱。18世纪启蒙思想家正是把儒家的性本善作为他们的理论根据来批判基督教的原罪论，论证人的本性是善而不是恶，进而论证人们智力的平等，人人都可以产生博爱的精神。这一点，剑桥大学教授李约瑟在他所作的《中国文明》演讲中说得很明白。他说：“十七世纪中叶耶稣会友群，将中国经籍译成西文，中国儒家人性本善之哲学乃得输入欧洲。吾人皆知彼启蒙时期之哲学家，为法国大革命及其后诸种进步运动导其先河者，固皆深有感于孔子之学说，而曾三复致意焉。不论个人表现与人类真正性格距离至何种程序，吾人对于社会进步之理想，

① ［法］维吉尔·毕诺：《中国对法国哲学形成的影响》，商务印书馆2000年版，第436页。

② 同上，第440页。

③ 朱谦之：《中国哲学对欧洲的影响》，河北人民出版社1999年版，第194～195页。

④ 同上，第296页。

唯有依赖人性本善之学说，方有实现之望，而此种信心，吾人固曾自中国获得也。”[①]这足见儒家人性本善理论在18世纪的欧洲产生了广泛而深刻的影响，成为启蒙思想家反对基督教原罪论、建立自己人性论和博爱观念的理论根据。

其次，启蒙思想家认为儒家充满仁爱的伦理道德是欧洲人所向往的目标，并从对孔子仁爱的解读中吸取了博爱的精神。伏尔泰在学习孔子的伦理道德思想以后，特别赞赏孔子的“己所不欲，勿施于人”的格言。他认为这是基督教不曾有的，基督教不过禁止人行恶，而孔子是劝人行善。他说：“西方民族，无论何种格言、如何教理，无可与此纯粹道德相比拟者。孔子常说仁义，若使人们实行此种道德，地球上就不会有什么战争了。”[②] 所以，他认为孔子是至圣至贤的哲学家，他不媚帝王、不好淫色，实为天下唯一的师表。他还认为，在孔子德政思想指导下的中国法律也充满着仁爱思想。他说：“关于中国，只要听到这种法律，我已不得不主张中国是世界中最公正、最仁爱的民族了。”[③] 他在自己的《自然法赋》的结束语中呼吁：要以儒家的理性道德来纠正欧洲的时弊。百科全书派的主角狄德罗在把中国文化与法国文化作比较后认为，中国比法国“更懂得善意与道德的科学。如果有一天发现这种科学是居于一切科学的第一位，那么他们将可以确定地说，他们有两只眼，我们只有一只眼，而全世界其余的人都是盲者了”。[④] 他认为孔子是德治主义者。德治主义的目的一是用理性来判断善恶与真伪；二是修身、齐家、治国、平天下，这是值得欧洲人学习的。德国启蒙思想家莱布尼茨则认为中国在道德方面远超欧洲。他说：“中国具有（在某些方面令人钦佩的）公共道德，并与哲学理论尤其是自然神学贯通，又因为历史悠久而令人羡慕。”[⑤] 他指出：“如果说，在工艺技术方面我们与他们并驾齐驱，在思辨科学方面我们走在他们前面，那么在实用哲学方面，也就是说在道德戒律方面，在适用于现世生活和凡人的政治方面，他们肯定超过我们。”[⑥] 他认为中国人有很高的道德水平，人们尊老爱幼，以礼相待，和睦相处，体现着人与人之间的友爱。他的学生沃尔夫则从自然理性的角度来论述中国人的道德行为不依外在根据，“不是出于习惯、出于对主子的畏惧，而是出于个人的自由意志”。因此，“中国人的行为包含着一种完全的自然权力，而在我们欧洲人的行为中，这种权力只有几分存在”。[⑦] 启蒙运动思想家的这些言论表明，他们希望从儒家充满仁爱的道德思想中寻找他们关于普遍的仁爱思想。所以，法国哲学史家维吉尔·华诺的老师古斯塔夫·朗松教授指出，18世纪是一些优秀思想家的时代。“他们希将自己个人心灵中的灵感变成明确的思想和作为普遍的原则提出。孔夫子的伦理恰恰为这些人提供了他们正在设法寻找的支持。这就是该理论中能使他们满意的内容。”[⑧] 而毕诺本人在总结17—18世纪启蒙思想家们在学习吸纳耶稣会士对儒家以仁爱的核心作的伦理道德的介

① 朱谦之：《中国哲学对欧洲的影响》，河北人民出版社1999年版，第195页。

② 同上，第298页。

③ 同上，第302页。

④ 同上，第306页。

⑤ 许明龙：《欧洲18世纪中国热》，外语教学与研究出版社2007年版，第183页。

⑥ 同上，第183页。

⑦ ［法］维吉尔·毕诺：《中国对法国哲学形成的影响》，商务印书馆2000年版，第439页。

⑧ 同上，第441页。

绍和评价以后也作出结论说，儒家充满仁爱的伦理道德思想“提供了真正的法国人思想的一面没有失去光泽的镜子”。[①] 启蒙思想家从这面镜子中看到了他们希望的自由、平等、博爱的影子，正是这影子在法国资产阶级革命时期变成了自由、平等、博爱的口号，并在资产阶级革命后继续影响世人的价值观。

本章是《社会科学研究》2010 年第 4 期发表的《中学西渐与自由、平等、博爱观的形成》一文（文章发表后《新华文摘》2014 年第 8 期作了摘登），编辑过程中对节标题作了精炼处理。

① ［法］维吉尔·毕诺：《中国对法国哲学形成的影响》，商务印书馆 2000 年版，第 491 页。

第二十章　文化的自觉与自信——中国文化何以自信

为发展繁荣社会主义文化、增强国家文化软实力，党和国家非常重视文化建设，特别是党的十八大以来，以习近平为核心的党中央强调要实现中华民族的伟大复兴，必须建设社会主义文化强国。习近平多次强调要坚持社会主义先进文化前进的方向，坚定文化自信，增强文化自觉，加快文化改革发展。他在 2016 年“七一”讲话中更是全面、深刻地阐述了文化自信与道路自信、制度自信、理论自信的关系，论述了中国文化的自信。我们有在五千多年文明发展中孕育出来的优秀的传统文化，在党和人民伟大斗争中孕育的革命文化和社会主义先进文化，积淀着中华民族最深层次的精神追求，代表着中华民族独特的精神标识。这种独特的文化是别人没有的，是值得我们自豪和自信的。中国文化又有马克思主义的科学指导和中国改革开放的丰富而伟大的实践及中国人民无限的创造力，使得中国文化亘古至今持续发展。“中华民族创造了源远流长的中华文化，也一定能够创造出中华文化新的辉煌。”①

一、优秀传统文化：文化自信的深厚根基

文化自信是一个民族、一个国家的人民对自己民族文化的自我意识，是对民族文化的崇敬与热爱，是对其社会价值和发展生命力的坚定信心、信念。今天提出文化自信是一个历史性的命题，也是一个时代性极强的命题，它是在回顾中华民族文化几千年的历史，总结近现代以来中华文化经受的锻炼与考验，针对新中国建立以来，特别是改革开放以来，中华民族命运大变化、国家日益强大、发挥大国作用越来越突出的情况下提出来的。因此，要深入理解文化自信，首先就是要立足于悠久的历史传统，从优秀的传统文化中去加深理解。中国几千年的文明创造了优秀的传统文化。早在民主革命时期，毛泽东就指出：“我们这个民族有数千年的历史，有它的特点，有它的许多珍贵品质”②，

---

① 《习近平总书记系列重要讲话读本》，学习出版社、人民出版社 2014 年版，第 92 页。

② 《毛泽东选集》第 2 卷，人民出版社 1991 年版，第 533 页。

"创造了灿烂的古代文化"①。这是我们民族的宝贵财富。习近平最近也指出，"中华民族有着深厚的文化传统，形成了富有特色的思想体系，体现了中国人几千年来积累的知识智慧和理性思辨。这是我国的独特优势"②，是我们文化自信的深厚的根基。

（一）中国优秀传统文化源远流长、博大精深，是具有强大生命力和影响力的文化

在人类文化发展史上，中国文化最大的优势就在于它源远流长、博大精深、亘古不绝，一直在人类社会中产生重要的影响。早在5000多年前，中华民族的人文始祖轩辕黄帝就开创了中华文明。1912年1月1日孙中山就任中华民国临时大总统，3月即派代表团到陕西黄陵县向轩辕帝致祭，并亲自撰写祭文，题写祭词："中华开国五千年，神州轩辕自古传，创造指南车，平定蚩尤乱，世界文明唯有我先"③。众所周知，在人类历史上曾先后产生过古埃及文明、巴比伦文明、古印度文明、中国文明，这几种文明都曾经在历史上产生过重大的影响。但在其发展过程中，其他三种文明所代表的文化或者由外强入侵而融入其他文化，或者因国内动乱分裂，国家沦为殖民地而文化终结。中国文化在五千多年的发展过程中也曾多次遭遇外强入侵、战争破坏、国家短暂分裂以及严重的自然灾害等因素的干扰，使中国文化发展出现过曲折，但整个中国文化是唯一从来没有中断过的文化。今天我们生活在960万平方公里广袤土地上的13亿多人民仍旧是那创造古代文明的先民之后裔，我们仍然在吸吮着中华民族漫长奋斗积累起来的文化养分，使13亿中国人民拥有聚合的磅礴之力，我们走自己的路，具有无比广阔的舞台，具有无比深厚的历史底蕴，具有无比强大的前进的定力。因而我们能够坚定中国特色社会主义的道路自信、理论自信、制度自信，而这几种自信都源于文化自信。"文化自信是更基本、更深沉、更持久的力量"④。

中国文化的优势除了源远流长、亘古不绝，更在于它内容的博大精深。中国古代先贤以他们的智慧总结天文地理，总结人与自然的关系，总结中国历史发展的经验及民族的智慧，形成了以"五经"、"四书"和《道德经》等为代表的中国文化原典和经典。这些原典和经典在理论上具有原创性，发前人所未发，解前人所未解。他们思考的问题指向宇宙、社会和人生的普遍问题，如天人关系、阴阳关系、思物关系、道器关系、义理关系、是非关系、知行关系、人生境界，等等，是各个时代人们都普遍关心的问题，是一些普遍的、永恒的主题。这些原典和经典在回答这些问题时提供的是一种哲理性、开放性的思考，而非实证性的结论和封闭性的教条，因而它们能够赢得不朽性，一再发挥它们的巨大的启迪功能。由于这些文化原典和经典在理论上的原创性，使它们成为中国文化、学术思想和价值之源，其理论博大精深、根深蒂固，能够给中国文化提供营养，使中国文化在五千多年的发展中经历曲折而经久不衰，不断丰富和发展，并发挥它对现代的影响作用。这正如习近平总书记2014年5月4日在北京大学师生座谈会上指出的：

① 《毛泽东选集》第2卷，人民出版社1991年版，第707页。

② 习近平：《在哲学社会科学工作座谈会上的讲话》，《光明日报》，2016年5月19日。

③ 徐光春：《雄立东方唯我有先——传承与弘扬黄帝文化的意义》，《光明日报》，2016年11月14日。

④ 习近平：《在哲学社会科学工作座谈会上的讲话》，《光明日报》，2016年5月19日。

“中华文明绵延数千年，有其独特的价值体系。……今天，我们提倡和弘扬社会主义核心价值观，必须从中汲取丰富营养，否则就不会有生命力和影响力。比如，中华文化强调‘民惟邦本’、‘天人合一’、‘和而不同’，强调‘天行健，君子以自强不息’、‘大道之行也，天下为公’；强调‘天下兴亡，匹夫有责’，主张以德治国、以文化人；强调‘君子喻于义’、‘君子坦荡荡’、‘君子义以为质’；强调‘言必信，行必果’、‘人而无信，不知其可也’；强调‘德不孤，必有邻’、‘仁者爱人’、‘与人为善’、‘己所不欲，勿施于人’、‘出入相友，守望相助’、‘老吾老以及人之老，幼吾幼以及人之幼’、‘扶贫济困’、‘不患寡而患不均’，等等。像这样的思想和理念，不论过去还是现在，都有其鲜明的民族特色，都有其永不褪色的时代价值。这些思想和理念，既随着时间推移和时代变迁而不断与时俱进，又有其自身的连续性和稳定性。”① 这就是辉煌的中国文化的博大精深，保证它延绵不断、长盛不衰，并日益散发它的灿烂光辉。

（二）中国文化多元一体的整体性和同根性使其发展过程中始终保持着中华民族精神的同一性

中国文化是一种多元一体的整体性文化。首先，它是在吸纳、整合生活在中华大地上各民族文化的基础上形成的各民族共同的文化。中华民族从一开始就是多元的，在漫长的发展过程中，汉族不断与周围的民族相融合，形成了现今由 56 个民族组成的中华民族大家庭。在民族融合中，原先各民族的文化，既包括以定居在黄河、长江流域较长时间的农耕文化，也包括各个少数民族的游牧文化。在民族融合的过程中，不同地域、不同民族的文化发生相识、相交、相互整合。这种整合不是各民族文化的相互吞并，而是以华夏文化为核心，各民族文化互相补充、互相吸收、互相融合，形成多元一体的中华民族文化。以后在其发展过程中虽经历战乱与分裂，不断有新的文化元素加进来，但没有任何一个民族的文化分裂出去，所以中国文化多元一体的大格局，始终保持它的完整性和稳定性。

其次，中国文化的整体性还表现在长期的发展过程中也吸收和同化外来的文化因素，如印度的佛教文化、西方的科技文化等，形成了包括宗教、哲学、历史、文学、艺术、伦理、政治、经济、科学、建筑、工艺等诸多领域，有着丰富内容和相互联系的完整的文化整体系统。这种整体系统必然会产生一种系统功能，形成一种“文化能量”。一方面，它可以排除外界干扰，维护自身的稳定，所以尽管有时发生外族入侵、战争破坏暂时衰落，但最终它能够发挥“自组织”功能修复自身，走向复兴；另一方面，中国文化这种整体的系统结构又具有同外部不断进行文化元素、文化信息、文化能量的交换，在这一过程中同化、吸收外界文化，使之成为自身的有机组成部分。正是这种文化整体系统性使中国文化历来重视不同文化的交流互鉴，取长补短，促进繁荣发展。

中国文化不仅在内容上具有整体性，而且具有一种同根性。中国文化从一产生就包含一种祖先崇拜的精神，神化祖先的能力和功绩，奉为神灵进行祭祀，祈求保佑。小到

① 习近平：《青年要自觉践行社会主义核心价值观——在北京大学师生座谈会上的讲话》，人民出版社 2014 年版，第 7 页。

一个家庭，大到一个家族、宗族，甚至一个民族都崇拜自己的祖先，认为祖先就是神。这种祖先崇拜以血缘为纽带的内部关系，发挥着巨大的维系文化与文明的作用。祖先崇拜的底蕴就是强烈的本根意识，这就使中国文化具有同根性。同根性就是中国文化“对自身本源之探就、认同、尊重与反归。《老子》十六章：‘夫物芸芸，各复归其根’。《淮南子·原道》：‘万物有所生，而独知守其根’。归根、守根，都体现了有一种本根意识”[①]。这种本根意识使中国文化在多元发展的同时，始终保持着自己的规定性，成为联系民族的血脉、纽带，养育着中华民族共同的民族情感。今天在世界上，无论你走到哪里，只要一提到老子、孔子、孟子，提到“人之初性本善”，看到门上的对联，看到关公的神像，心头一下子就涌出中华民族的认同感、自豪感。

（三）中国文化的人本性反映了人类文化的共通性，代表着人类文化的共同追求

中国文化绵延不绝、持续发展并对人类社会产生重要的影响，是同中国文化的人本性特点分不开的。所谓人本性，是指人类自身的觉醒，也就是人类对自身在宇宙中的地位、作用、价值的自觉意识。中国文化历来强调“以人为本”，人是考虑一切问题的根本。早在春秋初期，思想家、哲学家管仲就从政治上明确提出了“以人为本”。他说：“夫霸王之所始也，以人为本，本理则国固，本乱则国危。”[②] 中国文化为什么一开始就强调“以人为本”呢？因为在古代中国人看来，天地间人最为贵。所以很早就有思想家、哲学家从人与天地、人与神的关系来论证人的重要地位。在人与天地的关系中，老子提出：“道大、天大、地大、王亦大。域中有四大，而王居其一焉。人法地，地法天，天法道，道法自然。”[③] 老子认为，人与天地同为一大，而非与物等同，实高出于物。这是对宇宙万物中人为贵的思想的充分肯定。儒家从人与天地、人与神的关系进一步论证了以人为本的思想，《易经·易传·说卦传》提出天、地、人“三才之道”，认为人不仅与天、地相鼎立而三，而且人可以“赞与天地之化育”。《中庸》十二章说：“唯天下至诚，为能尽其性。能尽其性，则能尽人之性；能尽人之性，则能尽物之性；能尽物之性，则可赞与天地之化育；可以赞天地之化育，则可以与天地参矣。”[④] 这就是说，人能全面发挥其本性，不仅与天地鼎足而三，而且能辅助天地化育生生，从而从人的能动性方面肯定了人在天地中的地位和价值。孟子提出：“天地之性，人为贵”，因人“禀阴阳之和，抱五行之秀”。到战国末期，荀子从他的气本体论提出：“水火有气而无生，草木有生而无知，禽兽有知而无义；人有气、有生、有知亦有义，故为天下最贵也。”[⑤] 荀子还进一步提出了“制天命而用之”的思想，认为人类发挥主观努力可以改造自然，使自然为人类服务。

儒家关于天地之间人最为贵的思想到汉代得到进一步的发展。汉代儒家大师董仲舒

① 袁行霈等：《中华文明史》第1卷，北京大学出版社2006年版，第5页。
② 《管子·霸言》，上海古籍出版社1986年版。
③ 《老子：第二十五章》，上海古籍出版社1986年版。
④ 《礼记·中庸》，中华书局1980年版。
⑤ 《荀子·王制》，上海古籍出版社1986年版。

极言人在宇宙中的卓越性，他认为人与天地同为万物之本，“天生之，地养之，人成之。人有道德智慧，能得天之灵，所以贵于万物，能成万物，无人则万物无成”，“人之超然万物之上而最为天下贵”。[①] 当然，董仲舒在天人关系上把儒家的“天人合一”思想推到邪路，提出“天人感应”是不科学的，但他对人在宇宙中地位和价值的肯定，是有其合理性的。

在人与神的关系上，春秋初期就有思想家针对当时存在的天命神权的思想，提出了“天视自我民视”，“天听自我民听”，“民之所欲，天必从之”[②]，并进而提出“夫民，神之主也。是以圣王先成民而后致力于神”[③] 的命题。儒家更是明确反对以神为本，坚持以人为本。孔子虽然也讲天命，但对鬼神采取存疑的态度，始终关注的是现实社会的人生问题，把解决社会问题的希望寄托于人而不是神。儒家的这一思想在后来的社会发展中得到广泛认同和创造性发展。东汉进步的思想家仲长统提出“人事为本，天道为末”的思想，体现了以人为本的文化精神。

中国文化以人为本的思想集中体现在儒家关于“仁”的观念中。“仁”是儒家思想的核心范畴，其基本含义是“仁者爱人”。这也是中国文化人本思想的核心。它包含的主要内容：一是人的价值，即人的主体性，主要强调人要有道德修养和高尚的人格才有人的价值。儒家认为“仁”是人所以为人的根本，凡是人都应该要有“仁”性，没有仁性就不叫人。这样把道德实践提到至高地位，对于人的精神开发，对于民族、个人的道德自我建立，有着十分重要的意义。在这一思想指导下，中华民族历来以道德教育代替宗教信仰，用道德自觉抵制宗教强制，大大丰富了中华文化的人文精神。二是在人与人的关系上强调“仁者爱人”，凡是仁人，对他人都应该有爱，有宽容精神。为做到这一点，孔子提出了“推己及人”，“己所不欲，勿施于人”[④]，“夫仁者，己欲立而立人，己欲达而达人”[⑤]。这是做人的标准。三是在人与天地、自然的关系上，要关爱宇宙万物。儒家要把仁爱的精神，由爱自己的亲人推广到爱周围的人，爱所有的人，并由爱人推广到爱宇宙万物。这就是孟子所说的“老吾老以及人之老，幼吾幼以及人之幼”[⑥]，“亲亲而仁民，仁民而爱物”[⑦]。儒家这种“仁民而爱物”的思想体现了道德理性与自然理性的一致，体现了中国文化人本精神的最高境界。也反映了以人为根本的共同本质。

（四）中华文化的特点产生了文化发展的方法论

中国文化的系统整体性和人本性决定了中国历来重视并且能够和不同文化的交流互鉴，达到取长补短，促进文化的发展；而文化的同根性又确保了不论与外来多少文化交流、交融，不管文化怎样发展，都始终会保持中国文化的民族精神。正是根据文化的整

---

① 《春秋繁露·天地阴阳》，上海古籍出版社 1986 年版。
② 《尚书·泰誓》，中华书局 1980 年版。
③ 《左传·桓公六年》，中华书局 1980 年版。
④ 《论语·颜渊》，中华书局 1980 年版。
⑤ 《论语·雍也》，中华书局 1980 年版。
⑥ 《孟子·梁惠王上》，中华书局 1980 年版。
⑦ 《孟子·梁惠王上》，中华书局 1980 年版。

体性、人本性和同根性，很早之前就有仁人志士提出了中西古今文化可以互相交流。宋代哲学家陆九渊从他的心本体论出发，提出了“东海有圣人出焉，此心同也，此理同也；西海有圣人出焉，此心同也，此理同也；南海、北海有圣人出焉，此心同也，此理同也。千百世之上有圣人出焉，此心同也，此理同也；千百世之下有圣人出焉，此心同也，此理同也”[①]。从哲学上说，一般认为他是主观唯心论者，但从文化来看，这反映了古今中外的文化都有共同点，可以相互交流借鉴。到了明代，就提出了“古今融合，中西会通”的文化发展观。明朝末年，面对西方文化传入中国，以徐光启、李之藻等为代表的知识分子提出了“中西会通，以求超胜”的文化方针。李之藻主张对西学“并蓄兼收”，“希望‘借异己之物，以激发本来之真性’，达到‘终实相生’的创造性结果。这是一种建立在对本土文化的真性充满乐观信念基础之上的开放心态，其最终目的是在中西文化的相互激荡砥砺中进行综合创新”[②]。到了近现代，这种“古今融合，中西会通”的文化观，成为发展中国文化的共同主张。清末民初的民主革命家章太炎力主会通“华梵圣哲之义谛，东西学人之学说”[③] 发展中国文化。大思想家梁启超主张在中西文化交流中“第一步，要人人存一个尊重爱护本国文化的诚意；第二步，要用那西洋人研究学问的方法去研究他，得他的真相；第三步，把自己的文化综合起来，还拿别人的补助他，叫他起一种化合作用，成为一种新文化系统；第四步，把这种新系统往外扩充，叫人类全体都得着他的好处”[④]。孙中山先生总结自己革命思想的经历也说：“余之谋中国革命，其所持主义，有因袭吾国固有思想者，有规抚欧洲之学说事远者，有吾所独见而创获者。”[⑤] 这就是中西汇通，综合创新。著名教育家蔡元培则主张要学习世界各国的文化，尤其是共和先进国之文化。他认为这种学习要坚持“所得于外国之思想言论学术，吸收而消化之，尽为我之一部，而不为其所同化”[⑥]。同时，他强调学习要和创新相结合，要同研究本国文化遗产相结合，“非徒输入欧化，而必于欧化之中为更进之发明；非徒保存国粹，而必以科学的方法，揭国粹之真相”[⑦]，以创造新文化。这种古今融合、中西会通发展中国文化的方针，胡适称之为“民主而又可取的文化变动形态——一个长期暴露，自动吸收的形态”[⑧]。他说：“革除淘汰那些要不得的成分，倒有一个大解放的作用；采纳吸收进来新文化成分，只会使那个老文化格外发挥光大。我绝不担忧站在受方的中国文明因为抛弃了许多东西，又采纳了许多东西，而蚀坏、毁灭”[⑨]。马克思主义传入中国后，经过“五四”新文化运动，中国早期的马克思主义者发挥古今融合、中西会通的思想，用马克思主义来思考中国文化整体，提出古今中西文化沟通互补、综合创新、辩证发展的思想。李大钊提出：“凭情论之，东西文明互有长短，不宜

---

① 《象山先生行状》全集，第 31 卷。

② 冯国超：《中华文明史》第 4 卷，光明日报出版社 2003 年版，第 211 页。

③ 章太炎：《蓟汉微言》，世界书局 1958 年版。

④ 马勇：《梁启超语萃》，华夏出版社 1993 年版，第 26 页。

⑤ 孙中山：《中国革命史》，http://www.hoplite.cn/Templates/smzywsg0014.html。

⑥ 张岱年、方克立：《中华文化概论》，北京师范大学出版社 2004 年版，第 357 页。

⑦ 同上，第 357 页。

⑧ 《胡适语萃》，华夏出版社 1993 年版，第 115 页。

⑨ 同上。

妄为轩轾于其间”[①]。他预言人类必将“创造一兼东西文明特质、欧亚民族天才之世界的新文明”[②]。恽代英也提出：“属于今日之世界，宜沟通中西文明之优点，以造吾国之新精神。”[③] 这一时期，毛泽东也接受这些思想，提出了“世界文明分东西两流，东方文明在世界文明之内，要占半个壁的地位。然东方文明可以说就是中国文明”[④]。他主张要在深入研究中国文化的基础上研究西方文化，“将中外古今的学说刺取精华”[⑤]，形成新的思想。在民主革命时期，以毛泽东为代表的中国共产党人接受古今中西沟通互补、综合创新发展的思想，根据当时中国文化发展的状况，针对社会上存在的“全盘西化”和历史虚无主义的态度，提出了“批判继承，学习借鉴，综合创新”的文化发展的辩证法，并对中国文化的民族性、科学性、人民性作出了新的规定。1940 年 1 月，张闻天在陕甘宁边区文化界救亡会第一次代表大会上作《抗战以来中华民族的新文化运动与今后任务》的报告，指出中国的新文化应该是“民族的”、“民主的”、“科学的”、“大众的”，并说这四者是有机联系着的。“真正民族的，必然是民主的、科学的、大众的”[⑥]。紧接着，同年 1 月毛泽东发表了《新民主主义论》，其中一节专门论述新民主主义文化，提出它应该是“民族的、科学的、大众的文化”，并具体地论述了民族的、科学的、大众的内涵。毛泽东提出的“民族的科学的大众的文化”深化了中华民族文化的整体性和同根性，使它更深刻、更科学、更具有现代性。他关于“批判继承，学习借鉴，综合创新”的发展方针，一直指导着中华民族新文化运动始终地沿着这个方向发展。

（五）中国优秀传统文化的先进性和它的社会价值为世界所公认

习近平《在纪念孔子诞辰 2565 周年国际学术研讨会暨国际儒学联合大会第五届会员大会开幕会上的讲话》中指出：“世界上一些有识之士认为，包括儒家思想在内的中国优秀传统文化中蕴藏着解决当代人类面临的难题的重要启示，比如，关于道法自然、天人合一的思想，关于天下为公、大同世界的思想，关于自强不息、厚德载物的思想，关于以民为本、安民富民乐民的思想，关于为政以德、政者正也的思想，关于苟日新日日新又日新、革故鼎新、与时俱进的思想，关于脚踏实地、实事求是的思想，关于经世致用、知行合一、躬行实践的思想，关于集思广益、博施众利、群策群力的思想，关于仁者爱人、以德立人的思想，关于以诚待人、讲信修睦的思想，关于清廉从政、勤勉奉公的思想，关于俭约自守、力戒奢华的思想，关于中和、泰和、求同存异、和而不同、和谐相处的思想，关于安不忘危、存不忘亡、治不忘乱、居安思危的思想，等等。中国优秀传统文化的丰富哲学思想、人文精神、教化思想、道德理念等，可以为人们认识和改造世界提供有益启迪，可以为治国理政提供有益启示，也可以为道德建设提供有益启

① 张岱年、方克立：《中华文化概论》，北京师范大学出版社 2004 年版，第 357 页。

② 同上。

③ 同上。

④ 《毛泽东早期文稿》，湖南出版社 1990 年版，第 474 页。

⑤ 同上。

⑥ 张岱年、方克立：《中华文化概论》，北京师范大学出版社 2004 年版，第 344 页。

发。”[①] 这全面论述了中国文化在多方面给世界人民以启迪的重要内容。中国文化走向世界、影响世界，不是靠武力，而是靠它的影响力。早在17世纪以前，欧洲为实现向现代社会的转型，他们在实现地理大发现以后，又开始了对世界文化的大发现，希望寻找先进文化作为他山之石来实现欧洲文化的自我批判和启蒙。他们从非洲到美洲到亚洲遍寻适合的文化，最后找到了中国文化。他们认为中国文化崇尚理性，中国儒学是以自然规律为原则的“理性宗教”。中国人“是所有的人中最有理性的人”[②]。因此，他们引入中国文化，并在18世纪形成了“中国热”。启蒙思想家借中国文化实现了欧洲文化的自我批判和创新，为欧洲后来的发展树立了自由、平等、博爱的旗帜。当时，一批启蒙思想家非常赞美源远流长、博大精深的先进的中国文化，特别是人文文化。德国古典哲学的先驱、启蒙思想家莱布尼茨认为：“中国的史书在确切性和古老性方面超过其他所有的民族”[③]。他认为他的数理逻辑的二进制得益于中国八卦图的排列。

法国百科全书派大师伏尔泰更是称赞中国古代文化的科学性。他通过儒学和基督教的比较来说明中国文化是《圣经》以前的文化，更是《圣经》以外的文化，用中国历法驳斥《圣经》中上帝创世说的荒诞。他说《旧约》记载的创世年代是公元前3716年，而中国“整个民族的聚居与繁衍就有50个世纪以上”[④]。他认为中国的历史记载“几乎没有丝毫的虚构和奇谈怪论……中国人的历史一开始就写的合乎理性”[⑤]。他也高度赞扬中国天文学的成就和神奇，说“世界各民族中，他们的史籍持续不断地记录下了日蚀和星球的交会。我们的天文学家验证他们的计算后惊奇地发现，几乎所有的记录都是真实可靠的”[⑥]。伏尔泰还特别推崇孔子仁爱的伦理道德，他说：“己所不欲，勿施于人”的格言，是西方不曾有的，“西方民族无论何种格言、如何教理，无可与此纯道德相比拟者。孔子常说仁义，若使人们实行此种道德，地球上就不会有什么战争了”[⑦]。百科全书派的核心人物狄德罗在百科全书中专门写了“中国”和“中国哲学”条目介绍中国，他认为中国哲学的基本概念是“理性”。他称赞孔子的学说简洁、深刻，“只需以理性和真理，便可治国平天下”[⑧]。正是中国文化的理性精神促进了启蒙思想家形成理性的批判旗帜，推动了思想的大解放。启蒙思想家也非常赞赏中国文化的道德与法相结合的伦理政治。伏尔泰认为，中国的法律除了治罪，还“用以褒奖善行”。若出现一桩罕见的高尚行为，那便会有口皆碑，传及全省。官员也奏报皇帝，皇帝便给受褒奖者立碑挂匾。因而他认为中国的政治组织是世界上最完善的组织，他赞叹：“人类智慧不能想出比中国政治还要优良的政治组织”[⑨]。霍尔巴赫则说：“中国可算是世界上所知唯一将

---

① 习近平：《在纪念孔子诞辰2565年国际学术研讨会暨国际儒学联合会第五届会员大会开幕会上的讲话》，《光明日报》，2014年9月25日。

② 〔法〕伏尔泰：《风俗论》上，商务印书馆1995年版，第216～217页。

③ 〔法〕维吉尔·毕诺：《中国对法国哲学思想形成的影响》，商务印书馆2000年版，第387页。

④ 叶廷芳：《18世纪欧洲文化思潮中的“中国风”》，http://theory.people.com.cn/GB/41038/12424317.html。

⑤ 同上。

⑥ 同上。

⑦ 朱谦之：《中国哲学对欧洲的影响》，河北人民出版社1999年版，第298页。

⑧ 张岱年、方克立：《中华文化概论》，北京师范大学出版社2004年版，第102页。

⑨ 〔法〕伏尔泰：《风俗论》上，商务印书馆1995年版，第217页。

政治的根本法与道德相结合的国家”。他认为要使“国家繁荣须依靠道德”。为此，他认为推行“德治”，“欧洲政府非学中国不可”[①]。在启蒙思想的影响下，法国大革命后，罗伯斯庇尔起草的1793年《人权和公民权宣言》的第6条说：“自由是属于所有的人做一切不损害他人权利的事的权利，其原则是自然，其规则为正义，其保障为法律，其道德界限则在下述格言之中：‘己所不欲，勿施于人’。”[②] 可见，这也是接受了儒家文化的影响。在欧洲，不仅是18世纪启蒙运动的思想家称赞中国文化，就是到了20世纪初，德国著名思想家加摆伦资在其《孔子与其学说》中还盛赞孔子是“人类中最伟大的人物之一，盖经过二千年以上之岁月，至于今日，使人类三分之一于道德的、社会的及政治的生活之点，全然存续于孔子之精神感化之下也”[③]。不仅欧洲人称赞中国文化，在亚洲，中国古代优秀文化更是广泛传播、具有深远的影响。亚洲的日本、朝鲜、韩国、新加坡等国家的文化都来源于中国的儒家文化，号称儒家文化圈。日本东京大学教授大沼保昭在他的《人权、国家与文明》一书的中文版序文中说：“回顾历史，中国曾经是一个在很长历史时期具有强大影响力的国家。它的文化具有广泛的影响，东亚诸国将中国的汉字、儒教和律令制度作为典范，而且对诞生于印度的佛教的接收也是通过中国”[④] 来的。日本另一著名学者薮内清教授在他的《中国·科学·文明》一书中也指出：“在世界上，与中国同样建立了古代文明的地域有埃及、中东、印度河流域等，然而无论哪一种文明，都早在二千年前就灭亡了。没有一个能像中国那样，使同一民族及其文明保持到今天，中国文明的产生可以说是世界的奇迹。”[⑤] 我国著名哲学家冯友兰先生1945年为西南联大8年纪念碑所撰写的碑文说：“我国家以世界之古国，东亚之天府，本应绍汉唐之遗烈，作并世之先进。将来建国完成，必于世界历史居特殊地位。盖并世列强，虽新不古；希腊、罗马有古而无今。惟我国家，亘古亘今，亦新亦旧，斯所谓‘周虽旧邦，其命维新者也’！”[⑥] 冯先生这是总结概括了我们国家及其文化的亘古不绝、持续创新发展及其在世界上的独特地位，发生着的独特的、持续的影响。

当今世界科学技术迅猛发展，人类已进入信息化、互联网时代，但人们仍然希望从中国文化中找到未来的发展方向。1988年，全世界获得诺贝尔奖的75位科学家在巴黎聚会，讨论新世纪世界的前途时提出：“21世纪人类如果要过和平幸福的生活，就应该回到2500年前中国的孔子那里去寻找智慧。”[⑦] 这说明科学家们坚信中国文化的智慧能够引导人类健康、幸福地走向未来。不仅科学家，政治家也高度评价儒家的伦理道德在现代社会的积极意义。1992年，在纪念孔子诞辰2543周年之际，美国前总统老布什给孔子基金会发来贺电，贺词中说：“孔子所树立的道德规范，为世界各地所肯定及奉行，在我国一些最迫切的问题源于家庭生活价值崩溃的此时，我们应该实践这位伟大哲学家

① 朱谦之：《中国哲学对欧洲的影响》，河北人民出版社1999年版，第278～279页。

② 张岱年、方克立：《中华文化概论》，北京师范大学出版社2004年版，第102页。

③ 柳诒徵：《中国文化史》上，东方出版社2007年版，第308页。

④ [日] 大沼保昭：《人权、国家与文明》，王志安译，生活·读书·新知三联书店2003年版，第2页。

⑤ 胡孚琛：《全球化浪潮下的民族文化——再论21世纪的新道学文化战略》，《东方论坛－青岛大学学报》（社会科学版），2005年第4期。

⑥ 陆挺、徐宏：《人文通识讲演录：人文教育卷》，文化艺术出版社2012年版，第152页。

⑦ 杨颖育：《文化软实力与中国传统文化》，《党政研究》，2010年第4期。

对个人荣誉和家庭责任的教诲。”[①] 这不仅是总统先生个人的看法，也代表了哲学界、宗教界的看法。1993 年 8 月 28 日～9 月 4 日世界宗教大会在美国芝加哥召开，讨论制定《全球伦理普世宣言》，把孔子的“己所不欲，勿施于人”作为全球普世伦理“金规则”13 条中的第 2 条，并把这一条例作为“个人的、社会的与政府的伦理至关重要的原则”，提出“己所不欲，勿施于人”这一条规则是“每一个伟大的宗教传统的重要组成部分”。[②] 国际上不仅肯定中国文化中的传统美德的积极意义，而且对中国古典哲学中的科学精神也给予高度的肯定。20 世纪 70 年代，西方物理学家 J·卡普拉在他的《物理学之道》一书中提出，道家哲学中的“道”和“气”跟现代物理学中的“场”的概念具有相似性。他认为，当代世界全面的危机应归于机械论世界观的危机，新的世界观是与古老的“道”的观念一致的。他说：“在伟大的诸传统中，据我看，道家提供了最深刻并且是最完善的生态智慧。”[③] 日本著名物理学家、诺贝尔奖获得者汤川秀树指出，在人与自然的关系问题上，他早在中学时代就受老子思想的影响，特别是随着现代科学的发展，他对老子思想的体会更深。他说：“早在二千多年前，老子就已经预见到了今天人类文明的情况，甚至预见了未来人类文明所将到达的情况。”[④] 当代德国哲学家赫伯特·曼纽什把老子的《道德论》看作是一部怀疑论的著作，认为他是怀疑论的创始人之一。他认为怀疑可以推动科学真理的产生。笔者 2002 年 9 月随教育部通识教育考察团赴美、加两国一些大学考察，座谈中亲自感受到了西方学者对中国文化经典的推崇。我们在加拿大西蒙菲莎大学座谈时，一位教授在发言中谈到他非常喜欢中国的古典名著，他说老子的《道德经》非常了不起，特别是他的“道可道，非常道，名可名，非常名”的思想很伟大，对人的启发很大。他说，如果要是在公元前 5 世纪有诺贝尔奖的话，老子就应该得诺贝尔奖，因为现代德国物理学家海森堡提出的测不准关系原理就获得了诺贝尔奖，这正是老子的不确定思想的体现。这就是外国学者所理解的《道德经》对现代科学的启迪。中国文化中关于人与自然和谐共生、和谐相处及保护资源、节约资源的思想，形成了古代农业文明条件下的生态文明的典型的理论形态，保留了人与自然和谐发展的思想样本，它与近代工业文明以来人与自然对立的思想观形成鲜明的对比。人类要转变近代以来形成的征服自然的传统、重塑人与自然和谐关系，可以从中国古代的生态文明理论中吸取宝贵的思想资源。正如耗散结构理论创始人伊·普里戈津和他的合作者伊·斯唐热所说：“中国文明对人类、社会和自然之间的关系有着深刻的理解”，“中国的思想对于那些想扩大西方科学范围和意义的哲学家和科学家来说，始终是个启迪的源泉”。[⑤] 总之，中华民族所创造的光辉灿烂的传统文化源远流长、博大精深，它所含的智慧是跨时空、跨国界的，具有永恒的价值。所以，世界许多国家从古至今都有

① 马忠：《世界各国重视德育的趋势及其对我们的启示》，《许昌学院学报》，1998 年第 4 期。

② ［德］孔汉思·库舍尔：《全球伦理—世界宗教会议宣言》，何光沪译，四川人民出版社 1997 年版，第 149 页。

③ 葛荣晋：《道家文化与现代文明》，中国人民大学出版社 1991 年版，第 302 页。

④ ［日］汤川秀树：《创造力与直觉：一个物理学家对于东西方的考察》，河北科学技术出版社 2000 年版，第 46 页。

⑤ ［比］伊·普里戈金、［法］伊·斯唐热：《从混沌到有序：人与自然的新对话》，上海译文出版社 2005 年版，第 1 页。

思想家、哲学家、科学家赞美中国文化是人类的优秀文化，对人类文化的发展作出了巨大的贡献。

二、坚持马克思主义：文化自信的科学指导

中国文化自信除了优秀传统文化的深厚根基，更重要的还在于坚持马克思主义，有科学的理论指导。马克思主义是当代最科学的理论，因为马克思主义本身是人类先进文化的结晶。马克思主义不是凭空产生的，它是在充分吸收人类优秀文化的一切成果，总结19世纪上半叶工人运动的经验和当时科学技术发展成果的基础上产生的。列宁曾经指出：马克思主义之所以能够得出科学的结论，“这是因为马克思依靠了人类在资本主义制度下所获得的那些知识的坚固基础；……借助于充分领会以往的科学所提供的全部知识而证实了这个结论。凡是人类社会所创造的一切，他都用批判的态度加以审查，任何一点也没有忽略过去。凡是人类思想所建树的一切，他都重新探讨过、批判过，根据工人运动的实践一一检验过。”① “马克思主义这一革命无产阶级的思想体系赢得了世界历史性的意义……吸收和改造了两千多年来人类思想和文化发展中一切有价值的东西”②。可以说，马克思主义是从全部人类知识中产生出来的先进文化的典范。它揭示了人类社会发展的规律，给人们认识世界和改造世界，进行经济文化建设提供了科学的世界观和方法论，至今仍然代表着人类先进文化发展的方向。尽管现在社会主义处于低潮，资产阶级也不断地在批判马克思主义，然而，正像邓小平指出的：“马克思主义是科学。它运用历史唯物主义揭示了人类社会发展的规律”③。社会主义代替资本主义，“这是社会历史发展不可逆转的总趋势，但道路是曲折的”④。现在“一些国家出现严重曲折，社会主义好像被削弱了，但人民经受锻炼，从中吸取教训，将促使社会主义向着更加健康的方向发展。因此……不要认为马克思主义就消失了，没用了，失败了。哪有这回事”⑤。事实上，思想之光是遮不住的。就在这世纪之交、千年之际，马克思被西方思想界评选为千年最伟大、最有影响的思想家，这证明了马克思主义理论的真理性。

马克思主义不仅是人类先进文化的结晶，而且它本身是批判的、开放的和不断发展的学说。它永远具有“双面刃”的要求：其中一面针对着世界，另一面针对着它自身。它不承认永恒不变的东西，总是以发展的、批判的、革命的眼光看待事物，追求变革现实，促成革命转化，创造美好未来。同时，它对自己的学说也采取批判的、革命的态度，从不把自己的学说看作是最终完成的真理体系，而是看作发展的创造性科学。正如毛泽东所指出的：“马克思列宁主义并没有结束真理，而是在实践中不断地开辟认识真

① 《列宁全集》第31卷，第253页。
② 《列宁全集》第39卷，第332页。
③ 《邓小平文选》第3卷，第382页。
④ 同上。
⑤ 同上，第383页。

理的道路。"[1] 马克思主义永远贴近时代的脉搏，以它特有的方式体现着时代精神。它总是以强烈的历史感和责任感，严格依据社会发展和科学的进步，创造性地丰富和发展自己的理论，并及时修正某些被实践证明业已陈旧的个别观点和结论，以保持和发展自己学说的科学性、真理性，保持蓬勃的生机和活力。从马克思主义产生到现在，形成了中国当代的马克思主义——毛泽东思想和中国特色社会主义理论体系，就体现了这样一个不断发展的过程。

（一）马克思主义揭示了文化的本质及其发展规律

什么是文化？文化的本质是什么？这是众说纷纭、歧义层出的当代哲学问题。马克思主义从物质生产决定一切社会现象这一基本理论出发，揭示了文化的发生和发展，从而正确地说明了文化的本质、特点、结构、功能及其发展规律。马克思主义认为，文化是与人的物质生产活动分不开的，它是人类通过物质生产改造客观世界也改造人自身的活动中所展示的，体现社会的发展，体现人的本质、力量、尺度方面及其成果，是人类创造的"人工世界"及其"人化形式"。文化是人所创造的，为人所特有的东西，一切文化都是属于人的。"自然"的东西不属于文化范畴。一块石头不是文化，经过人的有意识的加工制作的产品就是文化。从土地中自然地生长出来的东西不是文化，经过人们播种从土地里生长出来的东西就是文化。所以，文化区别于"自然"，是"自然的人化"，或"人化的自然"。它不仅包含着"自然物"的物质内容，而且包含着人的活动内容，包含着社会历史发展中形成的人的智力、能力、审美、价值取向等所赋予物的那种特殊的人化形式。文化既体现在人们活动的方式及其成果中，也体现在人们的精神生产、观念形态及思维方式中，渗透在人类社会生活的一切方面，随着人类社会的发展不断发展。反过来，人类所创造的文化，聚集并积淀为"社会遗传密码"，影响着社会，塑造着人类。

文化作为"人化形式"，它必然具有社会性和民族性。人化形式的产品并不一定都是文化，只有在它对创造者以及可能范围内的一切人都有意义的时候才具有文化的含义。而文化又是在人与人、人与自然、人与社会交往中存在和发展的，它依赖于人类社会以往所创造的条件。马克思说："人们自己创造自己的历史，但是他们并不是随心所欲地创造，并不是在他们自己选定的条件下创造，而是在直接自己碰到的、既定的、从过去继承下来的条件下创造。"[2] 也就是每一代人"都遇到前一代传给后一代的大量生产力、资金和环境，尽管一方面这些生产力、资金和环境为新的一代所改变，但另一方面，它们也预先规定新的一代本身的生活条件，使它得到一定的发展和具有特殊的性质"[3]。这就决定了人们创造文化的社会性、历史性和传承性。又由于创造文化的人总是生活在不同地域，有着不同的生产生活方式、语言文字、社会心理和风俗习惯，必然反映到人化形式的文化中来，这就使文化具有民族性，它记录着各个民族的历史轨迹和

---

① 《毛泽东选集》第1卷，第296页。

② 《马克思恩格斯文集》第2卷，第470页。

③ 《马克思恩格斯选集》第1卷，第92页。

特殊性。各种文化又是同人类的社会实践相联系的，在实践中产生，又随着实践的发展不断由低级向高级、由简单向复杂、由片面向全面发展，因而文化也必然具有时代性的特点。

文化是人所创造，也总是要为人服务的。人们创造文化最终都是为了“化人”和“化物”，这就产生了文化的功能问题。文化的功能是指文化在社会及人类存在和发展中的作用。文化渗透到社会生活的各个方面，它具有固定、表达、储存、传递和加工社会信息，教化、培育和塑造人，促进社会发展，提高和扩大认识等多种功能。从人来看，没有文化的教化就没有人的文明，人只有在文化中才能塑造成为文明人。从整个社会发展的过程来看，文化对社会的发展起着重要推动作用，没有文化就没有人类社会摆脱自然状态和愚昧状态的进步，就没有人类社会由低级向高级阶段的发展。但是，由于文化具有传承性，一定社会的文化总是包含着以往文化的成果，因此，它的作用并非都是积极的。比如，中国传统文化在现代社会中的作用就具有两重性：一方面，传统文化中的精华记载着中国几千年的文明史，教化、培育和塑造着中华民族的勤劳勇敢、吃苦耐劳、艰苦奋斗、淳朴务实、勇于进取、锲而不舍、舍生取义、反抗强暴、热爱和平等优秀品质，并凝聚为以爱国主义为核心的民族精神，到今天结合党和人民在革命斗争中培育的革命文化和社会主义新文化又凝聚成为富强、民主、文明、和谐，自由、平等、公正、法治，爱国、敬业、诚信、友善的社会主义核心价值观，成为当代凝魂聚力，构筑中国精神、中国价值、中国力量，为中国特色社会主义事业提供源源不断的精神力量和道德滋养；另一方面，我们的传统文化由于长期缺少挑战与突破，对近代以来的世界情况知之不多，加之以政治伦理为主导，陈陈相因的学风，缺乏科学和逻辑精神，所以传统文化中也存在糟粕和陋习，对民族精神带来一些消极的影响，如因循守旧、封建迷信、家长制作风、等级观念、升官发财等都是传统文化中封建主义糟粕的影响。正是由于文化的功能具有两重性，只有优秀的传统文化才是我们今天要学习、继承的，并同现代社会实际结合起来进行创新发展，才能创造出符合时代特点和社会发展需要的新文化。

马克思主义不仅揭示了文化的本质、特点和功能，同时也揭示了文化发展的规律。马克思主义认为人类文化的发展存在着源与流的关系。文化发展是由人类生产实践和社会变革实践来推动的，这是文化发展之源（这一点将在下一节专门阐述），对已有文化的批判继承、学习借鉴、综合创新是文化发展之流。“源”与“流”的结合就形成了文化发展的规律。在文化流的发展中，各种文化都具有民族性、历史性、时代性、具体性的特点，但作为“人化的形式”，各种文化中都包含人情和人性的成分，包含着生存发展之理，这就使各种文化都具有共性。共性存在于个性之中，因而各民族的文化可以相互交流、借鉴、吸收、取长补短、共同发展。人类文化发展的历史证明了一个国家的民族文化的发展总是在过去文化成果的基础上创造新文化，这是文化发展的规律。中国共产党按照文化发展的这一规律，确立了以马克思主义为指导，批判继承优秀的传统文化，学习借鉴国外进步文化，综合创新，建设新文化的基本方针。现在，在新的历史起点上，习近平坚持这一方针，以更广阔的视野在文化建设上提出了要坚持“不忘本来，吸收外来，面向未来”的新概括。这就是要立足于我们优秀的传统文化、党和人民在革命斗争中培育起来的革命文化和社会主义先进文化，广泛吸取世界上一切进步的文化，总结现代社会变革和科技发展的新经验，建设面向世界、面向现代化、面向未来的新文化。

（二）马克思主义提供了分析、认识文化，发展文化的科学方法论

马克思主义既是世界观又是方法论，世界观和方法论是一体的。恩格斯曾指出："马克思的整个世界观不是教义，而是方法。它提供的不是现成的教条，而是进一步研究的出发点和供这种研究使用的方法。"[①] 列宁非常重视马克思主义方法论的一面，他曾几次引用恩格斯说过的"我们的学说，不是教条，而是行动指南"，认为这是马克思主义活的灵魂，忽视这一面"就会阉割马克思主义的活的灵魂，破坏它的根本的理论基础——辩证法"，就是离开了真理。[②] 毛泽东也强调学习马克思主义是要学它的立场、观点和方法。他说，对于马克思、恩格斯、列宁的理论，"不是把他们的理论当作教条看，而是当作行动指南。不是学习马克思列宁主义的词句，而是学习他们观察问题和解决问题的立场和方法。只有这个行动指南，只有这个立场和方法，才是革命的科学"[③]。就分析认识文化、推动文化发展来讲，毛泽东认为马克思主义所提供的"根本的方法……就是全面的历史的方法"[④]。这一总的方法具体的应用主要是两种方法：

第一，历史与逻辑一致的方法。历史与逻辑的一致，主要是指人的认识的发展同客观事物的发展是相一致的，认识发展史是主观的东西，是对客观的东西和人类实践活动的反映，二者具有内在一致性。它是一种历史地、全面地分析问题的方法。恩格斯指出："逻辑的方式是唯一适用的方式。但是，实际上这种方式无非是历史的方式。"[⑤] 思想理论概念的逻辑应与客观的历史发展顺序相一致。这里，历史是基础，逻辑是历史在理论思维中的再现。因而这一研究方法，一方面要保持"历史从哪里开始，思想进程也应当从哪里开始"[⑥]。但由于历史常常是跳跃式地和曲折地进行的，因而逻辑和历史的一致不是一一对应的一致，而是按照历史发展的规律"修正历史"，抛弃了历史的细节、偶然、曲折、偏差而抓住了历史发展的基本方向、必然趋势、基本线索，从而形成比较"纯粹的形态"的理论的体系，也就能够更好地把握历史发展的内在规律性。[⑦] 马克思的政治经济学和国家问题的研究都是采用历史和逻辑一致的方法进行，形成科学的理论体系。这种方法对于我们研究古代文化的发展以及社会主义时期文化的发展都是非常必要的。中国五千多年的历史发展中曾发生多次外族入侵以及国家短暂分裂，但无论哪一个民族入主中原以后，都分别运用儒家或道教或佛教为他们服务。所以，我们在分析中国文化发展的逻辑时就排除了历史的偶然、曲折，抓住文化发展的基本方向、基本线

① 《马克思恩格斯全集》第 39 卷，第 406 页。

② 《列宁全集》第 17 卷，第 22 页。

③ 石仲泉、刘武生：《毛泽东思想方法论》，中央文献出版社 1992 年版，第 66 页。

④ 《毛泽东文集》第 2 卷，第 400 页。

⑤ 《马克思恩格斯选集》第 2 卷。第 43 页。

⑥ 同上。

⑦ 同上。

索，从而得出了以儒家为代表的中国文化始终没有间断并不断发展的规律性认识。这一方法在“文化大革命”以后，邓小平把它同实事求是、一切从实际出发联系起来，提出“实事求是、一切从实际出发、理论与实践相结合”，这是“马克思主义的根本观点、根本方法”。[①] 他认为这样才是全面的、历史的观点，才能正确评价毛泽东的功过是非。他在主持制定《关于建国以来党的若干历史问题的决议》时就是采用这种实事求是的、全面的、历史的观点，既实事求是地肯定了毛泽东的功绩，又实事求是地否定了毛泽东的错误。他说：“我们共产党人是彻底的唯物主义者，只能实事求是地肯定应当肯定的东西，否定应当否定的东西。毛泽东同志在他的一生中，为我们的党、国家和人民建立了不朽的功勋。……因为他的功绩而讳言他的错误，这不是唯物主义的态度。因为他的错误而否定他的功绩，同样不是唯物主义的态度。”[②] 在分析毛泽东错误的问题上，邓小平提出：“更重要的是要分析历史的复杂的背景。只有这样，我们才是公正地、科学地、也就是马克思主义地对待历史，对待历史人物。”[③] 毛泽东在社会主义的历史过程中犯过严重的“左”的错误，讲过一些错话，有一些错误的理论、观点。对于怎样评价毛泽东思想，邓小平提出了“毛泽东思想是个思想体系”的概念，抛开毛泽东一些错误的观点和理论，指出：“我们要高举旗帜，就是要学习和运用这个思想体系”[④]，“要善于学习、掌握和运用毛泽东思想的体系来指导我们各项工作”[⑤]。这样就把毛泽东思想与毛泽东晚年错误区别开来，从而得出毛泽东思想体系是发展了的马克思主义，使我们能更准确、完整地把握毛泽东思想的本质。可以说邓小平对毛泽东思想的科学规定，为我们树立了分析、认识复杂历史背景下的文化现象的榜样。

第二，历史的、全面的辩证方法还表现为分析与综合的方法。分析是把整体分解为各个部分、方面、要素，以便逐个加以研究的思维方法。综合是在分析的基础上，在思维中把对象的各个本质的方面按其内在联系有机地结合成一个统一的整体的方法。分析与综合是马克思主义认识事物的基本方法。恩格斯认为，对未知对象的分析综合是起码的方法。列宁也非常赞赏这一方法，他在黑格尔关于“哲学方法在自己的每个运动中，同时既起分析的作用，又起综合的作用”旁批道：“好极了！非常好”[⑥]。由此可见分析与综合在辩证方法中的重要性。

毛泽东把马克思主义与中国的实际相结合，全面地丰富和发展了马克思主义的方法论。在分析与综合上，他把这一方法同矛盾分析方法结合起来，他说：对立统一，分析和综合，这叫做方法论，也叫作辩证法。[⑦] 他认为，要对事物得出完整的、本质的认识，就必须应用分析和综合的方法。他说：“我们要用分析和综合的方法，从整个事物中抽出问题来作分析，再加综合。”[⑧] 分析和综合是紧密结合的，分析也有小的综合。

---

① 《邓小平文选》第2卷，第114页。
② 同上，第333页。
③ 同上，第172页。
④ 同上，第39页。
⑤ 同上，第42页。
⑥ 《列宁全集》第38卷，第257页。
⑦ 石仲泉、刘武生：《毛泽东思想方法论》，中央文献出版社1992年版，第73页。
⑧ 同上。

他以对延安的认识为例证：用分析方法把延安的各个部分有秩序地加以细细地研究和分析，然后再用综合法把对各个部分的分析加以综合，得出整体的延安。“这时认识的延安就与刚来时认识的延安不同……现在他对延安就有科学的认识和具体的了解。”[①] 他说：“马克思的《资本论》就是用这种方法写成的，先分析资本主义社会的各个部分，然后加以综合，得出资本主义运动的规律来。”[②]

毛泽东把马克思主义“全面的历史的”根本方法，又叫作“古今中外法”。“就是弄清楚所研究的问题发生的一定的时间和一定的空间，把问题当作一定历史条件下的历史过程去研究。所谓‘古今’就是历史的发展，所谓‘中外’就是中国和外国，就是己方和彼方。”[③] 正是按照“古今中外法”，他在文化上提出要批判传承传统文化，根据中国人民的需要学习借鉴外国进步文化，进行综合创新发展自己的文化。在“古今”问题上，他指出：“中国的长期封建社会中，创造了灿烂的古代文化。清理古代文化的发展过程，剔除其封建性的糟粕，吸收其民主性的精华，是发展民族新文化、提高民族自信心的必要条件；但是决不能无批判地兼收并蓄。必须将古代封建统治阶级的一切腐朽的东西和古代优秀的人民文化即多少带有民主性和革命性的东西区别开来。……因此，我们必须尊重自己的历史，决不能割断历史。但是这种尊重，是给历史以一定的科学的地位，是尊重历史的辩证法的发展，而不是颂古非今，不是赞扬任何封建的毒素。”[④] 因此，既要批判民族虚无主义，也要批判文化保守主义。在“中外”问题上，毛泽东指出：“中国应该大量吸收外国的进步文化，作为自己文化食粮的原料”[⑤]，“应当尽量吸收进步的外国文化，以为发展中国新文化的借镜”[⑥]，并强调要反对排外主义和盲目搬用的两种错误倾向，要“以中国人民的实际需要为基础，批判地吸收外国文化”[⑦]。他把这种吸收过程形象地比喻为人吃食物的消化吸收的过程，通过排除糟粕、吸收精华来发展自己的文化。他强调在对待“古今”和“中外”问题上都应该发挥主体的选择性和创造性。1944 年 7 月 14 日，他在同英国记者斯坦因的谈话中指出：“继承中国过去的思想和接受外来思想，并不意味着无条件地照搬，而必须根据具体条件加以采用，使之适合中国的实际。……我们中国人必须用我们自己的头脑进行思考，并决定什么东西能在我们自己的土壤里生长起来。”[⑧] 这就是我们发展中华民族文化的基本的指导思想。新中国成立后，毛泽东又将我们发展文化的经验概括为“古为今用，洋为中用，批判继承，综合创新”及“百花齐放，百家争鸣”的文化建设方针。尽管过去贯彻这一方针出了问题，但这一方针本身却体现了文化发展的规律。

党的十一届三中全会以后，邓小平在总结社会主义文化建设经验教训的基础上又明

① 石仲泉、刘武生：《毛泽东思想方法论》，中央文献出版社 1992 年版，第 74 页。

② 同上。

③ 《毛泽东文集》第 2 卷，第 400 页。

④ 同上，第 707 页。

⑤ 同上，第 706 页。

⑥ 《毛泽东选集》第 3 卷，第 1083 页。

⑦ 同上。

⑧ 同上，第 192 页。

确指出：我们的文化建设要“坚持百花齐放、推陈出新、洋为中用、古为今用的方针”①，对我国古代的和外国的科学技术和文学艺术中“一切进步的和优秀的东西，都应当借鉴和学习”②，用来建设我们的社会主义新文化。随着改革开放的春风，大量西方文化涌入中国，使人们感到新鲜，并加以吸收，这对社会主义新文化的发展起到了很大的促进作用，但与此同时又出现了一种没有选择地搬用西方文化的现象。针对这种情况，邓小平指出：对外国文化我们要有选择性吸收，但不能丧失民族自信心和自豪感。他说：“我们要向资本主义发达国家学习先进的科学、技术、经营管理方法以及其他一切对我们有益的知识和文化，闭关自守、固步自封是愚蠢的。但是，属于文化领域的东西，一定要用马克思主义对它们的思想内容和表现方法进行分析、鉴别和批判。”③“绝不允许把我们学习资本主义社会的某些技术和某些管理的经验，变成了崇拜资本主义外国，受资本主义腐蚀，丧失社会主义中国的民族自豪感和民族自信心。”④依据文化发展的规律和邓小平的思想，党的十五大报告指出：“我国文化的发展，不能离开人类文明的共同成果。要坚持以我为主、为我所用的原则，开展多种形式的对外文化交流，博采各国文化之长，向世界展示中国文化建设的成就。坚决抵制各种腐朽思想文化的侵蚀。”⑤这些都要求对外国文化要有选择地吸收其精华，去除其糟粕。我们消化吸收外国先进文化，要同中国文化有机地结合，创造出中国的新文化，那种机械照搬、“真经”移植从来是不成功的。正确的做法是：“中国的和外国的要有机地结合，而不是套用外国的东西。学外国织帽子的方法，要织中国的帽子。外国有用的东西，都要学到，用来改进和发扬中国的东西，创造中国独特的新东西。”⑥

综上所述，马克思主义作为人类先进的文化，作为批判的、开放的、发展的学说，塑造和引领着时代精神，不断地为人们认识、处理和驾驭文化建设的关系建构起合理的世界观前提、方法论前提和价值观前提，同时又不断地对这些前提进行自我审视和批判，实现对这些前提的重构。这样，就使人们处理和驾驭文化建设的活动和理论既有连续性、规范性，又具有创造性、开拓性。中国共产党坚持马克思主义的科学指导，这就为文化自信提供了根本的理论保证。

三、人民群众的创造性：文化自信的力量之源

批判继承优秀传统文化、学习借鉴外国进步文化是建设社会主义文化的必要条件，但这只是文化发展之流，而不是文化发展之源。马克思主义认为，文化是植根于人类生产的实践活动之中的。人民群众是文化的主体，文化是在人民群众实践、创造中产生和

① 《邓小平文选》第2卷，第210页。

② 同上。

③ 《邓小平文选》第3卷，第44页。

④ 《邓小平文选》第2卷，第262页。

⑤ 《江泽民文选》第2卷，第35页。

⑥ 《毛泽东文集》第7卷，第82页。

发展的。因此，只有人民群众的实践及其创造性活动才是文化发展之源，也才是文化自信的力量之源。

（一）中华民族有强大的文化创造力

中华民族由于生活的地域辽阔、地形复杂、气候多变，为生存、发展要不断与自然抗争，长此以往，便形成了勤劳勇敢、刚健有为、自强不息、勇于创新的民族精神。儒家文化总结这种民族精神提出“天行健，君子以自强不息”[①]，并进一步解释说：“天地之大德曰生”[②]。天地运行健动不止，生生不已，人的活动乃是效法天，故应刚健有为，自强不息。[③] 这说明效法天行之健，应充分发挥人的主观能动性，为自己的理想而奋斗。因此，刚健有为、自强不息的精神的一个突出表现就是强调“革新”。《礼记·大学》讲“苟日新，日日新，又日新”，就是一种永无止境的不断创新精神，这已成为中华民族的禀性。因此，中华民族是富有创造精神的民族，“在中华民族的开化史上，有素称发达的农业和手工业，有许多伟大的思想家、科学家、发明家、政治家、军事家、文学家和艺术家，有丰富的文化典籍”[④]。在很早的时候，中国远在其他国家之前就有了指南针、造纸法、印刷术、火药的四大发明，所以，“中国是世界文明发达最早的国家之一”[⑤]。正是中国的四大发明推动了世界文明的发展。对此，马克思曾给予高度评价，认为这几大发明变成科学复兴的手段，“变成对精神发展创造必要前提的最强大的杠杆”[⑥]。因此，中华民族是最伟大、最具创造性的民族，也是对人类贡献最早、最大的民族。习近平也指出：“历史和现实都证明，中华民族有着强大的文化创造力。每到重大历史关头，文化都能感国运之变化，立时代之潮头，发时代之先声，为亿万人民、为伟大祖国鼓与呼。中华文化既坚守本根又不断与时俱进，使中华民族保持了坚定的民族自信和强大的修复能力，培育了共同的情感和价值、共同的理想和精神。”[⑦] 人民群众是历史的创造者，也是社会物质财富和精神财富的创造者。在人类文明发展过程中，任何文化成果追根溯源都是来自群众的原始创造，无论是天文、地理、数学等科学知识，还是文学、艺术、绘画、音乐、舞蹈、雕塑等文艺形式，就其客观源泉和最初形式都凝聚着人民群众的智慧和创造。人民群众创造文化既表现为直接创造许多文化产品，也表现在为许多优秀文化产品提供丰厚的原材料。我国著名的古典小说《三国演义》、《水浒传》、《西游记》等都是在民间创作的口头文学的基础上由作家加工整理而成的。历史充分表明，人民群众的创造性是文化发展的最深厚的源泉。正是中华民族的创造精神，才使中华民族文化不断发展，形成了博大精深的中国文化。由于文化的发展又促进了民族创新精神的提升，特别是中国革命胜利推翻了帝国主义、封建主义、官僚资本主

① 《易经》，中华书局 1980 年版。

② 同上。

③ 屈原：《楚辞》，中华书局 2015 年版。

④ 《毛泽东选集》第 2 卷，第 622 页。

⑤ 同上。

⑥ 《马克思恩格斯全集》第 47 卷，第 427 页。

⑦ 《在文艺工作座谈会上的讲话》，《光明日报》，2015 年 10 月 15 日。

义的统治，建立社会主义以后，人民群众过去被压抑的创造力获得了空前的、最大的释放，他们的创造性史无前例地高涨起来。毛泽东说：“社会主义不仅从旧社会解放了劳动者和生产资料，也解放了旧社会所无法利用的广大的自然界。人民群众有无限的创造力。他们可以组织起来，向一切可以发挥自己力量的地方和部门进军，向生产的深度和广度进军，替自己创造日益增多的福利事业。”① 邓小平也指出：“中国人是很聪明的，虽然科学家研究条件差，生活待遇不高，但他们还是取得了很大成绩。中国人分散开来力量不大，集合起来力量就大了。”② 我们有优越的社会主义制度，有共产党的领导，人民团结奋斗，什么人间奇迹都可以创造出来。新中国建立后，在“一穷二白”的条件下，依靠自力更生，我国科学家取得了“两弹一星”、多复变函数论、陆相成油理论、人工合成牛胰岛素等巨大成就。党的十一届三中全会以后，实行改革开放，解放思想，人民群众的创造精神空前高涨。邓小平非常相信和支持人民群众的创造精神，在农村全面推行改革之前，四川和安徽的部分农民自发实行的家庭联产承包责任制收到很好的效果，邓小平给予充分肯定和支持，并以此为契机推动农村经济体制改革。他说：“这样一下子就把农民的积极性调动起来了，把基层的积极性调动起来了，面貌就改变了。”③“农村改革中，我们完全没有预料到的最大的收获，就是乡镇企业发展起来了，突然冒出搞多种行业，搞商品经济、搞各种小型企业，异军突起。这不是我们中央的功绩。”④“不是我们领导出的主意，而是基层农业单位和农民自己创造的。”⑤ “我们改革开放的成功，不是靠本本，而是靠实践，靠实事求是。农村搞家庭联产承包，这个发明权是农民的。农村改革中的好多东西，都是基层创造出来，我们把它拿来加工提高作为全国的指导。”⑥ 在科学技术方面，创新成就更是突出，我国科学家在“高温超导、中微子物理、量子反常霍尔效应、纳米科技、干细胞研究、人类基因组测序等基础科学突破，超级杂交水稻、汉字激光照排、高性能计算机、三峡工程、载人航天、探月工程、移动通信、量子通讯、北斗导航、载人深潜、高速铁路、航空母舰等工程技术成果，为我国经济社会发展提供了坚强支撑，为国防安全作出了历史性贡献，也为我国作为一个有世界影响的大国奠定了重要的基础”⑦。我国已成为世界第二大经济体，随着“四个全面”战略布局、“五位一体”建设的深入推进，“随着经济建设的高潮的到来，不可避免地将要出现一个文化建设的高潮。中国人被人认为不文明的时代已经过去了，我们将以一个具有高度文化的民族出现于世界”⑧。人民群众物质生活的提高、科学文化素养的大幅提升，其精神需求和文化创造越来越成为文化发展的强大动力，使我们的文化自信持续发力。

① 《毛泽东文集》第6卷，第457页。

② 《邓小平文选》第3卷，第358页。

③ 同上，第238页。

④ 同上。

⑤ 同上，第252页。

⑥ 同上，第382页。

⑦ 习近平：《在中国科学院第十七次院士大会、中国工程院第十二次院士大会上的讲话》，人民出版社2014年版，第5页。

⑧ 《毛泽东文集》第5卷，第345页。

(二)建设中国特色社会主义伟大实践是人民群众文化创造的不竭之源

马克思主义认为，人们的正确思想只能从实践中来，无论是思想观念和理论，还是科学技术，它们的生命力和创造力都来自实践、源于生活。毛泽东说："一切种类的文学艺术的源泉究竟是从何而来的呢？作为观念形态的文艺作品，都是一定的社会生活在人类头脑中的反映的产物……人民生活中本来存在着文学艺术原料的矿藏，这是自然形态的东西，是粗糙的东西，但也是最生动、最丰富、最基本的东西……它们是一切文学艺术的取之不尽、用之不竭的唯一的源泉。"[①] 这不仅是文学艺术创作的唯一源泉，而且也是一切思想、理论等观念形态的文化的源泉，正如邓小平所指出的："一个新的科学理论的提出，都是总结、概括实践经验的结果。没有前人或今人、中国人或外国人的实践经验，怎么能概括、提出新的理论？"[②] 人民群众的实践给文化创造提出了问题，提供了丰富生动、新鲜的素材，给我们进行文化创造打下了坚实的基础。今天，我们正处在一个改革创新的时代，中国特色社会主义事业蓬勃发展，改革开放和社会主义现代化建设的伟大实践，特别是党的十八大在新的历史起点上提出的经济建设、政治建设、文化建设、社会建设和生态文明建设，这是新的历史条件下全面建成小康社会，进而建成富强、民主、文明、和谐的社会主义现代化国家的伟大实践。它和人民群众丰富多彩的生产生活为我们进行新的文化创造提供了无比丰富的内容、题材和主题。作为文化工作者，应当自觉地肩负起时代赋予的神圣使命，投身建设中国特色社会主义的伟大实践，融入人民群众生产、生活中去，把建设中国特色社会主义的伟大实践当作大学校、大课堂，从群众波澜壮阔的现实生活中吸取养分，在人民群众的伟大创造中进行文化创造，产生新的文化艺术作品，产生新的理论，丰富和发展社会主义新文化。

(三)解放思想，更新观念，研究新情况，总结新经验，不断创造和发展社会主义新文化

建设中国特色社会主义的实践是前无古人、今无他者的新的历史条件下的新的实践，虽然有马克思主义指导，但马克思、恩格斯都没有经历过社会主义实践，苏联时期列宁在世时提出过新经济政策，但列宁逝世后斯大林的社会主义实践是不成功的，所以无现成经验可借鉴。

邓小平说："多年来，存在一个对马克思主义、社会主义的理解问题……马克思去世以后一百多年，究竟发生了什么变化，在变化的条件下，如何认识和发展马克思主义，没有搞清楚。绝不能要求马克思为解决他去世之后上百年、几百年所产生的问题提供现成答案。列宁同样也不能承担为他去世以后五十年、一百年所产生的问题提供现成答案的任务。"[③] 我国有优秀的传统文化，有过"大同"和"小康"的理想，虽然包含着丰富的思想资源和智慧，但那是原始的空想社会主义，不可能提供建设中国特色社会

① 《毛泽东选集》第3卷，第860页。

② 《邓小平文选》第2卷，第57页。

③ 《邓小平文选》第3卷，第291页。

主义的经验。因此，我们只能把马克思主义与中国当代的实际结合起来，独自建设中国特色的社会主义。对此，习近平指出："当代中国的伟大社会变革，不是简单延续我国历史文化的母版，不是简单套用马克思主义经典作家设想的模板，不是其他国家社会主义实践的再版，也不是外国现代发展的翻版，不可能找到现成的教科书"[①]，只能靠我们自己的实践创新和理论创新。今天，时代的变化和我国的改革开放，社会主义现代化建设的发展的广度和深度，都远远超出了马克思主义经典作家当时的想象。科学技术迅猛发展，社会信息化、经济全球化……面对当今世界这种和平发展的新形势，邓小平曾经指出："应当把发展问题提到全人类的高度来认识，要从这个高度去观察问题和解决问题。只有这样，才会明了发展问题既是发展中国家自己的责任，也是发达国家的责任。历史证明，越是富裕的国家越不慷慨，归根到底，我们要靠自己来摆脱贫困，靠自己发展起来。主要靠自己，同时不要闭关自守，可以多方面找朋友。"[②] 根据"多方面找朋友"的思想，党的十八大以来，党中央提出了扩大开放、深化改革的决策，习近平提出建设丝绸之路经济带和21世纪海上丝绸之路，即建设"一带一路"的倡议。它贯穿欧亚大陆，东边链接亚太经济圈，西边进入欧洲经济圈，是对我国古代丝绸之路的传承和提升，顺应了时代的要求和各国加速发展的愿望。它具有深厚的历史渊源和人文基础，能够把快速发展的中国经济同沿线国家的经济发展结合起来，发挥中国经济对世界经济的引领作用，所以得到了国际上广泛的支持。目前，已有一百多个国家和国际组织参与其中。我国已同三十多个沿线国家签署了共建"一带一路"合作协议，同二十多个国家开展国际产能合作。联合国等国际组织也积极支持，以亚投行、丝路基金为代表的金融合作不断深入，一批有影响力的标志性项目逐步落地。"一带一路"建设从无到有，由点及面，进度和成果超出预期。[③]"一带一路"是一种全新的跨国经济活动和文化交流，怎样本着互利共赢的原则同沿线国家开展合作、发挥我国经济的引领作用、推动沿线国家经济和文化发展，就需要实践创新和理论创新，要解放思想、大胆探索。

解放思想，更新观念，研究新问题，总结新经验，提出新理论，这是文化发展的内在动力。改革开放以来，我们坚持理论创新，不断根据新的实践推出新理论，比如"一国两制"，科学技术是第一生产力，发展社会主义市场经济，发展社会主义民主政治，发展社会主义协商民主，建设中国特色社会主义法治体系，发展社会主义先进文化，培育和践行社会主义核心价值观、建设社会主义和谐社会，建设生态文明，构建开放型经济新体制，实施总体国家安全观，建设人类命运共同体，提出建设创新、开放、联动、包容的世界经济，等等，都是总结当代实践经验提出的具有原创性、时代性的概念和理论，是对社会主义文化的新发展。然而，由于主观与客观的矛盾，客观事物和社会实践不断发展，人们的思想要跟上客观世界和社会实践的发展，就要不断地解放思想。邓小平强调指出："解放思想，就是使思想和实际相符合，使主观和客观相符合，就是实事求是，今后，在一切工作中要真正坚持实事求是，就必须继续解放思想。"[④] 他又说：

① 习近平：《在哲学社会科学工作座谈会上的讲话》，《光明日报》，2016年5月19日。

② 《邓小平文选》第3卷，第282页。

③ 王义桅：《"一带一路"与G20：交响乐与合唱曲》，《光明日报》，2016年9月9日。

④ 《邓小平文选》第2卷，第364页。

"解放思想，就是要运用马列主义、毛泽东思想的基本原理，研究新情况，解决新问题"[①]，做出新结论。"时代是思想之母，实践是理论之源。实践发展永无止境。"[②] 今天，我们解放思想就是要坚持问题导向，坚持以我们正在做的事情为中心，聆听时代的声音。当前，世界正在发生深刻、复杂变化，但和平与发展仍是时代的主题，和平、发展、合作、共赢的时代潮流更加强劲，今天的人类比以往任何时候都更有条件朝和平与发展的目标迈进。总结当今时代的特点，我们应该解放思想，更新观念，抛弃冷战思维和"斗争哲学"，充分发挥中国文化"和"的精神，建立适应时代需要的和谐哲学。和谐哲学是中国文化根源性智慧"和"的精神的集中体现。它的本质是"和为贵"、"和而不同"。它是以事物矛盾和差异为前提的，是运动中的平衡，差异中的协调，纷繁中的相守，多样性的统一。它强调此中有彼，彼中有此。因此，只有通过沟通、协调的方式才能达到共生共存的目的。于是，和解、共生成为最佳的选择。在实践中，通过"和"的方法化解矛盾和对立，从而达到共生、共存、共赢、共荣的目的。这种和谐哲学在当今世界的实践意义正在于它能化解和匡正人类所面临的人与人之间的关系及人与自然之间的关系两大矛盾所引发的各种危机，使人类生存发展真正能沿着体现"和而不同"的理性智慧的大道前进[③]。因此，建立和谐哲学也是当今世界发展的需要。当今世界，和平、发展、合作、共赢成为时代潮流，世界各国相互联系、相互依存的程度空前加深，人类生活在同一个地球村里，生活在历史和现实交汇的同一个时空里，越来越成为你中有我、我中有你的命运共同体。当然，人类也还面临着诸多困难和挑战，如强权政治、霸权主义、恐怖主义、局部战争等社会问题，人与自然之间的矛盾造成的环境、气候等问题。总之，当今世界，人类社会发展的主流和问题都需有新的哲学思维去解决。过去，中国仁爱、和平的文化获得了世界的认同；今天，中国和平发展，坚持走和平发展的道路，打造人类命运共同体，提出共同建设人类美好家园。因此，我们提出和谐哲学，仍然受到世界的拥护。英国哲学家罗素说："中国至高无上的伦理品质中的一些东西，现代世界极其需要。这一品质中，我认为'和'是第一位的。"[④] 这种品质"若能够被世界所采纳，地球上肯定会比现在有更多的欢乐和祥和"[⑤]。2010 年 11 月在尼山举行的"儒家文明和基督教文明'对话'论坛"上，法国前总统希拉克的贺词说："今天的世界正承受着许多动荡的煎熬，在这种情况下，中国的智慧和对和谐的追求是富有教益的。"[⑥] 美国波士顿大学白特朗教授认为，"世界文明'和而不同'式的共存，已成为共识，仁、勇、智三种德性是儒家文明与其他文明和谐相处的价值基础"[⑦]。可见，和谐哲学同样是可以获得世界赞同的。哲学是世界精神的精华，是文化的最核心的思想，现时代文化的发展就应该以和谐哲学为指导，建设与时俱进的新文化，使我们能始终保

---

① 《邓小平文选》第 2 卷，第 179 页。

② 习近平：《在庆祝中国共产党成立 95 周年大会上的讲话》，http://news.xinhuanet.com/politics/2016-07/01/c1119150660.htm。

③ 李中华：《"和"论》，《光明日报》，2008 年 9 月 22 日。

④ 同上。

⑤ 同上。

⑥ 吴建民：《尼山世界文明论坛，文明的对话》，《人民日报》，2010 年 9 月 30 日。

⑦ 同上。

持文化的自信。

注：本章是《邓小平研究》2017 年第 1 期发表的《中国文化何以自信》一文［文章由《Contemporary Social Sciences》，即《当代社会科学（英文）》翻译成英文向国外发行］。

第二十一章　站在人类文化发展的潮头
——建设社会主义先进文化

在现代社会条件下，如何面对新形势、新任务加强党的建设，是一个艰巨而又至关重要的问题。针对这一问题，江泽民总结我们党建设的基本经验，高屋建瓴地提出了中国共产党要始终代表中国先进文化前进的方向。这就是要党始终坚持马克思主义为指导，努力建设社会主义新文化，始终保持党的思想理论的先进性，从而保证我们党能永远立于不败之地，永远带领人民不断前进。

一、先进文化是适合社会发展需要的新文化

马克思主义从物质生产决定一切社会现象这一基本理论出发，揭示了文化的发生和发展，从而说明了文化是人类在改造世界包括改造人自身的活动中所展示的，体现社会的发展，体现人的本质、力量、尺度的方面及其成果，是人类所创造的“人工世界”及其人化形式。文化的内涵既体现在人们活动的方式及其成果中，也体现在人们的精神生产、观念形态及思维方式中，渗透在人类社会生活的一切方面，随着人类社会的发展不断发展；反过来，人类所创造的文化，聚集并积淀为“社会遗传密码”，影响着社会，塑造着人类。

文化的先进性是由文化的时代性和它适应社会发展需要来决定的。文化是人类在社会实践中创造的，它随着人类社会的发展不断地由低级向高级、由简单向复杂、由片面向全面发展，因而文化总是具有时代性。马克思主义认为，从总体上看，迄今为止的文化发展可以划分为两个大的阶段：第一阶段是建立在“自然产生的生产工具”的基础上；第二阶段则是建立在“由文明创造的生产工具”的基础上。[①] 在文化发展的第一阶段，人类的需要取决于人与自然的直接交往。与此相应，文化的各种因素，比如知识的萌芽、想象力、抽象力以及道德情感、艺术知觉等等，还是直接与“人们的物质活动，与人们的物质交往，与现实生活的语言交织在一起的”[②]。在这一阶段，还没有主体与

① 参见《马克思恩格斯选集》第1卷，第71页。

② 同上，第30页。

客体的区分，人与自然还没有明确的界限。这时，人类通常不是将自己生活的决定力量归结为自身，而是归结为自然条件，并把自然条件归结为异己的力量，神化为宗教信仰和崇拜对象。因此，这一阶段的文化是一种低级的、简单的、原始的文化。

随着人类社会生产实践的发展，人类能够创造、生产工具，作用于自然界生产自己需要的东西，发生了主体与客体的分化、人与自然的分离。人们逐渐意识到他们生活中的许多事情不是决定于自然条件，而是取决于他们自己，取决于自身的劳动和社会活动，于是才形成了初始的人化意义上的文化概念。这进入了文化发展的第二阶段。在这个阶段中，“文化物”被理解为人自己生产、创造的东西，以区别于不依赖于人而存在的自然的东西。当文化作为一个普遍性的概念被理解的时候，就表示着人意识到了自己对自身的依赖，对自己劳动活动、自身创造性活动的依赖。这是文化发展的历史性飞跃。文化发展的这一过程是主客体分化、人与自然相分离的过程，同时也是人发现自身的过程。而这一过程又伴随着人类所特有的文化现象的产生，如语言符号、各种逻辑的解释系统、科学方法的规范、科学理论的建立、技术的发明、人类的行为规范等等，所有这些反过来又加速了社会的发展。在文化发展的这一阶段，人类从自然界的外部力量控制下解放出来。人不再依赖于自然，而依赖于自己以往劳动创造的条件这一点提到了首位。这时，人才真正成为文化含义上的生物，文化也才成为人生存活动的决定性条件。社会也才由相对封闭的渔猎和农耕社会进到相对开放的工业社会，出现了高速度地、快节奏地、全球性地发展。社会的发展反过来又推动了文化的发展，产生了许多新的理论、新的技术、新的工艺等等，如系统论、信息论、控制论、耗散结构论、计算机、互联网等都是适应时代需要的新文化。这些新文化的产生又推动着社会向前发展，使人类社会由工业社会逐渐进入信息社会。所以，社会发展和文化发展是一个双向互动的过程。文化与社会发展的这种关系说明了不同的时代有不同的文化，不同的文化反映不同时代的需要。因此，一定的文化就有能否适应时代需要的问题。只有那种适合时代发展需要的文化才能称为先进文化。

文化的先进性主要是通过文化的功能表现出来。文化的功能是指文化在社会及人类存在和发展中的作用。文化渗透到社会生活的各个方面，它具有固定、表达、储存、传递和加工社会信息，教化、培育和塑造人，促进社会发展，提高和扩大认识等多种功能。从整个人类社会发展的过程来看，文化对社会的发展起着重要的推动作用，没有文化就没有人类社会摆脱自然状态和愚昧状态的进化，就没有人类社会由低级阶段向高级阶段的发展。但是，由于文化具有传承性，一定社会的文化总是包含着以往文化的成果，因此，它的作用并非都是积极的。比如，中国传统文化在现代社会中的作用就具有两重性，传统文化中的精华记载着中国几千年的文明史，教化、培育和塑造着中华民族的勤劳勇敢、吃苦耐劳、艰苦奋斗、淳朴务实、勇于进取、锲而不舍、舍生取义、反抗强暴等优秀品质，并凝聚为积极向上的民族精神。这种精神对于促进经济文化的发展，推动两个文明建设起着巨大的作用。但另一面，传统文化中的缺陷和糟粕又对民族精神、国民习性带来消极的影响，如国民中的厚古薄今的保守观念、家长制作风以及封建迷信等，都是传统文化中封建主义糟粕的影响。

文化的社会功能具有两重性，文化不等于文明，文明是文化发展中的积极成果，是文化中进步、积极、合理的成分的总和。先进文化是社会文明的结晶，是文化中符合时代需要、推动社会前进的精粹部分。对于中国文化来说，只有那立足于当代社会运动，特别是立足于社会主义现代化建设的伟大实践，在研究新情况和解决新问题中，总结新经验和充分吸收以往及外来的优秀文化成果的基础上，创造出来的符合时代特点和社会发展需要，能促进改革开放，推动社会主义现代化建设事业向前发展的新文化，才是中国的先进文化。这种文化是时代精神的总结，是健康的、科学的、向上的，代表未来发展方向的文化。

二、坚持马克思主义，正确指导文化发展前进的方向

自真正意义的文化产生以来的发展历史，特别是近代以来文化发展的历史证明了只有代表社会发展方向的、用先进理论武装起来的阶级和政党才能真正代表和发展先进文化。资产阶级及其政党在它上升时期要求发展生产力，反对封建专制，反对封建神学的统治，代表了社会发展的方向，促进了生产力的解放和思想解放，推动了社会的发展和文化的发展。19 世纪上半叶，随着生产力的发展、无产阶级的壮大并登上历史舞台而产生的马克思主义是当代最科学的理论。中国共产党以马克思主义为指导，这就从思想上、理论上保证了共产党始终能够代表人类社会发展的方向，代表社会先进生产力发展的要求，代表中国先进文化前进的方向。

首先，马克思主义本身是人类先进文化的结晶。马克思主义不是凭空产生的，它是在充分吸收人类优秀文化的一切成果，总结 19 世纪上半叶工人运动的经验和当时科学技术发展成果的基础上产生的。列宁曾经指出：马克思主义之所以能够得出科学的结论，“这是因为马克思依靠了人类在资本主义制度下所获得的那些知识的坚固基础……借助于充分领会以往的科学所提供的全部知识而证实了这个结论。凡是人类社会所创造的一切，他都用批判的态度加以审查，任何一点也没有忽略过去。凡是人类思想所建树的一切，他都重新探讨过，批判过，在工人运动中检验过”①。“马克思主义这一革命无产阶级的思想体系赢得了世界历史性的意义，是因为它……吸收和改造了两千多年来人类思想和文化发展中一切有价值的东西。”② 可以说，马克思主义是从全部人类知识中产生出来的先进文化的典范。它揭示了人类社会发展的规律，给人们认识世界和改造世界、进行经济文化建设提供了科学的世界观和方法论，至今仍然代表着人类先进文化发展的方向。尽管现在社会主义处于低潮，资产阶级也不断地在批判马克思主义，然而，思想之光是遮不住的。就在这世纪之交、千年之际，马克思被西方思想界评选为千年最伟大、最有影响的思想家。这是马克思主义理论的胜利。

马克思主义不仅是人类先进文化的结晶，而且它本身是批判的、开放的和不断发展的学说。它永远具有“双面刃”的要求：其中一面针对着世界，另一面针对着它自身。

---

① 《列宁选集》第 4 卷，人民出版社 1972 年版，第 347 页。

② 同上，第 362 页。

它不承认永恒不变的东西，总是以发展的、批判的、革命的眼光看待事物，追求变革现实，促成革命转化，创造美好未来。同时，它对自己的学说也采取批判的、革命的态度，从不把自己的学说看作是最终完成的真理体系，而是看作发展的创造性的科学。正如毛泽东所指出的："马克思列宁主义并没有结束真理，而是在实践中不断开辟认识真理的道路。"[①] 马克思主义永远贴近时代的脉搏，以它特有的方式体现着时代精神。它总是以强烈的历史感和责任感严格依据社会的发展、科学的进步，创造性地丰富和发展自己的理论，并及时修正某些被实践证明业已陈旧的个别观点和结论，以保持和发展自己学说的科学性、真理性，保持蓬勃的生机和活力。从马克思主义产生到现在，形成了中国当代的马克思主义——毛泽东思想、邓小平理论，就是这样一个不断发展的过程。

总之，马克思主义作为人类先进的文化，作为批判的、开放的、发展的学说，塑造和引导着时代精神，不断地为人们认识、处理和驾驭自己同建设文化的现实活动的关系建构起合理的世界观前提、方法论前提和价值观前提，同时又不断地对这些前提进行自我审视和批判，实现对这些前提的重构。这样就使人们处理和驾驭文化建设的活动与理论既有连续性、规范性，又具有创造性、开拓性。中国共产党坚持以马克思主义为指导，这就为它代表先进文化前进方向提供了根本的理论保证，使它始终运用正确的世界观和方法论去对待一切文化，按照社会发展的要求去指导文化建设，保持先进文化发展的方向。

三、批判、继承、学习、借鉴，按照文化发展规律建设中国新文化

任何文化都是历史的、具体的。由于地域、民族、社会发展程度不同，一定的文化总是具有民族性和历史性的特点，它记录着一个民族历史发展的轨迹和特殊性，从而使文化的发展具有传承性。同时，一定的文化是人类在一定历史阶段活动的产物，各种文化又总有共性，因而各个民族的文化可以互相交流、借鉴、共同发展。文化的历史性、民族性和共性决定了一个国家的民族文化的发展总是在过去文化成果的基础上，吸取其他民族、其他国家的文化，才能建设民族的新文化。这是文化发展的规律。中国共产党按照文化发展的这一规律，确立了以马克思主义为指导，批判继承优秀的传统文化，学习借鉴外国进步文化，建设新文化的基本方针。早在民主革命时期，毛泽东就对这一方针作了系统的阐述。中华人民共和国成立后，他又明确提出了"古为今用，洋为中用""推陈出新"及"百花齐放，百家争鸣"的文化建设方针。尽管过去贯彻这一方针出了问题，但这一方针本身却体现了文化发展的规律。

党的十一届三中全会以后，邓小平在总结社会主义文化建设经验教训的基础上又明确指出：我们的文化建设要"坚持百花齐放、推陈出新、洋为中用、古为今用的方针"，对我国古代的和外国的科学技术、文学艺术中"一切进步的和优秀的东西，都应当借鉴

---

① 《毛泽东选集》第1卷，第296页。

和学习”,[①] 用来建设我们社会主义新文化。

在改革开放中，在社会主义市场经济条件下贯彻党的文化建设方针，首先是要正确对待中国传统文化。对于中国传统文化，如果说过去的重点是克服厚古薄今的倾向，那么在今天，则主要是克服历史虚无主义态度。有的人认为现代化建设主要是靠科学技术，而中国传统文化是一种农耕文化，又是一种封建的政治伦理文化，缺乏科学和民主法制精神，根本不适应现代化建设的需要，因而对中国传统文化采取全盘否定的历史虚无主义态度。这是一种缺乏分析、割断历史的观点。马克思主义认为，对于任何问题应采取分析态度，不应绝对肯定和绝对否定。“我们这个民族有着数千年的历史，有它的特点，有它许多的珍贵品”。当然也有封建的糟粕，要用马克思主义方法给以批判地总结。“今天的中国是历史的中国的一个发展”；“我们必须尊重自己的历史，决不能割断历史”。[②] 今天重温毛泽东这些话仍然具有现实意义。我们要建设有中国特色的社会主义新文化，这特色就是民族文化特色，离开中国传统文化，也就没有什么中国特色的社会主义文化。

那种认为中国传统文化完全不适应现代化建设需要的观点也是一种片面观点。20世纪70年代以来，亚洲经济，特别是属于儒家文化圈的韩国、日本、新加坡、中国香港、中国台湾等地的经济的飞速发展现象，引起了国际学术界的极大兴趣。西方学者进行了广泛的调查研究，提出了经济发展的儒家动力维度的观点。所谓儒家动力维度，就是指源于孔子的儒学观点，反映出动态的未来指向思维的习惯和价值观。他们认为，儒家强调的地位级别关系及遵守级别的共同价值观无疑使得企业家角色更易扮演；有羞耻感的价值观对于社会关系比较敏感，从而支持了人际上的相互关系，等等。西方学者也认为西方文化强调分析，促进了科学技术的发展，而以儒家文化为代表的东方文化强调综合则对管理有利，因为无论是对生产的管理还是对社会的管理，都是建立在综合的艺术之上的。东方国家可以利用西方国家的科学技术通过高度的综合并付诸管理，从而促进经济的发展。在西方学者看来，儒家文化对经济的发展具有促进和阻碍的双重作用，必须有分析地加以利用。[③] 西方学者尚能有分析地对待中国文化，而我们作为龙的传人，又为何要否定自己，献媚别人呢？事实上，现代西方科学技术的发达和物质财富的丰富所带来的种种社会问题，使得西方一些有识之士在反思他们自己文化的过程中，把目光投向以儒家文化为代表的东方文化，认为中国古代处理人与自然关系的天人合一思想、处理人与人关系的伦理思想，符合现代社会经济可持续发展的要求。李约瑟在他的《中国人在科学人文主义方面的贡献》一文中指出：中国的科学人文主义“从来不把人和自然分开，而且从未想到社会以外的人”[④]。这正是现代人所应树立的思想。1988年，获得诺贝尔奖的自然科学家在巴黎聚会，发表宣言指出：人类要想在21世纪生存下去，必须回首2500年前，从孔子那里吸取智慧。这是对以儒学为代表的中国古代文化在未来社会中的地位和作用的充分肯定。现在连美国也强调要进行儒家伦理道德的教育。在

① 《邓小平文选》第2卷，第210页、364页。

② 《毛泽东选集》第2卷，第449页、663页。

③ 参见吴岩：《领导心理学》，第328、332，333页。

④ 转引自葛荣晋：《道家文化与现代文明》，第301页。

纪念孔子诞辰2543周年之际，美国前总统老布什在贺词中指出："孔子所树立的道德规范，为世界各地所肯定及奉行，在我国一些最迫切的问题源于家庭生活及家庭价值崩溃的此时，我们应该实践这位伟大哲学家对个人荣誉和家庭责任的教诲。"[①] 应该说这是我们民族文化的骄傲。当然，我们民族文化中也有糟粕，如封建迷信、宗法观念、家长制作风等等，在现代、在一些地方仍然存在。对此，我们必须坚决进行揭露批判，加以清除，才能顺利地进行社会主义新文化建设。

贯彻党的文化建设方针，还必须结合中国实际，有选择地吸收外国进步文化。吸收外国进步文化是党的文化建设方针的重要内容。毛泽东曾指出："应当尽量吸收进步的外国文化，以为发展中国新文化的借镜"，并强调要反对排外主义和盲目搬用的两种错误倾向，要"以中国人民的实际需要为基础，批判地吸收外国文化"。[②] 他把这种吸收过程形象地比喻为食物的消化、吸收过程，通过排除糟粕、吸取精华来发展自己的文化。中华人民共和国成立后，毛泽东又提出："一切民族、一切国家的长处都要学，政治、经济、科学、技术、文学、艺术的一切真正好的东西都要学。但是，必须有分析有批判地学，不能盲目地学，不能一切照抄，机械搬运。"[③] 但是，由于"左"的指导思想，我们长期处于封闭状态，没有能够很好地学习外国进步文化。党的十一届三中全会以后，随着改革开放的春风，大量西方文化涌入中国，使人们感到新鲜并加以吸收，这对社会主义新文化的发展起到了很大的促进作用；但与此同时，又出现了一种没有选择地搬用西方文化的现象。针对这种情况，邓小平明确指出："我们要向资本主义发达国家学习先进的科学、技术、经济管理方法以及其他一切对我们有益的知识和文化，闭关自守、故步自封是愚蠢的。但是，属于文化领域的东西，一定要用马克思主义对它们的思想内容和表现方法进行分析、鉴别和批判。"[④] 要坚决抵制腐朽没落的东西。江泽民在党的十五大的报告中也指出："我国文化的发展，不能离开人类文明的共同成果。要坚持以我为主、为我所用的原则，开展多种形式的对外文化交流，博采各国文化之长，向世界展示中国文化建设的成就。坚决抵制各种腐朽思想文化的侵蚀。"[⑤] 这些都是要求对外国文化要有选择地吸收其精华、去除其糟粕。我们消化吸收外国先进文化，要同中国文化有机地结合，创造出中国的新文化。文化具有民族性的特征，各个民族的文化在内容和形式上都会有很大的区别。因此，学习外国文化必须同本国的文化相结合，那种机械搬用、"真经"移植从来是不成功的。我们必须将"中国的和外国的要有机地结合，而不是套用外国的东西。学外国织帽子的方法，要织中国的帽子。外国有用的东西，都要学到，用来改进和发扬中国的东西，创造中国独特的新东西"[⑥]。这是我们学习外国文化的目的。但是，现在那种不加选择地吸收和不结合自己的实际生搬硬套的现象仍然存在，西方的价值观念、腐朽的生活方式等等在国内年轻人中很有市场。我们党

① 转引自马忠：《世界各国重视德育教育的趋势及其对我们的启示》，《许昌师专学报》，1998年第4期。

② 《毛泽东选集》第3卷，第108页。

③ 《毛泽东文集》第7卷，第41、82页。

④ 《邓小平文选》第3卷，第44页。

⑤ 江泽民：《在中国共产党第十五次全国代表大会上的报告》，第42页。

⑥ 《毛泽东文集》第7卷，第82页。

过去反对把马克思主义和苏联经验教条化，实现了马克思主义与中国革命实际相结合而取得民主革命的胜利，那么，今天要建设有中国特色的社会主义新文化，也必须反对各式各样的教条主义，结合自己的实际学习西方文化，创造中国的新文化。

四、解放思想、革新观念、深化改革，不断创造和发展新文化

批判继承优秀传统文化、吸收外国进步文化，是建设社会主义新文化的必要条件。但这是文化发展之流，而不是文化发展之源。马克思主义认为，文化发展是人类物质资料的生产和社会变革所推动的。江泽民《在庆祝中国共产党成立七十周年大会上的讲话》中说："只有深深植根于中国大地和依靠人民的力量，面向现代化，面向世界，面向未来，才能创造出无愧于伟大时代的社会主义文化"。当今世界科学技术迅猛发展，人类社会正在步入知识经济时代，生产方式、生活方式、思维方式都发生了根本性的变革。我国改革开放以来，生产力获得了空前的解放，生产方式、经济体制发生了翻天覆地的变化。随着生产力的发展和社会变革必然会出现文化建设的高潮。但新文化建设不是经济发展的自然结果，而是要通过人的有意识的创造活动去实现。这就要求人们坚持"三个"面向，自觉地适应社会发展的要求，解放思想，革新观念，去创造新的文化。可以说，自五四运动以来，中国新文化的发展，就是在不断地解放思想、更新观念中实现的。从五四运动到40年代初的延安整风，到70年代的真理标准大讨论，都是大的思想解放运动。五四运动冲破了传统的旧观念，引进西方的科学和民主，从西方文化中选择了马克思主义这一人类先进的文化作为指导思想，建立了中国共产党。在这个意义上说，马克思主义的传入和中国共产党的产生都是思想解放的产物。延安整风冲破了教条主义的束缚，提出了解放思想、实事求是的思想路线，系统地形成了马克思主义与中国革命实际相结合的典范——毛泽东思想这一20世纪的中国先进文化。中国人民在毛泽东思想指导下，取得了民主革命和社会主义革命的胜利。真理标准的讨论，破除了对社会主义的教条主义和个人迷信的束缚，大大解放了人们的思想，改变了人们的观念，恢复和发展了党的思想路线，推动了中国的改革开放，产生了当代中国的马克思主义——邓小平理论。这是当代中国最先进的文化。在邓小平理论指导下，我国改革开放深入发展，经济建设取得了举世瞩目的伟大成就，同时也使中国文化获得了空前的发展。

总结20世纪中国文化发展的历史，可以看到它同思想解放是分不开的，每一次思想解放都破除了与社会发展不相适应的旧的观念，产生新的理论，推动社会变革，促进新文化的进一步发展。解放思想、变革观念是文化发展的内在动力。然而，由于主观与客观的矛盾，客观事物和社会实践不断发展，人们的思想要跟上客观世界和社会实践的发展，就要不断地解放思想。邓小平强调指出："解放思想，就是使思想和实际相符合，使主观和客观相符合，就是实事求是，今后，在一切工作中要真正坚持实事求是，就必须继续解放思想。"① 只有不断解放思想，才能打破习惯势力和主观偏见的束缚，深化

① 《邓小平文选》第2卷，第364页。

改革，进而创造和发展新文化。在我国改革开放取得巨大成就的今天，党中央根据邓小平关于我国现代化建设“两个大局”的战略构想作出了西部大开发的战略决策，这又是我国改革开放在总体上的进一步深化，是我们面对的新问题。怎样进行和投入西部大开发，对于全国人民，特别是对于西部地区的领导和群众来说，有一个继续解放思想、更新观念、跟上形势发展的问题。对于先富起来的地区来说，要破除那种局部富裕即是小康的思想，树立全局观念，树立共同富裕、支持西部大开发、再立新功的大发展观念；对于西部地区特别是对四川来说，要破除那种小农经济、小富即安、满足现状的保守思想，树立面向市场，以市场为第一资源，市场为第一资本，市场为第一车间，敢想敢闯，在市场竞争中谋求大发展的观念；要破除不敢为人先、看人家、向人家学的常规观念，树立争典型、争冒尖、创造新经验，实现“追赶型”、“跨越式”发展观念，等等。只有进一步解放思想，在西部开发中研究新情况、解决新问题，总结新经验、提出新理论，才能进一步丰富和发展社会主义新文化。

解放思想、革新观念、创造新文化，最根本的是要坚持实践标准。实践是检验真理的唯一标准，又是推动认识发展的动力，一切新的思想、观念、理论都只有经过实践检验证明其正确性才能纳入新的文化范畴。在当前，坚持实践标准，就是要坚持邓小平提出的“三个有利于”的标准和坚持有利于促进改革开放，有利于促进社会主义精神文明建设的标准。“三个有利于”和改革开放、精神文明建设体现了中国特色社会主义发展的要求，一切新思想、新观点、新理论都只有符合这种要求，推动社会发展，才能成为新的文化。也只有在这种实践检验中才能不断地得到修正和发展，永远保持先进文化前进的方向。

注：本章是《社会科学研究》2000 年第 4 期发表的《站在人类文化发展的潮头》一文，《人大复印资料——中国共产党》2000 年第 10 期全文转载该文，并收入中共中央党校研究室编，中央党校出版社 2001 年 6 月出版的《“三个代表”与面向二十一世纪的中国共产党》一书的文化篇。

第二十二章　宗教与文化

一、宗教对文化的影响

宗教是人类社会发展到一定阶段所产生的一种文化，在一定程度上它反映了一定时期人类的思维和认识水平，体现了人类在认识和改造世界方面的探索。随着人类社会的发展，宗教独立成为整个文化的重要组成部分，同时又对整个文化的发展产生着重要的影响。

（一）宗教与文化的产生

文化从最一般的意义上讲它是人类有意识的活动及其结果。因此，人类文化的产生与人类的观念有关，首先是人类在劳动过程中具有了观念，即对自己的意识有了意识以后，才真正开始了文化的历史。而人类在劳动中首先产生的观念之一就是“自然宗教”。马克思、恩格斯曾经指出：人类的原始观念在“起初只是对周围的可感知的环境的一种意识，是对处于开始意识到自身的个人以外的其他人和其他物的狭隘联系的一种意识。同时，它也是对自然界的一种意识，自然界起初是作为一种完全异己的、有无限威力的和不可制服的力量与人们对立的，人们同它的关系完全像动物同它的关系一样，人们就像牲畜一样服从它的权力，因而，这是对自然界的一种纯粹动物式的意识（自然宗教）”①。这种自然宗教之所以产生，就在于人类在劳动中首先必须解释同自然的关系。当时，人类的意识还不能用理性来解释世界、说明自身的命运，只能借助于想象力来解释世界和自身。这种解释就是人类最初对世界客体和人类主体的认识。对自然界客体的认识就产生了自然力是某种异己的、神秘的、超越一切的东西。在所有文明民族所经历的一定阶段上，人们都用人格化的方法同化自然力。正是这种人格化的欲望，创造出了许多神，产生了各种图腾崇拜、万物有灵的思想，创造了许多的神话，比如古代的希腊、埃及、巴比伦、印度、中国都有过许多图腾崇拜和美丽动人的神话故事。其中，关于宇宙起源和人类起源的神话传说，在埃及有太阳神拉开天辟地的传说，在中国有盘古开天辟地的传说，在欧洲有《旧约》中所记载的古代西伯来关于上帝耶和华创造天地万

---

① 《马克思恩格斯全集》第3卷，第34~35页。

物和人类的神话传说。这些神话传说是原始人思考宇宙和自身的最初的意识活动的成果。马克思说："任何神话都是用想象和借助想象以征服自然力、支配自然力，把自然力加以形象化。"[①] 这些神话的内容可以是虚幻的，但这些神话本身却成为各民族重要的最早的文化。

人类最初的宗教不仅产生了美丽动人的神话传说，而且原始宗教的一种表现形式——巫术也与人类文化的产生和发展密切相关。巫术最早是原始人的一种重要的宗教活动，它是一种利用虚构的自然力量来实现某种愿望的法术。在原始社会及古代社会，这种巫术与人类社会的日常生活、生产活动、政治生活以及与艺术、科学、思维及历史都有着密切的关系。英国著名人类学家马林诺夫斯基曾经这样说过："巫术属于人类，不但是因为巫术为人类所有，而且因为巫术的题材主要是人事的题材，如渔猎、园艺、贸易、调情、疾病、死亡之类。巫术用于自然界，不如用于人与自然界的关系或足以影响自然界的人事活动上为多。"[②] 事实上，在人类早期生活中，巫师就一直负责祭礼神祇、禳解灾祸、请神送瘟、驱鬼镇邪以及婚丧等事宜；在生产活动中，人们靠巫师祈求风调雨顺、祈求丰收；政治上一些国家大事，包括出征、开战、媾和等都要经过巫师占卜才能决定。总之，巫术与早期人类社会的日常生活、经济及政治生活都有着密切的关系，而这些活动及其成果也就构成了人类早期的文化。

巫术与人类观念形态的文化，如艺术、哲学、科学的产生也有着密切的关系。从巫术与艺术来看，它们有着不解之缘，其中与歌舞的关系尤为密切。各种巫术活动，无论是用来敬神、驱鬼，还是用来祈天、感物等等，或歌，或跳，或舞，其间巫师都是情感炽烈、溢于外表。巫师的这种歌或舞，实际上就是歌舞的最早的起源。恩格斯在分析古代社会时曾经指出：古代各部落各有其正规的节日和一定的崇拜形式，即舞蹈和竞技；舞蹈更是一切宗教祭典的主要组成部分；每一部落各自庆祝自己的节日。在这种意义上说，如果原始社会为人类文化的温床，那么原始宗教正是人类艺术的萌芽。人类最早的庆典和节日都有着宗教的意义，正是在这种祭神、祈求狩猎、生产成功的宗教礼仪中，产生了我们称之为艺术的诗歌、舞蹈、音乐、绘画和戏剧等。[③]

巫术与原始的科学的关系也很密切。一般认为巫术是一种迷信活动，它与科学是格格不入的。但事实上人类早期的巫术活动同原始的科学有着密切的关系。英国科学史家丹皮尔说：人类的"实际知识是和巫术观念密不可分地交织在一起的"[④]。这话是很有道理的。人类社会早期科学和巫术是混沌不分的，当时的巫术主要是为祛病、降灾、祈求风调雨顺，祈求好收成服务的。为了适应巫术的需要，就要求去探索自然现象本身。它的本意在于揣摩自然的法则，因此，巫术在处理人与自然的关系方面，可以说是人的活动之前的预测行为。当然，对自然法则的探索，后来是属于科学的范围，而在远古时期却属于巫术的领地。巫术与原始科学的密切关系，主要表现在它同医学、天文学的关系上。例如，在人类社会早期，天文观测和占星术是交织在一起的。宗教相信"天"是

① 《马克思恩格斯选集》第2卷，第113页。

② 参见马德邻、吾淳、汪晓鲁：《宗教，一种文化观》，上海人民出版社1987年版，第43～44页。

③ 参见卓新平：《宗教与文化》，人民出版社1988年版，第41页。

④ ［英］丹皮尔：《科学史及其与宗教和哲学的关系》，上海人民出版社1985年版，第32页。

有意志的，人事间的一切都由“天”主宰，人间的一切活动都有问于“天”。因此，那时人们特别注意观测天象，总是通过占星术有问于“天”，预测人事，天文观测也就随着占星术发展起来。巴比伦的星象学家认为，靠着对天体的观察和解释，可以预测人事的进程，从而支配人心。正是在这种动机的驱使下，巴比伦的天文观测取得了很大的成就。巴比伦人的每一座庙宇几乎都设有图书馆，在那里收藏着天文学和占星术的文献。由于长期的占星和天文观测，使他们能够渐渐地看出天文现象的周期性，到公元前6世纪，他们已能计算出太阳和月亮的相对位置，并有可能预测日食和月食。我国古代的天文学也是举世闻名的，大量丰富的天文现象都是通过宗教占卜被记录和保存下来的。如在出土的甲骨卜辞中就发现有不少关于日食、月食、彗星和新星的记录。这说明天文学的发展是与占星术分不开的，所以英国著名科学家贝尔纳说：“从开始时，天文学便离不开宗教”①。

原始宗教同哲学的产生也是分不开的。宗教和哲学本来是最难分辨的两种文化现象，在原始宗教中两者更是融为一体，而且首先是有了宗教对世界的解释才产生哲学对世界的理性解释。马克思说：“哲学最初在意识的宗教形式中形成，从而一方面它消灭宗教本身，另一方面从它的积极内容来说，它自己还只在这个理想化的、化为思想的宗教领域内活动。”② 在人类社会早期，宗教是人们的世界观，因而它也是哲学的雏形。当然，原始的宗教阶段，人类的思维尚未达到理性归纳和抽象思维的程度，原始宗教的思维方式主要还是形象思维，它是利用想象和借助想象来认识自然、解释自然、支配自然。这种想象有时尽管荒谬可笑，但它为哲学的产生准备了条件。就像原始宗教所开始形成的巫术一样，表面看来是一种最荒谬的迷信，但“其根基也是反映了人类本质的永恒的本性，尽管反映得很不完备，有些歪曲”③，但它在长期的发展中却促进了人类思维的发展。例如，中国古代的《易经》本是先秦时期的一本占卜书，但其中反映了人类的思维和认识水平，包含有很深的哲学思考，特别是有丰富的朴素辩证法的思想，为中国哲学的产生准备了条件。

综上所述，在人类社会早期原始宗教与原始文化是彼此不分、混为一体的。原始文化是在原始宗教的母腹中孕育、成长、诞生的。原始宗教是原始文化发展的直接动因。原始文化包含在原始宗教之中，原始宗教体现着原始文化。在人类的活动中，宗教与文化共同发展，体现着人类早期的精神。

（二）宗教与文化的内容和形式

随着生产力的发展和社会的进步，人类认识能力和思维能力逐渐提高，原始宗教进入古代宗教，宗教从文化整体中脱胎出来，成为一种独立的文化表现形态。这时，宗教与文化的关系就成为部分与整体的关系，文化决定宗教，宗教体现文化；文化是本质性的，宗教只是文化的一种形式。宗教依赖于文化，每一种宗教都有它的文化前提，不同

---

① ［英］贝尔纳：《历史上的科学》，上海人民出版社1986年版，第69页。

② 《马克思恩格斯全集》第26卷第1册，第26页。

③ 《马克思恩格斯全集》第1卷，第651页。

的宗教反映出不同的文化背景，体现了迥异的文化传统。宗教在本质上是不同民族精神文化的象征性、神话性和寓意性表示，它不能脱离民族文化的内容。同时，宗教也给民族文化以重要的影响，这种影响主要表现为从整体上影响民族文化精神。以中国道教为例，道教反映的是中国古代的鬼神崇拜、神仙方术及道家老庄的宇宙观、社会政治思想、人生处事和修养原则等古代文化的内容。道教从宗教的角度去理解和解释中国古代这些文化，形成了“长生久视、全性葆真”的基本教义和道教的思想体系。道教产生以后，从各个方面对中国古代文化发生着广泛而深刻的影响，如对中国古代的医学、药物学、文学艺术及民俗等方面都有很大的影响。但是，道教对中国文化的重要影响还在于人与自然的关系问题上强调天人合一，在人与万物的关系中强调人为贵，影响和奠定了中国文化的基本精神。所谓文化的基本精神，是指体现在各种文化现象中最深层次的内在的动力和思想基础，是指导和推动民族文化不断前进的最基本的思想观念。在中国传统文化中，有一些思想观念或固有的传统，如天人合一、以人为本、刚健有为、贵和尚中等，长期受到人们的尊崇，成为人们思想和行为的最高指导原则，在历史上起了推动作用，成为历史发展的内在思想源泉，这就是中国文化的基本精神。它是中华民族生存和发展的精神支柱，表现了我们民族的精神风貌。道教对中国文化基本精神的影响，主要表现在天人合一、以人为本两个方面。

道教在天人合一方面有着丰富的思想内容，主要有天人同源同禀。道教从老子的“道生一，一生二，二生三，三生万物”的宇宙生存论出发，提出：“人与物类，皆禀一元之气而得生成”①。因此，“天地与我同根，万物与我同体”②。人与天地万物在本原上和禀受上是同一的。道教不仅主张天人同源，而且进一步提出天人同构、天人同律、天人感应相通来论证天人合一的思想。它把天与人相类比，认为人与天地具有同样的形体结构，提出了“人身一小天地，天地一大人身”的概念。《太平经》说：“人取象于天，天取象于人。”“人同天地，以心比天，以肾比地。”“夫人之一身，法天象地，与天地同一阳阴也”，等等。这种比附虽然不科学，但它会使人产生一种从关心和爱护自身出发去保护自然的思想，在这一点上应该是有积极意义的。

道教不仅认为人与天地在形体结构上是相应的，而且认为人的生命活动的节律，如气血之循环等，与天地日月之运转、一年四季之变化规律也存在着一致性，从而指出：“人之一身，亦体天地，其中阴阳升降，亦与之符契。”③“人身法天象地，其气血之盈虚消息，悉与天地造化同途”④。“气液升降，如天地之阴阳；肝肺传导，若日月之往复”⑤等等。道教因此而要求修练者必须严格按照日月的盈虚消长进行运作，以调理人体系统的阴阳运动节律，从而达到天人合一。应该说这些看法是有一定道理的，它直观地猜测到了生物生理节律与环节的关系。现代科学已证明生物节律的变化与外界环境的周期性变化确是密切相关的。

---

① 《道藏》第22册，第383页。
② 《道藏》第33册，第129页。
③ 《道藏》第20册，第46页。
④ 《道藏》第20册，第323页。
⑤ 《道藏》第4册，第664页。

为了贯彻天人合一，道教采取了许多措施保护环境。《太平经》提出：人应该“助天生物，助地养形”，使自然界能够和谐地发展。为了保护环境，道教在其戒律中作了种种规定，如不杀生，反对惊吓、虐待动物，“不得焚烧野田山林”，“不得妄伐树木”，还规定了要保护土地及水资源。《老君说一百八十戒》中规定“不得以毒药投渊池江海中”，“不得妄凿地毁山川”，“不得竭水泽”，“不得妄开决坡湖”等等，这可以说是全面保护生态环境的一些规定。

当然，道教在天人合一上也继承了汉代董仲舒的天人感应的思想。《太平经》认为：“天之照人，与境无异”，人的一言一行，均受到天的监视。“为善，天地知之；为恶，天地亦知之”。天人“以类遥相感动”。它企图以天人感应之说来警示人主，要他们替天行道。道教不仅把天人感应应用于政治上，而且把它作为一条普遍原理贯穿于各种方术之中，如祈雨祷晴术，就是以人的行为去感动上天，使其按人的需要天晴或下雨。天人感应夸大和歪曲了自然感应的作用，这是不科学的，但是人与自然之间的相互影响则是客观存在的。自然环境的变化会影响人类活动，人类活动也会影响自然界，这是天人合一的本义之中的。

道教的上述思想从理论与实践两个方面丰富了天人合一的思想内容。可以说，儒家的天人合一和道教的天人合一共同构成了中国文化的天人合一的基本精神。当然，道教讲天人合一与儒家讲天人合一是不完全相同的。儒家讲天人合一主要是想从自然法则中找到封建秩序、封建伦理的根据，而道教讲天人合一主要是从人与自然的关系中探究生命奥秘，发现炼养成仙之道，以期在更高的层次上复归自然。这两者虽然侧重点不同，但究其理性实质而言都是关于人与自然的统一问题。应当承认，中国传统文化中的天人合一思想内容十分复杂，其中既有正确的观点，也有错误的观点，我们必须实事求是地加以分析。但是，从其主要思想来看，它强调人与自然的统一，强调人的行为与自然的协调，强调道德理性与自然理性的一致的思想，对民族文化起到了很大的推动作用，产生了深远的影响，是非常有价值的思想，是我们民族文化的精华，是我们民族文化对人类的贡献。它对于解决当今世界由于工业化和无限制地征服自然而带来的人口膨胀、资源枯竭、环境污染、生态平衡破坏、灾害频繁等问题，坚持可持续发展战略都具有重要的启迪意义，对于我们这样一个人口众多、资源相对短缺的国家来说更具有现实意义。在中国文化的以人为本的基本精神方面，道教也有丰富的思想。以人为本是指在天地之间以人为中心，在人神之间以人为中心，人是考虑一切问题的根本，这向来是中国文化的一大特色，也是中国文化基本精神的重要内容。在这方面，儒家有丰富的思想，同样，道教也对这一思想的发展作出了积极的贡献。

道教认为人与万物同生于“道”，而在万物中人是最为宝贵的。《太平经》提出：“人乃天地之子，万物之长也”。《妙真经》又进一步阐述“一切万物，人为最贵。人能使形无事、神无体，以清静致无为之意，即与道合”。为了论证“天生万物，人最为贵”，道教进一步解释说，人是万物中最具灵性的，人的生命是最宝贵的。《抱朴子内篇》说：“有生最灵，莫过乎人”。“夫陶冶造化，莫灵乎人”。道教从宗教的角度肯定“人非天地不生，天地非人不灵”（何承天语），这一思想是非常深刻的，是符合科学的，从而令人佩服地说明了在天地之间、人神之间人的中心的位置。既然人是中心，又最有灵性，因而人的生命也就最有价值，最为宝贵。道教认为长生才符合道，提出“真道好生而恶杀。长生者，道也；死坏者非道也。死亡乃不如生鼠。故圣人教化，使民慈心于众生。生可贵也”[①]。“夫禀气含灵，唯人为贵。人所贵者，盖贵为生。生者，神之本；形者，神之具。”[②]“夫万物以人为贵，人以生为宝。……一切皆知畏死而乐生。”[③]生命是无价之宝，不可论价，任何东西都不可与之交易。“生之于我，利亦大焉。论其贵贱，虽爵为帝王，不足以此法比焉。论其轻重，虽富有天下，不足以此术易焉。故有死王乐生鼠之喻也焉。”[④]道教据此建立了自己的生命观，其最终目标是要拯救人类脱离死亡的命运，让生命升入永恒存在的境界，反对以生命换取世俗的功名利禄，认为修身得道、长生久视乃最大的富贵。道教主张修道成仙、长生不死，是违反科学的，但是道教推崇人的生命价值，对中国传统文化中的以人为本是一种超越，它克服了儒家学说中那种抽象地谈人，主张“杀身成仁”的局限性，视以人为本的“人”为具体的活生生的人，因而要做到以人为本必须善以待人，要从每一个人出发，而不是从抽象的人出发。这不能不说是对以人为本的思想的深化。

当然，宗教对民族文化精神的影响不只是道教，其他如佛教、基督教、伊斯兰教等都对信教民族的文化精神发生这样或那样的影响。当代西方文化哲学家、历史哲学家、文化史学家克里斯托弗·道森（Christopher Dawson，1889－1970）认为：“宗教是理解文化的关键，在文化的形成中起着重大作用，‘甚至一种很明显地属于彼岸世界、似乎是否定人类社会的所有价值和标准的宗教，也仍然会对文化产生刺激作用，并在社会变革运动中提供推动力。’……宗教在任何文化中产生的影响都是深远的。东方国家长期稳定的文化与社会制度，不能说与其宗教精神无关，而西方文化的扩张性质和变动不居，乃由于基督教中变化不息的精神。”因此，道森“用中世纪西方发展的史实说明：西方文化的推动力量，正是普世主义的基督精神，这种精神要努力将自己融入人性之中，想要努力改造世界”。[⑤]这也就是基督教对西方文化基本精神的影响。

宗教不仅从整体上影响民族文化精神，而且从思想内容到形式对各种文化发生深刻的影响。纵观人类文化发展的历史，几乎所有的文化形态都与宗教有着密切的联系，不但那些直接标志着人类文明的哲学、科学、文学、艺术、书法、绘画、雕塑、建筑等无不打上宗教的印痕，就连那些作为各个时代上层建筑核心的政治法律思想和制度、道德规范等也深受宗教的影响，都在某种程度上体现着宗教的思想。比如佛教自传入中国，并逐渐中国化以后，对中国古代文化中的哲学、文学、绘画、建筑、雕塑等文化形式发生了巨大而深刻的影响，以至于中国佛教成为中国古代文化的重要组成部分。以哲学来说，佛教传入后就对中国哲学产生着广泛的影响。

首先，中国古代各派的哲学家中不少人都不同程度地研究过佛教的理论，并从中吸

---

① 《道教要辑选刊》第 8 册，第 388 页。

② 《道教要辑选刊》第 9 册，第 397 页。

③ 《道教要辑选刊》，第 504～505 页。

④ 《抱朴子内篇校译》，第 259 页。

⑤ 参见克里斯托弗·道森：《宗教与西方文化的兴起》，四川人民出版社 1989 年版，第 4 页。

取思想和资料来形成自己的学说，如北宋时的张载就曾“访诸释老，累年究其说”[①]；同时代的二程也曾经“泛滥于诸家，出入于老释者几十年”[②]，最终形成自己的学说。

其次，从思想内容上，宋明理学的心性论、本体论都深受佛教思想的影响。理学家们在吸收佛教思想以后，改造先秦儒学的伦理哲学，建构了自己的心性论和本体论。如理学吸收禅宗的“知为心体”、“知觉是性”的思想，提出了“人性本明”的命题，突出了心性的认知功能。朱熹大讲“人心至灵”，“此心本来虚灵，万理具备事事物物，皆所当知”，[③] 这些说法同禅宗的人心本性是灵知不昧的思想如出一辙。禅宗的知为心体的思想更是直接渗透到陆王心性论之中。陆九渊提出的“心即理”的命题，认为天理、人伦、万物尽在吾心之中，“宇宙便是吾心，吾心即是宇宙”；“心外无物，心外无理”。这和禅宗心体为知的思想一脉相通。王阳明的“致良知”论认为知是心的作用，心又是性的作用，心性同归于理，心、性、理三者相即为一。这和禅宗的心性论也是一致的。王阳明本人也认为他的心学与禅学相近，其异只“在于几微毫忽之间”。佛教本体论思想对程朱理学、陆王心学的影响也是很深的。佛教华严宗的“理事无法界”、“事事无法界”的以理为本体的思想和禅宗的“理事不二”等直接为理学、心学所吸取来论述其本体论。

再次，佛教对理学的思想方法也有明显的影响。禅宗临济宗的“宾看主，主看宾，主看主，宾看宾”的主客互照的认知、领悟模式，直接影响理学家关于心与物、心与性关系的探讨，他们提出的以心观物、以物观心、以物观物、以心观心的心物互观，实为禅宗主客互照的翻新。陆王心学大师一扫注疏之繁，重视内心领悟的简易功夫，同禅宗的不重传教，提倡简易法门，主张“明心见性”的修行功夫也是一致的。

总之，佛教对中国哲学的各个方面都发生了很大的影响。这种影响直到明清之际，唯物主义哲学家王夫之都还吸收了佛教思想的合理因素，他在肯定佛教学说合理成分的基础上，对“能”、“所”这两个概念进行了批判和改造，使之成为自己唯物主义认识体系中的一对重要范畴，从而丰富了中国古代哲学认识论的内容。

佛教不仅对中国古代哲学产生深刻的影响，而且对中国古代的小说、诗歌、音乐、绘画、雕塑等形式与内容也产生了广泛而深刻的影响。所以，自唐宋以后，中国的小说、诗歌、音乐、绘画、雕塑等文学艺术的发展变化常常与佛教的发展变化息息相关。

（三）宗教与文化的交流、融合和发展

宗教具有向组织外传播教义、发展信徒、扩大组织的特点，这一特点又决定了它自己具有特别的传播方式，往往是派出教职人员跨民族、跨地区、跨国家、跨文化地进行传教活动。由于进行传教的教职人员的特殊地位、一般都有较高的文化修养，他们在传教的过程中客观上促进了文化的传播、交流、融合与发展。从中国和西方文化的交流来看，从东汉时期开始，随着佛法东进，西域的音乐、舞蹈、绘画、雕塑、建筑、文学、

---

① 《宋史·张载列传》。

② 《程氏文集》，卷一一。

③ 《朱子语类》，卷六〇。

数学、天文学、医药学、逻辑学、哲学等等，几乎包括文化的所有方面都开始源源不断地输入中国。这些外来的文化和我国文化相结合，被我国文化所吸收，丰富和发展了我国文化，也使西方文化在中国得到发展。

佛教的传播促进了中西文化的交流、融合与发展，而基督教在中国的传播更是促进了西方的科技文化，如数学、物理、机器制造、天文历法、地理测绘、医学、建筑等传入中国，在中国得到发展。自明中叶以后，罗马教廷为配合欧洲殖民势力向中国的扩张，派出成批的传教士进入中国内地。这些来华的传教士中，许多人都有很高的文化修养，掌握了当时西方的科学技术知识，《几何原本》、《同文算指》、《奇器图说》、《泰西人身概说》等科学著作都是这一时期传入中国的。传教士的传教活动对西方科学文化在中国的传播以及与中国文化的融合发展在客观上起到了推动作用，可以说是西方文明揭开了古老中国文明的新的曙光，成了古老中国文化走向现代化的催化剂。

宗教传播促进文化交流不仅表现在正常的传播活动中，而且还表现在宗教向外扩张的宗教战争中。发生在 11 世纪～13 世纪末长达近 200 年的战争，给当事各国人民带来了巨大的灾难。这是历史的结论。但是，从另一方面说，这场宗教战争对于文化交流却又具有积极的意义，大军卷起的风暴冲荡着欧洲，漫长的征途构成了中世纪东西方的一段交往史。有的历史学家指出："后果是多方面的，不限于宗教史的范围。这个运动在形式上是宗教的，但对历史的发展，首先是对经济发展的进程给予了重要影响"；有的历史学家认为："虽然在军事上失败了，但它对西欧发展的意义却是极端伟大的……远征帮助欧洲人认识东方的工农业技术。在这个时期，欧洲人吸收了东方纺织业和冶金业的生产方法，把珍贵的农作物如荞麦、番红花、稻等移植到欧洲" 等等。[①] 总的来说：第一，扩大了东西方不同文化区域的贸易往来，促进了东西方的商品交换。第二，东方先进的生产技术输入欧洲，促进了欧洲生产的发展。第三，在精神文化方面，使得阿拉伯语言大量输入欧洲。以此为中介，西方人开始对希腊文，特别是对亚里士多德的著作发生了浓厚的兴趣。阿拉伯代数、天文学等科学传入西方。文学方面，东方的故事、东方史诗、爱情诗乃至创作中那种华丽的风格都传入西方，被普遍地吸收到欧洲的文学中去，丰富了欧洲的文学。可以说十字军东征改变了东西文化以往的零星、分散的交流方式，使东方文化一下子大量地涌入西欧。当然，战争和文化没有必然的联系，但是宗教战争确实存在着两种结果：一种是侵略性和破坏性，另一种是文化的影响。战争的侵略和破坏性是和战争的目的一致的，是直接明显的结果，因而总是首先为人们所注意。然而，文化的交流由于缺乏明确目的的先导，一开始则处于一种潜在的不引人注意的趋势中。这一方面是由于战争本身强烈的政治性所掩盖，另一方面是文化本身从传入到与当地文化结合、应用、发展有一种滞后性。但是，随着时间的推移，战争的痕迹日益被抹去、淡化，而文化的深远影响就越来越明显的交流融合与发展起着不可忽视的作用。

文化交流促进文明的发展，可以说是世界文明发展的一种普遍规律。因为文化虽然具有民族性，但它不是一个封闭体系，随着各民族之间交流的发展，必然会出现各种民

① 参见马德邻、吾淳、汪晓鲁：《宗教，一种文化观》，上海人民出版社 1987 年版，第 84～85 页。

族文化之间的接触、交流。从人类文明开始形成，这种各种文化之间的交流就一直没有停止过，它或者通过各种渠道，或是采用各种形式，实现其交流与融合。宗教传播促进文化交流，是文化交流的最早的一种渠道。随着历史上的“地理大发现”，交通工具的日益发达，传播媒介的不断改进，各种文化思潮的碰撞、合流更是与日俱增。现代社会信息发展使世界“变小”，现代信息的传播媒介使“天涯咫尺”成为现实。世界上每一个人与其他人都有可能成为“邻居”。无论是从文化的纵向引申还是横向发展来看，每一种文化都可以说是处于一种不断接收新思潮、不断融合新内容、不断开辟新的发展方向的状况之中。各种文化都在这种交流、融合、更新之中不断走向进步。英国著名哲学家罗素曾经指出：“不同文化之间的交流过去已经多次证明是人类文明发展的里程碑。希腊学习埃及，罗马借鉴希腊，阿拉伯参照罗马帝国，中世纪的欧洲又模仿阿拉伯，而文化复兴时期的欧洲则仿效拜占庭帝国。在许多这种交流中，作为‘学生’的落后国家最终总是超过做老师的先进国家。”① 当然，在这种交流、融合与发展中，必须充分发挥民族文化积极主导的作用。对外来文化因素要依据自己文化的主导观念去选择，吸收某一些，排斥另一些，改造其他一些，使之适合自己的生存发展；同时，外来文化在这种和本土文化的结合中也变得适应和得到发展。这种文化交融的现象在中外历史上都极为普遍，从而形成了一种“门外青山如屋里，东流流水入西邻”的局面，给人类文化带来生机和发展。

当然，各种文化的交流、融合、发展并不是一帆风顺，一蹴而就的事，而是一个充满矛盾、斗争的求同存异及潜移默化、渐变而成的过程。宗教作为一种人类精神文化，其传播必然会带来文化交流。在外来宗教与本土宗教的接触中，也自然会有不同文化的相互排斥和相互融合的现象产生。通过这种不同宗教的接触和交流，外来文化能在一定程度上改变自己的形式和某些内容，从而在新的文化环境中生存、发展下去，本土文化则能根据自己发展的需要，以我为主体，选择、改造外来宗教以及随之而来的外来文化。在这里，当然有着两种文化的冲突和较量，从而决定其主次地位。当本土文化强大、成熟时，它会以自己作为主体而将外来文化因素作为营养来吸取，达到以我为体、取彼之用的融合目的。而当外来文化相对强大、比较完备成熟时，显得孱弱的本土文化则会经历一种脱胎换骨的自我改造过程，这种融合，要么是本土文化对外来文化的屈服，要么是借用外来文化因素使本土文化更新。外来宗教也只有在这种文化交流中同本土文化结合才能生根发芽，达到传教的目的，否则它将无处生根。这是宗教传播与文化交流的一般关系。当然，这也是就宗教传播与文化交流的积极意义来讲的。由于宗教的性质和它的特点，决定了宗教对文化的交流和发展也具有消极性的一面。宗教在本质上是对超自然的崇拜，相信超自然的上帝和神灵主宰世界。因此，它往往把自然科学和唯物主义哲学看作异端加以打击。历史上，天主教对哥白尼太阳中心说的限制，以及对宣传发展哥白尼学说的布鲁诺的长期监禁，并最后处以火刑、烧死在罗马鲜花广场的事实，以及达尔文的进化论长期遭到教会的攻击和禁止就是最好的证明。虽然像中国的道教并不完全排斥科学，但它运用科学的目的不是发展科学，而是追求教徒的长生不死。

---

① 参见卓新平：《宗教与文化》，人民出版社 1988 年版，第 233 页。

这在根本上也是反科学的。因此，可以说宗教的传播和发展是不利于科学文化的传播和发展的。历史上的传教活动之所以促进科学文化的交流，那是宗教传播过程中借科学文化开路，从而达到传教的目的，是一种宗教传播的客观效应。

宗教本身还具有封闭性和排他性的特点，它对文化具有选择性，对于那些不利于宗教的文化哪怕是优秀的文化，它们总是要加以拒绝和排斥，比如西方传教士在中国就不会介绍西方社会变革的理论，对于这种理论，宗教总是加以阻止和扼杀。宗教传播促进文化交流、融合与发展是历史上在科学技术不发达的情况下产生的一种特殊现象，对此我们不能绝对化，而必须看到人类文化的交流与发展是生产力发展和科学技术进步的结果，并非一定要以宗教为媒介和载体。

二、正确发挥宗教的社会功能，促进社会发展与稳定

人类社会在一定时期要保持持续的经济发展和社会进步，社会本身的相对稳定是首要的和基本的条件。对于我国来说，稳定更具有重要的意义。邓小平曾经指出："中国发展的条件，关键是要政局稳定。""中国的最高利益就是稳定。"[①] 社会稳定是由多种因素共同作用的结果，其中宗教也是重要的因素。全面贯彻党的宗教政策，正确认识和发挥宗教积极的社会功能，对于建设社会主义精神文明、保持和发展社会稳定是十分重要的。

（一）宗教的社会功能与社会稳定

社会稳定是相对于社会动荡、动乱的社会状态而言的。社会稳定是社会的结构、功能合理，社会各要素协同作用而保持的一种社会良性运行和协调发展的状态，是社会繁荣和发展的历史状态。中国历史上的"治世"、"太平盛世"，往往都出现在社会相对稳定的时期。唐代"贞观之治"、"开元盛世"，都是政治上稳定，思想文化开放创新、繁荣昌盛，经济关系协调、运行有序，生产力发展到前所未有的高度，社会各阶层各得其所，整个社会呈现出一种蓬勃向上的生动局面，使中国成为世界上第一流的强大帝国。形成这样的"治世"、"盛世"局面的原因是多方面的，但政治开明、经济发展、文化繁荣，这几方面相互协调，最终体现为这一时期内的社会稳定。社会稳定既可以说是"治世"、"盛世"的社会标志，又是它们形成的原因和基础。我国近半个世纪以来，凡是社会相对稳定的阶段，经济建设的发展也就相对稳步前进。特别是改革开放以来，由于有一个比较集中的相对稳定时期，政治、经济、文化等各个方面的建设都取得了巨大的、举世瞩目的成绩。在这世纪之交，我们要高举邓小平理论的伟大旗帜，把建设有中国特色的社会主义事业全面推向 21 世纪，必须保持和发展社会稳定。

造成社会稳定的因素是多方面的，但从社会的宏观结构来看，基本的是经济、政治、思想文化三大因素。在一定的社会里，只有经济发展、政治民主、思想文化先进、

① 《邓小平文选》第 3 卷，第 353、34 页。

开放，才能形成合理的社会整体结构，从而使经济、政治、思想文化能够协同作用，发挥社会的整体功能，保持社会的良性运行。在造成社会稳定的诸因素中，发展经济是基础，政治民主是保证，先进的思想文化是先导。只有经济、政治、文化协调发展才能保持和发展社会的稳定。

宗教是社会稳定因素中不可忽视的深层次的重要因素。宗教是社会的一种特殊的上层建筑，它不仅是一种意识形态，而且是一种组织和制度，是一种现实的力量。在宗教存在的漫长的历史中，宗教作为人类社会的一个子因素，却在整个社会中占有重要的地位，发挥着广泛而深远的影响。宗教对社会稳定的影响，表现在两个层面上，一是从客体层面影响社会的经济、政治、文化等因素，二是从主体层面影响社会活动的人。

宗教对社会稳定的影响主要是通过自身的功能来发生作用。宗教作为一种特殊的文化现象，它既是一种意识形态，又是物质实体；既是一种组织制度，又是一种道德和“法”的规范。总之，宗教是具有内部稳固结构的复杂系统，而这又决定它具有复杂多样的功能。正如德国哲学家恩斯特·卡西尔所说：“在人类文化的所有现象中，神话和宗教是最难相容于纯粹的逻辑分析了。”[①] 因此，我们必须从宗教在现实社会中的实际情况出发，来分析宗教的功能。宗教的功能不但是极为复杂多样的，而且是随着历史条件的改变而变化的。早在原始社会，宗教也不是简单和统一的，它从古至今，其内部都包含着许多不同的相互矛盾、相互对立的信仰、学说、派别与组织，其中既有反映社会进步的要求和代表着社会进步势力的，也有反映社会保守要求和代表着保守势力的。即使是同一宗教或教派，其社会的功能也会因社会历史的变迁和宗教或教派自身的变化而千差万别。如欧洲宗教改革时期产生的各新教派别在当时的社会功能，与它们现在的社会功能就有根本的区别。又如中国道教的“全真道”派，在元代的社会作用和社会能量，与今天“全真道”派的社会功能显然是根本不同的。而在“太平天国”到“义和团”时期，中国传统宗教、民间宗教与外来“洋教”的冲突，更充分反映了不同宗教之间社会功能的对立和冲突。由于宗教的社会功能表现在社会的各个方面、各个领域，人们能够从不同角度、用不同的方法去认识、理解、概括、研究它。从宗教社会学的角度，可以把宗教的功能概括为经济功能、政治功能、文化功能、认识功能、心理补偿功能、行为调节与控制功能、整合功能、教育与社会化功能；从社会的进步与发展来看，又可以概括为积极的功能和消极的功能。对于具体时代、具体环境中的具体的宗教或教派来说，其社会功能也极为复杂多样。在封建时代和资本主义世界，正如马克思所说，在这些“颠倒了的世界”里，“宗教是这个世界的总的理论，是它的包罗万象的纲领，它的通俗逻辑，它的唯灵论的荣誉问题，它的热情，它的道德上的标准，它的庄严补充，它借以安慰和辩护的普遍根据。”[②] 恩格斯也指出，基督教进入“最后阶段”，“它越来越变成统治阶级专有的东西，统治阶级只是把它当做使下层阶级就范的统治手段。”[③] 他还指出：“封建制度的巨大国际中心是罗马天主教会。”“它给封建制度绕上一

① 《人论》，第92页。
② 《马克思恩格斯选集》第1卷，第1页。
③ 《马克思恩格斯选集》第4卷，第252页。

圈神圣的灵光。它按照封建的方式建立了它自己的教阶制，最后，它自己还是最有势力的封建领主，拥有天主教世界的地产的整整三分之一。”[①] 很明显，对于专制时代的统治阶级来说，他们有意利用宗教来为其巩固统治服务，将宗教作为稳定他们的“世界”的一块社会基石。“政教合一”的政治形式也在这里达到了最后的高度。然而，恩格斯也说过：“每个不同的阶级都利用自己认为适合的宗教。”[②] 他认为，“基督教和后者（指现代工人运动——笔者按）一样，在其产生时也是被压迫者的运动：它最初是奴隶和被释放的奴隶、穷人和无权者、被罗马征服或驱散的人们的宗教。基督教和工人的社会主义都宣传将来会解脱奴役和贫困。”[③] 他指出，“路德的和加尔文的宗教改革”实际上是“第一号资产阶级革命”[④]。他认为，“对于完全受宗教影响的群众感情来说，要掀起巨大的风暴，就必须让群众的切身利益披上宗教的外衣出现。”[⑤] 因此，马克思在强调“宗教是人民的鸦片”的同时，又指出“宗教里的苦难既是现实苦难的表现，又是对这种现实的苦难的抗议。宗教是被压迫生灵的叹惜，是无情世界的感情，正像它是没有精神的制度的精神一样”[⑥]。在中国古代历史上，统治者和人民群众都分别利用过道教为各自的利益和斗争服务。汉末著名的“黄巾起义”，就是在“太平道”的基础上组织起来的。原为“黄老道”“大贤良师”的张角，利用《太平经》宗教思想，经过十多年布教酝酿，在青、徐、幽、冀、荆、扬、兖、豫八州广大地区，广泛吸收联络道民，按照军事编制将教徒编为三十六“方”，在领袖一声号令之下，数十万人同日举义。其组织之严密，规模之宏大，来势之迅猛，在中国农民起义战争史上也是绝无仅有的。这实得力于其军教合一的组织动员形式。实际上，后来在魏晋时代利用道教作为动员和组织农民起义的例子还有许多，如陈瑞、李特、孙恩、卢循的起义。与太平道同时代，而其影响和组织形式都十分接近的“五斗米道”（张道陵一派即“正一道”，亦称“天师道”），拥有政教合一的二十四“治”（教区）和数十万道众，后由于天师张鲁投降曹操，官拜“镇南将军”，封“阆中侯”，道教也随天师道众迁往中原而向更广阔的地域传播。曹氏还通过与张氏家族的“政治联姻”，将天师道纳入其政治的、意识形态的轨道，成为统治者控制群众的工具。[⑦] 可见，对于宗教的种种社会功能或社会作用，即使是旧时代的各阶层的人们都是有所了解并尽可能利用的。因此，我们在思考社会的稳定与发展时，更应该注意到我们的社会还处在社会主义初级阶段的国情，以及作为社会上层建筑的宗教的实际社会影响力及其复杂程度。对于社会稳定和发展来说，宗教既可能有正面的、积极的、促进的功能，又可能有负面的、消极的、促退的功能，关键是看它与特定的历史环境和社会发展方向，是适应还是不适应，是互相促进还是背道而驰。这是讨论宗教的社会功能问题时，必须注意到的理论原则和基本出发点。

---

① 《马克思恩格斯选集》第 3 卷，第 390 页。

② 《马克思恩格斯选集》第 4 卷，第 253 页。

③ 《马克思恩格斯全集》第 22 卷，第 252 页。

④ 《马克思恩格斯全集》第 21 卷，第 459 页。

⑤ 《马克思恩格斯全集》第 14 卷，第 251 页。

⑥ 《马克思恩格斯选集》第 1 卷，第 2 页。

⑦ 参见卿希泰：《中国道教史》第一卷第二、三章，四川人民出版社 1988 年版。

宗教社会功能的特殊性在于：它首先是一种特殊的（信仰形态的）“意识形态”，要通过影响人的政治立场、道德情操、价值取向、行为规范、审美趣味、心理意识，转而对社会产生影响。从宗教对社会稳定的影响来看，宗教的基本社会功能主要有：社会控制功能，社会整合功能，行为规范功能，心理调节功能，陶冶情操的美感功能等。这些功能都可能在不同层面上、从不同的角度影响社会的稳定。

一切居统治地位的宗教都具有维护与稳定现存社会秩序的控制功能，居非统治地位的宗教虽有时也有这样的作用，但更多的特别是异端宗教则往往有相反功能。但一般地说，宗教历来是统治者控制人民群众的精神手段。恩格斯曾经指出，在 19 世纪中叶，资产阶级面对日益壮大的工人阶级及其斗争，为了控制工人群众，首先就抓住宗教。因为他们认为“现在比以往任何时候都更需要用精神手段去控制人民，而一切能够影响群众的精神手段中第一个和最重要的手段依然是宗教”。[①] 美国学者说：“宗教信仰实际上就是以超自然的神秘方式实现社会控制。”[②] 这在于宗教能以某种特定的礼仪方式，将社会价值观念和社会秩序神圣化，以便人们以这种观念和秩序约束自己，培养出遵从意识，使其行为更规范有序，并且以天命论和宿命论促使社会成员在观念上接受现在的命运，维护和稳定现存社会秩序、社会制度。对宗教这一功能的社会历史作用的评价，需要从历史发展的总体趋向上来具体分析，不可笼统而论。

宗教同时还具有整合功能，即宗教能使社会的不同的个人、群体或各种社会势力、社会集团凝聚成一个统一的、一致的整体，能促进其内部的团结。共同的宗教信仰，能使信仰人群从组织上整合形成“宗教共同体”，唤起该人群的强烈认同意识而促进内部团结；而同一宗教组织、宗教领袖和宗教礼仪更从形式上加强和巩固了这种整合。当然，宗教的整合功能，只能发生在信奉同一宗教（甚至教派）的个人、群体和社会集团之中，其“整合”范围甚至可以超民族、超国家。不同的宗教或教派不但难以“整合”社会人群，反而会造成社会人群间的对立和冲突。近几十年来黎巴嫩的宗教教派的纷争情况就是证明。

宗教又有很强的行为规范功能，因为宗教赋予其行为规范以神圣灵光，既强化了行为规范的作用，又形成了宗教独立的自我规范。在各种“政教合一”体制中，宗教的行为规范被法律化和民族化，具有更强的神权强制性，成为社会行为的宗教律法规范，再加上教内行为的律法规范和宗教道德的行为规范，宗教对社会行为规范的作用就显得既神圣又深广了。特别是宗教道德行为规范常常与世俗道德相结合，对于信徒来说更是“内化”了的、“自觉”的行为规范，其社会影响力之大常常超过单纯的世俗道德规范。

宗教还能通过特定的宗教信念将人们心理的不平衡状态调节到相对平衡状态，使之在精神上、行为上和生理上达到健康的适度状态。这就是宗教的心理调节功能，西方学者形象地称之为“信仰治疗”。对于个体，通过宗教的修持方法的“修心”甚至可达到修身强体的作用。道教的“内丹”和佛教的“坐禅”，已经被我国和国外运用到了医疗上，并取得了明显的心理调节和生理康复的效果。

---

① 《马克思恩格斯选集》第 3 卷，第 401 页。

② 塞雷纳·南达（Serena Nanda）：《文化人类学》，陕西人民教育出版社 1987 年中译本，第 283 页。

此外，宗教作为一种文化体系，还具有同世俗的伦理道德和文学艺术相近的陶冶情操的美感教育功能。宗教的信仰对象，一般是集“真善美”为一体的神圣形象，具有超凡脱俗美感教育的象征意义。宗教的象征符号，教堂寺庙、圣书经藏、十字架、阴阳图、袍服法器、圣乐道诗、佛像圣仪等等，能将信徒带进充满宗教幻想美的环境氛围，能使信徒感受到超然物外的神圣“审美”境界，从中得到世俗间所没有的神圣美感享受。这是由于人类的精神生活不仅需要理性的实际知识，而且还需要超现实的幻想美包括宗教的幻想美来丰富它。

这里要强调，宗教的这五种主要社会功能的发挥，是动态的、非线性的，在不同的社会历史条件下和不同的情况下，其实际作用也是不相同的。我们研究其功能或作用，就是为了更清醒地认识现实的宗教与社会的问题，因势利导地发挥其积极功能，消除和淡化其消极面，使之有利于社会的稳定和发展。

比起影响社会稳定的其他社会因素来，宗教的功能还具有影响的普遍性、长期性和复杂性的特点。其普遍性指的是在目前为止的有宗教的社会里，宗教所掌握和影响的人群，不但数量多、比例大，而且涵盖面广，社会各阶级、各阶层，男、女、老、幼都有信教的。历史上、现实中，一个国家全民信教的例子也并不鲜见。其长期性是指，不但体现在从自然宗教到神学宗教到今天的各式各样、形形色色并存的当代宗教，已经存在了至少数千年之久，而且还表现在宗教还将长期存在下去，直到马克思说的现实世界在人的意识里已经“表现为人与人之间和人与自然之间极明白而合理的关系的时候，现实世界的宗教反映才会消失”① 的时候为止。其复杂性，一方面在于宗教本身的多样性。当代世界上除了存在有几十种成熟的人为宗教、神学宗教之外，还有多得不计其数的自然宗教、民间宗教和“准宗教”信仰，它们的社会地位和社会作用也是千差万别的。另一方面还在于即使是同一种宗教对不同的社会和人群，在不同的环境、不同的时期的影响也是大不相同的，更何况宗教影响社会的途径和渠道的复杂多样、宗教教义自身的“历时性”的变化发展也是从不停止的。此外，在当代人眼里，宗教的内涵和外延的变化及其“超宗教”的复杂性，都是让人始料未及的。爱因斯坦就说过，“在科学上有伟大创造成就的人，全都渗透着真正的宗教的信念”，“只有严肃的科学工作者才是深信宗教的人”②。虽然他的“宗教”一词，也许只是出于“斯宾诺莎式”的借用。弗洛姆认为：“上帝不是统治人的力量的象征，而是人自身力量的象征。”③ 这些学者的说法，无疑都从不同侧面证实了宗教及其社会作用的复杂性和长期性。

（二）全面贯彻党的宗教政策，保持和发展社会稳定

中国是个多宗教的国家。目前，中国宗教信徒信奉的主要有佛教、道教、伊斯兰教、天主教和基督教。据不完全统计，我国现有各种宗教信徒 1 亿多人，宗教活动场所 8.5 万余处，宗教团体 3000 多个。宗教团体还办有培养宗教教职人员的宗教院校 74

① 《马克思恩格斯全集》第 23 卷，第 96～97 页。

② 《爱因斯坦文集》第 1 卷，商务印书馆 1976 年版。

③ 弗洛姆：《精神分析与宗教》，1977 年英文版，第 49 页。

所。在中国约有30万宗教教职人员，有佛教出家僧尼约20万人、道教乾道和坤道2.5万余人、伊斯兰伊玛目和阿訇4万余人、天主教教职人员4000人、基督教教牧传道人员1.8万余人。无论从绝对数或人口比例来说，我国的宗教信徒都是一个巨大的数字，对社会的稳定和发展无疑具有相当重要的作用。同时，在漫长的历史发展中，中国各宗教文化已经成为中国传统思想文化的一部分，并从各个层面上长久而深刻地影响着当代的社会思想文化。发挥宗教的积极社会功能，发扬中国宗教界“自主自办”的传统和“参政议政”的传统，正确处理好宗教问题，是促进和发展社会稳定、以保证两个文明建设的发展和深化的题中应有之义。而全面贯彻党和国家的宗教政策，是发挥宗教在整个社会主义初级阶段的积极社会功能的根本保证。全面理解和掌握马克思主义宗教思想，是全面贯彻执行党和国家宗教政策的起码要求和思想条件。

全面贯彻执行党的宗教政策，首先要解放思想，坚持实事求是，辩证地看待历史的、现实的宗教和宗教问题。要正确理解马克思关于“宗教是人民的鸦片”的思想，排除长期以来形成的“左”的思想影响，全面正确地看待、分析宗教问题，引导宗教发挥独特的正面的社会功能，为社会稳定服务。对于宗教问题，过去在很长时期一讲宗教就讲“宗教是鸦片”，认为这就是马克思主义的观点。的确，马克思从他当时看到的欧洲基督教被统治阶级利用的情况出发，用这一提法来概括19世纪欧洲基督教的社会作用。但是，马克思对特定时期的特定宗教及其“作用”做出的结论，既不是泛论任何时代的任何宗教，也不是一般地讨论宗教的本质问题。如马克思对原始宗教和古代“神话”传说，就常常以赞赏的口气谈论，甚至说它们具有“永久的魅力”。因此，将马克思的“鸦片”说法解释成对宗教的“定义”或定性，同样是不符合马克思的辩证唯物主义和历史唯物主义观点的。何况，对于社会主义时期特别是我们目前的社会主义初级阶段，现存的各宗教各教派已经不是它们的历史上的状态了，它们已经是当前社会文化的一个组成部分，并且具备了适应社会主义经济、社会、文化发展的机制，引导得好，完全能够对社会的稳定做出自己的贡献。我们决不能僵化地、形而上学地对待马克思的这句话，而应该实事求是地、具体问题具体分析地对待现实的宗教问题。这也是我们贯彻执行党的宗教政策时，首先要明确的思想界限和政策界限。

贯彻执行党的宗教政策，最核心的一点是要尊重和保护宗教信仰自由。中国公民的宗教信仰自由受到宪法和法律的保护。要遵照《中华人民共和国宪法》的规定，尊重和保护宗教信仰自由（包括不信仰宗教的自由），坚持爱国统一战线，提高各宗教的素质，促进和发展信教群众和不信教群众的团结与联合，为社会主义两个文明建设服务。据统计，在我国各级人民代表大会、政治协商会议中，有近1.7万名宗教界人士担任代表、委员，他们代表宗教界在人大、政协会议上参与国家大事和社会重要问题的讨论，并就政府涉及宗教问题的工作提出意见、建议、批评或议案、提案，发挥着积极作用。中国的宗教徒历来有爱国爱教的传统，我国政府一贯支持和鼓励宗教界团结信教群众，积极参加国家的建设。教内与教外群众团结一致，必能形成建设国家、发展文明的“合力”。宗教要与所处的社会相适应，这是宗教存在与发展的普遍规律。中国人民正在建设有中国特色的社会主义现代化国家，宗教要与之相适应，这是最大的政策界限。这种适应不是要求公民放弃宗教信仰，不是改变宗教的基本教义，而是要求宗教在法律的范围内活动，与社会的稳定和发展及文明的进步相适应。这也同样符合信教群众和各宗教本身的根本利益。

坚持各宗教地位平等、和谐共处，发挥宗教的文化纽带作用，促进国家的统一、民族的团结和国际的交流。当代人文学者和宗教界认为，各宗教虽然信仰不同、教义不同，但有“关于一些有约束力的价值观、不可或缺的标准以及根本的道德态度的一种最低限度的基本共识”①，因而能够实现各宗教的联合。在我国，各种宗教地位平等、和谐共处，没有发生过宗教纷争。信教与不信教的公民之间也历来彼此尊重，团结和睦。这既是由于源远流长的中国传统思想文化中兼容、宽容精神和良好传统的影响，也是由于党和政府制定的宗教信仰自由政策得到全面贯彻实施的结果。这是符合中国国情的政教关系已经建立的明证，也是调动全社会一切积极因素建设国家的一项基本保证。中国实行的各民族平等、团结、互助的民族政策，也包括尊重和保护少数民族宗教信仰自由的权利和风俗习惯。在致力于促进少数民族地区经济、文化、教育等各项事业的进步，包括提高信教群众在内的广大少数民族群众物质文化生活水平的同时，要特别注意尊重少数民族的宗教信仰，保护少数民族文化遗产。推动中国宗教在平等友好的基础上积极与世界各国宗教组织进行交往和联系，反对任何外国势力借宗教之名干涉中国的内部事务。实际上，正常宗教文化学术交流机制的建立和发展，能够给海峡两岸的交流和沟通多开一条渠道，能够使中国了解世界和世界了解中国多开一扇大门。这些都是中国宗教界对社会的稳定、国家的建设、文明的发展做出的贡献。

坚持引导各宗教继续提高自己的文明水平。各宗教都要提高教职人员和信教群众的文化水平，发扬爱教爱国、遵纪守法传统，要用正当、合法的宗教活动和文明的宗教文化，抵制那些打着“宗教”幌子的骗人的迷信活动和腐朽文化，抵制“邪教”对人性和人格的损害，消除一切不稳定因素，维护社会稳定。对于那些利用宗教进行破坏社会秩序、损害公民身体健康、妨碍国家教育制度的活动，要坚决取缔，依法处理，决不手软。政府对宗教和宗教信仰自由的保护，是维护人权的重要方面。而宗教界为稳定社会、发展文明所做出的实际努力，也同样是对维护人权、爱国爱教的贡献。

三、宗教对社会经济文化的二重性影响

宗教作为一定社会的上层建筑，它建立在经济基础之上，又反作用于经济基础，必然对社会经济文化的发展产生一定的影响。但是，对于这种影响，在我国过去很长时期内由于受“左”的影响，只看到它的消极性的一面。改革开放以来，随着思想解放的深入发展和西方宗教思想的涌入，人们已开始注意宗教对经济文化影响的积极的一面。但与此同时，又出现了一种过分强调这一面的倾向。有人把马克斯·韦伯（Max Weber，1864—1920）关于新教伦理促进资本主义发展的观点绝对化，认为新教崇尚劳动道德观大大地激发了人们无止境地创造财富的“获取之欲”。这是促进资本主义经济发展的

① 《全球伦理——世界宗教会议宣言》，第8页。

“精神刺激”。正是这种“精神刺激”，使资本主义的车轮以惊人的速度运转，我们应该借鉴。这种观点是值得商榷的。

宗教在它产生之初是和经济文化分不开的。原始社会，宗教行为也就是象征中的生产活动，经济组织与宗教组织是结合在一起的。作为意识形态的宗教发展成熟以后，表面上虽然“远离”经济基础，但它仍然以多种方式直接或间接地影响一定社会的经济文化发展。

第一，宗教本身是一种经济实体，拥有相当的经济实力，直接影响着社会经济的发展。人类社会发展的各个时期的宗教组织都有自己的财产，形成一种经济实体。恩格斯在分析基督教与欧洲中世纪封建社会的经济关系时曾深刻地指出：“由一群在经常变化的相互关系中发展起来的民族组成的西欧世界，则是通过天主教联合起来的。这种神学上的联合不只是观念上的。它不仅实际地体现在这种联合的君主制中心即教皇身上，而且首先体现在按封建和等级制原则组织起来的教会中。教会在每个国家大约占有1/3的土地，它在封建组织内部拥有巨大的权势。拥有封建领地的教会是各国之间的真正的联系；封建的教会组织利用宗教把世俗的封建国家制度神圣化。”① 这一时期，在欧洲社会的政治、经济、思想文化方面起凝聚和促进作用的力量是占有巨大经济实力的基督教会。除了教会的领地，各个修道院都有自己的农庄、手工业作坊和其他形式的经济组织。宗教的这些经济组织一方面对农民和手工业者进行残酷的剥削，另一方面也促进了经济的发展。中世纪欧洲的城市一般都以教堂为中心而发展起来的。当时的教堂四周不仅是社会的政治中心，也是主要的贸易场所，发挥着经济流通、商品交换的枢纽作用。中国封建社会中也是如此，寺院、道观等都有自己的地产、山林。尤其是佛教寺院经济在中国封建社会中占有相当的地位。任继愈先生指出：这种佛教寺院经济力量的逐渐强大，“除了采取土地剥削作为主要剥削方式以外，也还经营高利贷、招纳佃客，与当时一般门阀地主所采取的剥削方式完全相同。寺院享有免役免税等特权。宋代已有许多资累数百万的僧人，宋代以后的僧众已成为南朝封建地主阶级中新兴的阶层。寺院内可以蓄养‘白徒’（没有出家的为寺僧服役的男人），尼姑可蓄‘养女’（没有出家为寺院服役的女人）。僧、尼、白徒、养女这批人不列入一般人民的户籍以内。据说梁代这些寺院管辖之下的人口竟占去国家的‘户口之半’。……佛教广泛流行以后，一般人民往往‘竭财以赴僧，破产以趋佛’。寺院经济已经达到巩固的地步，人民群众的‘卖儿贴妇钱’和帝王舍身佛寺赎身钱都源源不绝地向佛寺输送”。② 据史籍记载，梁代延昌（512—514年）时，郡州佛寺达13000余所，僧至200万。梁武帝亲自到同泰寺，设四郡无遮大会，并舍身为寺院服役。公卿以下用钱一亿万把梁武帝赎回。在梁武帝执政期间，他曾3次舍身侍佛，3次被赎回。到陈代周武帝（周建德三年，即公元574年）废佛时，曾令僧尼还俗，时有300万人之多。到唐代实行均田制时，虽然规定“给道士僧人每人给田30亩，女冠女尼20亩。寺观有常住田，一百人以上，不得超过10顷；50人以上，不得超过7顷；50人以下，不得超过5顷。这个规定完全是空文。通鉴说武

① 《马克思恩格斯全集》第21卷，第545页。

② 任继愈：《汉唐佛教思想论集》，第27～28页。

则天时，天下公田私宅，多为僧寺所有。唐时僧寺拥有大量田庄，是民生的大害之一”[①]。到唐武宗（公元845年）再次灭佛时，曾“括天下寺四千六百所、兰若四百万所寺材以葺廨驿，金银像以付度支，铁像以铸农器，铜像钟磬以铸钱。收良田数千万亩，奴婢十五万人。僧尼归俗者二十六万五百人”[②]。可见寺院经济在当时社会中的势力。这种寺院经济在西藏地区更为突出，直到新中国成立后寺院仍然占有大量地产。“据本世纪五十年代初统计，西藏共有耕地约330万克（即播种一克——约合25市斤的种子土地面积，大致等于1亩），其中地方政府占有120万余克，占有38.9%（这比例可能有误——引者）；贵族拥有70万克，占24%；寺院拥有121万余克，占有36.8%；自耕农近1万克，占0.3%。在各寺院中，又以拉萨之大寺占有的土地、牧场、牲畜、农牧奴数量最大，约占有卡321个，耕地14.7万余克，农牧奴4万余人。有的活佛可谓西藏少数特大领主之一，如丹吉林第穆活佛竟有溪卡200余处，土地5万克，还有牧场数十个。”[③] 这些寺院形成独立的经济实体，除了出租部分田产外，还以放高利贷等不断聚敛财富。它的存在的确是对农民的剥削，加重了农民的负担。对此，过去的史学界总认为寺院经济“是民生的大害之一”，破坏了国家经济平衡，使大量劳动力流入空门，造成田地荒芜，经济萧条。但是，应该看到寺院经济作为封建经济的一部分，它所采取的剥削方式也是封建的剥削方式。如果说寺主的剥削不比封建地主轻，那世世代代苦恋土地、死守家园的农民不到万不得已是绝不会舍弃家园，迁徙他乡。众多农民之所以背井离乡、遁入空门，这正说明地主的剥削与国家的苦役更甚于寺院的剥削。再者，寺院经济虽然是独立的经济，但它并没有独立于社会之外，聚积在寺院中的财富和劳力并没有从社会消失掉，而是一种等量转移，起到了社会财富的积蓄作用，在某些特殊条件下（如战争或天灾），寺院经济会起到社会经济的平衡作用。

现代宗教作为一种经济实体，已不再是古代的寺院经济了，它已成为宗教现代化的一种形式。现代的宗教组织不再是单纯的传教组织和联系信徒的场所。它不仅从事宗教活动，而且更多的是从事世俗的经济活动。现在几乎所有的宗教组织都从事经营性生产、商业贸易和旅游事业等经济活动。有的宗教组织本身就是庞大的经济集团，有着巨额的财富。不少宗教领袖本人就是大富翁，对社会经济的发展起着很大的作用。宗教作为一种经济实体，它不仅参与社会经济活动，是商品生产者，而且它本身作为一种特殊的群体，其特殊的消费也将刺激某些方面的生产，从而促进经济的发展。

第二，某些宗教经典中包含着经济生活的内容，形成一定的经济思想，可用以指导一定社会的现实的经济活动。例如，伊斯兰教的《古兰经》中就有大量关于经济问题的论述，伊斯兰学者据此创立了独特的经济理论，用以指导现代伊斯兰社会的经济活动。伊斯兰教从创教之始就极为关注世俗生活。《古兰经》从“天地万物，都是真主的”，“天地的库藏，只是真主的”基本原则出发，认为世间一切财富皆属安拉所有。安拉同时又容许世人占有和利用财产，这些财产都是安拉所赐。但世人只有遵循安拉的托付，

① 范文澜：《中国通史》修订本第3编第1册，第213页。

② 任继愈：《汉唐佛学思想论集》，第373页。

③ 冉光荣：《中国藏传佛教寺院》中国藏学出版社1994年版，第230页。

恪守宗教道德，信道守法才能占有、利用安拉的财产。根据这一原则，《古兰经》中论及经济事务相当广泛，其主要内容包括财产关系、民商交易、天课制度、金融制度等。伊斯兰学者根据《古兰经》提出的基本原则和有关论述，创立了既不同于资本主义又不同于社会主义的独特的经济理论。1976 年 2 月，世界各国伊斯兰学者在麦加举行了第一届“国际伊斯兰经济学会议”，讨论了当代伊斯兰经济理论和实践的各种问题。会议公报宣称：“当代的文明——不论是资本主义的还是马克思主义的，尽管都取得了物质成就，但它们都导致个人和社会的冲突、分裂、焦虑不安和目的性的丧失”，而“穆斯林民族已明确意识到需以纯正伊斯兰思想和实践的独创性去铸造人类的未来”。[①] 伊斯兰经济理论对资本主义和科学社会主义都持批评态度。它宣称“放任自流”的资本主义制度以人剥削人为基本特征，而“极权主义”的社会主义制度以“压制民主”为基本特征。伊斯兰经济制度要吸取两种制度的长处，抛弃其弊端。“因而，伊斯兰经济制度=资本主义-剥削=社会主义+民主。这一简便公式概括表达了当代居主导地位的伊斯兰社会经济观”[②]，成为整个伊斯兰社会经济的指导思想。在这一指导思想下，伊斯兰社会的经济在所有制、生产、消费、交换和分配、金融活动、税收制度、社会保险、劳资关系、人口政策等方面都有不同于其他社会经济理论的独特的地方，形成了伊斯兰的独特的经济。

第三，宗教有时也赞成和直接支持政府的经济活动。比如，19 世纪末 20 世纪初，美国北卡罗来那州的加士顿县建立棉纺工业时，宗教领袖的支持就起了很大的作用。当时的宗教领袖通过他们支持性的讲道与宣传，使人们赞同兴办棉纺织工业。为了集中资金办棉纺工业，宗教领袖就支持禁酒，使该县原来打算投资酿造业的资本转而投向纺织业，工厂的工人也为此不怎么饮酒了，以更清醒的精神状态投入纺织厂的工作。这些对于当时该县棉纺工业的发展起到了很好的作用。又如本世纪 60 年代中期，佛教就非常支持泰国政府发展经济。当时，为配合社会经济的发展，泰国佛教界培训和派遣大量比丘（和尚）到全国各地宣传政府关于发展国民经济的计划，并且提出三项发展国民经济的计划：一是精神发展计划，这主要是对比丘进行经济学、社会学与城市生活、文化等方面的知识教育，然后派他们游说各地，从事发展经济的宣传和慈善活动；二是鼓励比丘和沙弥参加城市和农村的社会发展建设；三是达摩发展计划，就是由政府官员、学生和比丘共同参加的宗教、经济、文化发展的综合计划。这几项计划对当时泰国经济的发展起到了积极的作用。[③]

第四，宗教信仰、神学观念也会直接或间接地影响和调节人们的经济生活，在客观上促进经济的发展。关于宗教观念和经济的关系，中国古代战国时期的墨子就有一种朦胧的思想。墨子在先秦诸子中宗教色彩最浓，也最为明显，他主张“尊天志事鬼神”。他认为“天志”和“鬼神”都是为民兴利除害的。他提出“兼相爱、交相利”的观点，主张“非乐”、“节用”、“节葬”，强调“赖其力者生，不赖其力者不生”。他认为“官无

① 转引自金宜久：《当代伊斯兰教》，东方出版社 1995 年版，第 258～259 页。

② 参看罗纳德·L·约翰斯通：《社会中的宗教》，四川人民出版社 1991 年版，第 200 页。

③ 参看马德邻等：《宗教，一种文化现象》上海人民出版社 1987 年版，第 72～73 页。

常贵，民无常贱”，力主改善劳动者、小生产者的社会地位和经济地位，重视生产劳动和技术发展。他虽然反对儒家的“天命观”，却主张天有意志，认为“天志”是罚恶扬善，喜爱的是“义”，憎恶的是“不义”。顺天而行，“有义则富，无义则贫。”“顺天意者，兼相爱、交相利，必得赏；反天意者，别相恶，交相贱，必得罚。”他把“天志”看作是衡量人们行为规范的尺度。他说：“我有天志，譬若轮人之有规，匠人之有矩。轮匠执其规矩，以变天下之方圆。”他批评当时诸子百家之说“言语不可尽计”，但“其于仁义则大其远也”（《天志》上）。这些带有宗教色彩的经济观念，如果加上合理的阐述和利用，不会与发展封建经济无补。但中国封建社会两千年来实行“罢黜百家，独尊儒术”，让鄙视“学稼”、“学圃”的儒家思想占统治地位，使墨子的这些思想默默无闻，失去作用。如果说韦伯认为新教伦理促进资本主义发展，是一种独特的现象能够成立的话，那么不用墨子思想，也许可能就是中国封建经济发展失去的“独特”的机会。

当然，墨子的思想是一种准宗教思想，不能算为一种完全的宗教。真正的宗教信仰和神学观念对经济的影响主要是通过其某些独特的道德观念来影响人们的经济行为。美国学者罗纳德·L·约翰斯通在他的《社会中的宗教》一书中，介绍了大卫·莫柏格提出的宗教影响人们经济态度和经济行为的几种方式，首先就是讲宗教道德的影响。他指出，就宗教讲“诚实、公正、守信用这些个人的和商业的美德而论，它们在经济生活中是至关重要的，而在宗教能成功地把这些美德灌输给自己的信徒的范围内，宗教便对经济产生了影响”[①]。宗教道德对经济的影响既可以从宏观上影响一定社会的整个经济的发展，也可以从微观的角度影响局部的经济活动。宗教道德对经济整体发展的影响，莫过于马克斯·韦伯对于宗教伦理与资本主义精神的分析。韦伯认为，宗教对社会经济发展起积极、进步的作用，就在于新教徒的经济理论来源于新教神学，资本主义精神取决于新教伦理。韦伯认为西方资本主义的发展是一种极为独特的精神现象，它体现出基督教新教的精神原则，而不是人类社会发展中带有普遍规律的经济发展的结果。他认为资本主义精神乃是“一种具有伦理色彩的生活准则”，其理论来源就是宗教改革家，尤其是加尔文的新教神学。这种神学所倡导的是人是上帝的选民，一切都应听从上帝的安排。它强调人们的工作是“神召”。每个人都应该响应上帝的召唤，热爱自己的职业。虽然这种工作可能是仆役性的工作，但都应该“不知疲倦地劳动”和“严格地自我克制”。因为“我是为上帝工作，而不仅是为了我的老板或为我自己工作。所以我要力争做出成绩，尽可能把工作做得最好”。[②]“凡事皆为你（上帝）而做。牛奶为你而挤，你让做的事我们都一一从命，最大的事和最小的事都同样使我们愉快。”[③] 每一种正当的职业在上帝那里都具有完全同等的价值。因此，作为上帝的臣民无论是农夫、工匠、士兵、国王还是家庭主妇，每样工作都是上帝的“召唤”，都要忠于职守，努力工作，以此来为上帝增辉。

在“神召”的岗位上努力工作，不仅能防止人们沉湎于淫荡、邪恶的生活，而且这

---

① 《社会中的宗教》，四川人民出版社 1991 年版，第 199 页。

② 转引自《社会中的宗教》，四川人民出版社 1991 年版，第 200 页。

③ 转引自《新教伦理与资本主义精神》，第 176 页。

是为上帝增辉的最佳途径。为了给上帝增辉、争取成为上帝的选民，每一个人都要拼命工作，不该偷闲，因而时间变得极为宝贵。教会告诫人们："全身心地投入到勤勉的商业中去吧！这是上帝召唤你做的合法的事情……上帝支持我们这样的行动……珍惜时间，你每天都必须小心不浪费你的时间。……如果无谓的娱乐、打扮、宴会、闲聊，无益的陪伴或睡眠，其中任何一件都会浪费掉你们的时间，你要相应地提高警惕。"[①] 人们必须避免浪费时间，以便用尽可能多的时间从事工作，为上帝制造更多的财富。当这种观点在人心中内化以后，就可能变成珍惜时间，拼命工作，创造财富。这也许就是西方人强调时间就是金钱的神学来源。

由于新教伦理强调勤劳、节俭、忠于职守和自我克制的道德观念，大大促进了人们无止境地创造财富的"获取之欲望"。这是符合资本主义发展要求的"精神刺激"。资本主义发展初期为积累资本，既需要对劳动成果的理性思考，又需要劳动者本身具有这种在尘世间苦行的禁欲精神。一个人如果比周围的人工作得更努力，在工作上花了比别人更多的时间，如果生活节俭和禁欲，他就可能比周围的人更成功。你的劳动成果是上帝对你的选择和思考，上帝会因为你的行为而荣耀倍增。你自己也就变得富有了。然而，上帝又要求你节俭。正像韦伯在分析清教徒对待用财富的态度时所指出的那样："人只是受托管理着上帝恩赐给他的财产，他必然像寓言中的仆人那样，对托付给他的每一个便士都有所交待。因此，仅仅为了自己的享受而不是为了上帝的荣耀而花费这笔财产的任何一部分至少也是非常危险的。"[②] 所以，你不能用这些财产来满足自己的感官享受——吃喝玩乐。那么应该怎么办呢？那就是投资，为生产更多的商品投资，它会创造更多的利润，反过来又会提供更多的用于投资的资本，这样滚雪球似地继续下去——就是资本主义发展的"秘密"。

当然，资本主义的发展不能归结为宗教影响的结果，但是，应该看到韦伯从一个新的视角揭示了宗教作为一种上层建筑，特别是作为意识形态上层建筑对经济的反作用，有其理论和现实意义。

宗教道德对经济文化的影响还表现在宗教群体为了加强传统的道德的价值观念，反对某些不道德的行为，虽然不是有意识地指向经济的变化，但有时候间接地影响某一方面的经济发展。比如美国在1919年的禁酒修正案，就是由于得到教会反对酗酒的支持，因而能够通过。当时的宗教势力还普遍赞成把这一修正案推广到各州。这对于酒类生产和销售业是一个限制，虽然对整个经济的影响并不大，但它可以促进经济在小范围内的调整。有时，宗教领袖通过道德劝说，动员教徒参加某项经济活动，从而促进某一方面的经济的发展。

由于宗教对经济发展具有多方面的积极作用，日本学者竹内宏提出建立"宗教经济学"，把宗教与经济的关系作为一门独立的学科来研究。"他从日本社会的老人化问题入手，建立了如下的发展相关键：社会老人化——老人的孤独与寂寞——对宗教的信仰——宗教的兴旺——宗教服务费——寺院产业——新宗教与经济力——宗教与社会保

① 转引自《社会中的宗教》，四川人民出版社1991年版，第209页。

② 《新教伦理与资本主义精神》，三联书店1987年中文版，第133页。

障费。"[①] 应该说竹内宏提出建立宗教经济学是有一定现实的根据的。现代社会由于科学技术和经济的高度发展，人们物质生活水平提高，医疗条件改善，社会人口高龄化的趋势日益加剧。人口老年化趋势将影响经济发展的速度，而且现代人类面临着人口膨胀、资源短缺、生态和环境恶化、伦理道德滑坡等问题。这些问题不仅影响经济的发展，而且将使现代社会家庭分裂，使年轻人没有家庭和社会责任感，使老年人逐渐失去与子孙团聚的天伦之乐。因此，在这种竞争加剧的社会里，等待老年人的将是一种寂寞而又贫苦的生活。在无可奈何情况下，老年人就很可能去信仰宗教，去寻找"无情世界"中找不到的"感情"，求得人生的最后安慰。老年人信教就会促使宗教兴旺，新的宗教应运而生。新的宗教的着眼点不再是人类灵魂的救赎，也不再仅仅向死去的人提供葬礼和法事服务，而是为活着的人提供周到的服务，特别是对老年人提供关怀备至的照顾。宗教的服务性质增强，必然就会刺激生产和经济的发展，这就需要对这一特殊领域内的经济活动进行专门的研究，因而"宗教经济学"也是可以成立的。

宗教对社会经济文化的发展具有多方面的积极作用，这是应该肯定的。但是，应该看到，宗教作为一定社会的上层建筑，它对经济的影响作用无论有多大，都是建立在经济基础对它的决定作用的基础上，我们不能夸大这种作用。宗教作为一种特殊的上层建筑，与政治法律制度不同，它对经济的影响作用很少是激进的，很少是革命性的，它不可能使经济发生革命性变革，向着新的方向发展。一定社会的宗教总是反映该社会占主导地位的经济制度，这就决定了宗教影响经济具有保守性。它总是经常明显地支持占统治地位的经济规范与制度模式，它对经济生活的参与也都是为了加强该社会的经济规范和经济模式。在阶级社会中，宗教往往被统治阶级用来维护其经济制度、生产关系，起着巩固该社会经济基础的作用。封建社会中，宗教僧侣就是封建统治阶级的一部分，教会占有大量土地和财产，成为封建生产关系的一部分。当然，在历史发展的一定阶段，某种宗教也可能反映某种新的生产关系的要求，被某些新兴的阶级用来反抗旧的经济制度，建立新的生产关系。如欧洲 16 世纪的宗教改革，建立起来的新教就反映了新兴资产阶级反对封建专制、建立资本主义生产关系的要求，但资本主义生产关系的建立最终是通过资产阶级革命来实现的。对于宗教影响经济的这种保守性，约翰斯通在他的《社会中的宗教》一书中讲得很明白。他在书中分析宗教对经济的种种影响以后作出结论说："作为最终的总结性评论，我们再一次重申，虽然宗教确实包含在它所存在的那个社会的经济之中，是那个经济的一部分，但它对经济的影响却是相对微小的。它主要是作为社会产品和劳务的买者与卖者之一，通过对经济生活的参与而加强其社会的经济规范和经济模式的。虽然有时宗教也会向特定经济单位的经济活动或经济关系的某些方面发起挑战，但这种挑战从长远的观点看，对经济的影响都是微乎其微的。"[②] 约翰斯通对宗教影响经济文化的评价是比较客观的。

宗教影响经济文化的保守性还在于宗教对待经济的态度的矛盾性。一方面，宗教总是赞美贫困，把贫困视为美德，总是设法使信徒不受物质利益和物质欲望的影响。基督

---

① 马德邻：《宗教，一种文化现象》，上海人民出版社 1987 年版，第 74 页。

② 《社会中的宗教》，第 216～217 页。

教赞美“幸运的穷人，你们将拥有大地”，“富人进天国是多么难啊!”(《圣经》)佛教也总是赞美托钵僧人摆脱了经济欲念，来去无牵挂，以便对人生进行沉思。道教则主张清心寡欲，修炼成仙。它认为“夫身以妖艳为华，心以身名为贵，身好轻鲜之饰，口欲珍奇之味，身欢妙美之香，鼻悦芳馨之气，此六者皆败德伤性，只以伐其灵根也。故有之即可远，无之不足求。惟衣与食，人之所切，亦务道之一弊耳”。[①] 为修身，它主张“不利货财，不贪世名”。这样把人生的一切物质生活都看作是不得不有的“弊”。这种无视人的物欲的道德观念必然限制宗教对于经济的作用。它们不会把发展经济满足人的物质文化需要作为目的去追求。因此，即使是宗教改革派所创立的新教伦理，虽然在客观上有利于资本主义的发展，但韦伯自己也不得不承认：我们“不应将此理解为，我们期望发现这些教派的任何创始人或任何代表人物把我们称之为资本主义精神的发展视为他们终生工作的目的。我们也不能以为他们中的任何人会把追求世俗的物质利益作为自身目的，会把这种追求看作具有肯定的伦理价值。我们必须永远记住，伦理观念的改革从来就不是任何宗教改革家……所关心的中心问题。他们既不是道德文化团体的创立者，也不是人道主义的社会改革或文明理想规划的倡导者。灵魂的救赎，而且仅仅是灵魂的救赎才是他们生活和工作的中心。他们的道德理想及其教义的实际效果都是建立在这一基础之上的，而且是纯宗教动机的结果。因而，我们不得不承认，宗教改革的文化后果在很大程度上，大概在我们重点研究的这些方面，是改革家们未曾料到的，甚至是不想达到的。这些结果往往同他们本人所想要达到的目的相去甚远，甚至相反。”[②] 应该说，韦伯这一看法是比较客观公正的，是值得称道的。

注：本章是由《社会科学研究》1999 年第 3 期发表的《论宗教对文化的影响》、《西南民族学院学报》(哲学社会科学版) 1997 年第 6 期发表的《论宗教与社会稳定》和《宗教学研究》1998 年第 1 期发表的《论宗教对经济的二重性影响》3 篇论文编辑而成的，编辑过程中对节标题有所改动。

---

① 吴筠：《宗玄先生玄纲论，委心任运章第二十三》，上海书店本《道藏》第 23 册，第 679 页。

② 《新教伦理与资本主义精神》第 66～67 页。

第二十三章　加强文化素质教育，提高人才培养质量（上）

20世纪90年代开始，世界高等教育出现了探索提高大学生文化素质的趋势，而我国高校长期以来存在重理轻文，社会的文化素质方面出现不少的问题。根据这一情况，教育部（当时是国家教委）提出了加强大学生文化素质教育、建立文化素质教育基地、成立文化素质教育指导委员会、加强文化素质教育的研究和指导，希望通过这项工作探索人才培养模式、教育观念和教育思想的改革，提高人才培养质量。

一、文化素质教育是高等学校开展的对学生进行人文素养科学精神的培养教育

文化素质教育是20世纪90年代中期当时国家教委结合国际高等教育改革发展的趋势和我国高等教育的现状而提出的在高校学生中进行的人文素质和科学精神的教育，主要是在学生学好专业的同时，进行人类文化的优秀成果，特别是历史、哲学、艺术等人文社会科学方面的教育，同时对文科学生加强自然科学方面的教育，以提高全体大学生的文化品位、审美情趣、人文素养和科学精神。

（一）加强文化素质教育是高等学校全面推进素质教育的切入点

加强高校文化素质教育主要是为全面贯彻党的教育方针，进行人才培养模式和教育教学改革的探索，使我国高等教育能够适应当代社会、经济、科学文化发展和社会主义现代化建设的需要，能够跟上当代世界高等教育关注人才素质培养的改革发展趋势。几年来，加强文化素质教育，的确起到了转变教育观念、深化教育教学改革、推进高校全面素质教育的作用。

高等学校加强文化素质教育，不同于各级各类学校全面素质教育，有它特殊的内容要求和独特的价值。江泽民于1999年1月31日在视察内蒙古大学时指出："文化素质教育很重要，应当好好抓，理科的学生要加强学习人文方面的知识，文科的学生要加强学习自然科学方面的知识。"这既肯定了高校文化素质教育，同时又明确指出了大学生文化素质教育的主要内容。事实上，我们在加强文化素质教育一开始就提出要通过一定

的方式使大学生在学好专业的同时，进行包括文史哲基本知识、艺术的基本修养、国内外优秀文化成果的教育；对理工科学生主要加强文学、历史、哲学、艺术等人文社会科学的教育，对文科学生主要加强自然科学知识的教育，以提高全体大学生的文化品位、审美情趣、人文素养和科学精神，提高大学生的整体素质。近年来，随着文化素质教育的深入开展，国家教委又提出了高校文化素质教育应包括提高大学生的文化素质，提高广大教师的文化修养，提高大学自身的文化品位和格调的三个提高。这三个方面相辅相成，相互促进，从人才培养、师资保证和育人环境方面赋予了高校文化素质教育的新的内容，成为高等学校全面推进素质教育的重要组成部分，是全面素质教育的提高。它不仅对于提高人才培养素质具有重要意义，而且对于高等教育改革、建设具有中国特色的高等学校也具有重要意义。

高等学校深化教育改革、全面推进素质教育，涉及教育观念、教育体制、教育结构、人才培养模式、教育内容、教学观念和教学方式等方方面面的改革。这是一项复杂的系统工程。对这项工作应该怎么进行，当然首先是学好《中共中央、国务院关于深化教育改革，全面推进素质教育的决定》（以下简称《决定》）的精神，加强领导。从我们前些年抓文化素质教育的实践和经验来看，在具体工作中，以加强文化素质教育为切入点，是高校深化教育改革、推进全面素质教育的有效形式。文化素质教育的内容要求、实施途径和具体方式涉及高校全面素质教育的各个方面。各校在开展文化素质教育工作中都积累了许多经验，形成了一系列规范化、制度化、科学化的有效做法，为高校贯彻全教会精神、全面推进素质教育提供了很好的经验。在当前，我们以全教会精神为指导，继续深化文化素质教育，进一步转变教育观念，必然会推动学校各方面改革，提高教师素质，优化育人环境，促进学生全面素质的提高。

（二）加强高校文化素质教育是贯彻党和国家教育方针的有效途径

教育方针是关系人才培养总体目标的规定。我国社会主义高等教育的总体目标就是由党和国家教育方针确定的。这一次，《决定》中又提出了“造就‘有理想、有道德、有文化、有纪律’的、德智体美等全面发展的社会主义的建设者和接班人”，把美育纳入教育方针，同时对人才素质、人才培养目标提出了更高的要求。这是对教育方针的丰富和发展。过去由于历史的原因，在具体贯彻教育方针的过程中，人们的理解和着力点并不都是全面的，很长时间内，对美育问题没有涉及。针对这种情况，前些年在教育教学改革中我们提出加强大学生文史哲、艺术教育，以提高学生综合素质，促进全面发展。这和教育方针的要求是一致的。

过去在贯彻教育方针的实践中都只从德、智、体三个方面构建人才培养模式，而且对德、智、体的理解都比较空泛。加强文化素质教育中，根据当代社会发展对人才素质的要求，我们提出从知识、能力、素质的统一来构建人才培养模式，并提出人才素质包括思想道德素质、文化素质、业务素质、身心素质等相互联系的四个方面，丰富了教育方针的内容，使它充分体现了时代的特点，从而使我们能在一个新的、更广阔的背景下来思考人才培养质量，从更深层次、更丰富和更综合的角度体现德智体美全面发展的要求。

教育方针的德智体美等方面是促进学生全面发展的有机的统一整体。《决定》指出："实施素质教育，必须把德育、智育、体育、美育等有机统一在教育活动的各个环节中。学校教育不仅要抓好智育，更要重视德育，还要加强体育、美育、劳动技术教育和社会实践，使诸方面教育相互渗透、协调发展，促进学生的全面发展和健康成长"。这为我们全面贯彻教育方针指明了方向。但是过去在很长时期内，往往只是从开设课程的角度分别强调各个方面，没有形成将德、智、体、美这几个方面统一起来进行教育。而且由于专业设置过窄，教学内容和教学方法跟不上时代的要求，即使强调课程，也很难达到各个方面的要求。我们提出加强高等学校文化素质教育，对学生在进行专业教育的同时，进行文学、历史、哲学、艺术基本知识和修养以及自然科学知识的教育，并把这些教育纳入人才培养规划和教学计划，实行第一课堂和第二课堂相结合、理论教育与实践锻炼相结合，将对学生的全面教育统一起来，同时加强教师队伍建设，提高教师文化素质，加强校园文化建设，提高学校文化品位。这几个方面的工作，形成了教育内容、教育主体、教育环境和教育方式上将教育方针的德智体美几个方面有机地统一起来的行之有效的做法，使教育方针的全面贯彻具有更强的操作性，能够得到具体落实，从而保证学生真正能够得到全面发展。

（三）加强文化素质教育是提高大学生整体素质的基础

根据当代社会对人才的知识、能力、素质等的要求，我们将人才的素质概括为思想道德素质、文化素质、业务素质、身心素质四个方面。它们是相互联系、相互促进的，其中思想道德素质是灵魂，文化素质是基础，业务素质是本领，身心素质是保证。作为基础的文化素质，它作用于整体素质的各个方面，也作用于人的一生的学习、工作和生活中。我们认为，提高大学生的素质，必须加强文化素质的教育，为提高大学生的整体素质打好文化基础。

文化素质教育同思想道德素质、业务素质、身心素质的发展都是紧密相联系的。首先，文化素质教育可以促使学生的思想道德素质的提高。文化素质教育的内容包括人文社会科学、自然科学、艺术、中外文化精华的教育。它是真、善、美统一的教育，是形成社会及人的价值取向的根基，是提升学生的公民意识和社会责任感、塑造完善品格的基础。一定的思想道德观念总是以一定的文化底蕴为基础，而一定的文化又总是蕴涵着一定的价值观念。文化素质教育对一个人的思想道德素质的提高有着极为重要的作用。江泽民说："要说素质，思想政治素质是最重要的素质。不断增强学生和群众的爱国主义、集体主义、社会主义思想，是素质教育的灵魂。"而思想道德素质总是通过学习一定的文化知识和实践锻炼形成的。所以他强调"对干部、群众和学生必须认真进行中国历史、地理、文学知识和政治知识的教育，没有这些知识的武装，人们的爱国主义、集体主义、社会主义思想是难以确立起来的"。在一般情况下，没有文化的文盲是不可能有很高的道德修养的。我们加强文化素质教育正是为培养和提高大学生的思想道德素质打下坚实的文化基础。

文化素质教育开设的系列课程、系列学术讲座和丰富的第二课堂活动与实践活动，大大拓展了思想政治教育的内容和视野，为思想政治教育开辟了新的领域，丰富了思想政治教育的内容和教育方式，改变了过去思想政治教育内容单一、教育形式呆板、学生不喜欢的被动局面，大大增强了思想政治教育的效果。学生普遍反映通过文化素质教育，增长了知识，开阔了眼界，陶冶了情操，激发了学习热情，提高了精神境界，增加了民族自豪感和社会责任感，决心做一个“有理想、有道德、有文化、有纪律”的社会主义建设者和接班人。

文化素质教育作为基础素质的教育，对业务素质的提高也有着重要的作用。业务素质对学生来说就是专业素质。文化素质教育一方面打好文化基础，有助于学生理解专业知识；另一方面，从深层次上推动专业教育，提高专业教育质量。专业教育是培养大学生一定的为社会服务的特殊的工作能力，从而使他们个人得以谋生和发展，是学生的看家本领。因此，可以说，专业教育是教给学生在为社会服务中以实现自我和生活目的的手段。没有手段，目的无法实现；没有生活目的，手段就失去了存在价值。生活目的既依赖手段，又统帅和制约着手段。如果大学生懂得怎样做人和做一个什么样的人，有明确的生活目的，他们就会积极地去掌握达到目的的手段，从而就会对专业学习有正确认识和直接的兴趣，产生真正的、持久的学习动力。他们会以顽强的毅力，克服一切困难去学好专业。我们进行文化素质教育的主要目的就是要通过人文社会科学的学习，使学生树立正确的世界观、人生观、价值观，确立正确的人生目的，懂得怎样做人和做一个什么样的人，懂得怎样去达到自己的人生目的，从而使他们在学校能够认真学习专业知识，走上社会能够很好地工作。

文化素质教育同专业教育的相互关系，要求专业教育也必须贯穿文化素质教育的要求。从教育理论来看，专业教育除了对学生施以正式的专业课程教育影响外，还存在着非正式的非专业知识教育的影响。在课程论中，通常把这种非正式的非专业知识教育影响称之为潜在课程。潜在课程是相对于有目的有计划地实施的正式课程而言的。它是通过育人环境中人、事、物和学生的内心活动相互作用，对学生的心理和个性产生潜在影响。隐蔽性、间接性、广泛性、不确定性和愉快性是潜在课程的最大特点。学生常常是在不知不觉中、心情愉快、心理活动处于积极状态的时候，受到潜在课程的感染、熏陶。因此，潜在课程往往比正式课程产生更大的教育作用。潜在课程的影响实际上就是文化素质教育所要达到的要求。这种影响产生于专业教材的一定的价值倾向、科学精神，教师的学术水平、教学态度、教学方法，教师的言谈举止以至教师的仪表服饰都会给学生以极大的影响。所以，专业课的教材和教学过程都应该贯穿文化素质教育的内容和要求。一部分文字优美、逻辑性强，并能结合实际论证问题的教材会给学生产生一种潜在的人文精神的影响，使学生铭记在心。一个学术功底浓厚，知识面广，举止高雅，教学认真负责，有严谨求实的作风、优美的语言表达、灵活的教学方法的教师更容易把科学内在的结构美和它的社会价值展现给学生，使学生能深深地体验到理性美感和科学价值，从而产生追求真理的浓厚兴趣。而这一切都是专业教师在教学过程中所体现出来的人文精神，表现出教师的世界观、人生观、价值观和道德观。它会给学生以潜移默化的影响。学生会潜意识地把教师作为一种人生楷模而加以借鉴，由此可能影响他一生。因此，文化素质教育实际上总是客观地潜藏在专业教育过程中。我们应该把这种潜在变为显在，自觉地在专业教育中贯彻文化素质教育。

文化素质教育同学生的身心素质的发展也是分不开的。现代社会处于信息爆炸时代，各种信息纷至沓来，社会竞争日趋激烈，人的身心素质也就显得特别的重要。身心素质的培养，当然可以通过体育锻炼、心理咨询等活动得到提高。但文化素质教育仍然是学生身心素质发展的基础。一方面，学生通过学习文史哲艺术等人文社会科学和自然科学知识，学会正确认识人与自然、人与社会、人与人的关系，懂得生命的存在及其价值，从而爱惜生命，自觉地注意自己的身心健康；另一方面，文化素质教育提高学生的精神境界，培养学生科学的思维方法，使他们能够正确认识和超越现实的种种矛盾，树立远大的理想和坚定的信念，从而产生实现理想的顽强的毅力和百折不挠的奋斗精神。而这种毅力和精神正是可贵的心理品质。所以，培养学生真正的好的身心素质，必须要有文化素质教育作支撑。

文化素质教育同学生其他素质的发展是相互影响、相互促进的。作为基础的文化素质，促进其他素质的发展。同样，其他素质的提高，反过来促进学生对文化素质教育的认识，提高学生参与文化素质教育的积极性。所以，我们贯彻全教会的精神，必须使各方面的素质教育相互配合、全面推进。

（四）加强高校文化素质教育是培养大学生创新精神和创新能力的基本保证

《决定》中明确提出实施素质教育要“以培养学生的创新精神和实践能力为重点”。并且指出创新精神和创新能力的培养要贯穿于整个教育过程中，要“培养学生的科学精神和创新思维习惯，重视培养学生收集处理信息的能力、获取新知识的能力、分析和解决问题的能力、语言文字表达能力以及团结协作和社会活动的能力”。江泽民在讲话中又进一步指出：“教育是知识创新、传播和应用的主要基地，也是培育创新精神和创新人才的重要摇篮。无论在培养高素质的劳动者和专业人才方面，还是在提高创新能力和提供知识、技术创新成果方面，教育都具有独特的重要意义。”高等学校在培育民族创新精神和创新人才方面，更是有着特殊的使命。文化素质教育作为高等学校的一项教育工作，必须以培养大学生的创新精神和创新能力为重点。所以《决定》特别指出：“高等教育要重视培养大学生的创新能力、实践能力和创业精神，普遍提高大学生的人文素养和科学素质。”

培养学生的创新精神和创新能力是知识经济时代文化素质教育本身内在的要求。现今社会知识经济已见端倪。未来21世纪将是知识经济占国民经济主导地位的时代。知识创新、科技创新是知识经济的灵魂，是知识经济的强劲动力，也是社会进步的推动力量。创新，根本的一条是要靠教育，靠人才。面对知识经济时代的知识创新和科技创新的要求，高校文化素质教育必须适应时代的需要，为学生创新精神和创新能力的培养提供广博的文化底蕴。

科学发展的实践证明，创新思维不仅来源于对问题的深入钻研，也得益于深厚的基础知识和宽广的知识面。有丰富的知识才能产生联想和综合，才有新的思想产生。尤其是在现代，科学的发展呈现出综合化、整体化的趋势，出现了科技文化与人文文化的融合。人们面对的科学技术问题、经济问题、生态环境问题以至伦理道德问题都是一个复杂的系统，都需要运用多学科的知识进行综合研究。因此，新的发现往往在交叉学科、边缘学科之间产生。这就要求创新必须具备多学科的丰富的知识。只有知识量积累到一定程度才能产生新质的思想。各种知识数量增大、知识种类增多，使人能够产生丰富的联想，找到多种事物的交叉点，产生新的思路，提出新的结论。多学科的广博的知识是创新能力的基础。恩格斯早在100多年前的《自然辩证法》中曾指出：在分子学科和原子学科的接触上“可望取得最大的成果”，科学发展证实了恩格斯的这一预言。国际21世纪教育委员会在给联合国教科文组织的报告中说：“扩大知识面可以使每个人更好地从各个角度来理解他所处的环境，有助于唤起对知识的好奇心，激发批判精神并有助于在独立思考的基础上辨别是非。”① 现代科学发展表明，组织多学科的联合攻关，是高科技研究取得突破性进展的主要形式。综合运用各种科学方法研究某一特定对象，是当代科学发展的最有前途的方向。当代最富有创造性的思维方式正是产生于各门科学相互结合的交叉点上。当代科学发展中最有前途和取得丰硕成果的科学流派大都具有综合研究的特色。历史上和现实中许多作出创造性贡献的科学家，大都知识渊博，爱好广泛。据美国对1300多名科学家所做的5年追踪调查表明：有成就的科学家极少是只通一门的“专才”，绝大多数都是以具有多学科知识取胜的。所以，创新思维和创新能力都必须要有广博的知识作基础。这种基础只靠专业教育是难以形成的，而文化素质教育可以弥补专业教育的不足，它使学生能获得专业以外的多学科知识，从而扩大知识面、开阔视野、激发创新意识，为他们形成创新能力打下基础。

文化素质教育不仅能使学生形成有利于创新活动的广博的知识基础，而且能够完善学生的思维方式。思维方式对人们的认识具有重要作用。一般来说，理工科学生主要习惯于逻辑思维，常常是演绎推理，实验分析，侧重于定量思考。文科学生则主要习惯于形象思维，对问题多用想象、直觉、类比、夸张等思维方式。思维科学研究表明，逻辑思维和形象思维对创造思维犹如车之两轮、鸟之双翼，缺一不可。加强文化素质教育有利于发展理科学生的想象、直觉、感悟等形象思维，对文科学生则有利于培养定量分析的逻辑思维。思维方式的完善直接有助于创造发明。科学史表明，想象力是个体智力活动富有创造性的重要条件，是创造思维的可贵品质。历史上凡属开创性的科学家、发明家都具有丰富的想象力。爱因斯坦就是一位极富想象力的科学家。他从16岁就开始思索：“如果我以光速追随光波将会看见什么？”这一想象一直推动着他去探索自然界的奥秘，在科学上取得了伟大的成就。他曾深有感触地说：“想象力比知识更重要，因为知识是有限的，而想象力概括着世界上的一切，推动着进步，并且是知识进化的源泉。严格地说，想象力是科学研究中的实在因素。”② 想象与感觉、知觉、记忆等心理活动结合在一起，有助于人们更广、更深地认识世界，从而促进人们的创造性研究，提高知识创新能力。而丰富的想象正是通过文化素质教育，特别是通过文学、艺术的教育培养起来的。文学、艺术的教育使学生的思想进入一种高尚、超越的精神境界，形成丰富的想象投入学习、研究，从而产生创新精神。在科学研究中，艺术常常能够启迪人的想象

① 《教育——财富蕴藏其中》，教育出版社1996年版，第77页。

② 《爱因斯坦文集》第1卷，商务印书馆1976年版，第284页。

力，提高创造思维的能力。爱因斯坦对古典音乐有着深厚的兴趣，当他遇到问题时，经常拉小提琴，音乐使他思如潮涌。因此，他甚至认为艺术使他“比物理学那里获得更多的东西”。薛定谔、达尔文以及我国著名的科学家钱学森等许多科学家都有这种体会。这些科学家的经验说明，文学、艺术教育对于完善人的思维、提高创新能力具有特殊的作用。

加强高校文化素质教育，还有利于建设创新人才培养的文化环境。创新精神和创新能力的培养是同文化环境分不开的。创新精神不是一朝一夕形成的，它是一种先进文化长期积淀而形成的一种社会意识。创新精神的淡漠和创新能力不强不仅是科学技术的落后，而且更重要的是社会文化的不先进。中华民族是富有创新精神的民族，曾有许多发明创造，给人类文明作出了贡献。我们应该继承优秀的传统文化，发扬民族的创新精神，创造一种有利于创新意识和创新能力培养的，民主的、进取的、开放的文化环境。江泽民说：“每一个学校，都要爱护和培养学生的好奇心、求知欲，帮助学生自主学习、独立思考，保护学生的探索精神、创新思维，营造崇尚真知、追求真理的氛围，为学生的禀赋和潜能的充分开发创造一种宽松的环境。”这种宽松的环境就是民主、开放、进取的文化环境。加强文化素质教育，学习、继承、发扬优秀的传统文化，学习西方的先进文化，提高教师的文化素养，提高学校的文化品位正是为了建设一种有利于开发学生潜能，培养创新意识和创新能力的文化环境。

创新精神和创新能力更需要培养学生的个性。个性是创造性思维产生的基础，只有个性得到充分发展，有一种求异思维，才能有不同于一般的新创造，而个性的发展更需要宽松的环境。专业教育和文化素质教育都应注重个性和个体潜能的挖掘、培养，要看到每个人都有他独特的价值，实行因材施教和灵活的管理，使每个学生的个人天赋都能得到比较充分的发展，从而能更好地发挥他的创造性。

发展个性教育，必须转变人才观念，树立多元人才观。在人才培养问题上，“必须坚决克服用‘一个模子’培养人才的倾向。”“要鼓励和支持冒尖，鼓励和支持当领头雁，鼓励和支持一马当先，这不是提倡搞个人突出、个人英雄主义，而是合乎人才成长规律的必然要求。”加强文化素质教育正是按照这一规律，扩大学生知识面，提高学生的综合素质，一方面培养全面发展的具有多种能力的人才，另一方面也是为了更好地发展学生的创造性和专长打下坚实的文化基础，培养出更多高素质具有特殊能力的专门人才。

二、实施文化素质教育的途径和方法

（一）开展文化素质教育首先必须转变教育观念，树立综合素质教育思想

近年来国家教委高教司提出了素质教育，确立了厚基础、宽专业、高素质的要求，最近又提出开展大学生文化素质教育。我们认为这是符合当代科学文化及社会发展要求的。在实践这一方面，我们四川联合大学（四川大学、成都科技大学）成立以后，学科

门类较齐全，覆盖了文、理、工、管、财经、政法等多门的学科、专业，为加强文化素质教育、提高学生综合素质提供了有利的客观条件。一年多来，我校努力把学校办成文理渗透、理工结合的新型综合大学，在这方面作了一些探索，取得了一些成效。但一年多的实践使我们认识到，要做好这方面的工作，首先必须转变教育观念。为此，我们从1999年3月初开始到9月底，在全校开展了一场教育思想和教学改革的大讨论。在讨论中，我们首先强调转变教育观念，树立综合素质教育的思想。通过大讨论，现在广大干部和教师都感觉到：过去由于我们普遍存在着重“专业”轻“基础”、重“授技”轻“育才”、重“知识”轻“能力”的教育观念，培养的学生知识面狭窄，知识结构单一的问题比较突出。这种学生多属知识型，而非智能型、创造型。这样的人才不能适应当代社会、经济、科技和文化发展的需求，更不能适应即将到来的21世纪对人才素质的要求。比如材料学院在讨论总结中指出，过去在学科结构上，多数按三级学科（小材料）设置专业，过分强调专业对口，专业划分过窄，专业结构基础上是单科性的格局，没有体现现代科学技术发展中的多学科交叉和相互渗透的特点；在教学体系和知识结构方面，是以专业（小材料）为基础的培养目标，课程体系、教学内容、教学计划都按专业招生和对口就业来设置，课程体系专业倾向化大，缺少交叉学科、边缘学科和横断学科的知识。他们认为这种状况必须尽快改变。经济学院在讨论总结中也指出，通过讨论，老师们都认识到经济类专业越分越细，课程设置过于实用化，经济基础理论不扎实，学生缺乏人文社科方面的知识。毕业后知识面狭窄，往往只能做具体经济工作，很难有理论创造。

总结这次我校教育思想和教学改革的大讨论，广大教师在教育观念上初步实现了三个转变：一是从单一的专业教育向综合素质教育的转变；二是从传授专业技术的“授技型”向“育才型”的转变；三是从以传播专业知识为主向真正地、全面地培养“能力”为主的转变，初步树立起了综合素质教育思想。教育观念的转变为我们开展文化素质教育奠定了思想基础。

最近我们又组织有关部门和文、理、工、管、财经、政法、艺术等方面的专家讨论大学生文化素质教育的基本要求，以及加强大学生文化素质教育的基本思路和措施。经过讨论，我们认为，根据我国当前高等学校大学生的实际情况，大学生文化素质教育的基本要求应该包括知识、修养和能力三个层面的培养：第一，在知识层面上，要使大学生对文学、历史、哲学、艺术及当代科学技术发展有一个基本的了解；第二，在修养层面上，要提高大学生的文化修养，培养高尚的道德情操和健康的心理素质、文明的行为举止；第三，在能力层面上，要培养大学生的思维能力，发展个性，激发创造力。当然，这是对一般大学生而言，至于文科、理科、工科及农、林、医、师等不同学科大学生的文化素质教育又应该有不同的要求，这些需要在实践中去进一步摸索总结。

（二）总结经验，不断探索大学生文化素质教育的新措施

1. 第一课堂和第二课堂相结合

加强大学生文化素质教育，首先要体现在第一课堂的课程学习上。目前，我校主要是从以下几个方面予以保证的：其一，我们在制定各专业新的教学计划时，强调要突出

“文理渗透，理工结合”，不仅要求文科各专业要开出8%左右的理工科类必修课程，理工科各专业要开出10%～15%的文科类必修课程，而且各专业都要有一定数量的人文、社会科学方面的基干课程。其二，教务处每学期都要组织有关教师为全校学生开出30门左右的人文、社会科学方面的公共选修课，如“中国传统文化”、“西方哲学”、“价值论”、“大学语文”、“社会主义市场经济”、“美学”、“文学欣赏与文学评论”等，每门课选修的人数少则一二百人，多则三四百人，“社会主义市场经济”选课达九百多人；从1998年起，我校还开出了几门艺术类公共选修课“舞蹈”、“摄影艺术”、“音乐欣赏”等，每学期选修的人数都在五百以上，而且学生的出勤率高，不亚于一般的专业课。其三，从1993年起，我校实行了主辅修制，到目前为止，共为91、92、93级学生开办了法学、广告学、会计学、国际贸易、英语、计算机这六个专业的6个辅修班，参加的学生来自文、理、工科各专业，共达730人。学生要在两年中学完该辅修专业的大部分主干课程，约16门课，50学分。本来规定辅修专业必须在二年级下学期才能报名入学，但许多学生早在进校后不久就选定了自己要选学的专业。

加强大学生文化素质教育，还要充分利用他们的业余时间和节假日开辟第二课堂，使之成为第一课堂的补充和延伸。目前，我们采取了多种形式开辟第二课堂：一是举办学术讲座，由教务处拨出经费，要求每个系每个学期向本科开出4～6次学术讲座。同时，校学生工作部相继举办了许多系列学术讲座，如“知我中华，爱我中华，爱国主义教育知识讲座”、“大学生成才系列讲座”和“跨向新世纪大型周末系列讲座”，内容包括文学、历史、哲学、艺术、心理学、经济学等各个方面。演讲者有校内外著名专家学者、省市机关干部及大中型企业的领导等。这些讲座对于提高学生的思想理论水平，引导他们了解当前科技前沿动态和人文社会科学最新研究成果，活跃我校艺术气氛等，起到了很大的作用，因此深受广大学生的欢迎。二是学生工作部组织开展丰富多彩的业余文化活动，如音乐欣赏会、棋牌赛、英语演讲比赛等。本学期，学生工作部又推出了“周末十大系列活动”，内容包括：举办学术讲座；开展文体比赛；组织学生到工厂、农村参观考察；外语、计算机培训；推荐优秀书目；优秀影视欣赏，以及参加义务劳动等。三是利用学生社团开展文化艺术活动，引导学生成立摄影协会、书法协会、诗社、周末读书会等，开展各种文化艺术活动。四是与校外文艺、科技团体进行横向联合，通过“走出去，请进来”，让学生有更多的机会参加社会的文化实践活动。

2. 专业教育和文化素质教育相结合

加强大学生的文化素质教育，仅靠增加文、史、哲、艺等方面的课程是不够的，而且受学生的时间、精力和学校办学条件等多种因素的限制，也不可能一下子在各专业增开许多课程。所以，我们认为还应该把文化素质教育同各院系的专业教育有机地结合起来，让它渗透到各专业课程的教学中。为此，我们打算做好以下两个方面的工作：一是对现有课程，尤其是理工课程进行内容的改革，要求教师在所开课程的教学大纲中增加人文、社会科学方面的理论和知识，从而深化这些课程的文化层次。比如，我校化工系要求教师在各门课程中，凡讲到化学定理、定律、公式时，都要同时讲解各有关科学家的生平简历，该定理、定律的发现经过及其在整个科学发展史上的地位、作用等。再如机械系的“工业造型设计”课，过去只注重向学生讲解产品造型的规范性、功能性、实用性，现在由于市场竞争的激烈和人们对审美的普遍追求，因而教师必须在讲课中增添产品造型的审美性内容。再有，各系的实验课，过去教师讲了实验的目的、程度、注意事项等，就要学生动手操作，并按要求写出实验报告。可是许多学生缺乏应用文写作常识和语言表达技巧，实验是做了，但实验报告写不好。现在学校要求实验课的任课教师，应在教学大纲中增添"实验报告的写作"的讲授内容，并能对优秀的范文作讲解评析。二是要求教师在与学生一道进行各种教学实验活动时，要见缝插针地对学生进行文化素质方面的了解和教育。

3. "两课"教育和文化素质教育相结合

当前高校的"两课"（马列理论课和思想品德课）教育受到了严重的挑战。目前高校中的确出现了部分青年学生对两课的厌学情绪。我们必须正视当前高校两课教学所面临的新形势、新问题，必须坚持改革，在改革中不断开拓新局面。

我校的两课改革虽然才刚刚起步，但这方面的探索、研究却早已开始，比如这几年来，我们在马列课教学中就增加了"马克思主义与爱国主义"、"马克思主义与中国传统文化"等专题讲座，还围绕这些内容举行学生演讲比赛、辩论赛等，都取得了较好的效果。今后我们准备在这方面继续进行探索，加重马列课中的文化素质教育内容。

至于在思想品德课中引入文化素质教育则更是天地宽广，因为无论是中国传统文化还是西方文化，那些能反映人类文明精华的部分，很多都渗透着对人的思想品德修养的教诲和训诫。通过介绍、讲析古今中外的文、史、哲、经、艺等方面的大师及其名著来进行思想品德教育，比捧着现成的教材、讲义照本宣科，效果更好。在我校前一段时间的教育思想和教学改革大讨论中，德育教研部、教务处和部分院系师生代表，曾对思想品德课的改革进行研讨。大家认为，今后我们可以围绕着"中国传统文化与大学生思想品德"、"西方文化与大学生思想品德"、"科学技术发展与大学生思想品德"、"法制教育与大学生思想品德"、"心理素质与大学生思想品德"等专题，首先进行该课教学内容的改革，与此同时，将在教学方法方面进行深入的改革探索。

4. 教学管理部门和学生管理部门相结合

教学是高校工作的主旋律，因此，文化素质教育的组织和管理工作应责无旁贷地主要由教学部门来承担，但是文化素质教育是全校都应该关心支持的系统工程，应得到各部门的配合。近几年来，我校在开展文化素质教育时，教务处与学生工作部配合得较密切，比如教务处主管第一课堂，学生工作部主管第二课堂，两者之间有分工也有协调。学生工作部艺术教研室开出的"舞蹈"、"摄影艺术"等艺术类课程在教务处支持下较早地被定为全校性公共选修课，教务处不仅与艺术教研室一道制订了开课、选课条例，期末考试时派人前往监考，还在经费上予以支持。学生工作部举办的周末系列学术讲座，也在许多方面弥补了教务处主办的各种学术报告的内容上的不足。两部门还联合培训、组织学生先后参加了"全国首届大学生'长虹杯'电视辩论赛"、"全国大学生数学模型竞赛"和"电子设计竞赛"及四川省"大学生英语演讲比赛"等。

今后，我们将进一步加强教务处同学生工作部门的配合，抓好大学生文化素质教育工作，为培养面向21世纪的高素质、高水平的优秀人才贡献力量。

三、文化素质教育与创新人才的培养

人类社会即将跨入21世纪，进入知识经济时代。这将是科学技术高度发展和广泛应用的时代，一方面将改变人们的生产方式、工作方式、生活方式和思维方式，另一方面又将对人自身的素质和生存能力方面提出更高的要求。为适应社会的发展，开发和激励学生创新潜力的创新性教育已成为当今世界各国高等教育改革发展的潮流。我国也极其重视创新人才的培养，党中央、国务院召开了深化教育改革，全面推进素质教育，以提高民族素质和创新能力为重点的第三次全国教育工作会议，为高等学校创新人才培养指出了明确的方向，提出了具体的要求。

（一）培养大学生创新精神和创新能力是知识经济时代文化素质教育的内在要求

文化素质教育是世界各国高等教育适应现代社会经济、科学文化发展对人才素质的要求，在反思自19世纪中叶以来科学教育和人文教育分离，重视科学教育、轻视人文教育使人们丧失整体文化观，出现了许多社会问题的基础上提出来的。其目的是要通过对大学生进行人文精神的教育，提高学生的综合素质，以适应当代世界科学技术综合化、整体化、人与自然和谐发展、科技文化与人文文化逐步融合发展的需要。因此，加强大学生文化素质教育，是高等教育适应时代要求的产物，教育内容和教育目标都必须根据时代的需要来确定。现今社会正步入知识经济时代。未来21世纪将是知识经济占国际经济主导地位的时代。知识经济是以智力资源的占有、配置，以科学技术为主的知识的生产、分配和使用（消费）为最重要因素的经济。它的最大特点是以智力资源为首要依托，以高技术产业为第一产业支柱。因此，知识经济的形成与发展都必须依靠创新。知识创新、科技创新是知识经济的灵魂，是知识经济的强劲动力，也是社会进步的推动力量。江泽民指出："创新是一个民族进步的灵魂，是一个国家兴旺发达的不竭动力。""全党和全社会都要高度重视知识创新、人才开发对经济发展和社会进步的重大作用，使科教兴国真正成为全民族的广泛共识和实际行动"。"创新，根本的一条是要靠教育，靠人才"[①]。中共中央、国务院关于深化教育改革全面推进素质教育的决定中明确指出，实施素质教育要"以培养学生的创新精神和实践能力为重点"，并且指出，创新精神和创新能力的培养要贯穿于整个教育过程中，要求"智育工作要转变教育观念，改革人才培养模式，积极实行启发式和讨论式教学，激发学生独立思考和创新的意识，切实提高教学质量。要让学生感受、理解知识产业和发展的过程，培养学生的科学精神和创新思维习惯，重视培养学生收集处理信息的能力、获取新知识的能力、分析和解决问题的能力、语言文字表达能力以及团结协作和社会活动的能力"。江泽民在全教会上的讲话中又进一步指出："教育是知识创新、传播和应用主要是基地，也是培育创新精神

① 江泽民：《在庆祝北京大学建校一百周年大会上的讲话》，人民网1998年5月4日。

和创新人才的重要摇篮。无论在培养高素质的劳动者和专业人才方面，还是在提高创新能力和提供知识、技术创新成果方面，教育都具有独特的重要意义。”高等学校在培育民族创新精神和创新人才方面，更是有着特殊的使命。文化素质教育作为高等学校提高学生综合素质的一项教育工作，必须适应时代的需要，以培养大学生的创新精神和创新能力为重点。所以《决定》特别指出：“高等教育要重视培养大学生的创新能力、实践能力和创新精神，普遍提高大学生的人文素养和科学素质。”

（二）文化素质教育为培养大学生的创新精神创新能力提供广博的文化底蕴

科学发展的实践证明，创新思维不仅来源于对问题的深入钻研，也得益于深厚的基础知识和宽广的知识面。有丰富的知识才能产生联想和综合，才有新的思想产生。尤其是在现代，科学的发展呈现出综合化、整体化的趋势，出现了科技文化与人文文化的融合。人们面对的科学技术问题、经济问题、生态环境问题以及伦理道理问题等都是复杂的系统。新的发现往往在交叉学科、边缘学科之间产生。这就要求创新必须具备多学科的丰富的知识。只有知识量积累到一定程度才能产生新质的思想。各种信息数量增大、知识种类增多，使人能产生丰富的联想，找到多种事物的交叉点，产生新的思路，提出多种设想，得出新的结论。恩格斯早在100多年前，在《自然辩证法》中就针对那种用单一学科知识去看待分子学科和原子学科的接触点时指出：“维得曼在说明电火花对化学分解和重新化合的影响时宣称：这宁可说是化学上的事情。在同样情况下，化学家也宣称：这倒不如说是物理学上的事情。这样，在分子学科和原子学科的接触上，双方都宣称与己无关，但是恰恰就是这点上可望取得最大的成果。”恩格斯的这一预言后来很快被阿累尼斯（S. A. Arrhenius）在1885—1887年建立的电离理论所证实①。现代控制论的创始人维纳就是一个知识渊博、兴趣广泛、从事过多种专业学习和研究的人。他在《控制论》一书中说：“在科学发展上可以得到最大收获的领域是各种已经建立起来的部门之间的被忽视的无人区”。他主张：“到科学地图上的这些空白区去做适当的勘查工作，只能由这样一群科学家来担任，他们每人都是自己领域中的专家，但是每人对他们的邻近领域有十分正确和熟练的知识。”② 现代科学发展表明，组织多学科的联合攻关，是高科技研究取得突破性进展的主要形式。综合运用各种科学方法研究某一特定对象，是当代科学发展的最有前途的方向。当代最富有创造性的思维方式正是产生于各门科学相互结合的交叉点上。当代科学发展中最有前途和取得丰硕成果的科学流派大都具有综合研究的特色。历史上和现实中许多作出创造性贡献的科学家，大多知识渊博，爱好广泛，如我国东汉时期的张衡对天文、地理、数学、机械、文学、绘画都有很高的造诣。据美国对1300多名科学家所做的5年追踪调查表明：有成就的科学家极少是只通一门的“专才”，绝大多数都是以具有多学科知识取胜的。所以，现代国际高等教育非常强调扩大学生的知识面。国际21世纪教育委员在向联合国教科文组织的报告中指出：

① 参见钱时惕：《重大科学发现个例研究》，科学出版社1987年版，第289页。

② N·维纳：《控制论》，科学出版社1982年版，第3页。

"今天，一个真正受到全面培养的人需要有广泛的普通文化知识并有机会深入地学习研究少量的学科。在整个教育过程中，应该促进这两个方面同时发展"[①]。扩大学生的知识面，"可以使每个人更好地从各个角度来了解他所处的环境，有助于唤起对知识的好奇心，激发批判精神，并有助于在独立思考的基础上去辨别是非"[②]。历史和现实都说明创新思维和创新能力必须要有广博的知识作基础。这种基础只靠专业教育是难以形成的，必须加强文化素质教育，因为"文化教育作为超越时间和空间将各个社会联系起来的纽带，势必会使受教育者了解到其他领域的知识，从而有助于充分发挥各学科之间的协同作用"[③]。文化素质教育可以弥补专业教育的不足，它使理工科学生通过学习文、史、哲、艺术等人文社会科学，使文科学生学一些自然科学及专业以外的人文社会科学，从而扩大学生的知识面，开阔学生视野，激发他们的创新意识，为培养他们的创新能力打下坚实的文化基础。

（三）加强文化素质教育，营造有利于创新人才培养的文化环境

创新精神和创新能力的培养是同文化环境分不开的。创新意识不是一朝一夕形成的，它是在先进文化环境中长期积淀而形成的一种社会意识。创新精神和创新能力要有一种求新、求异的思维。这种思维是人的本质特征之一，往往表现为对未知世界的探索和对现存事物的超越的本能。俄国著名科学家巴甫洛夫曾经指出：高等动物除了具有觅食、繁衍、趋利避害等基本的本能之外，还有一种"探究"的本能。他把这称为"探究"反射，并认为人类对新知识的追求、对未知世界的探索就是这种本能的延伸和发展。这就是说，人类本身就包含着创新的本能。这种创新本能往往潜在于人身上成为人的潜在能力。这种潜在能力需要开发才能变成现实的能力。教育是开发这种创新潜能的基本手段。但是，传统教育有一个根本弱点，就是过分注重知识传播，着眼于证实已知的东西，不利于培养学生的求新、求异，开发潜能。所以，江总书记在全教会上的讲话中特别强调："每一个学校，都要爱护和培养学生的好奇心、求知欲，帮助学生自主学习、独立思考，保护学生的探索精神、创新思维，营造崇尚真知、追求真理的氛围，为学生的禀赋和潜能的充分开发创造一种宽松的环境。"这种宽松的环境就是民主、开放、进取的文化环境。加强文化素质教育，学习、继承和发扬优秀的传统文化，学习西方文化中的先进内容，提高教师的文化素养，提高学校的文化品位正是为了建设一种有利于开发学生潜能，培养创新意识和创新能力的民主的、进取的、开放的文化环境。在这种环境中，民主是创新的社会文化氛围和健康的个性意识存在与发展的社会基础。没有民主的文化环境，个性意识和创新意识最多只能以潜意识的方式存在，不可能成为一种意识。只有民主才能有自由、平等，才能有个性的存在和发展，才能形成一种有利于创新意识和创新活动的社会文化机制。进取精神是社会主义文化的重要内容。社会主义是人类历史上全新的事业，只有不断开拓进取、不断创新才能保持社会主义的生命力。进取

① 《教育——财富蕴藏其中》教育出版社 1996 年版，第 77 页。

② 同上。

③ 同上。

精神是社会主义文化的内在要求，也是我们民族得以生存和发展的基础。正是这种进取的精神给我们民族的创新意识和创新活动提供了社会文化动力，从而保证创新活动的开展。开放的文化是创新意识和创新活动的必要条件。封闭必然僵化，也窒息创新的灵魂，只有开放，不断同外界进行信息交流，才能不断扩大视野，不断吸取全人类的科学文化的新的营养，获得不断创新的能力，特别是在当今世界正走向知识经济时代，科学技术迅速发展、全球经济一体化趋势日益明显这种形势下。正如邓小平指出的："对外开放具有重要意义，任何一个国家要发展，孤立起来、闭关自守是不可能的，不加强国际交往，不引进发达国家的先进经验、先进科学技术和资金是不可能的。"① 文化是社会发展的要求和反映，我们必须坚持开放，建设开放性的社会主义文化，不断吸收新的东西，保证知识创新和科学技术创新，才能赶上世界发展的潮流。

民主的、先进的、开放的文化，在学校集中体现在教育思想和教育观念上，以全面素质教育为指导，树立素质教育观念，发展个性教育，才能形成一种有利于培养创新意识和创新能力的教育环境。几年来，文化素质教育已促进了教育思想和教育观念的变化，基本克服了单一的专业教育思想，树立了素质教育的思想，各高校都普遍开设了文化素质教育课程。但要把文化素质教育作为培养创新人才的重要举措，远不是增加几门课程的问题，它需要从教育思想的根本转变上去建立自身的支撑点。然而，目前仍然存在着一些不适应创新人才培养需要的教育思想和教育观念。这主要表现在教育思想上强调统一，忽视个性培养。目前基本上是统一学制、统一教学计划、统一课程体系、统一教学进度，统一要求、统一管理。在人才培养上强调培养适应市场经济需要的知识和能力，忽视创新精神和创新能力的培养。这种统一的教育观念、单一地适应市场经济需要的人才观不改变，难以培养出高素质的创新人才。因此，必须改变大一统的教育观念，实行因材施教，发展个性教育。有个性才有创新。个性是创造性思维产生的基础，只有个性得到充分发展，才能有不同于一般的新创新。所以，专业教育和文化素质教育都应注意个性和个体潜能上的挖掘、培养，要看到每个人都有他独特的价值，使每个学生的个人天赋能得到比较充分的发展，从而能更好地发挥他的创造性。

发展个性教育必须克服统一的人才培养模式，树立多元人才观。江泽民在全教会上的讲话中特别指出：在人才培养问题上，"必须坚决克服用'一个模子'培养人才的倾向"。"要鼓励和支持冒尖，鼓励和支持当领头雁，鼓励和支持一马当先，这不是提倡搞个人突出、个人英雄主义，而是合乎人才成长规律的必然要求。"加强文化素质教育正是按照这一规律，扩大学生知识面，提高学生综合素质，一方面，是要培养全面发展的具有多种能力的人才；另一方面，也是为了更好地发展学生的创造性和专长，培养出更多的高素质的具有特殊才能的专门人才，从而满足社会各方面的需要。

树立新的教育思想，还必须要有新的教学观念。教育思想是要通过教师的教学活动表现出来的。教师的教学活动是实现人才培养的基础的一环，而教师的教学活动又总是受一定的教学观念支配的，没有新的教学观念，不可能有新的教学活动。传统的教学观念总是强调教师教，强调教师是传播知识的主体，忽视学生的主体性。树立新的教学观

① 《邓小平文选》第3卷，第117页。

念，首先要把学生看成是具有能动性的学习主体，而不是被动接受知识的对象。教师要放弃自我权威、自我中心意识，在教学中要尊重学生与众不同的思想，鼓励、培养学生的好奇心、探索欲；要培养学生对问题的主动思考、提出质疑并动手解决的能力；要给学生留出思维空间，通过自己钻研得出结论。其次，在教学中要处理好“循序渐进”与“超越性思维”的关系。传统的教学强调“循序渐进”，忽视甚至反对“超越性思维”（或跳跃性思维）。其结果一方面是每门课程都要“从猿到人”讲起，在不增加课程教学时数的情况下，无法反映科学文化的最新成果内容；另一方面，如果没有“超越性思维”，就会限制学生的创造性，使学生只能跟着前人知识走，不能超越前人去创造新的知识。创新从本质上讲就是对现存事物的超越。没有超越就不可能有创新。因此，在教学中必须重视超越性思维，要站在高起点上，敢于迈过一些现存的知识，让学生去接受更新的知识，培养他们敢于超越的创新思维。只有通过转变教育思想和教学观念，树立新的教育思想和教学观念，深化教学改革，采取切实的措施，才能把创新人才的培养落到实处。

四、大学生文化素质教育评价的思考

我国高等学校加强文化素质教育，从 1995 年开始试点到现在已在全国各高校中普遍展开，取得了很大的成绩。但如何考核评估学校文化素质教育工作，考核评估学生文化素质的提高，一直是各校探索的问题。我们“各类高等学校本科教育中文化素质教育目标要求培养模式及评价方法研究”课题组在完成整个课题研究中，对这一问题作了专题研究，拟订了一个参考方案。

（一）开展评价是促进文化素质教育的手段

文化素质教育的评价是整个教育评价的重要内容。教育评价是 20 世纪兴起的新的教育督导机制之一。它改变了传统的仅仅通过测试检验学生学习成绩的单一考察方法，着眼于运用心理学、社会学、统计学等多种手段对学校在制定教育目标、实施培养计划、改善教学条件、提高教学水平和成效等方面所进行的实践开展系统的考核评定。它的基本功能是通过不同方式、不同渠道采集信息，进行定量和定性的分析，对评价对象的现状作出一定的价值判断，并对其改进与提高的方向和途径提出意见，然后将结果反馈给相关部门和单位，以便有效地指导学校改进工作。20 世纪后半叶以来，教育评价在世界范围内蓬勃发展，有的国家还形成了一整套检测、跟踪、评定的指标体系、操作规范和信息反馈机制，对于检验学校实现其预定教育目标的程度、推动学校的发展建设、强化学校的教学管理和不断提高教育教学水平发挥了积极作用，并由此日益成为政府对教育进行宏观管理，分类指导和质量检测的重要手段。在整个教育体系中，教育评价也因其有效的反馈、调节、指导的功能产生了越来越重要的影响，成为现代教育研究的三大领域之一。在许多国家和地区，持续、定期的教育评价已经成为指导学校教育教学工作的基本环节。我国也十分重视高等教育的评价，近年来开展了学校的合格评估、随机评估、优秀评估等工作，促进了学校的建设和发展。

文化素质教育作为高等学校开展素质教育的切入点，它是高等教育教学改革中的一项新的探索。它的任务，一是提高大学生的文化素质，也就是提高大学生的文化品位、审美情趣、人文素养和科学素质；二是提高教师的文化修养；三是提高学校的文化品位和格调。这三个方面的任务是相辅相成、相互促进的。当前高校开展文化素质教育，必须同时抓好这三个方面的工作。这三个方面的工作到底应该怎么做，目前国内各高校都还在探索中，发展不平衡。这就需要教育评价的参与，通过发挥其诊断、反馈和指导的功能，帮助学校认清现状、总结经验，发现差距，校正方向，以推进高校文化素质教育。

其二，文化素质教育是一项人才培养模式改革的探索，它是贯串于人才培养全过程，并广泛影响和渗透到不同学科、不同教育环节之中的系统工程，又是基础性、综合性很强的教育实践活动。它不仅涉及面广，对人才的成长影响深远，而且在教育内容上具有多种可选择性，实施的手段和途径也灵活多样。例如，在高等教育阶段如何处理文化素质教育与专业教育的关系、不同专业学生教育的内容怎样区别、文化素质教育在整个教学计划中应占的比重如何、如何处理第一课堂和第二课堂的关系，等等，所有这些困惑，只有通过科学的评价，对当前大学生文化素质的现状和对尚在形成中的教学目标和教学途径的合理性及其成效有一个较为客观的认识和估价，才能根据不同教学对象的实际状况，实事求是地制定出切实可行的培养方案和教学规范，并建立以评价为中心的教学管理体制和教学质量监控体系。

其三，大学生文化素质教育作为一项教学改革，必须面对传统教育观念和在此基础上形成的思维定势及教学模式的冲突，因而各校实施此项改革的过程中难免存在着一定的思想阻力和各种各样的困难。通过建立一定的评价指示体系和评价机制，将有助于利用政策导向和宏观管理的约束机制，促进教育思想和观念的变革，提高认识，不断深化文化素质教育。

当然，开展文化素质教育评价面临诸多困难。首先，文化素质是一个内涵丰富的范畴，它既包含某些知识和能力的因素，又远非知识、能力所能涵盖。它还包括大量的非智力因素，诸如人格、意志品质、情感态度、价值观、人生选择等等，而这些恰恰是对一个人的健康成长和长远发展具有持久价值和终极影响的要素。可以说，一个人的气质、修养、待人接物的态度和行为方式无不是其文化素质的综合体现。然而，这些要素常常并不以孤立的形态存在或显现，而是在人们日常的工作学习和言谈举止中依赖于特定的情景和语境自然透露或显现的，因而很难进行非此即彼的测定。近年来，一些学校对学生进行的文化素质测试或诊断主要偏重于知识面或基本能力的考察，这显然不足以得出准确的结论。事实上，要认定一个学生文化素质的高低比测定一个人的知识力水平要难得多，绝非通过一两次书面考试或几项定量的指示测定就能全面判断。其次，学生文化素质的提高不同于一般的知识接受或能力的培养，它需要一个较长期的熏陶、养成和内化的过程，很难立竿见影收到巨大成效，有的潜移默化的效果还需要一定时间检验方可显现出来。因此，对一个学生文化素质的提高或一项文化素质教育措施的成效乃至对一个学校的文化素质教育状况的评价能否进行真正意义上的比较和实质性操作又成为另一个难题。这当中必然涉及措施与效果是否统一、近期与长期效果的关系等问题的认定。

其三，目前我们在实施教育评价过程中，为了保证评价标准的公正性和结果的客观性、可比性，通常尽可能采用便于量化的指标体系，并运用统计学的方法对采集的有关信息进行定量分析和描述。然而如上所述，文化素质中的许多因素关系到一个人对待特定事物的行为态度，这却是难以进行定量测评的，如对学生文化素质状况的测定是评价学校文化素质教育工作的重要依据之一，但同时也是最难进行科学量化和客观描述的项目之一。如果说对个别学生的状况可以采用访谈、观察和实验等社会调查方法进行分析的话，那么对大面积的评价对象就很难准确反映，并且具体分析的结果也可能因评价主体的差异而带有一定程度的主观性和模糊性。因此，要对学生的文化素质状况进行精确量化的测定和统计是十分困难的，但若全部采用定性评价，其客观性和效度又会受到影响。

（二）开展文化素质教育评价的原则和策略

第一是整体性原则，即应当与对学生的思想道德素质、身体心理素质、业务素质等其他素质的培养结合起来评价，与学校教学工作的总结评价结合进行，以体现其在实现人才培养总目标中的合理定位。

第二是指导性原则，即应当强调以加强文化素质教育为契机，推进教育思想、教育观念和人才培养模式的转变，提高人才培养质量。

第三是持续性原则，即应建立立足长远的定期评价机制，并依据各校不同的情况和教育改革进程，提出不同的阶段性要求，使各单位能够把改革与建设贯穿于评价的过程中。

第四是灵活性和建设性原则。所谓灵活性，是指在掌握评价标准上不要求整齐划一、一刀切，鼓励因地、因校制宜，创造本单位的特色。所谓建设性，是指把以评促改、以评促建作为评价的根本目的，而不单把眼光停留在对某些鉴别式、规范化、强制性的硬标准的建立和衡量上。在评价方式上，宜以各校自评自测为主，教育行政部门和高校文化素质教育指导委员会则可通过抽查达到以评促建的效果。

遵循上述原则，在评价方法的选择上也宜采用相应的策略。一是硬评价与软评价结合。所谓硬评价，是指对简单可测的、可以按明确规范或定量指标进行测定和考核的项目，应坚持客观标准，不宜任意降低要求或变更评价尺度；反之，对那些难以作出精确测定的内容和项目，则可以采用软评价的方式，通过问卷、观察、访谈、比较、综合分析等手段对评价对象的基本状况做出等级评定。这种判断可能带有某种程度的主观性和模糊性，但对那些只适合于定性的指标，如教育思想、学生精神面貌、价值观等却更为适宜。

二是以形成性评价，即以目标和措施的评价为主导。我们重视形成性评价就是把文化素质教育作为一项正在进行中的教育改革活动，正视它的探索性、阶段性、不完善性。因此，评价不是立足于简单的好差对错的判断，而是通过评价向学校反馈有关改革进展、成效及问题的信息，使之能不断订正教育目标，完善改革方案，改进教学活动。这样，既可减轻被评学校的压力，又能积极推动文化素质教育工作的改进。

（三）评价的内容和指标体系

根据上述评价原则和策略，我们课题组经过几年的调查研究，提出对大学生文化素质教育的评价的内容主要应包括：（1）学校开展文化素质教育状况的形成性评价。这类评价包括指导思想与组织领导、文化素质教育内容的选择与教育目标的确定、师资队伍建设、文化素质教育条件建设与实施途径等方面的考察。（2）对大学生文化素质教育状况的诊断性评价。这种诊断性评价包括对学生的文学、历史、哲学、艺术等人文社会科学及自然科学基本知识构成情况，对他们分析问题、解决问题的能力及表达能力和审美能力，对他们的生活情趣、行为举止和道德修养等方面的考察。（3）对学校开展文化素质教育初步效果的总体性评价。其评价内容包括学校的校园环境状况和文化氛围、校风学风、学生综合素质的提高、进行文化素质教育的特色等方面取得的初步成效的考察。这种总体性评价是对评价学校的文化素质教育水平和成果的鉴定，主要是为进一步推动和指导文化素质教育的深化发展提出改进意见。

根据对大学生文化素质教育的评价的内容，我们建立了一个评价指标体系，以供参考。整个指标体系包括 4 个评价要素和 15 项评价指标，并为每项指标确定了不同的权重系数，试图勾勒出文化素质教育目标、实施途径、内容和成效之间的内在联系。具体指标如下表所示：

<table>
<tr><th rowspan="2">评价要素</th><th rowspan="2">序号</th><th rowspan="2">评价指标</th><th colspan="2">等级评价标准</th><th rowspan="2">评价方法</th><th rowspan="2">权重系数</th><th colspan="4">评价等级</th></tr>
<tr><th>A 级标准</th><th>C 级标准</th><th>A</th><th>B</th><th>C</th><th>D</th></tr>
<tr><td rowspan="4">文化素质教育的指导思想与组织领导</td><td>M1</td><td>素质教育的思想观念</td><td>开展教育思想的讨论，对高等学校的素质教育有清楚的认识，能把文化素质教育同培养 21 世纪需要的人才联系起来，树立了加强大学生文化素质教育的思想观念</td><td>对高等学校的素质教育有一定的认识，有在大学生中进行文化素质教育的基本概念</td><td>听取汇报，查阅文件</td><td>7、0</td><td></td><td></td><td></td><td></td></tr>
<tr><td>M2</td><td>人才培养目标要求</td><td>将文化素质教育纳入各专业的人才培养的总目标，把它作为培养 21 世纪高素质人才的组成部分，并有明确的要求</td><td>在人才培养目标中体现了文化素质教育的要求</td><td>查阅文件和人才培养方案</td><td>7、0</td><td></td><td></td><td></td><td></td></tr>
<tr><td>M3</td><td>领导和组织机构</td><td>领导重视，学校建立健全了以主要校领导为首的开展文化素质教育的领导班子和相应的工作机构，并纳入学校工作规划，有专人负责，有工作计划</td><td>学校相关部门有开展大学生文化素质教育的机构，有人抓这项工作</td><td>听取汇报，查阅文件</td><td>9、0</td><td></td><td></td><td></td><td></td></tr>
<tr><td>M4</td><td>经费投入</td><td>文化素质教育经费列入学校总的预算，或建立了文化素质教育基金，有稳定的投入，能保证文化素质教育活动的正常开展</td><td>学校对文化素质教育活动有一定的经费投入，能开展一些教育活动</td><td>查看文化素质教育专用经费开支账本</td><td>6、0</td><td></td><td></td><td></td><td></td></tr>
</table>

续表

评价要素	序号	评价指标	等级评价标准		评价方法	权重系数	评价等级			
			A级标准	C级标准			A	B	C	D
开展大学生文化素质教育的基本条件建设	M5	师资队伍建设	文化素质教育的师资队伍，其中专业、年龄、职称结构合理，能使用现代化教学手段，教学水平较高；文化素质教育师资队伍建设纳入学校师资队伍建设的总规划，并有相应的政策措施	有文化素质教育的教师，其中有的教学水平较高	查阅文件，召开教师座谈会	9、0				
	M6	图书资料和教材建设	学校藏书丰富，门类齐全，其中理工农医类院校应有相当数量的人文社会科学书刊，学生有条件利用光盘、网络等现代信息资源；文化素质教育所开设的课程有高质量的教材和教学大纲，有教材建设的规划	学校有门类较多的藏书，其中理工农医类院校有一定的人文社会科学书刊；学生有条件利用光盘、网络等现代信息资源；文化素质教育所开课程有一些教材	参观图书设备，查看教材和教学大纲	7、0				
	M7	活动场地和校园环境建设	有开展文化艺术活动的专用场地和设施，校园内有若干富有特色和教育意义的人文景点，并有文化素质教育的实习基地	有一定的活动场所和设施，有自己的校内景点	实地参观	6、0				
开展大学生文化素质教育的途径和方式	M8	第一课堂课程建设	必修课和选修课，纳入各专业的教学计划，规定了应修不少于8个学分的课程；建立了文、史、哲、艺术等人文社会科学和自然科学的课程体系，能充分满足学生选课需要	教学计划中有文化素质教育课程的要求，能开出一定的课程供学生选择	查看教学计划，组织学生座谈	8.0				
	M9	第二课堂建设	有目的、有计划地开展科学、文化、艺术等学术讲座和课外阅读；有制度化的校园文化艺术活动；学生社团活跃，数量较多，参与面广	开展了一些学术讲座，有一定的校园文化活动和学生的社团组织	查阅文件，组织学生座谈	8.0				
	M10	社会实践锻炼	学校经常组织学生到校内外文化素质教育基地实习，要求学生以不同的途径和形式参加社会实践锻炼，培养社会调查、分析问题、人际交往和组织等能力，并有考核检查的措施	组织学生利用寒暑假参加社会实践锻炼，并有要求	实地参观，查阅文件和学生社会实践作业	5.0				

续表

评价要素	序号	评价指标	等级评价标准		评价方法	权重系数	评价等级			
			A 级标准	C 级标准			A	B	C	D
文化素质教育的初步成效	M11	学生的人文社会科学知识结构	多数学生阅读面较广，具备文学、历史、哲学、艺术等人文社会科学和自然科学方面较丰富的知识，对社会、经济有广泛的了解	一些学生有一定的阅读面，对文学、历史、哲学、艺术等人文社会科学和自然科学知识有一定的了解	随机抽选部分学生进行知识测验	6、0				
	M12	学生的综合能力	学生具有较强的思维能力、创新能力、学习能力、口头与书面表达能力、审美能力、心理承受能力和分析问题、解决问题的能力	学生具有一定的思维能力、表达能力和学习能力	组织学生座谈、讨论和情景分析	6、0				
	M13	学生的思想道德修养	学生普遍具有很强的社会责任感，具有爱国主义、社会主义、集体主义思想，具有积极向上的精神面貌、高雅的生活情趣，文明的言谈、行为举止。	一些学生有一定的社会责任感，具有爱国主义、社会主义、集体主义思想，较好的言谈举止和行为习惯	组织学生座谈、讨论和情景测试	6、0				
	M14	校风、学风建设	学校具有优良的校风和严谨、活泼的学风，管理严格规范，纪律严明，校园美观、整洁，对学生日常生活行为有明确规范的要求，学生行为表现好	学校校风、学风较好，学校管理、学生行为规范有一定的规章制度，校园清洁卫生	查阅文件，实地参观	5、0				
	M15	学校文化素质教育的特色	把文化素质教育的内容与专业教育结合得好，并有自己的经验；结合自己的特点，组织文化素质教育的形式多样，效果好；对文化素质教育的考核评估有自己的做法，收到较好效果。	开展专业教育和文化素质教育结合的试点，能利用一定的形式开展文化素质教育，并有考核评估的要求	听取汇报，查阅资料	5、0				

上述评价指标体系中，我们采用较为模糊的分等级评定的方式，即每个指标设定A、B、C、D4 个评价等级，每个等级都有不同的标准。在指标体系中我们设立了 A 级和 C 级两个标准，介于二者之间为 B 级，不能达到 C 级标准的为 D 级。评价时先分项评出等级，汇总后按不同的权重系数计算出等级分。

（四）评价的操作及过程控制

1. 评价的主体

文化素质教育评价的主体首先应当是学校，由学校根据评价指标体系组织的综合评估应在评价中发挥主导作用。

其次，大学生应当成为评价的主体。学生评价的内容应包括他们对已开展的文化素质教育活动的兴趣及参与程度、对学校人文环境的感受和他们的自我评价，尤其是毕业生走上社会之后对自身素质和能力的新认识。

其三，教育行政管理部门要发挥主体作用，开展有计划地实施监督与检验是评价中不可缺少的环节，是确保评价获得较高信度和效度的基础。这不仅因为代表行政管理部门进行评价工作的通常是从不同领域精心挑选的专家，同时也是教育管理机构借助行政手段发挥指导作用，实现以评促建的根本保证。不过，这种评价一定要实事求是，避免不考虑具体情况和基础条件、不分校情、机械地推行整齐划一标准的做法。

2. 等级评定与计算

运用指标体系进行评价，采用等级评定和等级状态方案进行。评价时只需对各评价项目按照评价等级在A或B或C或D栏内打“√”。

在各项分别评出等级之后，可按下列公式计算评价结果：

$$V=\sum_{i=1}^{l}[M_i\cdot(\text{等级})_i](i=1,2,3,4,\cdots,n)$$

最后的评价结果用状态方程：$V=a_A+b_B+c_C+d_D$表示。其中，a、b、c、d分别表示评价结果为A、B、C、D四个等级的权重系数之和。

根据以上方法得出的计算结果，即可按预定标准确定评价对象的综合等级。比如，$a\geqslant 80$可达到优秀等级；$a+b\leqslant 80$，其中a不低于50，可评定为良好；$a+b\leqslant 70$、$d\leqslant 20$可评定为合格。

3. 评价成果的运用

评价的真正目标应当是推动高校文化素质教育工作的不断深入和完善。因此，让评价成果充分发挥效用才是更为重要的。

学校内的评价主体应当认真将考察和诊断的结果与评价对象既定的培养目标和实施方案相比照，确定其与预定目标之间的差距，同时，深入总结分析评价中发现的经验和暴露的问题，以便为下一阶段教改方针的确定和教学计划、教学手段的完善提供依据。

若是代表教育行政部门组织评价，则应及时、客观地向受评对象反馈评价意见，提出改进建议，并对评价过程中发现的带有共性的规律或问题进行归纳，以指导和促进其他学校的文化素质教育工作。

注：本章是由1999年9月教育部在华中理工大学召开的高等学校落实全教会精神、加强文化素质教育工作研讨会上为钟秉林司长起草的主题报告的一部分、《中国高等教育》1995年第12期发表的《发挥合校优势提高学生综合素质》（由我写成以四川联合大学名义发表）《中国高等教育》1999年第24期发表的《文化素质教育与创新人才的

培养》（文章后来经过修改充实后在《南开教育论丛》1999 年第 3 期以“论文化素质教育与创新人才的培养”为题发表，并收入周远清主编的《论文化素质教育》，高等教育出版社 2004 年版）以及《中国大学教学》2002 年 6 月发表的《关于大学生文化素质教育评价的思考》（后收入周远清主编的《论文化素质教育》一书）等文章编辑而成。

第二十四章　加强文化素质教育，提高人才培养质量（下）

一、综合大学加强文化素质教育的经验

全国绝大多数综合大学都参加了原国家教委 1995 年开始组织的加强大学生文化素质教育试点工作。几年来，各试点学校结合自己的特点和优势，采取多种途径和方式积极进行探索，取得了显著的成绩，形成了一些开展文化素质教育的行之有效的做法，积累了一些经验。

（一）开展教育思想大讨论、转变教育观念，提高对加强大学生文化素质教育的认识

综合大学一般学科门类比较齐全，文科师资力量强，图书资料丰富，校园文化氛围较好，学校品位较高，加强大学生文化素质教育有很好的客观条件。不少学校在 20 世纪 80 年代就开始在全校开设人文社会科学的选修课和学术讲座，开展丰富多彩的校园文化活动。这实际上就是初期的文化素质教育，但总的来讲，认识是不够的。随着文化素质教育试点工作的展开，各校在开展这项工作的实践中都感到广大师生对这一问题认识很不一致，试点工作难以深入。各校都觉得要深入开展文化素质教育，不仅是增加人文社会科学的选修课和搞好第二课堂活动的问题，而且必须从教育思想和教育观念的转变上寻找支撑点。综合大学过去同样受苏联模式及计划经济条件下形成的单一的专业教育思想影响很深，存在着重专业轻基础、重知识轻能力的教育观念；在人才培养上强调培养单一的专业高级研究人才，专业划分过窄，“门户”观念很强；培养出来的学生知识面同样狭窄，知识结构单一，理科学生缺乏人文社会科学知识，文科学生缺乏自然科学知识及专业以外的人文社会科学知识。这种单一的专业教育观念不转变，很难发挥综合大学的优势，难以培养出适应未来 21 世纪需要的厚基础、宽专业、高素质的人才。针对这种情况，参加试点工作的学校都从转变教育观念入手，组织了教育思想和教育观念的大讨论。如中国人民大学、南京大学、四川大学、山西大学等校都先后开展了教育思想的讨论，这些讨论一般都是围绕着 21 世纪社会、经济、科学、文化发展对人才素质的要求，以及怎样培养适应 21 世纪需要的高素质人才的主题展开。在做法上一般都

是由学校党委、宣传部、教务处和学生工作处联合制定计划，把师生的政治学习和教育思想讨论结合起来进行，具体做法是：(1) 选编一些学习材料并提出讨论参考题；(2) 把整个讨论划分为学习、讨论、总结交流，并制定教学改革和加强文化素质教育方案这几个阶段；(3) 学校领导，宣传部、教务处、学生工作处的负责人经常深入院系参加讨论，并以简报的形式指导全校讨论。其中有的学校除了进行全校性的讨论外，还专门针对教师中存在的单一的课程教学、不太关心学生全面成长的思想，以及学生中普遍存在的急功近利、忽视全面发展的求知观念，在教师中围绕着“怎样提高学生综合素质”讨论怎样处理好课程教学与培养学生综合素质的关系、怎样帮助学生提高思想道德素质、教师如何提高自身的综合素质等。学生围绕着“21世纪对人才素质的要求”讨论怎么样充实、完善自己，做一个符合21世纪需要的人才；怎样提高文化修养，树立大学生的良好形象等。

通过讨论，提高了师生对文化素质教育的认识，广大干部、教师在教育思想和教育观念上实现了两个转变：一是从单一的专业教育向综合素质教育的转变，二是从单一的课程教学、知识灌输向全面关心学生成长的转变。学生通过讨论，进一步了解了未来21世纪对人才素质的要求，初步克服了急功近利的求知观念，树立了全面发展的思想。广大师生都认识到文化素质教育不是可有可无的事，而是深化教学改革、提高学生综合素质的基础的一环，是关系到全面贯彻党的教育方针，培养基础扎实、知识面广、能力强、素质高、富有创新精神的人才的大问题。广大师生教育思想和教育观念的转变，对加强大学生文化素质教育形成了共识，为深入开展这一工作打下了坚实的思想基础。

（二）采取多种措施探索文化素质教育的科学化、规范化、制度化

在广大师生转变教育观念、提高认识的基础上，各试点学校都根据自己的条件，采取多种途径和方式探索文化素质教育的科学化、规范化和制度化，使文化素质教育从自发的、分散的、不系统的阶段，进到自觉的、科学的、规范化、制度化的阶段。

总结各校开发文化素质教育的途径和方式大体上有如下一些做法。

1. 成立全校加强文化素质教育领导小组，落实任务，明确分工

学校一般建立文化素质教育领导小组，由学校的主要领导或分管校长和分管学生工作的书记任正负组长，教务处、学生处、团委、宣传部等单位的负责人为成员，制定学校关于加强大学生文化素质教育工作的实施意见。有的学校还明确规定了领导小组的5项任务：一是作好思想工作，二是统一规划和统一指导，三是筹集经费、保证条件，四是检查监督，五是组织研究、总结经验，形成自己的特色。在组织上由教务处牵头，学生工作处、团委等部门配合抓好全校文化素质教育。有的学校还规定结合一年一度的教学工作会，讨论和部署开展文化素质教育的工作。这样，领导重视、分工明确、组织落实，从而保证了文化素质教育正常、持久地开展。

2. 加强理论研究，探索文化素质教育的内容、目标要求，使其科学化

文化素质教育是教学改革的一项新的探索，一开始很多问题都不太明确。为了弄清问题，正确开展这项工作，不少学校都非常重视这一问题的研究，如北京大学、四川大

学、广西大学等校教务处都有专门班子开展文化素质教育的理论研究。

首先在文化素质教育的内容上，针对开始阶段各方面人士对“文化素质”内涵认识不一，各校在研究中都从反思20世纪以来由于科学教育与人文教育的分离所产生的种种社会问题等着手，结合我国当前高等教育的现状以及学生的实际情况进行深入研究，从而明确了现阶段的文化素质不是广义的文化素质，而主要是指提高学生的人文素质。我们所进行的加强大学生文化素质教育，重点是人文素质教育，因此，在教育内容上是对大学生加强文学、历史、哲学、艺术等人文社会科学方面的教育，同时对文科学生加强自然科学方面的教育。通过这种教育，提高大学生的文化品位、审美情趣、人文素养和科学素质。

在文化素质教育要达到的目标要求方面，有的学校通过理论研究、实证调查和征询专家意见等，提出了要从知识、能力、修养三个方面的统一来建立文化素质教育的目标，并具体提出了通过文化素质教育要使大学生在学好专业的基础上，培养具有较广泛的人文社会科学知识，较强的思维能力、创新能力和审美能力，高尚的道德情操，很强的爱国主义思想和民族精神。

根据这一总的目标，在知识方面要求了解文学、历史、哲学、艺术等方面的人文社会科学的基本知识，了解国内外名家、名著、名画、名曲、重大历史事件，文科学生还应了解当代自然科学方面的基本知识；在能力方面要求具有一定的理论思维能力和科学的思维方法，能基本正确地分析问题和处理问题，有较强的表达能力、创新能力、辨别能力、动手能力和心理承受能力；在修养方面要具有文明的行为举止、高雅的生活情趣，有事业心和责任感，能正确处理权利和义务的关系，有很强的爱国主义精神和民族气节。通过理论研究弄清了文化素质教育的内容和目标要求，也就进一步明确了高等学校开展文化素质教育主要不是补课，而是提高。因此，必须坚持以马列主义、毛泽东思想、邓小平理论为指导，坚持用中外文化的思想精华教育学生的原则，按照文化素质教育的内容和目标要求来设计课程和安排第二课堂的活动，使文化素质教育的内容科学化。

3. 将文化素质教育纳入教学计划，使其规范化、制度化

各试点学校先后不同程度地将文化素质教育纳入人才培养规划和教学计划。在人才培养目标上规定了各专业的学生都必须具备一定的人文社会科学和自然科学理论的基本知识，要有一定的人文素养的要求。在教学计划的课程中设置了专门的文化素质教育“板块”，规定了必修课和选修课及应修的学分。如中国人民大学规定学生必修4～6学分的文化素质教育课程，南京大学规定必选修14个学分的文化素质教育课程，复旦大学规定理科学生应修6学分人文社会科学课程、文科学生应修6学分的自然科学与技术科学的课程，四川大学规定理工科学生必修8～12学分的人文社会科学和艺术类课程，文科学生必修6～8学分的自然科学课程和4～6学分的专业外的人文社会科学和艺术类课程，并把大学语文、高等数学（分为A、B、C、D四类）作为全校文理工学生的必修课。山西大学把文化素质教育的学分分为课内学分（主要是选修课）和课外学分（主要是读书报告和实践活动）两类，并规定文科学生必选修课内20个学分、课外10学分，理科学生必修课内14学分、课外20学分。其他不少学校都有应选课程和应修学分

的明确规定。由于文化素质教育进入教学计划，使其科学化和规范化得到了进一步的保证。

4. 抓好师资队伍建设和教材建设，保证文化素质教育落到实处

师资和教材是开展文化素质教育中普遍遇到的难题，综合大学在这方面具有自己的优势。但是，真正能够讲文化素质教育课的教师并不多，也没有适合文化素质教育的现成的教材。一些教学经验丰富、教学水平高的文科专业教师一般教学、科研任务重，抽不出时间。为了保证高水平的教师能上文化素质教育的课，各校都采取了一些特殊的政策，有的学校特别聘任专兼职教师，如南京大学聘请了150多名专兼职教师上文化素质教育的课。有的学校规定文、史、哲、艺术等院系要承担全校文化素质教育的任务，由学校给这些院系编制和教师工作量及课时酬金。这样，这些院系把文化素质教育的教师纳入整个教学安排中，从而保证了文化素质教育的师资力量。

在教材建设方面，各校都结合自己的优势和特色，按照文化素质教育内容的几个方面组织校内高水平的教师，编写了系列教材。如北京大学专门组织校内200多名专家，并与有关单位合作，制作了电视系列片《中华文化讲座》、《中华文明之光》，编写出版了《中国历史文化知识丛书》；南京大学编写了文、史、哲为主的系列教材；四川大学组织编写了《中国语文》、《中国哲学概论》、《中国古代史概论》、《中外名画赏析》、《中外名曲赏析》等系列教材；武汉大学等校编写了《名著导读》，等等。这些教材满足了开展文化素质教育的需要。

5. 采取多种形式开展第二课堂活动，丰富文化素质教育的内容

加强大学生文化素质教育，是要提高学生的文化品位、审美能力、人文素养和科学素质。要达到这一目标，不是开几门人文社会科学和自然科学方面的课程就能解决的问题。它是学校培养人才的一项系统工程，涉及方方面面的工作，包括学校的文化品位、校园文化氛围、学生的第二课程活动等。因此，各校在开展文化素质教育中都非常注意采取多种形式开展丰富的第二课堂活动，如人文社会科学和自然科学的系列学术讲座、制定读书目录开展读书活动、学生业余文艺活动、社团活动、美化校园环境等等，使学生在丰富的第二课堂中学习知识、受到熏陶。

6. 坚持理论联系实际，开展各种形式的实践活动，使学生在实践中受到锻炼

大学生参加社会实践活动，是加强理论联系实际、培养学生能力和道德情操的重要环节，因而是文化素质教育的重要方面。各试点学校在这方面都特别重视，有计划地安排学生参加两种实践活动：一是校内的服务性活动，如组织青年志愿者服务队晚间执勤、安全检查、消防宣传、校园文明检查、义务帮助等多种服务性活动。学生在这种自我服务的活动中既受到了教育，又对改变校园风貌发挥了重要作用。二是组织学生走出学校去实地参观考察、参加社会实践，如参观校内外的人文景点、历史博物馆、自然博物馆，每年寒暑假参加工厂、农村、街道的社会调查。有的学校还建立了校外固定的文化素质教育基地，并采取厂校挂钩、村校结对等形式固定和一些工厂、乡村建立联系，每年寒暑假组织学生到教育基地参观考察，选派一部分优秀学生担任厂长助理或村长助

理进行代职实习，使学生受到全面的锻炼；平时，还经常组织志愿者参加包户送温暖、军学共建、文明公共线路共建、城市清洁美化、义务交警，对民工义务进行法律咨询，对下岗职工再就业进行义务培训等活动，并经常到敬老院、福利院开展慰问服务活动。这些活动即使学生受到了教育，又锻炼了能力，提高了自身的修养。

（三）坚持人文教育与科学教育相结合，提高学生的人文修养和科学精神

科学教育与人文教育的融合的问题，马克思曾作出过预言。他说："自然科学往后将包括关于人的科学，正像关于人的科学包括自然科学一样，这将是一门科学。"[①] 现在这一预言将可能逐渐变为现实。首先，人们已有由于 20 世纪以来科学教育与人文教育分裂、重视科学教育、轻视人文教育，使人们丧失整体文化观、出现种种社会问题的经验教训，因而既不会忽视文化素质教育，也不会因为加强文化素质教育再去重复过去一轻一重的教训，走抬高人文教育、轻视科学教育的老路。其次，当今世界科学技术发展的综合化、整体化的趋势，科技文化与人文文化教育的融合，培养具有创新能力的高素质人才，已逐渐成为共识。今天，人们已经认识到单有科学教育或单有人文教育都不是完整的教育。爱因斯坦曾说，单有科学教育"只教给人一种专门知识、技术是不够的，专门知识和技术虽然使人成为有用的机器，但不能给人一种和谐的人格。最重要的是人要借着教育得到对于事业及人生价值的了解和感觉，对于人类的各种动机、各种期望、各种痛苦有了解，才能和别的个人和社会有合适的关系"[②]。人们已经普遍感觉到只有把科学教育与人文教育结合起来才能构成整体的教育，从而培养人们的整体文化观。现在提出的加强大学生文化素质教育正是要实现科学教育与人文教育融合的一种探索。

综合大学的学科门类较齐全，特别是文理科的基础学科力量较强，具有实施科学教育与人文教育结合的有利条件和优势。因此，不少学校从文化素质教育一开始就强调人文教育要与科学教育相结合，并进行了积极的探索。

坚持人文教育与科学教育相结合，主要是把文化素质教育同专业教育结合起来，贯穿于专业教育的始终。实现这种结合首先是要在专业课程教学中渗透人文精神。在这方面北京大学作了很好的探索。他们提出教师在专业课程的教学中应从 6 个方面去体现专业课教学的人文精神：第一，要激发学生追求科学的动力；第二，要引导学生树立良好的科学道德，即实事求是的科学态度和对科技成果利用上的严肃态度；第三，要对学生进行正确的思维训练，培养学生的正确思维方法；第四，要充分运用科学史和科学家奋斗事迹，引导学生去求"真"和求"美"；第五，要实行教学相长、与学生平等讨论的教学方式；第六，要充分发挥教师的人格力量影响学生。这六个方面都要求教师具有很高的人文素养，方能真正在专业课程教学中教育学生树立人文精神。

其次，有的学校强调在教学改革中对现有课程，尤其是理工科课程的内容进行改革，要求教师在所开课程的教学大纲中增加人文与社会科学方面的理论、知识，从而深

① 转引自扈中平、刘朝晖：《挑战与应答——20 世纪的教育目的观》，山东教育出版社 1996 年版，第 502 页。
② 同上，第 509 页。

化这些课程的文化层次。比如，理科、工科的一些课程教学中，要求教师凡讲到定理、定律、公式时，都要同时讲解各有关科学家的生平简历，该定理、定律的发现经过及其在整个科学发展史上的地位、作用等，以激发学生的求知欲望、奋斗精神和社会责任感。再如，工科的一些设计课程，过去只注重向学生讲解产品造型的规范性、功能性、实用性，现在由于市场竞争的激烈和人们对审美的普遍追求，因此教师必须在讲授中添加产品造型的审美性内容。还有，理工科各系的实验课，过去教师讲了实验的目的、程序、注意事项等，就要学生动手操作，并按要求写出实验报告，可是许多学生缺乏应用文写作常识和语言表达技巧，实验是做了，但实验报告写不好。现在要求实验课的任课教师应在教学大纲中增添“实验报告的写作”的讲授内容，并对优秀的报告范文作讲解评析，使学生通过实验课也能受到文化素质教育。

科学教育与人文教育的融合是教育思想史上的革命，目前，综合大学还需要在今后的实践中长期探索才能逐渐实现这种融合。

二、大学文化建设与文化育人

大学文化建设是现代大学都非常关注的问题。2010 年 4 月 24 日，胡锦涛总书记《在庆祝清华大学建校 100 周年大会上的讲话》围绕着全面提高高等教育教学质量，提出“全面提高高等教育质量，必须大力推进文化传承创新。高等教育是优秀文化传承的重要载体和思想文化创新的重要源泉。要积极发挥文化育人作用，加强社会主义核心价值体系建设，掌握前人积累的文化成果，扬弃旧义，创立新知，并传播到社会，延续至后代，不断培育崇尚科学、追求真理的思想观念，推动社会主义先进文化建设。”[①] 这为高等学校加强文化建设，充分发挥文化育人作用指明了方向。

（一）大学文化建设重点是人文文化建设，营造文化育人环境

人是环境的产物，人也创造环境，使之更适宜于人自身的发展。依据这一理论，大学要发挥文化育人的作用，就必须要创造高品位的文化环境。20 世纪 90 年代中期加强高等学校大学生文化素质教育时，当时领导这一工作的周远清副部长曾提出文化素质教育“三提高”的任务，即提高大学生的文化素质、提高广大教师的文化素养、提高大学自身的文化品位。[②] 提高学校文化品位就是要加强文化校园建设，营造文化育人的环境。当时各高校重点放在解决提高学生文化素质问题上，尽管有的高校在校园文化建设方面做了许多工作，取得了一些经验，但总的来说探索是不够的，仅停留在校园文化活动层面，缺乏从大学文化建设的整体来思考。近些年来，随着大学精神、大学文化的讨论，加强大学文化建设、提高学校文化品位、营造文化育人环境的问题就越来越突出了。

---

① 胡锦涛：《在庆祝清华大学建校 100 周年大会上的讲话》，《光明日报》，2011 年 4 月 25 日。

② 周远清：《从“三注”到“三提高”——关于高校人才培养中教育思想观念的探讨》，载《中国大学人文启思录》第 3 卷，华中科技大学出版社 1999 年版。

提高学校文化品位最根本的是加强大学文化建设。大学文化是学校在发展中所形成的物质文化、制度文化、行为文化和精神文化共同组成的特殊文化系统。在当前形势下加强大学文化建设，首先是要从大学育人的根本目的出发，加强人文文化建设。大学本来是具有特殊功能的文化机构，它的根本属性就是文化属性，它育人的过程就是文化育人，但胡锦涛总书记为什么要专门提出文化育人呢？笔者认为，他所讲的文化育人实质上是讲思想文化育人，也就是人文文化育人。人文文化教育就要从大学教育的根本目的出发，来培养人的品性，健全人格，实现人的自由全面发展。这一点古今中外的大学都是一致的。中国古人提出大学是成己成人，治国平天下之学。成己成人就是品德、人格的培养，只有具有高尚品德和健全人格的人才能担起治国平天下之任。现代意义上的大学也非常重视品德人格的培养。德国著名哲学家、教育家，柏林大学的创办者洪堡就认为，大学教育是为完全人的培养，所有的科学都只有扎根于完全人，扎根于人的完美的内心世界，才有意义。完全人的培养目的在于使每一个人得到全面和谐的发展。[①] 现代西方存在主义哲学家雅斯贝尔斯在谈到“人的灵魂教育”时，提出了“教育的过程首先是一个精神成长的过程，然后才成为科学获知过程的一部分”。“创建学校的目的是将历史上人类精神内涵转化为当下生气勃勃的精神，并通过这一精神引导所有学生掌握知识和技术。”[②] 应该说雅斯贝尔斯这一思想是有价值的。它揭示了人文教育和专业教育的关系，说明学生只有学习人类文化遗产，培养一种“生气勃勃的精神”才能学好专业知识。对学生进行思想文化教育，树立正确的世界观、人生观和价值观，明确学习目的，才有动力去学好专业知识和技术，才能用人文精神去审视专业知识的价值，从而更好地使用专业技能为社会主义建设服务。我国现代高等教育是在西方大学教育制度影响下形成的。一些有远见卓识的教育家也是坚持大学教育的目的是培养学生健全的人格。蔡元培先生就坚持认为：教育乃“养成人格之事业也。使仅仅为灌注知识，练习技能之作用，不贯之以理想，则机械之教育，非所以施以人类也”。他当然不反对专业教育和专业学习，但他认为人格培养更重要，因为“国民人格的完善与否，则事关国家的隆盛”[③]。长期担任清华大学校长的梅贻琦先生认为，教育的根本目的就是《大学》开头的那几句话，即“大学之道，在明明德，在亲民，在止于至善”。现在，我们党和国家的教育方针强调育人为本、德育为先，实施素质教育，培养德智体美全面发展的社会主义建设者和接班人。以培养人的全面发展为目的就必然要求加强人文教育，因为专业教育侧重于专业知识和技能培养，它往往是解决如何“做事”的问题，其价值是中立的，加以人文教育才能培养人的人格修养，陶冶人的道德情操，提升人的格调品位，明确人生的目的意义和价值追求，也才能体现教育以育人为本、德育为先的要求，培养真正的具有整体文化观的“全人”。因此，只有将做事和做人有机结合起来，既要使学生学好专业学会做事，又要使学生学习思想文化、具有人文精神学会做人，才是理想的高等教育。所以，胡锦涛总书记在清华大学的讲话把推进“文化传承创新”、发挥“文化育人”

① 曹晖：《高校艺术专业亟需人文主义的教育》，《光明日报》，2009年12月2日。

② 转引自高润青：《教育需要人文精神滋养》，《光明日报》，2010年10月28日。

③ 转引自《人文通识讲演录——人文讲演卷》，文化艺术出版社2007年版，第127页。

作为全面提高高等教育质量，提高人才培养质量的重要方面提出来加以强调。

我国现在由于市场经济的发展，社会急需大批专业人才，也由于学生就业的压力，因而强调高等教育直接为社会服务，与市场需要相结合，于是出现了专业对行业的适应性和培养目标的职业性取向。这就使得大学的现实感和直接具体的社会服务意识十分突出，使具体知识和职业技能的传授成为主要的教育方式。在这种形势下，职业教育和技术教育很大程度地遮蔽了人文教育；工具理性越来渗透到大学的办学思想和教育理念当中，导致大学的“人文化”特征被“工具化”特征所遮蔽。[①] 因而现在加强大学文化建设，首要的是以社会主义核心价值观为指导，加强人文文化建设，体现人文教育。

人文文化是相对科技文化而言的。大家知道，人作为一种能动的“类”存在，能使用工具，运用科学技术进行生产活动，创造科技文化；同时，人也运用法律、道德、礼仪等制度来协调群体关系，借助宗教、文学、艺术等形式协调自身感情，追求精神慰藉，从而形成人文文化。人文文化包括人文知识、人文精神和人文思想方法等内容。它实质上是以人为本的文化，是重视人及其价值的文化。它所体现的是对人的存在的意义、尊严、价值的关注，以及对人的自由平等、人与社会、人与自然之间的和谐和对国家民族、人类前途命运的关注。建设人文文化，对大学来说，一是要在学校的物质文化建设中，也就是校园环境、硬件设施设备的建设中，主要包括校园规划、标志性建筑、教学设备、科研场所、实习场地、校容校貌、历史文物、校名校碑、生态环境、人文景观等，在这些设计、装饰和布置中，要充分体现出对人的关怀与尊重，对真善美的追求与渴望，对历史的思考和对未来的探索，使人文文化的精神符号存在于每一个物质实体之中，形象而具体地表达一所大学所倡导和追求的价值，使人一走到校园就直观地感觉到人文文化氛围。二是在学校的管理文化建设中，也就是学校的规章制度建设中，要体现以人为本，突出对人的关怀与尊重的人性化管理，要有利于促进人的行为的文明规范，促进人的自觉意识的养成和提升，使管理内化为人的自觉行为。三是学风和校风建设。校风和学风是大学行为文化的重要内容，主要体现在广大师生员工长期形成和保持的严谨求是的治学风尚，善于思考、勇于创新，追求卓越的工作态度、朝气蓬勃与奋发向上的精神风貌、友爱和谐的行为举止、健康活泼的业余生活等方面。大学校风、学风反映在广大师生员工的学习、工作、生活和其他活动中，尤其反映在教学科学研究活动、校园文化体育活动、校园科技活动，学生的学习与实践活动中。这一切活动构成了大学的行为文化，体现了整个学校的文化品位和文化格调，使人一走进校园就感受到师生员工乐业好学、朝气蓬勃、生动活泼、欢快和谐的校园风貌。

总之，加强大学文化建设，使整个大学的校园文化活动推动形成大学教学、科研、管理、人才培养等全方位的文化育人环境。

（二）大学文化建设要遵循文化发展的内在规律，形成自身的特点

大学文化建设是国家文化建设整体的组成部分，它必须遵循文化发展的规律才能实现科学的发展。任何文化都具有民族性、历史性的特点，但是，由于文化是反映人类物

---

① 张世文：《“文化时代”与大学建设的任务》，《光明日报》，2010年4月4日。

质生产和精神生产活动的产物，是社会生产和人情人性表现的载体，因而文化又总有某些共性，所以，各种文化又是可以互相交流、相互影响，乃至交融的。文化的民族性、历史性和共性决定了一个国家的民族文化的发展总是在批判继承过去文化成果的基础上，学习借鉴其他民族、其他国家优秀文化，进行综合创新才能实现的。因此，批判继承、学习借鉴、综合创新是文化发展总的规律。遵循这一规律，建设大学文化首要的就是要在多元文化中确立以社会主义核心价值体系为主导的思想，这是中国特色社会主义文化建设的本质特征。当前，国外各种思潮大量涌入，国内各种文化也是千姿百态。在这种存在多元文化的大背景下，大学文化建设的重要任务，就是要坚持社会主义核心价值体系为主导，引领多元文化健康发展。这是构建社会主义文化系统的价值内核，体现社会主义文化的本质与前进方向的要求。这就要求大学文化建设必须坚持马克思主义的指导地位，用中国化马克思主义的最新成果武装师生，用中国特色社会主义理想凝聚师生力量，用以爱国主义为核心的民族精神和以改革创新为核心的时代精神鼓舞师生的斗志，用社会主义核心价值观引领校园风尚。

传承创新是民族文化自身发展的内在规律。任何民族文化都有自身的传统，这是民族文化之根。而民族文化的发展又离不开创新，创新是民族文化延续的生命力。胡锦涛总书记在党的十七大报告中指出："中华文化是中华民族生生不息、团结奋进的不竭动力，要全面认识祖国传统文化，取其精华，去其糟粕，使之与当代社会相适应、与现代文明相协调，保持民族性，体现时代性。"[①] 他在清华大学的讲话中又明确提出高等教育"必须大力推进文化传承创新。高等教育是优秀文化传承的载体和思想文化创新的重要源泉"[②]。这里既深刻地揭示了文化传承与创新的关系，同时也肯定了高等学校在文化传承创新中的重要地位和作用。因此，大学文化建设必须正确处理传统性和现代性的关系，在传承中创新。传统性是我国古代文化中所反映或包含的以往时代的内容，特别是包含旧时代的思想因素等的文化特性。现代性是指反映当前时代的问题，体现时代精神，顺应时代要求，符合时代潮流等的文化特性。传统性要求我们不能忘记过去，现代性要求我们不能固守古代文化，而是要立足现实，把握未来发展趋势，进行新的创造。传统是现代的基础，现代是传统的发展。传统性与现代性这种关系要求我们加强对传统文化必须认真学习、研究、整理、加工，提炼出其中的精华，并要结合社会主义现代化建设实际，进行新的解释，使之符合时代精神，符合社会发展的潮流，融入社会主义新文化。这就是文化传统基础上的创新。这样的文化才是历史文化的发展，才显示出根底深厚、枝繁叶茂、持续发展的生命力。

大学文化建设必须加强对外交流，在交流中促发展。开放交流、学习借鉴先进文化是文化发展的内在要求。中华文化本身是在吸纳整合国内各兄弟民族文化精华的基础上，吸纳先进外国文化而形成的极富包容性和同化力的大文化。大学文化建设中要利用自身的优势，加强国际和国内及校际之间的文化交流，实施"引进来"和"走出去"的

① 胡锦涛：《高举中国特色社会主义伟大旗帜为夺取全面建设小康社会新胜利而奋斗——在中国共产党第十七次全国代表大会上的报告》，《人民日报》，2007年10月25日。

② 胡锦涛：《在庆祝清华大学建校100周年大会上的讲话》，《光明日报》，2011年4月25日。

两个向度的文化交流活动。在“引进来”的活动中，我们要认真学习西方先进的办学理念，比如“独立办学、学术自由、教授治校”以及“独立之人格、自由之思想、社会之责任”的教育理念等，这些是值得我们在大学文化建设中去学习的。当然，这种学习不是照抄照搬，而是要“洋为中用”。毛泽东在谈到学习外国文化时说：“中国的和外国的要有机结合，而不是套用外国的东西。学习外国人织帽子的方法，要织中国的帽子。”“应该学习外国的长处，来整理中国的，创造出中国自己的、有独特的民族风格的东西”。[①] 交流总是相互的，除了“引进来”，还必须“走出去”。在当前来说，为提升国家文化软实力、增强中华文化的国际影响力，“走出去”显得特别重要。对高校来说，有条件的应该走出国门去宣传中华文化。现在一些大学在国外举办的孔子学院就很受世界人民的欢迎。“软实力”理论的创始人、美国哈佛大学教授约瑟夫·奈说：“孔子学院是中国展示软实力的一个重要工具，它们有助于加深对中国文化的理解”[②]。传承创新中华文化，加强对外交流，培养“走出去”进行文化交流的人才，是大学文化建设的一项重要任务。

大学文化建设还要处理好共性和个性的关系，形成自己学校的文化特色。中国的大学都置身于中国的文化环境之中，在文化建设中既要遵循文化发展的一般规律，又要处理好共性和个性的关系，研究学校自身的文化发展，形成自己的文化特色。每一所大学，特别是历史悠久的大学，都有自己的人文传统。这种人文传统表现为3个维度：一是每一所大学不管历史长短，总是培养了一批又一批品学兼优的人才，这些人才在人品、学品、业品的培养和创造方面都下过苦工夫，都有许多成果，成为人们学习的榜样。从这个意义上说，每一所大学都有它的人文传统。二是有的大学特别是综合大学都有自己的人文学科，如文学、历史、哲学、艺术等，在培养学生的人文素养方面发挥了重要的作用。有的大学的著名教授的治学经验、学术成果影响大，也形成一种人文传统。三是各大学在办学过程中形成的办学理念、办学特色、教育教学和人才培养的理念等都是一种人文传统，这些人文传统在大学文化建设中都应该去总结、提炼。要在学习国内外大学先进办学理念的基础上，结合自己学校的发展，创新自己的大学文化。

（三）加强大学文化建设必须着眼于提升大学文化自觉和文化责任，发挥引领社会文化的作用，推动社会主义文化建设

高等学校是国家文化建设的生力军，其文化建设不仅要围绕文化育人和自身的发展，更要考虑社会总体的发展，要把高校文化建设与国家整个文化建设紧密结合起来。这种结合一方面是根据社会主义文化建设的需要为社会培养和输送各类优秀文化人才，另一方面是要以高校文化引领社会文化的发展。这就要求高校文化建设要着力提高自身的文化自觉性和文化责任感。文化自觉是一个国家的人民对文化的性质、特点、社会功能和地位的深刻认识，对文化发展的规律和条件的主动把握，对文化发展的权利和责任的勇敢担当。提高高校文化自觉，首先是要提升对高校在文化建设中的主体地位的认

① 《毛泽东文集》第7卷，第82～83页。

② 《首届尼山世界文明对话论坛》，《光明日报》，2011年1月22日。

识。文化建设的主体是人民群众，具体地说是人民大众同其中的文化人的共同体。从文化的产生来说，人民群众的社会实践创造文化之源，人民群众中的文化人总结群众的实践经验，形成文化。所以，从文化的形成和传承来说，文化人是文化主体的核心力量。高等学校是文化人产生和集中的地方，“是优秀文化传承的重要载体和思想文化创新的重要源泉”[①]。可以说，高校是文化建设的核心主体。高校文化建设必须充分认识自己的主体地位，充分调动和发挥师生的积极性、主动性和创造性，尊重和支持师生在大学文化、社会主义文化建设中的首创精神，让他们在文化建设中大显身手，发挥更大的作用。

其次，提高文化自觉，必须提高对民族文化的认识，提高民族文化自信心。当今经济的全球化推动了文化全球化的趋势。在这种形势下保持我们民族文化的特性是社会主义文化建设的重要任务，当然也是高校文化建设的重要任务。中华文化是世界最古老而又唯一没有中断，具有不断创新和持续发展生命力的文化。中国著名哲学家冯友兰在20世纪40年代中期总结中国文化发展时曾说：“我国家以世界之古国，成东亚之天府，本应绍汉唐之遗烈，作并世之先进。将来建国完成，必于世界历史独特之地位。盖并世列强，虽新而不古；希腊、罗马，有古而无今。唯我国家亘古亘今，亦新亦旧，斯所谓‘周虽旧邦，其命唯新者也’！”[②] 这种保持自己文化之根的持续创新发展的能力，是中华文化最大的优势。但是，近代以来由于中国经济的落后、西方科技和经济的发展，在西方现代性和文化中心论的影响下，包括中华文化在内的东方文化丧失了自己的声音，失去了对世界的影响力。现在，随着经济的发展，各个国家都在争夺话语权。我国随着改革开放经济的腾飞，中国作为大国在崛起，这需要文化的支撑。然而，在西方文化中心论的影响下，一些人认为中国文化是农耕文化，不适应现代化建设的需要。对此，在这新一轮文化竞争中，提高文化自觉，除了前面提到的对文化规律的认识外，当下最重要的是要提高对民族文化的认识，要对民族文化的特点、历史、现实及其发展趋势有深刻的认识，要对在优秀传统文化基础上进行创新，建设与当代社会相适应、与现代文明相协调，保持民族性、体现时代性的新文化充满自信心。中华文化在未来文化发展中会大有作为。事实上，过去由于长期受西方文化影响，利用现代科技手段无节制地向自然索取，在带来丰富的物质财富的同时，造成了人与自然的尖锐对立、生态环境恶化、自然资源短缺、能源枯竭等全球性问题。面对这些西方文化无法解决的问题，西方有识之士开始向东方文化寻找出路。早在1988年，全世界获得诺贝尔奖的科学家在巴黎聚会讨论新世纪世界的前途时就提出：“21世纪人类如果要过和平幸福的生活，就应该回首到2500年前中国的孔子那里寻找智慧”[③]。2010年9月，在孔子诞生地尼山举行的“首届尼山世界文明对话论坛”上，匈牙利前总理迈杰希认为：“面对多元开放的现代世界，我们应该反对极端主义，培养聆听精神，用孔子‘己所不欲，勿施于人’的理念来大力推进不同文明的交流和理解。”美国夏威夷大学安乐哲（RogerAmes）教授认为，目前

---

① 胡锦涛：《在庆祝清华大学建校100周年大会上的讲话》，《光明日报》，2011年4月25日。

② 转引自《人文通识讲演录——人文教育卷》，文化艺术出版社2007年版，第152页。

③ 转引自《大学通识讲演录——文化卷》，文化艺术出版社2007年版，第153～154页。

儒家思想中的核心价值已成为当今社会文化的原型，应该充分利用现有资源，解决世界政治秩序以及经济方面的危机，重新建立新的文化秩序。[①] 这些充分说明了世界对中华传统文化的现代价值的认同和赞扬，展现了中华文化的国际影响力。对此，作为中国人我们感到自豪。它极大地增强了我们建设民族文化的信心，使我们更加自觉地投身社会主义先进文化建设，使之成为当今世界国际文化的主导。

提高大学文化自觉还必须关注社会文化的发展。党的十六大以来，在科学发展观指导下，我国的文化事业、文化产业蓬勃发展，在市场经济的新形势下探索文化发展的规律，取得了很多好的成果和经验，逐渐形成了文化事业和文化产业“双轮驱动”“两翼齐飞”的文化建设思路，提出了“文化民生”的新理念。这些作为高校的文化建设都是应该去关注的，需要花力量深入到群众文化建设中去总结文化建设的新经验，形成文化建设的新理论。这既可丰富高校文化建设的内容，同时也是对国家文化建设的贡献。在深入群众文化建设中也可以发现文化建设中的问题，如文化产业中重经济效益、轻社会效益以及存在的“三俗”问题等。作为高校，有责任在社会主义核心价值观的指导下，提出新的文化思想、创造新的文化产品去引领社会文化健康发展，共同促进中国文化的大发展、大繁荣。

（四）加强师资队伍建设，提高教师文化素养，保证文化育人质量

加强师资队伍建设、提高教师的文化素养是高校文化素质教育“三提高”的一项重要任务，也是各校都在探索的问题。现阶段加强大学文化建设，发挥文化育人作用，尤其需要大力提高教师文化素养。教育大计，教师为本。温家宝总理讲：“教育是心灵与心灵的沟通，灵魂与灵魂的交融，人格与人格的对话”[②]。这是对教育本质的深刻总结。教育中教师的作用是任何现代化的教学手段都无法代替的。因此，高校在实施文化育人中，教师文化素养是关键。教师的文化素养主要是指专业以外的人文文化素养，它包含两个方面，一方面教师要树立人文关怀的教育理念。人文关怀就是教师在教育教学中要坚持“以人为本”，以“尊重人、依靠人、为了人、服务人”为基本出发点，对学生要尊重、关心、热爱，要有对真善美的追求，要有宽容、理性、自由、民主的执着精神，有学术良心，有独立的人格。“惟有教师人格高尚，才可能有学生心灵的纯洁。教书者必须先强己，育人者必先律己。我们不仅要注重教书，更要注重育人，不仅要注重言传，更要注重身教”[③]。教师人文关怀的养成，主要靠师德教育来实现。《国家中长期教育改革和发展规划纲要》明确指出：“要加强教师职业理想和职业道德教育，增强广大教师教书育人的责任感和使命感。教师要关爱学生，严谨笃学，淡泊名利，自尊自律，以人格魅力和学识魅力教育感染学生，做学生健康成长的指导者和引路人。”[④] 一个好的教师应该是学生思想上的引路人，学习上的指导者，生活中的好朋友，心理上的辅导员。教师的师德建设一是要靠学校认真抓，二是要靠广大教师自觉加强师德修养，坚持

① 曹晖：《高校艺术专业亟需人文主义的教育》，《光明日报》，2009年12月2日。

② 温家宝：《教育大计教师为本》，《光明日报》，2009年10月12日。

③ 同上。

④ 中央政府门户网站，www.gov.cn，2010年7月29日。

以德立身、自尊自律，培养高尚的情操和良好的思想道德风范，赢得学生的尊重。

教师人文修养的第二方面是要对文化（文学、历史、哲学、艺术、科学）和社会的广泛、深入的理解。这是教师品性、学术良心、独立人格和人文关怀的基础。要有丰富的文化、科学知识和对社会的广泛、深入的理解才能养成自己的高尚品性和人文关怀。一个对中国文化、外国文化、传统文化和现代文化有深入理解力的人，才会有批判的眼光，知道哪些该欣赏、哪些该摒弃，知道如何引导学生学习优秀文化。对文学、哲学、历史、艺术的了解可以帮助学生弄清人性的善恶、如何惩恶扬善，懂得人是有感情的，在与人交往中应该体谅别人、宽容别人；对科学的理解，教给学生知道物质世界的运动发展及其局限与可能；对社会的理解，教给学生如何适应社会，如何看待和鉴别各种社会现象，提高自己的生存能力。

教师文化素养的提高还在于教师要树立一种“人师”和“经师”统一的思想。中国古代有“人师”和“经师”之说，经师是教知识的老师，人师是既教书又育人的老师，可谓“行为世范，学为人师”。中国历来主张“经师”与“人师”的统一。《韩诗外传》卷五中说：“智如泉源，行可以为表仪者，人师也。”扬雄说：“师者人之模范也”（《法言·学行》）。晋人袁宏说：“经师易迁，人师难遭”。徐特立解释说：“我们的教师要采取人师和经师二者合一”，“两种人格合二为一，这是教师的完全人格”。“每个教科学知识的人，他就是一个模范人物，同时又是一个有学问的人”。[①] 高校教师应是“人师”和“经师”的统一，这种统一不仅要有精深的专业知识，而且要有丰富的人文知识、高尚的品性和健全的人格，做到经师与人师的统一，从而更好地开展文化育人。

总之，教师高素质的人文素养，有利于把专业教育同文化育人结合起来，使学生在学习专业的过程中同时受到文化的熏陶，使文化育人落到实处，提高文化育人的质量。

三、人文素养教育与思想政治教育关系的思考

为使职业教育适应国家经济、社会和科学文化发展，国务院于2014年6月召开了全国职业教育工作会。这次职教会全面总结了我国职业教育的经验，同时针对过去职业教育重技术技能培养，轻文化、轻人文素养教育的倾向，针对一些职业院校德育工作薄弱的现状，强调了立德树人为根本，要求对学生加强理想信念教育和人文素养教育。习总书记在关于职业教育的批示中指出：“要树立正确人才观，培育和践行社会主义核心价值观，着力提高人才培养质量。”[②]《国务院关于加快发展现代职业教育的决定》（以下简称《决定》）提出要“全面实施素质教育，科学合理设置课程，将职业道德、人文素养教育贯穿培养全过程。”

① 《徐特立教育文集》，人民教育出版社1979年版，第242～243页。

② 习近平：《关于职业教育的重要批示》，载《全国职业教育工作会议文件汇编》，四川省教育厅编，2014。

(一) 人文素养教育是高职院校坚持立德树人，促进人的全面发展的内在要求

目前，我国高职教育由于就业的压力，在人才培养目标上强调的是职业技能的培养，认为学生只要动手能力强，有一技之长，能找到工作就算达到要求，没有明确的文化素质、人文素养和职业精神方面的要求，因而学校在教育教学过程中也就不重视这方面的教育和培养。高职高专学校除了按规定开出《毛泽东思想和中国特色社会主义理论体系概论》、《思想品德修养与法律基础》(简称“思政课”)外，其他像文学、历史、哲学、艺术等人文素养教育方面的课程没有任何要求。这样实际上是模糊了职业教育和职业培训的界线，不符合党的教育方针的时代要求，不符合学生成长成人成才、全面发展的要求。高职教育作为高等教育的一种类型，它应该使学生受到完整的高等教育。完整的高等教育应是“专业教育”同思想政治教育、“人文教育”的融合。“专业教育”是培养学生将来从事某种职业需要的能力的教育，带有很强的工具性。在“劳动还是谋生手段”的现实社会里，加强专业教育仍然是最基本的、最必要的。但专业教育过分地专门化和实用化，极易造成忽视学生人文素养教育和人文精神的养成，同时也使学生失去对科学的总体关系的理解，造成学生缺乏整体文化观①。完整的高等教育应该包括旨在提高学生文化修养和审美能力，培养学生具有社会责任意识，具有社会主义核心价值观和人文精神的人文素养教育。

人文素养教育是教育方针的重要内容。党的教育方针是使受教育者在德智体美等方面得到全面发展。其中的德育、美育本身就是思想政治教育和人文素养教育。所谓人文素养教育，就是指在学生学好专业的同时，将人类优秀文化的成果，特别是文学、历史、哲学、艺术类等人文科学方面的优秀成果的知识教给学生，培养学生人文精神的教育。其主要途径是通过课堂讲授、学术专题讲座等形式让学生学习和掌握这方面的知识，并通过校园文化环境熏陶及自身的文化实践活动，内化为自身的人格、气质、修养、品格，成为人的相对稳定的内在品质。人文素养教育的目的是要提高学生的文化修养和审美能力，懂得人生的意义和价值，塑造理想的人格，丰富人的精神，美化人的心灵，提升人的品德；同时，提高学生的思维能力、健全科学的思维方式，使其能正确协调处理人与自然、人与社会、人与人的关系，成为具有文明的行为举止和高尚的道德精神，具有创新意识和创新能力的人。这是高等教育使学生成长成人成才不可或缺的重要组成部分。而现在我们的高职院校过分强调职业技能培养，忽视人文素养教育，这不符合完整高等教育的要求，使学生失去接受人文素养教育的机会，不利于他们的全面发展，对他们也是不公平的。实际上，这种为解决就业而单纯强调技术技能的培养，也不符合现代经济社会发展对人才素质的要求。从我们走访企业了解的情况来看，现代企业首先关注的是员工的思想品质、爱岗敬业精神和执行能力，他们认为“努力比能力更重要”。因此，在招聘员工时，对应聘学生首先是看他的整体素质，特别是思想道德修养和文字表达能力，有的企业甚至从听、说、读、写、思等方面来考察学生的文化基础和

① 参见瞿振元：《高校素质教育有待真正落地》，《光明日报》，2015年4月21日。

思想修养。他们认为，技术技能只要有一定基础，动手能力不很强，经过短期培训很快能掌握，但是文化基础、人文素养不是短期就能补上的。因此，文化基础差，缺乏人文素养的学生，不仅很难找到理想的工作，即使找到了，很快因为不适应而被淘汰或改行。

（二）高职院校人文素养教育同思想政治教育结合的必然性和现实性

思想政治教育课是由我国社会主义的性质和特点决定的，也是我国高等教育的重要特色。人文素养教育则是我国优秀传统文化的继承和发展，建设社会新文化的要求。思想政治教育同人文素养教育两者在教育内容上是有差别的。思想政治课主要是进行马克思主义、毛泽东思想、中国特色社会主义理论及中国政治法律思想、制度和中国伦理道德思想理论的教育，而人文素养的教育主要是人类历史文化的优异成果，特别是文学、历史、哲学及艺术等人文学科优秀成果的教育。二者在教育实施途径上也有不一致的地方，国家规定思想政治课第一课堂是教育教学的主渠道，第二课堂只是第一课堂的延伸和辅助渠道。实施人文素养教育国家没有明确规定，由学校自己决定采取第一课堂与第二课堂相结合进行，一部分内容通过第一课堂讲授，一部分内容通过第二课堂的学术讲座、校园文化实践活动来等实现，第一、二课堂具有同等重要性。

思想政治教育同人文素养教育虽然有些差别，但它们实现立德树人的任务是共同的，具有内在的统一性，两者的结合有着必然性、可行性和现实性。

首先，人文素养教育和思想政治教育的目的具有一致性。我国高校开设思想政治教育课的目的，一是为了帮助学生系统掌握中国马克思主义的形成发展、主要内容和精神实质，不断增强道路自信、理论自信、制度自信，坚定中国特色社会主义理想信念。[①]二是帮助学生树立正确的世界观、人生观、价值观，加强自我修养，提高思想道德素质和法律素质，“使他们能正确认识社会、正确认识他人、正确认识自己，促进德智体美全面发展”，[②] 做社会主义核心价值观的积极践行者。人文素养教育的目的如前所述，主要是两个方面：一是提高学生的文化修养和审美能力，培养人文精神，塑造理想的人格，提升人的思想道德水平；二是提高学生的思维能力、健全科学的思维方式，使其成为具有创新意识和创新能力的人。由此我们可以看到，思政课教育和人文素养教育都要对学生进行思想品德的教育，培育和践行社会主义核心价值观。习近平总书记指出：“古人说：‘大学之道，在明明德，在亲民，在止于至善’。核心价值观，其实就是一种德，既是个人的德，也是一种大德，就是国家的德，社会的德。国无德不兴，人无德不立。”[③] 社会主义核心价值观教育，实质是一种德的教育，最终是要培养学生爱国家、爱民族、爱人民、爱科学、爱民主、爱劳动的大爱精神。当然，这不是一两门课程可以完成的。习近平总书记又指出：“办好中国特色社会主义大学，要坚持立德树人，把培育和践行社会主义核心价值观融入教书育人全过程。”[④] 但主渠道应是思想政治教育课

---

① 《国务院关于加快发展职业教育的决定》。

② 《毛泽东思想和中国特色社会主义理论体系概论·前言》高等教育出版社 2015 年版。

③ 《思想道德修养与法律基础·绪论》

④ 同上。

和人文素养教育。思想政治教育和人文素养方面的课及教育活动必须紧密结合、共同担当。思想政治教育和人文素养教育目的的一致性，还在于两者都着眼于提高学生的理论修养，帮助学生树立科学的世界观和方法论，使学生学会客观地、发展地、全面地、系统地和辩证地观察问题、分析问题、解决问题。不断增强理论思维能力和创新能力[①]，以适应社会、经济、文化和科学技术的发展。

其次，人文素养教育方面的课程和思想政治教育课都具有意识形态性和科学性两重属性。"思政课"具有社会主义意识形态性质，它体现党和国家的指导思想，体现党的路线、方针、政策，体现国家的宪法和法律法规，体现国家、社会和个人的价值观。其科学性表现在它的理论依据是来源于国际共产主义运动实践经验的总结并经过实践检验的马克思主义的科学社会主义。它的理论内容来自中国革命和社会主义建设的实践并同样是经过实践检验证明是正确的理论。它的每一个概念、范畴和逻辑体系都是经过人们长期总结提炼而成的，符合中国革命和社会主义建设实践及其历史发展，因而是科学的。所以，"思政课"是社会主义意识形态性和科学的统一。同样，人文素养教育方面的历史、文学、哲学、艺术等这类人文学科的课程也具有科学性和意识形态性。科学性主要体现在这些学科的内容都来自人类长期的生产实践、社会实践和科学实验，是人类自身的心灵感受的理性总结。它们在长期的发展中形成了自身的规律，都具有自身的概念、范畴体系。而这些规律、概念、范畴都反映着各自对象的某一侧面的本质和联系。它们都是在其长期发展中经过人们千百次总结提炼而形成的。这些规律概念和范畴也处在不断地发展过程中，并推动着这些学科的发展和人们认识的发展。当然，这些学科也是一定社会、国家、民族一定历史阶段的产物，它们必然要反映一定社会、国家、民族一定历史阶段的文化和政治法律制度，因而也具有一定的意识形态性，它们是科学性和意识形态性的统一。由于思政课同人文素养方面的课程既具有共同的目的性，在属性上也有一致性，因而也就决定了它们是可以紧密结合的。

第三，人文素养教育和思想政治教育相结合，也是我国高职院校落实立德树人的现实要求。众所周知，我们党和国家对思想政治教育课历来都特别重视，由中央确定教育内容，统一编写教材、制定教学大纲，统一规定课时和师生比例。学校开设"思政课"对于帮助学生了解中国特色社会主义理论，提高对党的基本理论、基本路线、基本纲领、基本经验的理解和认识发挥了重要作用，增强了学生对党的路线、方针、政策的认同；对学生正确世界观、人生观、价值观、道德观和法律观的形成，思想道德修养的提升发挥了一定的作用。但也毋庸讳言，"思政课"的吸引力和实效性比较差，多数学生的思想中"思政课"早已"被边缘化"，他们对之没有学习兴趣，只是为考试过关而学，因此上"思政课"缺勤的多、注意听讲的人少，只有复习考试学生才能到齐，也才听讲和做笔记，考完也就忘了，没有真正收到"思政课"教学应有的效果。出现这种情况，虽然与教师教学水平、教学经验、教学方法有关，但不应回避的是，"思政课"的内容大都是学生从能读书看报开始就在报刊、电视、广播、网络媒体中经常接触到的，尽管是零碎的、不系统的、不深入的，但他们一看就觉得似曾相识，缺乏新鲜感，失去吸引

① 参见《毛泽东思想和中国特色社会主义体系概论·前言》

力。“思政课”内容的这一特点，决定了要增强吸引力、实效性，教师在教学过程中除了注意教学方法、加强理论联系实际，尽量联系学生关注的社会热点问题进行讲授外，还应尽量结合人文素养教育方面的内容及传统文化的相关内容来进行讲授。现实的经验也证明，凡是受到学生欢迎的“思政课”老师，基本上是根据“思政课”教材内容，结合社会现实问题，结合历史、文学、哲学、艺术及传统文化方面的相关内容进行专题讲座，学生觉得有新鲜感和吸引力，教学效果好。这种专题讲座扩大了学生的知识面、开阔了视野，既加深了学生对“思政课”内容的理解，也使学生受到了人文素养的教育。在我国现阶段，高职院校，特别是高职专科院校，进行人文素养教育存在着缺师资、学时等困难。而“思政课”的教师和学时都有保障，这也使得人文素养教育必须同思政教育相结合，才能发挥立德树人的作用。

（三）人文素养教育同思想政治教育相互促进，共同完成立德树人的任务

前面的分析说明，思想政治教育同人文素养教育是相互区别又相互联系的，同时也是相互影响和相互促进的。

首先，思想政治教育引领人文素养教育的内容和发展的方向。思想政治教育课反映社会主义的本质、发展方向，反映党的指导思想、路线、方针、政策，体现民族精神、中国精神和中国先进文化及传统的美德，反映国家的法律法规，是培养坚持社会主义方向的建设人才的保证。人文素养教育内容的选择要服务于思想政治教育，有利于提高学生对马克思主义、毛泽东思想、中国特色社会主义理论体系的认识，提高对中国特色社会主义制度、发展道路的理解和认识，有利于加深对民族精神、国家精神、中国先进文化和传统美德的理解和认识。人文素养教育也应同思想政治教育与时俱进一样，不断调整自己的内容和教育方式，跟上社会主义建设发展的新形势，跟上社会主义经济、文化和科学技术的新发展，更好地配合思想政治教育实现立德树人的任务。

其次，人文素养教育促进深化、丰富思想政治教育的内容和教学方法的改革。人文素养教育包括中华优秀传统文化的教育，而中国优秀传统文化就是我们国家最深厚的软实力。中华民族之所以在世界上有地位、有影响，不是靠穷兵黩武，不是靠对外扩张，而是靠中华文化的强大感召力、吸引力。提高国家文化软实力，关系我国在世界文化格局中的定位，关系我国的国际地位和国际影响力，关系“两个一百年”的奋斗目标和中华民族伟大复兴中国梦的实现。这是当前最大的现实。“思政课”要与时俱进，必须加强与中华优秀传统文化相结合，不断进行教学内容和教学方法的改革。第一，思想政治教育课要吸纳中国优秀传统文化的内容进教材，加深和丰富教学的内容。《教育部关于深化职业教育教学改革用全面提高人才培养质量的若干意见（征求意见稿）》（以下简称《意见》）明确提出：“要以弘扬爱国主义精神为核心，以家国情怀教育、社会关爱教育和人格修养教育为重点，着力完善学生的道德品质，培育理想人格，提升政治素养。要把中华优秀传统文化教育系统融入课程和教材体系，在相关课程中增加中华优秀传统文化内容比重。……有条件的职业院校要开设经典通读、中华礼仪、传统技艺等中华优秀传统文化必修课。”这对加强中华优秀传统文化教育的内容、目的、要求和实施办法都作了明确的规定。中国优秀传统文化应包括两个部份：一是中国古代优秀传统文化，二

是马克思主义传入中国后形成的我们党的马克思主义传统的思想文化。“思政课”应结合这两个方面的传统文化来进行思想政治教育和人文素养教育。应该从中国古代优秀的传统文化中汲取丰富的思想营养来充实“思政课”的内容。习近平总书记指出，“中华民族绵延数千年，有其独特的价值体系。……今天，我们提倡弘扬社会主义核心价值观，必须从中汲取丰富的营养，否则就不会有生命力和影响力。比如中华文化强调‘民为邦本’‘天人合一’‘和而不同’，强调‘天行健，君子自强不息’‘大道之行也，天下为公’，强调‘天下兴亡，匹夫有责’，主张以德治国、以文化人；强调‘君子喻于义’，‘君子坦荡荡’‘君子义以为质’，强调‘言必信，行必果’‘人而无信，不知其可也，’强调‘德不孤，必有邻’‘仁者爱人’‘与人为善’‘已所不欲，勿施于人’‘出入相友，守望相助’‘老吾老以及人之老，幼吾幼以及人之幼’‘扶贫济困’‘不患寡而患不均’等等。像这样的思想和理念，不论过去还是现在，都有其鲜明的民族特色，都有其永不褪色的时代价值。”① 习总书记这一论述为我们思政课吸纳古代优秀传统文化指出了明确的方向。吸纳传统文化的这些思想、观念，对于学生认识传统文化的价值、提高民族文化的自信心，对于他们理解社会主义核心价值观，对于他们的思维方式、为人处事、道德人格修养等，都将会发生长期潜移默化的影响。

对于共产党人的马克思主义传统文化教育，应该结合《共产党宣言》到《社会主义从空想到科学的发展》来讲马克思主义传入中国后毛泽东思想的形成和发展、民主革命的胜利、社会主义道路的探索与中国特色社会主义理论的形成和发展，社会主义市场经济及法治社会的建立，这同样可以充实“思政课”的内容，加深学生对中国化马克思主义成果的认识和对中国特色社会主义的理解。总之，结合传统文化这两个方面的内容来讲授“思政课”，并适当配合学习一点优秀传统文化经典原著和马克思主义文化经典原著，可以提高“思政课”的科学性，提高学生的学习积极性，使其觉得有学头、愿意学。在学习中既学习了马克思主义、毛泽东思想及中国特色社会主义理论的基本观点，同时又学到了一些中国传统文化的基本精神，使学生学会用马克思主义观点去认识中国优秀传统文化的价值，提高民族自信心和自豪感，增强爱国主义精神，并使他们在学习中逐渐领悟中国文化以人为本的理念，仁者爱人、博爱泛众的胸怀、天下为公的理想、厚德载物的大爱、经世致用的入世态度、自强不息的奋斗精神、和为贵的和谐精神、修齐治平的道德境界，从而提升他们对社会主义核心价值观的认同，提升他们对自身道德修养的认识和实践。

第二是学习企业文化，开展多种形式的文化实践活动，进一步改革“思政课”的教学方法，帮助学生更好地理解企业文化和职业精神。职业教育改革总的要求是产教融合、校企合作、工学结合、知行合一的人才培养。“思政课”和人文素养教育是实现立德树人为根本的高素质人才培养的重要环节，因而也必须走与企业结合的路子。这一点在全国职教会文件《现代教育体系建设规划》(以下简称《规划》)中讲得很清楚。《规划》在“加强职业院校德育工作”中提出，要“开展丰富多彩的校园文化活动，建设融

① 习近平：《青年要自觉践行社会主义核心价值观——在北京大学师生座谈会上的讲话》，《光明日报》，2014年5月5日。

产业文化的校园文化。……鼓励企业与职业院校开展多种形式的文化实践活动”。教育部《意见》中也明确提出要“统筹推进活动育人、实践育人、文化育人，广泛开展‘文明风采’竞赛、‘劳模进职校’活动等丰富多彩的校园文化和主题教育活动……把德育与智育、体育、美育有机结合起来，寓教育于文化活动之中”。“各地各职业院校要充分挖掘和利用本地中华优秀文化教育资源，开设专题的地方课程和校本课程，拓宽课程覆盖面。”这些意见提出了思想政治课教育教学方法改革的措施，要求“思政课”和人文素养教育课都同企业相结合，采取“走出去，请进来”的方法开展思想政治教育和人文素养教育。一是组织学生到企业参观学习，直接从企业学习产业文化、企业文化、职业文化和职业精神；二是聘请企业里对产业文化、企业文化、职业文化和职业精神有研究的人员作“思政课”和人文素养教育的兼职老师，在企业或到学校给学生授课，特别是在学校开设企业文化方面的选修课；三是组织课题研究，研究产业文化、企业文化、职业文化和职业精神如何进入学校、进入教材、进入课堂，研究怎样建立融入产业文化的校园文化，特别要研究学校同企业联合利用第二课堂开展多种形式的文化实践活动，这对于加深学生对企业文化、企业精神的理解极为重要。文化实践是人们在社会生活中创造文化产品和形成精神成果的对象化活动，或者说是人们将已有的文化成果和文化产品进行再创造的活动，比如把一部小说改编制作成电视剧或电影的活动就是文化实践。学校平时开展的文化艺术节、文艺演出等也是一种文化实践活动。文化实践既可以是参与主体在实践中创造出的新文化产品，也可以是对已有文化成果、产品的创造性应用。在这一应用过程中，参与主体能更好地理解和掌握已有的文化，因为这一过程是参与主体对已有文化产品的消费过程。消费过程的实质是已有文化产品转化为消费者主体的内在精神活动，通过这种精神活动，实现消费者主体对已有文化产品的理解和超越，从而创造新的文化产品。所以，文化实践对于提高学生的文化修养和创新精神都是不可或缺的。职业院校的“思政课”和人文素养教育应该同企业联合，尽可能利用学校第二课堂开展多种形式的文化实践活动，比如“思政课”部门与学生管理部门同企业联合共同组织文化艺术研究和表演团体，联合举办主题文化艺术节活动。学校也可以利用寒暑假组织学生到社会、到企业进行社会实践，调研民间文化、产业文化、企业文化、工艺文化、职业文化和职业精神，写成专题报告或创作作品，由“思政课”老师、学生管理部门的政治辅导员、企业兼职老师共同组织评审，选出好的报告和作品进行宣传，这样能更好地推动学生学习优秀传统文化和企业文化，培养他们的职业精神，促进他们成长成人成才。

总之，思想政治教育同人文素养教育相结合、相互促进、相互提高，共同实现高职院校坚持立德树人的目标。

四、永恒的启迪——加强文化素质教育必须学习文化经典

（一）学习文化经典是文化素质教育的重点

加强人文教育有多种方式，但主要的是学习中国文化经典。以中国传统文化经典如《老子》、《庄子》、四书五经等为代表的中国传统文化具有厚重的人文传统。它最突出的是对人生和人格道德理想的培养，是对天人之际与人际和谐的追求，它含有丰富而深厚的人文思想。开展人文教育主要是学习中国传统文化，重点是学习文化经典，这对于提高人文素养具有重要意义。

第一，学习中国文化经典，加深对科学发展观“以人为本”的理解。中国文化经典中有着丰富的民本思想传统。中国历代思想家对以民为本、关爱苍生的政治理念不断地加以阐发、诠释，从而形成丰富、深厚的民本思想，在今天仍然有许多思想精华值得借鉴。

首先是民为邦本的思想。中国历史上有着丰富的民为邦本的思想，早在春秋时代，杰出的政治家管仲就提出：“夫霸王之所始也，以人为本，本理则国固，本乱则国危”（《管子·霸言》，以下引《管子》，只注篇名）。所谓“以人为本”，就是以老百姓作为治国的根本。管仲十分重视“百姓”即普通人民群众对于治国的关系。他一反帝王为天子的传统观念，提出以老百姓为天的主张。儒家经典《尚书》则明确提出了“民为邦本，本固邦宁”。孟子提出了“民为贵，君为轻，社稷次之”。荀子提出了“庶人安政，然后君子安位”等等。这些思想都是在强调人民是国家的根本和基础，只有安众养民、培根固本，才能治国宁邦、长治久安。其次是尊重民意的思想。春秋时代，由于社会动乱，国人起义，一些强大封国灭于一旦的事实让一些先贤对于失民心失天下的道理有所认识，于是提出了为政必顺民意、得民心的问题。人心向背是决定国家兴亡的大事。无论一个政权如何强大，但只要失去民心，就难逃覆灭的命运。其三是爱民和富民的思想。中国古代思想家认为要得民心必爱民、必富民，只有民富了，国才无忧。

总结中国传统的民本思想，其中重民、亲民、富民的思想是中国历代思想家所追求的治理国家，使国家繁荣富强的政治理想。尽管在当时的历史条件下，难以完全实现这种理想，但它是我们传统的民本思想的精华，是值得借鉴和发扬的。当然，不可否认的是中国传统的民本思想始终是把“民”作为一种值得重视和利用的政治资源，而不是作为目的，因而是工具意义上的民本思想，它没有“民治”，不能直接孕育出现代民主之花。我们今天学习中国古代的民本思想，就是要吸取其思想精华，同马克思主义关于以人为本的思想结合起来，从而加深对科学发展观以人为本的理解。

第二，学习中国文化经典加深对人与自然和谐发展的理解。人与自然的和谐发展是科学发展观基本的理论核心。这一理论核心，一方面是总结当代人与自然矛盾尖锐的现状，另一方面也是总结吸取中国传统文化中关于人与自然和谐相处的思想精华而形成的。近代工业文明从天人对抗的思想出发，形成了征服自然的传统，造成了人与自然的

尖锐矛盾，恶化了人类生存环境。人类在反思工业文明所造成的人与自然的紧张关系后，提出了重塑人与自然的和谐关系，并认为在这种重塑的过程中应该从中国传统文化中吸取智慧。英国剑桥达尔文学院研究员唐通（Tong B. Tang）在他的《中国的科学和技术》中把中国传统同近代西方科学比较后指出："中国的传统是很不同的。它不奋力征服自然，也不研究通过分析理解自然，目的在于与自然订立协议，实现并维持和谐。学者们瞄准这样一种智慧，它将主客体合二为一，指导人们与自然和谐。中国的传统是整体论的和人文主义的，不允许科学同伦理学和美学分离，理性与善和美分离。"① 应该说这一结论反映了中国传统文化在人与自然关系问题上的本质和特点。中国传统文化中丰富的人与自然和谐的思想，为现在建立生态文明、实现人与自然的和谐发展提供了思想资料。

中国文化经典中人与自然和谐发展的思想，首先表现为人与自然和谐共生。中国古代生态伦理文明的基本思想就是人与自然和谐共生。这一思想的世界观基础是中国古代整体论的哲学思想，它建立在古人关于人类与天地万物同源、生命本质统一、人类与自己生存环境一体的直觉意识的基础之上。中国古代这种整体论哲学思想集中体现在"天人合一"的思想中。"天人合一"，一是强调人是自然的产物，在自然界中具有不同于他物的位置；二是强调人应该善待自然，与自然友好相处。这是中国文化传统中人与自然和谐相处的根本观念。中国古代三大思想流派儒、道、佛都是把天地万物与人类看作一个整体来体现"天人合一"。从人与自然和谐共生的思想出发，将"天道"（宇宙万物的秩序）与"人道"（人类社会秩序）贯通于一体，这在儒、道两家表现得尤为突出。儒家为论证人道的正当合理性，一方面用伦理化的天道来论证人道，同时又用人道来塑造天道，极力使天道符合自己所追求的人道理想，把宇宙天地生化的过程与天地万物的自然生成过程同社会的礼乐仁义制度联在一起，从而得出在人类社会施行仁爱原则，在自然秩序中也应是一致的，由此将人类道德向自然界扩张，提出"亲亲而仁民，仁民而爱物"（《孟子·尽心上》）。就是说，君子由亲爱自己的亲人，进而仁爱民众；由仁爱民众，进而爱护万物，从而维护自然界和人类社会的统一，使人与自然界和谐共存。道家认为人和天地万物的本原都是道。老子说："道生一，一生二，二生三，三生万物"（《老子》第四十二章）。"万物与我为一"，人应该珍爱万物。庄子提出要"泛爱万物"（《庄子·天地》），"常宽容于物"（《庄子·天下》），"爱人利物之谓仁"（《庄子·至乐》）。道家希望建立一种和平宁静的"至德之世"的社会秩序。在这种社会秩序中，天人之间没有相互对抗，社会和自然之间处于一种所谓"配神明，醇天地，育万物，和天下"（《庄子·天下》）的境界。

其次，表现为万物平等、和谐共处。中国古代生态伦理文明中非常强调万物平等的价值观。这一价值观尤其体现在道、佛两家的思想中。道家老子的宇宙观就认为天地万物都是同一道所生。从这一宇宙生成论出发，老子提出："道大、天大、地大、人亦大。域中四大，而人居其一焉。人法地，地法天，天法道，道法自然。"（《老子》第四十二章）老子认为宇宙间的"四大"都是平等的，没有地位高低和贵贱之别。这"四大"共

① 转引自葛荣晋：《道家文化与现代文明》，中国人民大学出版社1991年版，第302页。

同遵循“自然”（自然而然）的规律，它们都自然而然地生存和发展，任何人为的干扰和“天地主宰”的行为都是违犯自然本性的。这样，老子既否定了“人类中心主义”，又否定了“天地主宰论”，是彻底的生态平等主义者。庄子则从“物我同一”出发，提出“物无贵贱”。他在批评儒家的“人最为天下贵”的思想时指出，人类并不比其他物种高贵或低贱。他说，茫茫宇宙，人与天地万物同属于物，“号物之数谓之万，人处一焉；此其比万物也，不似毫毛之在于马体乎”（《庄子·秋水》）。物类号称万万种，人不过是其中之一，拿人与万物相比，不正像毫毛在马身上一样，人不过是毫毛中的一根。因此，庄子得出结论：“以道观之，物无贵贱”（《庄子·秋水》）。从道的角度来看，万物都是道所派生，都具有其内在不可替代的价值，所有的物种同本同根，没有贵贱之分，只有平等和谐相处。

佛教从“缘起说”出发，把人和宇宙间的一切现象都看作是因缘和合而成。世界上一切事物都是互为条件、互相依存的，没有独立不变、自我存在、自我决定的实体，一切事物都是相对的、暂时的。因此，佛教要求以“无我”的胸怀应对大千世界，从根本上否定了人类中心主义，倡导众生平等。天台宗把“众生平等”演绎成为“无情有性”，认为不管有情无情的一切事物皆有佛性，不仅仅是有生命情识的动物，而且那些没有情识的山川、河流、大地、草木、瓦石等也都具有佛性。“无情有性”表达了世界上所有的存在在本性上都是平等的，它不仅承认人与人之间是平等的，人与其他生命存在之间也是平等的，应与它们和谐相处。这不仅启迪我们要关爱苍生、热爱生命，为消除人类社会一切不平等现象而努力，而且启迪我们要充分认识人只是大自然万物共同体中的普通一员，我们必须热爱大自然，善待万物，与它们和谐共处。

其三表现为保护环境、节约资源。中国古代生态伦理从人与自然和谐共生、和谐相处的思想出发，非常重视保护人类生存的生态环境和节约资源。这在儒、道、佛三家都有丰富的思想。儒家圣人孔子强调：仁者、智者“乐山乐水”，要爱护好自然界的山山水水。他提出对水中的鱼、山中的鸟不能赶尽杀绝。孟子所向往的是建立自给自足的天人和谐的社会，在这个理想社会里，农民耕种不违农时，不乱捕鱼，不乱伐树木，粮食、鱼鳖和木材用之不尽；每家人有五亩大的宅园、百亩的耕地，丰衣足食，人无饥寒，并施之以教，讲义修睦，人知礼仪。衣食有着，礼仪既修，社会呈现出一派老者可以不劳作于路，可以衣帛食肉，黎民不饥不寒的富庶和谐的康乐景象，展现出人与人和人与自然和谐发展的图景。

道家在保护环境、节约资源方面也具有丰富的思想。为了保护生态环境，老子主张知足知止、节约资源，确保资源用之不竭的持续之道。《老子》第44章提出：“甚爱必在费，多藏必厚亡，知足不辱，知止不殆，可长久。”就是说，贪得无厌必致更多的花费，过多的收藏必有大的损失。知道满足不会困辱，知道适可而止就不会带来危险，这样就可以长久安全。因此，老子要求统治者生活节俭，要“去甚、去奢、去泰”（《老子》第29章），即不要奢侈、豪华，过分追求。他认为不知足，必有大祸。“祸莫大于不知足，咎莫大于欲得。故，知足之足常足矣。”（《老子》第46章）只有知道满足、保护资源、节约资源，保持资源的长久不竭，才有人类长久的满足。

在保护环境、节制欲望方面，佛教更有其独特的思想。佛教从天地同根、万物一体、众生平等的基本观念出发，强调要尊重生命、爱惜生命，反对任意伤害任何生命，主张不杀生，吃素食。特别是大乘佛教反对个人贪欲，主张普度众生、慈悲为怀、利他不利己的生活态度和吃素的简朴生活方式，对于保护环境、保护生物的多样性具有积极的意义。英国杰出历史学家汤因比（A. Toynbee，1889—1975）号召全人类都要发扬大乘佛教精神，拯救大地母亲。西方当代生态伦理学家罗尔斯顿（H. Rolston）对此作了高度的评价，他说："西方传统伦理学未曾考虑过人类主体之外事物的价值……在这方面似乎东方很有前途。禅宗佛教有一种值得羡慕的对生命的尊重。东方的这种思想没有事实和价值之间或者人和自然之间的界限。在西方，自然界被剥夺了它固有的价值，它只作为工具的价值，这是随着科学和技术的发展而增加的价值。自然界只是人类开发的一种资源。但是禅学不是以人类为中心的。它不鼓励剥削资源。佛教使人类的要求和欲望得以纯洁和控制，使人类适应他的资源和环境。禅宗佛教懂得，我们要给予所有事物的完整性，而不是剥夺个体在宇宙中的特殊意义，它懂得如何把生命的科学和生命的神圣统一起来"①，因而能够从根本上节约资源，保护环境。

总之，中国古代儒、道、佛三家关于人与自然和谐共生、和谐相处及保护资源、节约资源的思想，形成了古代农业文明条件下的生态文明的典型的理论形态，保留了人与自然和谐发展的思想样本，它与近代工业文明以来人与自然对立的思想观形成鲜明的对比。人类要转变近代以来形成的征服自然的传统、重塑人与自然的和谐关系，可以从中国古代的生态文明理论中吸取宝贵的思想资源。正如耗散结构理论创始人伊·普里戈津（I. Prigogine）和他的合作者伊·斯唐热（I. Stengers）所说："中国文明对人类、社会和自然之间的关系有着深刻的理解。""中国的思想对于那些想扩大西方科学范围和意义的哲学家和科学家来说，始终是个启迪的源泉"②。中国古代生态文明理论对于我们今天深刻理解和实践科学发展观，建立社会主义和谐社会，实现人与自然和谐共处、和谐发展及建设节约型社会都有着重要的理论及现实意义。

文化经典学习是高等学校加强大学生文化素质教育的重要内容。各高校都拟定了阅读书目，并采取多种措施组织研读，收到了较好的效果。但总的来说，研读文化经典名著还没有形成一种自觉的意识，对这一学习的认识也有待于进一步提高。组织师生研读文化经典，对于深化文化素质教育、弘扬和培育民族精神、提高学生的精神境界、完善人格、启迪智慧、培养创新思维都有着重大的意义。

（二）学习文化经典，弘扬和培育民族精神

十六大报告指出："面对世界范围内各种思想文化的相互激荡，必须把弘扬和培育民族精神作为思想文化建设极为重要的任务，纳入国民教育的全过程，纳入精神文明建设的全过程，使全体人民始终保持昂扬向上的精神状态。"

在文化素质教育中弘扬和培育民族精神，可以有多种途径，其中组织师生研读文化经典是最重要的途径。首先，文化经典是民族精神的集中体现，学习文化经典能更好地

① 《国外自然科学哲学问题》，中国社会科学出版社1994年版，第250、252页。

② 《从混沌到有序——人与自然的新对话》，上海译文出版社1987年版，第1页。

理解和把握民族精神。民族精神作为一个民族的性格特征、意志品质和共同的价值取向，体现在民族的文化中。反映这种文化的经典，是民族文化的精华，是人类文明的共同财富，是人类几千年文明发展的里程碑。它是一个民族的历史文化积累和传承的载体，是民族精神的集中体现。每一种发达的文明都有它的经典。经典里所包含的一个民族的精神、审美价值和政治伦理思想的一些核心内容是一个民族得以生存和发展的根基。中华民族在五千多年的文明发展中形成了以爱国主义为核心的团结统一、爱好和平、勤劳勇敢、自强不息的伟大民族精神。从古至今，中华民族的民族精神集中体现在从《五经》、《四书》、《老子》、《庄子》、《史记》、《资治通鉴》，到唐诗、宋词、元曲、明清小说中的优秀作品，到现代的《孙中山选集》、《毛泽东选集》、《邓小平选集》等文化经典名著中。这些经典既是民族文化的精华，又记录了中华民族精神在各个时代的表现。这些经典既是民族精神之源，又是民族精神的流，是中华民族精神的宝库，也是我们民族的世界观、人生观、价值观、审美观的宝库。对于弘扬和培育中华民族的民族精神具有永恒的价值。

其次，学习文化经典能深刻理解和掌握民族精神的理论精髓，提高弘扬和培育民族精神的自觉性。文化经典是民族精神的理论根基，每一个民族的民族精神都有它的理论根基。中华民族伟大的民族精神的理论根基存在于《四书》、《五经》、《道德经》等这些文化元典中。这些文化元典在理论上具有原创性，发人所未发，解前人所未解。它们思考的问题极深、极广、极大、极远，指向宇宙、社会和人生的普遍问题，如天人关系、阴阳关系、道器关系、是非关系、义理关系、德性关系、知行关系等等是各个时代的人们都普遍关心的问题，它们讨论的是一些永恒的主题。“这些元典在回答这些始终困扰着人类的普遍性问题时，提供的是一种哲理式的框架，而并非实证性的结论；是一种开放的原则，而并非封闭的教条，这使元典不致因内容和形式的时代局限沦为明日黄花，而以一种灵感的清泉，赢得不朽性，一再发挥巨大的启迪功能。”① 由于这些文化元典在理论上的原创性，它们成为中国文化和学术思想之源，也就成为中华民族精神的理论根基。中华民族的伟大的民族精神，正是在这些文化元典理论指导下逐步形成的。著名英国历史学家汤因比曾指出：一个有经典、能成熟地、自觉地反思自己的民族能不断抵御外来的侵略，能吸取外来的营养壮大自己；反之，没有这种精神自觉的民族虽然也有民族精神，但它很容易被其他民族所吞并、所压迫（直接的或间接的压迫），直到这个民族精神和民族生命全消失②。中华民族的伟大民族精神在五千多年的发展中历经磨难，却经久不衰，不断丰富和发展，正是由于中国文化经典中的理论博大精深、根深蒂固，能够滋养中华民族的伟大的民族精神。今天我们弘扬和培育民族精神，就应该努力学习文化经典，掌握它的理论根基，使弘扬和培育民族精神成为一种理性的自觉。

其三，学习文化经典能增强民族自豪感，提高民族自信心。中华民族在五千多年的文明发展中形成的文化经典，是中华民族文化的源头，也是人类文明的伟大成果、世界文化的精华，对人类文明的发展有着重大而持久的影响。比如《周易》这部人类智慧之

① 冯天瑜：《中华元典精神的近代意义》，载《中国大学人文启思录》第1卷，第118页。

② 参见林建初、杨承运：《智慧的感悟》，华夏出版社1998年版，第95页。

书，它对世界很多国家的文化都产生过影响，诺贝尔奖获得者、丹麦物理学家玻尔看到太极图以后非常赞赏，他把这个图作为他荣获爵士封号的纪念章。他认为这个图的阴阳互补符合他的量子力学的思维方式[①]。德国哲学家黑格尔在他的《哲学史讲演录》中说，读了《论语》、《周易》、《老子》，他特别推崇《周易》，称赞它是“中国人的智慧之书”。这部书的先天图中的从太极到八卦再到六十四卦的逻辑演绎，其数学结构与德国大数学家莱布尼兹发明的二进制的顺序一致。康熙年间，这个图式传到莱布尼兹手里，他非常惊讶，认为这与他的二进制结构是一致的，他赞叹中国人的智慧了不起[②]。又比如老子的《道德经》，早已翻译成多种外语流入世界许多国家，对世界文化产生了广泛的影响。国外一些哲学家，如当代德国哲学家赫伯特·曼纽什（Herbe rt Mannucci）盛赞《道德经》是阐述人类理性的局限性，以及人类中种种价值和道德的相对性的伟大著作。他把老子和皮浪（公元前 365—275）同称为怀疑论的创始人。当代著名的人文主义物理学家卡普拉在他的《物理学之道》一书中说：“在伟大的诸传统中，据我看，道家提供了最深刻并且最完善的生态智慧，它强调在自然的循环过程中，个人和社会的一切现象和潜在的两者的基本一致。”[③] 著名日本物理学家、诺贝尔奖获得者汤川秀树指出，在人与自然的关系问题上，他早在中学时代就受老子思想的影响，特别是随着现代科学的发展，他对老子思想的体验更深。他说：“早在二千多年前，老子就已经预见到了今天人类文明的情况，甚至预见到了未来人类文明所将达到的情况。”[④] 笔者 2002 年 9 月随教育部通识教育考察团赴美、加两国一些大学考察，座谈中亲自感受到了西方学者对中国文化经典的推崇。我们在加拿大西蒙菲莎大学座谈时，一位教授在发言中谈到他非常喜欢中国的古典名著，他说老子的《道德经》非常了不起，特别是他的“道可道，非常道，名可名，非常名”的思想很伟大，对人的启发很大。他说，如果要是在公元前 5 世纪有诺贝尔奖的话，老子就应该得诺贝尔奖，因为现代德国物理学家海森堡提出的测不准关系原理就获得诺贝尔奖，这正是老子的不确定思想的体现。这就是外国学者所理解的《道德经》对现代科学的影响。

中国文化经典的另一部书——《论语》对人类文明的影响也是极其深远的。它的一些伦理思想为人类社会确定了金规则。比如，1993 年 8 月底至 9 月初，在美国芝加哥召开了世界宗教会议 100 周年纪念大会，会上签署了《走向全球伦理普世宣言》。宣言就是要确立全球性的伦理观，建立共同认可的道德基本原则和伦理基础。宣言从世界各宗教、文化经典中选择了 13 条金规则，其中孔子《论语》中的“己所不欲，勿施于人”列在第二。这在世界文明史上，是孔子第一个严格地表述金规则。该会议所发表的《寻求全球伦理标准》中把“己所不欲，勿施于人”看成是对个人的、社会的与政府的至关重要的原则，并把孔子的教导定为全球伦理不可取代的法律。1992 年，在纪念孔子诞辰 2543 周年之际，美国前总统老布什发来贺词指出：“孔子所确立的道德规范，为世界各地所肯定及奉行，在我国一些最迫切的问题源于家庭生活及家庭价值崩溃的此时，我

① 参看朱伯崑：《〈周易〉导读》，载林建初、杨承运编《智慧的感悟》，华夏出版社 1998 年版，第 67 页。

② 同上，第 40、64～65 页。

③ 转引自葛荣晋：《道家文化与现代文明》，中国人民大学出版社 1991 年版，第 302 页。

④ 《创造力和直觉——一个物理学家对东西方的考察》，第 46 页。

们应该实践这位伟大哲学家对于荣誉和家庭责任的教诲”①。这些都充分表明了中国文化经典在世界文明发展中的地位和影响。我们中华文明已经5000多年经久不衰，正是由于有这些为世界各族人民所公认的文化经典。看到世界人民对我们文化经典的推崇和高度赞扬，我们作为中华民族的子孙，无不引以为自豪。学习这些经典也必然会增强民族自豪感，提高民族自信心，激发爱国情怀。

（三）学习文化经典和提高人生境界

人总得要有一点精神，要有高尚的人生境界、健全的人格，才能真正成为对社会、国家、民族有用的人。人生境界是一个人的精神世界，是由精神构筑起来的不同于物质世界的精神空间。人的形体生活在物质空间中，其行为要受到各种条件的限制。人的精神则比形体自由得多，它所活动的空间要比物质空间广阔得多、美妙得多。人生境界对人的一生至关重要，它决定着人发展的方向。每一个人只有不断提高自己的精神境界，完善自己的人格，才能成就事业。孟子讲：“天将降大任于斯人也，必先苦其心志，劳其筋骨，饿其体肤，空乏其身，行拂乱其所为，所以动心忍性，曾益其所不能。”② 王国维认为，古今成大事业、大学问的人须经三种境界：“‘昨夜西风凋碧树，独上高楼，望尽天涯路’，此第一境也。‘衣带渐宽终不悔，为伊消得人憔悴’，此第二境也。‘众里寻他千百度，蓦然回首，那人却在灯火阑珊处’，此第三境也”③。

提高自己的精神境界、完善自己的人格可以有多种途径，但重要的还是要通过学习优秀的传统文化，特别是学习文化经典来养成。中国文化历来重视人生境界和人格完善。中国文化精华的经典无不贯穿着人生境界和人格完善的思想。《周易》强调圣人的道德修养和人生境界。《系辞传》对圣人的品德和境界作如下描述：“与天地相似，故不违；知周乎万物而道济天下，故不过；旁行而不流，乐知天命，故不忧；安土敦乎仁，故能爱；范围天地之化而不过，曲成万物而不遗。”这就是说，圣人具有广博知识和高尚情操，就会乐天知命，敦厚仁爱，通达大度，以至于能达到“与天地合其德，与日月合其明，与四时合其序，与鬼神合其吉凶”的境界。

中国传统文化重视人格培养，最终是要通过人格培养来达到提高人的精神境界，所有的文化经典都贯穿着提高人的精神境界的思想。《论语》中表述了孔子所要达到的境界就是“耳顺”、“绝四”的精神境界。孔子自述他的生平经历时说：“吾十有五而志于学，三十而立，四十而不惑，五十而知天命，六十而耳顺，七十而从心所欲不逾矩。”（《论语·为政》）《论语》又云：“子绝四：毋意、毋必、毋固、毋我。”（《子罕》）这“耳顺”、“不逾矩”、“绝四”反映了孔子所追求的人生境界。所谓“耳顺”，朱熹注云：“声入心通，无所违逆，知之之至，不思而得也”。实质是“无所违逆”，是人我和谐的境界。“不逾矩”就是心之所欲无不合理，这是人与自然、社会和谐的境界。“毋意”是无主观测度，“无必”即无可无不可，一切以时间、条件而定，“毋固”即不固执，“毋我”即不自以为是。

① 转引自马忠：《世界各国重视德育的趋势及其对我们的启示》，《许昌师专学报》1998年第4期。

② 《告子·下》。

③ 《人间词话》。

人能做到“绝四”，体现了广大的胸怀、虚怀若谷的态度，能达到主客观和谐统一的境界，这确是一种“仁智合一”的崇高精神境界，是知识人的最高境界。

在中国文化中，不仅儒家经典强调人生境界和人格修养，道家经典《老子》、《庄子》也贯穿着人生境界和人格完善的思想。老子在《道德经》中提出，人应该按“道”和“德”行事，以达到顺应自然、无为而治、少思寡欲的思想境界。要达到这种境界就要自我约束，不要把自己的要求强加给别人，不要对别人作过多的干涉，不要追求过分的欲望，不要去破坏自然的和谐。老子这一思想对于处理人际关系，节制私欲，实现人与自然的和谐是有积极意义的。庄子一生都在追求超越自我的境界，他在《逍遥游》中充分地展示了从有我到无我，勇于舍去，乐于追求，否定小我，成就大我，实现更高自由思想境界的超越精神。针对当时膨胀的有我论，庄子倡导“至人无己”论，他认为即使是“至人”也要修养才能达到无己。庄子认为，只有无己的至人、无功的神人、无名的圣人才能达到任天顺物，忘怀一切的境界。这就是庄子理想中修养最高的人格。他以寓言形式讲了许多神仙式的修养之道，其目的都是要告诫人们从小我的圈子中独立出来，获得精神上的自由。庄子这一思想对今天抑制人们过分膨胀的物欲追求，把人们的视野从小我引向大我，跃到更高的精神境界也是具有启迪作用的。

著名哲学家冯友兰先生在研究和总结中国哲学中就特别注意中国哲学典籍中的人生境界的思想。他说：“人对于宇宙人生底觉解程度，可有不同。因此，宇宙人生，对于人的意义，亦有不同。……宇宙人生对于人所有底某种不同底意义，即构成人所有底某种境界。”① 冯先生总结中国哲学史上的关于人生境界的思想，把人的境界分为 4 种：自然境界、功利境界、道德境界、天地境界。他认为这 4 种境界是依次由低到高的发展。其中自然境界，是人的行为顺其自然本性，顺其个人习惯或社会习俗。此种境界中，人对自己所行之事的性质和意义没有清楚的认识，带着一种浑沌性。功利境界是指人的行为是为自己的利益。此种境界中的人对自己的行为有清楚的认识，其一切行为都是出自心灵的计划，都是自觉为自己求利益的。道德境界是人的行为，是“行义”的，是为社会谋利益。此种境界中的人能了解人的社会性，了解个人是社会的一部分，个人不能脱离社会，只有在社会中才能存在和完善。天地境界中的人的行为是“事天”的，此种境界中的人不仅了解人的社会性，还能了解宇宙，了解人不仅是社会的部分，还是宇宙的部分，人的行为不仅与社会有关系，而且与宇宙有关系，是一种天人合一的境界。冯先生的境界说是对中国文化中人的精神境界理论的总结，是对中国哲学的重大贡献，对于我们学习中国文化经典、提高精神境界和完善人格有积极的指导意义。

（四）学习文化经典与培养创新精神

文化经典是人类几千年文明发展的记载，它所蕴含的极深邃的思想是人类智慧的宝库。首先，读文化经典可以丰富想象力，激发创新思维。文化经典都有思考深邃的特点，其论述和概括都具有极丰富的内涵，博大精深，能给人以无穷的想象力。像《庄子》中的千古名篇《逍遥游》，你的思绪便会蓦然地被那幅气势磅礴的海天腾飞图所吸引。你好像

① 《三松堂全集》第 4 卷，第 549 页。

化为巨鹏，乘着海涛天风，腾空而起，自由翱翔于蓝天白云之间，你心旷神怡视野无限延伸，投向“远而无所极”的广阔世界。这样，你身居斗室，仿佛巡看遥天一千河，瞬间片刻中获得一种“遗物离人而立于独”的超越感。想象是创新的源泉。美国心理学家 M. 阿玛布丽认为，富于创造性的认知风格具有感知敏锐性，能打破知觉定势和思维定势，记忆广阔，能在不同信息间产生联想，欣赏和理解复杂性，富于想象、延迟评判等特点，这是创新思维的可贵品质。历史上凡具有创造性的科学家、文学家，都有丰富的想象力。科学家爱因斯坦是极富想象力的。他从 16 岁起就开始思索：“如果我以光速追随光波将会看到什么?”这一想象一直推动着他去探索自然界的奥秘，对物理学中的传统观念进行重新审视，创立了相对论，在科学上作出了巨大的贡献。所以他深有感触地说：“想象力比知识更重要，因为知识是有限的，而想象力概括着世界上的一切，推动着进步，并且是知识进化的源泉。严格地说，想象力是科学研究中的实在因素。”①

其次，读文化经典可以建构新的思维方式。思维方式是人们用以把握、描述、理解和解释世界的思想、概念的组合方式，对人们的认识具有重要的作用。一般说来，学理工科的人习惯于逻辑思维，对问题总是采用演绎推理、实验验证，侧重于定量思考。学文科的人主要习惯于形象思维，对问题多用想象、直觉、类比等思维形式。科学研究表明，逻辑思维和形象思维对于创造性思维如车之两轮、鸟之两翼，缺一不可。习常的逻辑思维和形象思维可以通过学数学、文学、逻辑学、哲学等来培养，但真正能启发创新的思维仍然离不开读文化经典。许多文化经典对问题的分析，往往超出常人思考，独辟蹊径，令人耳目一新。比如，以泰山与秋毫论大小，按平常逻辑是不言而喻的，但在庄子的著作中却突破了“以俗观之”的局限，换上“以道观之”的眼镜，从有限与无限统一的角度，多侧面、多层次地观察事物，把泰山与秋毫放在整个天地之间来比较，指出与比泰山更大者比较起来，泰山为小；与比秋毫更小者比较起来，秋毫为大。因此，两者都具有大小二重性，它们的差异是相对的。正是从这种相对性出发，庄子得出了“天下莫大于秋毫之末，而泰山为小”的结论。庄子凭借他辩证的思维方式在公元前 3 世纪提出了“一尺之捶，日取其半，万世不竭”的著名命题。然而，现代科学却在 19 世纪才提出了物质的无限可分，这也正说明庄子思想对现代科学的启迪。

不仅是《庄子》著作中充满着奇特的思维，在中国其他的文化经典中都充满着辩证的思维，特别是《周易》可谓是中国思维的宝库，它提出的“一阴一阳为之道”、“刚柔相推而生变化”等哲学命题，经过历代易学家和哲学家的深究、阐释，成为两千多年来中国人解释和观察世界的基本依据，是中国传统思维方式确立的前提和基础。我们现在所讲的辩证思维、逻辑思维、形象思维、直觉思维、整体思维、分析综合等等都在《周易》中以最精炼的形式表述出来了。《周易》还创造了一种特有的思维方式——象数思维。象数思维是以形象和数为媒介，认识、推断或预测事物及其发展变化的一种思维形式。在中国古人的观念中，自然界的变化是遵照数的变化程序进行的，数的变化程序标志着事物变化的趋势和结局，古人称之为气数。《周易》把这种气数与卦爻象结合在一起来探测事物的变化，从而形成一种象数思维。这种思维“是抽象思维（如符号系统）

① 《爱因斯坦文集》第 1 卷，商务印书馆 1976 年版，第 284 页。

与具体思维（如聚象系统）相结合的产物。它从具体中引出抽象（如圣人观象作八卦），再从抽象中认识具体（如依卦象以判吉凶之事），将抽象的和具体的合而为一，由此成为中华思维的一大特色”①。耗散结构理论的创立者伊·普里戈津和他的合作者伊·斯唐热说：“中国文明对人类、社会和自然之间的关系有着深刻的理解”②。

五、阅读与人的社会化

面对当今世界和国内发展及党的建设的新形势，党的十七届四中全会提出了建立学习型政党的战略任务，这对于推进全民学习、终身学习的学习型社会的建立，促进人的全面发展，不断实现人的社会化，建设具有中国特色社会主义具有重要的意义。人的历史发展说明，学习是一个人获取知识、提高素质、增强本领，实现人的社会化的重要方式，是一个国家民族传承文明、繁荣进步的重要途径。而学习的主要形式是阅读。阅读是知识经济时代人适应社会的生存方式。人只有在不断看书学习中，接受新思想、新知识、新经验、新信息，掌握新技术，才能不断社会化，顺应时代的发展。

（一）阅读——现代社会人进一步社会化的主要途径

社会是人类生活的共同体，人创造社会，社会塑造人，社会发展要求人与之相适应，这就产生了人的社会化问题。所谓人的社会化，就是作为个体的生物人成长为社会人，并逐步适应社会生活的过程，实质是人接受社会文化的过程。这一过程使社会文化得以传承和创新，社会结构得以维持和发展，人格得以健全和完善。社会是永远未完成的社会，是一个不断发展变化的系统。人要与社会相适应就必须不断社会化，完善自己的存在。因此，人的社会化过程是一个与时俱进的过程。特别是当今世界正处在大发展、大变动、大调整时期，世界多极化、经济全球化的深入发展，科技进步日新月异，全球思想文化交流交融交锋呈现新的特点，我国改革开放发展处在新的历史起点上。这一切使社会结构、社会规范、思想观念、价值标准、行为规范等方面都发生了深刻的变化。这种变化使人们原来与社会相适应变为不适应。这就要求人们继续进行社会化，更新观念，转变思想，学习新经验、新知识、新技术，以适应变化发展的社会。

人的社会化途径很多，但在现今的知识经济时代，其主要途径是看书学习。知识经济时代的特点：一是知识已经渗透到政治、经济、社会生活领域的各个方面，并处于核心地位；二是知识制约并决定经济产业的发展方向、结构和水平，并成为一种产业；三是知识已经成为能力的象征，成为影响经济财富、政治权力最重要的因素；四是知识改变人们的日常生活，社会生活日益趋向科学化，知识已成为社会的轴心。而知识的载体就是书——纸质和电子图书。这一社会历史时代的特点决定了现代社会，人的社会化的主要途径是阅读。社会生活的复杂性、个人经验的有限性，使人不可能事事经历取得直

① 朱伯：《易学漫步》，沈阳出版社 1997 年版，第 165～166 页。

② 《从混沌到有序——人与自然的新对话》，上海译文出版社 1987 年版，第 1 页。

接经验，社会知识大量的是前人、他人的实践经验的总结形成的间接知识，而这些知识都是靠书本记载。因此，个人实现社会化的知识只能靠阅读书籍，接受前人、他人的间接知识去实现社会化。英国哲学家培根曾说过："读书足以怡情，足以博采，足以长才"[①]。法国学者安德岁·莫罗瓦说："当今的文明是我们前人世世代代知识和经验的结晶，要想享有它，就要阅读"[②]。加拿大的阿尔维托·曼古埃尔在他的《阅读史》中说：人"首先是从书本中得悉人生经验"。"在文字社会中，学习阅读算是一道入会仪式，一个告别依赖与不成熟沟通的通关仪式"。[③] 阅读是个人获取知识、经验、技能的主要途径。阅读能开发人的心智、提升人的精神境界、改善人的生存方式，使人更好地适应社会发展。

（二）阅读——全面促进人的社会化

书是人类智慧的结晶，它记录着人类社会的演进，积淀、传承和丰富着人类历史文化。俄国哲学家赫尔岑说："人类的全部生活完全写在书里"[④]。社会生活中我们无法经历的方面，都可以通过读书来弥补。

书是人们思想和灵感的主要源泉。书可以跨越时空界限，阅读书籍使人了解过去，认识未来。人类社会生活的方方面面都可以从书中得到启迪，帮助人去实现社会化。正如苏联作家高尔基所说："书籍是人类进步的阶梯"，"每一本书是一个阶梯"，每读一本书就上升一步，就更接近美好生活的观念。[⑤] 所以，阅读学习可以全面促进人的社会化。

第一，阅读培养人的道德情操、健全人格，完善自我。人适应社会的社会化内容是多方面的，其中培养高尚的道德情操，健全人格，使其个性与社会价值标准相吻合，并使人能有效参与社会生活，这是人的社会化首先要解决的问题。中国文化强调人最根本的就是道德。道德是人之最终为人的根性，是人的价值所在。儒家大师孟子认为，道德是人应该具有的本性，并具体化为仁、义、礼、智四个方面。他说："恻隐之心，仁之端也；羞恶之心，义之端也；辞让之心，礼之端也；是非之心，智之端也"。他认为这是人之为人的根本所在，"无恻隐之心，非人也；无羞恶之心，非人也；无辞让之心，非人也，无是非之心，非人也"（孟子·公孙丑上）。孟子这一思想后来发展成为仁、义、礼、智、信的道德观念。用今天的话来说，就是人要实现社会化、从生物人提升到社会人，首要的就是要培养人的社会道德。

道德和人格是不可分的，人格就是人具有的独立、稳定、综合的心理特质，是人的基本精神品质。中国传统文化非常重视人格，孔子强调"匹夫不可夺志"，就是承认平民百姓有独立的人格意志。他非常赞赏伯夷、叔齐"不降其志，不辱其身"的品格。孟子发挥孔子思想，提出了"富贵不能淫，贫贱不能移，威武不能屈"的大丈夫品格。这

① http://www.baid。

② 转引自《职业汉语》，中国劳动保障出版社 2008 年版，第 12 页。

③ 《阅读史》，商务印书馆 2004 年版，第 8 页、89 页。

④ 《名人格言》，山西人民出版社 1982 年版，第 130 页。

⑤ 参见《高尔基论青年》，中国青年出版社 1956 年版，第 243 页。

就是健全的人格。健全人格的培养首要的是要形成自我观念或自我意识，也就是人个体对自己存在及存在状况的觉察，是自己对属于自己的特征及生理、心理的认识。它包括自我评价、自我感觉、自尊心、自信心、自制力、独立性等一系列涉及对自己的认识和把握。一个人的自我观念能够指导自己的行为，使自己知道该做什么和怎样去做。因此，培养和塑造个人什么样的自我观念，对个人和社会来说都是极为重要的基础。自我观念的发生、发展是贯穿社会化过程的基本内容，它的形成和确立对个人的学习和工作有巨大的推动作用，对个人的人生态度的形成和转变能起到调节甚至是决定性的作用，对个人在社会活动中具有动力和自我控制的功能。培养和完善人的自我观念，就是要人把自我的认识与社会规范协调一致，要使人在经历了社会化过程之后，从外在行为到内心世界尽可能地符合社会的需要。

人在社会化过程中培养人的品德、健全人格、完善自我，重要的途径是阅读学习。唐代大思想家韩愈在《符读书城南》中说："人之能为人，由腹有诗书"。书是人类智慧的结晶，阅读学习"实际上是人的心灵和上下古今一切民族的伟大智慧相结合的过程"。它能"使我们在精神上成为坚强、忠诚和有理智的人，成为能够真正爱人类、尊重人类劳动，衷心地欣赏人类那不间断的伟大劳动所产生的美好果实的人"①，也就是有高尚道德和健全人格的人。所以，从古至今的思想家、教育家都把阅读学习看成培养人的道德情操、健全人格的根本途径。孔子强调"笃信好学，守死善道"(《论语·泰伯》)。他认为人要树立高尚的道德情操，在社会上站得住、有所作为就要学《诗》、学礼。他说："不学《诗》，无以言"，"不学礼，无以立"(《论语·季氏》)。孔子非常重视学《诗》，把学《诗》作为他教学的重要内容，特别是他对《诗》中歌颂西周德行的诗篇推崇备至。他认为学《诗》"可以兴，可以观，可以群，可以怨；迩之事父，远之事君，多识于鸟兽草木之名"(《论语·阳货》)。就是说学，《诗》可以感发人的意志、提高人的观察力、有益于群居处众，还可以批评不良时政，可以让人们懂得事父事君的道理，还可以增长人的科学知识。孔子把学《诗》看作是陶冶性情、增进道德的手段。正像后来《毛诗序》说，学《诗》可以"经夫妇，成孝敬，厚人伦，美教化，移风俗"②。这是对孔子学《诗》宗旨的正确发挥。"礼"是当时社会的典章制度和道德规范。在孔子的思想体系中，"礼"和"仁"是分不开的。他说："人而不仁，如礼何?"他主张："导之以德，齐之以礼"的德治。他非常重视学礼，培养人的伦理道德规范。他认为学礼懂得社会道德规范，才能成为有教养的人，在社会上立得住、有所作为。

不仅中国古代思想家强调阅读与人的道德人格的关系，西方古今思想家也认为道德的培养是离不开理性知识的浇灌的。古希腊哲学家苏格拉底曾经提出："德性就是知识"的命题。如果我们不把这一命题绝对化，那么它的确表明真正崇高的道德是建立在通晓道德理性基础之上的，理解道德的本质才能自觉地培养道德、实践道德、捍卫道德。只有阅读学习、掌握知识，才能通晓道德理性，培养高尚的道德情操和健全的人格。所

① 《高尔基论青年》，第250页、251页。

② 参见任继愈：《中国哲学发展史——先秦》，人民出版社1983年版，第199页。

以，英国哲学家培根就直接提出了“阅读在于造就完全的人格”[①]。这些都说明人在社会化过程中要培养高尚的道德情操、健全自己的人格、完善自我，必须认真看书学习。

第二，阅读理解社会文化，内化社会价值。人的社会化从本质上讲就是人接受社会文化的过程。社会是人用文化创造的世界，在社会中人既创造文化，文化又塑造着人，人只有在这种与文化的交互活动中才能真正获得自身规定性，成为社会的人。当今时代，文化已成为民族凝聚力和创造力的重要源泉，成为综合国力竞争的重要因素，成为软实力。因此，理解和把握现代文化、内化现代价值，在人的社会化中就显得更为重要。文化的内涵非常丰富，它包含着物质文化、观念文化、制度文化。人们在社会化过程中所要理解和内化的文化只能是一定时代文化的最基本、最核心的内容。文化中基本和核心的内容是价值体系、社会规范两大部分。价值体系是国家、民族、社会在长期发展中所形成的一致的共同理想、共同信仰及持久信念。价值体系在人们的社会生活中体现为一种社会的规范，对人们在社会中的行为起着稳定的导向作用。它是人们参与社会生活的行为准则，对社会中人的任意行为具有控制、调整的作用，使人的行为能够同社会生活保持一致。因此，在本质上它是特定社会环境中维持正常群体关系的稳定的社会文化模式。中国传统文化在长期的发展中形成了天人合一、仁爱和谐、爱国团结、勤劳勇敢、自强不息的价值体系，并在这一价值体系的指导下形成了一系列传统的道德规范、行为规范，成为中华民族共同的精神家园，对维护民族认同、促进民族团结发挥了重要而持久的历史作用。

文化是随着社会发展不断发展的。自上个世纪初马克思主义传入中国，中国共产党领导人民在长期的实践中，特别是在改革开放的实践中，不断结合时代和社会发展的需要，吸取传统文化和外国文化的精华，总结新的经验，形成了以马克思主义为指导的社会主义新文化，并形成了社会主义核心价值体系，这是社会主义文化的核心。要深刻理解社会主义文化和把握社会主义核心价值体系，最根本的仍然是要靠认真阅读。一是要读点中国文化经典。近人钱穆曾经说过：“《论语》自西汉以来，为中国识字人一部人人必读的书”。他还指出：“中国人所人人必读的书，就是《论语》、《孟子》、《老子》、《庄子》、《六祖坛经》、《近思录》、《传习录》。”[②] 这些文化经典是中国思想文化的核心价值之源，是中华民族精神的集中体现。读这些经典才能理解中国文化的博大精深，才能理解我们在文化建设中“弘扬中华文化，建设中华民族共有精神家园的历史任务”。二是要读点马克思主义的经典著作，特别是要读马克思主义中国化的最新成果——邓小平的著作，从而深刻理解改革开放的创新精神、时代精神和社会主义核心价值体系。三是要读一些时贤的优秀作品，如中宣部组织编写的《六个“为什么”——对几个重大问题的回答》。这本书准确地抓住了当前思想文化中的主要问题，并对这些问题进行了深入透彻地分析，科学地回答了这些问题，对我们深入学习领会中国特色社会主义理论体系和社会主义核心价值体系有很大的帮助。

第三，阅读掌握现代信息和现代生活技能，完善社会角色。在现代社会，人的社会

① 《名人名言录》，上海人民出版社 1981 年版，第 123 页。

② 钱穆：《〈论语〉新解》。

化过程和内容无论怎么复杂、多样，最后都要落脚到使人能掌握现代社会信息、现代生活技能和充当一定的社会角色。社会角色是指在社会生活的某一方面有着特定的权利、义务、行为规范的人。社会化的最后结果，就是要培养出符合社会要求的社会成员，使其在社会生活中承担起特定的责任、权利和义务。社会化的过程就是社会角色的学习过程。角色学习又必须以生活技能和某些专门技能的掌握为基础。这些技能的学习和掌握对于未成年和成年的个人都有重要的意义。未成年人必须首先学习掌握基本生活技能，并在此基础上逐步学习和掌握专业技能；成年人则需要不断深化专业技能，也需要不断发展生活技能。特别是在我国进入新世纪新阶段以后，由于科学技术迅猛发展，经济体制深刻变革、社会结构深刻变动、利益格局深刻调整、思想观念深刻变化。这就给人的社会化提出了新的要求，要求人们要面对新的情况，掌握社会新信息，学习新的生活技能，掌握新的专业技能，完善自己的角色地位。实现这一角色地位的转变，主要是靠参加社会变革的实践，但同时也必须要看书学习。看书学习仍然是掌握现代社会信息和现代生活技能、完善社会角色的重要途径。为适应这一要求，我们党在领导中国人民进行现代化建设中非常重视学习，党的十六大提出了建立学习型社会。中国建立学习型社会是以更新拓宽知识和技能，提高知识技能水平和层次，为转换新职业而重新系统地学习新的专业知识和技能为战略目标。其目的是要将中国丰富的人力资源的潜在优势转变为显现的人力资源优势，以推进我国现代化建设。我们每一个人都要适应这一要求，结合自己的本职工作首先要读一点“看家”的书。不管你从事什么工作、充当什么角色，每一个行当总有一些为本行打基础、定规矩的书。读这些书就是学习你的角色本领，充实你的“家底”。这个环节不能省，一个人有没有根底，这是一个重要标志。其次，要读一点自然科学和交叉学科的书。现代社会科学技术迅猛发展，而且呈现出一种学科交叉融和的趋势。为了使自己不落伍，必须有意识地选择一点自然科学（科普读物）和交叉学科的书学习。其三，要跨行业读一点名著，读一点别人“看家”的书，以扩大自己的知识面，同时也为自己进一步的角色选择打基础。其四，要读一点时尚畅销的书。这类书往往是现实生活的精彩反映，读这类书可以使你更好地了解现实。总之，读这几类书能使我们与时代发展同步，把握现实生活，完善角色地位，更好地充当社会角色。

（三）坚持终身阅读，保持人的持续社会化

社会是一个永远没有完成的发展过程，人对社会的适应只能是具体的历史的统一。随着社会的发展，人的社会化也是不断发展的，其目的“在于使人日臻完善；使他的人格丰富多彩，表达方式多种多样；使他作为一个人，作为一个家庭和社会成员，作为一个公民和生产者、技术发明者和有创造性的理想家，来承担各种不同的责任”①。要实现这种目的，保持人与现代社会发展相适应，显然不能只望靠人在某一具体阶段如青年、成人阶段的学习，或某种局限性的目的如职业培训等的学习所取得的知识、技能所能达到的，而必须不断地学习、终身学习。

为使人适应社会发展的要求，上个世纪 70 年代，联合国教科文组织提出了终身教

① 《学会生存——教育世界的今天和明天》，教育科学出版社 1998 年版，第 2 页。

育，并提出要把终身教育放在社会的中心位置，同时，提出了终身教育在21世纪的四大支柱，即：学会共同生活、学会认知、学会做事、学会生存；认为“终身教育是不断造就人、不断扩展其知识和才能以及不断培养其判断力和行为能力的过程”①。这一时期的西方学者又提出了学习型社会理论。在我国，党的十六大正式提出了建立学习型社会。学习型社会就是形成全民阅读，推动全民学习，要求终身学习，形成人人皆学、处处要学、时时能学的社会环境。建立学习社会的目的就是要促进人的全面发展，保证社会全体成员最大限度地发现和发展自己的潜能，能够自我实现、成为真正意义上的人。这实际上就是要通过终身阅读学习，不断提高自己、持续发展自己的社会化问题。

坚持终身阅读，首先要树立科学的阅读观。阅读是一个广泛的概念，它包括文本的阅读，也包括对人、事、物的接触、观察、感悟、理解的过程。要通过阅读来全面实现人的社会化，就要树立这样大的阅读观。但我们这里讨论的是文本的阅读。文本阅读仍然有个阅读观的问题。为了实现人的社会化，人们阅读学习的目的，无非是学以致知、学以致用、学习修身三个方面，因而阅读学习必须围绕这一目的进行。一是要树立阅读在现代社会是人的生存方式这一观念。在农业社会和工业社会，人生存的方式是劳动，主要是从事物生产的实践活动。但是在信息社会和知识经济时代，整个社会生活都在信息、知识中运转，这种情况下，仅仅凭生产劳动的实践活动，不能真正体现人的本质和价值。因此，只有认真阅读学习、掌握知识的人才能在现代社会生存下去。可以说，在现代社会，阅读学习才能使人获得完整的规定性，真正体现人的本质。二是要广泛阅读，掌握大量的知识。现代社会知识、信息成几何级数增长，也由于信息高速公路和互联网的产生及经济全球化的趋势，使整个社会生活的各方面成为一个相互联系的大系统。这就决定了人要适应社会，不能只阅读某一方面的书，具有某方面的专门知识，而是要广泛阅读，掌握多方面的知识和技能。所以，党的十七届四中全会的决定强调要“广泛学习现代化建设所需要的经济、政治、文化、科技、社会和国际等各方面的知识”，学习反映当代市场经济、现代国际关系、现代社会管理和现代信息技术等方面的知识，使人能够适应社会发展的需要。三是要选择阅读内容，读有益书，做高尚人。古人说：“开卷有益”。但是在现实中，这未必是“有益”的格言，现实中各种书籍鱼龙混杂，种类繁多。这就要求我们在阅读中要用马克思主义观点作指导，用社会主义核心价值观作标准，从茫茫的书海中选择有益的书阅读。法国哲学家笛卡尔曾说：“读一切好的书，就是和许多高尚的人谈话”②，使自己心灵受到感染，完善自己的人格，明白做人的道理和办事的道理，使自己成为一个高尚的人、一个有益于人民的人。

其次，有了科学的阅读观，还必须掌握科学的阅读方法。就阅读本身来讲有多种方法，但要通过阅读实现人的社会化，主要是要坚持理论联系实际的阅读方法。理论联系实际是马克思主义的基本原则和优良学风，也是中国传统的学以致用的优良学风。中国传统文化中一直存在着读书济世、经世致用的知行统一、学用结合的优良学风。孔子主张学问要与社会生活相结合，关注世事人生，强调要慎言敏行，躬行践履，反对空谈或

---

① 《教育——财富蕴藏其中》，教育出版社1996年版，第92页。

② 《科学家名言》，河北人民出版社1980年版，第36页。

玄远空疏的学风。他认为好学就是:“君子食无求饱，居无求安，敏于事而慎于行，就有道而正焉，可谓好学也已”(《学而》)。他也反对那种言不符实、言过其实、言过其行的作风，认为“君子”要有“先行其言而后从之”(《为政》)，或“讷于言而敏于行”(《里人》)，见其过而能“内省自讼”(《公冶长》)的美德。如果人能“学而时习之”，能够谨慎于言辞，敏捷于事行，能内省自讼，且切近于“有道”，孔子以为这就是实现了学习的目标。孔子这种知行统一、学用结合、身体力行的思想形成了“入世”、“有为”的儒家文化精神。这种文化精神到宋代以后，唯物主义思想家在同道学家空谈心性、崇尚玄虚的空论学风的斗争中，总结历代知行关系、学用关系的思想，形成了“倡实学”、“重实际”、“讲习行”的经世致用的新学风。经世致用就其本义讲是治经史以致用，强调经书研究要同当时社会的紧迫问题联系起来，并从中提出解决社会政治、经济、民生、文化等实际问题的方案。它的特点是强调书本学习要结合现实，为现实服务；强调学是为了用，要在学中用，在用中学；强调知对行的指导作用，只有通过学和习行才能获得真知。由于经世致用符合人的认识规律，也反映了当时社会发展的要求，对当时和以后的思想文化界产生了重大影响，并成为中华文化中的治学精神。这种治学精神在现代同马克思主义相结合，得到了方法论的提升，形成了理论联系实际的新的学风。毛泽东认为，学风问题本质上是人们的思想方法问题，是人们对待理论和对待实际的态度问题，因而是最重要的问题。理论只有同实际相结合才能发挥它的作用，理论力量的大小取决于它同实际相结合的程度。这对于我们今天的阅读学习仍然具有重要的指导意义。理论联系实际是阅读学习的总的方法论。理论联系实际的内容很广，但主要是两个方面，一是联系客观实际，联系社会的政治、经济、文化、科学、技术、管理和国际等方面的相关实际去理解和运用相关的知识。二是要结合自己的思想和行为的实际，以得到心灵的振作和洗礼，从而提高自己的思想道德和文化修养。总之，坚持终身阅读、坚持科学的阅读观、坚持理论联系实际的方法，阅读学习就能使人保持和社会发展相适应的持续社会化。

注：本章是由《发挥综合优势提高大学生文化素养——综合大学加强大学生文化素质教育的基本做法》(载《提高文化素质培育创新人才——高等学校加强文化素质教育的探索》，刘凤泰主编，高等教育出版社 1999 年版)、《大学文化建设与文化育人》(《天府新论》2011 年第 6 期发表)、《永恒的启迪——谈人文素养中的文化经典的学习》(《中国大学教学》2004 年第 11 发表)、《阅读与人的社会化》(《天府新论》2010 年第 4 期发表)，以及《高职院校思想政治教育与人文素养教育关系的思考》(《思想理论教育导刊》2015 年 11 期发表) 4 篇文章编辑而成，编辑过程中有的节标题有所改动。

第二十五章 实践锻炼是大学生领悟人文精神、提高文化素养的重要途径

一、哲学专业学生代职实习的探索——全国文科改革座谈会上的发言

（一）哲学专业学生代职实习的提出

马克思主义哲学是实践唯物主义，其根本特点是它的实践性。它不仅强调理论联系实际，强调理论本身的实践性，而且强调掌握理论必须参加社会实践。这既是马克思主义哲学同一切旧哲学的根本区别点，也是它同别的社会科学的不同之处。马克思主义哲学的这一特点从本质上要求学生不能只停留在课堂上熟记先哲们的哲学观点和至理名言，而必须到实践中去应用哲学的理论说明世界、改造世界，培养自己的能力，从而理解理论，发展理论。

在当前，加强学生的实践锻炼，也是改革开放对高等教育提出的客观要求。教育为社会主义建设服务，从根本上来说就是要培养适应发展有计划的商品经济需要的各种人才。这种人才既要有发展商品经济需要的各种知识，更要有发展商品经济的实际能力。这种能力不是仅从书本知识中就可获得的，而主要是通过实践锻炼逐步形成的。但目前我国教育界在纠正过去学校不重视传授系统知识、“开门办学”的倾向后，却又普遍存在忽视社会实践的“闭门读书”的倾向。近年来，哲学专业和其他专业一样，强调课堂教学，学生往往死记硬背书本知识以应付考试，而学校又以考试成绩来衡量学生素质，并决定学生毕业分配的去向。对此，学生表示不满，社会对那些高分低能的学生也不欢迎。学生觉得在学校脱离社会，学的东西远离实际，不知将来出去有何用处；社会觉得哲学专业的学生爱高谈阔论，不着边际。如果这样长此下去，哲学将会变成教条，失去它的世界观和方法论意义。针对这种情况，我们在教学中提出了组织学生参加社会实践的代职实习。

组织学生代职实习的过程是一个逐步探索、总结和不断提高认识的过程。前几年，在教学改革中，我们哲学专业面临两个困难的问题：一是社会上曾一度出现轻视哲学的

错误倾向。在这种倾向影响下，哲学专业出现了招生难、分配难的问题。每年招生，很少有第一志愿报考哲学专业的学生。勉强录取以后，学生进校专业思想很难解决。二是近年来，由于招收的学生年龄小，从家门到校门，很少接触过社会，缺乏实践经验，不能很好理解哲学理论，觉得哲学抽象难懂，教师也觉得不好教，出现了教学难的问题。加上前些年学校教育强调课堂教学，学生往往靠死记硬背争取高分。这样培养出来的学生很难适应改革开放和社会主义现代化建设的需要。学生毕业后较长时间难以适应工作，社会不太欢迎这样的毕业生。在这种情况下，哲学专业应该怎样办、怎样才能适应社会需要培养为现代化建设服务的人才，便成为哲学专业教学改革迫切需要解决的问题。围绕着这些问题，我们哲学系在抓好课堂教学的同时，积极进行教学改革的调查和探索。从 1983 年起，我们陆续进行了三个方面的调查：

第一，调查我系 77 级—80 级毕业生的分配去向。调查结果表明，这几个年级共毕业学生 369 人，除了考上研究生的外，分到高等学校和科研单位从事教学和研究工作的占总人数的 23.8％；而分到党政机关、企事业单位从事理论宣传和实际工作的是 187 人，占总人数的 53.6％。这说明我系毕业生的去向大部分是党政机关和企事业单位等实际工作部门。这种情况使我们感到不能完全按过去的培养目标来办哲学专业了。

第二，对 77 级—80 级分到成都市的学生和用人单位进行了追踪调查。我们组织调查组共走访了 60 多个单位、80 多名学生。被调查的学生和用人单位都反映，哲学专业的学生思想比较活跃，思维比较敏捷，有一定的理论水平，看问题站的角度比较全面，应变能力较强，后劲较大，但缺乏社会所需要的应用学科的知识（如法律、经济、文秘、管理等方面的知识），不了解社会实际，分析和解决实际问题的能力较差，往往是高谈阔论多，一般需要两三年才能很好地适应工作需要。这一调查结果表明，哲学专业需要增加一些应用学科，并加强学生的实践锻炼，培养学生的实际工作能力。

第三，调查校内学生对哲学专业改革的意向。1984 年底，我们就哲学专业的改革问题在校内哲学系学生中进行了访谈和问卷调查。结果表明，我系 76.4％的学生要求增加应用学科；83.6％的学生要求开设新专业，实行双学位；100％的学生要求接触社会实际，了解社会，培养实际工作能力。

根据这些调查结果，我们采取了以下改革措施：首先修改教学计划，增设应用性学科的课程。我们现在已开设了法学、经济管理、科学社会主义、秘书学、社会学、社会心理学等选修课。其次，把社会调查作为必修课程，组织一个月的社会调查，对学生进行调查研究的理论和实践训练。通过这些措施，扩大了学生的知识面，开拓了新的学习领域，从 81 级起，我系不少学生报考了哲学、法学、经济学，科社、宗教、人口、社会学等学科的研究生，连续 3 届考取研究生的人数占毕业生总数的 30％左右，并且很多人考上的是重点大学。同时，通过社会调查，使学生在了解社会实际方面收到了一定的效果。但几届社会调查的实践证明，要使学生受到实践锻炼，仅靠几周的“走马观花”式的社会调查，对哲学专业的学生来说，是远远不够的。为了进一步解决学生缺乏实践经验同专业要求的矛盾，培养适应社会主义现代化建设需要的哲学人才，随着教学改革的深化，我们在 1985 年提出了“分流制”教学的教改方案（当时也叫“双轨制”）。所谓“分流制”，就是让学生用两年半的时间学完哲学专业的主要课程，从第 6 学期开始，根据学生自愿分两个方向组织教学，即一部分人在校内进行哲学专业主干课程的配套选修课的学习，从哲学理论上加深，以准备将来报考研究生，或从事哲学的教学和研究；另一部分人到基层参加一个学期的代职实习。所谓代职实习，就是把学生分到基层单位，顶岗实习，当干部使用，代理一部分工作，进行实际锻炼；回校以后，有针对性地选修一些应用学科，以培养学生适应实际工作需要的能力。1985 年底，我们把这一想法以“对哲学专业适应现代化建设需要的几点设想——从毕业生分配去向看哲学专业培养目标”为题，写成论文参加国家教委在广州召开的哲学教学改革会议。1986 年底，我们正式向学校打报告，要求进行“分流制”教学试点。我们当时提出组织“分流制”教学，让一部分学生下基层代职实习的目的有三个方面：一是让学生接触实际、接触工农、了解社会、认识国情，转变思想；二是通过亲自实践培养学生的实际工作能力，缩短毕业后适应工作需要的时间；三是加强理论联系实际的锻炼，转变学风，更好地学习马克思主义哲学。这三个方面实际上成为我们后来几届代职实习的基本的指导思想。对于我们的这一想法，学校非常支持，并决定由教务处和我们系共同组织实施。

为了让师生更好地了解代职实习的目的要求，我们把学校的意见和我们的想法在师生中进行了广泛讨论。讨论中，同学们积极性很高，普遍要求下去锻炼。当时 84 级 94 人，所有的同学都要求下去，但当时我们实行的是“分流制”，只能同意一部分人下去。经过多方作工作，才动员一些同学留校学习。然而，当时教师对学生代职实习这一问题的看法很不一致。有的教师很赞成，有的则认为这是 1958 年“大跃进”中学生参加劳动的翻版，有的认为这是“文化大革命”中的“开门办学”，只开门不办学的做法。他们认为学生到学校主要的任务就是读书，适应社会是很简单的，用不着下去，将来走上工作岗位很快就能解决。对于教师中反映的这些不同的认识，我们系的领导进行了认真分析，觉得组织学生到基层参加实践锻炼，这个方向是正确的，是符合党的教育方针的要求的。党的教育方针是教育必须为社会主义现代化建设服务，必须同生产劳动相结合，培养德、智、体全面发展的建设者和接班人。我们认为，在当前教育要为社会主义现代化建设服务，最主要的是要解决两个问题：一是解决青年学生的政治方向，使他们懂得并能坚持四项基本原则，愿意为社会主义现代化建设服务，对文科专业来说，解决政治方向是首要的问题；二是要主动适应经济建设的需要，培养适应发展社会主义商品经济需要的各种专门人才。解决这两个方面的问题需要读书、需要认真学习马列主义、毛泽东思想的理论，也更需要实践锻炼，在实践中去培养。从我国目前高等教育的状况来看，解决教育脱离实际的问题显得更迫切，学生最缺的是实践锻炼。基于这种认识，我们坚持进行“分流制”代职实习试点，对于教师中的不同看法，我们当时想的是通过实践来解决。就这样，1987 年 3 月初到 7 月初，我们组织 84 级 50 名同学到四川三台县里的各基层单位进行了第一次“分流制”的代职实习试点。实习过程中，我们有意识地安排一些教师下去实地考察，听听同学和当地干部群众的反映；回来以后又请他们在教职工会上谈感受，也请参加实习的同学来讲收获体会。这样逐渐解决了一部分教师的认识问题。

第一次三台代职实习比较成功，学生欢迎、社会满意，引起了各方面的关注，中央人民广播电台、《中国教育报》、《中国青年报》等作了报道。这对我们是一种支持和鼓舞。但是，这种“分流制”的代职实习有一个问题，那就是下去的同学受到了锻炼，而留校的这部分同学的实践锻炼不好解决。然而，作为培养学生来讲，所有的学生不管你将来从事什么工作，都应该有实践锻炼这一环节。因此，我们又向学校报告，让 85 级全年级都到基层代职实习一个学期。在学校的支持下，从 1988 年开始，我们实行一个年级下去代职实习一个学期的做法。老实说，这样做到底怎么样，在当时我们思想上是没有底的，只觉得改革是一种探索，允许犯错误，不行就改过来。但就在这时，国家教委印发了《关于进一步加强高等学校文科社会实践工作的意见》的通知。该意见明确规定社会实践是文科学生的必修课，是达到文科人才培养规格的一个重要方面，并规定大学生在校期间社会实践时间不得少于 4～6 个月。这下有了“尚方宝剑”，心里不虚了，加之当时在遂宁实习也比较成功，这样，我们就连续 5 年坚持代职实习，并不断进行总结和不断完善这种实习方式。

（二）代职实习的基本做法和主要收获

关于代职实习的基本做法，主要是三个方面的工作。

第一是实习的准备。实习准备包括前期准备和实习开始时的准备。前期准备主要是在课程安排上要尽可能把哲学专业的主要必修课安排完，同时根据实习的需要安排一些应用性的选修课，如社会调查的理论与方法、法学、秘书学等；实习开始时的准备包括实习选点，建立领导小组，制定实习管理条例，落实实习单位，选定指导教师，向单位和指导教师讲清楚实习的目的要求和基本做法，同时对学生进行思想动员和组织准备工作。

第二是实习管理。实习管理主要分两个阶段，第一阶段学生分到各单位，用 3 个月左右的时间，以完成单位交给的任务为主，同时积累调查研究的课题。这一阶段学生都在各单位，主要依靠单位和指导教师进行管理，系上派一位教师常住县上，主要管理学生的生活，并同各单位联系，发现问题及时处理；第二阶段用 1 个月左右的时间，根据工作中提出的、当地需要解决的问题，进行“不脱产”的专题调查。这一阶段学生要用较多时间写作调查报告，系里增派教师下去指导学生写作调查报告。整个实习过程中，系里和学校有关负责同志要经常下去了解情况，发现问题同县上商量及时解决。比如，在三台实习期间，学校党委书记和几位校长、教务处的负责同志都曾先后下去看望和了解情况，给予指导。

第三是实习总结。实习总结包括在当地的总结和回校后的总结。在当地总结，包括学生个人总结，和向当地党政领导的汇报总结。按照我们实习的计划，我们要求学生实习结束时要交 3 个材料：一是个人实习总结、实习中的心得体会；二是实习单位和指导教师的全面鉴定；三是专题调查报告及实习指导教师对调查报告的评语。实习结束时要求每个学生向实习单位作总结汇报，同时，校系负责同志下去和带队教师、实习学生共同向当地领导进行汇报总结，听取他们的意见。回校后的总结主要是由系里组织教师对学生的实习总结、调查报告评定成绩，记入学籍档案，进行全面评比，选出优秀者进行总结表彰。

关于代职实习的收获，根据我们对各个年级的了解和我们最近对参加代职实习已经毕业走上工作岗位的3个年级的学生所作的追踪调查来看，我们认为代职实习基本上达到了我们原先提出的目的，现就以下几个方面作些补充：

第一，通过代职实习，接触实际，接触工农，使学生初步了解了中国的国情，促进了他们对学潮的反思。现在大学生在思想上一个很大的弱点就是脱离实际，脱离工农，对国情、民情了解甚少，因而很容易受西方思潮和国内资产阶级自由化思潮的影响，这是他们在学潮问题上犯错误的重要原因。实习前，很多学生根本不了解中国的国情，他们思想片面、偏激，对社会往往只看到问题的一面，觉得这也不行，那也不行，西方什么都好。因此，在1989年有相当一部分人卷入学潮，参加游行，思想情绪很激烈。以后，通过集中学习和思想教育，绝大多数学生思想感情有了一定的转变，但一些深层次的认识问题并没有解决。下到贫困地区代职实习，同当地干部群众挑担子，亲自参加社会主义建设的实践。为改变农村的落后面貌，同干部一起爬山涉水，参加抢险救灾，深入农户扶贫，参加科技兴农，推广应用技术，到车间、到田间，同工人、农民同吃同住。他们亲身感受到了改革开放以后农村发生的巨大变化和农民群众的积极性，同时也看到了贫困山区的落后状况，体会到了城乡的差别和国情的复杂性。这些亲身感受和当地干部结合实际、触景生情的有针对性的教育使他们的认识发生了变化。一个毕业了的实习生在我们的调查表中写道："实习前我对国情的认识很抽象，总是抨击时弊，认为该怎么样怎么样。实习后才知道许多问题不是像自己所想象的那么简单，中国地大人多，关系错综复杂，要治理好这个国家不容易，更感到稳定的可贵。"

实习中，同学们不仅初步了解了中国国情的复杂性，而且在同工农群众接触中经常听到基层干部、群众对学潮的批评和触景生情的教育，对他们的触动很大。一个学生在自己的实习总结中写道："在实习期间，我接触的人中，许多人都问我们是否参加了游行。他们对大学生游行很反感，给我讲了许多深刻而朴素的道理，表达了他们希望平安的心愿。'十年动乱'给人们造成的心灵创伤刚刚愈合，人们仍心有余悸，都希望国家和平地搞建设，现在的和平环境来之不易，要好好维护。尽管他们都知道我们关心国家大事而非麻木不仁，但并不同情我们。上次游行，给国家造成了很大的经济损失，更重要的是我们使那么多人感到痛心，感到失望，破坏了大学生在他们心目中的形象，这于人于己于国又有何好处呢？以前，我们在学校听不到工农群众对这件事的反映，认识不到自己行动所造成的危害。通过实习，是群众教育了我们，使我们认识到了自己的不成熟，也认识到了自己的责任，认识到了群众对大学生的期望。"84级在三台县实习时，一次下冰雹以后，县委书记把学生带到受灾现场参加救灾，他们看到农民一边扶起被冰雹打坏的玉米苗，一边在哭。休息时，县委书记结合这一情景对学生们说：你们在学校上街游行要什么民主自由，你们忘记了在我们国家工人农民不是没有民主自由，他们不需要西方那套所谓的民主自由。你们看在农村最迫切需要的是发展生产。此情此景此语深深触动了同学们的心。学生王侠在自己的总结中写了这件事。她说："书记又在提大学生上街闹事，我缄默了。虽然我没有参加闹事，但我是同情的。在校时我只感到改革进程太慢，没有想到中国的现状和改革所遇到的阻力。这次下来实习，我们才真正看到了我们国家农村的情况，大学生上街游行并没有推动改革的进程，相反拖了改革的后腿。如果不是这次下乡实践，我不会认识到反对资产阶级自由化有什么意义。"她说：

“三台县这几年连续遭受自然灾害，农业生产受到很大影响。在我进行调查走访中，亲眼看见不少区乡干部亲临抗灾第一线，组织群众抗灾自救。在我的想象中，像这样的大旱之年该是田野枯黄，一片荒凉，农民四处乞讨要饭。但我几乎走遍了三台区乡，未见一户农民要饭。我从心底里不得不喊一声‘共产党好，社会主义好。’我也才从心里感到坚持四项基本原则的重要性和必要性。”经过1989年的政治风波以后，在这方面感受就更深。他们通过亲身实践，了解基层，了解基层干部，改变了思想感情。一个在1989年中长期充当广播员的同学，分到县广播局实习。一次，她随局里的领导下乡采访，住在农民家，天天顿顿吃玉米糊，她感到受不了。随同采访的同志对她说：“你们学生没有生活压力，在学校闹事，上街要民主自由，你想想看，农民会要你的那套民主自由吗？如果动乱下去，生产搞不好，还不知道多少农民连玉米糊也吃不上呢？”这件事对她触动很大。在广播局实习中，她发现凡是广播的稿子都反复核实，字斟句酌，录了音还要审定。这使她为自己在1989年中乱广播一些毫无根据的谣言而深深自责。她说：“相比之下，我们太不负责任了，传播谣言给社会造成了危害。”她决心重新认识自己，改造自己。几个月的实习，她表现很好，工作积极、吃苦耐劳，经常下乡下厂一边参加劳动，一边采访，写出了不少好报道稿子，获得领导和群众的一致好评。在实习总结会上，她认真解剖自己说：“过去往往跟着感觉走，在1989年中我陷得很深，以为自己是爱国爱民。几个月的实习使我认识到那完全是一种对国家、对人民不负责的行为。”通过实习，每个同学都感到国情的复杂和他们思想简单的反差太大，这是他们过去犯错误的重要原因。现在他们说：“我们变了，我们对社会的认识再不像过去那样片面和肤浅了。”一个叫习达羽的学生说：“过去我们一提到贫困和落后，就表现出一种不成熟的正义感，总以为只要照搬西方的社会制度国家就会一下子富裕起来。自己亲自去从事了一项或几项在贫困地区发展经济的工作，才真正知道了它的复杂性和艰巨性，也才真正了解了各级党组织和政府、各级干部为改变贫困面貌几十年花了多少心血，做出了多少艰苦的努力，而实际上这些地区已经发生了很大的变化。要彻底摆脱贫困，只有坚持社会主义，通过包括我们大学生在内的全体人民的继续不断的艰苦奋斗才能实现。现在回头想过去，我们开口就怪罪别人没有解决贫困落后的问题，自己却不愿承担任何责任，这种所谓‘忧国心’是何等可笑。”实习结束后，很多同学都联系实际来反思自己过去的表现，从思想深处解决了一些认识问题。

第二个方面的收获是通过实习，直接接触广大干部群众，农村基层干部和广大党员的模范带头作用深深影响了学生，改变了他们对党和党的干部的认识。对于目前的党风问题，在实习前不少学生心中是“无官不贪”，“是官必腐化”。他们有的甚至想下去收集这方面的材料，回来揭露一番。我们许多教师和干部也担心学生下去以后接触阴暗面反而会受影响。但是几届实习证明我们这种担心是多余的。同学们下去以后，同基层干部泡在一起，亲眼看到大多数干部任劳任怨、脚踏实地地工作，从身边的共产党员的模范行动中，他们感到“党风绝非原来想象的那么糟”，“绝大多数干部和党员是好的，党的廉政建设大有成效”。1987年在三台县实习时，插秧时节遇上天大旱，许多人都争水插秧。我们的同学下去调查时看到，许多村的党支部书记和党员在抗旱斗争中不顾自己的田插不上秧，先帮群众插上秧。有一个村的支部书记为组织群众抗旱插秧，半个月不回家，甚至是几过家门不入。他家的田本来在堰塘边，但他不顾自己的田未插秧，先组织全村农民都插上了秧，以后是村民们自动组织起来帮他家把秧插上。这件事使我们的同学很受感动。他们觉得共产党的干部多数是真心诚意为人民服务的。一个同学写道："在学校里，我们整天埋怨干部以权谋私，这个不好，那个不如意。我想如果每个大学生都下来实习，那么抱怨声可能就要少得多。"85级一个学生在遂宁实习过后，一年多以后还给他的指导教师——遂宁检察院康作蒸同志去信写道："记得第一次看到你院会议室中所书：'一生正气敢拼硬，两袖清风不染尘'时，我茫然了。难道真有这样的清正廉洁吗？难道世上还有一块净土？可是事实使我完全确信无疑，我真佩服你们，真正的检察官。"

87级在古蔺实习期间，亲眼看到广大党员干部下乡与群众同吃同住同甘苦，深入灾区抢险救灾。同学们说："在他们身上我们看到了共产党人的作风，他们没有辜负'共产党员'这一光荣的称号。从他们身上，我们深深感到，中国共产党作为11亿中国人民的领导核心，是当之无愧的。"经过实习亲眼所见，同学们从内心相信了共产党，相信了党的干部绝大多数是好的、是全心全意为人民服务的。他们决心要加入共产党。实习过程中，全年级39人就有9人写了入党申请书。现在全年级41人中有23人写了入党申请书。最近已经讨论通过了两人入党。

当然，不可讳言，实习中同学们也接触了社会的一些阴暗面，如农村封建迷信盛行、农民的保守自私的一面、少数干部以权谋私等。但是，几届实习都没有发现有学生受阴暗面影响而变得更糟的情况，到底他们是怎样看待这一问题的呢？最近我们专门找了一些学生来座谈，请他们说真话。对这个问题他们谈了3点看法：第一，他们认为阴暗面是客观存在的，不能回避。他们说："任何事物都有两面，不可能只有一面，因此，任何地方都要接触两面，不可能只接触一面，今天不接触，明天也要接触，回避不了。看到阴暗面使我们在看待社会时变得更加客观了"。第二，他们认为过去在学校听到的反面的东西太多了，觉得尽是问题，下去以后看到实际情况不是那么回事，无论是改革开放还是党风问题，好的、光明面是主流。因此，下去使我们增强了信心，也学到了看问题的方法。第三，他们认为要从国情的角度来认识阴暗面的问题。他们说：造成一些问题的原因，不是党的路线、方针、政策的问题，面是下面有的干部素质低，往往不能正确执行党的政策，"把好经念歪了"。比如科技兴农，本来是很好的致富的政策，但有的干部强迫命令，引起群众不满。看到这些，我们感到作为一个大学生有责任去改变阴暗的现象，从而加强了我们的社会责任感。总之，正如一个同学在总结中写的："我们大学生由于没有正面接触社会，对社会没有一个全面的了解，只是对一些腐朽、阴暗的现象比较敏感，以点代面，以偏概全，形成对社会的错误认识，看问题往往比较偏激、片面。通过实习使我们对社会有了一个比较全面的认识，填补了学校教育的不足。"这说明解决学生的思想认识问题，光有理论教育是不够的，必须要下去接受实践教育，才能形成全面的认识，正确看待社会。

第三个方面的收获是通过代职实习，使学生的实际工作能力得到锻炼提高，同时培养了理论联系实际的学风，增强了学习马克思主义哲学的积极性。

代职实习半年，会不会影响学生的学习？对这一问题从一开始就有不同的看法，有的同志认为代职实习对于解决学生思想问题有好处，但影响学习。是不是影响了学习呢？从几年来我们组织教学的实际情况看，我们严格执行教学计划，在教学安排上并没有减少哲学专业应该学的基本课程，反而增加了一些应用社会科学的课程。从学生的反映来看，绝大多数学生认为代职实习一个学期虽然少读了半年书，但学到了学校里和书本上学不到的东西，对他们能力的培养、社会知识的增长大有好处。最近，我们对参加过实习已经毕业和在校的学生进行了一次调查。总结几届学生的反映和这次调查的情况来看，我们认为代职实习首先是提高了学生的实际工作能力和写作能力。代职实习，学生有机会亲自参加实际工作，又有人具体指导，使他们的实际工作能力有较大的提高。从我们调查中收回的问卷看，74%的人认为代职实习对实际工作能力的提高有相当大的作用。调查中很多学生认为，代职实习缩短了他们走上工作岗位后适应工作需要的时间，使他们能很快干得上手。在古蔺县实习的同学普遍反映，通过实习，他们的调查研究能力、办事能力、做群众工作的能力都得到了提高。

代职实习中各个单位都把学生当作秘书来使用，使学生有很多写作的机会，对学生写作能力的提高起了很大的作用。开始下去时，许多同学写一个情况简报都不知从何下手，有的写十几页，送给领导改得只剩一两页；写广播稿抓不住要领，编辑采用时只能采用一两句话。通过几个月的实习，干部手把手地教，他们的写作能力都得到了不同程度的提高，后来写各种材料就比较顺手了，有的同学还参加了政策的起草。几届实习的学生为当地写了上百件的简报、文件、广播稿、政研文稿，4 个年级共写了 800 多件，同时还写了 200 多件专题调查报告，一些文章和调查报告在《四川日报》、《现代城乡报》、《泸州报》、《四川财贸工交信息》、《四川政法研究资料》、四川大学《高教研究》等报刊发表，有的调查报告受到上级有关单位的高度重视。

代职实习给学生提供了运用马克思主义哲学的机会，加深了对马克思主义哲学的理解，提高了学习马克思主义哲学的积极性。在最近的一次调查中，对于代职实习与马克思主义哲学的关系，有 92%的人认为代职实习加深了对马克思主义哲学的理解，懂得了理论联系实际。一位同学在调查表中写道："实习期间，在写简报、写调查报告以及宣传统战理论（我在统战部实习）的过程中，哲学原理已经不再是简单的条款和随处可用的标签，而是成为我观察问题、分析问题、提出解决意见的立场、观点和方法，这样同时也加深了对哲学原理的理解。"座谈调查中，同学们一致认为代职实习给他们提供了一次运用马克思主义哲学的机会，也提供了一种新的学习方式。他们说：学习本来有多种方式，一种是课堂上听讲、看书学习，另一种是在实际工作中学习。哲学是一种方法论，在实际工作中才能理解和运用这种方法。过去在学校里学的是抽象理论，下去结合实际运用，在理论上是一种深化。他们在给基层干部讲哲学中体会到，书本的哲学必须和实际相结合才能说服人。一个很爱读书、学习成绩特别好的学生说："我给干部讲哲学先按书上讲条条，他们听了觉得茫然无味。后来我去调查，结合当地的实际问题讲哲学，很受他们的欢迎。从这里我体会到哲学只有结合实际才能为群众掌握，才能发挥它的作用，离开人的实际生活的哲学都只能是空谈。"同学们说，实习接触社会各方面的问题，增长了不少见识，扩大了知识面。一个同学在发言中说，代职实习从时间上看，耽误了一个学期。这一个学期，在学校读书对书本知识的增长来说只能是百分之几，但代职实习对社会知识的增长却是百分之百。

从实习的这几届情况来看，代职实习激发了同学们学习马克思主义哲学的自觉性。以往到最后毕业年级，特别是最后一个学期，除作毕业论文外，许多学生学习放松，觉得无事可做，因而这一个学期不少学生时间抓得不紧。实习后情况发生了变化，正如一个学生说："实习完成以后，我们有一年在校学习时间，在这一年里，我们可以根据在实习中所发现的自己的弱点，有意识地改变自己的知识结构，弥补自己的知识空间"。事实也正是这样，实习后到了四年级，许多学生学习抓得紧了，他们除了听系上开出的课和作论文外，根据自己在实习中所暴露出来的知识缺陷，主动找书看，或到别的系去选听课，混时间的人少了，学习纪律也比过去几年好多了。

第四个方面的收获是通过代职实习，密切了大学生同干部群众的关系，加深了社会对大学生的了解，增强了社会培养大学生的社会责任感。

除了学生在代职实习中有收获外，社会怎么样看待代职实习呢？这也是我们这些年一直关心的问题。每一次我们都作过一些调查。在三台、遂宁实习时，学校的书记、校长和系上的负责同志在中途与实习结束时都下去听取过当地干部群众的意见。在古蔺实习时，我们作过问卷调查和座谈调查。1990 年 2 月初，由学校出面召开了曾经支持和指导过我们学生实习的三台、遂宁、温江、崇庆、古蔺等县的书记、县长和有关同志参加的代职实习研讨会，结合过去几年的实践，对代职实习进行了总结，并对进一步完善这种形式进行了探讨。从调查和研讨会的情况来看，社会上对这种代职实习的方式基本上是肯定的。他们认为，代职实习，学生同广大的工农群众、基层干部在一起，既培养了学生的工农感情，又使工农群众和广大基层干部有机会了解大学生。代职实习期间，学生给单位作了大量的工作。同时，学生把朝气蓬勃的作风带进了办公室，活跃了机关文化生活，促进了机关作风的转变。许多单位都反映学生上班早，守纪律，见事就做，又经常开展文娱体育活动，对单位干部和群众是一种促进。实习后期，同学们针对各单位的工作中急需要解决的问题，从各个方面作了大量的调查研究，写出调查报告，提出解决办法和改进意见，对各单位工作也起了一些推动作用。这样加深了干部群众对大学生的了解，改变了他们对大学生的看法。他们认为："这种代职实习方式做到了两个有利、两个增强，即：有利于高校学生正确了解社会，有利于社会正确了解和评价当代大学生；增强了学生对党的政策的了解，增强了学生的实际工作能力。"古蔺县委政策研究室主任说："通过在我单位实习的张高宏同学的表现，改变了我们对大学生的认识。老实说，过去，我们对大学生的印象是不好的，特别是去年在电视上看到大学生和韩省长的辩论那种表现，给大家的印象很坏。但是，这次小张在我们单位实习，他对党的感情深，工作中吃苦耐劳、遵守纪律，有工作能力，从他身上我们看到了大学生的希望。"

代职实习请基层单位的负责同志当指导教师、帮助培养学生，使干部群众认识到：社会不能光向学校要人才，帮助学校培养人才也是他们应尽的义务和责任。这样，代职实习发挥了工农群众在培养大学生中的作用。几个月的实习，同学们和当地干部群众建立了深厚的友谊。许多学生和单位指导教师关系非常好，毕业一两年了还经常写信，有的连婚姻恋爱之事都写信征求指导教师的意见，可以说有的学生和当地指导教师的关系胜过了和学校教师的关系，他们给学生的思想的影响是学校不能替代的。

二、文科学生代职实习是一种行之有效的社会实践方式

四川大学哲学系针对目前学生年纪小、不了解社会、缺乏实践经验等特点，从1987年开始实行学生下基层代职实习。其主要做法是：用两年半时间学完哲学专业的全部主干课程，在第六学期学生到基层单位，顶岗参加一个学期的实际工作，回校后再有针对性地开一些应用性的选修课程。连续4年代职实习的实践表明，学生到基层亲自参加社会实践，是文科学生接触社会、了解社会、联系工农、转变思想、培养实际工作能力的有效方式。

哲学系代职实习着重抓了5个环节：（1）选点。实习地点一般选在比较愿意接收学生实习调查，同时对学生锻炼也大的县。实习地点确定以后，系里和当地县委、县政府共同组成实习领导小组，负责实习学生的思想教育、业务指导和生活管理。（2）实习准备。上岗实习前，系里拟定详细的实施计划和实习纪律，有针对性地进行思想动员，并开设“社会调查的理论与方法”、“公共关系”、“公文写作”等专题讲座。（3）管理。学生下去以后，根据学生的特点，分到县级各单位参加工作。各单位指派专人负责指导学生实习。系里带队教师负责和各单位联系，并按当地干部管理条例和学校学籍管理条例管理学生实习的日常事务。整个实习分两个阶段进行：第一阶段用3个月时间主要参加所在单位的工作，了解情况、熟悉情况。第二阶段用1个月时间，根据各单位的需要和本人前段工作的准备拟出调查课题，结合各单位工作“不脱产”地进行专题调查。同时，系里增派教师对调查报告的构思、写作进行指导。（4）鉴定。实习结束时，要求学生一是写出实习总结，二是就调查的问题写出调查报告；并通过座谈、自我鉴定等形式，引导学生把丰富生动的实际知识系统化，从感性认识上升到理性认识。同时，所在单位对学生实习期间的思想状况、工作态度、工作能力、劳动纪律、生活作风等作出全面鉴定。（5）成绩评定。学生实习回校后，由系组织评审小组，按五级记分对学生的调查报告和实习总结评定成绩。调查报告成绩归入学年论文成绩，实习总结和单位鉴定成绩按12个学分记入学生实习成绩。在评定成绩的基础上选出优秀者给予表彰奖励。

1990年3月上旬至7月初，哲学系87级的39名学生到四川古蔺县（川南的一个边远山区贫困县）进行了一个学期的代职实习。通过代职实习的锻炼，同学们在思想上和能力上都获得了提高，主要表现在以下几个方面。

（一）加深了对国情的认识和对社会的了解，促进了思想感情的转变

代职实习期间，他们被分到古蔺县各个部门顶岗工作，同干部一起爬山涉水参加抢险救灾，深入农户扶贫，参加科技兴农，推广应用技术，到车间、下矿井当普通工人。他们亲眼看到了农村的变化、农民的积极性，也看到了贫困山区的落后状况，听到了工农群众对学生闹学潮的批评。一个在去年长期充当广播员的同学，分到县广播局工作，一次随几位领导下乡采访，住在农民家，天天顿顿吃玉米糊。局领导对她说：“你们学生没感到生活的压力，在学校闹事，上街要民主自由，你想想看，农民会需要你们那套

‘民主’、‘自由’吗？如果动乱下去，生产搞不上去，还不知道多少农民连玉米糊也吃不上。”这些深深地触动了她的心。她决心要重新认识自己，改造自己。几个月的实习，她表现很好，工作积极，吃苦耐劳，经常下乡下厂一边参加劳动，一边采访，写出了不少好报道稿子，获得领导和群众的一致好评。在实习总结会上，她认真解剖自己说：“过去往往跟着感觉走，在去年我陷得很深，以为自己是爱国爱民。几个月的实习使我认识到那完全是一种对国家、对人民不负责的行为。”通过实习，每个同学都感到复杂的国情和他们思想的反差太大，这是他们过去犯错误的重要原因。现在他们说：“过去我们总以为只要照搬西方的社会制度，国家就会一下子富裕起来。自己亲自去从事了1项或几项在贫困地区发展经济的工作，才真正知道了它的复杂性和艰巨性，也才真正了解了各级党组织和政府、各级干部为改变贫困面貌几十年花了多少心血，做出了多少艰苦的努力。现在这些地区已经发生了很大的变化，要彻底摆脱贫困，只有坚持社会主义，通过包括我们大学生在内的全体人民的继续不断地艰苦奋斗才能实现。现在回头想过去，我们开口就怪罪别人没有解决贫困落后的问题，自己却不愿承担任何责任，这一种所谓‘忧国心’是何等可笑。”

农村基层干部和广大党员的模范带头作用也深深影响了学生，改变了他们对党和对干部的认识。实习前，在不少同学的心目中，“无官不贪”，“是官必腐化”。这次代职实习给他们提供了认识“官”的机会。他们从基层干部任劳任怨、脚踏实地的工作之中，从身边的共产党员的模范行动之中，感到“党风绝非原来想象的那么糟”，“绝大多数干部和党员是好的，党的廉政建设大有成效”。3月20日晚，古蔺部分地区遭受了雹灾，当同学们还在睡梦中的时候，县委和县政府的主要领导干部都冒着倾盆大雨，赶到了离县城几十公里的受灾现场。这件事对同学们触动很深。雹灾次日，学生张建山随县长下乡了解受灾情况，县长不是坐在区乡办公室听汇报，而是步行到田间察看被冰雹打坏的作物，和老农一起研究救灾措施。看到眼前这个农业生产的行家里手，他自己感到“昔日所闻‘官越大，架子越大’之说如天方夜谭”。另一个同学在实习总结中谈到，实习前总认为基层干部大都是以权谋私，经常大吃大喝。他准备到古蔺调查、揭露一番。但4个月的所见所闻给了他一个全新的答案。他说：“到了实践中，我才亲眼看到：许多机关干部下乡蹲点，与农民同吃同住，每天徒步几十里山路，单是逐乡甚至逐户的贫困户调查、统计、核实，就常常搞到深夜一两点钟……我常想，他们为什么要这样勤勤恳恳：一丝不苟？不就是要对人民负责吗？在他们身上我看到了共产党人的作风。他们没有辜负‘共产党员’这一光荣的称号。从他们身上，我深深感到，中国共产党作为11亿中国人民的领导核心，是当之无愧的。”经过实习亲眼所见，同学们从内心相信了共产党，相信党的干部绝大多数是好的，是全心全意为人民服务的，决心要加入共产党。实习过程中，全年级39人中有9人新写了入党申请书，两人光荣加入了中国共产党。

（二）加深了对自我和自我价值的认识

在实习中，随着对社会认识的加深，同学们对“自我”、“自我价值”的看法也发生了变化，开始从自我与社会的关系上来认识自我及自我价值。一个同学描述的“优越—自卑—自信”的过程，比较典型地反映了同学们在实习前后展开的螺旋式上升的自我认识过程。他说：实习前和实习之初，时刻不忘自己是一个受高等教育的人，接受了现代文明的洗礼，颇有“天降大任于斯人”的感觉。顶岗工作后，由于自己知识有限，经验欠缺，一时难以胜任工作，茫然感和失落感油然而生，于是心理上又偏向另一个极端——自卑。再后来，放下大学生的架子，进入和周围同志共同的生活圈子，虚心向他们学习，努力把学到的理论知识与实际工作结合起来，从自我对社会的奉献中重新确立起自信心。这时，由于以社会为参照系，对自我的估价也较实际、较清醒了。他们领悟到：“一个人的自我奋斗的历程是不能脱离社会的，脱离社会的自我奋斗是行不通的。个人的价值、理想只有和人民的事业联系在一起才能实现。”

（三）加深了对马克思主义基本原理的理解

参加代职实习的学生普遍感到，尽管在学校系统地学习了马克思主义理论，但学了并不等于就掌握了，更不等于能具体地运用了，表面上懂得“物质第一性，意识第二性”的道理，但看问题时常常“用观念去审视现实”，脱离客观实际；表面上懂得矛盾的客观性、普遍性，但并不能正视和理解现实生活中的矛盾；表面上懂得运动的观点、联系的观点和全面的观点，但实际上却常以形而上学思维方式看待一切。代职实习暴露了同学们的这种“书呆子气”和理论与实际脱节的严重性，使他们切身感到了实践锻炼和理论联系实际的必要性、重要性。他们说：“哲学系学生学到的理论知识如果不应用到实践中去，而光从书本上去寻求答案，只能变得更加迷茫。只有同实践结合起来，到社会实践中去用哲学的眼光探寻，才会真正领悟到‘实践是智慧的源泉’的深刻含义。”“大学生不接触实际只会沉溺于幻想之中。作为国家和人民培养人才的学校若不将理论与实际紧密地结合起来对学生加以教育，就很有可能教出‘祸害’。”在实习中处处遇到实际问题，使同学们有了运用理论的机会。在运用中，他们对“实事求是”、“认识过程的两次飞跃”、“质量互变”、“社会存在决定社会意识”等马克思主义基本原理有了“再学习”之感，在理解上比过去深透多了。到汽车运输公司实习的任军同学在调查报告中运用理论分析总结汽车运输公司的问题和经验，抓住了实质，得到了运输公司经理的好评。他感到欣慰，也真正认识到了“理论源于实践，反过来又指导实践”的意义，增强了对哲学的热爱。

（四）加深了对党的路线、方针、政策的理解

在学校时，同学们对党的路线、方针、政策的理解一般局限于理论范围，是抽象的。代职实习加深了他们对国情的认识和对社会的了解，同时也使他们有机会接触许多党和政府的政策性文件，当他们把各种政策规定同自己掌握的理论知识和了解的实际情况结合起来认识的时候，对党的路线、方针、政策的理解就和以前不一样了。从同学们的实习总结可以看出，他们对“一个中心，两个基本点”的路线，对廉政建设的措施，对“稳定压倒一切”的方针，对“加强党同人民群众的密切联系”的决定等等，较之实习前都有了更为深刻的认识。一个同学坦率地说：“如果没有这次实习，我对许多事情的看法还是比较模糊的，我也不会认识到坚持四项基本原则、反对资产阶级自由化有什么现实意义。”不少同学谈到了对改革和稳定的认识，他们说：“以前我总嫌改革的步子

太慢了，慢就慢在干部无能；认为既然是改革，就该大刀阔斧。实习使我认识到了改革的艰巨性和长期性。”“古蔺目前还处于脱贫阶段，经不起颠三倒四。解决15万人的温饱问题是古蔺当前最首要的问题。要解决温饱问题就要集中精力发展经济；要发展经济，就需要有稳定的社会局面，所以稳定是压倒一切的。一个真正的爱国青年应当为国家和社会的稳定，作出自己的贡献。”

（五）提高了实际工作能力

刚到单位时，很多同学不知怎么工作。通过实习，同学们初步练就了运用马克思主义的立场、观点、方法观察问题和分析问题的能力。他们的调查研究能力、办事能力、做群众工作的能力、解决实际问题的能力以及写作能力也有较大的提高，在各自的岗位上做了大量工作。

注：此文是由当时学校校长助理、后任川大党委副书记罗中枢执笔写成并在《中国高等教育研究》1991年第2期上发表（收入本集作了个别删改），可作为我系学生代职实习的全面总结。

三、实践锻炼——大学生思想建设的重要环节

如何针对大学生的思想实际进行有效的思想政治教育，这是当前高等学校思想政治工作需要进一步探索解决的问题。这里我想联系我们组织学生到基层代职实习的情况，谈谈实践锻炼在大学生思想建设中的地位和作用。

我们四川大学哲学系从1987年开始连续5年组织学生到基层代职实习。其主要做法是，三年级下学期由教师带队把学生安排到基层单位进行一个学期的顶岗学习，参加实际工作，同时进行社会调查；第4学年再有针对性地开设一些应用性课程。几年的实践表明，这种实践锻炼对学生接触社会、了解社会、接近工农、认识国情、提高能力等方面的效果是明显的。国家教委很重视这种实践锻炼形式，于1991年4月在四川大学召开了“全国文科改革座谈会”。

总结5年代职实习的经验，可以说它是加强大学生思想建设的重要途径，在思想政治工作中起到了学校所起不到的作用。正如有的同学所说，代职实习使他们“扎根在现实的土壤上，既播种耕耘，又在收获，这种收获可以终身受益”。代职实习对大学生思想能够起到这种作用，原因在于：

第一，实习中学生亲身参加社会实践，这就给他们解决深层次的思想认识问题提供了大量真实可靠的第一手材料，从而使他们能够得出正确的结论。学生到基层分到各个部门，作为当地的一员，不是看，而是干；不是指手画脚，而是和当地干部群众一起挑担子，同工农群众建设社会主义的洪流融合在一起。这种亲身实践使他们能够获得认识社会的第一手真实可靠的材料，从而为他们形成正确的认识打下基础。比如，1990年我们把87级学生安排到四川边远山区古蔺县代职实习。这个县是当年红军四渡赤水的

地方，是条件艰苦的贫困县。在这里，学生们分到县的各个部门，作为古蔺县干部的一员，同当地干部一起爬山涉水，抢险救灾，深入工厂、矿井和农村，同群众一起研究脱贫致富的办法。他们亲眼看到了农村的变化，看到了农村的现实，亲身体会到了当地干部群众为改变贫困而做出的巨大努力。这一切使他们的思想发生了深刻的变化。一个学生在总结中写道：过去开口就怪罪别人没有解决贫困落后的问题，现在自己亲身从事了一两项在贫困地区发展经济的工作，才真正知道了它的艰巨性和复杂性，也才真正了解了各级党委和政府、各级干部为改变贫困面貌几十年来花了多少心血，做了多少艰苦的努力。

第二，基层干部和共产党员的模范行动促使学生自我反省，清醒地估价自己，增强了自我改造的决心。下乡之前，学生在学校里听到的往往是社会的阴暗面，不少人认为共产党腐败了，共产党的官都是以权谋私的，基层干部都是多吃多占、大吃大喝的。下乡代职实习同基层干部泡在一起，给他们提供了和共产党的“官员”相处、相互了解的机会。他们亲眼看到大多数干部任劳任怨，脚踏实地地工作。从自己身边的共产党员和干部的模范行动中，他们受到了教育，改变了对党的看法，也改变了对自己的估价。1987 年，我们的学生去三台实习，插秧时节遇大旱，学生们却看到不少村的党支部书记和党员在抗旱斗争中，不顾自己的秧田插不上秧，而是先帮群众插秧。有一个村的党支部书记为组织群众抗旱插秧，半月不回家，甚至几过家门不入。他家的秧田本来在堰塘边，但一直到全村群众都插上秧以后，他家的秧由群众帮助才插上。这件事使我们的同学很受教育。一个同学在总结中写道：“在这里我真正看到了共产党的干部是全心全意为人民服务的。”实习中，同学们也看到许多机关干部经常下乡蹲点，与农民同吃同住。一些干部文化水平虽然不高，但能力很强，处理问题得心应手。这些干部和党员的模范行为使同学们从心里相信共产党，相信党的干部绝大多数是好的。也正是从这些党员和干部的身上，同学们看到了自己思想上的差距。实习之前，他们总感觉自己是受了现代文明洗礼的人，颇有“天将降大任于斯人”之感。实习后才感到自己的思想境界不高、知识有限、经验缺乏，自我估价也就比较实在了。他们说，要改造社会，首先应当改造自己；只有放下架子，走与工农相结合的路，虚心向群众学习，才能把自己培养成对社会有用的人。

四、高职教育应弘扬和培育经世致用的文化精神

高等职业教育作为高等教育的一种类型，在人才培养方面有自己的特点，同时它也是社会主义文化建设的一支生力军，要为发展繁荣社会主义文化服务。但是，我国目前高职教育普遍重技能培养，而对学生的文化素质和文化精神培养重视不够。为贯彻党的十七大精神，高职教育应该更新教育观念，结合自身的特点，把对学生的技能培养和文化素质、文化精神的培养结合起来，提高学生的综合素质，培养适应社会主义建设需要的合格人才。

（一）更新高职教育观念，重视文化精神的培养

党的十七大对当今时代文化在国家、民族及人民生活中的重要地位作了深刻地阐述，提出了推动社会主义文化大发展大繁荣的战略任务。高等学校作为文化传承和创新发展的主要阵地，发展和繁荣社会主义文化责无旁贷。高等学校参与发展和繁荣社会主义文化，除了出产品、出成果，主要是培养具有高文化素质的人才，为文化建设提供人力资源和智力支持。因此，提高大学生的文化素质，培养大学生的文化精神，是高等教育共通的任务。

高职教育作为高等教育的一种类型，也应该加强大学生的文化素质教育，提高学生的文化素养，培养学生的文化精神。首先，这是实施素质教育、培养人才总体目标的要求。高职教育在培养人才的具体目标上与本科教育有所不同，但高职院校同样要全面推进素质教育。“实施素质教育，就是要全面贯彻党的教育方针，以提高国民素质为宗旨，以培养学生的创新精神和实践能力和重点，造就‘有理想、有道德、有文化、有纪律’的德智体美全面发展的社会主义事业建设者和接班人。”（《中共中央国务院关于深化教育体制改革全面推进素质教育的决定》）。这是包括高职教育在内的所有高等教育培养人才的总的目标要求。这一要求把“有文化”作为培养适应 21 世纪现代化建设需要的人才目标突出来（当然，这里的“有文化”是指它包括科学技术文化在内的心智层面的文化），是要求所有受过高等教育的人都应该具有的基本文化素养、文化精神。

其次，是现代化建设对高职人才素质的要求。高职教育的使命是培养面向生产、建设、管理和服务第一线需要的高素质高技能人才。它强调的是学生的实践能力。但是，应该看到当今社会现代化的生产、建设、管理、服务各行各业都渗透着文化。一方面，文化已成为一种生产力，并将成为国际经济竞争、区域经济竞争、各行各业竞争的重要因素。因此，我们培养的人才应该有深厚的文化基础和文化精神，才能适应生产、建设、管理、服务第一线的需要。另一方面，现代化建设本身是经济、政治、文化、社会四维一体的建设。这就给社会主义建设者和接班人提出了更高的文化要求，高职教育必须给学生打下文化基础，培养他们的文化精神，以使他们将来能够成为合格的社会主义建设者和接班人。

第三，是高职院校参与发展、繁荣社会主义文化建设的需要。高职院校是我国文化建设的生力军，要充分发挥其在国家文化建设中的作用，必须提高自身的文化实力。开展文化素质教育对于提高高职院校的文化实力、提高教师的文化素养、提高学生的文化素质，培养学校、师生的文化精神，对于高职院校参与发展繁荣社会主义文化建设具有直接、现实的意义。

但是，由于历史的原因，我国社会主义建设现阶段急需技能型人才。因此，在党的十七大召开以前，我国高等职业教育的整个指导思想是适应这种形势的需要提出的，强调的是以服务为宗旨、以就业为导向，走产学结合的道路培养人才。虽然也强调要把德育工作放在首位，全面推进素质教育，要坚持育人为本，突出以诚信、敬业为重点的职业道德教育，但突出强调的是对学生技能的培养和解决就业的问题。在这一思想指导下，不少高职院校重视的是学生的技能培养，把素质教育仅仅当作思想政治教育对待。

这样实际上把高职教育变成了职业技能培训，成为缺乏文化内涵的教育。其结果是学生上大学却不读书，专业上能动手，却不理解、说不出道理；对文化只接触网上的东西，其他知之甚少。针对这种情况，当前最重要的是要按照十七大的精神，更新高职教育观念，克服重器轻道、重技能培养、轻文化素质教育的观念，树立技能培养与文化素质教育相结合，提高学生综合素质的观念，使高职教育适应现代社会的需要，从而保证高职教育的持续发展。

（二）高职教育应培育经世致用的文化精神

高职教育由于它自身的任务必须强调职业能力的培养，要求学生具备相应职业需要的能力，对于理论突出的是一个“用”字，强调学理论要适用、够用、会用。这就决定了高职教育在传承和创新文化方面应该探索和培育符合自身特点的文化精神。

中华文化内容博大精深，它的基本精神除了表现为“天人合一”、“仁者爱人”、“道法自然”、“自强不息”、“和而不同”等等外，还有着丰富的反映知行关系、学用关系思想的“经世致用”的治学精神。中国古代大思想家、教育家孔子就主张知行统一、身体力行，他提出“君子讷于言而敏于行”，“敏于事而慎于行”。对于人，他强调“听其言而观其行”，要言行一致。在学与用的关系上，他主张“学而时习之”，要一边学习、一边习事，强调学以致用，认为学习本身是一个不断实践的过程。他提出“学而优则仕”，要学生“诵《诗》三百，授之以政”能达，“使于四方”能专对，要求学生把所学得的知识用到治理社会中去。孔子学用结合的思想，形成了儒家“入世”、“有为”的基本原则。学用结合的思想发展到宋代，由唯物主义哲学家陈亮、叶适、王廷相等人发展创新形成了“事功学派”，提出“明于事物之故”以奏“实事实功之效”，“凡言学者，便有习事在内”（王廷相），强调做学问要以“适用为主”。这种为用而学、学必有用的思想发展至明清之际，王夫之、颜元等人在同道学家空谈心性、崇尚玄虚的空论学风的斗争中，形成了重“实际”、讲“习行”、倡“实学”的经世致用的新学风。经世致用总结了传统文化中的知行关系和学用关系，符合人的认识规律，反映了当时社会发展的要求，对当时和以后的思想文化界产生了重大影响，成为中华文化中的治学精神。

经世致用的文化精神首先强调要从现实中学习。主张经世致用的思想家坚持唯物主义反映论，认为“道在物中”，“理在事中”，因而治学不能离开现实事物，而应“习事见理”，即要从社会的士、农、工、商的事业中学习。用今天的话来说，就是要研究现代化建设中的现实问题，从建设实践中学习。这一思想对于高职教育是很值得借鉴的。高职教育是适应社会主义现代化建设需要发展起来的，它的使命是要培养面向生产、建设、管理及服务第一线需要的高素质高技能人才。因此，它必须紧贴社会主义现代化建设的现实，专业设置、教学内容、教学方法和教学途径都必须紧扣社会主义现代化建设实践的需要，根据现实需要办学，才能保证高职教育跟上社会发展，保持高职教育自身的特点。

其次，经世致用的文化精神强调学是为了用，要在学中用，在用中学。针对当时道学家读死书、死读书，全然不顾国计民生、思想僵化的风气，经世致用的思想家提出治学是匡世济民，应当注重事功。他们主张“为学为教，用力于讲读者一二，加功于习行者八九，则生民幸甚”[①]。这就是强调要花大力气把所学到的知识用到为社会民众服务，建功立业，民众才会满意，否则只是空疏之论、欺世之谈。

经世致用不仅强调学习是为了使用，要在学中用，而且强调只有通过用才能学到真知，才能训练出人才的“能”。颜元提出：“读得书来，口会说，笔会做，都不济事，须是身上行出，才算学问。”（《习斋记余》卷四）他又说：“人才以用而见其能否”。经世致用这些思想对今天的高职教育仍然有现实意义。在现代信息社会，读死书、死读书、读书死的人是没有了，但是却出现了迷恋上网、不读书、不习行、想成功的浮躁作风。因此，弘扬和培育经世致用的文化精神，对于高职教育加强实践教学环节，对于引导学生端正学习目的和学习方法都是有现实意义的。

第三，经世致用的文化精神强调知识对习行的指导作用，认为对事物之理“知之不昧”乃是“行之不疑”的指南。知之愈广、愈深、愈精细，行之合辙（合规律）就愈高明、愈博厚。知对于行的指导作用主要在于能够把握事物之理，预测事物之变，使人不仅知其然，而且知其所以然。人们尽察事物之变积存于心，就可以形成规律性认识，在事变未起之先，能预知其情况；在事变到来之时，虽异不惊，并能采取正确措施处置，从而避害趋利，使事变达到服务于人之目的。这种强调知识对于实践的能动的指导作用，对于今天来说是普适性的真理。但针对当前高职教育片面强调动手能力、忽视科学知识教育，对学生只强调怎样“做”、而不强调为什么要这样“做”的现状来讲，掌握经世致用关于“知之不昧”乃是“行之不疑”的思想，教育学生对所学东西既要知其然，又要知其所以然，这对于提高他们的实践能力、培养他们的探索意识和创新精神仍然具有现实指导意义。

（三）专业教育与人文教育相结合，实施经世致用文化精神的培养

人们的文化精神的形成有多种途径，对一般人来讲主要是通过其在社会文化生活中潜移默化的“社会遗传”，或者直接接触精神文化和物质文化而感悟，从而形成某种文化精神。对青年学生来讲，主要应通过认知教育来培养。对现代高职教育来讲，针对当前的实际情况，主要应该把专业教育同人文教育结合起来，在整个教育教学的过程中贯穿经世致用的文化精神的培养。

首先，要挖掘专业课中的经世致用的文化因素，充分发挥专业课教学在培育文化精神方面的作用。专业课中科学的定理、定律、原理或科学结论都是前人或他人在实践中总结提炼形成的。教学中讲授专业课时如能结合科学技术史，讲清每一个定理、定律在历史上是怎样在实践中产生，又是怎样在实践中验证、发展、完善的过程，并讲清它们所发挥的巨大作用以及在现代社会中的应用价值，这样就能很好地发挥专业课对学生的文化精神的熏陶。同时，在进行技能培训的实践教学中，不仅要教学生怎样“做”，而且要教学生懂得为什么要这样“做”，就能使学生“习事见理”，学得更好，从而培养他们自觉地树立经世致用的文化精神。

其次，要加强人文教育，提高学生的精神境界。文化精神是科技文化与人文文化的

---

① 颜元：《存学编》卷一《总论读儒讲学》。

结晶，针对高职教育中人文文化缺乏的现状，应该加强人文教育，提高学生的人文素养和精神境界。人文教育是教育人成为文明人的教育，这主要是通过对受教育者进行文学、历史、哲学、艺术等人文社会科学的教育，以提高其文化品位、人文素养，促使其人生境界的提升，健全、完善人格的塑造，以及培养个人和社会的价值观。通过人文教育使受教育者能够了解祖国的历史文化，形成正确的世界观、人生观、价值观，能够关心国家民族的命运，具有社会责任感和敬业精神，能正确处理人与人、人与社会、人与自然的关系，实现人与人、人与社会、人与自然的和谐。开展人文教育重点是要学习中华文化元典中的《老子》、《论语》、《孟子》、《大学》、《中庸》等。这些文化元典是中华文化精神的集中体现。学习这些文化元典能够深刻理解和把握文化精神的理论精髓，提高培育和弘扬文化精神的自觉性。

当然，对高职教育来讲，学习文化元典难度很大，主要是时间、精力不允许。根据高职教育的情况，笔者认为可以通过四个结合来试行：一是与“大学语文”教学结合。大学语文尽量选择文化元典的内容，结合讲授大学语文，引导学生读一点元典。二是与“两课”教学结合。在“两课”教学内容中也选择部分元典的内容，组织学生学习。三是与第二课堂结合。在学生第二课堂组织读书活动，开展系列学术讲座、知识竞赛等进行文化元典的宣传教育。四是与校园网结合。选择元典中的有关内容放在校园网上，组织网上学习讨论。这些方式是可行的。

培养高职学生的经世致用的文化精神，除了学习文化元典外，还应该在“两课”教育中改变现有固定的内容，增加哲学经典著作，特别是毛泽东的《实践论》的学习。毛泽东的《实践论》运用辩证唯物主义观点科学地总结了中国传统哲学的知行关系，论述了理论与实践的关系，论述了人的认识的来源、发展动力、检验标准及认识的目的和归宿，深刻地揭示了人类认识发生发展的规律。让现代高职教育的学生学习《实践论》，对他们树立经世致用的文化精神，坚持认识与实践相结合、理论与实际相结合，学好本领服务社会会有直接的现实意义。

注：本章是由《高校理论参考》1991 年第 5 期发表的《四川大学哲学系在全国文科改革座谈会上的发言》、《中国高等教育》1991 年第 2 期发表的《文科学生代职实习是一种行之有效的社会实践方式——四川大学哲学系组织学生下基层代职实习的做法和体会》（由罗中枢执笔写成）、《光明日报》1992 年 3 月 19 日发表的《实践锻炼——大学生思想建设的重要环节》以及《光明日报》2009 年 5 月 9 日发表的《高职教育应弘扬和培育经世致用的文化精神》4 篇文章编辑而成。

附录：作者主要著述目录

一、主要著作

1.《毛泽东哲学思想概论》(与杨瑞森、张文儒合作编著)，高等学校文科教材，中国人民大学出版社1985年6月出版，曾多次印刷，1988年获天津市优秀教材一等奖。

2.《社会主义时期毛泽东哲学思想》，四川人民出版社1991年出版，1992年第二次印刷，1992年获四川省人民政府社会科学优秀成果三等奖。

3.《毛泽东对中国社会主义模式的探索》(主编)，西南财经大学出版社2001年出版，2003年获四川省人民政府社会科学优秀成果二等奖。

4.《宗教与文明》(与潘显一共同主编)，四川人民出版社1999年5月出版，获四川省人民政府社会科学优秀成果三等奖。

5.《提高文化素质培育创新人才——加强高等学校文化素质教育的探索》(副主编)，高等教育出版社1999年出版。

6.《毛泽东哲学的基本观点和方法》(与毕剑横共同主编)，成都出版社1991年出版。

7.《毛泽东辩证法思想研究》(组织教研室集体编著，撰写其中两章并统编全书)，四川大学出版社1985年出版，1986年获四川省人民政府社会科学优秀成果三等奖。

8.《选拔干部民意调查方法规范化及相关理论研究》(中共中央组织部课题，成都市委副书记苏碧群任组长，我作副组长并作最终成果主编)，四川大学出版社1990年出版，1991年获四川省人民政府科学技术进步三等奖。

9.《马克思主义哲学的基本观点和方法》(干部哲学读本)，中共四川省委宣传部审定，主要作者，主要统稿人之一。

10.《提高干部选拔任用透明度的理论与实践》主要作者，主要统稿人。该书获四川省人民政府科技进步二等奖。

二、代表性论文(以发表时间先后为序)

1.《理论不能作为检验真理的标准》，《四川大学学报》1978年第3期发表，1978年11月3日《成都日报》全文转载，作为成都市机关真理标准讨论中的学习参考材料。

2.《实践标准与思想解放》(与张国祺、刘惠群合写)，《四川大学学报》1978年第4期发表。

3.《矛盾统一性和斗争性相结合是事物发展的动力》(第一作者并执笔，与刘平斋共同署名)，《社会科学研究》1979 年第 2 期发表。

4.《论联系》，《社会科学研究》1979 年第 4 期发表，《光明日报》1979 年 12 月 20 日摘登。

5.《必须完整准确地理解和掌握辩证法》，《四川大学学报》1979 年第 4 期发表。

6.《人民内部不存在阶级斗争》，《社会科学研究》1980 年第 1 期发表。

7.《关于矛盾有同一性和斗争性关系的几个问题》(冉昌光执笔写成，鲁生同意并署名)，《四川大学学报》1988 年第 3 期发表。

8.《再论联系》，《社会科学研究》1981 年第 4 期发表。

9.《同一性应包含矛盾双方的相互转化》，《光明日报》1980 年 12 月 4 日发表。此文在中央党校出版社出版的杨春贵主编的《中国哲学四十年》中作为一种观点介绍。

10.《毛泽东同志关于矛盾斗争形式的理论》，《社会科学研究》1981 年第 3 期发表(此文当时以陈啸文的名义发表)，收入甘肃省委宣传部理论教育处选编、甘肃人民出版社 1982 年 7 月出版的干部理论学习辅导读物《伟大的认识工具——学习毛泽东哲学思想论文选编》一书。

11.《把握事物的最佳量》，《光明日报》1981 年 8 月 22 日发表，《新华文摘》1981 年第 10 期全文转载，1984 年 9 月获四川省人民政府哲学社会科学优秀成果二等奖，并获四川省人事局奖励晋升一级工资。

12、《图难于其易，为大于其细》，《四川日报》1981 年 8 月 20 日发表。

13.《群众路线是毛泽东思想的一个基本点》，《四川日报》1981 年 9 月 17 日发表。

14.《裂一焉能得半——谈谈顾全大局》，《四川日报》1981 年 4 月 16 日发表。

15.《民主集中制与经验总结》，《四川日报》1981 年 12 月 3 日发表。

16.《坚持民主集中制，保证党的正确领导——读〈刘少奇选集〉上卷〈论党〉的一点体会》，《四川日报》1982 年 1 月 28 日发表。

17.《踏着人生社会的实际谈论——毛泽东早期认识论思想初探》，《四川大学学报》1982 年第 2 期发表。

18.《毛泽东同志论矛盾运动的平衡与不平衡》，《社会科学研究》1982 年第 5 期发表。

19.《开创新局面需要探索最佳工作方法》，《光明日报》1983 年 1 月 10 日发表。

20.《马克思主义方法论初探》，《人文杂志》1983 年第 2 期发表(此文当时以温志兰的名义发表)。

21.《建设有中国特色社会主义必须有高度的社会主义民主——学习〈邓小平文选〉》(第一作者并执笔，与朱义超共同署名)，《四川大学学报》1983 年第 4 期发表。

22.《照唯物辩证法办事的光辉篇章——学习〈邓小平文选〉的体会》(第一作者并执笔写成，张峰和卢志清署名)，《红旗》1984 年第 1 期发表。

23.《论发展的层次性——经济体制改革中的哲学思考》，《社会科学研究》1985 年第 1 期发表。

24.《毛泽东关于量变质变都是对立统一的思想》，《四川大学学报》1985 年第 1 期发表。

25.《社会主义的根本任务就是发展生产力》,《学习杂志》1985年第5期发表。

26.《经济体制改革中城市精神文明建设的特点和规律》(与黎永泰合作),《毛泽东思想研究》1986年第1期发表。

27.《新时期辩证法的应用和发展》,《人文杂志》1986年第4期发表。

28.《毛泽东对自由与必然的理论贡献》,《毛泽东思想研究》1987年第1期发表。

29.《马克思主义哲学在中国"五四"运动前后的传播》,载《中国大百科全书》哲学卷1,第583~585页;同时发表《"科学与人生观"的论议战》、《问题与主义的论战》等11条,载中国大百科全书第2卷,1987年中国大百科全书出版社出版。

30.《主体奋斗精神初探》,《社会科学研究》1987年第6期发表。

31.《改革需要哲学思维》,《四川大学学报丛刊》1988年12月第41期发表。

32.《哲学专业应加强学生的实践锻炼》,四川大学《高教研究》1988年第4期发表。

33.《谈谈维护领导权威和法制权威的一致性》,《四川日报》1989年4月28日发表。

34.《领导科学应着重研究最佳工作方法》,《领导科学》1989年第3期发表(此文被评为该刊"四佳文章"的最佳论文三等奖)。

35.《论毛泽东领导思想的特点》,《毛泽东思想研究》1989年第3期发表。

36.《坚持辩证法的整体经济观——对经济过热的哲学思考》,《社会科学研究》1989年第4期发表。

37.《论党的领导与社会主义民主》,《四川大学学报》1990年第1期发表。

38.《联系发展的观点和具体的历史的分析方法》,载《马克思主义哲学基本观点和方法》,四川人民出版社1990年2月出版。

39.《实践的观点和有效地认识、改造世界》,载《马克思主义哲学基本观点和方法》,四川人民出版社1990年2月出版。

40.《全心全意为人民服务是马克思主义群众观点的核心》,《四川省社联通讯》1990年第3期发表,同年8月28日中央人民广播电台"社会科学学习节目"全文广播。

41.《提高选拔任用工作透明度的理论与实践研究》《透明度的规定》《透明度应遵循的基本原则》,载《提高干部选拔任用工作透明度的理论与实践》,四川大学出版社1990年12月出版,参加该书统稿。该书获四川省人民政府科学技术进步二等奖。

42.《怎样理解实践对科学社会主义理论的检验》,《中国教育报》1991年5月25日发表。

43.《哲学专业学生代职实习的探索》,《高校理论参考》1991年第5期发表。

44.《从社会主义商品经济看社会主义社会的基本矛盾》,载《历史唯物主义与当前中国的社会主义实践》,光明日报出版社1992年1月出版。

45.《实践锻炼——大学生思想建设的重要环节》,《光明日报》1992年3月19日发表。

46.《列宁对辩证法的规定》,《现代哲学》1992年第1期发表。

47.《论唯物辩证法的规定——从恩格斯到毛泽东》,《社会科学研究》1992年第5期发表。

48.《论生产力的解放》,《毛泽东哲学思想研究》1992年第6期发表。

49.《我国社会主义社会基本矛盾理论的历史发展》，《毛泽东思想论坛》1993 年第 1 期发表。

50.《论毛泽东的人权观》，《社会科学研究》1993 年第 6 期发表。

51.《建设有中国特色社会主义的主体性》，《大连日报》1993 年 12 月 1 日发表，获“毛泽东思想与建设有中国特色社会主义”全国征文佳作奖。

52.《坚持社会主义的主体性》，《社会科学研究》1994 年第 1 期发表。

53.《照辩证法办事建设有中国特色社会主义——学习〈邓小平文选〉》第 3 卷，《四川大学学报》1994 年第 1 期发表。

54.《国权重于人权——邓小平人权思想研究》，《人文杂志》1995 年第 2 期发表，1996 年获四川省委宣传部“五个一工程”奖。

55.《论社会稳定的人权意义》，《光明日报》1995 年 7 月 27 日发表，《人大复印资料——中国政治》1995 年第 7 期转载。

56.《唯物辩证法基本特征的反思》，《社会科学研究》1995 年第 3 期发表，《人大复印资料——哲学原理》1995 年第 7 期转载。

57.《发挥合校优势，提高学生综合素质》，《中国高等教育》1995 年第 12 期发表。

58.《论人权与社会稳定》，《毛泽东邓小平理论研究》1995 年第 6 期发表，《人大复印资料——中国政治》1996 年第 2 期转载，1996 年 6 月获第二届大象社会科学进步二等奖。

59.《发挥合校优势加强大学生文化素质教育》，《教学与教材研究》1995 年第 6 期发表。

60.《论共同富裕的人权意义》，《毛泽东邓小平理论研究》1996 年第 6 期发表。

61.《文化素质教育的目标和要求》，《中国教育报》1997 年 8 月 14 日发表。

62.《大学生文化素质教育的培养目标、培养规格和评价方法的思考》，载湖南大学出版社 1997 年 4 月出版的《文化素质教育理论与实践》一书。

63.《论宗教与社会稳定》，《西南民族学院学报》（哲社版）1997 年第 6 期发表。

64.《转变师生观念深化综合素质教育》，《高等理科教育》1997 年第 4 期发表。

65.《社会主义不能只有一种模式——五十年代中后期毛泽东探索社会主义道路的基本出发点》，《毛泽东思想研究》1998 年第 1 期发表。

66.《唯物辩证法基本原则的反思》，《社会科学研究》1998 年第 1 期发表，《人大复印资料——哲学原理》1998 年第 3 期转载。

67.《理论的力量——纪念真理标准讨论 20 周年》，《四川日报》1998 年 5 月 26 日发表。

68.《论宗教对经济的二重性影响》，《宗教学研究》1998 年第 1 期发表。

69.《论宗教对文化的影响》，《社会科学研究》1999 年第 3 期发表。

70.《文化素质教育与创新人才的培养》，《中国高等教育》1999 年第 24 期发表，后来经修改补充以“论文化素质教育与创新人才的培养”为题在《南开教育论丛》1999 年第 3 期发表，并收入周远清主编的《论文化素质教育》，高等教育出版社 2004 年出版。

71.《相信科学弘扬科学精神——批判李洪志反科学的谬论》，《四川日报》1999 年

8月4日发表。

72.《真善美统一是人类实践合理性的根本要求——读〈真善美的现代反思〉代序》，载任中平等著的《真善美的现代反思》，四川人民出版社1999年出版。

73.《发挥综合优势，提高大学生文化素质——综合大学加强大学生文化素质教育的基本经验》，载《提高文化素质培养创新人才》，高等教育出版社1999年12月出版。

74.《站在人类文化发展的潮头》，《社会科学研究》2000年第4期发表，《人大复印资料——中国共产党》2000年第10期转载，后收入中共中央党校研究室编、中央党校出版社2001年6月出版的《“三个代表”与面向21世纪的中国共产党》一书。

75.《论辩证发展观的形态发展》，《社会科学研究》2002年第4期发表。

76.《关于大学生文化素质教育评价的思考》(与西南交通大学徐行言合写)，《中国大学教学》2002年第6期发表。

77.《科学发展观与共同富裕》，《四川大学学报》2004年纪念邓小平诞生100周年特刊发表，《人大复印资料——社会主义论丛》2004年12期转载。

78.《永恒的启迪——谈文化素质教育中的文化经典的学习》，《中国大学教学》2004年第11期发表。

79.《科学发展观与人文教育》，《中国大学教学》2006年第5期发表。

80.《设计与文化——读〈现代设计概论〉代序》，载古大志编著《现代设计概论》，四川美术出版社2008年1月出版。

81.《高职教育应培养经世致用的文化精神》，《光明日报》2009年5月9日发表。

82.《阅读与人的社会化》，《天府新论》2010年第4期发表。

83.《深化文化素质教育，充分发挥文化育人的作用》，载《大学文化之思》，四川大学出版社2011年9月出版。

84.《大学文化建设与文化育人》，《天府新论》2011年第6期发表。

85.《艰苦辉煌——余开元从艺50周年》，《四川戏剧》2013年第9期发表。

86.《中学西渐与自由、平等、博爱观念的形成》，《社会科学研究》2014年第1期发表，《新华文摘》2014年第3期摘登。

87.《高职院校思想政治教育与人文素养教育关系的思考》，《思想理论教育导刊》2015年第11期发表。

88.《中国文化何以自信》，《邓小平研究》2017年第1期发表，四川社科院主办的 *Contemporary Social Scences* [即《当代社会科学(英文)》] 翻译成英文向国外发行。

另外，在《成都日报》、《四川社科界》、《成都市委党校学报》、自贡市党校《学刊》等报刊上发表《矛盾特殊性理论在新时期的应用与发展》、《坚持实践标准进一步解放思想》、《先立后破是事物发展的客观规律——兼论经济体制改革中新旧体制转化的机制》等学术性和教改的文章14篇，给陈华强著《工作中的哲学》(成都科技大学出版社1992年3月出版)写序文一篇，给苏小桦著《李达哲学实现路径及贡献》写序，题为《学习李达进一步推动马克思主义哲学中国化》的序一篇，还在《四川自参》刊物及《自学》报上发表哲学辅导文章34篇。

后　记

我这个大山区贫寒农家的子弟，读书求学到大学毕业留校，一直在从事教育教学。几十年的经历我深深体会到，做好教书育人的工作首先是要明确大学教育的目的和教师的使命与职责。大学教育的根本就是培养人的品性、健全的人格，实现人的自由的全面的发展。实现这一目的的关键是教师。教师要有教书育人的责任感和使命感，教师要关爱学生，严谨笃学，淡泊名利，自尊自律，以人格魅力和学识魅力教育感染学生，做学生健康成长的指导者和引路人。一个好的教师应该是学生思想上的引路人，学习上的指导者，生活中的好朋友，心理上的疏导员。教师往往被人们尊称为“园丁”，誉为“人类灵魂的工程师”，是塑造人的身心的人。学生就是培养和塑造的对象，好比成长中的树苗，园丁因树苗而存在，为树苗而劳作。作为园丁的教师必须具有两种本领：一是教学的本领，二是科研的本领。好的老师都是这两者的结合。教师的教学和科研都是为了学生更好地成人成才，成为全面发展的人。这就是教师的情怀。

作为一直在学校工作的哲学教师，怎样做到教学与科研的结合呢？研究从何着手、去哪里寻找课题？这是教师常常提出的问题。我自己开始也被这些问题困扰，后来悟出，首先就是在教学中发现问题。我在哲学教学中遇到的问题很多，其中一个问题就是怎样处理哲学教材中有的内容与提法同马克思主义经典作家论述不符的问题。比如，我在教唯物辩证法中发现，当时的权威哲学教材把联系作为对立统一规律的一节，也就是把联系当作对立统一的内容来处理。我认为这同恩格斯的“辩证法是关于普遍联系的科学”的命题是不相符的。于是我认真研究了唯物辩证法的问题，先后写出了《论联系》《再论联系》《辩证法的规定》等系列论文。其中《论联系》一文发表后引起了较大的反响。《光明日报》作了长篇摘登，以后的哲学教材也把联系和发展作为辩证法的首章，专门阐述联系在辩证法中的地位。又比如，在讲到量变质变规律时，为了论证认识事物的定性和定量的关系，把握定量才能对事物有更加准确的认识。对此，当时的哲学教材解释说：“因为事物的质和量是对立统一的，一定质总是一定量相联系而存在的。”我觉得这没有说明问题。恩格斯曾明确指出过：“每一种质都有无限多的量的等级，例如颜色的深浅，硬和软、生命的长短等等。”[①] 这一系列的不同等级的量都和质处在对立统一中，但并不是每一等级的量都能充分体现事物的质。为解决这一问题，我写了一篇

① 《马克思恩格斯全集》第20卷，第575页。

《把握事物最佳量》的文章，经《光明日报》发表后也引起了较大的反响，《新华文摘》全文转载。著名哲学家李秀林在评价这篇文章时说："这篇论文的见解是深刻的，文字虽不长，但却有较大的理论容量和可贵的独创性。"这篇文章被评为四川省哲学社会科优秀成果二等奖。

哲学的特点是实践性，哲学研究必须结合现实。因此哲学教师的科学研究一个很重要的方面就是要从社会热点和理论界的问题讨论中去发现研究的问题。1978 年理论界开展了实践是检验真理的唯一标准的大讨论，我参加了第一次全国真理标准讨论会，回来后根据马克思主义认识论的基本观点，围绕着实践标准与思想解放，写了一系列的研究文章。其中，《理论不能作为检验真理的标准》一文发表后受到社会重视，当时的《成都日报》全文转载，并作为成都市机关讨论中的学习参考材料，对于推动实践是检验真理的唯一标准的讨论，促进思想解放发挥了一定的作用。为解放思想，推动教育教学改革，我们哲学系提出了哲学专业的学生参加社会实践的"代职实习"，让学生到基层单位实际工作一个学期，回来再有针对性地开一些课程，提高学生理论联系实际的能力。哲学专业学生的这一实践收到很好的效果，在社会上引起很大反响。《光明日报》、《中国青年报》《中国教育报》、《四川日报》和中央人民广播电台等多家媒体对此作了宣传报道。当时中共中央办公厅《内部交流》刊物专门写了两千多字的短评，给予高度评价。为此，1991 年当时国家教委在川大召开文科改革座谈会，我作为系主任在会上介绍了哲学专业改革的经验。代职实习的成果后来被评为国家级优秀教学成果一等奖。

20 世纪 90 年代中期，国家教委提出加强高校大学生的文化素质教育，建立文化素质教育基地，成立高校文化素质教育指导委员会，我校被选为全国首批文化素质教育试点院校，并被评为文化素质教育基地，我被选为高校文化素质教育指导委员会副主任委员，参加了许多全国性的文化素质教育活动，承担了教育部的课题。为更好地开展文化素质教育，这段时期我集中研究了文化与文化素质教育问题，发表了多篇文章。其中，《站在人类文化发展的潮头》一文引起了理论界的关注，除了一些刊物转载外，还收入中共中央党校研究室编的《三个代表与面向 21 世纪的中国共产党》一书的"文化篇"栏目（该栏目共 4 篇文章）。2004 年人权写入我国宪法，为了学习和宣传人权理论，我又研究了马克思主义的人权理论，发表了一些研究文章，其中关于邓小平人权思想研究的论文获得了四川省"五个一工程"奖。

总结几十年的经历，我觉得教学与科研是不可分的。教学的深入提出科研问题，研究的深入提高教学水平。几十年来，我紧紧围绕着教学和社会实现问题进行科学研究，把自己的研究心得传授给学生，让他们受到启发，从中领悟到哲学的真谛和文化的精神。我一边教学一边研究，也出了几本书，发表了有关哲学、文化和教育等方面的上百篇学术论文和文章。这次选出有代表性的文章按辩证法的研究与应用、实践标准与思想解放、人权教育的哲学思考和文化与文化素质教育四个篇章，按照理论思维的逻辑编成一本具有内在逻辑体系的《枝叶情——哲学·文化·教育论》。之所以取名"枝叶情"，是借用郑板桥《潍县署中画竹呈年伯包大中丞括》诗中的"一枝一叶总关情"，来表达教学和科学研究都是为了教书育人的教师情怀。

这本集子得以问世全仗朋友和亲人的帮助。先是我曾经的研究生、现任四川大学教务处副处长冉桂琼，她在教务处繁忙的工作之余牺牲了很多休息时间，花大量的精力帮我查找文章的电子版并复印资料，为编好这个集子打下了基础。儿子冉璞将早期没有电子版的文章扫描后在荷兰转换成电子版发过来。侄女冉娅雪（西华师大研究生）对所有文章因电子版转换而发生的错乱进行校对和改错，这花去了她很多时间和精力。没有他们的辛勤劳动，这本集子很难顺利完成。妻子张晶燕教授对编这个集子的理解和支持，感激之情自在不言之中。我的老朋友、川大出版社前总编张晓舟教授对集子的体系构建给予了很好的指导意见和建议。出版社前社长熊瑜、现任社长王军、现任总编邱小平、社科处处长姚乐野对集子的出版给予了大力的支持。责任编辑曾春宁对集子的出版付出了辛勤的劳动。在此一并表示衷心感谢。

公共管理学院原党委书记、省哲学学会会长、博士生导师徐开来教授在得知我要编这个集子后非常支持，并在哲学学会提出，在可能的情况下对学会老先生出书要给予一定的经费支持，得到学会现任理事会同意，给予了本集子出版的部分经费。本集子还得到国家民委社会科学重点研究基地——“少数民族哲学思想与文化传承创新研究基地”的资助。为此，特别感谢上述单位和徐开来教授、李元光教授。